La sécurité

Sous la direction de
Léopold NYABEYEU TCHOUKEU

La sécurité

Approche juridique

Préface de Spener Yawaga

L'Harmattan
Cameroun

5-7, rue de l'Ecole-Polytechnique, 75005 Paris

http://www.editions-harmattan.fr

ISBN : 978-2-343-21462-7
EAN : 9782343214627

Liste des contributeurs

- BOMBA Denis Thérèse : Maître de Conférences en Droit Privé, Faculté des Sciences Juridiques et Politiques, Université de Maroua, E-mail : bombadenis1@yahoo.fr

- DIKA ELOKAN Pierre-Paul : Chargé de Cours, Faculté des Sciences Juridiques et Politiques, Université de Ngaoundéré, E-mail : pierrepauldika@gmail.com

- HAMAN ADJI Alhadji Djougdoum : Docteur en Droit Privé et Sciences Criminelles, Assistant, Faculté des Sciences Juridiques et Politiques, Université de Maroua, E-mail : alhadjihamanadji@yahoo.fr

- KOM KAMSU Maurice : Maître de Conférences en Droit Privé, Faculté des Sciences Juridiques et Politiques, Université de Maroua, E-mail : mauricekomkamsu@yahoo.fr

- LEMO Léonard : Docteur/Ph. D. en Droit Privé, Chargé de Cours, Faculté des Sciences Juridiques et Politiques, Université de Maroua, E-mail : leonardlemo@yahoo.fr

- MAOH MAOH Maurice : Doctorant en Droit Public, Université de Maroua, E-mail : maohcorineprisca@gmail.com

- MOUKOU BWO'NYAHRE Régine : Docteur/Ph. D. en Droit Privé et Sciences Criminelles, Assistante, Faculté des Sciences Juridiques et Politiques, Université de Maroua, E-mail : moukoubregine@gmail.com.

- MVAEBEME Eric Stephane : Docteur/Ph. D. en Droit Public, Assistant, Faculté des Sciences Juridiques et Politiques, Université de Dschang, Chercheur au CERCAF (Université de Yaoundé II), E-mail : ericstephanemvaebeme@gmail.com.

- NAIME AITCHA IBNOU : Docteur/Ph. D., Monitrice, Faculté des Sciences Juridiques et Politiques, Université de Maroua, E-mail : naimeaicha1@gmail.com.

- NAMA MAOH François : Docteur/Ph. D. en Droit Public, Assistant, Faculté des Sciences Juridiques et Politiques, Université de Maroua, E-mail : namamaohf@yahoo.fr

- NASSER SAID DJAOULI : Docteur/Ph. D. en Droit Privé, Assistant, Faculté des Sciences Juridiques et Politiques, Université de Maroua, Email : Djaoulinasser@gmail.com.
- NDOUMYANG Alain : Docteur/Ph. D. en Droit Privé et Sciences Criminelles, Assistant, Faculté des Sciences Juridiques et Politiques, Université de Maroua, E-mail : ndoumyangalain@yahoo.fr
- NENEO KALDAYA : Docteur/Ph. D. en Droit Public, Chargé de Cours en Droit Public, Faculté des Sciences Juridiques et Politiques, Université de Maroua, E-mail : nkjules1980@gmail.com
- NGAYA DAIROU Fidèle : Docteur/Ph. D. en Droit Privé, Assistant, Faculté des Mines et Industries Pétrolières de Kaélé, Université de Maroua, E-mail : ngaya_dairou@yahoo.fr.
- NGBENAH SOKO Albert : Docteur/Ph. D. en Droit Privé, Assistant, Faculté des Sciences Juridiques et Politiques, Université de Maroua, E-mail : sokoa@ymail.com
- NKLOYANG SIRBELA David, Doctorant en Droit Public, Moniteur, Faculté des Sciences Juridiques et Politiques, Université de Maroua, E-mail : davidnkosirbela@gmail.com.
- NYABEYEU TCHOUKEU Léopold : Maître de Conférences en Droit Public, Faculté des Sciences Juridiques et Politiques, Université de Maroua, E-mail : nyabeyeul@hotmail.com
- POMTE-LE Théodore : Docteur/Ph. D. en Droit Public, Assistant, Faculté des Sciences Juridiques et Politiques, Université de Maroua, E-mail : pomteletheodore@gmail.com.
- SPENER YAWAGA : Professeur Titulaire, Faculté des Sciences Juridiques et Politiques, Université de Maroua, E-mail : sp_yawaga@yahoo.fr
- TCHOUBAN TCHANGA Deville : Docteur/Ph. D. en Droit Public, Chargé de Cours, Faculté des Sciences Juridiques et Politiques, Université de Yaoundé II, E-mail : tchoubandéville@yahoo.fr
- ZAMBO Yanick Hypolitte : Doctorant en Droit Public, Faculté des Sciences Juridiques et Politiques, Université de Dschang-Cameroun, E-mail : yanickzambo@yahoo.com.
- ZOUMLII Philippe : Docteur/Ph. D. en Droit Public, Assistant, Faculté des Sciences Juridiques et Politiques, Université de Maroua, E-mail : zoumliip@gmail.com

Comité Scientifique

Comité de Rédaction

Mot du Directeur de Publication

S'il y a des activités dont tout chercheur espère l'occurrence et souhaite la récurrence, le mot introductif d'un ouvrage collectif fait assurément partie de celles-là. C'est donc avec beaucoup d'honneur et de bonheur que je prends la plume pour présenter les résultats d'un travail que nous avons commencé, il y a de cela quelque temps. Ce travail est intitulé *La sécurité, approche tridimensionnelle.*

L'ambition du présent ouvrage collectif est de lancer des pistes nouvelles et complémentaires de réflexion sur le concept de sécurité. Les contributions s'inscrivant dans l'une des disciplines proposées portent sur des questions en relation avec les différents axes retenus par le comité scientifique. Afin de préserver la spécificité de chaque discipline et assurer la cohérence du projet, l'ouvrage a été regroupé en trois tomes. Le premier tome prend en compte la sécurité vue par les juristes. Le second tome quant à lui, prendra en considération la sécurité du point de vue des politistes tandis que le troisième tome recensera la sécurité scrutée par les historiens.

Ce travail n'aurait pas pu aboutir à un dénouement heureux sans l'apport des uns et des autres. Que l'occasion me soit donnée ici, maintenant et solennellement de remercier tous ceux qui, de près ou de loin, ont contribué à la réalisation de cet ouvrage collectif.

Qu'il me soit permis d'adresser ma gratitude à Monsieur le Recteur de l'Université de Maroua, qui ne ménage aucun effort pour venir en appui au développement des activités heuristiques dans notre institution, en concertation avec les membres du *Top Management*.

Je remercie particulièrement le Professeur SPENER YAWAGA, Doyen de la Faculté des Sciences Juridiques et Politiques de l'Université de Maroua qui m'a accompagné tout au long de cette aventure. Les entretiens mensuels avec lui m'ont permis à chaque fois de faire le point sur l'avancement du projet. Malgré ses lourdes responsabilités, il a toujours trouvé du temps pour m'accompagner. Ces mots ne pourront que traduire imparfaitement, la dette de reconnaissance à jamais contractée à son égard.

J'exprime ma profonde gratitude à l'endroit de tous les contributeurs du présent ouvrage. Mes remerciements vont aussi particulièrement à l'endroit des membres du comité scientifique qui ont voulu m'accompagner dans ce projet. Ces juristes qualifiés n'ont ménagé aucun effort pour évaluer les travaux soumis à leur appréciation, malgré leurs emplois du temps bien chargés. Mes remerciements aux membres du comité de rédaction qui ont passé une bonne partie de leur temps à ce projet d'ouvrage collectif. Comment ne pas exprimer ma gratitude à l'endroit des jeunes docteurs et doctorants qui bénévolement ont effectué la relecture du document final ?

Léopold NYABEYEU TCHOUKEU
Maître de Conférences en Droit Public,
Université de Maroua

Sommaire

Préface

On se rend à l'évidence que le terme sécurité nous est familier. Seulement, cette familiarité n'est pas synonyme de maitrise du concept. En effet, il n'est pas aisé de définir la sécurité qui se caractérise par sa polysémie. Aussi, doit-on signaler que le concept s'attache tant aux individus qu'aux États. Qu'on l'aborde dans le domaine des sciences historiques, politiques ou juridiques, la sécurité a plusieurs sens (subjectif, objectif, institutionnel…).

Décliné à toutes les échelles, le concept de sécurité a d'abord contribué à la création de politiques préventives des États nations face aux risques de conflits armés. De nos jours, les préoccupations sécuritaires semblent s'orienter vers le terrorisme, la dégradation de l'environnement, l'alimentation, les transports, le patrimoine culturel, etc. C'est donc à juste titre que le Conseil de Sécurité de l'ONU déclarait en 1992 que « la paix et la sécurité internationales ne découlent pas seulement de l'absence de guerres et de conflits armés. D'autres menaces de nature non militaire à la paix et à la sécurité internationale trouvent leur source dans l'instabilité qui existe dans les domaines économique, social, humanitaire ou écologique ». La sécurité est donc aujourd'hui un concept global qui se polarise entre fluidité et solidité. La dimension solide se rapporte à la sureté alors que la dimension fluide la reconfigure dans le temps et dans l'espace selon les menaces à endiguer. La pandémie du coronavirus, qui a plié l'échine à presque tous les États, grands comme petits, démocratiques ou autoritaires, développés ou sous-développés nous l'enseigne à suffisance.

Si les sociétés humaines ont acquis et développent aujourd'hui des capacités réactives et d'adaptation inédites face aux crises, le monde du début du XXIe siècle est aussi caractérisé par un sentiment important de vulnérabilité liée aux mutations des menaces. Les enjeux qui se lisent à l'échelon local, national, régional et international, interrogent de nombreuses disciplines scientifiques notamment historiques, politiques et juridiques.

Les questions de sécurité ont été développées dans la littérature nord-américaine. Il était intéressant de les élargir à d'autres communautés qui n'ont jusqu'ici appréhendé que marginalement la thématique. La dimension historique de l'étude sur la sécurité est fondamentale, car, celui qui voudra s'en tenir au présent, à l'actuel ne comprendra pas l'actuel comme le faisait remarquer Michelet. Il en est de même de la dimension politique, du moment où le politique tient tout en l'état. Quant à la nécessité d'aborder l'étude sous le prisme du droit, on se réfugiera tout simplement derrière l'adage latin *ubi societas ibi jus* !

Sous la conduite du Professeur NYABEYEU TCHOUKEU Léopold, des universitaires d'horizons divers, ont pris l'option dans ce premier tome de traquer juridiquement le concept de sécurité jusqu'à ses derniers retranchements. En s'adossant sur une approche binaire, marque par excellence d'un certain formalisme juridique, les différents contributeurs ont mené la réflexion sur la sécurité avec le mérite d'avoir fait le tour de la question aussi bien en Droit public (Droit public interne et Droit international) qu'en Droit privé (Droit privé fondamental, Droit pénal et Droit des affaires). À travers ce tome consacré à la réflexion juridique sur la sécurité, la plume a été donnée à divers auteurs aux trajectoires différentes susceptibles de donner une idée sur ce qu'est la sécurité dans notre société. Les contributions ainsi recensées se prêtent moins à un résumé. Par conséquent, ces lignes de présentation ne sauraient dispenser le lecteur de parcourir globalement ce chef-d'œuvre scientifique.

Mon souhait est que cette expérience puisse être reconduite dans d'autres projets collectifs tout en espérant que celui-ci recevra un accueil favorable de la part de la critique.

SPENER YAWAGA

Professeur Titulaire
Doyen de la Faculté des Sciences Juridiques et Politiques
Université de Maroua – CAMEROUN

PREMIÈRE PARTIE

ÉTUDES DE DROIT PUBLIC

CHAPITRE I

LA SÉCURITÉ SOUS LE PRISME DU DROIT PUBLIC INTERNE

Le droit à la sécurité en droit constitutionnel camerounais

Par

NENEO KALDAYA[1]

Résumé

Les réformes constitutionnelles des États africains de la décennie 1990 font la part belle au renforcement de l'État de droit. Elles mettent un accent particulier sur la protection des droits et libertés fondamentaux de l'homme parmi lesquels le droit à la sécurité. La reconnaissance par le pouvoir constituant camerounais d'une valeur constitutionnelle au préambule dont le contenu intéresse essentiellement les droits fondamentaux, mentionne en bonne place ce droit à la sécurité. La notion de sécurité, quoique polysémique, renvoie dans notre contexte à la sécurité humaine. Elle traduit une situation de calme et de l'absence d'inquiétude. Le droit à la sécurité est donc synonyme d'un droit à la tranquillité, à la liberté, à la quiétude. Il renferme la sécurité des personnes, d'un groupe de personnes ou même des biens. Ce droit se présente comme un droit constitutionnellement consacré. La fondamentalisation du droit à la sécurité est illustrative de son importance dans le développement de l'État moderne. Alors, sa protection peut soulever un problème en relation avec son caractère fondamental. Autrement dit, comment le droit à la sécurité peut-il être garanti en droit constitutionnel camerounais ? La réponse à ces interrogations n'est pas somme toute évidente lorsqu'on se place du point de vue de la pratique. En effet, son caractère fondamental reste tout de même problématique du fait du développement d'une atmosphère brumeuse en relation avec la garantie juridictionnelle de sa protection.

Mots-clés : Droit, droit à la sécurité, Droit constitutionnel camerounais

[1] Chargé de Cours en Droit Public, Faculté des Sciences Juridiques et Politiques, Université de Maroua Cameroun, E-mail : nkjules1980@gmail.com.

INTRODUCTION

La sécurité constitue aujourd'hui une problématique majeure dans nos États[2]. Cette situation est d'autant plus préoccupante que la sécurité tant collective qu'individuelle et même celle des biens se pose avec beaucoup plus d'acuité[3]. Or, la sécurité fait partie de nos jours du champ du droit notamment, celui des droits fondamentaux du citoyen. Les lois fondamentales des États africains de la décennie 1990[4] ont fait la part belle au renforcement de l'État de droit[5] en mettant un accent particulier sur la protection des droits et libertés fondamentaux de l'homme. La sécurité humaine est donc l'objet d'une étude juridique. Elle a même une base constitutionnelle en droit positif camerounais. Mais la question d'un droit à la sécurité dans un État comme le Cameroun est-elle évidente [6] ? L'approche juridique de la sécurité notamment son rattachement aux droits fondamentaux à travers sa constitutionnalisation en droit camerounais appelle à une analyse certaine.

Par définition, la notion de sécurité est polysémique du fait de la pluralité du champ qui l'intéresse[7]. Dérivée du latin *securitas,* et donc de *securus* qui veut dire sûr, et de *sine cura* qui signifie sans soucis, sans inquiétude, calme ; la sécurité désigne au sens du droit, « une situation de celui ou de ce qui est à l'abri de risques »[8]. Ces risques peuvent être des agressions, des accidents et même des atteintes matérielles. Il s'agit d'un état qui peut concerner soit une personne (on parle alors de la *sécurité individuelle*), soit un groupe de personnes (il s'agit de la *sécurité publique*), soit même un bien (on parle de la *sécurité des biens*)[9]. Le droit à la sécurité est donc synonyme d'un droit à la tranquillité, à la liberté, à la quiétude. Notre analyse qui est orientée vers la question de la sécurité humaine dans son ensemble[10], suppose l'absence des

---

2 Les États modernes font face à plusieurs types menaces sécuritaires notamment le terrorisme, le grand banditisme, etc.

3 BELOMO ESSONO (P. C.), « Sécurité et ordre politique au Cameroun : entre dynamiques internes et connexions internationales », *Revue Africaine des Relations Internationales*, vol.3, n° 1 et 2, 2009, p. 41.

4 Voir à cet effet DE GAUDUSSON (J. D.), CONAC (G.) et DESOUCHES (C.) (dir.), *Les constitutions africaines publiées en langue française*, La Documentation Française/Bruylant Bruxelles, tome 1, 1998.

5 CHEVALIER (J.), *L'État de droit*, Montchrestien, Paris, 2003, 158 pages/voir également DONFACK SOKENG (L.), « L'État de droit en Afrique », *La revue de la CERDIP*, vol.1, n° 2, juillet-décembre 2002, pp. 87-125.

6 YOUSSEF (D.A.), « La sécurité, un droit fondamental », *Pôle léonard de Vinci (UGE)*, 2016, (http://theconversation.com), consulté le 06 mars 2019 à 02heures 33 minutes.

7 On parle de la sécurité sociale, de la sécurité juridique, de la sécurité alimentaire, etc.

8 CORNU (G.), (dir.), *Vocabulaire juridique*, Paris, PUF, 2è édition, 2012, p. 942.

9 *Idem.*

10 Voir à cet effet le Rapport du Fonds des Nations Unies pour la Sécurité Humaine sur la sécurité humaine en théorie et en pratique, p. 6.

troubles et traduit une situation de calme, de paix et de tranquillité au sein d'un État pour le plus grand bénéfice de ses ressortissants et de ses habitants[11].

La protection juridique de la sécurité soulève aujourd'hui un problème relatif à son caractère fondamental[12]. Autrement dit, le droit à la sécurité pose une problématique relative à sa protection constitutionnelle dans un État de droit[13]. D'où la question centrale de savoir si la protection du droit à la sécurité peut être considérée comme un droit fondamental en droit positif camerounais.

Cette question qui intéresse la dimension à la fois normative et institutionnelle de la protection du droit à la sécurité dans l'ordre juridique interne au Cameroun est problématique. En effet, la difficulté à rendre compte du respect de ce droit qui se trouve concentré entre les mains des pouvoirs publics constitutionnels[14] reste évidente. Pour la doctrine sur la question, la sécurité dépend exclusivement du pouvoir central, puisqu'elle est l'une des composantes essentielles de la souveraineté de l'État[15]. Cette distanciation créée entre le bénéficiaire de la sécurité (le peuple) et le fournisseur de prestation de la sécurité (les gouvernants) constitue un problème majeur dans l'analyse de la jouissance du droit constitutionnel à la sécurité.

La pléthore de questionnements sur la réalité du droit à la sécurité en droit positif camerounais nous pousse à affirmer le caractère complexe de cette prérogative constitutionnelle[16]. Seulement, il convient de soutenir la thèse selon laquelle le droit à la sécurité figure au rang des droits fondamentaux camerounais même quand sa protection juridique peut susciter encore de grosses inquiétudes. Autrement dit, la valorisation du droit à la sécurité à travers l'utilisation des moyens classiques de protection des droits, en l'occurrence, l'exercice des voies de recours en cas de manquement en relation avec le texte, pose aujourd'hui d'énormes difficultés. Toute chose qui pousse à dénier très souvent le caractère fondamental de ce droit qui se trouve pourtant inscrit dans la constitution du Cameroun.

---

[11] *Idem.*

[12] Lire DUPPRE DE BOULOIS (X.), « Existe-t-il un droit fondamental à la sécurité », *Revue des droits de l'homme et des libertés publiques* », 2018, chron. n° 13, (www.revuedlf.com).

[13] DONFACK SOKENG (L.), « L'État de droit en Afrique », *Revue de la CERDIP*, vol.1, n° 2, juillet-décembre 2002, pp. 87-125./ CHEVALIER (J.), *L'État de droit*, Montchrestien, Paris, 2003, 158 p.

[14] Les services publics de la sécurité sont concentrés entre les mains du président de la République, chef de l'État et des services publics. Lire à cet effet BELOMO ESSONO (P. C.), « Sécurité et ordre politique au Cameroun : entre dynamiques internes et connexions internationales », *op.cit.*, p. 57.

[15] YOUSSEF (D. A.), « La sécurité, un droit fondamental », *op.cit.*

[16] Contrairement à la doctrine comparée, la sécurité peut être reconnue comme un droit pour chaque citoyen en droit camerounais. Lire à cet effet, DUPPRE DE BOULOIS (X.), « Existe-t-il un droit fondamental à la sécurité », *Revue des droits de l'homme et des libertés publiques* », *op.cit.* L'auteur reste encore interrogatif sur le sujet en contexte français.

Dans une démarche juridique appuyée par une analyse aussi bien exégétique que jurisprudentielle et même à titre comparé, il serait intéressant de montrer le caractère fondamental du droit à la sécurité au Cameroun dans toutes ses dimensions. Dans cette logique, il y a lieu de présenter d'abord les mécanismes juridiques de protection du droit à la sécurité en tant que droit fondamental de l'homme, c'est-à-dire, du point de vue de son caractère d'un droit constitutionnel et consacré (I) avant d'envisager par la suite, l'éventualité d'une protection d'un droit constitutionnellement consacré, c'est-à-dire, l'analyse des aspects relatifs à la garantie juridictionnelle de ce droit à travers la possibilité de l'exercice d'une voie de recours contre la défaillance des pouvoirs publics en relation avec les services publics de la sécurité (II).

I- LA FONDAMENTALITÉ PROBLÉMATIQUE DU DROIT À LA SÉCURITÉ

Contrairement au droit français que la doctrine présente généralement comme étant la source d'inspiration des droits africains[17], le fondement constitutionnel du droit à la sécurité est clairement affirmé en droit positif camerounais. Prévus déjà dans la constitution de 1960[18], les paragraphes 3, 4 et 24 du préambule de la loi constitutionnelle du 18 janvier 1996 révisant la constitution du 2 juin 1972 au Cameroun mentionnent le vocable sécurité au rang des concepts qui composent les droits fondamentaux du citoyen. En effet, selon le pouvoir constituant dérivé camerounais de 1996[19], « la liberté et la sécurité sont garanties à chaque individu dans le respect des droits d'autrui et de l'intérêt supérieur de l'État ». L'article 26 de la loi constitutionnelle de 1996 va renchérir en mentionnant que « La sauvegarde de la liberté et de la sécurité individuelles » relève du domaine de la loi. Cet encadrement constitutionnel du droit à la sécurité lui donne alors un caractère de droit fondamental.

Ce lien entre la liberté et la sécurité reste intimement noué dans un État démocratique et de droit. En effet, il nait une sorte d'interdépendance entre la sécurité et la liberté pourvu que l'intérêt supérieur de l'État soit préservé. Le caractère fondamental du droit à la sécurité devient donc incontestable, et la protection de ce droit se présente alors comme un devoir pour l'État (A) lorsqu'*a contrario,* ce privilège s'affirme comme un droit fondamental pour tout un chacun (B).

---

[17] DE GAUDUSSON (J. D.), « Le mimétisme postcolonial, et après » in La démocratie en Afrique, *Pouvoirs*, 2009, n° 129, pp. 45-55.

[18] Cf. paragraphe 4 du préambule de la constitution du 4 mars 1960.

[19]Voir KENFACK TEMFACK (E.), *Le pouvoir constituant au Cameroun*, Thèse de Doctorat Ph. /D. en Droit public, Université de Douala, 2012, 650 p.

A- Le droit à la sécurité comme devoir pour l'État

L'État [20], en tant que nation personnalisée est le titulaire de la souveraineté[21]. Il entretient de ce fait des liens privilégiés avec ses citoyens, c'est-à-dire, avec l'ensemble de sa population[22]. La mission principale de l'État en tant qu'agrégat des services publics[23] est d'« assurer à tous les citoyens les conditions nécessaires à leur développement »[24]. Ce devoir de l'État vis-à-vis de ses citoyens constitue alors une exigence de sécurité qui s'affirme par la protection de la population.

En tant qu'élément du développement du droit, la protection juridique de la sécurité est envisageable dans le contexte camerounais où règnent aujourd'hui des menaces multiformes à la sécurité. En tant que droit fondamental, la sécurité de la population devient donc une obligation pour l'État (1). Cette production de service public de sécurité qui incombe à l'État central se présente comme une contrepartie incontestable de la contribution aux charges publiques[25] qui pèsent sur les citoyens et opérationnalisée par la participation fiscale du peuple contribuable (2).

1- L'obligation de sécurité de l'État vis-à-vis du peuple

Au sens constitutionnel du terme, l'État a vis-à-vis de ses citoyens, un certain nombre d'obligations et de devoirs [26]. Ces devoirs sont portés par les représentants de l'État en tant que service public selon Léon DUGUIT, en l'occurrence ceux qui détiennent une légitimité constitutionnelle [27]. Ils s'inscrivent dans le cadre des fonctions régaliennes de l'État[28]. C'est le cas justement du maintien de l'ordre public et de la sécurité intérieure de l'État[29]. Ces fonctions régaliennes de l'État sont inscrites dans les dispositions

---

[20] CHEVALIER (J.), *L'État*, Dalloz, 2è édition, Paris, 1999, 125 pages. /Voir aussi BURDEAU (G.), *L'État*, Édition du Seuil, Paris, 1970, 188 p.

[21] Voir pour ce faire DUGUIT (L.), *Traité de droit constitutionnel ; la théorie générale de l'État*, tome 2, Ancienne Librairie Fontemoing et Gie, Éditeurs, Paris, 2è édition, 1923, p. 2.

[22] Il convient de relever que la population est un élément de définition par excellence de l'État.

[23] Selon les termes de Léon DUGUIT.

[24] Cf. Préambule de la Constitution du Cameroun en vigueur.

[25] Lire à cet effet AIME (C.) et ROCHEDY (M.), *Droit fiscal 2015*, Collection « Aide-mémoire », Paris, Sirey-Dalloz, 13è édition, 2015, p. 1.

[26] Les devoirs de l'État sont de missions d'ordre constitutionnel telles que la sécurité, l'éducation, la santé, etc. voir OREJA (M.), « Les rôles respectifs de l'État et du citoyen », *Les Cahiers de droit*, vol. 28, n° 3, 1987, pp. 511-521.

[27] Il faut relever que la légitimité s'adosse sur l'onction populaire. Selon l'article 8 de la constitution du Cameroun, « Le Président de la République représente l'État dans tous les actes de la vie publique ». L'article 5 de la même constitution relève que « le Président de la République est le Chef de l'État. Elu de la Nation tout entière, il incarne l'unité nationale ».

[28] Les fonctions régaliennes de l'État sont des fonctions hautement sensibles dévolues exclusivement aux pouvoirs publics. Lire GRANGER (M.-A.), « Existe-t-il un droit fondamental à la sécurité », *RSC*, 2009/2 p. 273, (httpwww.droitconstitutionnel.org.).

[29] BELOMO ESSONO (P. Ch.), « Sécurité et ordre politique au Cameroun : entre dynamiques internes et connexions internationales », pp. 39-80.

constitutionnelles. En effet, le droit constitutionnel fait du chef de l'État[30], un personnage qui incarne la nation[31]. Il est à cet effet, le garant de l'indépendance nationale, de l'intégrité du territoire, de la permanence et de la continuité des services publics de l'État[32]. Le président de la République au Cameroun considéré comme étant le mandataire principal du peuple[33] est donc celui qui doit fournir ou protéger les droits fondamentaux aux/des citoyens.

Selon Jacques BAGUENARD en effet, « Les gouvernants quel que soit leur mode d'accès au pouvoir, sont ceux qui décident pour l'ensemble de la collectivité, au nom de l'État »[34]. Cette mission tient à la stature présidentielle du garant de la constitution[35]. Le représentant de l'État, par ailleurs chef des forces armées, est appelé donc à veiller à la sécurité intérieure et extérieure de la République[36]. Cette mission n'est possible que grâce au déploiement de la force de l'ordre et de sécurité et même de la défense. Le pouvoir constituant camerounais va même penser au renforcement du pouvoir du président de la République lorsque les circonstances l'exigent[37].

Ces dispositions qui visent la sécurité collective reposent sur un certain nombre de devoirs que l'État doit avoir vis-à-vis de son peuple. Il ressort donc de ce qui précède que le droit à la sécurité est formellement identifié comme étant un droit qui se trouve au centre d'une protection constitutionnelle. La loi fondamentale camerounaise mentionne à ce titre que « L'État assure à tous les citoyens les conditions nécessaires à leur développement ». Il s'agit d'une protection sans exclusive de tous les citoyens concevables dans la philosophie de la participation de tous aux charges publiques.

2- Le droit à la sécurité comme contrepartie d'une contribution fiscale

Loin de conclure à l'achat ou à la commercialisation de services publics[38], le droit à la sécurité du citoyen reste donc légitime. Cette légitimité se traduit selon Michel BOUVIER lorsqu'il affirme que « les prélèvements obligatoires relevaient d'un sens partagé et étaient posés comme participant de la réalisation de l'intérêt général, du bien-être de tous, de la solidarité sociale »[39].

---

[30] Lire à cet effet MBPILLE (P. E.), *Le président de la République en droit constitutionnel camerounais*, Thèse de Doctorat/Ph.D. en Droit Public, Université 2- Soa, 2015, 492 p.

[31] C'est d'ailleurs à ce titre que le chef de l'État est élu au suffrage universel direct.

[32] Cf. article 5 de la constitution camerounaise.

[33] MBPILLE (P. E.), *Le président de la République en droit constitutionnel camerounais*, *op.cit.*, pp. 56 et s.

[34] BAGUENARD (J.), *L'État, une aventure incertaine*, Ellipses, Paris, 1998, p. 41.

[35] Cf. article 5 de la constitution camerounaise.

[36] Cf. article 8 de la constitution camerounaise.

[37] Cf. article 9 de la constitution camerounaise.

[38] Le principe de la gratuité des services publics est juridiquement consacré et l'État prend en charge les dépenses liées à la sécurité.

[39] BOUVIER (M.), « Sens et légitimité de l'impôt », *Pouvoirs*, n° 151, 2014, p. 27.

Cette garantie de la jouissance d'un droit à la paix, à la tranquillité et au calme placée à la charge de l'État se justifie par la contribution de tout un chacun aux charges publiques[40]. En effet, ce devoir constitutionnel des citoyens est prescrit par la constitution camerounaise en vigueur en ces termes, « chacun doit participer en proportion de ses capacités aux charges publiques »[41]. Ces charges publiques peut-on affirmer, sont constituées entre autres des charges sécuritaires[42]. Ce devoir de participation aux charges publiques est donc justifié par les exigences d'une sécurité collective ou publique.

Pour le constituant camerounais de 1996 en effet, « tous les citoyens contribuent à la défense de la patrie »[43]. Cet élan de patriotisme impulsé par la constitution et imposé à tous les citoyens se manifeste à travers l'exercice d'un devoir fiscal, synonyme du maintien d'une certaine égalité et d'une justice entre les citoyens. Sans rentrer dans les détails de cette contribution, il y a lieu de relever que les exigences de sécurité deviennent de ce point de vue, des impératifs somme toute absolus pour une vie en communauté.

Le droit à la sécurité de tous convoque donc d'autres aspects de droits et libertés présents dans les textes internes[44] et même dans ceux internationaux[45]. La responsabilité sociale de l'État[46] impose alors un respect des droits des citoyens. Il s'agit ici d'une autre exigence de l'État de droit, qui veut que l'État soit comptable devant le peuple. En effet, l'État est appelé à garantir à tous les citoyens de l'un et de l'autre sexe, les droits et libertés énumérés au préambule de la constitution. Le renforcement de la valeur juridique du préambule de la constitution depuis 1996[47] suscite un certain espoir quant aux mécanismes juridiques de la garantie des droits humains[48]. C'est dans ce sens que la République du Cameroun s'affirme de plus en plus comme un État caractérisé par un cadre normatif suffisamment étoffé en relation avec la production du droit à la sécurité. C'est d'ailleurs dans ce sillage que l'État a pour obligation

[40]Lire pour ce faire, LEKENE DONFACK (E.), *Finances publiques camerounaises*, Berger Levrault, mars 1987, 490 pages. / OLIVA (E.), *Finances publiques*, Collection « Aide-mémoire », Paris, Sirey-Dalloz, 2è édition 2008, 512 p.

[41] Voir préambule de la constitution du Cameroun

[42] Il faut relever que les dépenses sécuritaires constituent aujourd'hui la masse la plus importante des enveloppes affectées aux autres services publics. Voir OIF, Réseau Africain pour le Secteur de Sécurité (RASS), *La réforme des systèmes de sécurité et de justice en en Afrique francophone*, Paris, mars 2010, pp. 200 et s.

[43] Cf. Préambule de la constitution du Cameroun. Il convient de rappeler que la contribution à la défense de la patrie recouvre plusieurs orientations.

[44]Lire pour ce faire SOPECAM, *Cameroun : Droits et libertés*, Recueils des nouveaux textes, Éditions SOPECAM, 1990, 396 p.

[45] DUDH de 1948, DDHC de 1789.

[46] Lire à cet effet, CHEVALIER (J.), *L'État*, Paris, Dalloz, 2è édition, 1999, p. 76.

[47] Cf. article 65 de la loi constitutionnelle de 1996.

[48] Lire à cet effet MOUANGUE KOBILA (J.), « Le préambule du texte constitutionnel du 18 janvier 1996 ; de l'enseigne décorative à l'étalage utilitaire », *Lex Lata*, 1996, n° 023-024, pp. 33-38.

d'assurer l'égalité de tous les citoyens devant la loi[49] y compris l'égalité dans la jouissance du droit à la sécurité par exemple.

B- Le droit à la sécurité comme un droit fondamental du citoyen

La relation entre l'État et le citoyen s'analyse toujours en termes d'un rapport d'opposition du point de vue de leur responsabilité respective. Justifiant cette relation portée par un certain antagonisme, Marcelio OREJA affirme à cet effet que l'État n'a que des obligations alors que le citoyen n'a que des droits[50]. Cette thèse semble se relativiser grâce aux dispositions de l'article 26 de la loi constitutionnelle de 1996 selon lequel « Sont du domaine de la loi : Les droits, garanties et obligations fondamentaux du citoyen ; La sauvegarde de la liberté et de la sécurité individuelles ; Le régime des libertés publiques ; … Les devoirs et obligations du citoyen en fonction des impératifs de la défense nationale ».

L'État qui se définit à travers les services publics selon Léon DUGUIT ne trouve sa raison d'être que lorsque les citoyens se sentent épanouis dans leurs besoins parmi lesquels le besoin en sécurité. En effet, la sécurité se présente comme une condition de tout développement. La garantie de ce droit fondamental à la sécurité pose alors de nos jours un certain nombre de problèmes relatifs à l'efficacité des mesures de sécurité, à l'effectivité de la sécurité voire à la qualité de cette sécurité.

Dans notre contexte d'étude, cette articulation se penche sur l'analyse de l'accès des citoyens au service public de la sécurité. Nous nous contenterons dans ce sens d'examiner la récurrente question de la liberté d'accès au service public de la sécurité au Cameroun (1). Par ailleurs, il est également intéressant d'analyser le problème relatif à l'égalité des citoyens en tant que composante de la souveraineté dans leurs relations avec les services publics régaliens de l'État en charge de la sécurité (2).

1- La liberté d'accès au service public de la sécurité

Le problème de la liberté d'accès au service public en général[51] et au service public de la sécurité en particulier, se pose aujourd'hui de plus en plus dans nos États. Cette situation soulève la question de la synergie qui doit exister entre les services publics et les usagers de ces services. L'expérience de la défense populaire implémentée dans le temps fort de la crise sécuritaire en relation avec la lutte contre la secte terroriste Boko Haram dans la région

---

[49] Cf. article 1 al.2 de la constitution du Cameroun.

[50] OREJA (M.), « Les rôles respectifs de l'État et du citoyen », *Les Cahiers de droit*, vol. 28, n° 3, 1987, pp. 511-521.

[51] Voir VALETTE (J. P.), *Droit des services publics*, Ellipses, 2è édition, 2013, 318 p et LACHAUME (J.-F.) et al., *Droit des services publics*, Armand Colin, 3e Édition, 9 septembre 2004, 533 p.

de l'Extrême Nord Cameroun est illustrative d'une efficacité de sécurité portée par tous.

En principe, tout le monde a droit à un accès libre au service public de la sécurité. Autrement dit, chaque citoyen a le droit d'être assisté en cas de détresse, d'être sécurisé tant personnellement que dans ses biens. Le cri de détresse qui retentit dans les régions anglophones en rapport avec la supposée indifférence des gouvernants[52] est symptomatique d'un abandon qui illustre une discrimination dans l'accès au service public de la sécurité au Cameroun. Pourtant, le pouvoir constituant camerounais de 1996 mentionne que « Tout homme a le droit de se fixer en tout lieu et de se déplacer librement sous réserve des prescriptions légales relatives à l'ordre, à la sécurité et à la tranquillité publics »[53]. La menace sécuritaire qui secoue le Cameroun actuellement entame alors gravement ce droit fondamental des citoyens. Elle traduit outre mesure, l'incapacité de l'État à assurer à tous la jouissance de ce droit constitutionnellement consacré.

À l'analyse, le droit à la sécurité doit se conjuguer avec les impératifs de tranquillité et de l'ordre public. Ce droit doit s'inscrire alors dans la dynamique de la permanence, c'est-à-dire de la présence continue de l'État dans la garantie de la tranquillité. Autrement dit, le droit à la sécurité doit être protégé aussi bien en temps de paix comme en temps de trouble[54]. La liberté d'accès au service de sécurité se mesure alors à la capacité d'encadrement des services publics constitutionnels[55] de l'État. Dans la pratique, les pouvoirs publics consentent généralement un moyen financier suffisamment important à ces services[56]. Cependant, la liberté d'accès est donc généralement plombée par des pratiques de corruption et même d'une sorte de complicité entre les forces de sécurité et les autres prédateurs de la sécurité[57].

L'insécurité ambiante dans les grandes métropoles, les pratiques d'enlèvement contre des rançons, l'organisation des vols de bétail dans l'Extrême Nord du Cameroun sans oublier les braquages à main armée perpétrés au temps fort de Boko Haram dans le Mayo-Tsanaga avec la

---

[52] Les propos sont du leader de l'opposition NI JOHN FRU NDI avant sa capture où il lui aurait été demandé de demander à ses maires et parlementaires de démissionner pour ne pas participer à la mascarade du parti au pouvoir.

[53] Cf. préambule de la Constitution.

[54] BELOMO ESSONO (P. C.), « Sécurité et ordre politique au Cameroun : entre dynamiques internes et connexions internationales », *op.cit.*, p. 41.

[55] Lire à cet effet VALETTE (J. P.), *Droit des services publics*, *op. cit.*, pp.58 et s./ Lire également DUPPRE DE BOULOIS (X.), « Existe-t-il un droit fondamental à la sécurité ».

[56] Voir à cet effet le budget alloué aux services de sécurité et de défense dans la Loi n° 2018/022 du 11 décembre 2018 portant Loi des finances de la République du Cameroun pour l'exercice 2019.

[57] Voir à cet effet le Rapport de Amnesty International sur les droits de l'homme publié dans « L'œil du Sahel, n° 739 du 17 septembre 2015, pp. 10-14.

complicité des forces de sécurité, constituent donc des failles qui dénotent de l'absence de la jouissance de ce droit d'accès à la sécurité.

En principe, la liberté dans l'accès aux services publics de la sécurité doit être présentée comme un droit absolu, même si, compte tenu de certaines conjonctures, on peut conclure à certains niveaux, en l'absence de l'obligation des résultats dans les opérations de maintien de l'ordre qui incombent aux pouvoirs publics [58]. Autrement dit, le foisonnement des institutions d'encadrement de la sécurité[59] ne peut en rien garantir l'efficacité et la qualité des services rendus. Comment alors comprendre que la sécurité des personnes et des biens peine à prendre ses marques dans la société politique camerounaise malgré le développement d'une combinaison d'encadrement assuré à la fois par l'administration du territoire et à l'importante batterie de force de l'ordre et de sécurité à l'effet de produire aux bénéficiaires un droit à une sécurité suffisamment fiable.

Autrement dit, les services publics de la sécurité ne doivent plus seulement être au service des gouvernants et des institutions étatiques considérées comme importantes pour la vie de la nation, mais également au service du bas peuple, et donc du citoyen au sens du droit constitutionnel[60]. En effet, tous les citoyens doivent bénéficier équitablement de ce droit fondamental et ceci en considération du principe d'égalité prévu par la constitution[61] et qui constitue en même temps, la caractéristique principale du fonctionnement des services publics.

2- L'égalité d'accès au service public de la sécurité

Le principe d'égalité est un principe fondamental du droit consacré par plusieurs instruments juridiques soient-ils internationaux ou nationaux. Cette question d'égalité se pose de plus en plus avec acuité dans les États modernes. Encouragé par des fractures sociales de plus en plus visibles et croissantes, l'égal accès au service public en général et aux services publics de la sécurité en particulier ne semble pas être la chose du monde la mieux partagée[62].

[58] Lire à cet effet, YOUSSEF (D. A.), « La sécurité, un droit fondamental », *op.cit.*

[59] OIF, Réseau Africain pour le Secteur de Sécurité (RASS), *La réforme des systèmes de sécurité et de justice en en Afrique francophone, op.cit.*, pp. 53 et s.

[60] AVRIL (P.) et GICQUEL (J.), *Lexique de droit constitutionnel*, Collection « Que sais-je ? » n° 3655, 3è édition, Paris, 2012, p. 21. Le citoyen désigne la « qualité juridique d'une personne qui l'autorise à prendre part à la vie de l'État, par l'usage des droits civiques et politiques ».

[61] Cf. article 1er de la constitution du Cameroun selon lequel « Elle (la République) assure l'égalité de tous les citoyens devant la loi ».

[62] BELOMO ESSONO (P. C.), « Sécurité et ordre politique au Cameroun : entre dynamiques internes et connexions internationales », *op.cit.*, p. 41.

Pourtant, les textes juridiques internationaux[63] comme internes[64] mentionnent clairement ce principe fondamental selon lequel, « Tous les hommes sont égaux en droits et en devoirs »[65]. Il convient donc de relever ici la double dimension de cette question d'égalité.

D'une part, en tant que devoir, l'égalité dans l'accès à la fonction publique de sécurité soulève d'importantes interrogations. En effet, la montée en puissance de la corruption montre l'envahissement de ce champ par des pratiques iconoclastes défavorables à la construction d'une sécurité durable. En effet, la transparence dans le recrutement dans les services publics de sécurité (Sureté Nationale, Gendarmerie, etc.), reste de nos jours une préoccupation importante. Cette situation soulève un problème sérieux du patriotisme pour basculer vers la question de la survie des agents de sécurité dans un État où le chômage et ses corollaires, c'est-à-dire, la pauvreté, l'enrichissement illicite, etc., ont fait leur lit. Le problème d'engagement au service de la sécurité se pose et continue de se poser avec acuité tant que les appelés sous le drapeau ne sont pas guidés seulement par un sursaut du patriotisme, mais par des intérêts individualistes. Cela pose de nos jours également le problème de l'attractivité de la fonction publique dans son ensemble[66].

D'autre part, en tant que droit, l'accès au service public de la sécurité doit être équitable. Il s'agit ici d'interroger la distribution des prestations sécuritaires dans nos pays généralement en proie aux crises sécuritaires. La couverture du territoire en service public de sécurité reste généralement insuffisante. Or, la protection des personnes et des biens doit être efficacement assurée. Autrement dit, le secours à porter aux citoyens en détresse ne doit pas varier en aucune manière en fonction de la position sociale ou de la classe sociale à laquelle on appartient. Au temps fort de la crise sécuritaire provoquée par la secte terroriste Boko Haram dans la région de l'Extrême Nord, certaines résidences et certains quartiers sont généralement mieux sécurisés et le citoyen *lambda* est abandonné à son triste sort. Les pertes enregistrées chez les paysans à travers les vols de bétail dans les différents villages du Mayo-Tsanaga en sont des exemples patents aujourd'hui de discrimination dans l'accès au service public de la sécurité.

Cette situation d'insécurité globale qui explique la défaillance des services publics de sécurité se justifie par des pratiques d'enlèvement, de braquage et

---

[63] C'est le cas de la Déclaration Universelle des Droits de l'Homme du 10 décembre 1948, de la Déclaration des Droits de l'Homme et du Citoyen du 26 août 1789 et de la Charte Africaine des Droits de l'Homme et du Peuple de 1981.

[64] Texte de la constitution de 1996.

[65] Cf. article 1er de la Déclaration Universel des Droits de l'Homme de 1948 et le préambule de la constitution du Cameroun de 1996.

[66] Lire pour ce faire SCHWEITZER (L.), « L'attractivité de la haute fonction publique est-elle en déclin ? », *Pouvoirs*, n° 117, 2006, pp. 17-26.

du règne du grand banditisme dans nos villes. Ces différentes questions relatives à la sécurité soulèvent alors un autre grand problème sur le plan juridique : celui de la probabilité d'une technique d'encadrement juridictionnel qui conduit à la défense de son droit à la sécurité au Cameroun.

II- LA PROTECTION PROBLÉMATIQUE DU DROIT À LA SÉCURITÉ

Le caractère fondamental du droit à la sécurité ne semble plus souffrir d'aucune ambiguïté en droit positif camerounais. La doctrine sur la fondamentalité du droit à la sécurité semble confirmer cette thèse. En effet, pour elle, un droit est fondamental lorsqu'il est tout simplement protégé par des normes constitutionnelles ou par des textes de même valeur[67]. Sur la base de cette logique, l'on ne peut donc dénier le caractère fondamental du droit à la sécurité en droit camerounais. Son inscription dans la constitution lève toute équivoque sur le sujet. Il s'agit d'un véritable droit constitutionnel susceptible d'être considéré tant dans sa dimension objective que subjective, comme un droit fondamental dont le non-respect peut être sanctionné par un juge.

Si le droit à la sécurité est appelé à figurer au sein des droits constitutionnellement protégés[68], alors sa fondamentalité exige une protection juridictionnelle suffisamment conséquente. Dans le contexte de notre analyse, il y a lieu d'envisager d'une part, une protection matérielle du droit à la sécurité (A) et d'autre part, de projeter la difficile protection juridictionnelle du droit à la sécurité (B).

A- La protection matérielle ou institutionnelle du droit à la sécurité

Dans sa dimension matérielle, la protection du droit à la sécurité du citoyen en particulier et de la population en général, obéit à un critère fort organique[69]. En effet, il convient ici de poser la question de savoir qui peut matériellement protéger le droit à la sécurité du citoyen. Autrement dit, quelle est l'institution la plus appropriée pour produire le service public de la sécurité ? Il faut souligner que le cadre institutionnel de la sécurité reste largement bénéfique à la concrétisation du service public de la sécurité.

La matérialisation de la sécurité dans le champ de compétence du pouvoir exécutif[70] rentre en droite ligne dans sa mission constitutionnelle de l'application des lois. En effet, la mise en application de la loi reste largement

---

[67] FAVOREU (L.) et *al., Droit constitutionnel*, Paris, Dalloz, 14 édition, 2011, p. 884.

[68] Nous faisons allusion aux autres droits fondamentaux de l'homme consacrés par la loi fondamentale du 18 janvier 1996.

[69] Nous retenons le critère de la relation personne publique et gestion de service public.

[70] BELOMO ESSONO (P. C.), « Sécurité et ordre politique au Cameroun : entre dynamiques internes et connexions internationales », *op.cit., p.43.* / Voir également OIF, Réseau Africain pour le Secteur de Sécurité (RASS), *La réforme des systèmes de sécurité et de justice en en Afrique francophone*, Paris, mars 2010, p. 19.

du champ du pouvoir réglementaire[71]. L'adhésion du Cameroun à la philosophie de la séparation des pouvoirs conseillée par MONTESQUIEU et John LOCKE permet d'observer la forte implication du pouvoir exécutif dans la mise en place des mesures de sécurité. Le rattachement des services de sécurité au pouvoir exécutif est illustratif d'un développement des institutions d'encadrement de la sécurité portée par l'exécutif. Pour l'Organisation Internationale de la Francophonie, cette situation s'est généralisée en Afrique puisque, souligne-t-elle, « le cadre institutionnel régissant la plupart des pays d'Afrique francophone est extrêmement favorable à la concentration des pouvoirs, non seulement au sein de la branche exécutive, mais plus précisément entre les mains de la présidence de la République »[72]. La fourniture de service de sécurité est une affaire présidentielle.

Dans la pratique, le droit à la sécurité s'opérationnalise par la redynamisation des services de forces de sécurité et de défense (1) qui sont placés entre les mains de l'exécutif. Cependant, l'on ne peut manquer de noter également la forte implication de l'administration du territoire (2) dans la lutte contre l'insécurité à travers son pouvoir de police administrative, pourvu que les exigences de la démocratie et de l'État de droit soient respectées.

1- La mise à contribution des forces de sécurité et de défense

De manière générale, la sécurité des hommes et des biens est assurée par des institutions publiques spécialisées[73]. Le développement des services privés de sécurité observé de nos jours dans nos États n'a point entaché la dynamisation des dispositifs institutionnels sécuritaires du secteur public.

Au sein des services publics constitutionnels de l'État figurent en bonne place les services de sécurité et de défense. Les missions sécuritaires de l'État sont des missions extrêmement complexes et généralement confiées au ministère de la Défense[74] et à la Délégation Générale à la Sureté Nationale[75] dans le contexte camerounais. On ne saurait de ce fait négliger le concours des

---

[71] Voir le principe de la séparation des pouvoirs.
[72] OIF, Réseau Africain pour le Secteur de Sécurité (RASS), *La réforme des systèmes de sécurité et de justice en en Afrique francophone*, *idem.*
[73] *Op.cit.* pp. 53 et s.
[74] Cf. article 8 al.1 du Décret n° 2011/408 du 09 décembre 2011 portant organisation du gouvernement modifié par le Décret n° 2018/190 du 02 mars 2018. Selon ce texte, « le ministère délégué à la présidence chargé de la défense est responsable de l'élaboration et de la mise en œuvre de la politique de la nation en matière de défense ».
[75] Cf. Décret n° 2002/003 du 4 janvier 2002 portant organisation de la Délégation Générale à la Sûreté Nationale et ses modifications subséquentes. L'article 1 al.2 de ce texte précise que « La Sûreté nationale est un corps de commandement et d'administration placé sous l'autorité du Président de la République qui en est le chef suprême ».

autres administrations[76] qui sont de manière accessoire impliquées des missions de sécurité à titre subsidiaire.

Les forces de sécurité et de défense, généralement collées au service de la présidence de la République[77], dont le chef est par ailleurs le chef de l'État, c'est-à-dire, le chef de tous les services publics. La loi constitutionnelle camerounaise du 18 janvier 1996 fait du chef de l'État, le chef des forces armées[78] et de police[79]. Il est par ailleurs, la seule personnalité habilitée à nommer aux emplois militaires[80] au sens du droit constitutionnel camerounais. Cette compétence exclusive du président de la République dans un exécutif bicéphale comme c'est le cas au Cameroun témoigne donc de la subtilité de cette mission constitutionnelle dévolue au mandataire principal[81] du titulaire de la souveraineté, qui est le peuple.

Les missions des services de sécurité et de défense qui ne sont pas contraires à la constitution sont définies dans des textes organisant leur statut[82]. Il s'agit d'une institution fortement imprégnée des valeurs républicaines et dont l'apport relatif à l'accès au service de sécurité est déterminant. Cette mission est généralement coordonnée par l'administration du territoire (ministère de l'Intérieur sous d'autres cieux) sous l'impulsion du chef de l'État dans le cadre d'un État unitaire même décentralisé comme le Cameroun[83].

2- L'intervention de l'administration dans le cadre de la police administrative

La sécurité est un problème consubstantiel à l'existence d'une communauté[84]. En effet, l'homme en tant qu'un animal politique[85] est

---

[76] C'est le cas notamment avec la douane qui dispose des missions sécuritaires au sens du code des douanes, de la faune et des forêts, etc., dans le sens d'une collaboration entre les différents services de l'État.

[77] BELOMO ESSONO (P. C.), « Sécurité et ordre politique au Cameroun : entre dynamiques internes et connexions internationales », *op.cit.,* p. 57.

[78] Cf. article 8 al. 2 de la constitution du Cameroun.

[79] Cf. Article 5 al. 1 du Décret n° 2002/003 du 4 janvier 2002 portant organisation de la Délégation Générale à la Sûreté Nationale selon lequel « La Sûreté nationale relève de l'autorité directe du Président de la République ».

[80] Cf. article 8 al. 10 de la constitution du Cameroun.

[81] MBPILLE (P. E.), *Le Président de la République en droit constitutionnel camerounais, op.cit.,* pp. 56 et s.

[82] Voir Décret n° 2001/178 du 25 juillet 2001 portant organisation générale de la Défense et des Etats-Majors Centraux et le Décret N° 2001/065 du 12 mars 2001 Portant statut spécial du corps des fonctionnaires de la Sûreté Nationale.

[83] Cf. article 1 al.2 de la Constitution.

[84] BELOMO ESSONO (P. C.), « Sécurité et ordre politique au Cameroun : entre dynamiques internes et connexions internationales », *op.cit.,* p. 40.

[85] Selon ARISTOTE.

généralement porté par des instincts de la méchanceté[86]. L'administration du territoire qui est portée généralement par le principe de l'unité et de la permanence de l'État au moyen du développement de police administrative est fortement ancrée dans le maintien de l'ordre et de la sécurité publics. La police administrative est définie par la doctrine comme étant un « ensemble des moyens de l'administration consistant à imposer des limites aux libertés publiques »[87]. Ces limites sont généralement portées par des impératifs de sécurité. On peut donc noter dans cette relation un antagonisme entre l'État de droit porté par le constitutionnalisme moderne à travers la protection des droits et libertés fondamentaux et les exigences de sécurité que tendent à défendre les pouvoirs publics.

La protection des personnes et des biens fait partie donc des missions régaliennes de l'État. La charge sécuritaire incombe au chef de l'État ainsi qu'à ses représentants dans les services publics déconcentrés [88]. Le développement de l'autre pendant de l'activité de l'administration, c'est-à-dire, de la police administrative montre combien la mission administrative de sécurité est colossale. Seulement, cette situation varie selon que l'on est en temps de paix ou de crise.

Le droit constitutionnel camerounais précise qu'en temps de trouble, le chef de l'État, chef de l'administration bénéficie des pouvoirs très étendus[89]. Il peut de ce fait proclamer au moyen de son pouvoir réglementaire, l'État d'urgence[90] ou l'État d'exception[91] en fonction de la nature des circonstances qui s'imposent. Il s'agit là d'une véritable mission de sécurité en relation avec la question de la sécurité des personnes et des biens évoquée plus haut. Dans les tentacules de l'administration de l'État, on note généralement un prolongement significatif de cet encadrement administratif des mesures de sécurité. Cette mission s'inscrit en droite ligne de la mission constitutionnelle de l'exécution des lois telle que définie dans le cadre de la séparation des pouvoirs constitutionnels au Cameroun[92]. Les forces de sécurité et de défense

[86] Selon Thomas HOBBES.
[87] MAURIN (A), *Droit administratif, op.cit.*, p. 105. / Voir également BELLESCIZE (R. de), *Droit Administratif général*, Gualino, 3è édition, 2016, p. 135.
[88] Les agents du MINAT dans ses services déconcentrés.
[89] Cf. article 9 de la constitution du Cameroun.
[90] Cf. Article 9. al.1 de la constitution du Cameroun selon lequel, « Le Président de la République peut, lorsque les circonstances l'exigent, proclamer par décret l'état d'urgence qui lui confère des pouvoirs spéciaux dans les conditions fixées par la loi ».
[91] Cf. Article 9. al. 2 de la Constitution du Cameroun selon lequel, « Le Président de la République peut, en cas de péril grave menaçant l'intégrité du territoire, la vie, l'indépendance ou les institutions de la République, proclamer, par décret, l'état d'exception et prendre toutes mesures qu'il juge nécessaires ».
[92]Lire pour ce faire MONEMBOU (C.), *La séparation des pouvoirs dans le constitutionnalisme camerounais : Contribution à l'étude de l'évolution constitutionnelle*, Thèse de Doctorat Ph. D. en Droit Public, Université de Yaoundé II-Soa, 2010-2011, 489 p.

s'imposent alors au moyen de la force comme le relate Max Weber, puisque l'État est considéré comme la seule puissance qui détient le monopole de la violence légitime. L'administration concourt donc à l'implémentation des mesures de sécurité et du maintien de l'ordre à l'effet de conjurer tout trouble susceptible de décourager le développement harmonieux de la société et de perturber la quiétude des citoyens. Ces missions qui sont constitutionnelles par nature, restent largement bénéfiques à la population considérée comme étant le titulaire de la souveraineté[93] et qui est par la même occasion, le destinataire final du droit à la sécurité.

En temps de paix, le droit à la sécurité s'inscrit dans la démarche de la prévention de trouble, ou même de l'anticipation des situations susceptibles de provoquer l'insécurité. Cette technique s'inscrit dans la dynamique de la recherche d'une tranquillité permanente au sein de l'État, toute chose qui explique également la continuité des services publics de la sécurité et qui conditionne la continuité même de l'État. La recherche de la quiétude s'opérationnalise par l'intensification des renseignements généraux et la surveillance du territoire dans le cadre de lutte préventive contre le grand banditisme[94].

En tant que service public, la défaillance des services de sécurité causant du tort à la population ou aux citoyens, doit normalement entrainer la rétention de la responsabilité avec ou sans faute de l'État. C'est exactement ici que se pose le problème de la jouissance de son droit à la sécurité. La garantie du droit à la sécurité prévue par la loi fondamentale pourrait de ce fait être défendue devant le juge.

B- La garantie juridictionnelle de la protection du droit à la sécurité

Il s'agit ici d'une question lancinante, tout au moins pour les adeptes de la vertu de l'État de droit. En effet, la valeur juridique d'un droit ou son caractère fondamental repose sur la possibilité d'être défendue ou protégée devant le juge. Pour Jean Paul COSTA, dans les États de tradition démocratique, « il semble naturel que le juge soit un défenseur des libertés »[95]. Le juge se présente alors en tout temps comme étant le garant des droits et libertés fondamentaux créés par nos textes de droit.

---

93 Cf. article 2 de la Constitution du Cameroun selon lequel « La souveraineté nationale appartient au peuple camerounais qui l'exerce soit par l'intermédiaire du Président de la République et des membres du Parlement, soit par voie de référendum. Aucune fraction du peuple ni aucun individu ne peut s'en attribuer l'exercice. Les autorités chargées de diriger l'État tiennent leurs pouvoirs du peuple par voie d'élections au suffrage universel direct ou indirect, sauf dispositions contraires de la présente Constitution. ».

94 Cf. articles 3 et 4 du Décret n° 2002/003 du 4 janvier 2002 portant organisation de la Délégation Générale à la Sûreté Nationale.

95 COSTA (J.-P.), « Le juge et les libertés », *Pouvoirs*, n° 84, janvier 1998, p. 75.

Cependant, en matière du droit à la sécurité, la question reste entière quant à l'éventualité de l'exercice d'une voie de recours en cas de défaillance des services publics compétents dans le domaine de la sécurité. Autrement dit, le citoyen *lambda* peut-il facilement se prévaloir du non-respect de son droit à la sécurité devant un juge ? Cette question qui est pour le moins gênante est restée jusqu'à nos jours sans une véritable réponse.

Pourtant, la fondamentalité du droit à la sécurité laisse entrevoir la possibilité de naissance d'un contentieux du droit à la sécurité (1), mais également, l'implication du juge dans la sauvegarde de ce droit (2).

1- La possibilité de naissance d'un contentieux du droit à la sécurité

La responsabilité de l'État ou d'un agent public de sécurité peut-elle être engagée en cas de non-respect d'un droit subjectif ou d'un droit objectif à la sécurité ? En tant que droit fondamental de l'homme ou du citoyen, le refus ou la défaillance observée dans le dysfonctionnement des services publics de la sécurité peuvent donner lieu à un contentieux soit du droit administratif, soit du droit judiciaire ou même du droit constitutionnel. Seulement, la nature particulière de ces services risque de faire évaporer la possibilité de l'exercice des voies de recours à l'encontre d'un acte ayant entrainé ou favorisé l'insécurité[96].

La jurisprudence sur la question reste tout de même timide autant en droit comparé qu'en droit interne. Comme toute activité humaine, la mission de sécurité peut engendrer des contentieux. En effet, ces services restent tout de même des services qui tiennent la vie des citoyens. La légitimité d'une contestation des mesures de sécurité peut être donc explorable.

Comment alors contrôler l'efficacité de droit à la sécurité en droit camerounais ? Au-delà de leur fonctionnement, ces services de sécurité sont souvent protégés par des étiquettes de secret défense. Sur ce sujet et pour montrer la pertinence de cette protection, Bernard GRASSET affirme que « Le secret de la Défense nationale est nécessaire, il doit être protégé. Il doit être défendu. Et ceux qui le transgressent ou l'utilisent à des fins contraires à la sécurité du pays doivent être punis. »[97] Seulement, il y a lieu de redouter cette mesure de protection qui risque de plomber la recherche de la transparence dans les services publics de la défense. Cette situation soulève alors une autre grosse interrogation lorsque le même auteur s'interroge en déclarant « Comment concilier l'État de droit et le nécessaire secret de la

[96] Il faut relever que l'exercice des voies de recours est un élément fondamental de l'État de droit, c'est-à-dire « le droit au juge » selon les termes de OPETTIT.
[97] GRASSET (B.), « Secrets défense », *Pouvoirs*, n° 97, 2001, p. 63.

Défense nationale »[98] dans une société où la transparence doit être considérée comme la règle[99].

La question de la rétention de la responsabilité des différents services complique alors le mécanisme du contrôle. En effet, en tant que démembrement de l'État, la responsabilité de ces services peut être retenue en cas de manquement au devoir de sécurisation du citoyen.

L'autre grande interrogation qui semble tarauder encore l'esprit est celle de la compétence du juge relativement à la question contentieuse dans le domaine de la sécurité au sein de l'État. Si le problème semble ne point se poser dans l'ordre juridique international[100], il reste tout de même entier dans l'ordre juridique interne aux États.

2- L'implication du juge dans la protection du droit à la sécurité

Quel peut-être le juge compétent pour connaitre du contentieux de la sécurité en droit camerounais ? Cette interrogation qui semble anodine laisse transparaître toute la problématique de la protection de son droit à une sécurité face aux agents de sécurité, et donc à l'administration de sécurité. La question pour être traitée doit être prise sous deux angles.

D'une part, elle devient encore difficile lorsqu'il faut faire intervenir le juge pour connaitre d'un cas de défaillance dans le service public de la sécurité. La responsabilité de l'État dans sa globalité peut être engagée devant le juge administratif lorsqu'on assimile la faute de sécurité à une faute de service. Sur la responsabilité des gouvernants pour cause de défaillance, Daniel SOULEZ LARIVIÈRE affirmait déjà dans le contexte français « ... jadis on poursuivait des ministres soupçonnés de pactiser avec l'ennemi, mais pas le ministre de la Guerre pour avoir raté une offensive... »[101]. Cette hypothèse déroule toute la difficulté à engager la responsabilité des responsables de sécurité, mais elle peut tenir lorsqu'il s'agit d'un cas de question de recours en indemnisation. Dans ce cas, le juge administratif va se présenter ici comme étant le garant du droit à la sécurité. Cette situation est souvent visible dans des situations en relation avec les questions de libertés publiques[102].

---

[98] *Idem.*

[99] BELORGEY (J.-M.), « L'État entre transparence et secret », *Pouvoirs*, n° 97, 2001, pp. 25-32.

[100] Il faut relever que le développement des législations en relation avec le crime de guerre, les crimes contre l'humanité et des juridictions constitue des exemples de rétention de la responsabilité en rapport avec les mesures de sécurité.

[101] SOULEZ LARIVIÈRE (D.) « La Cour de justice de la République et l'affaire du sang contaminé », *Pouvoirs*, n° 92, 2000, p. 92.

[102] Lire à cet effet GRANGER (M.-A.), « Existe-t-il un droit fondamental à la sécurité ? », *op.cit.* p. 273.

D'autre part, la question semble être moins compliquée lorsqu'il faut engager la responsabilité d'un agent de sécurité à titre individuel. En effet, le refus d'agir non justifié doit entrainer la rétention de la responsabilité pénale pour non-assistance de personne en danger [103] doublée d'une faute professionnelle. Il s'agit donc ici d'un cas du contentieux qui intéresse les actes détachables des services et le contrevenant est appelé à répondre devant le tribunal judiciaire ou devant les autres instances similaires telles que le Tribunal militaire[104], le Conseil de discipline, etc.

Dans le premier cas de figure, le juge militaire peut sanctionner tout militaire ou gendarme qui refuse de remplir sa mission statutaire[105]. Dans le deuxième cas de figure, par contre, l'agent de police qui enfreint ce devoir de sécurité peut être appelé à s'expliquer devant le conseil de discipline en prélude à une sanction juridictionnelle[106]. Sur le caractère inefficace de l'activité de la police, Alain BAUER relevait déjà que « La police de l'ordre, qui n'avait pas su devenir une police de la tranquillité publique, fait désormais face à une demande mixte : sécurité et tranquillité. »[107] Cette thèse essaye de montrer la lourdeur de la responsabilité de l'agent de police dans l'exercice de ses fonctions. Elle tient généralement au problème lié au moyen.

---

[103] Voir l'article 23 de la Loi n° 2016/007 du 12 juillet 2016 code pénal camerounais.

[104] Cf. Loi n° 2008/015 du 29 décembre 2008 portant organisation judiciaire militaire et fixant les règles de procédure applicables devant les tribunaux militaires modifié par la Loi 2017/012 du 12 juillet 2017 portant code de justice militaire.

[105] Voir l'Article 18 du Décret n° 2001/188 du 25 juillet 2001 portant Statut particulier du Corps des Officiers d'active des forces de défense, par exemple, où on peut lire par exemple : « 1°) Les Officiers sont soumis à la loi pénale de droit commun ainsi qu'aux dispositions du Code de Justice Militaire.
2°) Sans préjudice des sanctions pénales qu'elles peuvent entraîner, les fautes commises par les officiers les exposent :
- à des punitions disciplinaires fixées par le règlement de discipline générale dans les forces armées ;
- à des sanctions statutaires ;
- à des sanctions professionnelles prévues par le statut général des militaires. ».

[106] Voir aussi l'article 89 du Décret N° 2001/065 du 12 mars 2001 Portant statut spécial du corps des fonctionnaires de la Sûreté Nationale, « (1) Indépendamment d'une sanction pénale éventuelle ou d'un jugement de comptes, toute faute professionnelle ou extraprofessionnelle expose son auteur à une sanction disciplinaire.
(2) Toutefois, le Conseil de discipline doit, en cas de poursuites judiciaires et de poursuites disciplinaires concomitantes, surseoir à émettre son avis, jusqu'à l'intervention d'une décision de justice devenue définitive.
(3) Tout fonctionnaire de la Sûreté nationale objet de poursuites judiciaires doit, à titre de compte-rendu, tenir un rapport circonstancié au Chef de Corps de la Sûreté nationale ». Les devoirs et obligations des fonctionnaires de police sont précisés aux articles 20 et suivants du Décret N° 2001/065 du 12 mars 2001 Portant statut spécial du corps des fonctionnaires de la Sûreté Nationale.

[107] BAUER (A.), « Les tâches de la police et les mutations de la délinquance », *Pouvoirs*, n° 102, 2002, p. 21.

Le contentieux de sécurité peut également soulever une question d'ordre constitutionnel. En effet, la constitutionnalisation du droit à la sécurité peut engendrer une problématique nouvelle en relation avec la position qu'occupe la constitution dans la hiérarchie des normes juridiques. La consécration d'un juge constitutionnel en droit constitutionnel camerounais[108] donne le ton à une éventuelle naissance des contentieux de types constitutionnels[109] notamment avec le développement actuel des questions prioritaires de constitutionnalité vécu ces dernières années en France[110]. Dans le cas de la recherche sur la fondamentalité du droit à la sécurité, il apparait clairement que le juge constitutionnel va être invité lorsque la question de la constitutionnalité sera évoquée au cours du procès et dans une procédure dite d'exception, qui est la voie d'accès du citoyen *lambda* au juge constitutionnel.

CONCLUSION

En définitive, le droit à la sécurité est un droit fondamental[111] en droit positif camerounais[112]. En effet, son existence est juridiquement consacrée par la constitution en vigueur. Sur le fondement de l'article 65 de la loi constitutionnelle camerounaise du 18 janvier 1996, ce droit doit être protégé comme étant un droit à valeur constitutionnelle. Pour ce fait, le juge peut être mis à contribution lorsqu'il se présente un cas de défaillance de la part des services publics de la sécurité au Cameroun[113]. Il s'agit là de la déclinaison actuelle de l'État de droit où les droits de l'homme et libertés fondamentales sont au centre de ses préoccupations.

INDICATIONS BIBLIOGRAPHIQUES

- AIME (Ch.) et ROCHEDY (M.), *Droit fiscal 2015*, Paris, Collection « Aide-mémoire », Sirey-Dalloz, 13è édition, 2015, 316 p.
- AVRIL (P.) et GICQUEL (J.), *Lexique de droit constitutionnel*, Paris, Collection « Que sais-je ? » n° 3655, 3è édition, 2012, 126 p.
- BAGUENARD (J.), *L'État, une aventure incertaine*, Paris, Collection « Mise au point », Ellipses, 1998, 160 p.

---

108 Cf. Titre 7 de la loi constitutionnelle du 18 janvier 1996.

109 Cf. article 46 de la constitution de 1996 selon lequel « Le Conseil Constitutionnel est l'instance compétente en matière constitutionnelle. Il statue sur la constitutionnalité des lois ».

110 Lire à cet effet DUHAMEL (O.), « La QPC et les citoyens », *Pouvoirs*, n° 137, 2011, pp. 183-194.

111 DUPPRE DE BOULOIS (X.), « Existe-t-il un droit fondamental à la sécurité », *Revue des droits de l'homme et des libertés publiques,* op.cit.

112 Il est présent dans le préambule de la constitution du Cameroun.

113 Voir à cet effet, le statut de la Sûreté Nationale.

- BAUER (A.), « Les tâches de la police et les mutations de la délinquance », *Pouvoirs*, n° 102, 2002, pp. 17-30.
- BELOMO ESSONO (P. Ch.), « Sécurité et ordre politique au Cameroun : entre dynamiques internes et connexions internationales », *Revue Africaine des Relations Internationales*, vol.3, n° 1 et 2, 2009, pp. 39-80.
- BELORGEY (J.-M.), « L'État entre transparence et secret », *Pouvoirs*, n° 97, 2001, pp. 25-32.
- BOUVIER (M.), « Sens et légitimité de l'impôt », *Pouvoirs*, n° 151, 2014, pp. 27-34.
- BURDEAU (G.), *L'État*, Paris, Édition du Seuil, 1970, 188 p.
- CHEVALIER (J.), *L'État de droit*, Paris, Montchrestien, 2003, 158 p.
- CHEVALIER (J.), *L'État*, Paris, Dalloz, 2è édition, 1999, 125 p.
- CORNU (G.), (dir.), *Vocabulaire juridique*, Paris, PUF, 2è édition, 2012, 1095 p.
- COSTA (J.-P.), « Le juge et les libertés », *Pouvoirs*, n° 84, janvier 1998, pp. 75-87.
- DE BELLESCIZE (R.), *Droit Administratif général*, Gualino, 3è édition, 2016, 251 p.
- DE GAUDUSSON (J. Du B.), « Le mimétisme postcolonial, et après », *Pouvoirs*, 2009, n° 129, pp. 45-55.
- DE GAUDUSSON (J. Du D.), CONAC (G.) et DESOUCHES (Ch.) (dir.), *Les constitutions africaines publiées en langue française*, Bruxelles, Bruylant, La Documentation Française/tome 1, 1998.
- DONFACK SOKENG (L.), « L'État de droit en Afrique », *La revue de la CERDIP*, vol.1, n° 2, juillet-décembre 2002, pp. 87-125.
- DUGUIT (L.), *Traité de droit constitutionnel ; la théorie générale de l'État*, Paris, tome 2, Ancienne Librairie Fontemoing et Gie, Éditeurs, 2e édition, 1923, 719 p.
- DUHAMEL (O.), « La QPC et les citoyens », *Pouvoirs*, n° 137, 2011, pp.183-194.
- DUPPRE DE BOULOIS (X.), « Existe-t-il un droit fondamental à la sécurité », *Revue des droits de l'homme et des libertés publiques*, n° 13, 2018 issu table ronde organisée dans le cadre d'un colloque « La sécurité : mutations et incertitudes » les 19-20 octobre 2017 à l'Université de Montpellier par l'IDEDH à l'initiative de M. Afroukh, Ch. Maubernard et Claire Vial. (http://www.revuedlf.com).

- GRANGER (Marc-Antoine), « Existe-t-il un droit fondamental à la sécurité », *RSC* 2009/2 p. 273, (http://www.droitconstitutionnel.org//).
- GRASSET (B.), « Secrets défense », *Pouvoirs*, n° 97, 2001, pp. 63-66.
- KAM YOGO (E.), « L'influence du droit international des droits de l'homme sur la loi constitutionnelle du 18 janvier 1996 », in ONDOUA (A.), (dir.), *La constitution camerounaise du 18 janvier 1996 : bilan et perspectives*, Afrédit/Africaine d'Édition, 2007, pp. 167-184.
- KENFACK TEMFACK (E.), *Le pouvoir constituant au Cameroun*, Thèse de Doctorat Ph/D en Droit public, Université de Douala, 2012, 650 p.
- LACHAUME (J.-F.) et *al., Droit des services publics*, Armand Colin, 3e Édition, 9 septembre 2004, 533 p.
- MBPILLE (P. E.), *Le président de la République en droit constitutionnel camerounais*, Thèse de doctorat/Ph. D. en Droit Public, Université Yaoundé 2 -Soa, 2015, 492 p.
- MONEMBOU (C.), *La séparation des pouvoirs dans le constitutionnalisme camerounais : Contribution à l'étude de l'évolution constitutionnelle*, Thèse de Doctorat Ph. D en Droit Public, Université de Yaoundé II-Soa, 2010-2011, 489 p.
- MOUANGUE KOBILA (J.), « Le préambule du texte constitutionnel du 18 janvier 1996 ; de l'enseigne décorative à l'étalage utilitaire », *Lex Lata*, 1996, n° 023-024, pp. 33-38.
- OIF, Réseau Africain pour le Secteur de Sécurité (RASS), *La réforme des systèmes de sécurité et de justice en en Afrique francophone*, Paris, mars 2010, 319 p.
- OLINGA (A. D.), « Vers une garanti constitutionnelle crédible des droits fondamentaux », MELONE (S.), MINKOA SHE (A.) et SINDJOUN (L.), (dir.*), La réforme constitutionnelle du 18 janvier 1996 : aspects juridiques et politiques,* FFE, Yaoundé, 1996, pp. 320-345.
- OLINGA (A. D.), *La constitution de la République du Cameroun*, Yaoundé, Édition Terre Africaine, Presse de l'UCAC, 2e édition, 2013, 272 p.
- ONDOUA (A.), (dir.), *La constitution camerounaise du 18 janvier 1996 : bilan et perspectives,* Africaine d'Édition, Langres Saint-Geosmes, 2007, 268 p.
- OREJA (M.), « Les rôles respectifs de l'État et du citoyen », *Les Cahiers de droit*, vol. 28, n° 3, 1987, pp. 511-521.
- SCHWEITZER (L.), « L'attractivité de la haute fonction publique est-elle en déclin ? », *Pouvoirs*, n° 117, 2006, pp. 17-26.
- YOUSSEF (D.A.), « La sécurité, un droit fondamental », *Pôle Léonard de Vinci (UGE)*, 2016, (http://theconversation.com), consulté le 06 mars 2019 à 02heures 33 minutes.

Le contrôle parlementaire médiocre des actions de l'exécutif en matière sécuritaire au Cameroun

Par

Maurice MAOH MAOH[1]

Résumé

Au Cameroun, le contrôle de l'exécutif est une prérogative constitutionnelle du parlement. Dans l'exercice de cette fonction, l'institution parlementaire est de plus en plus attendue sur des questions qui intéressent la sécurité des Camerounais. Seulement, quelle que soit la volonté des parlementaires de s'acquitter honorablement de cette mission, le bilan de leur travail ne peut qu'être mitigé. En effet, le contrôle parlementaire du secteur de la sécurité brille par sa médiocrité dans le constitutionnalisme camerounais. Cette médiocrité tient au fait que ce contrôle est au regard de l'encadrement juridique qui l'entoure, congénitalement déficient et matériellement éprouvé.

Mots-clés : Contrôle parlementaire, exécutif, matière sécuritaire

[1] Doctorant en Droit Public à l'Université de Maroua, E-mail: maohcorineprisca@gmail.com

INTRODUCTION

Ces trois dernières années, les questions sécuritaires ont pris de l'ampleur dans les débats publics et politiques au Cameroun. Dès lors, il n'est pas superflu que la thématique du contrôle parlementaire des actions de l'exécutif en matière sécuritaire retienne l'attention du chercheur. En effet, depuis l'entame du 21ᵉ siècle, le Cameroun fait face à d'importants défis sécuritaires. Entre la lutte contre le grand banditisme dans les grandes agglomérations, la guerre contre les groupes terroristes dans l'extrême-nord et l'endiguement des velléités sécessionnistes dans les régions du Nord-ouest et du Sud-ouest pour ne citer que ces exemples les plus retentissants, les interventions de l'État dans le domaine de la sécurité n'ont fait que se multiplier au fil des ans. Dans la foulée, plusieurs acteurs de la scène internationale, à l'instar d'Amnesty International, Human Rigth Watch et tout récemment le Parlement Européen, sont montés au créneau pour décrier les violations des droits de l'homme par le gouvernement camerounais dans la conduite de ces actions.

L'on aurait souhaité que de telles récriminations émanent du parlement à la suite d'une enquête eu égard à sa fonction de contrôle de l'action du gouvernement. En effet, dans le domaine de la sécurité comme dans n'importe quel autre, le parlement est chargé de demander des comptes à l'exécutif et d'en contrôler l'action[2]. D'ailleurs, l'on semble s'accorder en doctrine sur le fait que, sans un contrôle parlementaire effectif de la politique de sécurité et des activités de l'appareil sécuritaire, il n'y a pas de bonne gouvernance du secteur de la sécurité.[3]

Dans les démocraties contemporaines, le contrôle parlementaire s'est enraciné comme un mécanisme de rééquilibrage des rapports entre le pouvoir exécutif et le parlement. Il est même devenu un indice d'appréciation de la force des assemblées parlementaires. Michel Ameller relevait déjà à ce sujet en 1964 que « c'est à l'étendue de leurs moyens de contrôle que se mesure aujourd'hui la force des assemblées parlementaires »[4]. C'est également l'un des principaux critères sur lesquels est fondée la dichotomie entre régimes parlementaire et présidentiel[5]. Il est enfin considéré comme l'un des piliers de l'État de droit[6].

---

[2] Cf. *UIP et DCAF - Contrôle parlementaire du secteur de la sécurité,* 2003, p. 18.

[3] N'DIAYE (B.), « Contrôle parlementaire dans le contexte ouest-africain : un aperçu des succès et des défis », Séminaire régional sur le contrôle parlementaire dans le domaine de la sécurité en Afrique de l'Ouest Dakar, Sénégal, 21 – 22 septembre 2010. p. 25.

[4] AMELELER (M.), *Les questions, instrument du contrôle parlementaire*, Paris, LGDJ, 1964. p. 9.

[5] LAUVAUX (P.), « Le contrôle parlementaire, source du régime parlementaire, priorité du régime présidentiel » *Pouvoirs,* N° 134. 2010. p. 24.

[6] THIERS (E.), « Le contrôle parlementaire et ses limites juridiques : un pouvoir presque sans entraves », *Pouvoirs,* N° 134. 2010. p. 71.

Il s'agit d'un mécanisme reconnu à l'institution parlementaire dans l'État moderne pour jouer efficacement son rôle de contre-pouvoir et bloquer toute virée autocratique du gouvernement. Le contrôle parlementaire est en fait la matérialisation de la philosophie politique de Montesquieu qui pense que, « pour qu'on ne puisse pas abuser du pouvoir, il faut que par la disposition des choses, le pouvoir arrête le pouvoir »[7]. Par son pouvoir de contrôle, le parlement a la possibilité de contester les objectifs et l'action de l'exécutif[8]. Le contrôle parlementaire ne se limite cependant pas à la contestation, il va jusqu'à la sanction avec la mise en œuvre de la responsabilité du gouvernement.

Bien qu'il soit un rempart contre l'autocratie, on va remarquer que le parlement camerounais n'en a pas souvent fait usage par le passé. En effet, pendant la période du parti unique et même quelques années après, l'équilibre entre l'exécutif et le législatif dans notre pays avait été dévoyé au profit de l'exécutif. Cet état de choses va d'ailleurs nourrir des critiques acerbes de la doctrine au sujet du parlement. Le professeur Gicquel va dans cet ordre d'idées décrire le parlement comme un simple élément du décor politique[9]. Car, dans cette institution, les députés « condamnés à jouer les utilités remplissent le rôle assigné jadis au chœur dans les pièces antiques. Ils applaudissent et s'ébaudissent des projets de l'exécutif, à défaut de les susciter ou de les discuter. Ravalés au rang de technicien, ils mettent en œuvre la procédure législative et budgétaire, abandonnant le pouvoir qu'elle inclut au Président. Le service de celui-ci accapare l'attention des élus et résume leur ambition »[10]. Si cette description ne peut pas totalement être élaguée, il n'en demeure pas moins vrai que l'institution parlementaire ose désormais contrôler les actions de l'exécutif même en matière sécuritaire.

Le concept d'action sécuritaire demeure difficile à définir à partir des éléments de droit positif au Cameroun. Dès lors, pour être fixé sur ce qu'il convient d'appréhender dans le présent travail comme action de l'exécutif en matière sécuritaire, il est judicieux de procéder par décomposition en définissant au préalable de façon distincte les notions d'action et de sécurité, avant de dégager le sens du concept d'action sécuritaire de l'exécutif.

D'après le dictionnaire Larousse, l'action est le fait de manifester sa volonté en accomplissant quelque chose. En langue française, la notion d'action sous-tend l'accomplissement d'une tâche, une mission, donc une

---

[7] MONTESQUIEU, *De l'esprit des lois*, éd. GF Flammarion, 1979, Tome I, p. 293.

[8] LAUVAUX (P.), « Le contrôle parlementaire, source du régime parlementaire, priorité du régime présidentiel », *op.cit.*, p. 26.

[9] NGUELE ABADA (M.) « La réforme du règlement intérieur de l'Assemblée nationale du Cameroun » *RASJ*, n° 1, vol 1, 2003, p. 102.

[10] GICQUEL (J.) « Le présidentialisme négro-africain : l'exemple camerounais » in Mélanges offerts à Georges BURDEAU, *Le Pouvoir*, Paris, LGDJ, 1997. p. 721.

activité. Cette définition ne s'éloigne pas du sens que la doctrine publiciste donne au même terme. Charles EISENMANN dans ses cours de droit administratif fait une assimilation et utilise les termes « fonction » et « tâche » comme synonymes de la notion d'action. Dans ses développements sur les fins de l'action de l'administration, on peut lire : « la première question qui se pose à propos de l'action de l'administration est celle de ses fins. S'interroger sur ces fins c'est en somme s'interroger sur le rôle, les tâches, les fonctions de l'administration, d'une façon plus précise, sur ses fonctions finales ou ses tâches finales »[11]. Plus loin dans ses explications, il écrit : « très fréquemment les juristes lorsqu'ils parlent des fonctions de l'administration prennent le mot "fonction" comme purement et simplement synonyme d'action ou d'activité. Les fonctions de l'administration c'est ce qu'elle fait, ce sont les actes qu'elle accomplit, c'est le produit de son activité »[12]. Comme on peut le constater, dans la doctrine publiciste, le terme « action » est synonyme de tâche, d'activité mieux de travail. Dès lors, l'action de l'exécutif renvoie à l'activité, aux actes des autorités relevant de ce pouvoir.

La notion de sécurité quant à elle ne bénéficie pas d'une définition consensuelle. Cet état de choses résulte du fait qu'elle couvre différents champs, ce qui implique par voie de conséquence différents points de vue. Malgré cette absence de définition générique, il convient de relever que les premières traces de l'usage du terme sécurité remontent à la Grèce antique. Retraçant l'histoire de la guerre de Péloponnèse, Thucydide (460 à 400 av. J.-C.) disait « les Grecs sont disposés à affronter le danger de la bataille »,[13] mais « la sécurité, qui chez les autres hommes est le résultat de la bienveillance, a été chez nous l'effet de la peur »[14]. Selon le dictionnaire historique de la langue française, la sécurité se définit comme « l'état d'esprit confiant et tranquille d'une personne qui se croit à l'abri du danger ». Pour le dictionnaire Larousse, la sécurité est la situation de quelqu'un qui se sent à l'abri du danger qui est rassuré. Ces premières considérations définitionnelles ne permettent cependant pas de dissiper la confusion qui entoure cette notion. Deux principales approches de la sécurité s'affrontent.

D'une part, on a l'approche minimaliste qui relie la notion de sécurité à la protection de « l'intégrité du territoire national et de ses institutions »[15]. Vue sous cet angle, la sécurité renvoie à la protection du territoire contre les agressions extérieures, à la protection des intérêts nationaux face à l'étranger. Il s'agit là d'une approche qui fait la part belle à l'État-nation. La sécurité dans

[11] EISENMANN (C.), *Cours de droit administratif*, Paris, LGDJ, Tome 2, Lextenso éditions 2014, p. 15.
[12] *Idem.*
[13] THUCYDIDE et DIDOT (F.), *Histoire de la guerre du Péloponnèse*. Firmin Didot frères. Bibliothèque municipale de Lyon. (1833), p. 10.
[14] *Idem.*
[15] MORGENTHAU (H.), "Politics among nations", New-York, 1960.

ce cas repose sur les rapports entre l'État et les autres acteurs de la scène internationale. Cette approche de la sécurité implique l'intervention des militaires et autres forces de sécurité. Dès lors, l'État doit être capable de conduire des offensives armées contre les agresseurs, de faire face à une offensive armée provenant d'autres États et de prévenir des atteintes à l'ordre public. Au demeurant, l'approche minimaliste de la sécurité renvoie aux organes et à la fonction de l'exécutif chargés de maintenir l'ordre et la loi et protéger l'intérêt national, on parle de sécurité nationale.

D'autre part, il y a l'approche extensive de la notion de sécurité. C'est cette approche que promeut le PNUD dans son rapport sur le développement humain de 1994. Dans cette seconde approche, la sécurité ne recherche plus seulement à mettre l'État-nation à l'abri du danger, mais l'homme. Car, pour les experts du PNUD, « pour la plupart des gens, le sentiment d'insécurité naît plus souvent des incertitudes du quotidien que de la crainte d'un cataclysme mondial. Eux-mêmes et leurs familles auront-ils les moyens de se nourrir ? Perdront-ils leur emploi ? Leurs rues et leur quartier seront-ils préservés de la délinquance ? Seront-ils soumis à la torture par un État répressif ? Subiront-ils des violences du fait de leur appartenance sexuelle ? Risqueront-ils d'être persécutés en raison de leur religion ou de leur origine ethnique ? »[16] Par contre, « le sentiment de la sécurité humaine, c'est un enfant qui ne meurt pas, une maladie qui ne se propage pas, un emploi qui n'est pas supprimé, une tension ethnique qui ne dégénère pas en violence, un dissident qui n'est pas réduit au silence »[17]. La sécurité vue sous cet angle ne renvoie plus seulement à la protection du territoire national par l'armée, mais elle devient une question de vie humaine et de dignité. Dès lors, l'État doit aussi garantir à ses citoyens, une sécurité économique[18], une sécurité alimentaire[19], une sécurité sanitaire[20], une sécurité environnementale[21], etc.

Que ce soit dans le domaine de la sécurité nationale, ou celui de la sécurité humaine, les autorités exécutives sont appelées à prendre des mesures tendant

---

[16] PNUD, *Rapport Mondial sur le développement humain*, Paris, Economica, 1994, p. 23.

[17] *Idem.*

[18] La sécurité économique suppose la garantie d'un revenu minimum, qui provient normalement d'un travail productif et rémunéré ou qui peut être versé, en dernier recours, par un système de protection financé par les pouvoirs publics.

[19] On entend par sécurité alimentaire le fait pour toute personne de disposer à tout moment ; matériellement et économiquement d'une alimentation de base. Cela ne se limite pas à l'existence de réserves alimentaires suffisantes. Cela implique que chacun puisse accéder facilement à la nourriture, ait un « droit » aux aliments - que ceux-ci proviennent d'une agriculture de subsistance, d'achats sur le marché ou d'un système public de distribution alimentaire.

[20] La sécurité sanitaire renvoie à l'ensemble de moyens et procédures mis sur pieds par les pouvoirs publics destinés à prévenir ou contrôler les risques susceptibles d'altérer la santé physique ou psychique des personnes.

[21] Il s'agit des différentes mesures mises sur pieds par les autorités pour garantir un environnement sain aux citoyens en évitant les dégradations des écosystèmes.

à les garantir. Ce sont ces différentes mesures que le présent travail appréhende comme les actions sécuritaires de l'exécutif. En d'autres termes, les actions sécuritaires seront envisagées dans leur globalité dans le cadre de ce travail. Il s'agira plus concrètement d'analyser le contrôle parlementaire des actions de l'exécutif tant dans le domaine de la sécurité nationale que dans celui de la sécurité humaine.

Ces clarifications faites, il convient de relever que le contrôle des actions de l'exécutif en matière sécuritaire dans le contexte camerounais est sujet à caution. En effet, dans la constitution camerounaise, la sécurité est appréhendée comme une tâche naturelle du chef de l'exécutif. D'après la loi fondamentale, c'est le Président de la République qui est responsable de la sécurité intérieure et extérieure de la République[22]. En tant que garant de la sécurité nationale, ses décisions dans ce domaine ne sont pas soumises à la validation préalable du parlement. Dès lors, la décision d'entrer en guerre, de contribuer par des troupes à une opération de maintien de la paix, de conclure des traités internationaux en matière de défense, de nomination des autorités militaires ou de décréter l'état d'urgence ou d'exception relève de sa compétence exclusive.

Malgré cette déviation apparente, ce serait prendre beaucoup de risques que de denier tout pouvoir de contrôle du parlement en matière sécuritaire au Cameroun. Un tel point de vue est d'ailleurs difficilement soutenable dans la mesure où il existe des actions sécuritaires initiées directement par le gouvernement, et pour lesquelles le contrôle parlementaire n'est buté à aucune limite. Dès lors, si l'on peut admettre l'existence d'un contrôle parlementaire des actions de l'exécutif en matière sécuritaire au Cameroun, quelle est sa portée ? Comme élément de réponse à cette question, on peut dire que ce contrôle brille par sa médiocrité. En effet, il apparaît comme congénitalement déficient (I), et matériellement éprouvé (II).

I- UN CONTRÔLE DÉFICIENT

Si l'on ne peut conclure à « l'effacement du parlement » [23]des affaires sécuritaires en droit camerounais, il n'en demeure pas moins que la fonction de contrôle qui lui est reconnue brille par sa faiblesse, mieux, sa déficience lorsque sont en cause les actions de l'exécutif dans le domaine de la sécurité. Cette défaillance résulte d'une part de son incapacité à couvrir tous les contours des actions sécuritaires (A) et d'autre part de la limitation de son étendue (B).

---

[22] Art 8 al 3 de la Loi n° 96/06 du 18 janvier 1996 Portant révision de la Constitution du 2 juin 1972, modifiée et complétée par la loi n° 2008/001 du 14 avril 2008.

[23] COHEN (S.), *La Défaite des généraux. Le pouvoir politique et l'armée sous la Vème République*, Paris, Fayard, 1994, p. 262.

A- Un contrôle relatif

Le contrôle parlementaire ne couvre pas l'ensemble des actions sécuritaires de l'exécutif dans le constitutionnalisme camerounais. Il est inopérant face aux actes pris par le chef de l'exécutif en matière sécuritaire (1) et se cantonne sur les actes initiés par le gouvernement (2).

1- Un contrôle inopérant face aux décisions du Président de la République en matière sécuritaire

Le contrôle parlementaire du secteur de la sécurité ne s'exerce pas sur les actes pris par le chef de l'exécutif dans l'exercice de ses pouvoirs propres au Cameroun. Cette limitation est posée par la constitution qui dispose en son article 14 (2) que, « le parlement légifère et contrôle l'action du gouvernement ». Par cette disposition, le constituant a exclu l'action présidentielle du contrôle parlementaire. En effet, conformément à la lettre de la constitution, « le parlement en principe n'a pas à se mêler de l'action d'autres structures ou organismes. Ce que la constitution lui donne le droit de contrôler c'est l'action du gouvernement »[24]. La limitation du contrôle parlementaire à la seule action du gouvernement confère par ricochet une immunité politique devant le parlement au Président de la République pour ses pouvoirs propres.

C'est à ce titre que les décisions présidentielles prises dans le domaine de la sécurité échappent au contrôle parlementaire. Le président de la République agissant soit en qualité de garant de la sécurité intérieure et extérieure, soit en qualité de chef des forces armées est amené à prendre d'importantes décisions dans le domaine de la sécurité nationale. Il peut s'agir de la décision d'entrer en guerre, de contribuer par des troupes à une opération de maintien de la paix, de conclure des traités internationaux en matière de défense, de nomination des autorités militaires ou de décréter l'état d'urgence ou d'exception. Il n'a pas de compte à rendre au parlement pour ces diverses actions.

L'opinion de Francis LALOUPO d'après laquelle « l'État aujourd'hui, c'est... un État sous haute surveillance. Surveillé par une Assemblée nationale qui applique ses prérogatives issues de la démocratisation »[25] devrait dès lors être reconsidéré. En effet, le Président de la République dans le constitutionnalisme camerounais échappe à la surveillance du parlement. Cet état de choses trouve son fondement dans le fait que le constituant a voulu « faire du Président de la République autre chose que le serviteur obéissant du

[24] OLINGA (A.D.), *La constitution de la République du Cameroun,* Presses de l'UCAC, 1ère éd. 2006, p. 135.
[25] BOLLE (S.), *Le nouveau régime constitutionnel du Bénin. Essai sur la construction d'une démocratie africaine par la constitution*, Thèse droit public, 1997, p. 567.

Parlement »[26]. En d'autres termes, le parlement camerounais n'a pas été conçu pour s'immiscer dans l'activité présidentielle ou même de lui demander des comptes, fût-il sur les actions prises dans le domaine de la sécurité nationale. Il s'agit là en quelque sorte de la survivance de la neutralisation du parlement face au chef de l'exécutif qui a longtemps caractérisé les régimes présidentialistes monolithiques africains. Le parlement demeure dans une position subalterne dans ses rapports avec le chef de l'État. D'ailleurs, certains chefs d'État se plaisaient à affirmer que le rôle de l'institution parlementaire n'est pas de pondérer le pouvoir présidentiel, encore moins de le remettre en cause, mais « (...) d'aider le gouvernement à faire des lois équitables »[27].

Au demeurant, parce que les décisions du président de la République dans le domaine de la sécurité sont dispensées du contreseing ministériel, elles ne peuvent être contrôlées par le parlement. Il s'agit cependant d'une curiosité au regard des larges pouvoirs qui sont reconnus au président camerounais. Or, dans la philosophie de l'État de droit, le pouvoir implique la responsabilité. Cette irresponsabilité du chef de l'exécutif n'est rien d'autre qu'une traduction juridique du refus de contrôle qui a depuis les indépendances caractérisé les dirigeants africains. Le Président Félix Houphouët-Boigny de Côte d'Ivoire pour justifier ce refus de partage de pouvoir scandait qu'« il ne peut avoir deux caïmans males dans le même marigot »[28]. Cette conception du pouvoir n'a malheureusement pas disparu avec le nouveau constitutionnalisme qui a émergé avec le vent de démocratisation, le Professeur GONIDEC va d'ailleurs affirmer à ce sujet que « la démocratie n'a pas changé les pouvoirs des présidents africains. Les pouvoirs du président n'ont guère été entamés et sa position s'est même renforcée à la suite des élections remportées »[29]. Cette position hégémonique justifie sans doute l'incapacité du parlement à contrôler les décisions du chef de l'État en matière sécuritaire au Cameroun. Le gouvernement ne jouit pas quant à lui de la même irresponsabilité.

2- Un contrôle campé sur l'action gouvernementale en matière sécuritaire

Contrairement aux décisions du Président de la République, l'activité gouvernementale peut faire l'objet d'un contrôle parlementaire au Cameroun. D'après la lettre de la constitution, le parlement contrôle l'action menée par le gouvernement en application de la politique de la nation définie par le

[26] BARTHELEMY (J.), *Le rôle du pouvoir exécutif dans les Républiques modernes*, Paris, Giard et Brière, 1906, p. 657

[27] Omar BONGO, cité par ONDO (T.), *La responsabilité introuvable du chef d'État africain : analyse comparée de la contestation du pouvoir présidentiel en Afrique noire francophone*, Thèse de Doctorat en Droit Public, 2005, p. 120.

[28] SOMALI (K.), *Le parlement dans le nouveau constitutionnalisme en Afrique,* Thèse de Doctorat (nouveau régime) en Droit Public, 2008, p. 330.

[29] GONIDEC (P.-F.), « Constitutionnalismes africains », *RJP*, Janvier-Avril 1996, p. 23.

président de la République[30]. L'action gouvernementale ainsi contrôlée se compose bien évidemment de toutes les actions qui sont menées par le gouvernement. Parmi ces différentes actions se trouvent en bonne place celles qui concernent la sécurité. Parce qu'initiées ou même diligentées par le gouvernement, ces actions de nature sécuritaire peuvent bel et bien faire l'objet d'un contrôle parlementaire conformément aux bienveillantes dispositions de l'article 14 alinéa 2 de la constitution. Elles sont d'ailleurs, en l'état actuel du droit constitutionnel camerounais, les seules actions de la politique sécuritaire de l'exécutif que le parlement peut se permettre de contrôler. C'est ce qui permet d'appréhender le contrôle parlementaire des actions de l'exécutif en matière sécuritaire comme un contrôle cantonné sur l'activité gouvernementale.

S'il est vrai qu'au Cameroun, c'est le président de la République qui, en qualité de garant de la sécurité de ses concitoyens, est dépositaire du pouvoir d'initier les actions sécuritaires, on enregistre au quotidien des actions menées par le gouvernement dans le domaine de la sécurité. C'est le cas des diverses campagnes de sensibilisation et de répression des contrevenants au Code de la route menées par le Secrétariat d'État à la Défense chargé de la gendarmerie nationale dans les divers axes routiers de la République. Dans la même optique, on peut ajouter les campagnes de prévention routière menées par le ministère des Transports. Dans le domaine de la sécurité sanitaire, on enregistre diverses actions du Ministère de la santé publique tendant à garantir aux citoyens la sécurité transfusionnelle à travers par exemple, la bonne tenue des banques de sang, la vérification systématique du sang récolté à la suite de dons, etc. À cela, s'ajoutent d'autres mesures relatives à la pharmacovigilance telle la lutte contre le médicament de la rue ou même l'administration des médicaments non conformes aux normes en la matière. Dans le même ordre d'idées, plusieurs programmes ont été mis sur pieds au ministère de l'Agriculture et du Développement Rural après les émeutes de février 2008 pour assurer une sécurité alimentaire aux Camerounais. Le gouvernement est aussi souvent engagé dans plusieurs actions dans le domaine de la sécurité civile. On se souvient encore de la conduite d'une mission interministérielle par M. René Emmanuel SADI à Garoua et Lagdo au Nord et à Pouss et Maga dans l'extrême-Nord après les violentes inondations qui avaient frappé ces parties du pays à la fin du mois d'août 2012.

Ces différentes actions sécuritaires ont même déjà eu à susciter des demandes d'explications au gouvernement par les parlementaires. C'est dans le cadre de cet exercice que le Premier ministre, chef du gouvernement a été interrogé par le député du Mfoundi, l'honorable Jean Simon ONGOLA OMGBA sur la mise en œuvre du plan d'urgence dans le septentrion, lors de la séance consacrée aux questions orales aux membres du gouvernement au

[30] OLINGA (A.D.), *La Constitution de la République du Cameroun, op.cit.*, p. 135.

cours de la session parlementaire de juin 2015[31]. De même, le gouvernement est aussi souvent amené à résoudre des problèmes d'ordre sécuritaire qui ne concernent pas la défense ou la sureté intérieure de l'État. Lors de la session parlementaire de juin 2015, le ministre délégué auprès du ministre des Transports avait été interpelé par une question du sénateur Peter MAFANY MUSONGUE au sujet de la sécurité routière[32]. Bien avant, les députés avaient interpelé les ministres de la Santé publique et du Commerce au sujet de la commercialisation des faux médicaments. Pour les députés de la nation, cette activité est vectrice d'une insécurité sanitaire[33]. Bien plus, il arrive aussi souvent que la sécurité alimentaire soit au centre des préoccupations que les parlementaires adressent au gouvernement.

Au demeurant, il est un constat d'évidence que dans le constitutionnalisme camerounais, seules les actions sécuritaires relevant de l'activité gouvernementale entrent dans le champ du contrôle parlementaire. Elles sont introuvables, les hypothèses où le parlement contrôle directement les actes du chef de l'État. Cette exclusion des actions sécuritaires du chef de l'État du contrôle parlementaire déteint fortement sur la qualité dudit contrôle d'où l'idée de déficience. Cette idée est également confortée par la limitation de l'étendue de ce contrôle.

B- Un contrôle limité

Au-delà de son incapacité à contrôler toutes les actions de l'exécutif en matière sécuritaire, le contrôle parlementaire est limité dans son étendue en droit camerounais. En effet, dans la plupart des démocraties, le contrôle de l'exécutif par le parlement se fait dans le cadre d'un processus comportant quatre phases que sont la définition, la décision, la mise en œuvre et l'évaluation. Au Cameroun, le contrôle parlementaire du secteur de la sécurité ne couvre pas toutes ces étapes. Il est inactif au moment de l'initiation des actions sécuritaires (1), pour ne réapparaître que lors de la mise en œuvre et l'évaluation desdites actions (2).

1- L'absence de contrôle *a priori* des actions sécuritaires

Au Cameroun, les décisions du pouvoir exécutif n'ont pas besoin de l'approbation préalable du parlement pour être légitimes. Par voie de conséquence, les décisions de l'exécutif en matière sécuritaire sont dispensées du contrôle parlementaire au moment de leur initiation. En d'autres termes, le chef de l'exécutif ainsi que son gouvernement n'ont pas besoin de l'assentiment du parlement au moment de prendre une décision dans le domaine de la sécurité. Concrètement, les autorités chargées de garantir la sécurité des Camerounais peuvent prendre des décisions tels la déclaration de

---

[31] Cameroun Tribune, N° 10861/7060 du 15 juin 2015.
[32] Cameroun Tribune, N° 10865/7064 du 19 juin 2015.
[33] Cameroun Tribune, N° 10568/5342 du 21 juin 2013.

guerre, l'envoi des troupes dans une mission de maintien de la paix, la nomination des hauts responsables dans les services de défense et de sécurité, l'État d'urgence ou même l'achat des armes et munitions de guerre sans requérir l'approbation préalable du parlement. Comme on peut le constater, le parlement camerounais est dépourvu de pouvoir décisionnel en matière sécuritaire. Mieux, le parlement n'est pas codécideur des actions sécuritaires.

Dans certaines démocraties par contre, le parlement est incontournable dans la prise de décisions en matière sécuritaire. En effet, dans ces pays, la décision de l'exécutif pour être légitime en matière sécuritaire requiert au préalable l'approbation du parlement. Toutefois, compte tenu du caractère primordial du temps en matière sécuritaire ce pouvoir est souvent domestiqué sans pour autant dépouiller le parlement de son pouvoir d'approbation qui peut bel et bien être exercé en défaveur du gouvernement à l'issue du contrôle. Si l'on prend par exemple la décision d'envoyer les troupes à l'étranger dans le cadre d'une mission de maintien ou de rétablissement de la paix, on s'apercevra qu'elle est conditionnée dans certains pays par l'approbation du parlement. Concrètement, au terme du « War Powers Act » américain, le Congrès doit approuver *a posteriori* tous les engagements de troupes à l'étranger d'une durée supérieure à 92 jours. De même, aux Pays-Bas, l'article 100 de la constitution impose une coopération entre le gouvernement et le parlement lorsqu'il s'agit d'envoyer les forces armées à l'étranger. Le Bundestag allemand dispose de pareils pouvoirs. En effet, d'après la constitution allemande, l'envoi des troupes est soumis au vote du Bundestag qui doit voter à la majorité simple. En cas d'urgence, le gouvernement fédéral peut envoyer les troupes sans attendre l'aval parlementaire. Cependant, il est tenu d'en informer le parlement qui devra donner son accord *a posteriori*. Si cet aval est refusé, le gouvernement est obligé de retirer ses troupes de l'opération en question.

Des pouvoirs similaires ont aussi été reconnus à l'institution parlementaire dans certaines démocraties africaines. L'on se souvient encore du refus à l'unanimité du parlement guinéen au mois de février 2007 d'entériner l'état de siège décrété par le président Lassana Conté. Au Libéria, l'article 34 (c) de la Constitution de 1986 accorde d'importants pouvoirs au parlement en matière sécuritaire. Il peut déclarer la guerre et autoriser l'exécutif à conclure la paix, à lever et à soutenir les forces armées de la République, etc. Au Mali, la constitution de 1992 confère au parlement le pouvoir d'autoriser la déclaration de guerre et de convoquer les membres du gouvernement.

Au total, les décisions de l'exécutif en matière sécuritaire ne sont soumises à aucune approbation préalable du parlement en droit camerounais. Le parlement n'a pas la capacité de contraindre l'exécutif au moment même de l'édiction de ses actes dans ce domaine, d'agir conformément aux objectifs qui lui ont été assignés par la majorité des citoyens. Cependant, il retrouve cette capacité au moment de la mise en œuvre et même de l'évaluation desdites actions.

2- L'intervention *a posteriori* du contrôle des actions sécuritaires

L'aménagement du contrôle parlementaire en droit constitutionnel camerounais milite au soutien de l'idée d'un contrôle parlementaire *a posteriori* des actions de l'exécutif en matière sécuritaire dans ce pays. En effet, ce contrôle se résume soit en la recherche par le parlement des informations importantes lui permettant de mieux apprécier l'action gouvernementale [34], soit en la mise en jeu de la responsabilité du gouvernement.

Dans le premier cas, les parlementaires recherchent l'information auprès du gouvernement. Les modalités de ce contrôle sont fixées par l'article 35 alinéa 1 de la constitution à savoir les questions et l'investigation. Selon Michel AMELLER, la question se définit « comme l'acte par lequel un membre d'une assemblée demande à un ministre des explications sur un point déterminé de sa politique »[35]. La capitalisation de ce moyen de contrôle dans les régimes politiques contemporains tient au fait que « la question avec la réponse qu'elle implique constitue les données élémentaires du dialogue entre les responsables de la politique du pays et les représentants du peuple mandatés pour les contrôler » [36]. Concrètement, la question est pour le Parlementaire, un moyen de se renseigner directement auprès du ministre sur un objet de gouvernement ou d'administration[37]. La question comme modalité de contrôle parlementaire peut être orale[38] ou écrite[39].

L'investigation quant à elle est effectuée par le biais des commissions permanentes et occasionnelles des chambres parlementaires. Les premières font partie de la structure organique de chacune des chambres du parlement, c'est le cas par exemple de la commission de la Défense nationale et de la sécurité. Ces différentes commissions lorsqu'elles sont saisies des questions

---

[34] MONEMBOU (C.), *La séparation des pouvoirs dans le constitutionnalisme camerounais*, Thèse de Doctorat/Ph. D. en droit public, université de Yaoundé II, 2011, p. 278.

[35] AMELLER (M.), *Les questions instrument du contrôle parlementaire*, 1964, p. 9.

[36] Cité par AMELLER (M.) « Heure des questions au Palais Bourbon » Mélanges offert à Georges BURDEAU *Le Pouvoir*, L.G.D.J., 1977, p. 376.

[37] HAURIOU (M.), *Précis du Droit constitutionnel*, Paris, Sirey 1929, p. 523.

[38] Aux termes de l'article 35 al. 3 de la constitution du 18 Janvier 1996, une séance par semaine est obligatoirement réservée aux questions orales des membres du Parlement et aux réponses du gouvernement.

[39] D'après les articles 76 et 77 du Règlement intérieur de l'Assemblée Nationale, les questions écrites peuvent être posées pendant la session ordinaire où en dehors de toute session. Lorsqu'une question écrite est formulée, elle doit être remise au Président de la chambre qui la transmet au ministre compétent après communication à l'Assemblée nationale. Le ministre interpelé est tenu de répondre dans un délai de 15 jours si la question est intervenue en dehors de la session et de 3 jours en période de session.

relevant de leur compétence ont la possibilité d'interpeler le gouvernement sur lesdites questions. Par ce fait, elles assurent l'information nécessaire du Parlement dans son rôle de contrôle de la politique du gouvernement[40]. Les secondes sont occasionnelles dans la mesure où elles sont instituées pour un besoin ponctuel : l'enquête. La constitution d'une commission d'enquête se fait à la suite d'une résolution adoptée par la chambre parlementaire qui la diligente. Le projet ou la proposition de résolution doit indiquer les faits litigieux et les services publics concernés.

La mise en jeu de la responsabilité du gouvernement en ce qui la concerne rentre dans le cadre du contrôle-sanction. En effet, le parlement peut à la suite d'une question de confiance ou une motion de censure manifester à l'égard du gouvernement et exprimer son souhait de le renverser[41]. Il s'agit d'un contrôle politique que le parlement exerce sur le gouvernement. Pour SOMALI KOSSI, la responsabilité qui résulte de ce contrôle « n'est fondée ni sur une infraction pénale ni sur une faute civile, objectivement déterminée, mais repose sur les éléments subjectifs dont l'appréciation incombe aux seules assemblées parlementaires. Son domaine d'application reste très vaste ; elle peut être engagée en raison de tout acte accompli par un ministre dans l'exercice de ses fonctions, de son attitude, de son inaction voire de ses intentions, son comportement étant envisagé ici non pas dans sa légalité, mais dans son opportunité politique »[42].

Au demeurant, il est indéniable que le parlement dispose de mécanismes lui permettant de contrôler l'action gouvernementale, même dans le domaine de la sécurité. Cependant, l'on observe quand même que ces différents mécanismes ne peuvent être actionnés qu'à la suite de l'initiation d'une action. Cela veut dire que les actions sécuritaires de l'exécutif ne peuvent être contrôlées qu'au moment de leur mise en œuvre ou après. C'est la raison pour laquelle on parle d'un contrôle *a posteriori*, c'est-à-dire un contrôle qui intervient après la naissance de l'action. C'est donc au regard de cette incapacité à surveiller le gouvernement au commencement même de l'action qui limite le contrôle parlementaire du secteur de la sécurité dans son étendue.

II- UN CONTRÔLE ÉPROUVÉ

Le contrôle parlementaire de l'exécutif en matière sécuritaire comme la plupart des mécanismes démocratiques dans le régime politique camerounais est éprouvé par des pesanteurs qui l'empêchent de produire des résultats

---

[40] SOMALI (K.), *Le Parlement dans le nouveau constitutionnalisme, op.cit.*, p. 173.

[41] ONDOA (M.) « Une résurrection : Le régime parlementaire camerounais », *AFSJP* / UD n° 02/2002, p. 20.

[42] SOMALI (K.), *Le Parlement dans le nouveau constitutionnalisme, op.cit.*, p.180

escomptés. En effet, ce contrôle est plombé par des obstacles juridiques (A) et extra juridiques (B) qui contribuent à la dilution de ses effets.

A- Un contrôle sclérosé par des obstacles juridiques

Le contrôle parlementaire des actions de l'exécutif en matière sécuritaire est freiné dans son élan par des obstacles d'ordre juridique qui impactent négativement son efficacité. Ces obstacles sont principalement de deux ordres, il s'agit de la règle de la confidentialité des actions sécuritaires qui limite considérablement l'accès des parlementaires à l'information dans ce secteur d'une part (1) et l'absence d'un pouvoir de contrainte sur le gouvernement en cas d'enquête d'autre part (2).

1- La limitation de l'accès des parlementaires à l'information en matière sécuritaire

La première limite juridique du contrôle parlementaire des actions de l'exécutif en matière sécuritaire se trouve dans la règle de confidentialité qui entoure les actions de l'exécutif dans ce domaine. Cette limite est posée par l'article 35 alinéa 2 de la constitution qui dispose que « le Gouvernement, sous réserve des impératifs de la défense nationale, de la sécurité de l'État ou du secret de l'information judiciaire, fournit des renseignements au Parlement ». On retrouve encore une telle limitation cette fois-ci de façon déguisée dans les dispositions de l'article 79 alinéa 1 du règlement intérieur de l'Assemblée nationale d'après lesquelles, « les membres du Gouvernement interpelés ont la faculté de déclarer par écrit que l'intérêt public leur interdit de répondre ». Comme on peut le constater, le constituant camerounais s'est aligné à la croyance tenace qui estime que les parlements sont des institutions peu à même de garder secrètes des informations classifiées[43]. En effet, dans l'esprit du constituant camerounais, les membres du gouvernement sont certes tenus d'informer la représentation nationale sur leurs différentes actions, mais cette information doit tenir compte du souci de sauvegarder le secret qui caractérise les actions sécuritaires. Lorsqu'on sait que « le partage de l'information revient en dernier ressort à un partage du pouvoir » [44]et que le « partager sans restriction irait à l'encontre des institutions caractérisées par le fétichisme de la discrétion »[45], on peut dire que la rétention de l'information sécuritaire au parlement ne peut être que préjudiciable au contrôle parlementaire.

---

[43] BORN (H.), FLURI (P.), LUNN (S.), « Contrôle et orientation : la pertinence du contrôle parlementaire sur le secteur de la sécurité et sa réforme », in *Contrôle et orientation : la pertinence du contrôle parlementaire sur le secteur de la sécurité,* DCAF, 2014, p. 1.

[44] SULEIMAN (E. N.), Cité par ONDO (T.), *Réflexion sur le contrôle parlementaire au Gabon,* Paris, PUF, p. 330.

[45] *Idem.*

Il s'agit là d'une limitation qui affaiblit le contrôle parlementaire dans ce domaine de l'activité gouvernementale. En effet, « le contrôle efficace du gouvernement par le parlement présuppose la communication rapide (et même totale) des informations »[46]. Avec la limitation de l'accès des parlementaires à l'information sécuritaire, l'institution parlementaire ne peut se prononcer en connaissance de cause sur les actions de l'exécutif. Or, « un État dont la sécurité, surtout militaire, échapperait au contrôle parlementaire n'est, au mieux, qu'une démocratie inachevée ou en devenir »[47]. Dans un tel contexte, il est impossible pour le parlement « de tenir le gouvernement en haleine et de le pousser à se justifier ou à infléchir sa politique dans le sens voulu ». Pourtant, un partage des pouvoirs est nécessaire entre l'exécutif et le législatif même en matière sécuritaire dans la mesure où la mission du parlement est de représenter les intérêts et les préoccupations du peuple, et que les décisions de l'exécutif en matière sécuritaire parce qu'affectant la vie, les valeurs et le bien-être des citoyens ne doivent pas être laissées au seul bon vouloir de l'exécutif ou des militaires[48]. Bien plus, les mesures sécuritaires peuvent impacter les libertés des citoyens d'où la nécessité de permettre au parlement de veiller à ce que pareilles mesures soient systématiquement conformes aux instruments juridiques en vigueur. Dès lors, limiter l'accès des parlementaires à l'information dans le domaine de la sécurité c'est comme priver un artisan de la matière première qui lui permet de réaliser son ouvrage. Étant donné que le parlement n'a pas le statut de codécideur des actions sécuritaires, il est important qu'il dispose des informations dans ce domaine pour se rassurer que le pouvoir exécutif dans son ensemble agit pour l'intérêt général. En l'absence d'informations, il ne peut y avoir contrôle, malheureusement, le parlement ne peut contraindre le gouvernement à lui fournir lesdites informations même dans le cadre d'une enquête parlementaire.

2- L'absence d'un pouvoir de contrainte des commissions d'enquête sur le gouvernement

La limitation de l'accès des parlementaires à l'information par le mécanisme des questions orales ou écrites aurait pu être compensée par l'enquête parlementaire. Seulement, même ce mécanisme ne permet pas un contrôle efficace des actions de l'exécutif en matière sécuritaire dans le constitutionnalisme camerounais. En effet, les instruments juridiques qui encadrent le contrôle parlementaire au Cameroun n'ont pas prévu un possible contournement de la confidentialité des actions sécuritaires même en cas d'enquête parlementaire. Bien plus, le droit en vigueur ne reconnaît aucun pouvoir de contrainte aux commissions d'enquête parlementaires vis-à-vis du gouvernement. Au Cameroun, comme dans la plupart des États d'Afrique

---

[46] SOMALI (K.), *Le Parlement dans le nouveau constitutionnalisme*, *op.cit.*, p. 331.
[47] Cf. *UIP et DCAF - Contrôle parlementaire du secteur de la sécurité,* 2003, p. 18.
[48] *Ibid.*, p. 28.

noire francophone, « le déroulement de l'enquête reste largement tributaire de la bonne volonté du gouvernement »[49]. Ni la constitution ni les règlements intérieurs des chambres parlementaires n'ont doté le parlement d'un pouvoir de contrainte lui permettant d'astreindre les membres du gouvernement à faire suite aux demandes d'informations des commissions d'enquête. Ce pouvoir n'a été prévu que dans les cas où une commission d'enquête a été créée sur un sujet intéressant les finances publiques[50]. Dès lors, on peut donner raison à SOMALI KOSSI qui pense que « faute de disposer d'un véritable pouvoir de contrainte à l'encontre du gouvernement, la commission n'est pas en mesure de recueillir une information satisfaisante de nature à éclairer l'opinion publique sur l'objet de l'enquête »[51].

Comme on peut le constater, même la commission d'enquête ne garantit pas un contrôle efficace des actions sécuritaires de l'exécutif au Cameroun. Si l'on part du principe selon lequel le rôle d'une commission d'enquête consiste à recueillir des éléments d'information soit sur des faits déterminés, soit sur la gestion financière, administrative ou technique des services publics ou des entreprises nationales, afin de soumettre leurs conclusions à l'Assemblée sous forme de rapport[52], il y a lieu de penser qu'un tel objectif ne peut être atteint lorsqu'une question sécuritaire est en cause. En définitive, il est encore difficile en l'état actuel du constitutionnalisme camerounais d'assister à un contrôle efficace de l'action de l'exécutif dans le domaine de la sécurité. En tout cas, l'encadrement juridique ne le permet pas encore. Cette vulnérabilité du contrôle est aggravée par des obstacles extra juridiques.

B- Un contrôle dévoyé par des obstacles extra juridiques

Outre les obstacles d'ordre juridique qui le plombent, le contrôle parlementaire des actions de l'exécutif en matière sécuritaire est également perverti par des obstacles extra juridiques au Cameroun. En effet, le contrôle parlementaire dans son ensemble est laminé dans ce pays du fait des usages politiques (1) et le manque d'expertise des parlementaires sur des questions de sécurité (2).

1- Un contrôle dévoyé par des usages politiques

Les usages politiques constituent l'un des vecteurs de la déroute du contrôle parlementaire des actions sécuritaires de l'exécutif au Cameroun. En effet, l'activité parlementaire en général est fortement influencée dans ce pays par « l'impérialisme majoritaire »[53] dont le but est d'annihiler toute velléité de

---

[49] SOMALI (K.), *Le Parlement dans le nouveau constitutionnalisme, op.cit.*, p. 348.
[50] Art. 91 al 4 du règlement intérieur de l'Assemblée nationale.
[51] SOMALI (K.), *Le Parlement dans le nouveau constitutionnalisme, op.cit.,* p. 349.
[52] CHAGNOLLAUD (D.), *Droit constitutionnel contemporain,* Paris, Armand Colin, 4è éd 2005, p. 318.
[53] BIDEGARAY (C.) et EMERI (C.), « Le contrôle parlementaire », *RDP,* 1973, p. 1719.

nuisance à l'action de l'exécutif. L'activité parlementaire est gouvernée par le principe de fidélité de la majorité au chef de l'exécutif et son gouvernement. Le fait est que les chambres parlementaires sont contrôlées par une majorité obèse qui contrôle également l'exécutif. Du coup, la quasi-totalité des parlementaires défend le même bilan que le gouvernement. Dès lors, les députés et sénateurs s'abstiennent généralement de gêner le gouvernement ainsi que leur chef à tous : le président de la République, chef du parti majoritaire dans les deux chambres.

Les parlementaires se soucient plus de garder des rapports courtois avec le pouvoir exécutif. Les propos de Monsieur MARIGOH MBOUA, président de l'Assemblée nationale fédérale le prouvent à suffire lorsqu'il dit : « est-il nécessaire que le contrôle de l'assemblée soit quotidien et total ? Pour des raisons d'ordre pratique, ce contrôle ne peut être qu'intermittent et pour des raisons d'opportunité, il n'a jamais été total. L'assemblée doit s'imposer une éthique du contrôle, un art du contrôle (...). L'art du contrôle du Parlement s'exercera donc avec tact et opportunité suivant les circonstances et les normes d'une sage collaboration entre l'exécutif et le législatif »[54]. Cette attitude des parlementaires leur a pourtant valu au fil des ans le mépris de l'exécutif comme le relève cette dénonciation du président de l'Assemblée Nationale du Cameroun lors de la séance d'ouverture de la session budgétaire du mois de novembre 2010 : « le Législatif ne semble plus jouir du respect d'antan de la part de l'exécutif. Le mépris du premier à l'endroit du second va grandissant (...) »[55]. Il est clair que dans un contexte où les parlementaires ont à cœur de plaire à l'exécutif, ils auront du mal à douter de ses actions au point d'initier un contrôle.

Cette allégeance du parlement au pouvoir exécutif impacte le contrôle parlementaire de manière générale en ce sens qu'elle contribue à la domestication des mécanismes du contrôle parlementaire. Or, « l'essence du contrôle réside dans la possibilité de contester les vues du gouvernement »[56]. Au Cameroun, la majorité parlementaire se range la plupart du temps derrière le chef du parti au pouvoir qui est aussi chef du pouvoir exécutif lorsque les questions sécuritaires sont en cause. Ce fut le cas en janvier 2015 lorsque l'ONG Réseau des Défenseurs des Droits Humains en Afrique Centrale (REDHAC) avait décrié à tort ou à raison des « graves exactions » sur les populations de l'Extrême-Nord du Cameroun par les forces de défense et de sécurité, pendant qu'on aurait pu s'attendre à la création d'une commission d'enquête pour vérifier la véracité de ces accusations et peut-être établir les

---

[54] Cité par BAYART (J.-F.), *L'État au Cameroun,* P.F.N.S.P., 1985, p. 162.

[55] Allocution du président de l'Assemblée nationale du Cameroun, présentée à la séance d'ouverture de la session budgétaire du mois de novembre 2010 pour l'examen du projet de budget 2011, inédit.

[56] MATHIOT (A.), *Institutions politiques comparées*. Le pouvoir législatif dans les démocraties du type occidental, Fascicule II, Les Cours de droit, Paris, V, 1973-1974, p. 467.

responsabilités, le Doyen d'âge de l'Assemblée Nationale l'honorable ENOW TANJONG à l'ouverture de la session de mars de la même année avait appelé « l'ensemble des députés, sans distinction de chapelle politique, à s'aligner derrière le président de la République… »[57]. Tout récemment encore à la suite d'une résolution du parlement européen sur la situation sécuritaire au Cameroun, les présidents des chambres qui composent le parlement camerounais ont fait une sortie pour appeler à la mobilisation derrière le chef de l'État. Au regard de tout ce qui précède, l'on peut conclure que le fait majoritaire déroute gravement le contrôle parlementaire en général et le contrôle des actions de l'exécutif en matière sécuritaire en particulier dans le constitutionnalisme camerounais.

2- Un contrôle dévoyé par le dénuement du parlement

Un contrôle parlementaire efficace dans le domaine de la sécurité dépend de plusieurs facteurs dont les plus importants sont le temps et le niveau d'expertise des équipes parlementaires dans ce domaine. Au Cameroun, les chambres parlementaires sont dépourvues de ces atouts. Concernant le facteur temps, il convient de relever qu'il est déterminant en matière de contrôle des actions sécuritaires en ce sens que, la maîtrise du temps évite aux parlementaires de se retrouver devant un fait accompli. De l'avis des experts, il est indispensable que le parlement reçoive en temps voulu des informations sur les intentions et les décisions du gouvernement concernant les questions de sécurité et l'ensemble de ce secteur[58]. Si l'on doit reconnaître que le délai de réaction du gouvernement en cas de demande d'informations de la part du parlement est bien encadré par le législateur à travers les règlements intérieurs des chambres parlementaires, on ne peut s'empêcher cependant de relever que les assemblées parlementaires ne siègent pas de manière permanente au Cameroun. Or, pour bien jouer son rôle de vigile de l'action gouvernementale, le parlement a besoin de temps[59]. Les chambres parlementaires siègent pendant une période de trente jours et ceci trois fois par an. Face à un gouvernement dont l'action est permanente, on peut valablement soutenir que le parlement ne dispose pas de temps pour un contrôle parlementaire efficace et complet. Il peut donc arriver qu'entre deux sessions parlementaires, l'exécutif entreprenne des opérations sécuritaires, il faudra attendre la session parlementaire suivante pour que la représentation nationale en soit informée au cas où le gouvernement n'y voit aucun inconvénient.

Pour ce qui est de l'expertise, il ressort de cela que le parlement camerounais ne dispose pas de services techniques lui permettant d'avoir un point de vue suffisamment éclairé pour confronter les informations sécuritaires que lui fournit l'exécutif. En effet, le contrôle parlementaire des

---

57 Cameroon Tribune N° 1079/6998 du 13 mars 2015.

58 Guide Parlement de la CEDEAO-DCAF à l'usage des parlementaires ouest-africains. p. 228.

59 OLINGA (A.D.), *La constitution de la République du Cameroun*, *op.cit.*, p. 119.

actions de l'exécutif en matière sécuritaire s'opère sur des questions complexes comme l'achat des armes, la capacité opérationnelle des forces de défense et de sécurité, l'emploi des armes, etc. Pour que le contrôle parlementaire soit efficace, il faut que le parlement dispose de la même capacité d'analyse des questions sécuritaires que le gouvernement. C'est par exemple le cas du Congrès argentin qui dispose d'un bureau de liaison militaire permanent, susceptible d'être consulté par les parlementaires et leurs personnels pour les conseiller, eux-mêmes, mais plus particulièrement encore la commission de défense et de sécurité[60]. Lorsque le parlement manque d'experts pouvant l'éclairer sur des questions qu'il est censé contrôler, son action ne peut qu'être mitigée. Dans ce cas de figure, il est clair que le parlement n'agit pas en connaissance de cause. Il en résulte donc qu'il peut être amené à bloquer injustement une action de l'exécutif, ou entériner une autre alors même qu'elle n'est pas menée dans l'intérêt du peuple.

CONCLUSION

Au total, s'il est incontestable que la sécurité est une mission trop sérieuse pour être laissée au seul gouvernement et que le constituant camerounais a bien voulu associer le parlement à cette tâche, il n'en demeure pas moins que l'action du parlement dans ce domaine demeure perfectible. En effet, pour espérer vivre un contrôle parlementaire satisfaisant dans le domaine de la sécurité, il importe d'expurger le travail parlementaire de tous les obstacles qui aggravent la difficulté de contrôler l'exécutif. Dès lors, il serait judicieux d'amenuiser l'irresponsabilité présidentielle devant le parlement et de doter les chambres parlementaires des capacités d'analyse et de savoir-faire indépendants.

INDICATIONS BIBLIOGRAPHIQUES

- AMELLER (M.), *Les questions instrument du contrôle parlementaire*, 1964, 298 p.
- BARTHELEMY (J.), *Le rôle du pouvoir exécutif dans les Républiques modernes*, Paris, Giard et Brière, 1906, 907 p.
- BIDEGARAY (Ch.) et EMERI (Cl.), « Le contrôle parlementaire », *RDP*, 1973, pp. 1633-1745.
- BOLLE (S.), *Le nouveau régime constitutionnel du Bénin. Essai sur la construction d'une démocratie africaine par la constitution*, Thèse droit public, Université de Montpellier 1, 1997, 807 p.

---

[60] Cf. Guide Parlement de la CEDEAO-DCAF à l'usage des parlementaires ouest-africains. p. 230.

- BORN (H.), FLURI (Ph.), LUNN (S.), « Contrôle et orientation : la pertinence du contrôle parlementaire sur le secteur de la sécurité et sa réforme », in *Contrôle et orientation : la pertinence du contrôle parlementaire sur le secteur de la sécurité,* DCAF, 2014, 155 p.
- CHAGNOLLAUD (D.), *Droit constitutionnel contemporain : le régime politique français,* Paris, Armand Colin, 4è éd, 2005, 444 p.
- COHEN (S.), *La Défaite des généraux. Le pouvoir politique et l'armée sous la Vème République*, Paris, Fayard, 1994, 376 p.
- EISENMANN (Ch.), *Cours de droit administratif,* Paris, LGDJ, Tome II, Lextenso éditions 2014, 908 p.
- GICQUEL (J.) « Le présidentialisme négro-africain : l'exemple camerounais » *in* Mélanges offerts à Georges BURDEAU, *Le Pouvoir,* Paris, LGDJ, 1997. pp. 701-725.
- GONIDEC (P.-F.), « Constitutionnalismes africains », *RJP*, Janvier-Avril 1996, pp. 23-50.
- HAURIOU (M.), Précis *de Droit constitutionnel*, Paris, Sirey 1929, 745 p.
- LAUVAUX (Ph.), « Le contrôle parlementaire, source du régime parlementaire, priorité du régime présidentiel » *Pouvoirs,* N° 134. 2010. pp. 23-36.
- MONEMBOU (C.), *La séparation des pouvoirs dans le constitutionnalisme camerounais,* Thèse de Doctorat/Ph. D. en Droit Public, université de Yaoundé II, 2011, 496 p.
- MONTESQUIEU, *De l'esprit des lois*, éd. GF Flammarion, 1979, Tome I.
- MORGENTHAU (H.), "Politics among nations", New-York, 1960, 630 p.
- N'DIAYE (B.), « Contrôle parlementaire dans le contexte ouest-africain : un aperçu des succès et des défis », Séminaire régional sur le contrôle parlementaire dans le domaine de la sécurité en Afrique de l'Ouest Dakar, Sénégal, 21 – 22 septembre 2010, pp. 25-28.
- NGUELE ABADA (M.) « La réforme du règlement intérieur de l'Assemblée Nationale du Cameroun », *RASJ,* n° 1, vol 1, 2003, pp. 97-116.
- OLINGA (A. D.), *La Constitution de la République du Cameroun*, Presses de l'UCAC, 1ère éd. 2006, 326 p.
- ONDO (T.), *La responsabilité introuvable du chef d'État africain : analyse comparée de la contestation du pouvoir présidentiel en Afrique noire francophone,* Thèse de Doctorat en Droit Public, Université de Reims Champagne-Ardenne, 2005, 678 p.

- ONDOA (M.) « Une résurrection : Le régime parlementaire camerounais », *AFSJP/UD,* n° 02 juin-décembre, 2002, pp. 7-42.
- SOMALI (K.), *Le parlement dans le nouveau constitutionnalisme en Afrique,* Thèse de Doctorat (nouveau régime) en Droit Public, Université de Lille 2, 2008, 491 p.
- THIERS (E.), « Le contrôle parlementaire et ses limites juridiques : un pouvoir presque sans entraves », *Pouvoirs*, N° 134. 2010. pp. 71-81.
- THUCYDIDE et FIRMIN-DIDOT, *Histoire de la guerre du Péloponnèse.* Firmin Didot frères. Bibliothèque municipale de Lyon, 1833, 826 p.

Notule sur la décentralisation de la sécurité publique au Cameroun

Par

Éric Stephane MVAEBEME[1]

Résumé

La sécurité publique est fondamentalement une affaire des pouvoirs publics. L'État seul ne devrait pas assumer cette fonction hautement sensible. Il est donc question de revoir la « conception républicaine » et anachronique de la sécurité. La décentralisation de cette dernière est encore limitée au Cameroun, mais elle est fortement souhaitée.

Mots-clés : Sécurité, décentralisation, État, police, maire.

[1] *Ph. D.* en Droit Public, Assistant, Département de Droit Public Interne, Université de Dschang, Chercheur au CERCAF (Université de Yaoundé II), E-mail : ericstephanemvaebeme@gmail.com

INTRODUCTION

L'affirmation d'un « modèle républicain[2] de sécurité » tend de plus en plus à s'émousser, car la conception « jacobine » de cette sécurité semble faire de moins en moins de partisans. Les défis sécuritaires sont de plus en plus croissants dans le monde en général[3] et singulièrement en Afrique. À cause de l'implication augmentée des acteurs locaux, l'on semble même assister à la qualification des maires comme les nouveaux patrons de la sécurité dans nos villes[4].

La participation des édiles dans la sécurité en milieux urbains, péri-urbains et ruraux ne peut se faire que dans le strict cadre de la décentralisation. Les études camerounaises[5] ne manquent pas sur cette politique publique. Du point de vue textuel, la Constitution camerounaise de 1996 ne définit pas le concept de décentralisation, mais la loi précise tout de même qu'« elle consiste en un transfert par l'Etat, aux collectivités territoriales, de compétences particulières et de moyens appropriés »[6]. Autrement dit, c'est une technique par laquelle l'État se déleste de certaines de ses attributions pour les confier aux collectivités territoriales décentralisées. Pour davantage la distinguer de la déconcentration, il faut se tourner vers la doctrine. En effet, le Professeur Marcel WALINE, estime que la « décentralisation consiste précisément à diminuer les pouvoirs de décision du gouvernement central ou des agents, ou

---

[2] Sur le concept de République, lire MVAEBEME (E. S.), *La République en droit public camerounais,* Thèse de Droit Public, Université de Yaoundé II, février 2015, 475 p.

[3] Regarder un tant soit peu le cas mexicain, CASTRO OLIVA (J.F.), *La sécurité au Mexique : échec d'une fonction régalienne de l'État,* Thèse de droit public, Université Paris 13 - Sorbonne Paris Cité, juin 2016, 532 p.

[4] Le GOFF (T.), *Les maires : nouveaux patrons de la sécurité* ? Presses Universitaires de Rennes, Coll « Essais », 2008, 195 p.

[5] DOUMBE BILLE (S.), *Recherches sur les rapports entre l'État camerounais et les collectivités locales. Contribution à l'analyse du système administratif camerounais*, Thèse de doctorat en droit, Toulouse, 1982, NLEP (R.G.), *L'administration publique Camerounaise : Contribution à l'étude des systèmes africains d'administration publique,* Paris, LGDJ, 1986, 405 p. ; GUIMDO DONGMO (B.-R.), *Le personnel communal au Cameroun : Contribution à la compréhension de la crise de l'administration communal camerounaise*, Thèse de doctorat, FDSE, Université de Yaoundé II, Soa, Année académique.1991-1992, NACH MBACK (C.), *Démocratisation et décentralisation, Genèse et dynamique comparées des processus de décentralisation en Afrique Subsaharienne, op.cit,* 2003, 528 p. ; NGANG (J. M.), *Les bases constitutionnelles des collectivités territoriales décentralisées au Cameroun,* Thèse de doctorat, FSJP, UYII-Soa, 2009, 337 p. ; NGONO TSIMI (L.), *L'autonomie administrative et financière des collectivités territoriales décentralisées : l'exemple du Cameroun,* Thèse de Doctorat, Paris, LAGROTEC, 2010 ; BIWOLE (G.), *L'institution communale au Cameroun, op.cit,* 1985, 144 p. ; FINKEN (M.), *Commune et gestion municipale au Cameroun : Institutions municipales, Finance et budget, Gestion locale, Interventions municipales, op.cit,* 1996, 348 p., EKO'O AKOUAFANE (J. -C.), *La décentralisation administrative au Cameroun,* Yaoundé, L'Harmattan, 2009, 308 p.

[6] *Cf.* Art. 5 al. 1, Loi n° 2019/024 du 24 décembre 2019 portant Code général des Collectivités Territoriales Décentralisées.

certains ministres, pour les transporter aux représentants des intérêts locaux ou d'intérêts spéciaux »[7]. Pour le Doyen Roger BONNARD, elle est « un mode d'organisation de l'administration locale, dans laquelle la direction locale de certains services publics est assurée non plus par des représentants locaux du pouvoir central, mais par des autorités administratives locales qui sont des organes de direction ayant une certaine autonomie vis-à-vis du pouvoir central » [8]. La décentralisation dans son volet territorial ou administratif se reconnait à trois critères fondamentaux : les affaires locales, les autorités locales et le contrôle de tutelle et de légalité[9]. La décentralisation a des justifications multiples. Aux justifications classiques[10] généralement avancées, pour promouvoir sa cause, s'ajoutent d'autres raisons cachées qui révèlent sous son couvert, un phénomène d'instrumentalisation des collectivités par l'État[11]. Il est possible d'en dénombrer quatre[12] : la *décentralisation démocratie*, elle est un moyen d'obtenir un gouvernement modéré, gage de la liberté des citoyens ; la *décentralisation pédagogie*, l'éloignement et la concentration du pouvoir conduisent à désintéresser les citoyens de la chose publique, et finalement, à leur irresponsabilité politique ; la *décentralisation, technique de familiarisation du pouvoir*, sous l'apparence du partage du pouvoir, l'État décentralisé installe mieux son emprise sur la société, il accoutume ses citoyens à l'obéissance à l'autorité publique et ses contraintes dont les éléments sont les mêmes au niveau des collectivités : intérêt général, puissance publique, ordre public ; la *décentralisation, technique d'utilisation des collectivités territoriales*, cette dernière justification interpelle la présente étude à plus d'un titre, car elle met en exergue les collectivités comme des relais du pouvoir central. C'est justement dans ce cadre que les collectivités territoriales peuvent suppléer l'État dans des missions sensibles comme celle de la sécurité.

La sécurité publique n'est pas strictement définie,[13] mais constitue un des objectifs qui légitime les pouvoirs de police[14] de l'exécutif local. La sécurité

---

[7] WALINE (M.), *Manuel de Droit administratif*, Paris, S., 2è éd., 1939, p. 227.

[8] BONNARD (R.), *Précis de droit administratif*, Paris, LGDJ, 4è éd., 1943, p. 315.

[9] OBERDORFF (H.), KADA (N.), *Les institutions administratives*, Paris, Dalloz, 8e éd., Sirey, 2016, p. 43.

[10] Au Cameroun, se référer à art. 5 al. 1, Loi n° 2019/024 du 24 décembre 2019, *op.cit.*, qui précise que : « La décentralisation constitue l'axe fondamental de promotion du développement, de la démocratie et de la bonne gouvernance au niveau local. »

[11] FAURE (B.), *Droit des collectivités territoriales*, Paris, Dalloz, 4è éd., 2016, p. 5.

[12] Pour plus de détails sur les justifications de la décentralisation, lire utilement FAURE (B.), *Droit des collectivités territoriales*, *op.cit.*, pp. 5-6.

[13] LEBIGOT (C.), « Évolution de la sécurité publique dans le cadre de la police administrative », *Revue juridique de l'Ouest*, 2000-3, p. 328.

[14] TEITGEN (P.H.), « La police municipale générale, l'ordre public et les pouvoirs du maire », *Recueil Sirey*, 1934 ; BON (J.), *La police municipale*, 1975 (thèse Bordeaux), répertoire Dalloz, Collectivités Locales, Tome III, 1996 ; PICARD (E.), *La notion de police administrative*, Paris, LGDJ, 1984.

publique désigne généralement un des aspects de l'ordre public visant à protéger la population d'un État contre les menaces internes, par opposition à la sécurité extérieure qui vise la défense d'un territoire contre des menaces étrangères. Ainsi, la notion de sécurité a deux dimensions[15]. D'une part dans une perspective étatique, elle doit être considérée comme une valeur fondamentale de l'État, contribuant à sa fondation, son principe et sa finalité. La sécurité participe donc à la construction des bases de l'État, devenant son objet, son but. La version contractuelle de l'origine de l'État selon laquelle il est né d'un contrat social conclu par les êtres humains qui l'intègrent, suppose le sacrifice d'une partie de leurs droits et libertés, dans le but explicite d'obtenir de la sécurité dans la jouissance des droits et libertés restants. D'autre part, la sécurité est conçue comme une aspiration de l'être humain à accepter avec les autres une vie en communauté, une vie sociale, à la création de la municipalité et de l'État. Ce dernier garantit donc au moyen d'un cadre juridique, la sécurité qui se traduit comme l'assurance fournie à l'individu que sa personne, sa propriété et ses droits seront à l'abri d'attaques violentes et illicites. La sécurité est donc définie comme le point de départ de l'État et le point d'arrivée du droit. De ce point de vue, la sécurité est un *droit fondamental*.

Un droit est qualifié de fondamental lorsqu'il fait l'objet d'une protection constitutionnelle et/ou internationale[16], tout en étant un droit subjectif. Le droit à la sécurité au Cameroun remplit ces préalables, car il est reconnu par la Loi Fondamentale du 18 janvier 1996[17] comme un droit subjectif. En tant que tel, il est forcément un « droit-créance »[18]. À ce titre, il fait appel à une obligation de l'État, voire des pouvoirs publics considérés comme créanciers d'un droit-créance. Le droit à la sécurité est ainsi un droit dont tous les individus sont bénéficiaires, et l'État a l'obligation juridique de le mettre en œuvre. La sécurité civile est devenue alors de nos jours un enjeu politique majeur,[19] car, l'insécurité est grandissante[20]. La sécurité est comptée au nombre des droits

---

[15] CASTRO OLIVA (J.F.), *La sécurité au Mexique : échec d'une fonction régalienne de l'État*, Thèse de droit public, Université Sorbonne Paris 13 -Paris Cité, 2016, p. 43.

[16] FAVOREU (L.) et *alii, Droit constitutionnel*, Paris, Dalloz, 19e édition, 2017, p. 906.

[17] Dans le préambule, au niveau de la deuxième articulation de la partie relative à la proclamation des droits, l'on peut lire : « la liberté et la *sécurité* sont garanties à chaque individu dans le respect des droits d'autrui et de l'intérêt supérieur de l'État ».

[18] Les droits-créances sont des « droits de statut positif », en ce sens qu'ils appellent une action positive de l'État, par opposition aux « droits de statut négatif », qui eux impliquent l'abstention de l'État et garantissent une sphère de liberté individuelle. Lire dans ce sens, FAVOREU (L.) et *alii, Droits des libertés fondamentales*, Paris, Dalloz, 7e édition, 2016, p. 362.

[19] HAIDAR (R.), *Le préfet de département et la sécurité civile en France*, Thèse de doctorat en droit public, université de Grenoble, 2013, p. 5.

[20] Le constat amer du Premier ministre Lionel Jospin en 1997 vaut aussi pour le Cameroun : « Assurer la sécurité des citoyens est un devoir pour l'État. L'insécurité est donc un échec pour l'État. En effet, malgré tous les efforts déployés sur le terrain par les magistrats, les policiers,

que l'État doit garantir à chaque citoyen. Cependant, dans les États modernes, l'État peut être appuyé dans certaines de ces missions régaliennes. Cet appui peut provenir des collectivités territoriales décentralisées qui sont des pouvoirs publics locaux[21] par opposition aux pouvoirs publics nationaux. Étant donné que « la commune est le masque sous lequel avance l'État »[22], elle a qualité pour agir dans le champ sécuritaire de concert avec l'État pour l'émergence de ce qu'on pourrait appeler « *une co-production de la sécurité* »[23]. Il est clair que c'est en se servant de la police municipale que la police nationale pourrait atteindre ses objectifs sécuritaires[24], comme c'est déjà le cas au Burkina Faso.

La décentralisation offre donc un cadre pour que les collectivités territoriales puissent avoir voix au chapitre sécuritaire. Cela est même devenu une nécessité au regard de la montée en puissance de l'insécurité dans les milieux urbains et péri-urbains. L'absence d'un véritable Code de la Sécurité intérieure comme en France ou une loi comme au Burkina Faso est plus que visible. Pourtant les problèmes sécuritaires se posent avec acuité. L'État jacobin camerounais dans une logique de « décentralisation rédhibitoire »[25] ou même de « recentralisation » [26] tarde à reconnaitre une implication profonde des collectivités dans le champ de la sécurité. Au vu de tout cela, quelle analyse peut-on faire de la décentralisation de la sécurité publique au Cameroun ?

Le constat qui se dégage est que le dispositif sécuritaire reconnu et attribué aux communes est faible, et il doit impérieusement être approfondi. Ce constat peut ainsi être fait grâce à l'exploitation des textes en vigueur, mais aussi par la prise en compte des données empiriques. L'intérêt de cette étude est dual, car étant juridique et politique. Juridique dans le sens où l'étude met en relief

---

les gendarmes, de nombreux services publics, mais aussi par les collectivités locales et les associations, l'insécurité n'a pas reculé, bien au contraire. »

[21] DRUESNE (G.), « Réflexions sur la notion de pouvoirs publics en droit français », *RDP*, 1976, p. 1210 et *sq.*

[22] SINDJOUN (L.), *L'État ailleurs. Entre noyau dur et case vide*, Paris, Economica, 2002, p. 122.

[23] QUERO (Y.C.), *La gouvernance nodale de la sécurité locale,* Thèse de Doctorat en criminologie, Université de Montréal, 2015, p. S85.

[24] BAYALA (J.P.), « Le rôle de la police municipale dans la sécurité intérieure : le cas du Burkina Faso », in *La réforme des systèmes de sécurité et de justice en Afrique francophone*, OIF, Paris, 2010, p. 83.

[25] Modèle de décentralisation où l'on reconnait des compétences aux CTD d'un côté, mais que l'on bride de l'autre. En référence au constitutionnalisme rédhibitoire de OWONA (J.), « L'essor du constitutionnalisme rédhibitoire en Afrique noire : étude de quelques "constitutions Janus " », *Mélanges P.F. Gonidec*, Paris, LGDJ, 1985, pp. 235-243.

[26] Lire utilement MONEMBOU (C.), « Les paradoxes de la décentralisation camerounaise : de la décentralisation à la recentralisation », *Revue africaine de droit et de science politique*, vol. I, n° 1, janvier-juin 2013, pp. 161-183 ; HOUSER (M.), « Recherches sur le concept de recentralisation », *RRJ*, n° 2, 2011, p. 752 et sq.

le dispositif normatif et institutionnel en rapport avec la décentralisation de la sécurité publique. Politique dans la mesure où l'étude est une invite à davantage de décentralisation pour le bien des populations qui aspirent à plus de sécurité.

Ainsi, au regard des compétences d'attribution reconnues aux collectivités sur le terrain sécuritaire au Cameroun, la décentralisation de la sécurité publique est limitée (I), mais son approfondissement est souhaité (II).

I- UNE DÉCENTRALISATION DE LA SÉCURITÉ PUBLIQUE LIMITÉE

Au regard des compétences que l'État central a transférées aux collectivités camerounaises, l'on peut aisément comprendre que la sécurité intérieure est toujours un pouvoir régalien. Ce qui est régalien exprime et manifeste la souveraineté[27] ou même la puissance de l'État[28], dans ce sillage, l'on peut évoquer les questions relatives à la justice, la défense, la sécurité, les relations extérieures. Il est vrai que l'on peut quand même noter l'existence de « politiques publiques locales »[29] de sécurité cristallisées par l'attribution de compétence d'autorité[30] aux collectivités, mais sans véritablement faire émerger une démonopolisation des fonctions régaliennes[31] de l'État. Le constat est donc on ne peut plus clair, la sécurité publique est une mission cardinale de l'État (A) et marginale des collectivités territoriales décentralisées (B) au Cameroun.

A- La sécurité, une mission cardinale de l'État

Parce que la sécurité publique est considérée comme la « raison d'être et la condition de l'État »[32] camerounais, ce dernier y veille et fait intervenir ses services spécialisés nationaux qui peuvent être civils ou militaires. L'État camerounais se caractérise par le dualisme[33] de l'organisation de la sécurité publique comme beaucoup d'autres en Afrique francophone. Dans cet ordre

[27] SIMON (A.), *Les compétences régaliennes et les collectivités territoriales*, Thèse de Droit public, Université de Grenoble-Alpes, 2018, 510 p.

[28] BEAUD (O.), *La puissance de l'État*, Paris, PUF, 1994, 511 p.

[29] DE MAILLARD (J.), « Vers des politiques publiques locales de sécurité », *in* ROCHE (S.), (dir.), *En quête de sécurité. Causes de la délinquance et nouvelles réponses*, Paris, Armand Colin, coll. « Sociétales », 2003, pp. 287-288.

[30] FAURE (B.), *Droit des collectivités territoriales*, Paris, Dalloz, 4e éd., 2016, p. 544.

[31] ROCHE (S.), « Vers la démonopolisation des fonctions régaliennes : contractualisation, territorialisation et européanisation de la sécurité intérieure », *Revue Française de Science Politique*, vol. 54-1, 2004, pp. 43-70.

[32] VIDAL HAQUET (A.), « La sécurité en droit constitutionnel : non-dit ou non-être ? », *in* NGAMPIO OBELE-OBELE (U.) (dir.), *La sécurité en droit public*, Institut universitaire Varenne, juin 2018, p.185 et *sq*.

[33] WATIN-AUGOUARD (M.), « Sécurité intérieure : pluralité et complémentarité des forces », *Revue Droit et Défense*, 97/4, p. 16.

d'idées, la sécurité est garantie et préservée de façon régalienne par la police (1) et les forces militaires (2) nationales.

1- La garantie prégnante de la sécurité par la police nationale

L'État est chargé de cette mission régalienne qui consiste à établir la sûreté au profit de tous et sur l'ensemble du territoire de la République[34].

L'existence des forces de la sûreté nationale encore appelée police nationale est bien ancienne au Cameroun. Ainsi, on peut évoquer ici, comme tout premier texte relatif à cette matière, un arrêté du Gouverneur des colonies, Commissaire de la République française, du 31 mars 1934, portant organisation au Cameroun d'un service de police spéciale et de sûreté[35]. Ce service, placé sous l'autorité directe du chef de circonscription, délégué du commissaire de la République, « a pour attributions essentielles de veiller au maintien de l'ordre et de la sécurité publics »[36]. À cet effet, « il recherche et surveille tous agissements de nature à troubler ou compromettre la tranquillité du territoire ». Mais ce service est encore localisé et n'a pas de spectre national. Pour remédier à cela et accroître l'offre sécuritaire, un arrêté du 22 mars 1939 portant réorganisation du service de police et de sûreté dans les territoires du Cameroun va consacrer la création d'un service local de police et de sûreté dont l'activité s'exercera sur toute l'étendue du territoire.

Les forces de police ont toujours fait l'objet de beaucoup de sollicitude de la part des hautes autorités étatiques[37]. Aujourd'hui, la sûreté nationale est actuellement régie par les décrets n° 2012/539 et n° 2012/540 du 19 novembre 2012 portant respectivement statut spécial du corps des fonctionnaires de la sûreté nationale, et organisation de la délégation générale à la sûreté nationale. Corps « de commandement et d'administration placé sous l'autorité du Président de la République qui en est le chef suprême », la sûreté nationale concourt à l'exercice de la police administrative. À ce titre, elle est chargée « du maintien de l'ordre, de la paix, de la sécurité et de la salubrité publics, ainsi que de la protection, plus particulièrement dans les agglomérations urbaines (…), de la sécurisation de la nationalité camerounaise »[38]. Elle assure également « le respect et la protection des institutions, des libertés, des personnes et des biens »[39], de même qu'elle concourt à l'exécution des lois et règlements. Elle est chargée de la

[34] VENTRE (A.-M.), « Les polices en France », *Pouvoirs*, n°102, 2002, p. 31.

[35] JOC, 15 avril 1934, p. 266. Ce texte abroge l'arrêté du 17 mai 1930, déterminant les attributions complémentaires du fonctionnaire chargé de l'immigration. C'est cette autorité qui, jusque-là, exerçait les attributions désormais dévolues au service de police.

[36] *Idem.*, art. 1er.

[37] BEYEGUE BOULOUMEGUE (E.), *La police administrative au Cameroun. Contribution à l'étude de l'originalité du droit camerounais,* Thèse de Droit public, Université de Yaoundé II, 2019, p. 542.

[38] Art. 4 du décret n° 2012/540.

[39] Art. 3 du décret n° 2012/540.

surveillance aux frontières et du contrôle de la circulation des personnes ainsi que de l'assistance aux autorités gouvernementales, administratives et municipales. Ces missions, qui placent la sûreté nationale au cœur de la matérialisation de l'activité de police administrative, en font la force de police par excellence. Ce corps contribue à décupler la matérialisation de la fonction de police, car bien qu'en principe il soit appelé à intervenir surtout dans les agglomérations urbaines, son action s'étend en fait sur l'ensemble du territoire national. L'option choisie de rattacher la sûreté nationale à la Présidence de la République, en centralisant cette force de police, renseigne sur l'importance qui lui est accordée dans le dispositif institutionnel de maintien de l'ordre public. Cela cristallise même aussi le caractère régalien de leur haute mission de garantie de la sécurité sur l'ensemble du territoire national. Car on peut légitimement s'interroger, l'expérience aidant, sur le choix de faire du Président de la République « le chef suprême » de ce corps, alors que d'autres solutions étaient possibles, à l'aune du droit étranger.

Pour un meilleur maillage territorial, la Sureté Nationale dispose de structures déconcentrées à savoir : délégations régionales à la sûreté[40] qui sont une projection intégrale à l'échelle régionale de la délégation générale à la sûreté nationale, les groupements régionaux de la voie publique et de la circulation subdivisés en compagnies, puis en sections, des commissariats de sécurité publique qui sont implantés dans chaque agglomération urbaine comptant au moins 10 000 habitants et qui sont mis à la disposition des chefs de circonscriptions administratives pour le maintien de l'ordre, la tranquillité, la *sécurité* et la salubrité publics dans la ville où il est implanté, des commissariats de la police spéciale des chemins de fer, des commissariats spéciaux implantés dans les chefs-lieux des départements et éventuellement d'arrondissements et qui est chargé, dans l'unité administrative où il est implanté, des renseignements généraux, les commissariats à l'émi-immigration, des commissariats au port et/ou à l'aéroport, des postes-frontière, des antennes de surveillance du territoire, des postes de sécurité publique[41]. À l'image de la France, la gendarmerie et l'Armée font chorus avec la Sureté Nationale.

2- La garantie déterminante de la sécurité par les forces militaires : la gendarmerie nationale et l'Armée

L'histoire de la gendarmerie au Cameroun commence au lendemain de la Première Guerre mondiale. En effet, la France, qui prend possession du Cameroun dès 1916 introduit, au sein de ce territoire, une force militaire, la

40 Art. 162 et s. du décret n° 2012/540.
41 Art. 212 du décret n° 2012/540.

gendarmerie, qui existait au sein de la métropole depuis 1791[42]. Elle est une originalité française[43] transposée par l'ordonnance n° 60-20 du 22 février 1960 ; il constitue le premier texte du Cameroun indépendant relatif à la gendarmerie qui lui donne comme mission de veiller à la sûreté publique et d'assurer le maintien de l'ordre.

Aujourd'hui, la gendarmerie est issue de la réforme des armées de 2001. L'un des textes de cette réforme, à savoir le décret n° 2001/184 du 25 juillet 2001 portant organisation de la gendarmerie nationale, dispose en son article 1er : « la gendarmerie nationale est une composante des forces de défense. Son action s'exerce sur toute l'étendue du territoire national et plus particulièrement dans les zones rurales et sur les voies de communication ». Comme missions particulières, l'article 3 du décret n° 2001/184 dispose que la gendarmerie « concourt à la défense nationale, elle concourt au maintien de la sûreté intérieure de l'État, elle assure des missions de police militaire et de police judiciaire militaire ». C'est justement dans le cadre de ces missions particulières que la gendarmerie est qualifiée de « force de continuité »[44], car elle est un complément à la police et à l'Armée.

Pour un meilleur tissage de la toile sécuritaire, l'État accorde à la gendarmerie une présence totale sur le territoire. Cela se vérifie par : les régions de gendarmerie, les légions de gendarmerie formant un corps, des groupements de gendarmerie territoriale, des compagnies de gendarmerie spécialisée, des brigades de gendarmerie territoriale et des brigades de gendarmerie spécialisées, des postes de gendarmerie. L'article 87 du décret n° 2001/184 tranche en postulant que « les formations et unités territoriales et spécialisées de la gendarmerie nationale sont chargées de l'exécution de l'ensemble des missions de la gendarmerie dans leurs circonscriptions ».

L'Armée est une force exceptionnelle dans la garantie de la sécurité dans les États. Bien qu'elle soit principalement constituée, équipée et entrainée pour la défense militaire, l'Armée peut à titre principal ou accessoire contribuer à la sécurité intérieure[45]. Cela est particulièrement visible en France[46]. Le Cameroun ne s'est pas trop démarqué, car lui aussi a prévu l'irruption de l'armée dans le champ sécuritaire après réquisition[47] par les autorités civiles. Dès sa création par ordonnance, « la mission principale de

---

42 Pour des repères historiques, lire utilement BEYEGUE BOULOUMEGUE (E.), *La police administrative au Cameroun. Contribution à l'étude de l'originalité du droit camerounais*, Thèse précitée, p. 548 et *sq*.

43 VENTRE (A.-M.), « Les polices en France », *Pouvoirs*, n°102, 2002, p. 32.

44 WATIN-AUGOUARD (M.), « Sécurité intérieure : pluralité et complémentarité des forces », *Revue Droit et Défense*, 97/4, p. 16.

45 *Ibid.*, p. 28.

46 Par les plans VIGIPIRATE, et actuellement par le dispositif « Sentinelle ».

47 RENAUDIE (O.), « Les mutations de la sécurité intérieure : l'État transformé ? », *Civitas Europa*, 2018, n° 1, p. 5.

l'armée camerounaise est d'assurer en tout temps et en toutes circonstances, et contre toutes les forces d'agression, la sécurité et l'intégrité du territoire national ainsi que la vie de la population »[48]. Les décrets réformateurs de l'Armée de 2001 ont maintenu cette mission. C'est dans cette logique que l'on observe une synergie des forces à travers ce que l'on appelle généralement les patrouilles mixtes de maintien de l'ordre qui comportent en leur sein à la fois la police, la gendarmerie et l'armée. Celles-ci assument avec brio la garantie de la sécurité bien que les collectivités le fassent de façon marginale.

B- La sécurité, une mission marginale des collectivités territoriales décentralisées

La question de la sécurité fait partie des missions régaliennes étatiques, mais elle peut faire l'objet de transfert parcimonieux aux collectivités sous le couvert de l'exercice de la police municipale. Malgré cette reconnaissance, les collectivités ont pour mission principale le développement local (1) ce qui amoindrit leur offre sécuritaire dans les terroirs (2).

1- La mise en œuvre du développement local, mission principale de la commune

Par le truchement du Code Général des Collectivités Territoriales Décentralisées, la commune a reçu pour mission principale la mise en œuvre du développement local[49]. Le *dictum* de l'article de l'article 147 de ce Code est clair : « la commune a une mission générale de développement local et d'amélioration du cadre et des conditions de vie des habitants ». De ce fait, les collectivités territoriales se doivent « de promouvoir le développement économique, social, sanitaire, éducatif, culturel et sportif »[50]. Il est donc loisible de constater que ces différents secteurs constituent le domaine d'action prioritaire et fondamental des collectivités locales au Cameroun. Pour ce faire, ces collectivités territoriales agissent en matière de gestion des populations. Elles sont responsables de l'approvisionnement en eau potable de ses populations, elles prennent en charge la gestion des différents types de déchets, s'occupent de la salubrité et de la tranquillité dans ses rues. En matière économique, les équipements de proximité tels que les marchés et les gares routières dépendent de la commune. Cette dernière intervient aussi dans la planification, l'aménagement du territoire, l'urbanisme et l'habitat. Dans le cadre du développement sanitaire et social, les communes ont en charge la santé, et l'action sociale. Dans la mission d'impulsion du développement éducatif, sportif et culturel, la commune se doit d'agir dans l'éducation, l'alphabétisation et la formation professionnelle, sans oublier les champs de

---

[48] Voir l'ordonnance n° 59-57 du 11 novembre 1959 portant création de l'armée camerounaise et organisation générale de la défense (J.O.C., 1959, p. 1567).

[49] KOUOMEGNE NOUBISSI (H.), *Décentralisation et centralisation au Cameroun. La répartition des compétences entre l'État et les collectivités locales*, Paris, L'Harmattan, 2013, p. 131.

[50] Cf. Titre II, Chap. I de la loi n° 2019/024 du 24 décembre 2019.

la jeunesse, des sports et loisirs, ainsi que de la culture et de la promotion des langues nationales.

Au vu de ces compétences fondamentales, l'on peut logiquement déduire que la commune qui est la collectivité territoriale de base a une mission de mise en œuvre du développement local. L'on remarque aussi que les préoccupations et missions sécuritaires sont ravalées au second plan, cela administre la preuve du caractère accessoire de la mission sécuritaire des collectivités locales. Ce qui compte en premier c'est la fonction de développement du territoire.

2- Le déficit de l'offre sécuritaire de la commune

L'offre sécuritaire délivrée par la commune repose sur la mise sur pied d'une police municipale qui exerce des missions relatives à la police administrative,[51] mais de façon localisée. C'est dans cette veine que l'article 218 al. 1 de la loi du 24 décembre 2019 portant Code Général des Collectivités Territoriales Décentralisées sur la décentralisation prévoit expressément que la police municipale a pour objet « d'assurer le bon ordre, la sûreté, la tranquillité, la sécurité et la salubrité publics ». De façon claire, la police municipale assure la police administrative dans ses dimensions classiques à savoir sécurité, tranquillité et salubrité avec en sus le bon ordre et la sûreté. La police municipale dans son acception concerne l'ensemble des mesures de police qui visent à maintenir l'ordre public dans une commune donnée[52].

Assurer la sécurité publique consiste à décider des mesures à entreprendre pour prévenir les risques d'accidents et des dommages aux personnes et à leurs biens[53]. Dans l'exercice de la police municipale, la garantie de la sécurité publique se manifeste par la sûreté et la commodité du passage dans les rues, quais, places et voies publiques en l'occurrence le nettoiement, l'éclairage, l'enlèvement des encombrements, la démolition ou la réparation des édifices menaçant ruine[54]. La sécurité publique s'entrevoit également dans la police municipale par l'édiction de mesures nécessaires contre les aliénés dont l'état pourrait compromettre la morale publique, la sécurité des personnes ou la conservation des propriétés[55]. Elle vise à prévenir ou remédier aux événements fâcheux qui pourraient être occasionnés par la divagation des animaux[56].

---

[51] ATEMENGUE (J.D.N.), *La police administrative au Cameroun,* Thèse de Doctorat en droit public interne, Université Jean Moulin-Lyon III, juillet 1995, 358 p.

[52] ATANGANA ONDIGUI, « La police municipale en droit administratif camerounais », *RADP*, Vol VII, supplément 2018, p. 147.

[53] ATEMENGUE (J.D.N.), *La police administrative au Cameroun,* Thèse précitée, p. 104.

[54] Art. 218 al. 2 a de la loi n° 2019/024 du 24 décembre 2019.

[55] Art. 218 al. 2 e de la loi n° 2019/024 du 24 décembre 2019.

[56] Art. 218 al. 2 f de la loi n° 2019/024 du 24 décembre 2019.

Actuellement, l'offre sécuritaire par le truchement de la police municipale est assez rare[57]. On ne retrouve la police municipale digne de ce nom que dans de grandes villes comme Douala, Yaoundé et Bafoussam. Concernant Douala, le texte qui crée la police municipale est l'arrêté n° 8/CUD/2004 du 29 décembre 2004 portant organisation des services de la communauté urbaine de Douala, modifié et complété en 2008. Ce texte lui attribue comme missions : de veiller au respect des mesures destinées à la sauvegarde de la morale et de la décence publiques, de combattre l'occupation anarchique du domaine public, des emprises réservées et des drains, de lutter contre la dégradation des infrastructures et équipements publics, de combattre l'insalubrité urbaine sous toutes ses formes, de lutter contre les nuisances publiques, de prévenir les comportements de désordre, de sensibiliser, d'informer et d'éduquer les populations en collaboration avec la division de la communication, de réguler les désordres liés aux gares routières, aux aires de stationnement et à la circulation, de servir les convocations ou amendes aux contrevenants[58]. On ne voit nulle part des compétences étendues comme au Burkina Faso[59]. Cette situation est compréhensible dans la mesure où la loi sur les communes précise le domaine matériel dans lequel fonctionne la police municipale[60]. Toute énumération étant limitative, celle faite à l'article 87 (2)

---

[57] Les communes sans police municipale utilisent les ressources de l'article 223 al. 1 de la loi n° 2019/024 du 24 décembre 2019, *op.cit.,* qui précise qu' : « En l'absence d'un service de police municipale, le maire peut créer un service d'hygiène chargé de la police sanitaire de la commune ». C'est le cas de certaines communes d'arrondissement de Yaoundé.

[58] Lire utilement, BEYEGUE BOULOUMEGUE (E.), *La police administrative au Cameroun. Contribution à l'étude de l'originalité du droit camerounais,* Thèse précitée, p. 536.

[59] La police municipale de Ouagadougou a des compétences assez étendues dans le champ sécuritaire ; elle peut par exemple s'impliquer dans le maintien et le rétablissement de l'ordre, et même surveiller des lieux et rassemblements publics qui en réalité relèvent des compétences des forces de police et de gendarmerie.

[60] Article 218 al. 2 : Ses missions comprennent notamment :

(a) la sûreté et la commodité du passage dans les rues, quais, places et voies publiques, en l'occurrence le nettoiement, l'éclairage, l'enlèvement des encombrements, la démolition ou la réparation des édifices menaçant ruine, l'interdiction de ne rien exposer aux fenêtres ou autres parties des édifices qui puissent causer des dommages ou des exhalaisons nuisibles ; (b) le mode de transport des personnes décédées, des inhumations et exhumations, le maintien du bon ordre et de la décence dans les cimetières, sans qu'il soit permis d'établir des distinctions ou des prescriptions particulières à raison des circonstances qui ont accompagné la mort ; (c) l'inspection des appareils et/ou instruments pour les denrées qui se vendent au poids ou à la mesure, et sur la salubrité des denrées comestibles exposés en vente ; (d) la prévention, par des précautions convenables, et l'intervention, par la distribution des secours nécessaires, en cas d'accident et de fléaux calamiteux, tels que les incendies, les inondations ou tous autres accidents naturels, les maladies épidémiques ou contagieuses, les épizooties, la mise en œuvre de mesures d'urgence en matière de sécurité, d'assistance et de secours, et, s'il y a lieu, le recours à l'intervention du représentant de l'État, auquel il est rendu compte des mesures prescrites ; (e) les mesures nécessaires contre les aliénés, dont l'état pourrait compromettre la morale publique, la sécurité des personnes ou la conservation des propriétés ; (f) l'intervention pour prévenir ou remédier aux événements fâcheux qui pourraient être occasionnés par la divagation des animaux ; (g) la démolition des édifices construits sans permis de bâtir.

de la loi sur les communes tend à être considérée comme exhaustive, car s'inscrivant dans « *un contexte de stricte interprétation* »[61]. *In fine*, dans l'optique de « *concrétisation du droit par degré* »[62], lorsque la commune souhaite créer sa police municipale, ce sera en respect du cadre législatif prévu à cet effet.

La décentralisation de la sécurité telle qu'elle est articulée fait l'objet de limitation, mais son approfondissement est fortement préconisé.

II- UNE DÉCENTRALISATION DE LA SÉCURITÉ PUBLIQUE SOUHAITÉE

En matière de sécurité publique, les responsabilités se veulent clairement établies : l'État en est le garant sur l'ensemble du territoire de la République. Mais, il est clairement constaté aujourd'hui que les efforts de l'État en matière de sécurisation et même de prévention de la commission de certaines infractions sont presque vains. Le territoire de la République est grand, profond, il est utile et primordial que l'État soit suppléé dans sa mission de sécurisation : la décentralisation de la mission de garantie de la sécurité doit être approfondie. Il est donc question de montrer le pourquoi (A) et le comment (B) de cette décentralisation souhaitée de la sécurité.

A- L'accroissement constatable des défis sécuritaires contemporains

La mission de garantie de la sécurité est un rôle plus ou moins régalien[63] de l'État dans quasiment tous les États au monde sauf s'ils sont devenus des

---

[61] GOLTZBERG (S.), *L'argumentation juridique*, Paris, 2e édition, 2015, p. 94.

[62] *Prima facie*, l'on est dans le cadre général de la théorie de la formation du droit par degré. Cette théorie est souvent attribuée à Hans Kelsen, c'est en réalité à l'un de ses disciples Adolphe Merkl. D'après cette théorie, la hiérarchie des normes se structure selon une « concrétisation croissante de l'ordonnancement juridique à mesure qu'on descend les degrés de la hiérarchie. D'abord, le caractère abstrait de la norme diminue : elle se fait plus concrète. Puis cette concrétisation se développe encore par le passage de la norme générale à la norme individuelle. Ainsi l'ordonnancement juridique est constitué par une hiérarchie de normes qui vont en se concrétisant de plus en plus à la norme individuelle », *in* DAVID (J.), *Le rapport de concrétisation entre actes juridiques. Étude de droit public*, Thèse de droit public, Université de Bordeaux, novembre 2014, pp.18-19 ; lire utilement BONNARD (R.), « La théorie de la formation du droit par degré dans l'œuvre d'Adolphe Merkl », *RDP*, 1928, p. 668 ; KELSEN (H.), « Aperçu d'une théorie générale de l'État », *RDP*, 1926, p.561 ; CARRE DE MALBERG (R.), *Confrontation de la théorie de la formation du droit par degrés avec les idées et les institutions consacrées par le droit positif français relativement à sa formation*, Paris, librairie du Recueil Sirey, 1933, p. 15.

[63] CHEVALLIER (J.), « La police est-elle encore une activité régalienne ? » *in* VAUTROT-SCHWARZ (C.) (dir.), *La police administrative*, Paris, PUF, 2014, pp. 5-22.

« États faillis »[64] ou fragiles[65]. L'accroissement des défis sécuritaires met en exergue l'essoufflement de l'État (1) et l'apparition des menaces sécuritaires protéiformes (2).

1- La constatation de l'essoufflement de l'État

Depuis des années, l'État camerounais montre certains signes d'essoufflement concernant les questions sécuritaires. Cela se manifeste par le fait que, la délinquance est plus que grandissante dans les villes et agglomérations. L'Institut National de la Statistique avait rendu disponibles plusieurs éléments chiffrés relatifs à la demande en sécurité dans les grandes villes[66]. Dans les années 1990, le pays a connu une importante vague de violence contre les personnes et leurs biens à cause des effets de la crise économique et la dévaluation du franc CFA. Le nombre de faits enregistré par les services baisse de 13 % sur l'ensemble du territoire dans le début des années 2000, et de 24 % sur la zone littorale. Mais si le nombre de petits délits diminue, les atteintes à l'intégrité physique progressent, qu'elles soient motivées ou pas par le vol. L'essentiel des actes dont se plaint la population reste des atteintes aux biens, contre 22,67 % d'atteintes aux personnes. L'État réagit également et engage la réorganisation de sa police. En 2001, le nombre de brigades de gendarmerie passe, sur l'agglomération de Douala, de 9 à 14. L'année d'après, le nombre de commissariats centraux est multiplié par trois et les commissariats d'arrondissements passent de 12 à 15. Ces réorganisations de la sûreté nationale en 2001 et 2012 avaient pour point commun d'améliorer le ratio policier/habitants qui est extrêmement faible, mais aussi de procéder à un maillage optimal de la présence policière.

2- L'éclosion des menaces sécuritaires protéiformes

De plus en plus, de nouvelles menaces semblent inquiéter tous les États à la surface du globe. Parmi ces menaces contemporaines, il y a la désobéissance civile, les villes mortes, le grand banditisme, les velléités irrédentistes, mouvements islamistes et terrorisme.

La menace terroriste reste en tête des préoccupations sécuritaires, menace qui désormais préoccupe de la même manière tous les gouvernements actuels. Mais aujourd'hui, la forme de violence qui semble plus poser de problèmes est le terrorisme jihadiste. Un terrorisme qui n'a pas de revendications territoriales particulières et qui n'a pas de finalité politique territorialement

[64] Situation où l'État est incapable de remplir ses fonctions de base, et notamment d'assurer la sécurité intérieure comme extérieure, bien qu'il dispose théoriquement du monopole de la force légitime, selon la célèbre définition de Max Weber. Lire dans ce sens, GAULME (F.), « "États faillis", "États fragiles' : concepts jumelés d'une nouvelle réflexion mondiale », *Politique étrangère,* 2011/1 Printemps, p. 22.

[65] DUBUY (M.), « États fragiles et droits de l'homme », *Civitas Europa*, 2012/1, *Les États fragiles*, N° 28, pp. 35-54.

[66] INS : http://www.statistics-cameroon.org/

confinée. Le terrorisme jihadiste vise tout le monde occidental et tout le monde musulman. Le terrorisme jihadiste est une évolution relativement récente du terrorisme, une forme nouvelle, fondamentalement différente des autres manifestations de violence émanant d'organisations islamistes. La plupart des États africains n'ont tout simplement pas les moyens de garantir le contrôle de leurs frontières et de leur vaste territoire[67]. La région septentrionale camerounaise fait justement l'objet d'incursions de bandes armées terroristes sous le couvert de l'organisation « Boko haram ». L'on pourrait dans une certaine mesure évoquer aussi des actes terroristes perpétrés par les séparatistes des régions du Nord-Ouest et du Sud-Ouest qui posent de réels problèmes de sécurité publique dans ces zones. Il n'est donc pas superflu que des questions sécuritaires soient décentralisées.

De plus en plus, dans les États africains en général et au Cameroun en particulier, l'on rencontre des cas de désobéissance civile qui impactent négativement la sécurité. La désobéissance civile est le refus volontaire et ostensible d'appliquer un texte réglementaire. C'est une forme d'action qui répond à une définition très précise : refuser, de façon non violente, collective et publique, de remplir une obligation légale ou réglementaire au motif qu'elle viole un « principe supérieur » afin de se faire sanctionner pour que la légitimité de cette obligation soit appréciée à l'occasion d'un appel en justice[68]. Dans un tel contexte, la désobéissance qui se traduit par le droit de résistance est l'outil qui permet de neutraliser une norme juridique positive contrevenant au droit non posé et ainsi de rétablir la justice naturelle[69]. Lorsque cela se déroule donc au sein de l'Etat, il y a forcément atteinte à la sécurité des biens et des personnes. Cela devrait charrier des compétences sécuritaires augmentées des entités locales.

B- L'accroissement souhaitable des compétences sécuritaires des acteurs locaux

Les compétences sécuritaires ne sont pas véritablement du domaine des collectivités territoriales décentralisées. La sécurité est garantie par l'État par le truchement de ses services spécialisés. Mais, du fait des transformations des cités, l'État peut davantage responsabiliser les collectivités *infra* étatiques dans le champ sécuritaire pour l'appuyer. Pour ce faire, l'on devrait accroître les compétences de police des édiles (1), approfondir la contractualisation en matière sécuritaire entre l'État et les collectivités (2) et obliger les communes structurées à créer des polices municipales (3).

---

[67] CARSON (J.), « Défis sécuritaires transnationaux en Afrique », *Revue internationale et stratégique*, 2010/3, n° 79, p. 24.

[68] LAUGIER (S.), « La désobéissance comme principe de la démocratie », *Pouvoirs*, 2015/4, n° 155, p. 43.

[69] DESMONS (E.), « Droit de résistance et histoire des idées », *Pouvoirs*, 2015/4, n° 155, p. 30.

1- L'extension des compétences de police des édiles

Les pouvoirs de police du maire sont des pouvoirs propres, autrement dit, il n'a pas besoin d'une délibération du conseil municipal pour agir en ce domaine[70]. Le conseil municipal n'a d'ailleurs pas qualité pour lui adresser des injonctions[71]. De façon globale, les pouvoirs de police du maire reposent juridiquement sur trois fondements. Le premier est celui sur lequel reposent ses pouvoirs de police administrative générale, le second établit les pouvoirs de police spéciale du maire, enfin, le maire dispose aussi de pouvoirs de police qu'il exerce au nom de l'État[72]. *In situ*, le maire est chargé, sous le contrôle de représentant de l'Etat, de la police municipale et de l'exécution des actes de l'État y relatifs[73]. Qui plus est, il exerce aussi les pouvoirs de police en matière de circulation routière dans le ressort de sa commune[74]. Contrairement au Cameroun, en France, les pouvoirs de police étendus du maire l'amènent à autoriser les agents de la police municipale à dresser certains procès-verbaux de contravention, à porter des armes dans des conditions précises et d'intervenir en coordination avec la police nationale ou la gendarmerie dans le cadre de convention signée avec l'État[75]. Les pouvoirs de l'édile camerounais méritent d'être revus et agrandis, car en tant qu'autorité de proximité, il est à même de mieux appréhender et résoudre des problèmes de sécurité.

2- La contractualisation envisageable de la sécurité

La sécurité publique est une mission régalienne, et elle relève certainement du « noyau dur » des services qui doivent être gérés directement par l'État. C'est pourquoi la police ne se concède pas[76], et le principe demeure que le maintien de l'ordre est un devoir de la puissance publique agissant par voie de mesures unilatérales. Il s'agit de la position camerounaise qui gagnerait à évoluer vers celle pratiquée en France encore appelée « territorialisation ». Elle peut être définie comme la nécessité d'organiser une action administrative sur le territoire, c'est-à-dire proche des administrés et coordonnée[77]. Dans ce pays justement, la circulaire du 28 octobre 1997 institue les « contrats locaux de sécurité », qui deviendront l'instrument principal d'une politique de

---

[70] De VILLIERS (M.), De BERRANGER (T.) (dir.), *Droit public général*, Paris, Lexis Nexis, 5e édition, 2011, p. 619.

[71] Cf. article 224 de la loi n° 2019/024 du 24 décembre 2019.

[72] De VILLIERS (M.), De BERRANGER (T.) (dir.), *Droit public général, op.cit.*, p. 617.

[73] Cf. article 216 al. 1 de la loi n° 2019/024 du 24 décembre 2019.

[74] Cf. article 220 al. 1 de la loi n° 2019/024 du 24 décembre 2019.

[75] FRIER (P-L.), PETIT (J.), *Droit administratif*, Paris, LGDJ, 11e édition, Lextenso, 2017, p. 313.

[76] GJIDARA (M.), « Les procédés contractuels entre partenaires publics : les contrats entre l'État et les collectivités territoriales », *Zbornik radova Pravnog fakulteta u Splitu*, god.48, 2/2011., p. 303.

[77] GLEIZAL (J.-J.), « Chronique de la police », *RSC*, octobre-décembre, 1993.

sécurité axée sur l'éducation à la citoyenneté et sur les actions conjointes de tous les services de l'État, associant les différents acteurs, afin de mettre sur pied un traitement global de l'insécurité. Succédant à une nouvelle circulaire du 7 juin 1999, la loi du 15 novembre 2001 relative à la sécurité quotidienne va donner une assise législative aux contrats locaux de sécurité, qui seront transformés en « Contrats locaux de sécurité et de prévention de la délinquance » (CLSPD) par une nouvelle circulaire du 4 décembre 2006. Ces contrats contiennent un diagnostic de sécurité, une définition des objectifs et des moyens d'intervention, dans le respect des compétences des différents acteurs. C'est dans ce sillage que le concept de « co-production »[78] de la sécurité a été évoqué. Le contrat local de sécurité n'est pas la dernière illustration de l'introduction de la contractualisation dans le domaine de la sécurité intérieure. Il est possible de citer aussi les conventions de coordination, passées entre l'État et les communes disposant d'au moins cinq policiers municipaux. Elles sont chargées d'instituer une complémentarité entre services en définissant la nature et les lieux des interventions de la police municipale[79].

3- La reformulation et la création obligatoire des polices municipales

La loi n° 2019/024 du 24 décembre 2019 portant Code général des Collectivités Territoriales Décentralisées prévoit expressément que la police municipale a pour objet « d'assurer le bon ordre, la sûreté, la tranquillité, la sécurité et la salubrité publics »[80]. Ainsi, l'objet de la police municipale est fixé, ses multiples missions[81] sont aussi connues. Mais, au vu de ces missions, l'on se rend compte que la police municipale camerounaise est principalement une *affaire locale*[82] ou d'intérêt communal[83] et accessoirement d'appui à l'État dans l'exécution des actes y relatifs. Cette police municipale exerce des missions résiduelles et même mineures en matière de sécurité. Pourtant d'autres pays africains s'illustrent positivement par des polices municipales plus puissantes, outillées et entreprenantes.

In casu, l'exemple du Burkina Faso[84] est à copier. La police municipale burkinabè a pour missions : d'assister le maire dans l'exécution et le respect

[78] ROCHE (S.), « Vers la démonopolisation des fonctions régaliennes : contractualisation, territorialisation et européanisation de la sécurité intérieure », *RFSP*, 2004, vol. 54, n° 1, p. 43.
[79] MOREAU (L.), « La contractualisation de l'exercice de la police administrative », *Mélanges Michel GUIBAL, Contrats publics*, vol. 2, université de Montpellier, mars 2006, p. 185.
[80] Art. 218 al. 1 de la loi n° 2019/024 du 24 décembre 2019.
[81] Art. 218 al. 2 de la loi n° 2019/024 du 24 décembre 2019.
[82] GAUDEMET (Y.), *Droit administratif*, Paris, LGDJ, Lextenso éditions, 20e édition, 2012, p. 381.
[83] ROUAULT (M.-C.), *L'intérêt communal*, Presses Universitaire de Lille, 1991, p.85.
[84] Lire utilement, BAYALA (J.-P.), « Le rôle de la police municipale dans la sécurité intérieure : le cas du Burkina Faso », *in* NIAGALE BAGAYOKO, AGOKLA (K.) et N'DIAYE (B.), *La réforme des systèmes de sécurité et de justice en Afrique francophone*, OIF, Paris, 2010, pp.79-94.

des règlements relatifs aux matières définies par les articles 68 et suivants de la loi n° 004/93/ADP du 12 mai 1993 portant organisation municipale au Burkina Faso dans le domaine des pouvoirs de police du maire ; de prêter son concours aux autres services publics ; d'assurer les services d'honneur lors des cérémonies et manifestations communales ; de constater par procès-verbaux les contraventions de simple police à la réglementation de police générale du maire, notamment celle relative à la protection des personnes et des biens, à la salubrité publique, à la lutte contre la divagation des malades mentaux et des animaux, à la tranquillité publique et au bon ordre dans la commune (art. 28 du Code de procédure pénale) ; d'assurer la police administrative au sein de la commune, notamment en veillant : • au maintien et au rétablissement de l'ordre ; • à la régulation de la circulation : à la prévention et au constat des accidents et des violations du Code de la route ; à la répression des infractions audit Code ; • à la surveillance des aires de stationnement ; • à la surveillance des lieux et rassemblements publics ; • au contrôle des débits de boissons et autres lieux de loisirs : cinémas, vidéoclubs, etc. ; • à l'assistance aux services des impôts et taxes communales ; d'assurer des services et infrastructures communes ; d'assurer des prestations de services payantes à des personnes privées dans certaines circonstances. Les attributions de la police municipale burkinabè semblent aller au-delà de celles de la police municipale camerounaise, de ce fait la décentralisation de la sécurité s'en retrouve assurée.

Pour une meilleure implication des collectivités locales dans le champ sécuritaire, il est impérieux de donner de l'obligatoriété à la création des polices municipales pour les communes structurées. Cela augmenterait l'offre de service en matière de police, car actuellement toutes les communes camerounaises n'ont pas de police municipale. Il existe seulement celles de Yaoundé, Douala et Bafoussam. Les maires des autres communes se contentent d'appliquer les dispositions de la Loi selon lesquelles : « en l'absence d'un service de police municipale, le maire peut créer un service d'hygiène chargé de la police sanitaire de la commune »[85].

En sus de tout cela, les communes camerounaises ont besoin de plus de ressources financières pour mettre sur pied leurs polices municipales. Elles ont aussi besoin de plus d'autonomie dans la création des services de la police municipale, car la tutelle est forte et pesante en la matière.

CONCLUSION

In fine, il est question de dire que la sécurité est une prérogative irréductiblement régalienne. C'est la raison pour laquelle elle est encore farouchement conservée par l'État central. Mais au regard des nouveaux

[85] Art. 223 al. 1 de la loi n° 2019/024 du 24 décembre 2019.

enjeux et défis sécuritaires, et de l'affaiblissement de l'État-providence, la sécurité doit être décentralisée, c'est-à-dire exercée aussi par les collectivités locales. Pourquoi ne pas expérimenter la « coproduction de sécurité » au Cameroun ?

INDICATIONS BIBLIOGRAPHIQUES

- CASTRO OLIVA (J.F.), *La sécurité au Mexique : échec d'une fonction régalienne de l'État,* Thèse de droit public, Université Paris 13 - Sorbonne Paris Cité, juin 2016, 532 p.
- CHEVALLIER (J.), « La police est-elle encore une activité régalienne ? » *in* VAUTROT-SCHWARZ (C.) (dir.), *La police administrative*, Paris, PUF, 2014, pp. 5-22.
- DOUMBE BILLE (S.), *Recherches sur les rapports entre l'État camerounais et les collectivités locales. Contribution à l'analyse du système administratif camerounais*, Thèse de doctorat en droit, Toulouse, 1982.
- DUBUY (M.), « États fragiles et droits de l'homme », *Civitas Europa*, 2012/1, *Les États fragiles*, N° 28, pp. 35-54
- EKO'O AKOUAFANE (J. -C.), *La décentralisation administrative au Cameroun*, Yaoundé, L'Harmattan, 2009, 308 p.
- FRIER (P-L.), PETIT (J.), *Droit administratif,* Paris, LGDJ, 11e édition, Lextenso, 2017, p. 313.
- GLEIZAL (J.-J.), « Chronique de la police », *RSC*, octobre-décembre, 1993.
- GUIMDO DONGMO (B.-R.), *Le personnel communal au Cameroun : Contribution à la compréhension de la crise de l'administration communale camerounaise*, Thèse de doctorat, FDSE, Université de Yaoundé II, Soa, Année académique.1991-1992.
- LE GOFF (T.), *Les maires : nouveaux patrons de la sécurité* ? Presses Universitaires de Rennes, Coll « Essais », 2008, 195 p.
- MOREAU (L.), « La contractualisation de l'exercice de la police administrative », *in Mélanges Michel GUIBAL, Contrats publics*, vol.2, université de Montpellier, mars 2006, p. 185.
- MVAEBEME (E.S.), *La République en droit public camerounais,* Thèse de droit public, université de Yaoundé II, février 2015, 475 p.
- NGANG (J. M.), *Les bases constitutionnelles des collectivités territoriales décentralisées au Cameroun*, Thèse de doctorat, FSJP, UYII-Soa, 2009, 337 p.

- NGONO TSIMI (L.), *L'autonomie administrative et financière des collectivités territoriales décentralisées : l'exemple du Cameroun*, Thèse de Doctorat, Paris, LAGROTEC, 2010.
- NLEP (R.G.), *L'Administration publique camerounaise : Contribution à l'étude des systèmes africains d'administration publique,* Paris, LGDJ, 1986, 405 p.
- La Loi n° 2019/024 du 24 décembre 2019 portant Code général des Collectivités territoriales décentralisées.

La sécurité sanitaire et la salubrité publique en droit administratif camerounais

Par

François NAMA MAOH[1]

Résumé

La sécurité sanitaire, expression forgée en France au début de la décennie 1990, apparait de plus en plus dans le vocabulaire juridique camerounais. Son appartenance à la police sanitaire amène à s'interroger sur les rapports qu'il entretient avec la salubrité publique, traditionnellement présentée comme la composante de l'ordre public à vocation sanitaire. S'il l'on peut aisément les rattacher tous les deux à la police sanitaire, le tracé de leur frontière reste incertain. La doctrine propose des critères qui pourraient permettre de les distinguer. Mais de nombreuses zones d'ombres demeurent.

Mots-clés : sécurité sanitaire, salubrité publique, police sanitaire, risque sanitaire

---

[1] Docteur/Ph. D. en Droit Public, Assistant au Département de Droit Public et Science Politique, Université de Maroua, E-mail : namamaohf@yahoo.fr

INTRODUCTION

Les prémices de la sécurité sanitaire remontent à l'Antiquité. Elles dérivent du principe traditionnel du droit médical *primun non nocere* dont on peut déjà trouver la trace dans le Traité des Épidémies d'Hippocrate. Ce principe que l'on traduit littéralement : « d'abord ne pas faire du mal », « oblige le médecin à veiller à la sécurité de ses patients »[2]. Mais l'expression elle-même est très récente. Selon Didier TABUTEAU[3], elle fait son apparition en France en 1992, au lendemain de la célèbre « Affaire du sang contaminé ». La notion est alors utilisée pour désigner les mesures de protection contre les risques liés au fonctionnement du système de santé. Par la suite, elle est étendue au-delà du cadre strict de la santé. Elle s'applique aujourd'hui à d'autres domaines comme l'alimentation et l'environnement.

Dès 1994, l'expression apparait également dans le vocabulaire du Programme des Nations Unies pour le Développement. Mais elle est employée dans un sens beaucoup plus large que celui qui lui est attribué en droit interne. En effet, dans ce cadre, la sécurité sanitaire renvoie plutôt à « un ensemble de moyens et de procédures destinés à prévenir ou contrôler les risques susceptibles d'altérer la santé physique ou psychique de tout individu »[4]. Elle est considérée comme l'une des sept composantes de la « sécurité humaine », une expression qui traduit un élargissement du concept de sécurité qui doit désormais être plus centré sur l'individu que sur l'État[5].

Au Cameroun, l'expression est en cours de pénétration dans l'ordre juridique. Cette évolution a connu un tournant important en 2018, avec l'adoption et la promulgation d'un texte législatif spécialement consacré à la question. Il s'agit de la Loi N°2018/020 du 11 décembre 2018 portant loi-cadre sur la sécurité sanitaire des aliments. Avant cette loi, d'autres textes juridiques faisaient déjà mention de la notion. Il en est ainsi, à titre d'illustration, de la loi N°2003/006 du 21 avril 2003 portant régime de la sécurité en matière de biotechnologie moderne au Cameroun[6]. Il en est ainsi également de l'arrêté N° 011/CAB/PM du 2 Mars 2004 portant création d'un comité ad-hoc sur la sécurité sanitaire des aliments.

---

[2] RENARD (S.), *L'ordre Public sanitaire (Étude de droit public interne)*, Thèse de doctorat en droit public, Université de Rennes I, 2008, p. 305.

[3] TABUTEAU (D.), « La sécurité sanitaire, réforme institutionnelle ou résurgence des politiques de santé publique », *SEVE* n° 16, 2007, p. 87.

[4] AUDINO et autres, cités par AMOUSSOU (V. L.), *L'ordre public sanitaire en Afrique francophone*, Thèse de doctorat en droit public, Université de Bordeaux, 2017, p. 184.

[5] PNUD, *Rapport Mondial sur le Développement Humain 1994*, Paris, Economica, 1994, pp. 25 et s.

[6] Art. 9.

Selon la doctrine[7], la sécurité sanitaire telle que conçue en droit interne se rattache assurément à la police administrative. Aquilino MORELLE affirme dans ce sens que cette fonction qui doit être comprise et rétablie parmi les plus régaliennes de l'État se trouve placée au centre de la notion d'ordre public[8]. Quant à Stéphanie RENARD, elle considère qu'il s'agit d'un ferment de la renaissance de l'ordre public sanitaire[9]. Or avant son apparition, l'ordre public que la police administrative a pour but de préserver comprend déjà, dans sa traditionnelle, une composante sanitaire. Il s'agit de la salubrité publique que l'on désigne encore par l'expression « hygiène publique ». Les éléments de cette trilogie sont contenus dans l'article 97 de la loi française du 5 avril 1884 sur l'organisation municipale qui prévoit, entre autres, que la police municipale a pour rôle d'assurer le bon ordre, la sûreté et la salubrité publique. Les dispositions de cet article sont reprises par des lois camerounaises relatives aux communes. Il s'agit notamment de la loi N° 74/23 du 5 décembre 1974 portant organisation communale[10], de la loi N° 2004/018 du 22 juillet 2004 fixant les règles relatives aux communes[11] et de la loi N° 2019/024 du 24 décembre 2019 portant Code général des Collectivités territoriales décentralisées. C'est donc à juste titre que les travaux de recherche consacrés à la police administrative au Cameroun retiennent constamment la salubrité publique parmi les composantes de l'ordre public[12].

Il convient par conséquent de s'interroger sur les rapports que la sécurité sanitaire entretient avec cette composante classique de l'ordre public. Un tel exercice présente un intérêt scientifique important. Elle apparait incontournable pour cerner cette notion de sécurité sanitaire. Pour cerner une notion, il est possible de procéder, entre autres, à son rapprochement avec d'autres notions. Il s'agit d'une technique très utilisée dans la science du droit. La doctrine est riche d'arguments relatifs à son utilité. À ce sujet, dans la préface du Vocabulaire Juridique de l'Association Henri CAPITANT, Gérard CORNU, répondant à la question « qu'est-ce que définir ? », déclare, entre autres que, « dans une autre dimension, il ne semblait pas déraisonnable, au contraire, de chercher à mettre en évidence certains liens qui unissent les mots : non pas les rapports occasionnels de contexte, mais les relations ordinaires qui existent, dans le lexique entre tel et tel mot. Ainsi fut pris le

---

[7] Voir par exemple : RENARD (S), *L'ordre Public sanitaire,* Thèse précitée ; AMOUSSOU (V.I..), *L'ordre public sanitaire en Afrique francophone*, Thèse précitée, pp. 184 et s.

[8] MORELLE (A.), *La défaite de la santé publique*, Paris, Flammarion, 1996, pp. 362 et s.

[9] RENARD (S), *L'ordre Public sanitaire,* Thèse précitée, Deuxième partie, titre 1.

[10] Art. 71.

[11] Art. 87.

[12] Voir notamment : ATEMENGUE (J. N.), *La police administrative au Cameroun. Recherches sur le maintien de l'ordre public*, Thèse de doctorat en droit public, Université Jean Moulin – Lyon III, 1995, pp. 110 et s. ; BEYEGUE BOULOUMEGUE (G.), *La police administrative au Cameroun : contribution à l'étude de l'évolution du droit administratif camerounais*, Thèse de doctorat en droit public, Université de Yaoundé II, 2016 – 2017, pp. 364 et s.

parti de préciser synonymes et antonymes... »[13]. Dans les manuels d'introduction générale au droit, la comparaison entre le droit et d'autres règles de conduite procède sans doute du même esprit. Pour justifier cette approche, Jean-Marie TCHAKOUA, affirme que « pour faire apparaitre les spécificités de la règle de droit, il convient de la rapprocher des règles non juridiques, mais ayant elles aussi pour but d'assurer le fonctionnement harmonieux des relations humaines »[14]. Dans le même sens, François TERRE écrit que « l'analyse des relations entre le droit et la morale est fondamentale à un double titre : a) parce qu'elle peut contribuer à la recherche des critères juridiques ; b) parce que, ce faisant, elle permet de mettre en relief l'émergence de l'obligatoire de caractère juridique dans la vie en société »[15].

Dans le contexte français, cette question des rapports entre la sécurité sanitaire et la salubrité publique fait déjà l'objet de quelques réflexions. Mais les prises de position des chercheurs semblent diverger, notamment en raison de l'absence d'une conception homogène de notion de sécurité sanitaire. Deux thèses paraissent s'opposer. La première est l'œuvre d'Aquilino MORELLE. Elle considère la sécurité sanitaire comme l'équivalent moderne de la salubrité publique. L'auteur écrit à ce sujet que « la santé publique a pour fonction première et irréductible d'assurer la protection de la population, de garantir ce que l'on appelait autrefois "la salubrité publique" et que l'on désignerait aujourd'hui comme sa sécurité sanitaire »[16]. À l'opposé de cette thèse, Stéphanie RENARD expose une autre conception qui prône la spécificité de la notion de sécurité sanitaire. Critiquant la thèse de MORELLE, elle affirme qu'« il est difficile de croire que l'émergence d'une notion nouvelle comme celle-ci se résume en la répétition de principes anciens, aussi méconnus soient-ils »[17]. Elle précise que la sécurité sanitaire prolonge certes la préoccupation de la salubrité publique qui est la protection de la santé, mais elle doit être dissociée de celle-ci dans la mesure où elle vise avant tout la sécurité pour la santé des personnes[18].

Au Cameroun, la sécurité sanitaire et la salubrité publique se rattachent toutes à la police sanitaire (I), mais il parait encore difficile d'esquisser une ligne de démarcation pour les distinguer (II).

---

[13] CORNU (G.) (dir.), *Vocabulaire Juridique*, 8e éd. corrigée, 2009, p. X.

[14] TCHAKOUA (J.-M.), *Introduction générale au droit camerounais*, Yaoundé, PUCAC, 2008, p. 39.

[15] TERRE (F.), *Introduction générale au droit*, Paris, Dalloz, 5e éd., 2000, p. 11.

[16] MORELLE (A.), *La défaite de la santé publique*, *op.cit.*, p. 261.

[17] RENARD (S.), *L'ordre Public sanitaire*, Thèse précitée, p. 364.

[18] *Ibid.*, pp. 372 et s.

I- LE RATTACHEMENT COMMUN À LA POLICE SANITAIRE

La police sanitaire est, comme l'écrit Didier TABUTEAU[19], une branche de la police administrative qui vise la protection de la santé publique. La sécurité sanitaire et la salubrité publique s'y rattachent tant par leurs objectifs que par leurs approches.

A- Le rattachement par l'objectif poursuivi : la protection de la santé publique

La santé publique apparait comme l'« état physiquement sain de la population d'un pays, d'une région ou d'une ville »[20]. Sa protection est un objectif que partagent la salubrité publique et la sécurité sanitaire.

1- La protection de la santé publique par la salubrité publique

La vocation de la salubrité publique à protéger la santé publique est reconnue de manière constante par la doctrine classique. Selon Maurice HAURIOU par exemple, la salubrité publique englobe la police contre les épidémies et la police contre les épizooties[21]. Ce lien étroit avec la santé publique résulte d'une extension de la notion. Les explications de Vigny-Landry AMOUSSOU sont édifiantes à ce sujet[22]. D'après l'auteur, « au XIXe siècle, la salubrité publique était exclusivement tournée vers la lutte contre la propagation des bactéries dans les milieux publics ». Dans la pensée de l'époque, poursuit-il, « la propreté de l'espace public traduisait à elle seule l'hygiène publique ». Mais plus tard, « sous l'influence des progrès réalisés dans la connaissance des microbes et leurs rôles dans la transmission des maladies contagieuses, la définition de la salubrité publique s'est retrouvée embranchée à la notion de santé publique… ».

Cette conception de la salubrité publique est reprise par les chercheurs camerounais qui adhèrent souvent aux définitions données à la notion par la doctrine classique. Dans ce sens, Jean de Noël ATEMENGUE, à la suite de Georges VEDEL et Pierre DELVOLVE, pour qui « la salubrité publique, c'est l'hygiène et la santé publique au sens le plus large du mot », affirme que « l'assurer, c'est lutter contre les risques de maladies… »[23]. Plus loin, il conclut : « il apparait clairement que la salubrité publique vise essentiellement l'absence de maladie. Cette dernière est un danger constant dont il faut

[19] TABUTEAU (D.), « Les interdictions de santé publique », *Les Tribunes de la santé,* n° 17, 2007/4, pp. 21-38, sur (www.cairn.info).

[20] CORNU (G.) (dir.), *Vocabulaire juridique*, Paris, PUF, 8e éd., 2007, p. 845.

[21] HAURIOU (M.), *Précis de droit administratif et de droit public général*, Librairie de la Société du Recueil Général des Lois et des Arrêts, 4e éd., 1900, p. 558.

[22] AMOUSSOU (V.L.), *L'ordre public sanitaire en Afrique francophone*, Thèse précitée, pp. 73 et s.

[23] ATEMENGUE (J. N.), *La police administrative au Cameroun. Recherches sur le maintien de l'ordre public*, Thèse précitée, p. 110.

préserver la population »[24]. On retrouve une démarche similaire dans la thèse de Ghislain BEYEGUE BOULOUMEGUE. L'auteur reprend le Vocabulaire Juridique de l'Association Henri CAPITANT qui considère la salubrité comme « un objectif de la police administrative qui exige un état sanitaire satisfaisant et se traduit par des mesures relatives à l'hygiène des personnes, des animaux et des choses et par la lutte contre la pollution ». Par la suite, il affirme que « cette définition, bien qu'inspirée du droit français, restitue assez fidèlement les différents éléments pouvant être rattachés à la notion de salubrité publique en droit camerounais »[25].

Cette reprise est justifiée dans la mesure où l'objectif de protection de la santé publique est souvent affiché dans les textes relatifs à la salubrité publique. Il en est ainsi des lois qui fixent les pouvoirs de police du maire. Aux termes de l'article 218 alinéa 2 d) de la loi N° 2019/024 du 24 décembre 2019 portant Code général des Collectivités territoriales décentralisées, cette police a pour mission, entre autres, « la prévention, par des précautions convenables, et l'intervention, par la distribution des secours nécessaires, en cas d'accident et de fléaux calamiteux, tels que les incendies, les inondations ou tous autres accidents naturels, les maladies épidémiques ou contagieuses, les épizooties, la mise en œuvre de mesures d'urgence en matière de sécurité, d'assistance et de secours, et, s'il y a lieu, le recours à l'intervention du représentant de l'État, auquel il est rendu compte des mesures prescrites ». Il en est ainsi de la loi N° 2000/017 du 19 décembre 2000 relative à l'inspection sanitaire vétérinaire. À titre de rappel, cette inspection consiste, dans une large mesure au contrôle hygiénique des animaux, des produits d'origine animale et halieutique pour s'assurer qu'ils sont propres à la consommation[26]. Dans son article 3, le texte dispose que « L'Inspection sanitaire vétérinaire assure également la protection des consommateurs et exploitants des établissements contre les zoonoses, les intoxications et toutes infections d'origine animale, en conformité avec les textes régissant la Santé Publique ». Par ailleurs, cette loi consacre tout un chapitre à la protection contre les zoonoses qui sont des maladies transmises à l'homme par l'animal[27]. La protection de la santé apparait aussi comme l'un des objectifs qui sous-tendent le régime juridique des établissements classés dangereux, insalubres ou incommodes[28].

---

[24] *Idem.*

[25] BEYEGUE BOULOUMEGUE (G.), *La police administrative au Cameroun : contribution à l'étude de l'évolution du droit administratif camerounais*, Thèse précitée, pp. 364.

[26] Voir art. 1 et 2 de la loi n° 2000/017 du 19 décembre 2000 portant réglementation de l'inspection sanitaire vétérinaire.

[27] Chapitre 2.

[28] Voir art. 2 al. 1 de la loi N° 98/015 du 14 juillet 1998 relatif aux établissements classés dangereux, insalubres ou incommodes.

2- La protection de la santé publique par la sécurité sanitaire

L'objectif de protection de la santé publique assigné à la sécurité sanitaire semble évident pour la doctrine. Selon Stéphanie RENARD, elle vise avant tout « à assurer la sécurité pour la santé des personnes. Elle dévoile de la sorte un degré supplémentaire dans l'aspiration sociale à la protection de la santé publique »[29]. Cet objectif est manifeste dans la loi N° 2018/020 du 11 décembre 2018 portant loi-cadre sur la sécurité sanitaire des aliments. Dès son article 1er, elle dispose que « la présente loi fixe les principes et les bases réglementaires relatives aux denrées alimentaires, aux aliments pour animaux destinés à la consommation humaine et aux additifs et compléments alimentaires, en vue d'assurer un niveau élevé de protection de la vie et de la santé des consommateurs… ». Dans le même sens, l'article 3 prévoit que le texte vise entre autres, à « garantir aux consommateurs l'innocuité des aliments ; prévenir et maîtriser les maladies d'origine alimentaire ». Par ailleurs, le premier principe général retenu par le législateur pour régir la sécurité sanitaire des aliments est celui selon lequel « les aliments et les objets au contact des aliments, y compris les ingrédients, les emballages et les ustensiles utilisés pour leur production, leur fabrication et leur préparation, ne doivent pas constituer un risque pour la santé humaine »[30].

Il convient en plus de relever que de nombreuses questions relevant de la sécurité sanitaire sont du ressort des institutions dont la protection de la santé publique constitue la raison d'être. C'est le cas du ministère de la Santé publique qui est chargé de la vigilance des produits de santé et de beauté (pharmacovigilance, hémovigilance, matériovigilance, réactovigilance, cosmétovigilance)[31] ou encore du contrôle des professionnels de santé[32]. C'est le cas également du Centre National de Transfusion Sanguine dont l'une des missions est d'assurer la sécurité transfusionnelle[33]. Dans la même logique, aux termes de l'article 4 alinéa 2 du Décret N° 2014/101 du 20 mars 2014 qui fixe son organisation et son fonctionnement, l'Hôpital de Référence de Sangmélima est chargé, entre autres, « d'assurer la sécurité sanitaire par la mise en œuvre d'un dispositif de vigilance ».

L'objectif de protection de la santé publique ainsi assigné à la sécurité sanitaire oblige à dépasser la conception classique de la police sanitaire. Cette dernière doit être envisagée au-delà de la salubrité publique. Les ouvrages

---

[29] RENARD (S.), *L'ordre Public sanitaire,* Thèse précitée, p. 373.

[30] Art. 5 de la loi N° 2018/020 du 11 décembre 2018.

[31] Art. 1er al. 2 du Décret N° 2013/093 du 03 Avril 2013 portant organisation du Ministère de la Santé Publique.

[32] Art. 81 al. 1 du Décret N° 2013/093 du 03 Avril 2013 portant organisation du Ministère de la Santé Publique.

[33] Art. 12 al. 1 de la Loi N° 2003/2006 du 22 décembre 2003 régissant la transfusion sanguine ; art. 4 du Décret N° 2019/067 du 12 février 2019 portant organisation et fonctionnement du Centre National de Transfusion Sanguine.

classiques de droit administratif semblent présenter cette composante traditionnelle de l'ordre public comme la seule qui soit orientée vers la protection de la santé publique[34]. Comme le constate Stéphanie RENARD, « la portion sanitaire de l'ordre public est congrue si l'on s'en tient à la définition traditionnelle de l'ordre public. La dimension sanitaire de l'ordre public se réduit alors à la préservation de la salubrité publique »[35]. C'est le cas par exemple du Précis de droit administratif et de droit public général de Maurice HAURIOU dans lequel on peut lire que « la police sanitaire, vise la salubrité publique… ». Pourtant, la salubrité publique n'est qu'une facette de la dimension sanitaire de l'ordre public[36]. En effet, de nombreuses autres interventions de police administrative visent directement ou non le même objectif de protection de la santé publique. La doctrine évoque le « dépassement de la salubrité publique » pour qualifier cette extension du champ matériel de l'ordre public sanitaire[37]. Ce champ comprend aussi des prescriptions qui se rattachent aux deux autres composantes de la trilogie traditionnelle. C'est ainsi qu'il peut englober les actions de lutte contre le bruit qui sont menées dans le cadre de la tranquillité publique. De telles actions contribuent, même indirectement, à la santé des populations. L'expression d'« hygiène sonore »[38] utilisée par la doctrine traduit sans doute ce lien entre la lutte contre le bruit et la santé publique. Ce champ s'étend également à la sécurité publique. D'une manière générale, la notion de sécurité est définie comme une situation de celui ou de ce qui est à l'abri de tout risque ou encore ou qui n'est pas exposé à un danger ou un dommage quelconque[39]. Or le dommage dont il est question peut être corporel. Il apparait par conséquent que la sécurité publique entretient avec la santé publique des liens importants. Elle permet de prévenir les altérations de la santé qui peuvent être liées à des accidents, tels que les blessures[40], brulures, intoxications, traumatismes. Dans ce sens, Didier TABUTEAU constate que le Code de la route comprend de nombreuses prescriptions à visée sanitaire. Elles ont pour objectif de réduire la mortalité et les risques de blessure liés aux accidents de la circulation. Il en

---

[34] AMOUSSOU (V.L.), *L'ordre public sanitaire en Afrique francophone*, Thèse précitée, p. 61.

[35] RENARD (S.), *L'ordre Public sanitaire,* Thèse précitée, p. 15.

[36] AMOUSSOU (V.L.), *L'ordre public sanitaire en Afrique francophone*, Thèse précitée, p. 61.

[37] RENARD (S.), *L'ordre Public sanitaire,* Thèse précitée, pp. 65 et s.

[38] *Idem.,* p. 66.

[39] *Le Petit Larousse Illustré 2017*, p. 1057.

[40] L'exposé des dangers à prévenir dans le cadre de la sécurité publique faite par Christelle LEBIGOT est assez édifiant à ce sujet. L'auteur revient plusieurs fois sur les risques de blessure : « la chasse présente également un danger pour la sécurité publique dès lors que les projectiles peuvent blesser des individus » ; « le maire doit veiller à l'entretien des plages surveillées et enlever les objets susceptibles de blesser des baigneurs » ; « le maire peut alors déplacer une stèle de granit placée à l'avant d'une tombe et de la plaque l'ornant, lorsqu'elle risque de blesser une personne circulant dans le cimetière ». Lire LEBIGOT (C.), « Évolution de la sécurité publique dans le cadre de la police administrative », *Revue Juridique de l'Ouest,* N° 3, 2000, pp. 340 et s.

est par exemple du port de la ceinture de sécurité ou du casque, ou encore de la prohibition de la conduite au-delà d'un certain degré d'alcoolémie. En matière de protection de la santé publique, ces prescriptions sont, au moins, aussi importantes que les règles relatives à la salubrité publique. Car, les accidents de la route sont considérés par l'OMS comme un problème de santé publique dans le monde[41].

B- Le rattachement par l'approche utilisée : la restriction légitime de la liberté

La protection de la santé publique peut s'effectuer à travers plusieurs approches. En s'inspirant des réflexions faites à ce sujet par Didier TABUTEAU[42], il est possible d'en distinguer trois, sur la base du degré de liberté accordé aux particuliers. L'approche libérale, la promotion et la contrainte. La dernière approche, qu'empruntent le plus souvent la salubrité publique et de la sécurité sanitaire, est caractéristique de la police administrative. Il s'agit de la protection de la santé publique sous les apparences du « Léviathan sanitaire »[43]. Mais cette restriction de la liberté se fonde sur de nombreux arguments qui concourent à sa légitimité.

1- Une restriction de la liberté juridiquement fondée

La restriction de la liberté par la salubrité publique et la sécurité sanitaire se fonde sans doute sur la nécessité de concilier la liberté avec d'autres exigences qui peuvent également être fondamentales, notamment l'ordre public[44]. Comme l'écrit Agnès MAKOUGOUM, « il n'existe pas de liberté absolue. Il serait utopique de l'envisager »[45].

En droit camerounais, cette conciliation se retrouve consacrée par la constitution. Celle-ci précise dans son préambule que :

> « La liberté et la sécurité sont garanties à chaque individu dans le respect des droits d'autrui et de l'intérêt supérieur de l'État ;
>
> - Tout homme a le droit de se fixer en tout lieu et de se déplacer librement, sous réserve des prescriptions légales relatives à l'ordre, à la sécurité et à la tranquillité publics ».

---

[41] OMS, *Rapport mondial sur la prévention des traumatismes dus aux accidents de la circulation : résumé*, Genève 2004, pp. 4 et s.

[42] TABUTEAU (D.), « Santé et liberté », *Pouvoirs*, N° 130, 2009.

[43] *Ibid.*, p. 97.

[44] Sur la conciliation entre liberté et ordre public en droit camerounais, lire MAKOUGOUM (A), *Ordre public et libertés publiques en droit camerounais. Contribution à l'étude de la construction de l'État de droit au Cameroun depuis 1990,* Thèse de doctorat en droit public, Université de Yaoundé 2, 2013 – 2014, notamment la première partie.

[45] *Ibid.*, p. 88.

Face à la liberté, la protection de la santé publique, dans le cadre de la salubrité ou de la sécurité sanitaire, peut d'abord s'appuyer sur le respect des droits d'autrui. C'est l'argument opposé par Henri MONOD, en son temps, à ceux qui soutenaient l'illégitimité de la protection de la santé par l'État :

> « Si je restreins votre liberté dans un intérêt sanitaire, ce n'est pas vous que je défends contre vous-même, ce sont tous les autres que je défends contre vous »[46]. Selon l'auteur, « on sait que l'insalubrité d'une maison ne menace pas seulement ceux qui l'habitent, que cette maison est toute désignée pour devenir, à la première occasion, le foyer d'une épidémie qui rayonnera au-dehors : il ne doit donc plus être permis de posséder une maison insalubre »[47].

Parmi les droits d'autrui dont la protection peut être assurée à travers la sécurité sanitaire et la salubrité publique, on pourra d'abord, en se référant au préambule de la constitution, évoquer le droit à la vie et à l'intégrité physique. On pourra ensuite évoquer le droit à la santé. Ce droit est reconnu par des instruments juridiques internationaux relatifs aux droits de l'homme auxquels le préambule de la constitution accorde une valeur constitutionnelle[48]. La garantie du droit à la santé est une obligation qui incombe à l'État. Le préambule de la Constitution de l'Organisation Mondiale de la Santé prévoit en effet que « les Gouvernements ont la responsabilité de la santé de leurs peuples ; ils ne peuvent y faire face qu'en prenant les mesures sanitaires appropriées ».

La restriction de la liberté par la salubrité publique et la sécurité sanitaire peut également se fonder sur la préservation de l'intérêt supérieur de l'État. Car la santé publique consiste à protéger la population, un de ses éléments essentiels. Pas d'État sans population. Mais l'histoire de plusieurs civilisations permet de constater que l'hypothèse de l'extermination totale de la population d'un État par une maladie ne relève pas de l'utopie. En effet, les problèmes de santé sont à l'origine des plus grandes catastrophes démographiques de l'humanité. À titre d'illustration, c'est le cas de la peste qui sévit en Europe au Moyen-âge. Selon Jean-Philippe DE HAUTECLOCQUE :

> « La seule épidémie de 1347-1352 a, en seulement 5 ans, fait vingt-cinq millions de victimes, tuant entre 30 et 50 % de la population européenne. Tout l'espace occidental fut touché si bien que des régions de l'Angleterre jusqu'à l'Italie perdirent entre 70 % et 80 % de leur

---

[46] MONOD (H.), *Santé publique (Législation sanitaire de la France)*, Paris, Librairie Hachette et Cie, 1904, p. 6.
[47] *Ibid.*, p. 7.
[48] Déclaration Universelle des Droits de l'homme (art. 25 al. 1) ; Pacte International relatif aux droits économiques, sociaux et culturels (art. 12 al. 1) ; Charte Africaine des Droits de l'Homme et des Peuples (art. 16 al. 1).

population à la fin du XIVe siècle. En 1420, la population européenne était réduite au tiers de ce qu'elle était en 1340 »[49].

On pourrait également citer l'extermination de nombreuses tribus amérindiennes victimes des maladies transportées en Amérique par les Européens. Dans le cas particulier du Mexique, Gisèle LEVASSEUR révèle que :

> « En 1568, soit moins de cinquante ans après le début des échanges microbiens entre Cortez et les Amérindiens, la population du Mexique n'était plus que le dixième de ce qu'elle était lors du débarquement de Cortez, soit trois millions de personnes »[50].

C'est donc à juste titre qu'Aquilino MORELLE considère que « l'activité consistant à assurer la sécurité sanitaire de la population, à préserver son intégrité, à protéger la santé publique doit par conséquent être comprise et rétablie comme une fonction parmi les plus régaliennes de l'État »[51]. Selon lui, si le besoin de sécurité est au cœur du processus de formation de l'État moderne, « le noyau le plus irréductible de cette sécurité correspond à la sécurité physique de l'individu et, au-delà, à la sécurité sanitaire de la société »[52]. Dans le même sens, Stéphanie RENARD soutient que :

> « Le maintien de l'ordre public sanitaire doit, (…) être reconnu comme l'une des branches de cette activité première et irréductible de l'État qui est d'assurer la sécurité matérielle et intellectuelle de la collectivité. La notion répond avant tout à ce besoin global de sécurité qui, parce qu'il forme le fond du contrat social, explique l'existence de la puissance souveraine et justifie l'usage de la contrainte »[53].

D'un autre point de vue, la sécurité sanitaire et la salubrité publique, en protégeant la santé publique, apparaissent plutôt comme des garanties de la liberté. Si elles limitent la liberté, c'est pour mieux la protéger en libérant l'homme des contraintes physiques et biologiques [54]. Selon Didier TABUTEAU, « en étendant notre perspective temporelle, nous gagnons des degrés de liberté, notre possible s'élargit »[55].

---

[49] DE HAUTECLOCQUE (J.P.), *La peste noire et la mutation sociale de l'occident*, Mémoire de Recherche, IEP de Toulouse, 2014, p. 5.

[50] LEVASSEUR (G.), S'allier *pour survivre. Les épidémies chez les Hurons et les Iroquois entre 1634 et 1700 : une étude ethno historique comparative*, Thèse de doctorat en anthropologie, Université de Laval, 2009, pp. 180 et s.

[51] MORELLE (A.), *La défaite de la santé publique*, *op.cit.*, p. 262.

[52] *Idem.*

[53] RENARD (S.), *L'ordre Public sanitaire,* Thèse précitée, p. 52.

[54] TABUTEAU (D.), « Santé et liberté », art. Précité, p. 98.

[55] *Idem.*

2- Une restriction de la liberté par des procédés de police administrative

La restriction de la liberté par la sécurité sanitaire et la salubrité publique s'opère par des procédés classiques de la police administrative[56]. Il en est ainsi des interdictions. Les « interdictions de santé publique »[57] sont présentes dans de nombreux textes juridiques. Dans certains cas, elles sont explicites. Par exemple, en matière de salubrité publique, aux termes de l'article 4 de la loi n° 2000/017 du 19 décembre 2000 portant réglementation de l'inspection sanitaire vétérinaire, « aucune denrée d'origine animale ou halieutique ne peut être livrée à la consommation si elle n'a subi auparavant une inspection sanitaire vétérinaire ». Dans le domaine de la sécurité sanitaire, l'une des interdictions explicites les plus connues concerne l'exercice de certaines professions relatives à la santé. Il est interdit d'exercer les professions de médecin[58], pharmacien[59], chirurgien-dentiste[60] opticien[61], sans s'inscrire au préalable à l'ordre correspondant. Autre exemple, l'article 20 la loi N° 2018/020 du 11 décembre 2018 portant loi-cadre sur la sécurité sanitaire des aliments prévoit qu'en cas d'urgence ou de force majeure, l'autorité compétente peut, par acte dument motivé, « interdire totalement la production, la fabrication, la préparation ou la vente de tout aliment ».

L'interdiction de santé publique peut aussi être implicite. C'est assurément le cas lorsque le législateur se contente de réprimer un comportement dans un but sanitaire. À titre d'illustration, la loi N° 98/015 du 14 juillet 1998 relative aux établissements classés dangereux, insalubres ou incommodes réprime l'exploitation sans déclaration ou autorisation préalable d'un établissement compris dans l'une des catégories des établissements classés. De même, l'article 36 de la loi-cadre sur la sécurité sanitaire des aliments punit la mise à la disposition des aliments frelatés et/ou impropres à la consommation humaine et/ou animale. L'exigence d'une autorisation préalable pour une activité constitue également une interdiction implicite. Dans ce cas, comme le constate Didier TABUTEAU, « l'absence ou le refus d'autorisation se traduit *ipso facto* par une interdiction »[62]. Or l'exigence de cette autorisation

---

[56] Sur ces procédés en droit camerounais, voir ATEMENGUE (J. N.), *La police administrative au Cameroun. Recherches sur le maintien de l'ordre public*, Thèse précitée.

[57] Selon l'expression utilisée par Didier TABUTEAU. Cf. « Les interdictions de santé publique », art. Précité.

[58] Art. 2 al. 1 de la loi N° 90/36 du 10 août 1990 relative à l'exercice et à l'organisation de la profession de médecin.

[59] Art. 2 al. 1 de la loi N° 90/34 du 10 août 1990 relative à l'exercice de la profession de chirurgien – dentiste.

[60] ATEMENGUE (J. N.), *La police administrative au Cameroun. Recherches sur le maintien de l'ordre public*, Thèse précitée, pp. 172-205.

[61] Art. 4 al. 1 de la loi N° 99/001 du 07 avril 1999 relative à l'exercice et à l'organisation de la profession d'opticien.

[62] TABUTEAU (D.), « Les interdictions de santé publique », art. Précité.

préalable est omniprésente, sous diverses dénominations[63], dans les textes juridiques relatifs à la salubrité publique et à la sécurité sanitaire.

Les prescriptions positives constituent un autre procédé de restriction de liberté en matière de salubrité et de sécurité sanitaire. Dans ce cas, la démarche est à l'opposé de l'interdiction. Un texte juridique oblige plutôt un particulier – ou même une administration publique – à accomplir un acte bien déterminé dans un but sanitaire. Il en est ainsi de l'obligation faite aux établissements dangereux, insalubres ou incommodes de première classe générateurs de pollutions solides, liquides ou gazeuses de procéder à l'auto-surveillance de leurs rejets[64]. C'est également le cas lorsque la loi oblige l'opérateur économique qui produit, traite ou distribue des aliments à élaborer et instaurer un système d'analyse des risques pour la maîtrise des points critiques ou autre système reconnu, selon les termes définis par les standards internationaux[65].

À côté des interdictions et des prescriptions qui sont des normes juridiques, on note aussi la présence de procédés matériels à caractère coercitif. Le particulier dans certaines circonstances doit se soumettre aux inspections, contrôles, saisies, destructions ou fermetures d'établissement.

La sécurité sanitaire et la salubrité publique utilisent également la répression par des sanctions administratives. Certes, « le procédé répressif n'a pas pour objet de rétablir sans délai l'ordre public, ni encore moins de prévenir un trouble imminent à celui-ci »[66]. Mais comme le constate Jean Noël ATEMENGUE, il y a aussi des sanctions qui visent le maintien de l'ordre public[67]. Celles prévues par la loi N° 98/015 du 14 juillet 1998 relative aux établissements classés dangereux, insalubres ou incommodes entrent dans ces catégories. Elles permettent à l'autorité administrative de procéder d'office à l'exécution des mesures qu'elle prescrit, de suspendre le fonctionnement d'un établissement ou de procéder à sa fermeture[68]. Au-delà de la punition qu'elles infligent, ces mesures ont pour but, entre autres, de prévenir des dommages à la santé ou d'y mettre fin. C'est le cas aussi des sanctions administratives prévues à l'article 35 de la loi N° 2018/020 du 11 décembre 2018 portant loi-cadre sur la sécurité sanitaire[69].

---

[63] Comme : homologation, Autorisation de Mise sur le Marché, Autorisation de Mise en Consommation.

[64] Art. 8 al. 1 de la loi N° 98/015 du 14 juillet 1998 relative aux établissements classés dangereux, insalubres ou incommodes.

[65] Art. 25 de la loi N° 2018/020 du 11 décembre 2018 portant loi-cadre sur la sécurité sanitaire des aliments.

[66] ATEMENGUE (J. N.), *La police administrative au Cameroun.* Thèse précitée, p. 202.

[67] *Ibid.*, p. 203.

[68] Art. 28, 29 et 30.

[69] Il s'agit par exemple de la saisie ou destruction de tout aliment, ustensile, matériel, substance ou autre objet en rapport avec une infraction commise ou ayant servi à la commission d'une infraction.

II- L'ESQUISSE INCERTAINE D'UNE LIGNE DE DÉMARCATION

De nombreux critères sont proposés par la doctrine pour le tracé d'une frontière entre la sécurité sanitaire et la salubrité publique. Cependant, malgré leur existence, il reste hasardeux de se prononcer. Car ces critères présentent souvent des limites handicapantes. Le recours aux textes juridiques est encore moins concluant. À ce niveau, la distinction des deux notions est tout simplement introuvable.

A- Les tentatives non concluantes de la doctrine

Les distinctions de la sécurité sanitaire et de la salubrité publique esquissées par la doctrine s'avèrent non concluantes en raison des désaccords sur leurs champs d'application respectifs. Par ailleurs, les critères relatifs aux modes d'action ne sont exploitables qu'en partie.

1- Les désaccords sur la distinction à partir des champs d'application

Il convient de rappeler qu'en s'appuyant sur les travaux de la doctrine, on peut recenser au moins deux éléments proposés pour tracer la ligne de démarcation entre la sécurité sanitaire et la salubrité publique, à partir de leurs champs respectifs.

Le premier élément pourrait être la distinction accident/maladie. C'est la conclusion que l'on peut tirer de la présentation faite des deux notions par la doctrine. En effet, depuis la doctrine classique, la vocation reconnue à la salubrité publique est de lutte contre les maladies. Il s'agit plus précisément des maladies contagieuses. Selon Maurice HAURIOU par exemple, la salubrité publique a deux cibles : d'une part les épidémies qui frappent les Hommes, et d'autre part, les épizooties, maladies contagieuses qui touchent les animaux[70].

La sécurité sanitaire quant à elle ciblerait, d'après la présentation qu'en fait une partie de la doctrine, certains risques d'accidents pouvant affecter la santé humaine. Cette conception apparait souvent dans la thèse de Stéphanie RENARD. L'auteur définit d'abord la sécurité sanitaire comme « l'ensemble des dispositifs visant à réduire les risques d'accident sanitaires iatrogènes évitables liés au fonctionnement de la société industrialisée »[71]. Plus loin, « la sécurité sanitaire concerne également les risques d'accident qui, bien que corporels, relèvent davantage de la dimension "sûreté" de l'ordre public que de la santé publique. Dans le même temps, le champ d'application de la sécurité sanitaire, limité aux risques d'accident iatrogènes de la société »[72]. Il convient de rappeler qu'à la différence de la maladie, l'atteinte à la santé

---

[70] HAURIOU (M.), *Précis de droit administratif et de droit public général, op.cit.*, pp. 558 et s.
[71] RENARD (S.), *L'ordre Public sanitaire,* Thèse précitée, p. 302.
[72] *Ibid.*, p. 366.

résultant d'un accident présente quelques caractères bien spécifiques. Elle est soudaine, involontaire, extraordinaire et résulte d'une cause extérieure, dans la mesure où elle n'est pas issue d'une réaction interne à l'organisme ou d'un agent qui s'y trouve.

La doctrine semble également s'appuyer sur un deuxième critère pour distinguer la sécurité sanitaire et la salubrité publique. Il s'agit de l'origine du risque sanitaire que vise chacun des deux. C'est ainsi que de nombreux auteurs considèrent que les risques sanitaires contre lesquels la salubrité publique protège se trouvent dans le cadre de vie de l'homme. Jean-Michel de FORGES par exemple affirme qu'« il s'agit donc, ici d'une action sur le milieu qui peut affecter l'habitat, le milieu du travail, l'alimentation, les transports et le commerce »[73].

Le concept de sécurité sanitaire quant à lui est souvent appliqué à la réduction des risques sanitaires iatrogènes. Initialement, il s'agit des dangers liés au fonctionnement du système de santé[74]. Le risque iatrogène est alors, comme le prévoit la Loi N° 2003/2006 du 22 décembre 2003 régissant la transfusion sanguine : « un risque lié à l'administration du médicament ou d'un traitement quelconque ». La sécurité sanitaire est alors considérée comme le fruit d'une désillusion face à une médecine qu'on croyait « intègre et bienveillante, au paternalisme de laquelle chacun se soumettait volontiers »[75]. À l'origine de ce désenchantement, des accidents thérapeutiques graves. Parmi les plus célèbres, on cite les affaires du sang contaminé en France. Mais on peut aussi se référer à d'autres qui sont notamment liées à la prise de certains médicaments – tels que le stalinon et la thalidomide dans les années 1950 – qui ont conduit à des mécanismes de contrôle visant à protéger les patients[76]. Ces accidents thérapeutiques ont permis de se rendre compte que « tout acte, même le plus bénéfique en apparence, peut être porteur de dangers graves pour les individus comme pour la collectivité »[77]. Avec l'extension du domaine de la sécurité sanitaire, le risque visé ne se réduit plus seulement à celui lié au fonctionnement du système de santé. Désormais, il s'agit du risque lié au fonctionnement de la société industrielle dans son ensemble.

Ces critères relatifs aux domaines respectifs de la sécurité sanitaire et de la salubrité publique semblent ne pas faire l'unanimité au sein de la doctrine. Il

---

[73] De FORGES (J.-M.), *Le droit de la santé*, Paris, PUF, 6e éd., 2006, p. 83 ; voir dans le même sens RENARD (S.), *l'ordre Public sanitaire,* Thèse précitée, pp. 64 et 372.

[74] TABUTEAU (D.), « La sécurité sanitaire, réforme institutionnelle ou résurgence des politiques de santé publique », Art. Précité, p. 87.

[75] RENARD (S.), *L'ordre Public sanitaire,* Thèse précitée, p. 332.

[76] Voir à ce sujet : CHAUVEAU (S.), « Genèse de la « sécurité sanitaire » : les produits pharmaceutiques en France au XIXe et XXe siècle », *in RHMC*, 2004/2, N° 51-2, pp. 105 et s ; MACCHI (V.), *Protection de la santé publique et droit communautaire*, Thèse de doctorat en droit public, Université de Metz, 2007, pp. 136 et s.

[77] RENARD (S.), *L'ordre Public sanitaire,* Thèse précitée, p. 333.

en est ainsi notamment de la distinction accident/maladie qui apparait dans les travaux de Stéphanie RENARD. En effet, d'autres auteurs ne réduisent pas le champ de la sécurité sanitaire aux risques d'accident sanitaires. Didier TABUTEAU par exemple évoque simplement les risques sanitaires liés au fonctionnement du système de santé ou, d'une manière générale, au fonctionnement de la société industrielle[78]. On peut en conclure qu'il pourrait s'agir non seulement des risques d'accident sanitaires, mais également des risques de maladies. C'est ainsi que la lutte contre les infections nosocomiales est également évoquée comme faisant partie de la sécurité sanitaire[79]. Il convient de signaler que dans certaines circonstances, l'accident et la maladie peuvent être en cause dans une même situation. C'est ce qui se produit généralement en matière d'infection nosocomiale. La confusion est telle que certains auteurs n'hésitent pas à utiliser l'expression « accidents nosocomiaux »[80].

L'émergence de la sécurité sanitaire de l'environnement est une autre source potentielle de confusion. La salubrité publique, comme on a pu le voir ci-dessus, est souvent présentée comme une action sur le milieu ou le cadre de vie. Or ce milieu ou cadre de vie n'est rien d'autre que l'environnement. À titre de rappel, la Cour Internationale de Justice définit l'environnement comme « l'espace où vivent les êtres humains et dont dépendent la qualité de leur vie et leur santé, y compris pour des générations à venir »[81]. La sécurité sanitaire peut donc elle aussi apparaitre comme une action sur le cadre de vie des individus. La sécurité environnementale est « plus largement comprise comme un impératif de protection de la santé humaine contre les risques inhérents à l'ensemble des milieux de vie »[82]. La doctrine la fonde sur le droit pour tout homme de vivre dans un environnement sain, c'est-à-dire un environnement respectueux de sa santé[83]. Or, ce droit est lié à la salubrité publique depuis ses origines. En effet, l'orientation du droit de l'environnement vers la protection de la santé s'explique par le fait que c'est le droit de l'hygiène et de la salubrité publique qui lui ont servi de matrice[84].

---

[78] TABUTEAU (D.), « La sécurité sanitaire, réforme institutionnelle ou résurgence des politiques de santé publique », Art. Précité, pp. 87 et s. Voir également LAUDE (A.), MATHIEU (B.) et TABUTEAU (D.), *Droit de la santé*, *op.cit.*, pp. 81 et s.

[79] LAUDE (A.), MATHIEU (B.) et TABUTEAU (D.), *Droit de la santé*, *op.cit.*, p. 83.

[80] Voir par exemple MARTIN (R), « Indemnisation des infections nosocomiales et accidents médicaux », *Revue Juridique de l'Ouest*, 2003/3, p. 246 ; RENARD (S), *L'ordre Public sanitaire,* Thèse précitée, p. 315.

[81] CIJ, citée par TCHEUWA (J.C.), « Les préoccupations environnementales en droit positif camerounais », *Revue Juridique de l'Environnement*, N° 1, 2006, p. 23.

[82] RENARD (S), *l'ordre Public sanitaire,* Thèse précitée, p. 355.

[83] *Idem.*

[84] ANDELA (J. J.), « Les implications juridiques du mouvement constitutionnel du 18 janvier 1996 en matière d'environnement au Cameroun », *Revue Juridique de l'Environnement*, N° 4, 2009, p. 426.

Les textes juridiques eux-mêmes n'avalisent pas toujours les critères que l'on voit apparaître dans les travaux doctrinaux. À titre d'illustration, la loi du 11 décembre 2018 portant loi-cadre de la sécurité alimentaire vise, entre autres, à garantir aux consommateurs l'innocuité des aliments[85]. Le législateur ne fait aucune distinction basée sur la nature du danger que court le consommateur de l'aliment. Il pourrait s'agir aussi bien de l'intoxication que d'une maladie. D'ailleurs, le même article prévoit que cette loi vise également à « prévenir les maladies d'origine alimentaire ».

2- L'insuffisance de la distinction basée sur le critère de l'action

En se tournant vers les moyens d'action utilisés par la sécurité sanitaire et la salubrité publique, on découvre également quelques éléments qui peuvent permettre d'esquisser une ligne de démarcation entre les deux notions.

Selon Vigny-Landry AMOUSSOU, la salubrité publique protège la santé publique à un niveau qui se veut primaire, c'est-à-dire, en se référant à la propreté[86]. C'est sans doute ce qui lui vaut d'être également désignée par l'expression « hygiène publique ».

La sécurité sanitaire vise un niveau de protection plus élevé. La loi-cadre sur la sécurité sanitaire semble le confirmer. Elle vise, selon les termes de son article 1er, à assurer « un niveau élevé de protection de la vie et de la santé des consommateurs et de respect de l'environnement ». Pour cela, elle reprend de nombreux mécanismes et principes d'action spécifiques présentés par la doctrine. Lesquels mécanismes et principes lui confèrent une grande complexité.

Il s'agit, à titre d'illustration, de l'évaluation des risques. « Avec la sécurité sanitaire s'est ouverte l'ère des enquêteurs », écrit Didier TABUTEAU[87]. L'évaluation du risque apparait comme « la pierre angulaire du dispositif de sécurité sanitaire »[88]. Selon le législateur camerounais, elle renvoie à un « processus à base scientifique comprenant les étapes suivantes : identification des dangers, caractérisation des dangers, évaluation de l'exposition et caractérisation des risques »[89]. En termes prosaïques, il s'agit de la recherche des connaissances et informations sur les risques sanitaires[90]. Cette recherche est expressément exigée dans le domaine de la sécurité sanitaire des aliments où elle repose sur trois critères légaux essentiels : la

---

85 Art. 3.

86 AMOUSSOU (V.L.), *L'ordre public sanitaire en Afrique francophone*, Thèse précitée, p. 27.

87 TABUTEAU (D.), « La sécurité sanitaire, réforme institutionnelle ou résurgence des politiques de santé publique », Art. Précité, p. 89.

88 LAUDE (A.), MATHIEU (B.) et TABUTEAU (D.), *Droit de la santé*, Paris, PUF, 1ere éd., 2007, p. 83.

89 Art. 4 de la loi N° 2018/020 du 11 décembre 2018 portant loi-cadre sur la sécurité sanitaire des aliments.

90 LAUDE (A.), MATHIEU (B.) et TABUTEAU (D.), *Droit de la santé, op.cit.*, p. 83.

scientificité, l'indépendance et la transparence[91]. Elle fait également partie des exigences dont le législateur impose en respect en matière d'utilisation des organismes génétiquement modifiés[92]. L'exigence d'évaluation des risques est à l'origine de la mise en place de nombreuses institutions qui s'y consacrent. Au Cameroun, elles prennent généralement la forme d'établissement public. On peut citer, sans être exhaustif, le Laboratoire National de Contrôle de qualité des Médicaments et Expertise[93], l'Agence des Normes et de la Qualité[94], l'Agence Nationale de Radioprotection[95]. Ces institutions sont des sentinelles capables d'alerter les autorités administratives en cas de risque grave pour la santé. À titre d'illustration, le 31 janvier 2019, l'Agence des Normes et de la Qualité a saisi le ministre du Commerce pour l'informer de la circulation sur le marché camerounais de couches jetables présentant des risques pour la santé des bébés. L'évaluation des risques est aussi à la base de la surveillance des produits de santé et de beauté. Plusieurs dispositifs de vigilance doivent par conséquent être mis en place, pour permettre de détecter les effets indésirables qui peuvent résulter de leur utilisation. C'est ainsi que la Direction de la Pharmacie, du Médicament et des Laboratoires du Ministère de la Santé publique est chargée, entre autres, « de l'organisation d'un système de pharmacovigilance, d'hémovigilance, de matériovigilance, de cosmétovigilance et de réactovigilance »[96].

La sécurité sanitaire nécessite aussi un mécanisme de réaction aux crises. La traçabilité des produits constitue l'une des pièces maitresses de ce mécanisme. En partant de la définition donnée à cette notion dans le domaine de la sécurité sanitaire des aliments par la loi du 11 décembre 2018[97], on peut dire qu'il s'agit de la capacité de retracer le cheminement d'un produit, à travers toutes les étapes de la production, de la transformation et de la distribution. La traçabilité permet non seulement de protéger la santé des consommateurs, mais également de pouvoir isoler un produit à risque sans remettre en cause toute une production[98]. En matière de sécurité sanitaire des aliments, elle fait partie des principes posés par le législateur. L'article 23 de

---

[91] Art. 6 al. 2 de la loi N° 2018/020 du 11 décembre 2018 portant loi-cadre sur la sécurité sanitaire des aliments.

[92] Voir Chapitre 3 du Titre 2 de la loi N° 2003/006 du 21 avril 2003 portant régime de sécurité en matière de technologie moderne au Cameroun.

[93] Voir Décret N° 2018/764 du 11 décembre 2018 portant réorganisation du Laboratoire National de Contrôle de qualité des Médicaments et d'expertise.

[94] Voir Décret N° 2019/143 du 19 mars 2019 portant réorganisation de l'Agence des Normes et de la Qualité.

[95] Voir Décret N° 2002/250 du 31 octobre 2002 portant création, organisation et fonctionnement de l'Agence Nationale de Radioprotection.

[96] Art. 81 al. 1 du Décret N° 2013/093 du 03 avril 2013 portant organisation du Ministère de la Santé Publique.

[97] Art. 4.

[98] MACCHI (V.), *Protection de la santé publique et droit communautaire,* Thèse précitée, p. 181.

la loi du 11 décembre 2018 dispose dans ce sens que « le principe de traçabilité s'impose à toutes les activités relatives à l'alimentation humaine et à l'alimentation des animaux destinés à l'alimentation humaine ». Dans le domaine de la santé proprement dit, elle fait partie des bonnes pratiques de fabrication et de distribution des produits pharmaceutiques[99].

Un autre principe d'action mis en avant par la doctrine est le rapport bénéfices/risques. Comme l'écrit Stéphanie RENARD « placée au cœur de la méthodologie de la sécurité sanitaire, cette démarche d'évaluation repose sur l'idée que toute décision de santé doit, comme la décision médicale, respecter un équilibre optimal entre les bénéfices et les risques tels qu'ils peuvent être déterminés en l'état des connaissances scientifiques »[100].

Cependant, le recours aux principes et mécanismes d'action pour distinguer la sécurité sanitaire et la salubrité publique ne donne pas entièrement satisfaction. Car, dans beaucoup de cas, la sécurité sanitaire utilise également les mêmes mécanismes d'action que la salubrité publique. C'est d'ailleurs ce qui ressort de la présentation des procédés par lesquels elles limitent la liberté[101]. Il s'agit notamment des interdictions, des prescriptions, des sanctions administratives et des procédés matériels tels que les inspections, les saisies, les contrôles. Par conséquent, dans la pratique, il peut être difficile de distinguer une mesure de sécurité sanitaire d'une mesure de salubrité publique.

B- La distinction introuvable dans les textes juridiques

En dehors de la doctrine, recourir aux textes juridiques pour construire une ligne de démarcation entre la sécurité sanitaire et la salubrité publique apparait comme une véritable gageure. Les textes juridiques sont silencieux sur cette question. En plus, à la lecture de certaines de leurs dispositions, on constate plutôt une imbrication des deux notions.

1- Le silence des textes juridiques sur la distinction des deux notions

Les textes juridiques qui traitent de la sécurité sanitaire et/ou de la salubrité publique ne posent pas les critères de leur distinction. De tels critères auraient pu découler des définitions retenues pour ces notions. Or dans lesdits textes, ces définitions restent introuvables.

---

99 Voir Ministère de la Santé Publique, *Bonne pratiques de fabrication des produits pharmaceutiques*, 2011 (articles C01-05 al 9, D05-11 et D05-12) ; Ministère de la Santé Publique, *Bonnes pratiques de distribution en gros des produits pharmaceutiques*, 2011, p. 13.

100 RENARD (S), *l'ordre Public sanitaire,* Thèse précitée, p. 397. Dans le même sens, voir : MORELLE (A.), *La défaite de la santé publique*, *op.cit.*, p. 317 ; LAUDE (A.), MATHIEU (B.) et TABUTEAU (D.), *Droit de la santé*, *op.cit.*, pp. 85 et 636.

101 Voir supra : Première partie et plus précisément les procédés de restriction.

S'agissant de la salubrité publique, on peut citer à cet égard la loi N° 74/23 du 5 décembre 1974 portant organisation communale[102], la loi n° 98/015 du 14 juillet 1998 relative aux établissements classés dangereux, insalubres ou incommodes[103] ou encore la loi n° 2004/018 du 22 juillet 2004 fixant les règles relatives aux communes[104]. Il convient de rappeler que les définitions de la salubrité publique utilisées à ce jour sont surtout l'œuvre de la doctrine française.

Quant à la sécurité sanitaire, l'absence d'une définition textuelle est surprenante dans la mesure où toute une loi-cadre lui est consacrée. Cette loi intègre, dans son article 4, un lexique dans lequel sont définies une quarantaine de notions. En plus d'être silencieux, les textes juridiques comprennent des dispositions qui peuvent bousculer certaines idées reçues sur les notions de sécurité et de salubrité. À titre d'illustration, la loi du 5 décembre 1974 portant organisation communale prévoyait dans son article 71 alinéa 5 que le Maire est chargé, dans le cadre de la police municipale, de « l'exécution de toutes mesures d'hygiène et de salubrité publiques ». On pouvait donc en conclure en hygiène et salubrité qu'il y a lieu de distinguer l'hygiène et la salubrité. Pourtant la doctrine établit souvent un rapport de synonymie entre les deux notions. La loi n° 98/015 du 14 juillet 1998 relative aux établissements classés dangereux, insalubres ou incommodes offre un autre exemple de disposition déroutante. Son article 2 alinéa 1 soumet à ses dispositions les établissements « qui présentent ou peuvent présenter soit des dangers pour la santé, la sécurité, la salubrité publique… ». Cette formule laisse penser que les dangers pour la santé seraient distincts de ceux qui menacent la salubrité et la sécurité. Pourtant, comme on a pu le constater ci-dessus, ils sont souvent appréhendés comme des atteintes à la salubrité publique ou même à la sécurité.

Il convient de signaler enfin qu'en matière de sécurité, le législateur utilise de nombreuses autres notions qu'il ne définit pas : « sécurité physique », « sécurité biologique » « sécurité chimique », « sécurité environnementale », « sécurité alimentaire »[105]. On peut s'interroger sur le contenu de chacune de ces notions et les rapports qu'elle entretient avec la sécurité sanitaire d'une part et la salubrité publique d'autre part.

2- L'imbrication des deux notions dans les textes juridiques

L'exemple le plus éloquent de cette imbrication est la loi du 11 décembre 2018. Elle se réfère également à l'hygiène ou la salubrité

---

[102] Art. 71.

[103] Art. 2.

[104] Art. 87.

[105] Voir par exemple : Loi n° 2003/006 du 21 avril 2003 portant régime de sécurité en matière de biotechnologie moderne au Cameroun ; Loi-cadre n° 2011/012 du 6 mai 2011 portant protection du consommateur au Cameroun.

publique, alors que son objet annoncé est la sécurité sanitaire des aliments. Dans certains cas, cette référence est faite *expressis verbis*. Par exemple, l'article 3 range parmi les objectifs visés par cette loi, l'amélioration de la qualité des aliments produits sur le territoire national, à travers, entre autres, la mise en œuvre de bonnes pratiques d'hygiène. De même, l'article 24 dispose que :

> « Les opérateurs économiques, ainsi que les entreprises alimentaires et leurs personnels doivent respecter toutes les règles d'hygiène prévues pour l'application de la présente loi ».

Dans d'autres cas, cette référence est faite dans certains termes ou expressions utilisés par le texte. À titre d'illustration, l'article 25 oblige tout opérateur économique qui produit, traite ou distribue des aliments à élaborer et instaurer un système d'« analyse des risques pour la maîtrise des points critiques (HACCP) ». Or d'après l'article 4 de la même loi, cette expression renvoie à un « système qui définit et maîtrise les dangers qui menacent la salubrité des aliments ». D'autres notions définies dans le même article, pour être utilisées dans le domaine de la sécurité sanitaire des aliments, sont également liées à la salubrité publique. Il en est ainsi de l'« aliment impropre à la consommation », de l'« hygiène alimentaire » ou encore de la « qualité alimentaire ».

Dans le domaine de la santé proprement dit, l'hygiène occupe une place importante dans le dispositif de lutte contre les infections nosocomiales[106]. Elle fait également partie des bonnes pratiques de fabrication des produits pharmaceutiques[107].

CONCLUSION

La salubrité publique apparait ainsi comme une condition de la sécurité sanitaire. Elle est même une condition de la sécurité d'une manière générale. La jurisprudence administrative française considère dans ce sens que la dégradation de la salubrité peut avoir des conséquences sur la sécurité[108]. En réalité, dès lors qu'on appréhende la notion de sécurité comme une « situation dans laquelle quelqu'un ou quelque chose n'est exposé à aucun danger » ou un « mécanisme destiné à prévenir un événement dommageable ou à limiter

---

106 DUCEL (G.), FABRY (J.) et NICOLLE (L.), *Prévention des infections nosocomiales. Guide pratique*, 2e éd., OMS, 2008, pp. 34-38.

107 Voir Ministère de la Santé Publique, *Bonnes pratiques de fabrication des produits pharmaceutiques*, 2011, pp. 31 et s.

108 LEBIGOT (C.), « Evolution de la sécurité publique dans le cadre de la police administrative », *Revue Juridique de l'Ouest*, N° 3, 2000, p. 345.

les effets »[109], les risques sanitaires font potentiellement partie de son champ d'application. Car, comme l'a constaté le PNUD dans son Rapport Mondial sur le Développement Humain 1994, les problèmes de santé figurent parmi les principaux dangers qui menacent l'homme[110].

INDICATIONS BIBLIOGRAPHIQUES

Travaux de recherche

- AMOUSSOU (V. L.), *L'ordre public sanitaire en Afrique francophone,* Thèse de Doctorat en Droit Public, Université de Bordeaux, 2017, 433 p.
- ATEMENGUE (J. N.), *La police administrative au Cameroun. Recherches sur le maintien de l'ordre public*, Thèse de doctorat en droit public, Université Jean Moulin – Lyon III, 1995, 352 p.
- BEYEGUE BOULOUMEGUE (G.), *La police administrative au Cameroun : contribution à l'étude de l'évolution du droit administratif camerounais*, Thèse de Doctorat en Droit Public, Université de Yaoundé II, 2016 – 2017, 738 p.
- CHAUVEAU (S.), « Genèse de la "sécurité sanitaire" : les produits pharmaceutiques en France au XIXe et XXe siècle », in *RHMC*, 2004/2, pp. 88-117.
- DE FORGES (J.-M.), *Le droit de la santé*, Paris, PUF, 6e éd., 2006, 128 p.
- DE HAUTECLOCQUE (J. P.), *La peste noire et la mutation sociale de l'occident*, Mémoire de Recherche, IEP de Toulouse, 2014, 73 p.
- HAURIOU (M.), *Précis de droit administratif et de droit public général*, 4e éd., Librairie de la Société du Recueil Général des Lois et des Arrêts, 1900, 896 p.
- LAUDE (A.), MATHIEU (B.) et TABUTEAU (D.), *Droit de la santé*, Paris, PUF, 1ere éd., 2007, 686 p.
- LEBIGOT (C.), « Évolution de la sécurité publique dans le cadre de la police administrative », *Revue Juridique de l'Ouest*, N° 3, 2000, pp. 327-354.
- LEVASSEUR (G.), *S'allier pour survivre. Les épidémies chez les Hurons et les Iroquois entre 1634 et 1700 : une étude ethno historique*

[109] Ces définitions de la sécurité dans le langage courant ont été reprises par le Décret N° 2012/1318/PM du 22 mai 2012 fixant les conditions et les modalités d'octroi de l'autorisation d'exercice de l'activité de certification électronique.
[110] PNUD, *Rapport Mondial sur le Développement Humain 1994,* Rapport précité, pp. 29 et s.

comparative, Thèse de doctorat en anthropologie, Université de Laval, 2009, 426 p.

- MACCHI (V.), *Protection de la santé publique et droit communautaire*, Thèse de Doctorat en Droit Public, Université de Metz, 2007, 522 p.
- MAKOUGOUM (A.), *Ordre public et libertés publiques en droit camerounais. Contribution à l'étude de la construction de l'État de droit au Cameroun depuis 1990*, Thèse de Doctorat en Droit Public, Université de Yaoundé 2, 2013 – 2014, 712 p.
- MARTIN (R.), « Indemnisation des infections nosocomiales et accidents médicaux », *Revue Juridique de l'Ouest*, 2003/3, pp. 245-254.
- MONOD (H.), *Santé publique (Législation sanitaire de la France)*, Paris, Librairie Hachette et Cie, 1904, 374 p.
- MORELLE (A.), *La défaite de la santé publique*, Paris, Flammarion, 1996, 389 p.
- RENARD (S.), *L'ordre Public sanitaire (Étude de droit public interne)*, Thèse de doctorat en droit public, Université de Rennes I, 2008, 727 p.
- TABUTEAU (D.), « La sécurité sanitaire, réforme institutionnelle ou résurgence des politiques de santé publique », *SEVE* N° 16, 2007, pp. 87 - 104.
- TABUTEAU (D.), « Les interdictions de santé publique », *Les Tribunes de la santé,* n° 17, 2007/4, pp. 21-38.
- TABUTEAU (D.), « Santé et liberté », *Pouvoirs*, N° 130, 2009, pp. 97 - 111.

Textes juridiques

- Loi N° 74/23 du 5 décembre 1974 portant organisation communale.
- Loi N° 98/015 du 14 juillet 1998 relative aux établissements classés dangereux, insalubres ou incommodes.
- Loi N° 2000/017 du 19 décembre 2000 relative à l'inspection sanitaire vétérinaire.
- Loi N°2003/006 du 21 avril 2003 portant régime de la sécurité en matière de biotechnologie moderne au Cameroun.
- Loi N° 2003/2006 du 22 décembre 2003 régissant la transfusion sanguine
- Loi n° 2004/018 du 22 juillet 2004 fixant les règles applicables aux communes.

- Loi-cadre N° 2011/012 du 6 mai 2011 portant protection du consommateur au Cameroun.
- Loi N°2018/020 du 11 décembre 2018 portant loi-cadre sur la sécurité sanitaire des aliments.
- Loi N° 2019/024 du 24 décembre 2019 portant Code général des Collectivités territoriales décentralisées.
- Décret N° 2002/250 du 31 octobre 2002 portant création, organisation et fonctionnement de l'Agence Nationale de Radioprotection.
- Décret N° 2012/1318/PM du 22 mai 2012 fixant les conditions et les modalités d'octroi de l'autorisation d'exercice de l'activité de certification électronique.
- Décret N° 2013/093 du 3 avril 2013 portant organisation du Ministère de la Santé Publique.
- Décret N° 2014/101 du 20 mars 2014 fixant l'organisation et le fonctionnement de l'Hôpital de Référence de Sangmélima.
- Décret N° 2018/764 du 11 décembre 2018 portant réorganisation du Laboratoire National de Contrôle de qualité des Médicaments et d'expertise.
- Décret N° 2019/067 du 12 février 2019 portant organisation et fonctionnement du Centre National de Transfusion Sanguine.
- Décret N° 2019/143 du 19 mars 2019 portant réorganisation de l'Agence des Normes et de la Qualité.
- Arrêté N° 011/CAB/PM du 2 mars 2004 portant création d'un comité ad-hoc sur la sécurité sanitaire des aliments.

Autres documents

- Ministère de la Santé Publique, Bonnes pratiques de fabrication des produits pharmaceutiques, 2011.
- Ministère de la Santé Publique, Bonnes pratiques de distribution en gros des produits pharmaceutiques, 2011.
- OMS, Rapport mondial sur la prévention des traumatismes dus aux accidents de la circulation : résumé, Genève 2004.
- PNUD, Rapport Mondial sur le Développement Humain 1994, Paris, Economica, 1994.

La sécurité et la liberté de communication sociale au Cameroun

Par

David NKOLYANG SIRBELA[1]

Résumé

La réflexion relative à la relation entre la sécurité et la liberté de communication sociale au Cameroun fait resurgir la question classique, mais constante des conflits entre les droits fondamentaux. Cela est d'autant plus vrai qu'elle s'inscrit dans une dynamique de prééminence entre ces droits. Elle soulève aussi, la confrontation entre le courant de l'individualisme et du communautarisme voire de la nécessité du parachèvement de l'édification d'un État-Nation. La sécurité et la liberté de communication sociale entretiennent réciproquement un rapport d'influence ambivalente. D'une part, l'une des facettes est la menace, simultanée, de l'une sur l'autre. D'autre part, le rapport n'est pas essentiellement conflictuel, car, elles sont plutôt complémentaires. Mais, si l'influence opportune de la sécurité sur la liberté de communication est sans équivoque, l'inverse se heurte à un problème, celui de la finalité recherchée qui représente ainsi un danger pour la sécurité. Au final, une communication responsable pourrait atténuer cette situation.

Mots-clés : sécurité, communication sociale, déontologie, liberté, terrorisme.

---

[1] Doctorant en Droit Public, Moniteur, Faculté des Sciences Juridiques et Politiques de l'Université de Maroua, E-mail : davidnkosirbela@gmail.com.

INTRODUCTION

L'authenticité et la solidité d'un régime démocratique se mesurent à travers son degré de réception de la logique libérale[2]. L'une des figures de cette réception au Cameroun est la libéralisation de la communication à travers la loi n° 90/052 du 19 décembre 1990, qui aménage la liberté de communication sociale. Celle-ci est consacrée par le préambule de la Constitution en ces termes : « La liberté de communication, la liberté d'expression, la liberté de presse (…) sont garanti[e]s dans les conditions fixées par la loi ». En effet, l'aménagement est en principe du ressort du législateur[3]. Cela intervient avec le mouvement de la libéralisation, engagé par les pouvoirs publics camerounais dans les années 90. Seulement, tout État doit préserver sa sécurité. Celle-ci est d'ailleurs même à l'origine de la création de l'État ; puisque, l'atteinte à la sécurité est possible par l'action de l'homme. En fait, dans la guerre de tous contre tous où « l'homme est un loup pour l'homme »[4], la sécurité devrait être assurée par une personne détenant un pouvoir absolu sur la liberté de chacun. Elle ne devrait être assurée nullement par l'individu lui-même, car, cette situation conduira à une insécurité probable, une anarchie. Mais plutôt, par une assemblée désignée par le Léviathan[5].

Au-delà de tout ceci, partant de l'autonomie de l'individu qui doit aussi participer à sa sécurité, Jean-Jacques ROUSSEAU estimera qu'il s'était posé la nécessité de « Trouver une forme d'association qui défende et protège de toute la force commune la personne et les biens de chaque associé, et par laquelle chacun, s'unissant à tous, n'obéisse pourtant qu'à lui-même, et reste

---

[2] GICQUEL (J.), *Droit Constitutionnel et Institutions Politiques*, Paris, Monchrestien, 11e éd., 1991, p. 91.

[3] Article 26 de la Constitution de 1972 révisée.

[4] Traduction de « *homo homini lupus est* », qui signifie que l'homme constitue un véritable ennemi pour autrui.

[5] Pour Thomas HOBBES, « La seule façon d'ériger un tel pouvoir commun, qui puisse être capable de défendre les hommes de l'invasion des étrangers, et des torts qu'ils peuvent se faire les uns les autres, et par là assurer leur sécurité de telle sorte que, par leur propre industrie et les fruits de la terre, ils puissent se nourrir et vivre satisfaits, à la majorité des voix, à la seule volonté ; autant dire, désigner un homme, ou une assemblée d'hommes, pour tenir le rôle (…) de leur personne ; et que chacun reconnaisse comme sien, qu'il reconnaisse être l'auteur de (…) tout ce que lui qui tient le rôle de la personne fera faire, dans ces choses qui concernent la paix et la sécurité communes ; et leurs jugements à son jugement. C'est plus que consentir ou s'accorder : c'est une réelle de tous en une seule et même personne, réalisée par la convention de chacun avec chacun de telle manière que c'est comme si chacun devait dire à chacun : J'autorise (…) à cet homme, ou à cette assemblée d'hommes, j'abandonne mon droit de me gouverner (…) à cet homme à cette assemblée, à cette condition que tu lui abandonnes ton droit, et autorise toutes ses actions de la même manière (…) cela fait, la multitude ainsi unie en une seule personne est appelée une RÉPUBLIQUE (…) C'est là la génération de ce grand LÉVIATHAN », HOBBES (Th.), *Léviathan. Traité de la matière, de la forme et du pouvoir de la république ecclésiastique et civile,* Deuxième partie : De la République, 1651, Traduction de FOLLIOT (Ph.), Londres, Andrew Crooke, 2004, p. 10.

aussi libre qu'auparavant »[6]. Le Contrat social donne ainsi une solution à ce problème fondamental[7].

La sécurité a plusieurs acceptions. Elle désigne l'état de celui ou une situation résultant soit de l'éloignement d'un danger ou de l'absence réelle de danger, de la situation de ce ou de ce qui est à l'abri des risques[8]. Elle est aussi dans une autre acception « l'ensemble de certaines précautions incombant à certaines personnes envers d'autres » en vue de la prévention de tels risques, des mesures de protection tendant à prévenir la réalisation des risques[9]. C'est cette acception qui sied le mieux dans le cadre de ce travail. Puisque, la sécurité incombe à l'État, elle lui est de ce fait vitale, c'est un impératif puisque la stabilité de la nation tout entière en dépend ; ce qui explique que sa préservation soit un impératif pour l'État[10]. C'est un droit inhérent à la nature humaine. Selon la doctrine, il s'agit de « la capacité donnée à la nation par l'État d'imposer ses objectifs à toutes les forces qui s'y opposent »[11]. Par ailleurs, elle est « l'une des conditions d'exercice des libertés individuelles et collectives »[12]. C'est pour cette raison qu'elle exige une obligation positive de la part de l'État[13], surtout qu'elle présente un « caractère socio-psychologique du fait qu'elle [fait intervenir] les dimensions d'état d'esprit, de croyance et de confiance »[14]. La sécurité dont il est question ici est la sécurité de l'État camerounais. Les points clés de la sécurité de l'État sont la défense d'un espace, d'un territoire, d'une Constitution, de la législation ; la protection de valeurs, d'idées, de doctrines, d'une culture, d'idéologies, de symboles ; la conservation des volontés et ambitions politiques, et des institutions[15].

[6] ROUSSEAU (J.-J.), *Du Contrat Social ou Principes du droit politique*, Livre I, Chapitre 6, Du Pacte social, une édition produite à partir du texte publié en 1762, Paris : Union Générale d'Éditions, 1963, p. 17.
[7] *Idem.*
[8] CORNU (G.) (dir.), *Vocabulaire juridique*, Paris, PUF, Association Henri Capitant, 11e éd., 2017, p. 953.
[9] *Idem.*
[10] La nécessité préservation de la sécurité de l'État a été rappelée dans l'affaire Comité d'Action Population pour la Liberté et la Démocratie (CAP-LIBERTÉ) C/ État du Cameroun (MINAT). Ordonnance n° 21/O/PCA/CS du 6 janvier 1992, Comité d'Action Populaire pour la Liberté et la Démocratie (CAP-LIBERTÉ) C/ État du Cameroun (MINAT).
[11] COMBLIN (J.), *Le pouvoir militaire en Amérique Latine, « L'idéologie de la sécurité nationale »,* Paris, éd. Jean Pierre DELARGE, 1977, p. 65.
[12] STIRN (B.), *Les libertés en question*, Paris, Monchrestien, 2004, p. 23.
[13] *Idem.*
[14] DUFÈS (É.), « Théorie de la sécurité globale : rétrospective et perspectives », *in Perspectives. Les cahiers scientifiques de l'UNSOP*, n° 12, juin 2004, p. 23.
[15] *Idem.*

La communication sociale est « l'ensemble des processus d'échange et de diffusion médiatique ou institutionnelle dans la société »[16]. Elle permet d'informer voire d'exercer sur nos semblables une certaine influence[17]. Cela est d'autant plus vrai que la communication singulièrement désigne le « Fait de porter un événement ou un élément d'information à la connaissance d'une personne déterminée (…) d'un groupe d'intéressés ou du public »[18]. D'ailleurs, elle est le fondement du phénomène social et nécessite à la fois des moyens d'expression et des organes de perception[19] d'où son rôle fondamental dans toute société. Les pouvoirs publics en vue de préserver une cohésion d'ensemble ont commencé à utiliser la communication sociale de même que les gouvernés en vue de manifester leur volonté[20]. En effet, la communication sociale n'est pas seulement une affaire des professionnels que sont les journalistes. La conception dépassée où « l'information doit être au service de ceux qui nous gouvernent »[21], peut s'avérer comme « une menace »[22]. La liberté de communication sociale devient ainsi une arme susceptible d'agir sur le comportement, transformant ainsi le cinéma, la radio, la télévision ou l'ordinateur et même internet, dont la transformation est infinie[23]. La communication sociale est un droit-créance[24] puisqu'elle nécessite l'intervention des pouvoirs publics. En effet, si « L'État se voit imposer des obligations positives en vertu des violations des droits de l'homme commises par une personne privée nationale ou étrangère exerçant des activités sur son

---

16 DOUYÈRE (D.), « La communication sociale : une perspective de l'Église catholique ? Jean DÉVÈZE et la critique de la notion de "communauté sociale" », *Revue Internationale de la Communication Sociale et Publique*, n° s 3-4, 2010, p. 74.

17 CAZENEUVE (J.), « Qu'est-ce-que la communication ? », *Les cahiers de la publicité*, n° 5, La communication, p. 11.

18 CORNU (G.) (dir.), *Vocabulaire juridique*, Association Henri Capitant, *op.cit.*, p. 209.

19 CAZENEUVE (J.), « Qu'est-ce-que la communication ? », *op.cit.*, p. 11.

20 Une des manifestations de l'expression de la volonté de la communauté est celle de la population de Garoua dans la région du Nord Cameroun qui témoigne à suffisance que, « les différentes populations peuvent elles-mêmes répondre, suivant leur génie propre, à leurs besoins culturels et la radio, instrument de culture moderne, peut devenir l'intermédiaire de cette réponse ». STERNBERG-SAREL (B.) « La radio en Afrique noire d'expression française », *Communications,* n° 1, 1961, p. 118.

21 MAGREBI (M.), « La collaboration entre agences nationales de presse en Afrique », *Communication Information*, vol. 3, n° 2, L'information internationale : commerce ou propagande ? Hiver 1980, p. 70.

22 *Idem.*

23 LAFRANCE (J.-P.), « Les médias face à la communication sociale : le paradoxe canadien », *Hermes*, vol. 48, 2007, p. 45.

24 La liberté se distingue selon une partie de la doctrine par la différence entre les droits-libertés qui impliquent l'abstention de l'État et les droits qui exigent l'action de ce dernier. Selon cette conception, les droits-créances renvoient aux droits sociaux. Pourtant, « les individus doivent avoir les moyens d'exercer effectivement certaines libertés et l'État doit donc avoir le droit d'intervenir (…) ». Voir ARON (R.), *Essai sur les libertés*, Paris, Calmann-Lévy, 1965, p. 244.

territoire »[25], il est à cet effet logique que des « obligations positives interviennent en définissant les obligations incombant à l'État national pour la protection et la mise en œuvre de certains droits de l'homme tels que le droit à l'information, à la propriété, à la non-discrimination, à la sécurité »[26]. Car, il faudrait le relever, certaines entreprises dans leurs activités peuvent porter atteinte à ces droits[27]. Par ailleurs, ces droits-créances qui exigent l'intervention étatique, peuvent aussi prendre la forme de liberté lorsque le bénéficiaire le réclame. Pour comprendre la liberté de communication sociale, il faudrait s'intéresser aussi aux formes et modes de communication notamment, l'imprimerie, la librairie, les organes de presses, les entreprises éditrices, celles de distribution, l'affichage ou les entreprises audiovisuelles[28]. À ceci, il faudrait aussi ajouter les médias informatisés qui sont en plein essor[29], mettant à mal le contrôle exercé par les pouvoirs publics en ce sens que ceux-ci ne réussissent pas à l'exercer efficacement au vu de son récent développement qui facilite l'accès, même aux personnes vulnérables, mais aussi de la controverse autour de la responsabilité[30].

La sécurité et la liberté ont toujours été un objectif fondamental des pouvoirs publics contemporains en général et ceux du Cameroun en particulier[31]. Ainsi, la communication doit en principe être faite dans le respect de la loi et en préservant la sécurité de l'État. Seulement, la conciliation entre ces droits fondamentaux est sujette à caution, car, le rapport entre la communication et la sécurité se complexifie depuis un certain temps au Cameroun au vu du contexte sécuritaire actuel. En effet, aménagée et contrôlée par les pouvoirs publics, la liberté de communication sociale connait néanmoins des écarts. Et c'est de cette réalité que le positivisme sociologique

---

25 MARTIN-CHENUT (K.) et PERRUSO (C.), « Organes de protection des droits de l'homme et responsabilité des entreprises : la contribution des obligations positives », *in* MARTIN-CHENUT (K.) et DE QUENAUDON (R.), *La RSE saisie par le droit perspective interne et internationale,* Paris, éd. A. Pedone, 2015, p. 664.

26 *Idem.*

27 *Idem.*

28 Article 2 (1) de la loi n° 90/052 du 19 décembre 1990 sur la liberté de communication sociale.

29 JEANNE-PERRIER (V.), « Média imprimé et média informatisé : le leurre de la complémentarité », *Communication et langages*, n° 129, Dossier : Internet vu du journalisme, 3e trimestre 2001, pp. 62 et s.

30 Voir à propos des controverses, REGALBUTO (G.), « La liberté d'expression dans le Cyberespace », *Communication et langages*, n° 110, 4e trimestre 1996, pp. 118 et s. « Selon certains intervenants, les réseaux ne sont qu'un moyen de permettre l'échange d'information ; leur rôle est donc d'être un transporteur. À ce titre, ils ne sont pas concernés par le caractère moral ou non de ce qui circule sur le réseau. D'autres intervenants considèrent que les gestionnaires de réseaux sont également responsables de ce qui y transite, puisqu'ils acceptent de servir d'intermédiaires entre le fournisseur et l'utilisateur. Cette question est fort complexe et non résolue ».

31 Elles ont été garanties par le préambule de la Constitution du 4 mars 1960 en ces termes : « La liberté et la sécurité sont garanties à chaque individu dans le respect des droits d'autrui et de l'intérêt supérieur de l'État » ; le même énoncé est repris par celui de la Constitution du 2 juin 1972 révisée.

tire son meilleur sens ; puisqu'il y'a inadéquation entre « les règles de droit produites par le pouvoir politique selon les mécanismes prévus à cette fin »[32] et la réception dans la société[33].

Ce faisant, comme le souligne le Professeur Xavier BIOY, « Concilier les droits fondamentaux avec les intérêts de la société revient le plus souvent à concrétiser le rapport de l'individu au groupe, à mesurer le degré d'individualisme de la société »[34]. Cette conciliation « peut politiquement être effectuée par tous, mais juridiquement elle demeure le monopole de l'État par nécessité »[35]. Le mélange entre la liberté et la sécurité n'est pas facile, en ce sens que, toutes les libertés ne sont pas à mettre sur le même plan. Certaines doivent connaître des atteintes vu que, la recherche de la sécurité « pourra "mordre" plus facilement et plus largement (...) sur d'autres »[36].

La nécessité d'une réflexion sur le rapport entre la sécurité et la liberté de communication sociale se pose ainsi. En effet, si les impératifs de la sécurité et l'exercice d'une liberté peuvent se concilier sans que l'existence ou la survie de l'État ne soit nécessairement mise en danger, certaines facettes de l'exercice de cette liberté pourront être compromises ou éliminées surtout en temps de crise[37]. Mais malgré cette donne, il faudrait aussi admettre que la sécurité n'est pas absolument nuisible à la liberté de communication sociale puisqu'elle est aussi dans une certaine mesure un facteur de développement de la communication.

Réciproquement, la communication n'est pas sans effet sur la sécurité. L'actualité contemporaine montre que la communication, non seulement, facilite l'insécurité, mais aussi, et surtout constitue un vecteur de la sécurité. Quelle est donc la nature du rapport entre la sécurité et la liberté de communication sociale au Cameroun ? Cette interrogation mérite une exhumation au gré de l'état sécuritaire au Cameroun. En fait, cette problématique permettra à n'en point douter d'analyser la nature du rapport sous le prisme d'influence réciproque. En effet, l'on décèle l'influence ambivalente de la sécurité sur la liberté de communication sociale (I) et l'influence ambivalente de la liberté de communication sociale sur la sécurité (II).

---

32 PONTHOREAU (M.-C.), *Droit(s) constitutionnel(s) comparé(s),* Paris, Economica, coll. « Corpus droit public », 2010, p. 98.

33 Pour les tenants du positivisme sociologique, le fondement de la règle de droit doit être recherché dans la réalité sociale. En effet, « la règle juridique [...] repose sur le fondement de la structure sociale, la nécessité de maintenir cohérent entre eux les différents éléments sociaux pour l'accomplissement de la fonction sociale qui incombe à chaque individu, à chaque groupe » DUGUIT (L.), cité par MAGNON (X.), *Théorie(s) du droit*, Paris, Ellipses, éd. Marketing SA, 2008, p. 22.

34 BIOY (X.), *Droits fondamentaux et libertés publiques*, Paris, LGDJ, 2016, p. 257.

35 *Idem.*

36 BERNARD (P.), *La notion d'ordre public en droit administratif*, Paris, LGDJ, 1962, p. 113.

37 TREMBLAY (G.), « Les libertés publiques en temps de crise », *Les cahiers de droit*, vol. 13, n° 3, 1972, p. 402.

I- L'INFLUENCE AMBIVALENTE DE LA SÉCURITÉ SUR LA LIBERTÉ DE COMMUNICATION SOCIALE

Étant la fonction première de l'État[38], la sécurité influe sur la liberté de communication sociale. Cette influence est ambivalente parce que les impératifs de sécurité justifient avant tout la limitation de celle-ci (A). Par ailleurs, à voir de près, la sécurité semble aussi être un vecteur de la communication sociale (B).

A- Une influence restrictive

L'État camerounais « conscient de la nécessité impérieuse de parfaire son unité »[39], est par conséquent « à la fois maître d'œuvre, maître d'ouvrage et catalyseur de l'action d'unification et du développement de la Nation »[40]. Il se doit ainsi d'assurer sa sécurité. En fait, les « facteurs de division et de désintégration de [celui-ci] ne manquent pas »[41]. Il a ainsi l'impératif de rechercher sa stabilité[42]. Dès lors, des mesures sécuritaires peuvent être édictées pour prévenir un quelconque danger. En effet, « préserver la sécurité nationale revient donc à protéger le territoire et l'État »[43] et par ricochet toutes ses composantes[44]. La liberté de communication doit de ce fait être restreinte dans une certaine mesure pour des raisons sécuritaires (1), cette restriction est assortie d'un contrôle sévère (2).

1- Une liberté de communication sociale restreinte

L'impératif de sécurité restreint la liberté de communication sociale. Cette restriction est d'abord commune à tous les citoyens en général. Toutefois, la liberté de communication sociale d'une certaine catégorie de citoyens fait l'objet d'une restriction accentuée. Dans un État de droit, l'État doit en principe rester indifférent à l'égard des convictions de ses citoyens[45]. Tout individu ne devrait pas être inquiété du moins pour ses opinions[46]. Cependant, la communication sociale qui subodore la connaissance par le public ne

---

[38] GROS (F.), « Le principe de sécurité », *Recherches sociologiques*, décembre 2014, p. 94.
[39] Préambule de la Constitution de 1972.
[40] KAMTO (M.), *Pouvoir et droit en Afrique*, Paris, LGDJ, 1987, p. 330.
[41] ATANGANA AMOUGOU (J.-L.), *L'État et les libertés publiques Essai sur l'évolution des libertés publiques en droit camerounais*, Thèse de Doctorat, Université Jean Moulin Lyon 3, 1999, p. 110.
[42] *Idem.*
[43] *Ibid.*, p. 111.
[44] Les composantes de l'État sont : la population, le territoire, le pouvoir politique et dans la mesure de ses relations étrangères, la souveraineté. Néanmoins, la souveraineté de l'État peut se manifester au niveau interne par l'idée de puissance publique où celui-ci détient des pouvoirs exorbitants.
[45] BIOY (X.), *Droits fondamentaux et libertés publiques*, *op.cit.*, p. 578.
[46] C'est d'ailleurs pour cela qu'il y'a absence de délit d'opinion. Voir sur l'absence de délit d'opinion, LEBRETON (G.), *Libertés publiques et droits de l'homme,* Paris, Armand Colin, 2003, pp. 387 et s.

devrait porter atteinte à la sécurité de l'État. C'est pour cette raison que l'État prend en compte la préservation de sa sécurité dans l'aménagement de cette liberté en restreignant l'exercice[47] surtout en période de crise, où les droits fondamentaux peuvent sérieusement connaître des atteintes[48].

Cette restriction devient encore plus accentuée pour certains citoyens dits réduits[49]. En effet, en plus des restrictions inhérentes à leur statut de citoyen camerounais, étant des agents publics[50], donc officiant dans un service public qui « constitue une menace pour les libertés publiques »[51] ; les agents publics en général et surtout ceux qui concourent à la sécurité et la défense nationale singulièrement ont de par leur statut, une liberté de communication sociale nettement restreinte. L'État les soumet à une obligation de réserve[52] voire une interdiction formelle pour certaines communications[53]. Pour certains auteurs, l'agent public « n'est pas ouvert à la communication »[54], c'est pour cela que les pouvoirs publics ont choisi de le soustraire techniquement à la machination des hommes de médias souvent mal intentionnés. Car, recherchant seulement à fouiner peu importe que cet aspect soit scellé par le sceau du secret professionnel ou de l'obligation de réserve. Cependant, la portée de l'obligation de réserve varie en fonction des circonstances, puisqu'en période de campagne électorale, la réserve requise connaît d'atténuation selon le juge

---

47 Sur la restriction, le préambule de la Constitution de 1972 révisée énonce que les droits fondamentaux « sont garantis dans les conditions fixées par la loi ».

48 Voir LEBRETON (G.), « Les atteintes aux droits fondamentaux par l'état de siège et l'état d'urgence », *CRDF*, n° 6, 2007, pp. 81-92.

49 DUGUIT (L.), *Traité de droit constitutionnel*, Paris T. 3, 2e éd., 1923, p. 210.

50 Cette notion a plusieurs conceptions. La conception restreinte et la conception large. Elle est utilisée ici dans sa conception large pour désigner tous ceux qui exercent à titre professionnel une tâche dans une mission de service public. Voir CAYLA (O.), « L'inexprimable nature d'agent public », édité par Cercom, éd. Parenthèses, 1999, pp. 75- 96.

51 DEVOLVE (P.), « Service public et libertés publiques », *RFDA*, vol. 1, n° 1, 1985, p. 1.

52 Aux termes de l'article 40 alinéas 1 et 2 du décret no 94/199 du 07 octobre 1994 portant Statut Général de la Fonction Publique de l'État modifié et complété par le décret n° 2000/287 du 12 octobre 2000, « Tout fonctionnaire est tenu à l'obligation de réserve dans l'exercice de ses fonctions. L'obligation de réserve consiste pour le fonctionnaire, à s'abstenir d'exprimer publiquement ses opinions politiques, philosophiques, religieuses, ou de servir en fonction de celle-ci ». Aussi, l'article 38 du statut spécial des personnels des eaux et forêts de 2008, dispose que, « Les fonctionnaires du Corps National des Eaux et Forêts doivent, en tout temps et en tout lieu, qu'ils soient en service ou non, s'abstenir en public de tout fait, geste, parole, acte ou manifestation quelconque de nature ou susceptible de porter atteinte à la déontologie du corps ou de discréditer les institutions nationales, ou encore de troubler l'ordre public ».

53 Conformément aux dispositions de l'article 81 du Règlement de la Discipline Générale dans les forces de défense de 2007 il est interdit aux militaires « de faire de la fonction exercée un instrument d'action ou de propagande et de poser des actes ou de faire des déclarations de nature à faire douter du loyalisme envers les institutions et de neutralité dans ses fonctions dont doit faire preuve celui qui a accepté de servir l'État ».

54 LATOURNERIE (D.), « Le fonctionnaire, le droit, les médias », *Revue Juridique de l'Ouest*, numéro spécial, *Droit et médias*, 1989, p. 64.

administratif camerounais[55]. Néanmoins, elle peut être applicable même hors du service[56].

Contrairement au journaliste qui est préparé pour cela, « On lui a même appris l'inverse, une méfiance instinctive du journalisme »[57]. La liberté de communication sociale ne devrait en aucun cas par une indélicatesse abusive et infecte porter atteinte aux institutions de l'État, à sa sécurité. Chose qui se développe de nos jours avec les progrès de la technologie[58]. En outre, certaines allégations peuvent mettre en danger autrui ou un groupe d'individus et favoriser une stigmatisation dans la société. Si des mesures ne sont pas prises, cela peut prendre une envergure susceptible d'orchestrer une crise interne[59]. C'est pour prévenir ces dérives que les pouvoirs publics limitent la liberté de communication sociale en incriminant certains types de communication.

Bien plus, les journalistes dont la profession est directement liée à la liberté de communication sociale, qu'ils soient du secteur privé ou du secteur public le sont aussi puisqu'ils sont avant tout soumis à des règles déontologiques[60]. La déontologie est l'« ensemble de règles écrites auxquelles s'ajoutent celles que la pratique administrative sécrète au cours du temps, pour parer aux incertitudes ou combler les silences de la réglementation, voire les réponses

---

[55] TE, Arrêt n° 216 du 28 septembre 1962, TSOUNGUI ZIBI Elie C/ État du Cameroun. « Considérant que de tels actes et de tels propos révèlent de la part de leur auteur un manque de civisme, une attitude hostile au gouvernement et un certain mépris envers les autorités et les lois de son pays, ils ne constituent pas pour autant un manquement contre l'honneur alors surtout que d'une part en raison des circonstances dans lesquelles le sieur TCHOUNGUI a commis les faits qui ont entraîné sa condamnation, on ne saurait contester à celles-ci un caractère politique ; d'autre part ledit sieur TCHOUNGUI se trouvait au moment de la perpétration de ces faits dans la position hors cadre pour remplir un mandat parlementaire et qu'on ne saurait imposer au fonctionnaire se trouvant dans cette position une obligation de loyalisme envers l'administration et de réserve dans ses actes et propos publics aussi stricte qu'aux fonctionnaires en activité de service ».

[56] CS/CA, jugement n° 99/82-83 du 29 septembre 1983, ATEBA Victor C/ État du Cameroun. « Attendu que de construction jurisprudentielle, l'obligation de réserve n'est pas définie *"in abstracto"* mais appréciée dans chaque cas particulier ».

[57] LATOURNERIE (D.), « Le fonctionnaire, le droit, les médias », *op.cit.,* p. 64.

[58] MBIDA (A.), « Les garanties d'un procès équitable en matière de diffamation et d'outrages aux autorités publiques par voie de presse et de communication audiovisuelle : mythe ou réalité ? » *Cahier africain des droits de l'homme*, n° 11, Droits de l'homme, libertés et justice sociale en Afrique centrale, Études et documents de l'APDHAC, Yaoundé, Presses de l'UCAC, mars 2011, p. 219.

[59] ESSAME (P.), « Crise interne violente et droits de l'Homme », *in* MEBU NCHIMI (J. C.), *Le droit au pluriel*, Mélanges en hommage au Doyen Stanislas MELONÉ, Yaoundé, PUA, 2018, p. 482. Il en est par exemple des conflits entre les Arabes-Choa et Kotoko au Cameroun en janvier 1992 et même de la crise anglophone dont l'origine remonte à la propagation du sentiment de marginalisation des anglophones qui a pris de l'ampleur.

[60] La liberté de communication sociale des journalistes du secteur public est néanmoins plus restreinte que celle du secteur privé, en ce sens qu'officiant dans un service public, ils doivent observer l'intérêt général distinctement de leurs collègues du privé qui peuvent aussi rechercher le profit. C'est d'ailleurs cette situation qui occasionne des querelles avec les pouvoirs publics.

personnelles qu'un agent peut apporter à une situation délicate, en se fondant sur un système de valeurs qu'il partage, son éthique personnelle ou même ses références morales »[61]. Il en est d'ailleurs de toutes les personnes occupant une fonction dans une administration.

La liberté de communication sociale est limitée également par l'interdiction formelle de diffuser ou de publier certains types d'information. Les pouvoirs publics veillent scrupuleusement au respect de ces restrictions. Ils en ont même institué à cette fin un régime de contrôle afin de préserver la sécurité de l'État.

2- Un contrôle sévère

La sécurité étant le but primordial de l'État, ce dernier se doit d'exercer un contrôle sur la liberté de communication sociale afin qu'elle ne soit pas utilisée pour la compromettre. Les différentes modalités de contrôle se sont ainsi développées avec le temps. S'agissant de la presse écrite, déjà avec la loi n° 90/052, l'article 14 paragraphe 5 dispose que, « les numéros de journaux ainsi déposés peuvent faire l'objet de censure partielle ou totale pour atteinte à l'ordre public ou aux bonnes mœurs ». Cette censure instituée constituait un moyen de filtrage puisque le dépôt intervint *a priori*, c'est-à-dire avant la publication. Elle permettait ainsi la suppression de tout ou une partie du journal qui était susceptible de porter atteinte à l'ordre établi.

Ce contrôle exercé par les autorités administratives était favorable dans une certaine mesure à la sécurité, d'autant plus que la censure était en vigueur à la période de la politique de construction nationale[62] tant critiquée[63] puisqu'elle a servi à justifier certains actes liberticides des pouvoirs publics. En effet, selon la doctrine, il s'agissait d'une censure préalable « plus lourde, se pratiquant sans discernement, se substituant au juge "pour sanctionner" la

---

[61] TEKAM (G. J.), *Déontologie et éthique professionnelle du fonctionnaire*, Yaoundé, Sopecam, mai 2010, p. 16.

[62] C'est une idéologie dominante dans les nouveaux États indépendants qui vise à mobiliser toutes les ressources pour la réalisation de l'unité nationale et le développement national. En effet, « le législateur camerounais et à sa suite le juge administratif ont fait leurs les conceptions de leurs homologues français en insérant dans les textes constitutionnels les grands principes révolutionnaires de 1789, mais cette réception s'est faite dans un sens plutôt favorable aux pouvoirs publics », BINYOUM (J.), *Le contentieux de la légalité en droit administratif camerounais*, Thèse de Doctorat, Université des sciences sociales de Toulouse, 1978-1979, p. 64 ; pour d'autres auteurs, il s'agissait d'un impératif pour le jeune État. En effet, « l'État camerounais né dans des circonstances douloureuses, les impératifs de la construction nationale, du développement économique et de la stabilité politique ont influé d'une façon particulière sur cette œuvre d'institutionnalisation ». OWONA (J.), « L'institutionnalisation de la légalité d'exception dans le droit public camerounais », *RDC*, n° 6, juillet-décembre, 1974, p. 105.

[63] Voir par exemple sur les critiques de l'idéologie de la construction nationale, NGANGO YOUMBI (É. M.), *La légalité administrative au Cameroun De l'objectivation à la subjectivation*, Yaoundé, EDLK, 2015, pp. 40 et s.

diffamation et transformant un texte de facture libérale dans son esprit et sa philosophie en une loi liberticide »[64].

La particularité de la censure telle qu'instituée au Cameroun est qu'elle n'incombait pas aux autorités judiciaires[65], ce qui était « assurément l'une des atteintes les plus graves à la liberté de la presse »[66]. Cette situation ouvrait une marge de manœuvre aux autorités administratives qui usaient de certaines astuces afin de ne pas recevoir les morasses dans le délai et agir sur le journal en question sous le fondement du non-respect de l'obligation de dépôt au cas où le Directeur de publication voudrait néanmoins publier[67]. L'on assiste à une forme d'instrumentalisation de la norme. Une telle affaire devrait être portée devant le juge de référé, mais qui hésitait pourtant à se prononcer clairement, car pour ce dernier, « le juge de référé ne saurait, sans excéder son pouvoir en préjudiciant au principal connaitre les litiges nés de la censure »[68]. Cependant, ce système de contrôle a évolué[69], en ce sens qu'on exige certes le dépôt d'exemplaire auprès du ministre en charge de l'Administration Territoriale, et ceci, pour les exigences de police, mais l'évolution se situe plutôt au niveau de l'abrogation de la censure[70].

En plus, aux termes des dispositions de l'article 17, « En cas d'atteinte à l'ordre public ou aux bonnes mœurs :

- La saisie d'un organe de presse peut être prononcée par l'autorité administrative territorialement compétente ;
- L'interdiction d'un organe de presse peut être prononcée par le ministre de l'Administration territoriale ».

La saisie est une mesure attentatoire à la liberté de communication sociale, notamment à la liberté de presse. Selon la doctrine, « la saisie des écrits imprimés est l'une des plus graves »[71]. Elle est même « Plus radicale que la

---

[64] KAMTO (M.), cité par NGUELE ABADA (M.), *État de droit et démocratisation : contribution à l'étude de l'évolution politique et constitutionnelle au Cameroun*, Thèse de Doctorat, Université de Paris I, Panthéon Sorbonne, 1995, p. 373.
[65] ATANGANA AMOUGOU (J.-L.), *L'État et les libertés publiques Essai sur l'évolution des libertés publiques en droit camerounais*, *op.cit.*, p. 191.
[66] *Idem.*
[67] *Idem.*
[68] Ordonnance de référé n° 13/OR/CS/PCA/90-91 du 19 mars 1991, affaire journal « Le messager » C/ État du Cameroun et ordonnance de référé n° 13/ OR/CS/PCA/ 90-91 du 25 avril 1991, affaire journal « Le messager » C/ État du Cameroun.
[69] Voir sur les détails de l'évolution du système de contrôle, MAKOUGOUM (A.), *Ordre public et libertés publiques en droit public camerounais Contribution à l'étude de la construction de l'État de droit au Cameroun depuis 1990,* Thèse de Doctorat, Université de Yaoundé II, 2013-2014, pp. 138 et ss.
[70] Loi n° 96/04 du 04 janvier 1996 modifiant et complétant la loi n° 90/052 du 19 décembre 1990 sur la liberté de communication sociale.
[71] GALMOT (Y.), « Le contrôle juridictionnel des saisies d'écrits imprimés », *EDCE,* 1959, p. 57.

censure »[72] puisqu'elle a pour conséquence directe la suppression complète de l'information ou de l'opinion suspecte. « Plus dangereuse que la censure, elle peut par ses conséquences financières indirectes entraîner la disparition des entreprises de presse d'opposition »[73]. En effet, le juge pourra ordonner la suspension[74] voire la confiscation[75] des écrits.

Quant à la communication audiovisuelle, le développement contemporain des entreprises dans le secteur, qui touche la sensibilité de toutes les couches sociales, car, désormais, facilement accessible, a conduit au fait que ce secteur fasse l'objet d'un contrôle particulier. La communication audiovisuelle est certes libre[76], mais elle doit être limitée par la sauvegarde de l'ordre public, le respect réservé à la dignité humaine, la liberté et la propriété d'autrui, le caractère pluraliste de l'expression des courants de pensée et d'opinion, les besoins de défense nationale, les exigences de service public, les contraintes techniques inhérentes aux moyens de communication mis en place, etc. L'État camerounais exerce un contrôle par le biais de son administration sur les programmes [77] afin que ceux-ci ne portent pas atteinte à sa sécurité spécialement, lorsque ces programmes peuvent affecter les personnes vulnérables[78]. Ce contrôle est nécessaire pour éviter ce que la doctrine en sciences criminelles désigne par « violences télévisuelles »[79].

---

[72] *Idem.*

[73] *Idem.*

[74] TPI de Douala, jugement n° 3556/Cor. du 4 avril 1996 MP et SFIC, NANA Isaïe C/ RESSERI Joseph-Marie et journal Perspectives Hebdo.

[75] TPI de Douala, jugement n° 1665 du 18 janvier 1991, Affaire MONGA Célestin.

[76] Article 36 (1) de la loi n° 90/052 du 19 décembre 1990 sur la liberté de communication sociale.

[77] Article 36 du décret n° 2000/158 du 03 avril 2000 fixant les conditions et modalités de création et d'exploitation des entreprises privées de communication audiovisuelle : « (1) Le contenu des messages publicitaires doit être conforme aux exigences de décence, de moralité, de véracité et de respect des valeurs et des traditions nationales.
(2) Il ne peut porter atteinte au crédit de l'État ».
Article 37 : « Les messages publicitaires doivent être exempts de toute discrimination raciale, ethnique ou de sexe, de scènes de violence et de toute incitation à des comportements préjudiciables à la santé, à la sécurité des personnes et des biens, ou à la protection de l'environnement ». Voir aussi sur les personnes vulnérables, l'article 32 du même décret « L'entreprise privée de communication audiovisuelle doit s'abstenir de diffuser les émissions comportant des scènes de nature à porter atteinte aux bonnes mœurs et à la pudeur, notamment, celles des enfants et des adolescents ».

[78] Voir concernant le cas des personnes vulnérables, LEPAGE (A.), « Pédopornographie et contenus nocifs pour les mineurs sur internet : même combat ? » *AJ Pénal*, Dossier Cybercriminalité, septembre 2015, pp. 399 et ss.

[79] CARIO (R.), « Médias et insécurité : entre droit d'informer et illusions sécuritaires », *EGUZKILORE*, n° 17, 2003, p. 197.

Un contrôle juridictionnel est aussi exercé par le juge répressif, ainsi que le juge administratif[80] en vue de garantir la sécurité de l'État. C'est ainsi que le législateur a tenu à réprimander certains agissements susceptibles de nuire à la sécurité intérieure et extérieure de l'État ; ouvrant ainsi au juge répressif, mais aussi aux juges du Tribunal militaire[81] une compétence en matière de contrôle. S'agissant de la sécurité extérieure, il en est ainsi de la participation et de la facilitation, des hostilités contre la République[82], l'espionnage, l'incitation à des hostilités contre la République, l'offre ou la détérioration des constructions, de matériels, d'installations, la divulgation d'un secret défense[83], ou le sabotage des installations[84].

En outre, la possession illicite d'un secret défense, la révélation à une personne non qualifiée, la manipulation des documents, des renseignements,

---

[80] Le juge administratif camerounais a eu à préciser de contenu de l'obligation de réserve dans l'affaire ATEBA Victor, en ces termes « l'obligation de réserve qui ne se confond pas avec l'obligation de discrétion professionnelle, se confond avec l'exigence d'un comportement qui ne soit pas à même de jeter le discrédit sur la fonction publique ; Que de façon plus exigeante l'obligation de réserve vient sanctionner des attitudes ou des déclarations du fonctionnaire excessivement critique à l'égard de lui-même ou du service ». CS/CA, jugement n° 99/82-83 du 29 septembre 1983, ATEBA Victor C/ État du Cameroun. Il en a été toujours le principe même avant l'indépendance du pays, CCA, Arrêt n° 674/A du 13 décembre 1957, MAMA ELOUNDOU Engelberg C/ État sous tutelle du Cameroun : « Considérant que si les fonctionnaires sont en principe libres de manifester leurs opinions en dehors du service, ce principe est tempéré tant par le devoir de réserve qui s'impose à eux en toutes circonstances que par le devoir de loyalisme dont ils doivent faire preuve envers l'administration du moins lorsqu'ils occupent certaines fonctions ; Que spécialement ceux qui doivent participer au maintien de l'ordre public comme un Inspecteur de police – se doivent d'être un exemple pour leurs compatriotes et s'interdire, même en dehors du service et à l'occasion d'une campagne électorale de tenir publiquement des propos excessifs pouvant être interprétés comme un appel à la rébellion ou comme une critique de l'action de leur service, propos de nature à jeter le trouble dans les esprits et le discrédit sur le corps auquel il appartient et, en tout cas incompatibles avec le bon et légal exercice de la fonction de policier, et la réserve dont celui-ci doit faire preuve ».

[81] Une affaire célèbre a été portée devant celui-ci notamment l'affaire Mimi MEFO TAKAMBOU. En l'espèce, la journaliste de la chaine privée Équinoxe TV a été accusée d'avoir propagé de fausses nouvelles et porter atteinte à la sûreté de l'État. En effet, elle avait publié un communiqué du ministre en charge de la Défense ainsi que des images relatives à une attaque dans la région du Nord-Ouest où le Pasteur américain Charles TRUMAN WESCO avait trouvé la mort et qu'on imputait à l'armée. Le Gouvernement camerounais pour sa part désignait les séparatistes anglophones comme les responsables. Elle a été mise en garde à vue le mercredi 07 novembre 2018 et devait être jugée par le Tribunal militaire puisque celui-ci est compétent conformément aux dispositions de l'article 8 de loi n° 2017/012 du 12 juillet 2017 portant Code de justice militaire. Pour Équinoxe TV, celle-ci n'a commis aucun crime et n'a agi que dans le cadre de son métier (Communiqué du Président Directeur Général publié le jeudi 08 novembre 2018). Néanmoins, elle fut libérée suite à l'arrêt des poursuites personnellement décidé par le Chef de l'État selon le Chef de la communication du ministère de la Défense le Colonel Didier BADJECK dans sa sortie le 10 novembre 2018.

[82] Article 102 de la loi n° 2016/007 du 12 juillet 2016 portant Code pénal.

[83] Le secret de la défense nationale est « tout renseignement de nature susceptible d'aider les entreprises hostiles à la République et qui n'a pas déjà été rendu public ». Article 109 de la loi n° 2016/007 du 12 juillet 2016 portant Code pénal.

[84] Article 103 de la loi n° 2016/007 du 12 juillet 2016 portant Code pénal.

etc. en vue de nuire à la défense nationale[85] ; la prise de photos, le dessin à l'intérieur des installations militaires ou une zone d'interdiction sans autorisation, l'organisation d'un moyen de correspondance ou de transmission à distance de manière occulte susceptible de nuire à la défense nationale ou des activités susceptibles d'exposer éventuellement la République à la rébellion ou à une insurrection[86] sont aussi réprimandés.

Quant à la sécurité intérieure, toute entreprise susceptible de porter atteinte à l'intégrité du territoire est punie d'un emprisonnement à vie[87] en période de crise, c'est la peine de mort qui est applicable[88], de même pour l'auteur d'une incitation à la guerre civile[89]. La facilitation ou la participation à une insurrection est aussi réprimandée. En effet, aux termes des dispositions de l'article 116 de loi n° 2016/007 du 12 juillet 2016 portant Code pénal,

« Est puni d'un emprisonnement de dix (10) à vingt (20) ans celui, qui, dans un mouvement insurrectionnel :

a) provoque ou facilite le rassemblement des insurgés par quelque moyen que ce soit ;
b) empêche par quelque moyen que ce soit, la convocation, la réunion ou l'exercice de la force ou s'en empare (…) ».

La participation à une insurrection est possible, lorsque dans l'exercice de la liberté de communication, une personne mobilise des groupes afin de s'insurger contre les autorités. En effet, la communication a pour but comme ci-haut évoqué d'influencer le comportement de ses semblables. Cette modalité de protection offensive des droits est susceptible de créer une insécurité, le pire souvent c'est qu'il peut s'agir d'une simple manipulation. Le législateur punit de pareils actes[90], de même que la diffamation[91]. Aussi, interdit-il l'apologie des crimes ou délits d'atteinte à la sécurité de l'État et certains types de publication[92].

Par ailleurs, internet a fait naître de nouvelles sources d'insécurité dans la société[93], la cybersécurité et la cybercriminalité, qui se développent de nos

---

[85] Voir à propos de l'obtention illégale, CHOPIN (F.), « Téléchargement illégal et Hadopi », *AJ Pénal*, Dossier Cybercriminalité, mai 2012, pp. 258-263.
[86] Article 105 de la loi n° 2016/007 du 12 juillet 2016 portant Code pénal.
[87] Article 111 (1) de la loi n° 2016/007 du 12 juillet 2016 portant Code pénal.
[88] Article 111 (2) de la loi n° 2016/007 du 12 juillet 2016 portant Code pénal.
[89] Article 112 de la loi n° 2016/007 du 12 juillet 2016 portant Code pénal.
[90] Article 113 de la loi n° 2016/007 du 12 juillet 2016 portant Code pénal.
[91] Article 152 de la loi n° 2016/007 du 12 juillet 2016 portant Code pénal.
[92] Article 267 de la loi n° 2016/007 du 12 juillet 2016 portant Code pénal.
[93] Voir CAZENEUVE (J.), « La criminalité : l'émergence d'un nouveau risque », *AJ Pénal*, Dossier Cybercriminalité, mai 2012, pp. 268-271.

jours avec acuité[94] et dont la prévention et la lutte mobilisent aussi bien l'État camerounais que les acteurs internationaux[95]. En effet, « Ce polymorphisme de la cybercriminalité se retrouve sur les réseaux sociaux. (...) de la simple usurpation d'identité à l'attaque ciblée visant les données protégées, les actes de malveillance s'exprimant sous différentes formes et touchent tant les personnes que les biens »[96]. Le législateur camerounais est intervenu pour régir « le cadre de sécurité des réseaux de télécommunication électronique (...) des réseaux de communication électronique et des systèmes d'information, [ainsi que] défini[r] et réprime[r] les infractions liées à l'utilisation, des technologies de l'information et de la communication au Cameroun »[97]. Il en était d'une nécessité indéniable en ce sens qu'il fallait encadrer ce secteur, car, la cybercriminalité est omniprésente donc, « touche toutes les formes de l'activité humaine et augmente constamment »[98].

Cette montée en puissance de l'insécurité dans la communication amène les États à renforcer les incriminations et les sanctions[99]. Ils impliquent aussi les fournisseurs des réseaux sociaux dans la responsabilité puisqu'ils sont « des hébergeurs »[100]. En effet, « leur responsabilité peut être engagée à raison des contenus illicites publiés sur leur réseau, si après avoir eu connaissance, ils n'ont « pas agi promptement pour retirer ces informations ou en rendre l'accès impossible »[101]. Cette responsabilité connait néanmoins des limites[102]. C'est ainsi dire qu'il existe avant d'arriver devant le juge des possibilités de retrait pour évacuer des réseaux sociaux et d'internet les informations

[94] En effet, la cybercriminalité étant un nouveau « mode de délinquance est non seulement récent, mais aussi totalement novateur puisqu'elle utilise un vecteur mondial-internet-non maîtrisé par les États-Nations, et qui permet de commettre la quasi-totalité des crimes et des délits selon des techniques de plus en plus sophistiqués ». ROBERT (M.), « Cybercriminalité : les nouvelles réponses législatives », *AJ Pénal*, Dossier Terrorisme, septembre 2016, p. 415.
[95] La lutte contre ce mode d'atteinte à la sécurité des biens et de personnes voire de l'État relève véritablement d'un « défi en termes d'adaptation des normes, de sensibilisation et de participation du public, de formation des acteurs, de rôle des prestataires techniques, de droit de la preuve, de protection de victimes, mais aussi des entreprises (...) sans compter le rôle majeur des instruments internationaux et les difficultés rencontrées dans l'entraide pénale à l'égard d'une délinquance essentiellement transnationale ». *Ibid.*
[96] BAILLY (É.) et DAOUD (E.), « Cybercriminalité et réseaux sociaux : la réponse pénale », *AJ pénal*, Dossier Cybercriminalité, mai 2012, p. 252.
[97] Article 1er de la loi n° 2010/012 du 21 décembre 2010 relative à la cybersécurité et à la cybercriminalité au Cameroun.
[98] ROBERT (M.), « Cybercriminalité : les nouvelles réponses législatives », *op.cit.*, p. 412.
[99] Voir à ce propos DAOUD (E.) et PÉRONNE (G.), « Cyberattaques : la lutte s'intensifie », *AJ Pénal*, Dossier Cybercriminalité, septembre 2015, pp. 396 et ss.
[100] BAILLY (É.) et DAOUD (E.), « Cybercriminalité et réseaux sociaux : la réponse pénale », *op.cit.*, p. 255.
[101] *Idem.*
[102] *Idem.*

susceptibles de nuire. Ce qui permet d'atténuer les « craintes liées au fonctionnement même d'internet »[103].

B- Une influence mélioratives

La sécurité n'est pas essentiellement nuisible à la liberté de communication sociale. Elle en constitue aussi un vecteur. En effet, la recherche de la sécurité permet de préserver les dangers susceptibles d'entraver la communication (1) en conséquence, un État en sécurité est un cadre adéquat pour le développement des infrastructures de communication (2).

1- Une recherche de sécurité préservatrice

Certaines libertés requièrent une intervention des pouvoirs publics afin de permettre un exercice effectif. La liberté de communication sociale est de celles-là. Il revient ainsi aux pouvoirs publics de mettre en place des infrastructures de communication[104]. D'ailleurs, celui-ci vient en aide au secteur privé[105]. Une fois installées, ces infrastructures rentrent dans les biens de l'État, qu'il met à la disposition des exploitants sous réserve du respect de certaines conditions et par conséquent il a la charge de les préserver de toute atteinte. Cette situation est propice pour l'exercice de la liberté de communication sociale. En effet, l'exercice de certaines formes de communication n'est possible que par l'utilisation de ces infrastructures. Ce faisant, si face à certaines situations pouvant avoir un impact négatif sur les infrastructures de communication, à l'instar des activités sismiques, volcaniques, bref des catastrophes naturelles, où l'État peut paraître impuissant, d'autres par contre peuvent être évitées.

L'État camerounais « élabore et met en œuvre, la politique de sécurité des communications électroniques et des systèmes d'information en tenant compte de l'évolution technologique et des priorités du gouvernement dans ce domaine »[106]. Dès lors, les pouvoirs publics déploient des moyens pour entretenir les installations afin d'éviter leur usure. En outre, ils déploient des équipes de gardiennage, de contrôle et de protection pour éviter leur sabotage ainsi que les dérives dues à la mauvaise utilisation de ces infrastructures, qu'il met à la disposition des exploitants sous réserve de la possession d'une

---

[103] *Idem.*

[104] Il peut s'agir des réseaux satellitaires, les réseaux terrestres, les réseaux électriques lorsqu'ils servent à l'acheminement de communications électroniques, les réseaux assurant la diffusion ou la distribution de services de communication audiovisuelle. Par exemple, le Cameroun s'était doté du deuxième complexe de télécommunications par satellites inauguré le 17 juillet 1987 à Douala.

[105] Arrêté n° 017/MINCOM/CAB du 23 septembre 2002 portant création, organisation et fonctionnement de la commission nationale d'examen des demandes d'accès au bénéfice de mettre l'aide publique a la communication privée. Cette subvention peut être suspendue lorsqu'il y'a manquement grave à la déontologie et à l'éthique professionnelle, ou une fausse déclaration.

[106] Article 6 de la loi n° 2010/012 du 21 décembre 2010 relative à la cybersécurité et à la cybercriminalité au Cameroun.

licence[107]. L'État camerounais a mis en place également des organes chargés de réguler les secteurs y afférents[108]. Il en ressort que l'État dans le but de préserver sa sécurité concourt aussi à l'effectivité de la liberté de communication sociale. D'ailleurs, un État en sécurité est un cadre adéquat pour le développement des infrastructures.

2- Une sécurité opportune au développement des infrastructures de communication sociale

La sécurité est certes une nécessité qui restreint l'exercice des libertés, en ce sens que la demande sécuritaire en société s'accroît avec le développement des agissements dont la maîtrise reste un défi[109]. Mais, lorsqu'un État est en sécurité, il devient aussi un cadre propice pour le développement des infrastructures en général et celles de la communication en particulier. Aussi, la quête perpétuelle de la sécurité a amené certains États à développer des moyens de communication. En outre, les moyens de communication modifient même la vie quotidienne et incitent d'autres innovations. En effet, ces « modifications sociales de type qualitatif qui sont, entre autres, l'esprit novateur ouvert à la modernité, l'adaptation aux changements, la participation à la vie collective (...) la libre circulation de la pensée et la mobilité des idées ainsi libérées, grâce à la médiation des moyens de communication, peuvent inciter à la créativité »[110]. Mais, elle pourra aussi, « transformer l'individu et son milieu et substituer l'esprit de progrès à une mentalité archaïque et magique inapte à l'innovation »[111].

Par ailleurs, la quête perpétuelle de la sécurité fait que l'État développe des infrastructures de communication, mettant en place la vidéosurveillance devenant ainsi « l'outil principal de (...) [leur] politique gouvernementale de sécurité »[112]. Au Cameroun avec les mesures sécuritaires prises dans le cadre de la riposte contre la pandémie mondiale du COVID-19, la communication électronique s'est substituée à celle présentielle[113].

---

[107] Article 8 du décret n° 2000/158 du 03 avril 2000 fixant les conditions et modalités de création et d'exploitation des entreprises privées de communication audiovisuelle.

[108] Il en est de l'Agence Nationale des Technologies de l'Information et de la Communication (ANTIC), l'Agence de Régulation de la Télécommunication (ART), le Conseil National de la Communication (CNC).

[109] OBERDORF (H.), « La liberté individuelle face aux risques des technologies de sécurité », in ROBERT (X.) (coordi.) Mélanges Jacques ROBERT, *Libertés*, Paris, Monchrestien, p. 177.

[110] TJADÈ (E.), « Penser la communication comme une priorité nationale en Afrique et la réinventer dans une perspective d'autodéveloppement », *Communication. Information Médias Théories*, vol., 9, n° 3, été 1988, p. 96.

[111] *Idem.*

[112] LE GOFF (T.), « La vidéosurveillance est-elle une réponse efficace à la délinquance ? », *AJ Pénal*, Dossier Nouvelles technologies, sécurité et vie privée, juin 2010, p. 276.

[113] Par exemple, on assiste à des informations d'origine gouvernementale à travers des réseaux sociaux ; des conseils et réunions en vidéo-conférence, une télémédecine qui se développe en vue d'éviter les attroupements probables lors des consultations. Cela s'étend jusqu'au niveau

II- L'INFLUENCE AMBIVALENTE DE LA LIBERTÉ DE COMMUNICATION SOCIALE SUR LA SÉCURITÉ

Si la communication a pour finalité d'agir sur son semblable, cette action n'est pas essentiellement positive. En effet, certaines communications peuvent ou n'ont précisément pour but que d'agir négativement sur la sécurité. Dès lors, la communication peut dans une certaine mesure constituer une menace à la sécurité (A). Mais dans une autre mesure, une communication « responsable » est un facteur de la sécurité (B).

A- Des dérives de la liberté de communication sociale dangereuses pour la sécurité

Certaines informations peuvent constituer une menace pour la sécurité de l'individu[114]. Mais il faudrait dire que cette situation est plus envisageable lorsque l'individu détient ou dévoile des informations très sensibles, sa sécurité voire sa vie peut ainsi être menacée pour l'empêcher de la dévoiler. Cette situation se présente plus dans la profession du journalisme, pour tout dire il s'agit d'un risque que présente ce métier. Cependant, le rapport entre la liberté de communication sociale et la sécurité qui nous intéresse ici est celui des dérives de la première qui sont source d'insécurité. C'est ainsi que souvent certaines informations dénuées de tout fondement constituent un facteur d'insécurité (1) d'autres par contre ont pour but de créer un climat d'insécurité en répandant la terreur dans la société ou soit de permettre l'enrôlement et/ou rechercher le financement pour de pareils actes. C'est ainsi dire que la communication peut faciliter le terrorisme (2).

1- Une désinformation propice pour l'insécurité

La désinformation est monnaie courante de nos jours et cette situation fait que l'on assiste de plus en plus à la perte de la crédibilité menaçant ainsi la sécurité de l'État. En effet, la perte de crédibilité « est devenue un avertissement qui devrait conduire la profession à réagir davantage si elle prétend, effectivement, encore exercer un rôle en lien direct avec l'évolution

---

de l'enseignement où l'on assiste au développement d'*e-learning*, aux cours en ligne ou télévisés. Bref, le numérique s'est installé dans le quotidien de la population camerounaise, même s'il faudrait aussi admettre que la crise sanitaire n'a que boosté l'inévitable en ce sens que, ce développement était irrésistible avec la mondialisation.

[114] En effet, « Le droit, voire le devoir, d'informer a permis l'avènement de nos sociétés démocratiques et nombreux sont (…) [des personnes] qui ont payé du plus lourd tribut qui soit – de leur vie même – la dénonciation de toutes sortes de violations qui, à n'y prendre garde au regard de leur prolifération, menacent toujours la pérennité de notre humanité ». Cette menace sur la sécurité individuelle semble être universelle en ce sens que, « Peu de sociétés contemporaines sont épargnées par la montée des "insécurités", de toutes sortes, intensités et permanence ». CARIO (R.), « Médias et insécurité : entre droit d'informer et illusions sécuritaires », *op.cit.*, p. 197.

de la société »[115]. Pourtant, c'est elle qui donnait un rôle indéniable aux journalistes dans toute société démocratique, puisqu'ils ont une fonction d'information et de formation de l'opinion publique ainsi que d'impulsion et de consolidation du débat dans la transparence et la tolérance[116] gage de la sécurité de l'État. Leur rôle est fondamental dans un État démocratique puisqu'on y décèle un instrument pour la construction nationale créant de ce fait un sentiment d'unité nationale et de conscience culturelle[117]. C'est dire que, si le citoyen ordinaire ainsi que les étrangers doivent observer les principes régissant la liberté de communication sociale, et que les agents publics doivent en plus respecter la réserve qui leur est requise, le journaliste singulièrement dont sa profession est intimement liée doit concilier la liberté d'informer et la vérité dans l'exercice de sa profession [118] comme le recommande la Charte de Munich[119]. Le préambule du Code de la déontologie journalistique en fait mention lorsqu'il énonce l'attachement du journaliste au principe de l'intégrité et la recherche de vérité[120].

Mais, la vérité requise dans la communication reste un défi. En effet, malheureusement « Les médias sont globalement les premiers destructeurs de l'idée de vérité »[121]. L'on observe de nos jours que « Leur rôle, en effet, n'est pas de produire ou de détenir la vérité – dans ce sens, les médias ne sont pas un nouveau pouvoir – mais bien plutôt de "composer la vérité" à partir des différents points de vue qu'ils ont en charge de mettre en scène. Ils jouent ainsi un rôle important dans le développement des idées, selon lesquelles il n'y a pas de vérité, mais uniquement des points de vue »[122]. Ces points de vue développés souvent peuvent impacter négativement la stabilité d'un État, car ils peuvent servir pour manipuler la population créant ainsi une insécurité du fait des tensions qu'ils engendrent.

En outre, le respect de la morale professionnelle, des institutions se dilue dans une quête de la popularité qui vise de plus en plus à remplacer la crédibilité et l'intégrité journalistique. Pourtant, conformément au Code de la déontologie journalistique, le journaliste est assujetti au respect de la communauté nationale et ses institutions. Le constat fait est que

---

[115] MATHIEN (M.), « De la raison d'être journaliste », *Communication et langages*, n° 98, 4e trimestre, 1993, p. 70.

[116] KAMTO (M.), *Le droit de la presse au Cameroun (Étude comparative et prospective)*, Yaoundé, Fondation Friedrich Ebert, octobre 1993, p. 3.

[117] NGUELE ABADA (M.), *État de droit et démocratisation : contribution à l'étude de l'évolution politique et constitutionnelle au Cameroun*, *op.cit.*, p. 403.

[118] *Ibid.*, p. 408.

[119] Déclaration des devoirs et des droits des journalistes de 1971.

[120] Voir préambule du Code de la déontologie rendu exécutoire par le décret n° 92/ 313/PM du 24 septembre 1992.

[121] HUTIN (F.-R.), « Journalisme et respect de l'homme », *Communication et langages*, n° 95, 1er trimestre 1993, p. 6.

[122] *Idem.*

malheureusement, le journaliste devient de plus en plus un metteur en scène, qu'un analyste critique de la réalité. En effet, « À intervalles réguliers, le champ journalistique camerounais est secoué par des "affaires" où s'entremêlent argent, trafic d'influence, éthique et déontologie. Journalistes, médias, chargés de communication, annonceurs, pouvoirs en place en sont les acteurs principaux »[123]. Plusieurs événements l'attestent même puisque, « Le récit des rapports équivoques entre médias et annonceurs au Cameroun est riche de ces événements dont la gestion frise le cynisme, mais qui nous informe sur l'arrière-cour de la fabrication de l'actualité dans ce pays »[124].

Pour la communication via les réseaux sociaux, la déontologie professionnelle, l'amour de la patrie semblent faire place à la recherche d'un grand nombre de *likers* et/ou de *followers* pour les publications sur les réseaux sociaux, hébergeurs de *Fake news* et ceci, au mépris de la situation des mineurs pourtant destinés à être protégés[125].

Toutes ces règles et tous ces principes semblent être méconnus du fait des difficultés de l'applicabilité des textes y afférents. Par exemple, certains journalistes malgré tout s'attaquent non seulement aux institutions de l'État souvent sans preuve, mais aussi, et surtout, à la communauté nationale. En effet, la communication se vide de son essence dans une sorte de cercle immoral, qui se dirige de plus en plus précipitamment vers une recherche immodérée d'une vérité souvent fabriquée, qui n'est pas sans conséquence sur les institutions de la Nation instaurant un climat d'insécurité.

Le problème prend de l'ampleur avec certains journalistes et analystes politiques. Néanmoins, il faut le préciser, le problème ne se situe pas au niveau de l'exercice de leur liberté de communication sociale, mais plutôt au niveau du contenu de certains messages véhiculés. Cette situation met les dirigeants camerounais dans une situation d'inconfort vis-à-vis des gouvernés, puisque le plus souvent, d'autres désignés par le terme « activiste » ou « activeur » politique, dans leurs activités prolifèrent des tensions dans la société qui sont susceptibles d'impacter la sécurité de l'État. Les pouvoirs publics punissent très souvent ces activités plus récurrentes dans la presse privée camerounaise,[126] mais aussi les médias étrangers[127]. Ceci s'est accentué avec

---

[123] ATENGA (Th.), « Communication et journalisme au Cameroun : "affaires" de lucidités croisées », *Les Cahiers du journalisme* n° 26, Printemps/Été 2014, p. 37.
[124] *Idem.*
[125] Voir sur la protection des mineurs sur Internet, BRÉGER (S.), « La protection des mineurs sur Internet », *AJ Pénal,* n° 3, Dossier Cybercriminalité : morceaux choisis, mars 2009, pp. 112-114.
[126] Voir sur la répression, ATENGA (Th.), « La presse privée et le pouvoir au Cameroun. Quinze ans de cohabitation houleuse », *Politique africaine* vol. 1, n° 97, 2005, pp. 35 et ss.
[127] Par exemple Ahmed ABBA un correspondant de RFI a été arrêté le 30 juillet 2015 dans la ville de Maroua et emprisonné pour une peine de dix (10) ans, pour terrorisme (Les charges

la loi sur le terrorisme. Chose qui a fait dire que l'État camerounais instrumentalise la législation anti-terroriste pour imposer le silence aux opposants et réprimer la dissidence[128]. Certains journalistes ont été inculpés pour des actes de terrorisme[129]. Néanmoins, la lutte entre les pouvoirs publics et la presse privée n'est pas propre au contexte camerounais, car elle semble universelle au point où certains auteurs ont songé à construire un modèle du journalisme[130].

Par ailleurs, la cohésion sociale semble être compromise par le désir d'informer promptement. Seulement, cette situation fait vraisemblablement pressentir une obsession d'informer dénaturant le processus de la libéralisation ou le processus démocratique au même titre que la dépendance[131]. Il en est de même du délaissement de l'intérêt général au profit

---

retenues contre lui étaient la non-dénonciation du terrorisme, le blanchiment des produits des actes de terrorisme pour avoir fait des reportages sur les militants de *Boko Haram*).

[128] Voir CPJ, *Journalistes, pas terroristes Au Cameroun, la législation anti-terroriste est utilisée pour imposer silence aux opposants et réprimer la dissidence*, rapport spécial publié par le Comité pour la protection des journalistes, 2017, 19 p.

[129] Selon la recherche du Comité pour la Protection des Journalistes, sur les journalistes arrêtés pour leur travail en vertu de la loi antiterroriste du Cameroun entre juillet 2015 et juillet 2017, plusieurs journalistes ont été arrêtés il en est notamment de : Atia TILARIOUS AZOHNWI (arrêté le 9 février 2017 à Buea et emprisonné pendant 204 jours), Hans ACHOMBA, (arrêté le 23 janvier 2017 à Bamenda, et emprisonné pendant 221 jours) ; Tim FINNIAN (arrêté le 26 janvier 2017 à Bamenda, et emprisonné pendant 218 jours) ; Jean-Claude AGBORTEM (arrêté le 25 janvier 2017 à Douala et emprisonné pendant 37 jours). Voir CPJ, *Journalistes, pas terroristes au Cameroun, la législation anti-terroriste est utilisée pour imposer silence aux opposants et réprimer la dissidence*, *op.cit.*, p. 11.

[130] CHARRON (J.) et DE BONVILLE (J.), « Le paradigme du journalisme de communication : essai de définition », *Communication Information Médias Théories*, vol. 17, n° 2, décembre 1996, pp. 50-97. Pour ces auteurs, « le nouveau paradigme du journalisme de communication serait le produit des stratégies des acteurs qui participent au système de presse (propriétaires, gestionnaires, publicitaires, journalistes, sources d'information, personnel technique, etc.). Ces stratégies sont largement déterminées par des considérations matérielles et par la position et les intérêts divergents des acteurs dans le système. Un ensemble de transformations radicales dans l'infrastructure du système (multiplication des supports d'information, hyperconcurrence, modalités de financement, etc.) créent des conditions inédites pour l'exercice du journalisme et le commerce de l'information. Cherchant à tirer leur épingle du jeu, les acteurs ajustent leur pratique à ces nouvelles conditions, contribuant ainsi à définir une nouvelle conception de l'information et du journalisme. Par des innovations, et par l'imitation de ces innovations, de nouvelles pratiques et de nouvelles conceptions émergent et se répandent jusqu'à constituer une nouvelle orthodoxie professionnelle, c'est-à-dire un nouveau paradigme journalistique. C'est ainsi qu'en cette fin de siècle, la fonction sociale de la presse, l'identité sociale des journalistes, le rapport au public, les modèles et postulats dont se réclame le journalisme, bref cette "matrice disciplinaire" que nous appelons paradigme, se transforment. Le discours journalistique qui est ainsi produit ajoute à la fonction référentielle associée à la tradition du journalisme d'information, les fonctions conative, phatique, expressive, référentielle et méta-linguistique qui en font pleinement un acte de communication ». Voir p. 89.

[131] ALAVO (Y.), « La communication inégale », *Communication Information*, vol. 3, n° 3, 1981, p. 167.

des intérêts particuliers[132], de la quête de la prospérité, la séduction de l'entreprise afin d'assurer une fidélité des lecteurs, des auditeurs et des téléspectateurs[133].

D'ailleurs, il est interdit au journaliste d'obtenir un profit personnel pour porter atteinte à la moralité publique et aux bonnes mœurs[134]. Ce dernier devrait d'abord vérifier les informations avant de les offrir au public qui a tendance à tout prendre comme vérité[135]. Cet état de choses crée dans la société un sentiment d'insécurité, le pire est que cette sensation d'insécurité n'est pas très souvent proportionnelle au degré de la menace telle que décrite. Pour tout dire, dans une certaine mesure l'on réalise que les médias constituent le « fer de lance du sentiment d'insécurité »[136].

Au demeurant, si la liberté de communication sociale est aussi un droit fondamental, tout comme l'est la sécurité, certaines dérives peuvent montrer que celle-ci peut constituer une menace, principalement dans une société où l'État a précédé la Nation comme au Cameroun. Les dérives dans la profession journalistique peuvent avoir des conséquences néfastes sur la sécurité d'un État. D'ailleurs, « La dialectique État-sécurité ne se construit que si les deux se sont constitués dans l'unité de leur "ontogenèse" »[137]. Seulement, si l'on observe le cas de l'État camerounais, « en tant que réalité gigogne, et par rapport à un ordre de préséance, l'écueil survient lorsque celui-ci doit mettre en œuvre la sécurité alors même qu'elle aurait dû au préalable le constituer d'après la vision hobbesienne de l'État »[138].

Le législateur a prévu des sanctions pour de pareilles dérives, devant les organes juridictionnels même si la doctrine critique la qualité du régime

---

132 Voir SIMARD (C.), « La modulation de l'intérêt public et du service public selon le nouveau régime concurrentiel international : le cas des services de l'information et des communications », *Revue Québécoise de Droit International*, vol. 18, n° 1, 2005, pp. 141-170.
133 JEANNENEY (J.-N.), « Médias et démocratie : le su, le cru, le dit et le tu », *Communication et langages*, n° 106, 4e trimestre 1995, p. 10.
134 Article 5 et 6 du Code de la déontologie journalistique rendu exécutoire par le décret n° 92/313/PM du 24 septembre 1992.
135 Claude RYAN trouvait que « si la Sûreté du Québec fut souvent visée par les critiques c'est parce que "[...] la moindre légende mise en situation par qui que ce soit est prise tout de suite comme une vérité" RYAN (C.), cité par BERNIER (M.-F.), « Crise d'éthique ou éthique de crise ? », *Communication. Information Médias Théories*, vol. 13, n° 1, printemps 1992, *Éthique*, p. 97.
136 CETTINA (N.), « Terrorisme et sentiment d'insécurité : l'instrumentalisation des Français », *Note d'actualité* n° 511, avril 2018. Disponible en ligne sur l'adresse https://cf2r.org, consulté le 06 mars 2020 à 02 heures 33 minutes.
137 BELOMO ESSONO (P. Ch.), « Sécurité et ordre politique au Cameroun : entre dynamiques internes et connexions internationales », *Revue Africaine des Relations Internationales*, vol., 12, nos 1 & 2, 2009, p. 41.
138 *Idem.*

notamment en matière de garantie d'un procès équitable[139]. L'une des dérives de la liberté de communication sociale, qui est gravissime est la facilitation du terrorisme.

2- Une liberté de communication sociale facilitatrice du terrorisme

La communication sociale et le terrorisme entretiennent une relation intime, car la première facilite le second. Cet apport de la communication à l'activité terroriste est perceptible à deux niveaux : la communication permet la diffusion des actes terroristes ; elle permet également l'enrôlement et le financement y relatifs.

S'agissant de la diffusion, les moyens de communication sont utilisés pour faire connaitre les actes terroristes. En effet, « l'augmentation des cyberattaques aussi bien à l'encontre des entreprises que des États et des administrations fait craindre légitimement que les terroristes utilisent ce moyen pour commettre des actions de terreur et la menace est à prendre au sérieux »[140]. L'actualité contemporaine le démontre. En effet, des vidéos des exactions terroristes dans l'Extrême-Nord perpétrées par la secte *Boko Haram* ont été diffusées par des moyens de communication. Répandant davantage la terreur au sein de la société camerounaise. Il en est aussi de certaines exactions du groupe sécessionniste dans les régions anglophones[141] qui répandent de la terreur sur le territoire camerounais que le Gouvernement qualifiait d'actes terroristes[142]. Cette situation selon les acteurs internationaux conduit à deux procédés notamment « criminaliser la couverture journalistique légitime d'organisations qualifiées de terroristes ou interdire la révélation d'actions étatiques illégales dans la lutte contre le terrorisme »[143], qui sont toutefois contraires à l'idéologie libérale.

Concernant l'enrôlement, il faudrait dire qu'à travers les moyens de communication, les terroristes enrôlent certaines personnes dans leurs rangs, en les incitant à développer une haine contre l'État camerounais. Le Professeur Yves MAYAUD constate à cet effet « la place grandissante qu'occupent internet et les réseaux sociaux dans le recrutement d'apprentis terroristes, endoctrinés par des discours de haine, doublés d'images odieuses, via des sites cultivant l'auto-radicalisation favorable à des ruptures sanglantes. Cette

139 MBIDA (A.), « Les garanties d'un procès équitable en matière de diffamation et d'outrages aux autorités publiques par voie de presse et de communication audiovisuelle : mythe ou réalité ? », *op.cit.*, pp. 209 et s.

140 QUÉMÉRER (M.), « Le terrorisme face au cyberespace De l'anticipation des risques à la répression », *AJ Pénal*, Dossier Lutte contre le terrorisme, septembre 2013, p. 450.

141 C'est-à-dire le Nord-Ouest et le Sud-Ouest du Cameroun. Mais avec la crise ces deux régions connaissent une appellation commune de « NOSO ».

142 Cette qualification fait l'objet d'une controverse, mais la qualification, la moins contestée est celle d'actes des mouvements sécessionnistes.

143 UNESCO, *Les médias face au terrorisme Manuel pour les journalistes*, Paris, UNESCO, 2017, p. 21.

propagande terroriste, [est] notamment destinée à des mineurs (…) »[144]. Le chômage des jeunes camerounais en quête d'espoir et d'alternatives accroît l'enrôlement des jeunes[145]. Toutefois, d'autres catégories de personnes sont enrôlées de force[146].

Pour le financement, avec le développement du numérique, les groupes terroristes procèdent aux collectes de fonds par ce canal. D'ailleurs, la société internationale semble avoir pris conscience du danger que représente ce procédé. Elle a offert la possibilité aux États de geler « sans attendre les fonds et avoirs financiers ou ressources économiques des personnes qui commettent, ou tentent de commettre, des actes terroristes, les facilitent ou y participent, des entités appartenant à ces personnes ou contrôlées, directement ou indirectement par elles, et des personnes et entités agissant au nom ou sur instruction de ces personnes et entités, y compris les fonds provenant de biens appartenant à ces personnes et aux personnes et entités qui leur sont associées, ou contrôlées directement ou indirectement par elles »[147]. Tout ceci témoigne à suffisance, du rôle que joue la communication dans le mouvement terroriste. Cependant, la liberté de communication sociale n'est pas essentiellement nuisible à la sécurité, puisque, si elle est faite dans les règles de l'art, elle constitue plutôt un facteur de la sécurité.

B- Une communication « responsable » souhaitée

Avant d'analyser l'apport de la communication « responsable » à la sécurité (2), présentons d'abord la consistance d'une communication « responsable » (1).

1- La consistance d'une communication « responsable »

La communication responsable est celle qui respecte la sécurité de l'État puisqu'elle est indispensable pour sa survie. C'est une communication qui se fait dans le respect de l'éthique, de la déontologie, et des institutions. La communication, si elle est utilisée à bon escient, pourra résoudre la situation décriée dans le contexte camerounais. En fait, il y'a lieu de dire qu'au Cameroun, « la communication s'avilit en se mettant au service d'une cause »[148]. L'on constate que « la libéralisation du secteur de la

---

[144] MAYAUD (Y.), « La politique d'incrimination du terrorisme à la lumière de la législation récente », *AJ Pénal*, Dossier Lutte contre le terrorisme, septembre 2013, p. 446.

[145] OIF, *Rapport de la Conférence sur la lutte contre le terrorisme et la prévention de la radicalisation violente*, tenue les 6, 7 et 8 à Paris, Paris, Direction de la communication et des instances de la Francophonie, novembre 2016, p. 9.

[146] Ce sont en majorité les femmes et les enfants.

[147] Article 1er (c) de la résolution 1373 (2001) du Conseil de Sécurité des Nations Unies du 28 septembre 2001.

[148] NNA (M.), « La liberté de communication sociale face à l'impératif de l'ordre public et politique au Cameroun », *Cahiers Juridiques et Politiques. Revue de la FSJP de l'Université de Ngaoundéré*, numéro spécial, *L'ordre public*, 2015, p. 369.

communication sociale au Cameroun a permis le développement d'un journaliste querelleur. Obnubilés par le fait qu'ils se considéraient comme le quatrième pouvoir, les journalistes ont surestimé leur rôle dans le processus de la démocratisation (...) Devenant ainsi le porte-faix de la société, les journalistes ne pouvaient que susciter la méfiance et la rancœur de l'administration »[149]. Le journaliste devient ainsi par sa mauvaise intention un « diable entrant dans l'administration »[150].

Ce faisant, le rôle d'un journaliste parce qu'il en est le professionnel de la communication n'est pas en principe de nuire aux pouvoirs publics, mais d'exercer sa profession en observant les règles déontologiques. Cela ne revient pas à dire qu'il ne devrait rien faire lorsque les pouvoirs publics agissent mal. En effet, les journalistes dans leur profession sont capables d'influencer une décision des pouvoirs publics. Car, souvent ils suscitent de la « peur » à ceux-ci[151]. Néanmoins, il lui revient aussi de mesurer la gravité de ses propos en prenant en compte la situation de l'heure, en ce sens que, dans certaines conditions, la sécurité de l'État pourra primer sur la liberté de communication dont ce dernier jouit. Il doit toujours faire preuve d'une rigueur professionnelle qui « fait référence à un devoir d'exactitude, de vérification des faits et rumeurs rapportés, la correction rapide et claire des erreurs commises par les journalistes »[152]. Singulièrement lorsqu'il s'agit d'une information susceptible de porter atteinte à la sécurité de l'État. Le Professeur Francis BALLE relevait d'ailleurs que le journalisme étant une noble profession, « s'ils veulent répondre à leur incomparable vocation et exercer pleinement le juste pouvoir qui leur est assigné - ils se doivent d'être attentifs aux curiosités des autres, sans jamais renoncer à leurs obligations de donner un sens, de donner du sens. Curieux de tout ce qui peut séduire, retenir l'attention, ils doivent en même temps être circonspects, prudents vis-à-vis de tous ceux – et ils sont nombreux – qui rêvent de faire d'eux leurs porte-paroles. Afin d'empêcher que l'information ne finisse par déchoir en relations publiques. Afin que la culture soit davantage ou autre chose qu'un divertissement médiocre, ou avilissant »[153]. C'est donc dire que l'éthique de la responsabilité qui est une valeur essentielle dans la communication sociale doit impérativement remplacer l'éthique de la conviction[154]. Cette responsabilité est en principe,

---

[149] *Idem.*

[150] LATOURNERIE (D.), « Le fonctionnaire, le droit, les médias », *op.cit.*, p. 64. Voir aussi GENTÈS (A.), « Communication et démocratie », *Communication et langages,* n° 107, 1er trimestre 1996, p. 58

[151] ATENGA (Th.), « La presse privée et le pouvoir au Cameroun. Quinze ans de cohabitation houleuse », *op.cit.*, p. 48.

[152] BERNIER (M.-F.), « Crise d'éthique ou éthique de crise ? », *op.cit.*, p. 97.

[153] BALLE (F.), « Les intellectuels, les journalistes et les médias », in ROBERT (X.) (coordi.) *Mélanges Jacques ROBERT, Libertés*, Paris Monchrestien, 1998, p. 47.

[154] COHEN (T.), COHEN (F.-B.), « La communication par temps de crise », *Communication et langages*, n° 102, 4e trimestre 1994, p. 115.

requise de tous les acteurs intervenant dans la communication sociale. Une information prenant en compte tous ces paramètres sera à n'en point douter d'un apport positif à la sécurité. D'autant plus, qu'en situation de crise par exemple, la légalité d'exception est prévue certes, mais, force est cependant de constater qu'elle n'est pas une panacée puisqu'elle requiert aussi l'œuvre humaine et dont la combinaison pourra, permettre « d'anticiper et d'encadrer tous les bouleversements brutaux auxquels peut être confrontée une société »[155]. La responsabilité de l'homme pourrait colmater les brèches d'une législation faite « à-coups brutaux, dans l'urgence et, *a fortiori*, lorsqu'il s'agit d'établir un nouveau régime d'exception »[156].

2- L'apport de la communication « responsable » à la sécurité

Il faudrait d'emblée dire qu'une bonne information peut éviter la perturbation de la sécurité d'un État[157]. Dans la lutte contre les exactions terroristes, des journalistes spécialistes de question de sécurité en ont bâti toute une réputation. Évitant des informations du trottoir, ceux-ci se déploient sur le terrain ou mobilisent une équipe pour rapporter les faits exacts. Cette quête de la bonne information a de conséquences non négligeables sur la sécurité du territoire.

Au Cameroun, la réputation de certains journalistes s'est formée autour de leur crédibilité et de leur intégrité. La bonne information lorsqu'elle est révélée au grand jour permet non seulement aux citoyens d'être informés sur la situation sécuritaire, mais, contribue également à réconforter ceux-ci lorsqu'il s'agit par exemple d'un démenti à des manipulations dans le but de rependre la terreur. En effet, lorsqu' « (…) un citoyen [est] bien informé [il] est nécessairement mieux éclairé des réalités de son milieu et de son environnement, plus conscient des grands enjeux du développement national, plus avisé dans ses choix, plus responsable dans ses attributs et plus apte à assumer ses engagements vis-à-vis de la nation »[158]. C'est ainsi que, bien informés sur les zones à risque, ceux qui sont proches de ces zones les quittent,

---

[155] GICQUEL (J.-É.), « COVID-19 : crise sanitaire et crise des normes », *Recueil Dalloz*, 2020, p. 719.

[156] *Ibid.*, p. 721.

[157] La situation sanitaire dans le monde suite à la propagation du COVID-19 l'atteste. En effet, c'est à travers la communication que les gens ont compris l'urgence de rester confiné et de respecter les mesures d'hygiène comme l'a prescrit l'OMS pour éviter que la pandémie mondiale ne se répande rapidement. Des émissions sont diffusées à cet effet non seulement dans les langues officielles et l'expression gestuelle dans les chaines de télévision ; mais aussi dans les langues locales sur les antennes des radios communautaires afin de sensibiliser toute la population sur les mesures de lutte contre la pandémie.

[158] Paul BIYA, discours de politique générale, congrès de Bamenda, mars 1985 cité par NGUELE ABADA (M.), *État de droit et démocratisation : contribution à l'étude de l'évolution politique et constitutionnelle au Cameroun*, *op.cit.*, p. 396.

en se déplaçant vers les régions non attaquées ou du moins plus sécurisées[159]. Ce qui évite des attaques. Par ailleurs, certains journalistes s'associent à la lutte contre l'atteinte à la sécurité de l'État dans les syndicats[160], le souhait serait qu'ils se regroupent en grand nombre voire au niveau interétatique[161].

En outre, à travers les médias, l'on peut amener les citoyens à comprendre une situation d'insécurité, ce qui les prépare psychologiquement. En fait, plusieurs médias s'acquittent des missions de préparer psychologiquement tout en respectant les règles déontologiques dans le traitement des informations et des faits relatifs au crime susceptibles de menacer la sécurité. Ce procédé prend de l'ampleur suite à « la vulgarisation des recherches scientifiques développées dans les domaines de la criminologie et de la victimologie »[162]. C'est ainsi que les magazines, les documentaires liés aux conséquences d'insécurité sont diffusés. Cette pratique contribue quelque peu à dissuader ceux qui voudront s'enrôler ou alors édifier ceux qui méconnaissent encore l'ampleur.

CONCLUSION

Au final, la sécurité et la liberté de communication sociale au Cameroun entretiennent réciproquement un rapport d'influence ambivalente. En effet, cette ambivalence réside dans le fait que les deux droits fondamentaux produisent simultanément des effets contraires. Si la limitation de la liberté de communication par la sécurité semble incontournable, l'effet pervers de la première citée sur la seconde est néanmoins évitable, si l'on respecte les règles et principes. Mais, il faudrait aussi relever que cela semble n'être possible que pour la désinformation. Dès lors, vaudrait « mieux être injuste par le soupçon, quitte à être rassuré ensuite, que défaillant dans la vigilance »[163]. La mauvaise

---

[159] C'est l'exemple des déplacés internes au Cameroun depuis quelque temps vu l'état sécuritaire dans certaines régions. Le rapport du PAM-Cameroun (Extrême-Nord) de 2014 sur les conséquences humanitaires parlait de 20 000 déplacés internes ciblés par les distributions du PAM dans les trois départements touchés par les conflits armés. Cependant, il faudrait aussi souligner que d'autres le font de manière peu recommandable. C'est le cas de certains salariés qui abandonnent leur poste sans toutefois avoir bénéficié d'une mutation.

[160] C'est le cas du Syndicat des Journalistes et Auxiliaires du Cameroun (SYNAC) qui cherche à lutter contre la violence générée par les dérives des marchés des médias.

[161] Au niveau communautaire par exemple, comme en Afrique de l'Ouest, la presse publique s'est engagée à participer dans la lutte contre le terrorisme. En effet, face à la recrudescence du terrorisme et conscient du rôle ambivalent de la communication sociale, la presse publique de l'Afrique de l'Ouest s'est mobilisée à Ouagadougou le 20 juin 2019 dans le cadre d'un forum du Groupement des Éditeurs de la Presse Publique d'Afrique de l'Ouest (GEPPAO), sur le rôle des médias dans la lutte contre le terrorisme.

[162] CARIO (R.), « Médias et insécurité : entre droit d'informer et illusions sécuritaires », *op.cit.*, p. 189.

[163] JEANNENEY (J.-N.), « Médias et démocratie : le su, le cru, le dit et le tu », *op.cit.*, p. 15.

foi de journaliste[164], la crise de la déontologie et le non-respect de la législation ne sont pas des obstacles insurmontables. Il y'a ainsi une nécessité de « responsabiliser » la communication sociale qui implique la société entière et non seulement les journalistes[165]. Ces derniers devraient aussi participer à la répression des écarts déontologiques de leurs pairs[166] et s'associer à ceux qui « se battent pour faire survivre les vertus qui ont donné sa légitimité au journalisme au travers des époques »[167]. L'idéal serait même que les règles déontologiques émanent d'eux puisque « La déontologie va alors exprimer ce qui est bien et le droit traduira cela dans des supports qui sont les lois, décrets, arrêtés et divers instruments normatifs »[168].

Toutefois, dans le cadre du terrorisme, il faut reconnaître que cela relève de l'utopie. En ce sens que, c'est même le but recherché dans l'activité terroriste : rependre la terreur. La seule arme serait peut-être le discernement de tout un chacun et l'amour de la patrie. La communication responsable ne pourra être possible que si un objectif commun à tous est bien défini et accepté de tous, car « la nation se représente dans une large mesure à partir de l'identité, d'un référentiel commun à des acteurs sociaux »[169]. Toutefois, l'État devrait davantage s'acquitter de ses obligations et pour le reste, réguler en cas de nécessité afin de permettre « aux idées de circuler et aux connaissances ainsi libérées de féconder le génie collectif »[170]. Ce qui n'est pas la chose la mieux partagée dans le contexte camerounais.

---

164 Sur la mauvaise foi journalistique, le Professeur Albert MBIDA trouve qu'« il existe une mauvaise foi journalistique. On peut même dire que cette mauvaise foi n'est seulement pas présumée, elle est avérée, car à moins d'être inconscient, le diffamateur sait pertinemment que les propos qu'il tient ou les écrits qu'il publie sont de nature à porter atteinte à l'honneur ou à la considération de la personne qu'ils concernent. Dès lors, la mauvaise foi n'est pas présumée, elle est avérée ». MBIDA (A.), « Les garanties d'un procès équitable en matière de diffamation et d'outrages aux autorités publiques par voie de presse et de communication audiovisuelle : mythe ou réalité ? », *op.cit.*, p. 239.

165 SAUVAGEAU (F.), « Liberté de la presse et droit du public à l'information : fausse opposition ou contradiction véritable ? », *Communication Information*, vol. 2, n° 3, automne 1978, p. 127.

166 PIOT (Ph.), « Déontologie journalistique : États des lieux et perspectives », *AJ Pénal*, Dossier Droit de la presse, janvier 2013, p. 27.

167 ATENGA (Th.), « Communication et journalisme au Cameroun : "affaires" de lucidités croisées », *op.cit.*, p. 51.

168 ABANE ENGOLO (P. E.), « Les règles de la déontologie de l'administration », *RADP*, vol. 5, n° 9, juillet - décembre 2016, p. 7.

169 SINDJOUN (L.), « L'imagination constitutionnelle de la nation », in MELONE (S.), MINKOA SHE (A.), SINDJOUN (L.) (dir.), *Réforme constitutionnelle du 18 janvier 1996 : Aspects juridiques et politiques*, Fondation FRIEDRICH Ebert/Association africaine de Science politique (Section camerounaise, GRAP), 1996, p. 78.

170 TJADÈ (E.), « Penser la communication comme une priorité nationale en Afrique et la réinventer dans une perspective d'autodéveloppement », *op.cit.*, p. 105.

INDICATIONS BIBLIOGRAPHIQUES

- ABANE ENGOLO (P. E.) « Les règles de la déontologie de l'administration », *RADP*, vol. 5, n° 9, juillet - décembre 2016, pp. 5-30.
- ATANGANA AMOUGOU (J.-L.), *L'État et les libertés publiques Essai sur l'évolution des libertés publiques en droit camerounais*, Thèse de Doctorat, Université Jean Moulin Lyon 3, 1999, 710 p.
- ATENGA (Th.), « La presse privée et le pouvoir au Cameroun. Quinze ans de cohabitation houleuse », *Politique africaine* vol. 1, n° 97, 2005, pp. 33-48.
- ATENGA (Th.), « Communication et journalisme au Cameroun : “affaires” de lucidités croisées », *Les Cahiers du journalisme* n° 26, Printemps/Été 2014, pp. 37-55.
- BELOMO ESSONO (P. Ch.), « Sécurité et ordre politique au Cameroun : entre dynamiques internes et connexions internationales », *Revue Africaine des Relations Internationales*, vol. 12, n°s 1 & 2, 2009, pp. 39-80.
- CARIO (R.), « Médias et insécurité : entre droit d'informer et illusions sécuritaires », EGUZKILORE, n° 17, 2003, pp. 197-199.
- GICQUEL (J.-É.), « COVID-19 : crise sanitaire et crise des normes », *Recueil Dalloz*, 2020, pp. 719-721.
- KAMTO (M.), *Le droit de la presse au Cameroun (Étude comparative et prospective)*, Yaoundé, Fondation Friedrich Ebert, octobre 1993, 216 p.
- LATOURNERIE (D.), « Le fonctionnaire, le droit, les médias », *Revue Juridique de l'Ouest*, numéro spécial, *Droit et médias*, 1989, pp. 61-72.
- LEBRETON (G.), « Les atteintes aux droits fondamentaux par l'état de siège et l'état d'urgence », *CRDF*, n° 6, 2007, pp. 81-92.
- MAKOUGOUM (A.), *Ordre public et libertés publiques en droit public camerounais Contribution à l'étude de la construction de l'État de droit au Cameroun depuis 1990*, Thèse de Doctorat, Université de Yaoundé II, 2013-2014, 721 p.
- MAYAUD (Y.), « La politique d'incrimination du terrorisme à la lumière de la législation récente », *AJ Pénal*, Dossier Lutte contre le terrorisme, septembre 2013, pp. 442-466.
- MBIDA (A.), « Les garanties d'un procès équitable en matière de diffamation et d'outrages aux autorités publiques par voie de presse et de communication audiovisuelle : mythe ou réalité ? » *Cahier africain des droits de l'homme* n° 11, mars 2011, pp. 209-250.

- NGUELE ABADA (M.), *État de droit et démocratisation : contribution à l'étude de l'évolution politique et constitutionnelle au Cameroun*, Thèse de Doctorat, Université de Paris I, Panthéon Sorbonne, 1995, 597 p.
- NNA (M.), « La liberté de communication sociale face à l'impératif de l'ordre public et politique au Cameroun », *Cahiers Juridiques et Politiques* numéro spécial, *L'ordre public*, 2015, pp. 361-370.
- OWONA (J.), « L'institutionnalisation de la légalité d'exception dans le droit public camerounais », *RDC*, n° 6, juillet-décembre, 1974, pp. 104-123.
- PIOT (Ph.), « Déontologie journalistique : États des lieux et perspectives », *AJ Pénal*, Dossier Droit de la presse, janvier 2013, pp. 24-27.
- ROBERT (X.) (coordi.) *Mélanges Jacques ROBERT, Libertés,* Paris, Monchrestien, 1998, 569 p.
- TEKAM (G. J.), *Déontologie et éthique professionnelle du fonctionnaire*, Yaoundé, Sopecam, mai 2010, 136 p.
- TREMBLAY (G.), « Les libertés publiques en temps de crise », *Les cahiers de droit*, vol. 13, n° 3, 1972, pp. 401-418.

CHAPITRE II

LA SÉCURITÉ SOUS LE PRISME DU DROIT INTERNATIONAL

Les doctrines de la sécurité dans le temps

Par

Léopold NYABEYEU TCHOUKEU[1]

Résumé

Le temps, puissance qui agit sur toute chose, altère, aliène, abime, use et transforme de façon inégale tout ce sur quoi il passe. Il n'épargne pas la sécurité et ses multiples doctrines. Les différentes manières d'aborder la sécurité se sont présentées au cours du temps en deux facettes. D'une part, le temps de la distinction entre les doctrines caractérisé par une approche nationale et d'autre part, le temps de la fusion des doctrines justifié par les mutations du système international vers l'unité. Cela s'observe par la prise en compte fulgurante des droits de l'homme au point où l'on parle de la sécurité humaine. Toute chose qui accorde la part belle au projet de paix perpétuelle d'Emmanuel Kant.

Mots-clés : Sécurité, doctrine, temps.

[1] Maître de Conférences en Droit Public, Vice-Doyen Chargé de la Scolarité et du Suivi des Étudiants à l'Université de Maroua, E-mail nyabeyeul@hotmail.com

INTRODUCTION

Selon le Vocabulaire juridique[2], la doctrine est une opinion communément professée par ceux qui enseignent le droit ou même ceux qui, sans enseigner, écrivent sur le droit. En ce sens, la doctrine s'oppose à la jurisprudence. Restrictivement, la doctrine est une opinion exprimée sur une question particulière de droit[3]. Ainsi, une doctrine touche davantage aux principes, à la philosophie. Le dictionnaire de droit international public[4] quant à lui, propose deux sens du mot doctrine. D'une part, la doctrine est l'enseignement des auteurs de droit international. Celle-ci peut être analytique, c'est-à-dire, se consacre à l'examen des règles en vigueur avec des préoccupations pratiques[5] ou théoriques[6]. Elle peut aussi être militante, c'est-à-dire, s'attache à des causes, et argumente en faveur d'une évolution donnée vers un juste droit. D'autre part, la doctrine en droit international est considérée comme l'opinion émise par des hommes politiques sur des points controversés de droit international et devant servir de ligne de conduite à leur gouvernement. Dans cette perspective, on peut évoquer la doctrine de Drago[7], Monroe[8], Estrada[9], Hallstein[10], Harmon[11], Stimson[12], Tolbar[13] et Wilson[14]. Dans la présente contribution, les doctrines de la sécurité renvoient aux principes de la sécurité, à ses philosophies.

Quant à la sécurité, elle fait partie des mots qui nous sont très familiers. La proximité avec le mot se note tant à l'interne qu'à l'international. À l'interne, on parlera non exhaustivement de sécurité des populations menacées par le terrorisme, de sécurité au travail, de sécurité alimentaire dans certaines régions défavorisées d'un pays. À l'international, la sécurité apparait de plus en plus fréquemment dans le langage diplomatique et même dans le titre de certaines

---

[2] CORNU (G.), (dir.), *Vocabulaire juridique*, Paris, PUF, 10e édition, 2014, p. 362.

[3] *Idem.*

[4] SALMON (J.), (dir.), *Dictionnaire de droit international public*, Bruxelles, Bruylant, 2001, p. 352.

[5] Il s'agit de connaitre et diffuser l'état du droit dans un domaine considéré et faciliter ainsi la tâche de ses utilisateurs.

[6] Qui tente de comprendre le phénomène juridique et proposer des explications d'ensemble de sa genèse, de son développement, de sa cohérence interne, de ses fonctions.

[7] Position selon laquelle le recouvrement par la force des dettes contractuelles des États était contraire au droit international en ce qu'il porte atteinte à la souveraineté de l'État débiteur.

[8] Position selon laquelle aucune nouvelle colonie ne peut être établie sur le continent américain, les États-Unis resteront à l'écart des affaires européennes, mais n'accepteront pas que des Européens s'immiscent dans les affaires du continent américain.

[9] Elle préconise la reconnaissance conditionnelle.

[10] Elle met en avant le caractère discrétionnaire de la reconnaissance.

[11] Position selon laquelle l'État exerce une autorité illimitée sur les parties d'un cours d'eau international situé en son territoire.

[12] Elle évoque les obligations de ne pas reconnaitre.

[13] Elle insiste sur les formes de reconnaissance ainsi que sur la reconnaissance conditionnelle.

[14] *Idem.*

organisations. On peut citer le Sommet sur la sécurité en Afrique centrale, le Conseil de Paix et de Sécurité de l'Union Africaine, le Conseil de Sécurité de l'Organisation des Nations Unies. Partant de ces illustrations, il importe de se rendre à l'évidence que le mot sécurité nous est familier. Seulement, cette familiarité n'est pas synonyme de maitrise du terme. En effet, il n'est pas aisé de définir ce mot polysémique. Aussi, doit-on signaler que le concept s'attache tant aux individus qu'aux États.

Si on consulte quelques dictionnaires[15], on constate que la sécurité vient étymologiquement du latin *« securitas »* et de *« securus »* qui signifie sûr et correspond au doublet de sûreté. Le mot a plusieurs significations. Au sens subjectif, la sécurité évoque l'état d'esprit confiant et tranquille de celui qui se croit à l'abri du danger, qu'il s'agisse d'un État ou d'une personne physique. Au sens objectif, la sécurité traduit une situation de tranquillité résultant de l'absence de danger. Juridiquement, la sécurité est un droit. Tout individu a droit à la sécurité. Tout État a droit à la sécurité. Du point de vue institutionnel, la sécurité est un système. Ceci implique une organisation, un ordre, un mécanisme propre à créer des conditions politiques, stratégiques et économiques de la sécurité. Au sens le plus large, la sécurité peut être décrite comme l'état d'un sujet qui s'estime non menacé par tel ou tel danger, ou pense avoir les moyens d'y répondre si ce danger venait à devenir actuel. Dans la formation même des États, le besoin de sécurité des individus est réputé prédominant. Leibniz, dans une lettre de 1705, définit ainsi l'État comme « une société dont l'objet est la sûreté commune »[16]. Dans son célèbre ouvrage intitulé du Contrat social, Rousseau[17] charge la communauté de garantir « la vie et la liberté de chacun ». Assurer la sécurité du groupe humain, c'est donc assurer la sécurité des individus qui le composent et de l'ensemble qu'ils forment entre eux. C'est une double obligation qui lie intimement sécurité interne et sécurité externe des sociétés. Cette double obligation n'a pas changé avec le temps.

Aussi, les entrées sur le temps qui figurent dans le dictionnaire de la langue française n'ont pas vieilli[18]. Le temps est d'abord présenté en termes de durée, de temporalité. Il se définit aussi par référence à un « avant » et un « après » (date, époque, moment). Gavalda, qui soulignait déjà en son temps que les

---

[15] CORNU (G.) (dir.), *Vocabulaire juridique*, *op.cit.*, p. 951 ; SALMON (J.) (dir.), *Dictionnaire de droit international public*, *op.cit.*, p. 1023.

[16] Gottfried Wilhelm Leibniz est né le 1er juillet 1646 à Leipzig. Il est mort à Hanovre le 14 novembre 1716. Il était un philosophe, scientifique, mathématicien, logicien, diplomate, juriste, bibliothécaire et philologue allemand.

[17] Jean Jacques Rousseau est né le 28 juin 1712 à Genève. Il est mort le 2 juillet 1778 à Ermenonville. Il était un écrivain, philosophe et musicien genevois francophone. Orphelin de mère très jeune, sa vie est marquée par l'errance.

[18] REY (A.), (dir.), *Dictionnaire de la langue française le Robert Micro*, Manchecourt, 2000, pp. 1311-1312.

citations relatives au temps sont infinies[19], s'interrogeait sur notre provenance, notre destination et remarquait aussi, l'utilisation courante de la maxime *tempus fugit irreparabile*[20]. L'idée la plus spontanée que l'on se fait donc du temps est celle d'une puissance universelle, qui agit sur toute chose[21]. Ainsi, le temps altère, aliène, abime, use et transforme de façon inégale tout ce sur quoi il passe. Il est irréversible[22] et deux images se partagent sa représentation[23]. Aussi, la distinction bergsonienne du temps des horloges[24] et du temps psychologique[25] explique le passage rapide ou lent de certaines de nos heures[26]. Quoi qu'il en soit, le temps est l'entité représentative du changement continuel de l'univers. Il a pour le juriste une valeur essentielle, car le phénomène juridique se situe d'abord dans le temps[27]. Inspiré d'idées morales, influencé par divers facteurs[28], le droit en général est le reflet de la société à laquelle il s'applique et subit une évolution parallèle à celle de cette société[29]. Malgré la perplexité de Saint-Augustin devant le temps et celle de Kant devant le droit[30], il convient d'associer le temps aux doctrines de la sécurité, car, le temps n'a pas le temps d'attendre[31].

La présente contribution se propose d'étudier les doctrines[32] de la sécurité dans le temps. Il faudra analyser la dynamique de la sécurité en tant que concept multidimensionnel et global. Le temps sera pris en compte sous son aspect chronologique, excluant de ce fait celui chronométrique. En effet, les démarches variées par lesquelles un État tente d'assurer sa sécurité renvoient

---

[19] GAVALDA (Ch.), « Le temps et le droit », *Études offertes à Barthélemy MERCADAL*, Paris, Lefebre, 2002, p. 23.

[20] Le temps s'enfuit de manière inexorable.

[21] En philosophie, on parle d'efficacité du temps pour souligner que le passage du temps sur toute chose n'est jamais sans effets. Le temps, aux plus belles choses se plaît à faire un affront, il saura faner vos roses comme il a ridé mon front disait Corneille à une jeune fille.

[22] Même un dieu ne peut pas faire que ce qui a eu lieu n'ait pas eu lieu, disaient les Grecs.

[23] Dans les sociétés occidentales, l'image du temps est celle d'une ligne continue que l'on tire de gauche à droite et que l'on fragmente ou non selon les interprétations. Dans les sociétés amérindiennes, l'image du temps est celle d'une représentation circulaire.

[24] C'est le temps mathématique.

[25] C'est la durée.

[26] On notera l'homogénéité, la régularité, l'uniformité et l'absolu du temps des horloges et l'hétérogénéité, l'irrégularité, la relativité et le polymorphisme du temps psychologique.

[27] BERGEL (J.-L.), *Théorie générale du droit*, Paris, Dalloz, 2004, p. 119.

[28] Ces facteurs peuvent être sociologiques, économiques, techniques, politiques… On entrevoit là les sources matérielles du droit.

[29] BERGEL (J.-L.), *Théorie générale du droit*, *op.cit.*, p. 119.

[30] VERHOEVEN (J.), « Les conceptions et les implications du temps en droit international », *in Le temps et le droit international,* Colloque de Paris, SFDI, Paris, Pedone, 2001, p. 11.

[31] Pour une étude littéraire et philosophique approfondie du temps, voir SERRES (M.), *Éclaircissements*, Paris, Bourin, 1992 ; GRIMALDI (N.), *Traité des solitudes*, Paris, PUF, coll. « Perspectives critiques », 2003.

[32] NYABEYEU TCHOUKEU (L.), « La doctrine juridique internationale du Cameroun, observations éparses sur l'enseignement et la recherche », *in* ATANGANA AMOUGOU (J.-L.), *Le Cameroun et le droit international,* Paris, Pedone, pp. 349-365.

à des philosophies différentes du fonctionnement de la société et à des moments historiques qui les hiérarchisent.

De ce qui précède, on abordera les doctrines de la sécurité dans le temps en deux temps. Il sera question d'étudier d'une part le temps de la distinction entre les doctrines (I), d'autre part le temps de la fusion des doctrines (II).

I- LE TEMPS DE LA DISTINCTION ENTRE LES DOCTRINES

On parle de divisibilité de la sécurité. Le temps de la distinction entre les doctrines de la sécurité correspond à celui de la prise en compte de la sécurité par les auteurs en secteurs, en morceaux. La pensée à cette époque est convaincue qu'il y a une dissociabilité entre l'interne et l'externe. Cette perception de la sécurité sera présente pendant l'Antiquité. Elle persistera au Moyen-âge. Le Roi de France est empereur dans son royaume. Cet adage bien connu des légistes renvoie à la souveraineté telle que conçue par Jean Bodin[33] et Philippe le Bel[34]. La période classique perpétuera cette conception de la sécurité. La distinction entre les doctrines de la sécurité a un lien fort avec l'espace. Aussi, de l'Antiquité jusqu'à la fin du Vingtième Siècle, un départ sera toujours fait entre la sécurité nationale (A) et la sécurité internationale (B).

A- La sécurité nationale

La doctrine de la sécurité nationale est une approche séculaire (1). Seulement, cette approche est déficitaire (2).

1- Une approche séculaire

Thomas Hobbes[35] est plus connu comme l'auteur du Léviathan. Pour lui, l'homme est un loup pour l'homme. Il a attaché son nom à la conception d'un monde de monstres froids. Selon cet auteur, les États sont obsédés par la défense de leurs intérêts et la maximisation de leur puissance. Partant d'une telle configuration, la sécurité de chacun ne peut qu'être imposée à l'autre, ou découler d'un équilibre transitoire. Ainsi, défense, politique de puissance et équilibre de forces sont des notions inséparables. Partant de là, Thomas Hobbes serait le père lointain de la sécurité nationale. Ce concept se fonde sur la défense militaire et la diplomatie de puissance. La vision hobbesienne de la sécurité serait une vision réaliste. C'est cette vision qui prédominera lors de la

---

[33] BODIN (J.), *Les six livres de la République,* Paris, Livre de poche, 1993, 607 p.

[34] BADIE (B.), « La souveraineté dans tous ses états », in *Droit international et relations internationales : convergence et divergence,* Journée d'études de Paris, SFDI, Paris, Pedone, 2010, pp. 15-20.

[35] Thomas Hobbes est un philosophe anglais. Il est né le 5 avril 1588 à Westport. Il est mort le 4 décembre 1679 à Derbyshire. Son œuvre majeure, le Léviathan, eut une influence considérable sur la philosophie politique moderne, par sa conceptualisation de l'état de nature et du contrat social, conceptualisation qui fonde les bases de la souveraineté.

montée en puissance des États nations. Les États sont les acteurs principaux de la sécurité nationale tandis que les individus en sont les principaux destinataires.

Il faut remarquer que la sécurité représente un enjeu déterminant pour le citoyen et appelle des réponses de la part des responsables politiques. La sûreté, garante de l'exercice des libertés et des droits reconnus à tous est un devoir primordial de l'État. Aux termes de l'article 12 de la Déclaration des Droits de l'Homme et du Citoyen du 26 août 1789, « la garantie des droits de l'homme et du citoyen nécessite une force publique ; cette force est donc instituée pour l'avantage de tous, et non pour l'utilité particulière de ceux à qui elle est confiée ». La Constitution de la République du Cameroun ne dit pas autre chose au niveau de son préambule : « la liberté et la sécurité sont garanties à chaque individu dans le respect des droits d'autrui et l'intérêt supérieur de l'État ».

L'État est au cœur de la sécurité nationale. Cette sécurité est intérieure et extérieure. On convient avec le Vocabulaire juridique[36] que la sécurité intérieure s'entend dans deux sens. Dans un premier sens, c'est l'absence de trouble et d'inquiétude[37] ; c'est la paix, le calme et la tranquillité qui règnent au sein d'un État pour ses ressortissants et ses habitants. Dans un second sens, la sécurité intérieure est l'objectif de la politique d'un État et la dette à sa charge, qui passe primordialement par la lutte contre la criminalité à travers la prévention et la répression[38]. Ainsi, la sécurité intérieure est représentée par les différents moyens mis en œuvre pour sa réussite. S'il est admis que tous les citoyens contribuent à la défense de la patrie[39], il est aussi logique d'affirmer que la sécurité intérieure concerne tout le monde. On recense deux enjeux majeurs de la sécurité nationale à savoir la logique de la puissance nationale et la focalisation sur le militaire.

S'agissant de la logique de la puissance nationale, elle se déploie en confrontation aux autres puissances. Dans cette perspective, la force du sentiment national supplante toute autre tentative. L'esprit nationaliste se développe dans tous les coins de la planète et va catalyser la décolonisation[40]. On prendra le cas des pays arabes qui choisissent avec constance leurs intérêts particuliers en marge des proclamations de la « nation arabe », rêve jamais réalisé de Nasser et de Kadhafi pour ne citer que ces deux. Logiquement, chaque État privilégie sa propre sécurité au détriment de la sécurité collective.

---

[36] CORNU (G.), (dir.), *Vocabulaire juridique*, *op.cit.*, p. 961.

[37] *Idem.*

[38] *Idem.*

[39] On retrouve cette formule dans la plupart des préambules des Constitutions des États.

[40] COLARD (D.), « Le concept de sécurité dans l'Après-Guerre Froide », *Arès*, n° 42, 1999, p. 68.

La logique de la puissance nationale va l'emporter sur celle de la puissance internationale.

Quant à la focalisation sur le militaire, on doit remarquer que la guerre froide va encourager cette focalisation. En effet, les logiques militaires sont censées assurer sinon seules, du moins à un rang déterminant, la sécurité des États. C'est la raison pour laquelle le débat international tourne largement autour du renforcement des moyens techniques de la défense. Le renforcement des systèmes d'alliances politico-militaires est aussi au cœur du débat. Tel a été le cas avec les amphytionies et les symachies dans la Grèce antique. L'Organisation du Traité de l'Atlantique Nord[41] et le Pacte de Varsovie[42] en sont les deux illustrations les plus significatives de la période contemporaine. En 1950, on assiste aux États-Unis à la formalisation du concept de sécurité nationale, centré autour de l'utilisation des appareils de la force. Par la suite, les pays d'Amérique Latine vont systématiser le nouveau concept. Ce qui leur permettra de justifier la prééminence des bureaucraties militaires dans la vie politique des États[43]. On parle de militarisme[44].

Cependant, le nucléaire viendra basculer les certitudes établies. En effet, avec l'atome, pour la première fois l'humanité entre en possession de sa propre mort [45] . Le nucléaire devient ainsi un instrument radical d'universalisation du débat de sécurité. L'émergence du Tiers-Monde est un autre élément qui viendra bousculer les certitudes établies[46]. Ainsi, les enjeux de puissance de la vieille Europe n'épuisent plus le problème de la sécurité. Cela est d'autant plus vrai que les populations des États décolonisés sont menacées par la marginalisation et la pauvreté. Il suit de là que l'approche de la sécurité nationale est une approche déficitaire.

2- Une approche déficitaire

La vision de la sécurité telle qu'idéalisée par Hobbes ne pouvait que produire des résultats déficitaires. L'égoïsme des États associé à leur individualisme et à l'absence d'une vision concertée de la sécurité explique mieux ce déficit. On était face à une illusion sécuritaire. En effet, la sécurité d'un État n'était assurée que le temps que cet État disposait d'un arsenal militaire plus puissant que ceux de ses voisins. Aussi, afin de survivre, les États faibles militairement étaient dans l'obligation de renforcer leurs armements. Ce faisant, on était en présence d'un mouvement de balancier qui

---

41 Organisation du Traité de l'Atlantique Nord, traité signé le 4 avril 1949 à Washington, entré en vigueur le 24 août 1949.

42 Pacte de Varsovie, fondé le 14 mai 1955 en Pologne, dissout le 1er juillet 1991.

43 COLARD (D.), « Le concept de sécurité dans l'après la guerre froide », *Arès*, n° 42, 1999, p. 67.

44 MONTBRIAL (Th.), KLEIN (J.), *Dictionnaire de stratégie*, Paris, PUF, 2000, p. 353.

45 COLARD (D.), « Le concept de sécurité après la guerre froide », *op.cit.*, p. 68.

46 *Idem.*

produisait un jeu à somme nulle, jeu où la somme des gains et des pertes de tous les acteurs est égale à zéro. Cela signifie que le gain d'un État en termes de sécurité constituait obligatoirement une perte pour d'autres États. C'est une question aussi ancienne que les approches scientifiques en matière de doctrines de la sécurité. En effet, l'importance sécuritaire de chaque État était seulement en fonction du moment. Pourtant, en matière de sécurité, il existait une forte interdépendance méconnue entre ces États. La mentalité du jeu à somme nulle était déficitaire pour la doctrine de la sécurité nationale.

Il faut souligner que la sécurité des peuples ne dépend pas seulement d'éléments militaires. Cette affirmation a été validée en 1949 par le Traité de l'Atlantique Nord. C'est ainsi que le développement dans les années 1960 de grandes négociations sur le thème de la sécurité favorise le passage à une logique différente. Avec les négociations de *l'Arms Control*, on se rend à l'évidence que les États-Unis et l'Union soviétique s'accordent sur leur intérêt à gérer l'hypothèque nucléaire. Le traité de non prolifération de 1968 associe les autres détenteurs du feu atomique à cette gestion.

Cette double mutation du concept va d'une part provoquer des ententes sur les codes de conduite pour éloigner le risque atomique. D'autre part, les questions de sécurité militaire sont relativisées. On commence alors à prendre en considération, en plus des données militaires, les éléments économiques et sociaux. On mêle ainsi la dimension militaire et la dimension diplomatique de la sécurité. Ce faisant, le diplomate et le soldat ne se distinguent plus clairement. Par la suite, on cherchera à dépasser le couple défense-diplomatie, d'où le passage de la sécurité nationale à la sécurité internationale.

B- La sécurité internationale

Le dictionnaire de droit international public définit la sécurité internationale comme la situation dans laquelle la communauté internationale jouit d'un état de tranquillité par l'absence de menace contre la paix ou de rupture de celle-ci[47]. Il convient de commencer par poser d'abord le problème (1) avant d'évoquer la coopération comme le pilier de cette doctrine sécuritaire (2).

1- La position du problème

Le hollandais Grotius est considéré comme le père du droit international. Il s'est efforcé de démontrer qu'une véritable société d'États peut être organisée et structurée par la règle de droit. Selon lui, cette société correspond à l'intérêt même des États. L'organisation de la coexistence passe alors par la codification des équilibres et des relations interétatiques. Ainsi, en plus d'être le père du droit international, Grotius serait l'inspirateur du concept de sécurité internationale. Ce concept se fonde selon lui, sur la négociation et le

[47] SALMON (J.), (dir.), *Dictionnaire de droit international public*, *op.cit.*, p. 1025.

développement du droit international. Les implications du passage de la sécurité nationale à la sécurité internationale sont notables. En effet, le « dilemme de sécurité »[48] cède la place à l'idée d'une sécurité plus large. Cette idée est produite à la fois par des politiques de défense nationale et des dispositifs communs de sécurisation.

La sécurité internationale est l'objectif d'un instrument juridique adoptant un système de sécurité collective. On comprend aisément qu'elle doit être recherchée en priorité par des moyens de règlements pacifiques de différends. Seulement, les États au lieu d'instaurer la fonction exécutive dans sa plénitude au lendemain des deux guerres mondiales ne se sont plus préoccupés que de ce qui leur a semblé impérieux, à savoir la sécurité collective[49]. Ils se sont bornés à conférer aux organes des organisations internationales, la fonction et les pouvoirs d'assurer l'efficacité de la seule règle de l'interdiction de l'emploi de la force[50]. L'Organisation des Nations Unies, après la Société Des Nations, a préféré donner un sens étroit à l'intérêt commun des États. Cette vision étroite justifie de la part des États une réticence certaine à l'égard des procédures de sécurité collective, même si la fin de la guerre froide en a permis une utilisation beaucoup plus dense que dans les quarante premières années de l'ONU[51].

Quelle que soit l'époque, le système de sécurité internationale en place est toujours la résultante des rapports de force du moment. Cette affirmation a pu être vérifiée en 1815, 1919, et en 1945. Cependant, une fois le système établi, son évolution est tributaire des circonstances qui n'avaient pas été prévues par ses créateurs. La consécration d'une idée de sécurité collective par la Charte des Nations Unies ne fait pas de doute. Toujours est-il qu'elle rencontre des difficultés. On étudiera ainsi d'une part le système initial de la Charte et d'autre part le système né des fissures de la Charte.

S'agissant du système initial de la Charte, il faut remarquer que les dispositions du texte de San Franscisco sont claires. Pour mieux comprendre cet état de choses, il convient d'aborder trois points. D'abord, il sera question d'étudier le pouvoir de constatation, ensuite, celui de sanction. Enfin, il faudra établir une relation entre le système universel de sécurité internationale et les mécanismes régionaux.

En ce qui concerne le pouvoir de constatation, on doit signaler que la responsabilité de la sécurité internationale s'exerce en une série de prises de position successives du Conseil de Sécurité. Le Chapitre VII de la Charte est assez édifiant à ce propos. La constatation d'une menace à la sécurité

---

48 Selon l'américain Robert Jervis, en renforçant sa sécurité, l'État diminue celle des autres.

49 DAILLIER (P.), FORTEAU (M.), PELLET (A.), *Droit international public*, Paris, LGDJ, 8e édition, 2009, p. 1094.

50 *Idem.*

51 *Idem.*

internationale est la première décision que doit prendre le Conseil de Sécurité[52]. Pour constater cette menace en toute connaissance de cause, le Conseil de Sécurité peut utiliser la voie de l'enquête préalable prévue à l'article 34 de la Charte de l'ONU. La matérialité des faits établie, il lui faudra qualifier la situation constatée[53]. Théoriquement, le Conseil de Sécurité peut constater les situations allant contre la sécurité internationale dans n'importe quel pays. Pratiquement aucune constatation n'est possible si l'agresseur est l'un des membres permanents du Conseil de Sécurité[54]. Il faut dire qu'avant toute constatation, le Conseil de Sécurité peut adopter des mesures provisoires[55] afin d'empêcher une situation de s'aggraver. Ces mesures ne préjugent en rien les droits, les prétentions ou la position des parties intéressées.

S'agissant du pouvoir de sanction, on doit signaler que ces sanctions peuvent être militaires ou non militaires. En effet, la Charte autorise le Conseil de Sécurité à décider quelles mesures n'impliquant pas l'emploi de la force armée doivent être prises pour donner effet à ces décisions. Il s'agira des sanctions non militaires. Elles peuvent être économiques ou politiques. Le Conseil est autorisé à agir énergiquement en adoptant des décisions[56]. Une assistance mutuelle des États membres de l'ONU est prévue à cet effet. En guise d'illustration, on doit noter que le Conseil de Sécurité a appliqué cette procédure en Rhodésie, dans l'affaire de l'invasion du Koweit (1990), à l'encontre de la Libye en 1992-1993, de la Somalie et du Libéria (1992, 1999) de la Yougoslavie en 1998, au Soudan et en Côte d'Ivoire depuis 2004, contre la Corée du Nord et l'Iran depuis 2006. Des critiques se sont élevées contre les sanctions économiques. Depuis lors, le Conseil recourt de plus en plus aux sanctions dites intelligentes. Les sanctions militaires sont prévues à l'article 42 de la Charte de l'ONU. Seulement, l'ONU ne dispose pas d'armée propre[57]. Ce sont les États membres qui mettent à sa disposition les forces armées nécessaires[58].

Quant à la relation entre le système universel de sécurité internationale et les mécanismes régionaux, il faut avant toute chose constater que l'article 52 de la Charte reconnait la licéité des accords régionaux. Évidemment, la condition principale de cette reconnaissance est que les activités de ces organismes régionaux soient compatibles avec les buts et principes des

---

[52] Article 39 de la Charte de l'Organisation des Nations Unies.

[53] Menace contre la paix, rupture de la paix, acte d'agression.

[54] Ou même un État protégé par eux.

[55] Article 40 de la Charte de l'Organisation des Nations Unies.

[56] Les articles 49 et 50 de la charte de l'ONU donnent aux États les moyens de respecter les mesures coercitives décidées par le Conseil de Sécurité.

[57] NYABEYEU TCHOUKEU (L.), « Les opérations de maintien de la paix de l'ONU dans la corne de l'Afrique », *Cahiers Juridiques et Politiques*, 2009, p. 274.

[58] *Idem*.

Nations Unies. Ainsi, elles doivent être destinées à régler les affaires qui touchant à la sécurité internationale se prêtent à une action de caractère régional. Il existe donc une sorte de fédéralisme entre le Conseil de Sécurité et les organismes régionaux en matière de sécurité internationale. Toutes les activités des organismes régionaux en matière de sécurité sont placées sous le contrôle du Conseil de Sécurité qui doit en être informé. Le Conseil étant au sommet de la pyramide fédérale doit valider et peut reprendre toute action d'un organisme régional ou lui déléguer ses compétences[59].

Le système né des fissures de la Charte a produit les opérations de maintien et d'imposition de la paix. Celles-ci peuvent être définies comme des opérations menées sous l'égide de l'ONU, à l'aide de contingents armés fournis par les États membres et destinés à mettre en œuvre sur le terrain, au vu d'une situation donnée, soit les dispositions du chapitre VI de la Charte, soit celles, du chapitre VII[60]. Quelles sont les forces profondes qui peuvent favoriser l'intervention de l'ONU dans une situation ? Pour reprendre Auguste Comte, il s'agit d'élaborer une synthèse visant à la coordination rationnelle de la série fondamentale des divers éléments d'après un dessein unique, ou encore de déterminer le métabolisme général ayant conduit à cette situation. Pour comprendre le contexte de l'action de l'ONU en matière de maintien et d'imposition de la paix, il faut prendre en compte deux facteurs : l'un exogène, l'autre endogène. Le facteur endogène concerne le système de la sécurité collective tel qu'institué par la Charte et qui n'a presque jamais fonctionné. Le système initial de sécurité collective prévu par la Charte était celui de tous contre un. Dans ce cas, il fallait déterminer l'État agresseur et le punir. Malheureusement, la logique du monde bipolaire n'a pas permis la mise en œuvre de ce système ; d'où l'apparition d'une formule non expressément prévue par la Charte, mais qui trouve en elle ses fondements juridiques. Opérations insolites au regard du texte de la Charte pour certains États[61] et d'un auteur[62], la marque essentielle des opérations de maintien de la paix serait, celle de l'empirisme. Elles traitent des situations au cas par cas, en fonction des équilibres du moment, au sein d'instances de nature essentiellement politique pour lesquelles maintenir ou imposer la paix ne signifie pas nécessairement faire respecter le droit[63]. L'opération de maintien ou d'imposition de la paix sous-entend la notion de sécurité internationale qui s'inscrit elle-même dans un cercle vertueux formé par le trinôme paix,

---

[59] On peut prendre pour exemple la résolution 504 du Conseil de Sécurité du 30 avril 1982 par laquelle le Conseil prend acte de la décision de l'Organisation de l'Unité Africaine de créer avec l'accord du Tchad, une force chargée d'y maintenir la paix et favoriser la création d'un fonds d'assistance pour cette force.

[60] NYABEYEU TCHOUKEU (L.), « Les opérations de maintien de la paix dans la corne de l'Afrique », *op.cit.*, p. 263.

[61] Union Soviétique, conception statique intransigeante ; France, conception statique souple.

[62] MONTBRIAL (Th.), KLEIN (J.), *Dictionnaire de stratégie*, *op.cit.*, p. 383.

[63] *Idem.*

sécurité, stabilité. Entreprendre une Opération de Maintien de la Paix suppose l'existence d'une guerre et postule la sécurité qui exige la stabilité.

Le caractère obligatoire desdites interventions est renforcé par l'affirmation de l'humanitaire. Les actions du Conseil de Sécurité[64] et de l'Assemblée Générale [65] sont celles constituant le noyau dur du droit conventionnel de l'action humanitaire internationale.

Le droit d'ingérence humanitaire, construction juridique, portant mise en application de la notion d'ingérence humanitaire a comme fondement spécifique, la protection du droit à la vie, et plus généralement, l'ensemble des droits fondamentaux de la personne humaine. En réalité, c'est un droit difficile à mettre en œuvre, un droit dont la confusion entre un droit naturel d'ingérence[66] et un droit spécial d'ingérence complique ultérieurement la situation. Il en est de même de ses orientations entre le devoir d'ingérence humanitaire, l'ingérence humanitaire préventive, et de droit d'ingérence écologique. Expression dont la paternité semble due à Eugène Ionesco, et la première tentative de construction juridique à Mario Bettati, le devoir d'ingérence humanitaire traduit l'orientation morale du droit de l'ingérence humanitaire et trouve un fondement juridique dans l'article 24 de la Charte de l'ONU, dans la réalisation de ce devoir confié à la communauté internationale[67].

Les États ont toujours misé sur la coopération pour atteindre la sécurité internationale.

2- La coopération, pilier de la sécurité internationale

La coopération explique la vogue nouvelle de l'expression sécurité internationale qui s'est imposée progressivement dans le débat international au cours des années 1970. Le symbole de la recherche d'une sécurité coopérative et indivisible est fourni par l'Organisation pour la Sécurité et la Coopération en Europe. Sa charte développe la conception d'une sécurité composite, créée continûment par une confiance croissante entre les États. Cette confiance est produite par des coopérations dans les domaines les plus divers. Allusion est faite aux négociations du désarmement, aux échanges commerciaux et scientifiques. La confiance évoquée ci-haut est aussi produite par des coopérations internationalement codifiées. Cette nouvelle vision de la

---

[64] Ces résolutions sont nombreuses. On fera allusion aux résolutions 688 du 5 avril 1991, 733 du 23 janvier 1992, 751 du 24 avril 1992 et 770 du 14 août 1992.

[65] On citera les résolutions 43/129 du 22 novembre 1988, 43/130 et 43/131 du 8 décembre 1988 et 45/100 du 14 décembre 1990.

[66] En cas de catastrophe naturelle par exemple.

[67] C'est donc cette conception qui a fait l'objet de plusieurs applications en Somalie, permettant ainsi à l'ONU de conduire ses opérations dans cette région.

sécurité sera théorisée aux États-Unis sous le nom de régime de sécurité[68]. Schématiquement, la coopération en tant que pilier de la sécurité internationale renvoie à deux idées à savoir la confiance croissante entre les États et le désarmement.

Ce n'est qu'au 19e siècle que le désarmement entra dans la sphère diplomatique, à l'initiative de Nicolas II de Russie[69]. Par la suite, ce processus sera élaboré en trois concepts. On parle d'approche tridimensionnelle du désarmement à savoir l'approche globale, l'approche régionale et l'approche bilatérale. Cette troisième catégorie comme son nom l'indique met aux prises deux États qui, dans le cadre des négociations, après une guerre ou plutôt dans l'intention de l'éviter, décident non pas de réduire leurs arsenaux, mais de s'en débarrasser. Le désarmement global et le désarmement régional sont intéressants pour la suite de cette contribution.

Pour parler d'approche globale du désarmement, il convient de relever que c'est l'obstructionnisme allemand qui scella le sort du désarmement lors des Conférences de La Haye de 1899 et 1907. Ces conférences se bornèrent à codifier les lois et coutumes de la guerre en s'inspirant du principe que les belligérants n'ont pas un droit illimité quant au choix des moyens de nuire à l'ennemi ; qu'ils doivent s'abstenir d'employer des armes, des projectiles et matières propres à causer des maux superflus. Ces déclarations restèrent lettres mortes pendant la guerre de 1914-1918. Il faudra attendre la fin de la Deuxième Guerre mondiale et la naissance de l'ONU pour que le désarmement soit replacé au centre des préoccupations. La fin de l'ordre bipolaire conduit à s'interroger sur sa signification. C'est l'absence de garantie réelle en ce qui concerne l'exécution des mesures convenues qui va pousser les États-Unis à proposer plutôt la maitrise des armements[70]. La fin de la guerre froide a été marquée par l'adoption de mesures de réglementation des armements d'une portée à tel point que certains observateurs ont qualifié de course au désarmement, le processus engagé.

L'approche régionale du désarmement[71] est nettement la plus souple. Dans le rapport du groupe d'experts gouvernementaux intitulé « étude de tous les aspects du désarmement régional » qui, quoiqu'élaboré en 1980, reste un document de référence, cela ressort nettement des considérations consacrées au désarmement régional. D'un point de vue conceptuel, le désarmement doit

---

[68] On définit le régime de sécurité comme un processus de coopération et de négociation permettant aux États en cause de s'auto-restreindre dans leur politique de sécurité, chacun attendant de l'autre la même attitude.

[69] Un auteur estime que le Tsar Nicolas II ne convoqua pas cette conférence sur le désarmement parce qu'il était un prosélyte de la paix, mais plutôt parce qu'il s'était rendu compte de son désavantage par rapport à son arsenal militaire.

[70] *Arms Control.*

[71] Extraits du cours du Professeur Jean François Guilhaudis, DEA Sécurité Internationale et Défense, Université de Grenoble 2, Année Académique 2000-2001.

ici être pris dans une acception très large ou « englobant les accords sur la réduction et la limitation des armements et des forces armées, mais également des mesures propres à accroitre la confiance et des mesures collatérales en général »[72]. Les armements et les forces visées peuvent être nucléaires ou classiques. Mais c'est surtout le terme région qui est générateur de souplesse : « on ne peut pas définir par avance et d'une manière générale ce qui pourrait constituer une région appropriée, ceci dépendant à la fois de l'initiative des États concernés, et, dans de nombreux cas, du type de mesures engagées »[73]. Le désarmement régional occupe donc l'espace disponible entre le désarmement bilatéral et le désarmement global.

Cette souplesse est voulue. L'objectif est d'utiliser au mieux toutes les possibilités pour faire progresser le désarmement. On estime que l'approche régionale peut être productive, améliorer les résultats du désarmement. Cet espoir est entretenu à partir de quelques idées simples. La plupart des États perçoivent et organisent leur sécurité en fonction de la situation qui prévaut dans la région où il se trouve. L'approche régionale correspond au besoin ressenti, à la demande en quelque sorte, elle permet également d'y adapter le traitement avec précision. Et les possibilités de la combinaison désarmement/région sont très nombreuses. Le concept même du désarmement régional en fait une catégorie très hétérogène. Quelques principes ont pourtant été posés dans les « directives et recommandations concernant des approches régionales du désarmement dans le contexte de la sécurité mondiale »[74]. Le plus important est certainement que le désarmement doit procéder de l'initiative des États de la région, être ouvert à tous les États de la région et être librement conclu par les États concernés. Le désarmement à l'échelon régional doit aussi être équitable, équilibré, accroitre la stabilité de la région et ne pas avoir d'effets nuisibles sur la sécurité d'autres États. Il doit enfin être complémentaire du désarmement mondial, c'est-à-dire ne pas comporter d'éléments qui seraient en contradiction avec l'objectif ultime qui est le désarmement général et complet.

La dénucléarisation par régions, notamment sous la forme des zones exemptes d'armes nucléaires[75], est au cœur du désarmement régional qui s'est pendant longtemps presque confondu avec elle. Le choix du nucléaire comme point d'application de l'approche régionale du désarmement est quelque peu paradoxal[76]. L'arme nucléaire semble donc, parmi toutes les armes, être celle pour laquelle l'approche régionale parait la moins adaptée. Elle sera pourtant

[72] Études des Nations Unies, 1980, p.145.
[73] *Ibid.*, p.152.
[74] Adoptées par consensus par la Commission du désarmement en 1993 et approuvées par l'Assemblée Générale des Nations Unies.
[75] C'est la première particularité du désarmement régional.
[76] Associé aux vecteurs modernes, l'arme nucléaire peut frapper très loin de ses bases, aucune partie du monde ne lui est inaccessible. La dissuasion peut s'étendre partout.

essayée et l'approche régionale du désarmement, très fortement anti-nucléaire, obtiendra rapidement quelques succès. Le premier de ces succès concerne les accords internationaux conclus à propos de zones non peuplées comme l'Antarctique[77], l'Espace extra atmosphérique[78] et les fonds de mers[79]. Le deuxième succès renvoie au traité de Tlatelolco[80] pour la zone Amérique latine, Caraïbes. C'est la première zone habitée dénucléarisée. Quant au troisième succès, il concerne le traité de Rarotonga[81] sur la dénucléarisation du Pacifique sud. Ce traité est du même type que celui de Tlatelolco. Le traité de Pelindaba adopté par les chefs d'État de l'OUA[82] est aussi considéré comme un succès du désarmement régional. Il en est de même du traité de Bangkok, créant une zone exempte d'armes nucléaires en Asie du Sud-Est[83]. À côté de ces conventions qui sont autant de succès, il y'a des projets, anciens qui ont été abandonnés ou qui ne parviennent pas à déboucher sur une convention[84].

Les résultats obtenus par les projets de zones de paix[85] sont moins bons. Ainsi la zone de paix de l'Océan indien n'est toujours pas pleinement établie. D'autres projets de zone de paix ont été présentés sans succès et ont disparu de l'actualité. Il y'en a eu pour la Méditerranée[86] et pour l'Asie du Sud-est. Le projet qui a le mieux réussi est celui de la zone de paix et de coopération de l'Atlantique sud[87]. On ne saurait oublier la Mongolie qui s'est unilatéralement déclarée dénucléarisée en 1992. On pense aussi au projet de créer une zone dénucléarisée en Europe centrale et orientale en 1996 ou encore à la proposition de dénucléarisation de l'Asie centrale en 1993. On évoquera enfin l'idée de faire de la mer caspienne une zone de paix et de bon voisinage et le projet des Non-alignés intitulé Hémisphère sud et zones adjacentes exemptes d'armes nucléaires comme il apparait dans la résolution 51/45B du 10 décembre 1996[88].

Le temps de la distinction entre les doctrines de la sécurité est un temps d'insécurité. La doctrine de la sécurité nationale met en avant l'intérêt et la

[77] En 1959.
[78] En 1967.
[79] En 1971. Dans cette situation, on ne peut pas parler de dénucléarisation puisque aucune arme nucléaire ne s'y trouvait. Dans le cas de l'Antarctique et de l'Espace extra atmosphérique, il s'agit d'une véritable dénucléarisation.
[80] En 1967.
[81] En 1985.
[82] En 1995 et aussitôt signé au Caire par 43 États africains en 1996.
[83] Ce traité est intervenu le 15 décembre 1995.
[84] Moyen Orient, Europe.
[85] C'est la seconde particularité du désarmement régional.
[86] Dans les années 1970.
[87] Cette zone de paix a été déclarée solennellement par l'Assemblée Générale de l'Organisation des Nations Unies par la résolution 41/11.
[88] Assemblée Générale de l'ONU.

puissance de chaque État tandis que la doctrine de la sécurité internationale dilue ces paradigmes sans pour autant les effacer. Cela est d'autant plus vrai que la coopération envisagée dans la sécurité internationale, tout en favorisant la confiance croissante entre les États, n'exclut pas la méfiance entre ceux-ci. Les résultats de la coopération, même s'ils sont encourageants, ne sont pas satisfaisants. Il faudra passer à une étape supérieure, celle où chaque État comprend que l'union fait la force, que la sécurité n'est pas exclusivement militaire. On assistera ainsi à la fusion des doctrines.

II- LE TEMPS DE LA FUSION DES DOCTRINES

Rien n'étant statique, tout étant dynamique, les doctrines de la sécurité vont évoluer vers la fusion. Le point de départ de cette évolution est lié à l'indissociabilité entre l'interne et l'externe. De nos jours, la sécurité d'un État a nécessairement une influence sur celle des autres. Les menaces transfrontalières, militaires ou non, sont les plus à la mode. Ainsi, la fusion dont il est question est liée à certaines causes (A). Elle recherche des finalités (B).

A- Les causes de la fusion

La fin de la guerre froide va favoriser l'évolution de l'approche des questions de sécurité. Ainsi sera accréditée l'idée qu'au-delà de la stricte sécurité nationale, de la puissance, de la sécurité internationale conçue comme un arrangement entre États, c'est désormais d'une sécurité commune, d'une sécurité intégrale ou globale dont le monde a besoin. On assistera à la mutation du système international (1). Ceci produira une double transformation de la sécurité (2).

1- La mutation du système international

Cette mutation du système international commence en 1648, se poursuit en1945 et a été ressentie après 1989. Déjà, il faut remarquer qu'en 1989, un rapport d'experts[89] élaboré à la demande de l'Assemblée Générale de l'ONU était arrivé à la conclusion suivante : « C'est seulement en reconnaissant que la sécurité est indivisible, que ce soit dans ses aspects militaire, économique, social et politique, ou dans ses aspects national et international que les nations pourront mettre au point les mesures nécessaires pour l'instaurer en cette époque d'interdépendance »[90]. Schématiquement, parler de mutation du système international peut se résumer à la question de savoir qu'est-ce qui a changé dans la société internationale avec l'implosion de l'empire soviétique en passant par les traités de Westphalie et le Concert des nations.

---

[89] Rapport de la Commission Palme.

[90] *Idem.*

La mutation du système international contemporain se manifeste par l'effacement des menaces militaires lourdes. Cet effacement réduit le poids de l'élément militaire dans l'ensemble des facteurs de production de sécurité. Ainsi, le système international après 1989 se caractérise par la multiplication des crises locales et l'apparition de nouveaux dangers[91]. On remarque aussi l'affirmation grandissante aux références communes[92]. Le rôle des sociétés civiles dans la vie internationale se fait croissant. Les menaces jadis périphériques comme le terrorisme occupent la place laissée par la fin de l'affrontement Est-Ouest.

De ce qui précède, on constate que la sécurité ne peut plus être réduite à la sauvegarde même concertée des États. Aussi, la minorisation de l'idée de sécurité nationale et la relativisation de la dimension militaire débouchent sur la conception d'une sécurité qui serait assurée collectivement. Cette nouvelle approche de la sécurité prendrait en charge des problèmes qui, pour nombre d'auteurs, posent aujourd'hui plus que les menaces militaires, la question de la survie de la planète.

De nos jours, se met progressivement et fermement en place un droit de l'environnement que ce soit sur le plan international, régional que national. La dégradation de l'environnement a provoqué un changement du cadre juridique dans plusieurs secteurs de la vie. Ce sont deux Conférences à savoir celle de Stockholm et celle de Rio qui ont jeté les bases juridiques du développement du droit de l'environnement au niveau universel[93]. La question de l'avenir de la planète est devenue fondamentale si bien qu'un ordre public écologique a vu le jour. Cet ordre est récent, peu traité par la doctrine et non encore reconnu par les textes et la jurisprudence[94]. L'ordre public écologique s'est longtemps présenté comme un ensemble de polices administratives spéciales, rejoignant aussi la police administrative générale en sa finalité de prévention de troubles à la tranquillité, la salubrité et la sécurité publiques[95]. Plusieurs facteurs sont à l'origine de son unité et de sa singularité. On peut mettre en lumière sa relation avec le risque. Si les économistes prétendent avoir des certitudes, tel n'est pas le cas pour les environnementalistes. En effet, ces derniers sont plus modestes et plus réalistes. Ils accueillent souvent l'incertitude.

La protection de l'environnement est un ordre qui s'impose aujourd'hui comme une nécessité pour la conscience universelle[96]. Au niveau régional, chaque organisation continentale se préoccupe de prendre des mesures pour la

[91] Sanitaires et environnementaux.

[92] Par exemple en matière de droits de l'Homme.

[93] GARGA SADOU, « La lutte contre la désertification : élément d'un ordre public écologique africain », *Cahiers Juridiques et Politiques*, 2015, p. 83.

[94] MORAND-DEVILLER (J.), « Ordre public économique, ordre public écologique », *Revista de Direito Econômico e Socioambiental*, 2018, p. 14.

[95] *Idem.*

[96] *Idem.*

protection de l'environnement. Les législations nationales ne sont pas en reste. On comprend aisément que la sécurité englobe aussi l'environnement. Cette nouvelle exigence entre en droite ligne avec la vision de René Jean Dupuy qui, il y a de cela une vingtaine d'années, parlait de dédoublement du monde[97]. Ainsi, l'ordre public écologique est un concept animé par un objectif de justice. C'est aussi un concept mis en place pour ériger une responsabilité éthique. C'est encore un concept qui vise le bien-être.

Que l'on pense aux dérives de la négociation sur le climat, aux difficultés à gérer la biodiversité ou au vocabulaire sur les accords contractuels, la propriété intellectuelle, les permis d'émission négociables, tout se passe comme si la mondialisation éloignait le droit de l'environnement de la protection des valeurs sociales pour l'engager dans la voie d'une approche commerciale et économiste[98]. Le bouleversement de la carte du monde conduit l'observateur à modifier la célèbre formule de Raymond Aron. Ainsi, dans l'après-guerre froide, la paix devient un peu plus possible et la guerre un peu moins probable. La stratégie de sécurité s'inscrit dans un environnement complexe marqué par l'émergence de nouveaux acteurs, de nouveaux centres de pouvoir et surtout de nouveaux enjeux de puissance. La stabilité bipolaire a cédé le pas aux incertitudes et à l'instabilité internationale. Au 21e siècle, le monde doit apprendre à gérer l'imprévisible. Pour le faire, il doit inventer de nouveaux modèles de sécurité.

La démonstration de la reconnaissance progressive de l'ordre international économique peut se faire à partir des exigences éthiques. Déjà, il convient de remarquer que l'exigence d'éthique n'a jamais été absente du droit international économique. C'est le droit de la condition des étrangers qui a fourni au droit international économique ses premiers linéaments éthiques. Ce sont dans les anciens traités d'amitié, de commerce et de navigation que les notions comme le standard minimum, le standard de traitement juste et équitable, la pleine et entière protection et sécurité font leur apparition. L'introduction de telles notions avait pour objectif de rappeler au souverain que l'étranger, pris dans sa personne comme dans ses biens, doit être traité humainement.

De nos jours, l'exigence d'éthique ne se limite plus à la protection de l'étranger en sa personne et ses biens. Il est question d'amener les opérateurs économiques à respecter certaines règles sans lesquelles le système international économique ne pourrait fonctionner de façon satisfaisante. Il s'agit donc de consolider, de perpétuer ce système, non plus dans l'intérêt des individus, mais dans l'intérêt collectif. Les politistes parlent de moralisation des relations internationales. Sur le plan économique, cette moralisation se fera dans trois directions. Dans un premier temps, des instruments

---

[97] DUPUY (R.-J.), « Le dédoublement du monde », *RGDIP*, 1996, pp. 313 – 321.
[98] BALAIDI (N.), « Identité d'un ordre public écologique », *Droit et Cultures*, 2014, p. 15.

s'efforceront de mettre un terme à certaines activités dommageables des entreprises multinationales[99]. Deuxièmement, des précautions ont été prises afin d'assurer le bon fonctionnement du marché à l'échelle internationale. Tel est le cas des recommandations de l'OCDE concernant la coopération entre États membres sur les pratiques anticoncurrentielles affectant le commerce international[100]. Tel est aussi le cas de l'ONU qui a voté en 1986 un ensemble de principes et règles en vue du contrôle des pratiques restrictives en matière commerciale. Seulement, il faut relever la nature non contraignante de ces instruments de l'ONU et de l'OCDE. Dans un troisième temps, certaines pratiques financières internationales ont fait l'objet d'une tentative d'assainissement. Elles ont permis de lutter contre certaines infractions à la sécurité de l'État[101]. La finalité recherchée est celle de la transparence économique internationale. Ceci permet de lutter contre l'opacité.

On doit aussi relever que l'éthique sert de pilier à la contestation de l'ordre international économique de la part des Organisations internationales Non Gouvernementales. Cette contestation se présente sous deux formes. D'une part, certains groupes font valoir que l'actuel système international économique est déséquilibré. Il faudrait donc réformer pour permettre à l'ordre international économique de se consolider. D'autre part, certains groupes radicaux soutiennent que le système actuel est atteint de vices fondamentaux. Toute tentative de réforme est vouée à l'échec. C'est donc une contestation globale. Elle prône un nouvel ordre économique international. Pour les altermondialistes, il s'agit de détruire et de reconstruire[102]. La contestation devient radicale. On passe de la réforme à la révolution. Ainsi, commence à se développer un embryon d'ordre parallèle qui remet en cause l'ordre libéral. L'ordre international économique, fort de ses succès engrangés, ne semble pas menacé par cette contestation. L'échange international poursuit son chemin. Quoi qu'il en soit, on assiste à une transformation de la sécurité.

2- La transformation de la sécurité

Il y a transformation de la sécurité quant à sa nature et quant à ses conditions[103].

Dans l'après-guerre froide, on assiste à une métamorphose de la violence et des conflits. Le contenu de la sécurité lui-même a changé. Le fondement de

---

[99] Décision OCDE du 21 juin 1976 sur l'investissement international et les entreprises multinationales.

[100] Cette recommandation a été révisée périodiquement en 1973, 1979, 1986 et 1995.

[101] Faux monnayage, trafics illicites, terrorisme, mercenariat, blanchiment de capitaux, corruption…

[102] Détruire un ordre injuste et inéquitable qui ne peut qu'enrichir les plus riches et appauvrir les plus pauvres. Reconstruire un ordre qui substituera la solidarité à l'efficacité.

[103] COLARD (D.), « Le concept de sécurité dans l'Après-Guerre Froide », *op.cit.*, p. 68.

la sécurité n'est plus l'équilibre des forces et l'équilibre de la terreur. Les risques sont plus importants que les menaces. En ce qui concerne les risques, il y a ceux liés à la renaissance du nationalisme et du fanatisme religieux. Ces risques ont un lien fort avec l'instabilité de l'arc de crise islamique. Cette instabilité s'est propagée en Afrique subsaharienne. Quant aux nouvelles menaces, il s'agit du terrorisme, de la prolifération des armements conventionnels et non conventionnels. Il s'agit aussi du grand banditisme international et des phénomènes mafieux, du blanchiment d'argent, du trafic illicite de la drogue, de la pression des flux migratoires et des problèmes de minorités et des risques sanitaires[104].

La lutte contre le terrorisme[105] est incontestablement le nouveau défi plus titanesque de la sécurité. Seize traités antiterroristes à vocation universelle ont été conclus de manière empirique, au gré des modes opératoires de terroristes[106]. Quant aux conventions régionales[107], les obligations qu'elles définissent relèvent d'une logique analogue à celles des conventions antiterroristes universelles. Cependant, elles présentent parfois des variations et des spécificités. Ces variations et ces spécificités se remarquent surtout en matière d'entraide judiciaire et policière. Couvrant largement les actes terroristes dans leur diversité, ces traités apparaissent assez complets. S'agissant de leur contenu, les conventions antiterroristes universelles reposent dans une large mesure sur un même dispositif, organisant une répression par les États selon le modèle décentralisé classique. L'objet principal de ces conventions antiterroristes est ainsi d'organiser les poursuites pénales et, le cas échéant, la punition par les juridictions internes.

---

104 À l'instar du coronavirus, cette menace planétaire apparue au moment où nous mettions sous presse la présente contribution.

105 On peut risquer une définition du terrorisme. Ainsi, le terrorisme est un fait illicite de violence grave commis par un individu ou un groupe d'individus, contre des personnes et des biens, dans la poursuite d'un objectif idéologique et susceptible de mettre en danger la paix et la sécurité. L'individu ou les individus auteurs d'actes terroristes, peuvent agir à titre individuel, ou avec l'approbation et l'encouragement, la tolérance ou le soutien d'un État. Dans ce cas, on parle de terrorisme d'État. Le terrorisme procède par la violence. En effet, les actes de terrorisme sont destinés à produire la terreur.

106 On peut citer de manière non exhaustive : la Convention de Tokyo sur la sécurité des aéronefs, la Convention de la Haye de 1970 sur la violence contre personnes à bord, la Convention de Montréal de 1971 sur les personnes à bord d'un aéronef, la Convention de New York de 1973 sur la protection internationale des personnes, la Convention de New York de 1979 sur la prise d'otages, la Convention de New York de 1999 sur le financement du terrorisme, la Convention de Beijing de 2010 sur l'aviation civile.

107 Il s'agit des traités signés par les États dans le cadre des Organisations Internationales régionales. Tel est le cas de l'Organisation de la Conférence Islamique (OCI), de l'Organisation de l'Unité Africaine (OUA) devenue Union Africaine (UA), de la Ligue des États Arabes (LEA) et du Conseil de l'Europe (CE).

Le Conseil de Sécurité s'est imposé comme un acteur de premier plan dans la lutte contre le terrorisme. Ainsi, il a adopté plusieurs résolutions[108]. On doit remarquer que la résolution 1373 du 28 septembre 2001 inaugure une nouvelle forme d'action normative du Conseil de Sécurité. Dans cette résolution, le Conseil impose aux États un ensemble de mesures obligatoires de prévention et de répression du terrorisme. La plus particulière est celle d'ériger dans le droit interne en infraction la fourniture ou la collecte délibérée par leurs nationaux ou sur leur territoire, de fonds que l'on prévoit d'utiliser ou dont on sait qu'ils seront utilisés pour perpétrer des actes de terrorisme qui font l'objet d'un régime juridique conventionnel[109].

Les instruments internationaux contraignants sur le terrorisme imposent aux États d'agir de manière individuelle. On parle d'obligations d'agir *ut singuli*. Les États doivent le faire dans le cadre de leur ordre juridique interne, en adaptant leur législation nationale. Ils doivent aussi exercer leur compétence répressive. Ainsi, les États ont l'obligation d'intégrer des infractions terroristes dans la législation pénale nationale. Les États ont l'obligation de poursuivre les auteurs présumés d'actes terroristes. S'ils ne poursuivent pas, ils ont l'obligation d'extrader[110].

S'agissant de la transformation de la sécurité quant à ses conditions, on doit tout d'abord faire remarquer que le blocage nucléaire a presque disparu avec le système bipolaire. De nos jours, les crises et les conflits ne sont plus régulés ni contrôlés par les grandes puissances. Les exemples où le régulateur onusien a failli sont nombreux. Tel a été le cas en Somalie. Tel a été aussi le cas en Bosnie, au Rwanda, au Congo et dans l'ex-Zaïre. La crise libyenne de 2011 et son embourbement aujourd'hui ne dédouanent pas l'auguste institution. Au contraire, cette situation confirme que les conditions de la sécurité se sont transformées. En effet, la sécurité qui pose le plus de problèmes est intra-étatique. Et l'ONU ne semble pas armée au sens propre comme au sens figuré pour gérer les conflits intra-étatiques.

Aussi, avec la prolifération des acteurs internationaux[111], l'international est désormais concevable sans territoire et sans État. En effet, la mondialisation a nécessairement des conséquences sur les systèmes ou les modèles de sécurité classique. Il faut donc penser les formes contemporaines de la violence même si Marcel Merle estimait qu'on doit toujours se référer au système

---

[108] On peut signaler : la résolution 1269 de 1999, la résolution 1373 du 28 septembre 2001, la résolution 1535 de 2004 et la résolution 1540 de 2004.

[109] Ces actes peuvent être classés en huit catégories : le terrorisme aérien, le terrorisme contre les personnes jouissant d'une protection internationale, les prises d'otages, le terrorisme maritime, les attentats terroristes à l'explosif, le terrorisme nucléaire, le financement du terrorisme et la participation à une entreprise terroriste.

[110] La maxime consacrée est la suivante : *Aut dedere, aut judicare*.

[111] ONG, OIG, firmes multinationales, médias.

international global, car le territoire n'a pas disparu, pas plus que l'Etat, et l'international ne peut être conçu sans eux. Que dire des finalités de la fusion ?

B- Les finalités de la fusion

On néglige trop souvent l'étude des finalités du droit[112]. En effet, dans la découverte et la mise en œuvre du droit positif, la préférence est accordée aux réalités concrètes et à l'efficacité immédiate de la solution. Ni les praticiens ni les théoriciens ne peuvent s'abstraire des finalités du système juridique ou des règles de droit pour en comprendre le sens, en guider l'interprétation, en orienter l'application ou en prévoir l'évolution[113]. Aussi, les finalités du droit sont multiples. Les opinions à cet égard sont si disparates, contradictoires, passionnées ou incertaines que leur cacophonie est déconcertante[114]. Certains estiment que le droit doit tendre vers le juste partage, la bonne conduite des individus, leur utilité, leur plaisir, leur bien-être, leur sécurité.

Deux finalités sont projetées dans la fusion des doctrines de la sécurité dans le temps à savoir d'une part, la recherche de la sécurité commune (1), d'autre part, la promotion de la sécurité humaine (2).

1- La recherche de la sécurité commune

Pour Emmanuel Kant, il est impératif de considérer l'humanité comme une communauté. C'est une communauté qui s'organiserait autour de critères moraux et juridiques. Ce sont ces critères qui fondent ainsi la possibilité de vivre en paix. D'où l'idée de monter un projet de paix perpétuelle[115]. La vision de cet auteur fait dépendre la sécurité du plus haut degré de coopération. La solidarité, proclamation d'appartenance à un monde unique devient ainsi une donnée essentielle. Partant de là, Kant serait le philosophe de la sécurité commune. On s'attardera sur les modèles européen et africain de sécurité commune.

De nos jours, la politique de sécurité et de défense commune[116] définit l'architecture des structures politiques et militaires de l'Union Européenne et trace le cadre des missions et opérations militaires et civiles à l'étranger. L'Union Européenne fixe la stratégie relative à la PSDC, tandis que le traité de Lisbonne prévoit les aspects institutionnels et renforce le rôle du Parlement européen. D'importantes modifications stratégiques et opérationnelles ont été récemment apportées à la PSDC afin de l'adapter aux enjeux de sécurité, de renforcer l'action de l'Union pour répondre à l'action des citoyens.

---

112 BERGEL (J.-L.), *Théorie générale du droit*, *op.cit.*, p. 30.

113 *Idem.*

114 *Idem.*

115 KANT (E.), *Vers la paix perpétuelle*, Konigsberg, F. Nicolovius, 1795, 114 p.

116 Ci-après PSDC.

Il faut rappeler qu'à partir du Traité de Maastricht en 1991, le traité de l'Union devait permettre d'introduire, parallèlement à l'Union Économique et Monétaire, les premiers éléments d'une union proprement politique. En établissant les bases d'une politique étrangère commune, les négociateurs du traité souhaitaient combler le déficit d'une Europe géant économique et nain politique[117]. Une Europe impuissante et paralysée devant les conflits qui se déroulaient à ses frontières. Ils ont dans cette perspective, modifié le système juridique de production des politiques européennes en la matière, en instaurant une architecture institutionnelle complexe et sans précédent, qui associe deux systèmes d'action différents à savoir le système communautaire et le système de coordination des diplomaties européennes[118].

Par son caractère hybride, ce nouvel axe de développement de la construction européenne constitue un terrain d'analyse particulièrement fécond pour comprendre comment se forment et se transforment des pratiques et des logiques d'action européennes[119]. La mise au jour des concurrences et des clivages qui structurent la PESC, des mobilisations et des stratégies d'appropriation de son cadre juridique conduisent à un découpage des groupes, des alliances et des solidarités qui diffèrent sensiblement du découpage institutionnel formalisé[120].

Lors de sa deuxième session extraordinaire les 27 et 28 février 2004, la Conférence de l'Union Africaine a fait une déclaration solennelle sur la politique africaine commune de défense et de sécurité. À cette occasion, les chefs d'État et de gouvernement de l'Union Africaine ont décidé de se consulter et d'adopter une position commune sur les questions relatives à la défense, qui affectent ou constituent une menace potentielle à la sécurité collective du continent africain[121]. Les modèles européen et africain de sécurité commune promeuvent sans doute la sécurité humaine.

2- La promotion de la sécurité humaine

Le concept de sécurité humaine a été popularisé par le Programme des Nations Unies pour le Développement dans un Rapport sur le développement humain publié en 1994[122]. Alliant la sauvegarde contre des violences ponctuelles à la sauvegarde vis-à-vis d'atteintes chroniques, ce concept est de plus en plus pris pour référence par l'ONU, qui rappelle ainsi que la sécurité doit aller bien au-delà de la défense armée des territoires. On étudiera la

[117] BUCHET DE NEUILLY (Y.), « La politique étrangère et de sécurité commune : dynamique d'un système d'action », *Politix*, 1999, p. 127.
[118] *Idem.*
[119] *Idem.*
[120] *Idem.*
[121] Voir la déclaration solennelle, précisément au paragraphe 11.
[122] COLARD (D.), « La doctrine de la sécurité humaine : le point de vue d'un juriste », *Arès*, n° 47, 2001, p.11.

sécurité humaine en évoquant ses fondements, sa triple signification et son champ d'application. La sécurité humaine se fonde sur l'humanitaire, le Droit international des droits de l'Homme et la mondialisation.

Parlant de l'humanitaire, il faut dire que cette doctrine a vu le jour avec Henri Dunant. Elle s'est développée avec l'humanisation du *Jus in bello* avant et après les deux guerres mondiales. On citera les conventions de La Haye de 1899 et 1907, les quatre conventions de Genève de 1949 et les deux Protocoles additionnels de 1977 sur les conflits armés internationaux et non internationaux[123]. Le droit international assure la sécurité, la défense et la dignité de la personne humaine en temps de guerre. À la fin de la guerre froide, les Nations Unies ont consacré un droit à l'assistance humanitaire qu'on peut appeler aussi droit d'intervention ou d'ingérence humanitaire en cas de catastrophes naturelles ou de situations d'urgence du même ordre.

Un véritable droit international des droits de l'homme est né avec la création de l'Organisation des Nations Unies. La Déclaration Universelle des Droits de l'homme contient une définition de la sécurité humaine à son article 28 : « Toute personne a droit à ce que règne sur le plan social et sur le plan international un ordre tel que les droits et libertés énoncés dans la présente déclaration puissent y trouver plein effet ». Le droit à la sécurité humaine trouve bien dans les textes internationaux un fondement juridique certain.

Quant à la mondialisation, on doit souligner qu'elle n'est pas seulement un processus économique, technologique ou financier. Elle est aussi un phénomène juridique. La mondialisation pose parfaitement la problématique de la construction d'un droit commun de l'humanité.

Que dire de la triple signification du concept ? Parler de signification de la sécurité humaine revient à voir ce que cette notion entraine sur le bon fonctionnement du système des relations internationales[124]. On peut mesurer cette signification par rapport à la souveraineté, au passage des droits et à la diplomatie. Avec l'essor de la sécurité humaine, deux conceptions de la souveraineté se distinguent désormais. La première conception est la souveraineté de l'État. La seconde conception est la souveraineté de l'individu c'est-à-dire l'ensemble des droits de l'homme et des libertés fondamentales de chaque individu, tels que consacrés par la Charte. Le problème est alors de concilier la souveraineté de l'individu avec celle de l'État d'une part, de concilier la souveraineté des États d'autre part. Quant au passage des droits, on doit noter que d'un droit international de coexistence et de neutralité, on est passé à un droit international de coopération et de solidarité. Dans ce contexte, la sécurité humaine prend toute sa place. Avec la doctrine de la

[123] *Ibid.*, p. 13.
[124] *Ibid.*, p. 19.

sécurité humaine, on est passé de la diplomatie réaliste[125] à la diplomatie humaniste[126]. Le défi que doit relever l'ONU est d'apprendre aux États et aux peuples à mieux vivre, mieux coopérer, mieux gouverner ensemble. La paix à visage humain passe par une diplomatie humaniste, humanitaire ou caritative, publique, multilatérale privilégiant les droits de la personne. La sécurité humaine est globale, coopérative, collective et démocratique. Un peu *d'idealpolitik* est donc nécessaire. Pour le dire autrement, la realpolitik qui gouverne les relations des « monstres froids » que sont les États doit céder un peu d'espace à *l'idealpolitik.*

En ce qui concerne le champ d'application de la sécurité humaine, il faut relever que le concept de sécurité humaine est difficilement opératoire à l'international. En effet, il se trouve au carrefour du *jus ac pacis*, du *jus ad bellum* et du *jus in bello*. C'est donc un concept fourre-tout. On limitera la démonstration au programme onusien, à celui de l'UNESCO, et à celui du Groupe des 11 encore appelé Groupe de Bergen.

Les premiers linéaments du programme onusien en matière de sécurité humaine se trouvent dans les trois agendas rédigés par l'ancien Secrétaire Général de l'ONU Boutros Boutros Ghali[127]. Koffi Annan quant à lui, a proposé un plan d'action pour le 21e siècle dans son rapport présenté à l'Assemblée Générale le 3 avril 2000 dans la perspective du sommet du millénaire. Selon lui, le défi fondamental de notre époque est de tirer le meilleur parti de la mondialisation en privilégiant la dimension humaine, en apprenant à mieux gouverner, et surtout à gouverner ensemble. Ce rapport présentait quatre grands points à savoir la mondialisation et la gouvernance, la question de vivre à l'abri du besoin, celle d'un monde libéré de peur et la recherche pour un avenir viable. Le PNUD a élaboré des indicateurs pour promouvoir le développement humain et durable et classé les différents pays en fonction des indices de développement humain[128].

L'UNESCO a un rôle fondamental à jouer dans la promotion de la sécurité humaine, car, elle est la seule institution spécialisée du système des Nations Unies dont le mandat fait directement référence à la paix. C'est ainsi qu'elle a proposé en 1995, une définition de la culture de la paix qui comporte trois dimensions. La première dimension est relative à une culture de convivialité et du partage, fondée sur les principes de liberté, de justice et de démocratie, de tolérance et de solidarité. Quant à la deuxième dimension, elle concerne une culture qui rejette la violence, s'attache à prévenir les conflits à leurs

---

[125] On parle de la *realpolitik.*

[126] Il s'agit de *l'idealpolitik.*

[127] Agenda pour la paix en 1992, Agenda pour le développement en 1994 et Agenda pour la démocratisation en 1996.

[128] Les trois critères principaux restent l'espérance de vie, le niveau d'éducation et l'état de santé de la population.

sources et à résoudre les problèmes par la voie du dialogue et de la négociation. La troisième dimension par contre a trait à la mise en place d'une culture qui assure à tous le plein exercice de tous les droits et de tous les moyens de participer pleinement au développement endogène de la société. Dans cette perspective, il faut passer d'une culture de réaction à une culture de prévention des conflits.

Le programme du groupe de Bergen pour favoriser le développement de la sécurité humaine est tout aussi intéressant. Ce groupe réunit onze États[129] dont la présence de certains peut surprendre. Dans ce groupe, les États riches côtoient les États pauvres. Sous l'impulsion du Canada, ce groupe informel a l'ambition de promouvoir la sécurité humaine comme nouveau paradigme à travers des actions concrètes en dix points[130].

On constate donc à partir de ces trois programmes que le champ d'application de la notion de sécurité humaine est aussi vaste qu'hétérogène.

CONCLUSION

Il était question tout au long de cette contribution d'évoquer les doctrines de la sécurité dans le temps. On a montré qu'il y avait un temps de la distinction entre les doctrines et un temps de la fusion des doctrines.

L'étude a fait ressortir trois grandes étapes de l'évolution du concept de sécurité. Chronologiquement, la sécurité avait une signification pendant le concert des nations, pendant la guerre froide et après la guerre froide. Un des traits caractéristiques de la sécurité pendant la première période est la logique de la puissance nationale qui débouche sur la focalisation sur le militaire. Par la suite, on notera le passage de la sécurité nationale à la sécurité internationale. La guerre froide renouvelle la problématique de la paix et de la guerre et du couple sécurité/stabilité et insécurité/instabilité. De nos jours, la sécurité a une autre signification. Il faut remettre l'homme au centre du jeu. On parle de sécurité humaine.

---

[129] L'Afrique du Sud, l'Autriche, le Canada, le Chili, l'Irlande, la Jordanie, la Norvège, les Pays-Bas, la Slovénie, la Suisse et la Thaïlande.

[130] Ces points sont les suivants : débarrasser le monde des mines anti-personnelles ; lutter contre la prolifération non contrôlée des armes légères et de petit calibre ; répondre aux besoins particuliers des enfants dans les conflits armés ; renforcer l'application du droit international humanitaire et le respect des droits de la personne ; faire ratifier et mettre en vigueur le Statut de Rome ; renforcer la lutte contre l'exploitation des enfants ; améliorer la sécurité du personnel humanitaire ; élaborer des stratégies prospectives de collaboration pour la prévention des conflits dans le cadre de l'ONU et des Organisations régionales ; mettre en place dans le système des Nations Unies un régime international efficace pour combattre le crime organisé international ; augmenter les ressources de la coopération pour le développement en respectant les objectifs définis au Sommet de Copenhague (0,7 % du PNB des pays développés).

Si chaque manière a correspondu à une période de l'histoire de l'humanité, de nos jours, on assiste à une fusion de ces perceptions. Cependant, il serait excessif de proclamer la mort des traditionnelles perceptions. Aussi, le concept de sécurité dans le monde bipolaire obéissait à une logique différente de celle de l'après-guerre froide. Après la mutation du système international et la transformation de la sécurité, l'expression aujourd'hui en vogue est celle de sécurité humaine. Partant de là, on constate que la sécurité n'a pratiquement plus de limites. Avec la mondialisation, la forme négative de la paix[131] cède le pas à la forme positive de la paix[132]. Ainsi, le secret de la paix au 21e siècle réside dans le respect des droits de l'homme, de la démocratie et du développement.

La recherche de la paix implique désormais l'interdiction du recours à la force dans les relations sociales, mais repose également sur d'autres critères non exhaustifs : le développement, l'équilibre économique, le respect des droits de l'homme. Une forte disparité entre entités indépendantes de la planète est source de tension, d'insécurité. Concernant la sécurité intérieure, le développement et l'équilibre économique dont il est question concernent les couches sociales. L'État doit pourvoir au développement de sa population. Il doit réguler l'équilibre économique entre les différentes classes afin d'éviter que les plus faibles ne soient dans une condition tellement précaire que cela pourrait les entrainer vers de mauvaises directions. Ce faisant, la paix ne serait plus assurée. Quant au respect des droits de l'homme, c'est de nos jours une donnée essentielle pour atteindre la paix. En effet, le mouvement de consécration des droits de l'homme observé après 1945 a pris une autre vitesse à partir des années 1990.

Au final, la relation entre les doctrines de la sécurité s'est toujours établie selon les temps. La Révolution et l'empire débouchent en Europe sur un système qui fait la part belle à la fois à la conception hobbesienne d'un « pur équilibre de puissance » et à un système plus organisé, dans la logique d'un Grotius avec le fameux « concert des Nations ». Le 21e siècle mêlera plus intimement ces doctrines.

INDICATIONS BIBLIOGRAPHIQUES

- BALAIDI (N.), « Identité d'un ordre public écologique », *Droit et Cultures*, 2014, pp. 15-49.
- BERGEL (J.-L.), *Théorie générale du droit*, Paris, Dalloz, 2004, 374 p.

131 Qui veut la paix prépare la guerre.
132 Qui veut la paix prépare la paix.

- BUCHET DE NEUILLY (Y.), « La politique étrangère et de sécurité commune : dynamique d'un système d'action », *Politix*, 1999, pp. 127-146.
- COLARD (D.), « Le concept de sécurité dans l'après la guerre froide », *Arès*, n° 42, 1999, pp. 65-77.
- CORNU (G.), (dir.), *Vocabulaire juridique*, Paris, PUF, 10e édition, 2014, 1099 p.
- DAILLIER (P.), « La fin des Opérations de maintien de la paix », *AFDI*, 1996, pp. 62-78.
- DAILLIER (P.), FORTEAU (M.), PELLET (A.), *Droit international public*, Paris, LGDJ, 8e édition, 2009, 1709 p.
- DUPUY (R.-J.), « Le dédoublement du monde », *RGDIP*, 1996, pp. 313-321.
- GARGA SADOU, « La lutte contre la désertification : élément d'un ordre public écologique africain », *Cahiers Juridiques et Politiques*, 2015, pp. 83-107.
- GAVALDA (Ch.), « Le temps et le droit », *Études offertes à Barthélemy MERCADAL*, Paris, Lefebre, 2002, pp. 23-29.
- GRIMALDI (N.), *Traité des solitudes*, Paris, P.U.F, coll. « Perspectives critiques », 2003, 288 p.
- MONTBRIAL (Th.), KLEIN (J.), *Dictionnaire de stratégie*, Paris, PUF, 2000, 604 p.
- MORAND-DEVILLER (J.), « Ordre public économique, ordre public écologique », *Revista de Direito Econômico e Socioambiental*, 2018, pp. 3-17.
- NYABEYEU TCHOUKEU (L.), « Les opérations de maintien de la paix de l'ONU dans la corne de l'Afrique », *Cahiers Juridiques et Politiques*, 2009, pp. 259-281.
- REY (A.), (dir.), *Dictionnaire de la langue française le Robert Micro*, Manchecourt, 2000, 1509 p.
- SALMON (J.), (dir.), *Dictionnaire de droit international public*, Bruxelles, Bruylant, 2001, 1198 p.
- SERRES (M.), *Éclaircissements*, Paris, Flammarion, 1994, 318 p.
- VERHOEVEN (J.), « Les conceptions et les implications du temps en droit international », in *Le temps et le droit international*, Colloque de Paris, SFDI, Paris, Pedone, 2001, pp. 9-34.

Les défis de la sécurité alimentaire en Afrique

Par

Pierre-Paul DIKA ELOKAN[1]

Résumé

Victime des menaces et risques environnementaux, l'Afrique fait face à plusieurs défis relatifs à la sécurité alimentaire malgré sa grande richesse naturelle. La sécurité alimentaire est l'accès permanent et durable aux ressources naturelles. Elle existe lorsque tous les êtres humains ont, à tout moment, la possibilité physique, sociale et économique de se procurer une nourriture suffisante, saine et nutritive leur permettant de satisfaire leurs besoins et préférences alimentaires pour mener une vie saine et active. Ce qui implique un niveau de développement économique acceptable qui malheureusement est déficitaire dans ce continent. C'est à juste titre qu'il existe une forte mobilisation pour la mise en œuvre de cette sécurité. Elle est le fait d'une diversité d'acteurs aussi bien techniques que politiques, posant un souci de coordination.

Mots-clés : Afrique, sécurité alimentaire, droit à la nourriture, acteurs, stratégies.

[1] Chargé de Cours à la Faculté des Sciences Juridiques et Politiques de l'Université de Ngaoundéré, E-mail : pierrepauldika@gmail.com.

INTRODUCTION

Le nombre de personnes sous-alimentées à travers le monde est en hausse depuis 2014, touchant environ 821 millions de personnes en 2017, soit 11 % de la population mondiale[2].

Le développement dans toutes ses dimensions, économiques, sociales, culturelles, reste dans le contexte de la marginalisation de l'Afrique un vain mot, du fait de l'exclusion et de la qualité de victimes des peuples mode de croissance capitaliste. La notion de développement est aujourd'hui remise en question parce qu'elle est notamment liée aux désastres sociaux économiques et écologiques de ce mode de croissance qui aggrave une crise économique et systémique. Ce mode contribue à l'intensification, sur le plan international, des pratiques criminelles comme le trafic de drogue, le blanchiment d'argent, la traite et le trafic d'êtres humains, la prolifération d'armes légères. Dans ce contexte, la lutte contre la pauvreté, pour la justice, la santé, l'éducation, le logement et l'alimentation et l'ensemble des conditions de vie en général devient un des défis du XXIe siècle.[3]

Les objectifs du millénaire du développement adoptés en l'an 2000 par les pays membres de l'ONU afin d'éradiquer la pauvreté en 2015 n'ont pas été atteints[4]. L'annulation de la dette, le soutien à l'emploi, la maitrise des savoirs et de la technologie, le financement du développement, le développement et la maitrise de l'agriculture, la lutte pour les terres arables, pour ne citer que ces défis, posent la question de la maitrise par les pays en développement et ceux d'Afrique noire en particulier. En somme, une démocratisation des relations politiques, économiques internationales est nécessaire tout comme la maitrise dans la durée des enjeux de l'urbanisation et de la démographie.

La notion fondamentale dans ce cadre est la sécurité[5]. La sécurité d'une entité (objet, personne, entité politique, juridique, intellectuelle, écologique, informatique) s'envisage individuellement ou collectivement, soit comme objectif (objectif de sécurité), en tant que droit (droit à la sécurité), en tant que valeur (la sécurité est la première des libertés), en tant qu'état de ce qui est sécurisé, en tant que fonction ou activité qui vise à sécuriser cette entité ; face à des risques et/ou à des menaces (ces deux notions n'étant pas réductibles l'une à l'autre).

---

[2] Organisation des Nations Unies pour l'alimentation, FAO - 2018.

[3] FATH (J.), « Quelle vision du monde aujourd'hui ? », *IDRP*, Le monde du XXe siècle (débats), juin 2008, p.6.

[4] Organisation des Nations Unies, *Objectifs du Millénaire pour le Développement, rapport 2015*, Organisation des Nations Unies, 6 juillet 2015, page 5. Disponible sur *www.un.org* (consulté le 12 décembre 2017).

[5] HALPERIN (J.), « La notion de sécurité dans l'histoire économique et sociale », *Revue d'histoire économique et sociale,* 1952, pp. 7-25, et aussi PORTIER (Ph.), (dir.), *La sécurité*, *Revue juridique de l'ouest*, numéro spécial 2002.

S'agissant des risques, il peut s'agir des risques de défaillance ou de dégradation (voire de destruction) de cette entité qui sont imputables soit à une erreur, soit à une faute imputable à l'entité elle-même et/ou à son environnement extérieur, ou encore de risques dits systémiques généralement liés à l'incomplétude, à la non prévisibilité, à la non intégrité, à la non fiabilité, à la non robustesse ou à l'incohérence conceptuelle d'une théorie, d'un système ou d'une organisation (par exemple les risques liés à la défaillance des systèmes monétaire et bancaire internationaux, ou les risques environnementaux).

S'agissant des menaces, elles peuvent prendre la forme de menaces de nature criminelle (y inclus le terrorisme), de nature délictuelle, de nature politique, de nature militaire, de nature diplomatique, de nature technique (hacking), de nature économique, de nature financière, de nature sociale, ou encore de nature environnementale (cyclones, dérèglement climatique, désertification, risques de pollution, sécheresse, incendie ou d'inondation...). La menace environnementale étant essentiellement imputable aux aléas naturels, alors que le risque environnemental est essentiellement imputable à l'activité humaine.

La sécurité comporte un aspect psychologique et un aspect objectif. On parle dès lors de sécurité subjective et de sécurité objective.

L'approche objective de la sécurité s'intéresse aux causes (anglais : *security*) et aux effets (anglais : *safety*). « *Security* » étant les mesures prises contre les actes commis par malveillance (vols, incendies volontaires, attentats, etc.), et « *safety* » les mesures prises contre les phénomènes accidentels, naturels (tempêtes, fuites d'eau, etc.). Elle procède de la mise en œuvre de mesures passives ainsi que de mesures actives. C'est une démarche qui peut s'appliquer à de multiples domaines (sécurité juridique, construction mécanique...). Du point de vue méthodologique, la démarche de sécurité est, comme la qualité, une démarche transversale, que l'on peut trouver dans les ingénieries complexes, dans lesquelles le principe de Pareto devient un outil de tout premier plan.

On distingue parfois la sécurité passive, très liée au domaine de la prévention et la *sécurité active*. Ces deux notions se complètent, chacune étant facteur d'une meilleure sécurité : la prévention, qui vise à diminuer le risque de survenance, et la protection (sécurité « active ») qui diminuera les conséquences si l'événement dommageable survient. La sécurité est un concept applicable à de nombreux domaines. On peut en citer quelques-uns, avec les organismes ou services destinés à prévenir un risque ou un danger. Citons la défense, la sécurité nationale, intérieure, juridique, économique, industrielle, celle des transports, sanitaire et alimentaire.

La sécurité alimentaire est inscrite dans la Déclaration universelle des droits de l'homme de 1948, dans son article 25 alinéa 1[6]. Il est question d'une première consécration universelle du droit à l'alimentation. À la suite de cette énonciation, l'article 11 du Pacte international de 1966 relatif aux droits économiques, sociaux et culturels, entré en vigueur en 1976, indique que les États parties présents au Pacte reconnaissent le droit de toute personne à un niveau de vie suffisant pour elle-même et sa famille, y compris une nourriture suffisante[7] : « La sécurité alimentaire existe lorsque tous les êtres humains ont, à tout moment, la possibilité physique, sociale et économique de se procurer une nourriture suffisante, saine et nutritive leur permettant de satisfaire leurs besoins et préférences alimentaires pour mener une vie saine et active ». C'est la définition formelle du concept de sécurité alimentaire selon le Comité de la Sécurité alimentaire mondiale. Cette définition a été adoptée par un consensus international depuis le Sommet Mondial de l'Alimentation réuni à Rome en 1996.[8]

Notons aussi que selon la terminologie préconisée par le Comité de la sécurité alimentaire mondiale (CSA)[9], la sécurité alimentaire renvoie à la possibilité physique, sociale et économique de se procurer une nourriture suffisante saine et nutritive permettant aux êtres humains de satisfaire leurs besoins et préférences alimentaires.

Enfin, une forme d'intervention institutionnalisée apparait au début des années 1990. En effet, une nouvelle acception du terme sécurité alimentaire apparaît, celle définie par le Programme des Nations Unies pour le Développement dans son Rapport sur le développement humain de 1994. En effet, selon les termes de ce rapport, la « sécurité alimentaire n'est pas une

---

[6]« Toute personne a droit à un niveau de vie suffisant pour assurer sa santé, son bien-être et ceux de sa famille, notamment pour l'alimentation ».

[7] La sécurité alimentaire est consacrée dans le droit de deux manières : à travers le droit à l'alimentation et de manière plus abstraite en tant que norme juridiquement protégée. Plusieurs traités reconnaissent le droit à l'alimentation, et par le fait même consacrent le droit de toute personne d'avoir un accès physique et économique ainsi que la disponibilité des denrées alimentaires.

[8] Voir aussi le dernier rapport d'Olivier de Schutter *(*Rapporteur spécial des Nations unies pour le droit à l'alimentation*), la résolution McGuinness du Parlement européen, votée le 13 janvier 2009), et aussi comme définition* (Staatz, J.M., D'Agostino V. C. et Sundberg, S., 1990, « Meausuring food security in Africa : conceptual, empirical and policy issues », *American Journal of Agricultural economics*, décembre, pp.1311-1317).

[9] Le Comité de la sécurité alimentaire mondiale *(CSA)* est un organisme intergouvernemental créé en 1974 et servant d'instance au sein du système des Nations unies pour l'examen et le suivi des politiques relatives à la sécurité alimentaire mondiale, y compris la production et l'accès (économique et physique à la nourriture.) (Sécurité alimentaire – définitions et ressorts, La faim expliquée, mai 2011. Lire aussi Wilfred Armel J. MABONDZO, Sécurité alimentaire en Afrique subsaharienne. Une analyse socio-anthropologique du rôle des banques de céréales au Guera (Tchad), Thèse de doctorat, Université de Montréal, Canada, Juillet 2017, pp.77-114, dans lesquelles l'auteur analyse la sécurité alimentaire en Afrique subsaharienne.

question d'armement, mais une question de vie humaine et de dignité »[10]. Même si la notion d'accès est désormais mise en avant, on considère classiquement que la sécurité alimentaire comporte quatre dimensions ou « piliers ».

La première est l'accès, (capacité de produire sa propre alimentation et donc de disposer des moyens de le faire, ou capacité d'acheter sa nourriture et donc de disposer d'un pouvoir d'achat suffisant pour le faire). La deuxième est la disponibilité, (quantités suffisantes d'aliments, qu'ils proviennent de la production intérieure, de stocks, d'importations ou d'aides) ; la troisième est la qualité (des aliments et des régimes alimentaires des points de vue nutritionnel, sanitaire, mais aussi sociaux-culturels) ; et la dernière est la stabilité (des capacités d'accès et donc des prix et du pouvoir d'achat, des disponibilités et de la qualité des aliments et des régimes alimentaires).

Ainsi définie, la sécurité alimentaire a une dimension plutôt technique. Elle se distingue de ce fait des notions d'autosuffisance alimentaire, de souveraineté alimentaire et de droit à l'alimentation qui apportent des dimensions plus politique ou juridique. Au final, la sécurité alimentaire est l'accès permanent et durable aux ressources naturelles.[11]

Cette sécurité alimentaire peut être minée par plusieurs facteurs. Ces derniers peuvent être la pénurie d'eau, la dégradation des sols, le changement climatique, l'explosion démographique, les épidémies, la gouvernance inappropriée et l'accaparement des terres par les grandes puissances comme la Chine, notamment en Afrique.

Cette sécurité alimentaire indissociable du droit à l'alimentation permet de réaliser la sécurité alimentaire. Le droit à l'alimentation est un droit fondamental inscrit dans l'article 25 de la Déclaration universelle des Droits de l'Homme (Nations Unies – 1948)[12]. Ce droit est ensuite précisé dans le Pacte relatif aux droits économiques, sociaux et culturels adopté en 1966 et entré en vigueur en 1976 en son article 11[13]. Dans son Observation générale n° 12, le Comité des droits économiques, sociaux et culturels a précisé ce droit : « le droit à une nourriture suffisante est réalisé lorsque chaque homme, chaque femme et chaque enfant, seul ou en communauté avec d'autres, a physiquement et économiquement accès à tout moment à une nourriture suffisante et aux moyens de se la procurer ».

---

[10] PNUD, 1994.

[11] Groupe de recherche et d'information sur la paix et la sécurité, (GRIP), « CEEAC, enjeux sécuritaires de la souveraineté alimentaire », note n° 8, 25 mai 2014.

[12] « Toute personne a droit à un niveau de vie suffisant pour assurer sa santé, son bien-être et ceux de sa famille, notamment pour son alimentation (…) ».

[13] « Les États parties au présent Pacte reconnaissent le droit de toute personne à un niveau de vie suffisant (…) y compris une nourriture suffisante et s'engagent à prendre les mesures appropriées pour la réalisation de ce droit ».

Il faut atteindre ce que les Nations Unies appellent une sécurité humaine, qui vise la mise en place de conditions susceptibles de réduire les vulnérabilités sociales, de permettre une activité politique, économique, sociale et culturelle à l'abri de toutes les violences, de toutes les injustices, de toutes les catastrophes, qu'elles soient écologiques, industrielles, naturelles ou alimentaires. C'est une approche axée sur la sécurité, pensée comme une nécessité se rapportant à tous les aspects de la vie, aux individus, aux sociétés et pas seulement à l'État. Il importe dès lors de libérer l'ensemble des êtres humains de la peur et des besoins essentiels. Il est primordial de faire du XXIe siècle celui des conditions d'une démocratie sociale avancée.

L'émancipation humaine est cruciale pour les pays du sud afin que la fracture du sous-développement et de la pauvreté puisse être résorbée. Cette exigence de la satisfaction des besoins sociaux des êtres humains passe par la stabilité et la prospérité.

Cette émancipation humaine, qui croise les enjeux sociaux, culturels, écologiques, alimentaires pour un développement durable équitable est primordiale. Le terrorisme, les reculs démocratiques, l'instrumentalisation des institutions ont été la base des aspirations plus ou moins organisées, plus ou moins structurées, dans un contexte d'inégalités, d'injustice et d'insécurité. Aussi, la reconquête des souverainetés, notamment sur les ressources nationales, qu'elle soit du sous-sol, du sol, en Afrique devient une réalité.

La souveraineté alimentaire entre dans cette optique. La souveraineté alimentaire est un concept développé et présenté pour la première fois par *Via Campesina*[14] lors du Sommet de l'alimentation organisé par la FAO à Rome en 1996. Ce concept a depuis été repris et précisé par les altermondialistes lors des différents Forums Sociaux Mondiaux.[15]

La souveraineté alimentaire est présentée comme un droit international qui laisse la possibilité aux populations, aux États ou aux groupes d'États de mettre en place les politiques agricoles les mieux adaptées à leurs populations sans qu'elles puissent avoir un effet négatif sur les populations d'autres pays. La souveraineté alimentaire est donc une rupture par rapport à l'organisation actuelle des marchés agricoles mise en œuvre par l'OMC. Complémentaire du concept de sécurité alimentaire qui concerne la quantité d'aliments disponibles, l'accès des populations à ceux-ci, l'utilisation biologique des aliments et le problème de la prévention et gestion des crises, la souveraineté alimentaire accorde en plus une importance aux conditions sociales et environnementales de production des aliments. Elle prône un accès plus

---

[14] Il s'agit d'une ONG.

[15] Comité de la sécurité alimentaire, *op.cit.*, voir aussi Jean-Christophe Boungou Bazika, Quelles stratégies pour atteindre la souveraineté alimentaire ? Fondation Gabriel Péri, 27 janvier 2007.

équitable à la terre pour les paysans pauvres, au moyen si nécessaire d'une réforme agraire et de mécanismes de sécurisation des droits d'usage du foncier[16].

Au niveau local, la souveraineté alimentaire favorise le maintien d'une agriculture de proximité destinée en priorité à alimenter les marchés régionaux et nationaux. Les cultures vivrières et l'agriculture familiale de petite échelle doivent être favorisées, du fait de leur plus grande efficacité économique, sociale et environnementale, comparée à l'agriculture industrielle et les plantations de grande échelle où travaillent de nombreux salariés. La place et le rôle des femmes sont privilégiés. La sécurité alimentaire et son corollaire la souveraineté alimentaire ont pour socle le droit à l'alimentation qui est un droit de l'homme.

La souveraineté alimentaire privilégie des techniques agricoles qui favorisent l'autonomie des paysans. Elle est donc favorable à l'agriculture biologique et à l'agriculture paysanne. Elle refuse l'utilisation des plantes transgéniques en agriculture. La sécurité alimentaire, qui est un domaine particulier de la sécurité, pose ainsi la problématique de sa mise en œuvre. À ce titre, les principaux acteurs sont notamment la société civile, les États et les organisations internationales (I). La nécessaire cohésion des politiques et des stratégies s'avère indispensable notamment pour l'Afrique (II) afin de garantir la sécurité alimentaire dans un contexte général marqué par diverses crises qui sont écologiques, économiques et migratoires.

I- UNE DIVERSITÉ D'ACTEURS

Ces derniers sont aussi bien internationaux, régionaux que nationaux. Ce sont principalement les États, les Organisations internationales universelles et régionales et dans une certaine mesure les Organisations non gouvernementales. Ces acteurs sont politiques (A) et techniques (B).

A- Les acteurs politiques

Ce sont ceux en charge de l'impulsion et de la stratégie opérationnelle. Ils ont pour mission de contrôler l'impact des politiques, programmes et actions des organisations internationales, commerciales et financières, sur la sécurité alimentaire, la formulation et le contrôle des politiques et programmes nationaux. Participer à la mise en œuvre efficace des projets destinés au développement alimentaire et agricole. Ce sont principalement les États (1), les organisations internationales, (2) et une troisième catégorie composée d'acteurs non étatiques (3).

---

[16] www.peoplesfoodsovereignty.org/statements., 2001 (consulté le 24 juillet 2019).

1- Les États

L'État est le « garant de la sécurité » et donc du bien-être des citoyens. De ce fait, il va de soi qu'une gouvernance inappropriée aura un impact négatif sur le développement et la santé publique. Croissance démographique pauvreté, changements climatiques, pénurie d'eau, amoindrissement des ressources, sont autant d'éléments qui justifient l'intervention d'un organisme pour la sécurité alimentaire.

Pour cet organisme qu'est l'État, le point de mire est l'agriculture. Un cadre institutionnel devait être instauré afin de garantir le bien-être et la sécurité de la population mondiale. Par ailleurs, plusieurs externalités tant positives (réduction de la pauvreté, baisse du chômage) que négatives (accroissement des différences entre personnes à faible pouvoir d'achat et forts pouvoirs d'achat) sont mises en exergue dans les interventions de l'État. Dans son objectif de pouvoir satisfaire le plus grand monde, aussi bien quantitativement, qualitativement que culturellement, l'État se dote de plusieurs armes.

Les politiques agricoles couvrent de multiples aspects de l'agriculture : l'innocuité des aliments, la santé des animaux et des plantes, la protection des sols et de l'environnement, l'amélioration et la stabilisation des revenus, le financement, la formation et la main-d'œuvre, la recherche et le développement, la vulgarisation et le transfert technologique, le soutien aux organisations agricoles, le remboursement de taxes foncières. Quantitativement, il opte pour l'industrialisation et l'intensification de l'agriculture, la libéralisation du commerce et des frontières et agit qualitativement via des législations ; vis-à-vis des deux, l'État adopte des politiques et octroie des subventions. Qualitativement, on note les diverses législations et réglementations telles que le *Codex Alimentarius* [17], les réglementations concernant l'étiquetage des produits agricoles, l'accord SPS ; un des exemples d'une de ses politiques est l'Agence canadienne d'inspection des aliments (ACIA) qui est incontournable dans le domaine de la sécurité des aliments.

Les principaux acteurs de la sécurité alimentaire se composent de pays donateurs et de pays récipiendaires. La première catégorie est constituée de

[17] Ensemble de normes alimentaires internationales sur la qualité et l'innocuité des aliments. Ses premiers éléments datent de 1962, lors de sa création sous l'égide conjointe de l'Organisation des Nations unies pour l'alimentation et l'agriculture d'une part et l'Organisation Mondiale de la Santé d'autre part. Véritable organisation intergouvernementale, sa commission regroupe à ce jour les représentants de 168 pays. Les principes et règles qu'il propose sont souvent utilisés comme références, mais elles sont encore loin de faire l'unanimité à l'échelle planétaire.

majorité des pays occidentaux, États Unis[18], France[19], Pays-Bas, Allemagne. Pour ce qui est des donateurs bilatéraux publics, il est fréquemment question du Japon. On peut aussi évoquer le cas des pays arabes (Égypte, Arabie saoudite, Tunisie, Libye, Algérie, Koweït, etc.) qui deviennent des pourvoyeurs réguliers d'aide alimentaire sans pour autant avoir dans les pays une agence opérationnelle en mesure de mettre en œuvre l'aide. La Chine semble devenir un acteur de l'aide, mais peu d'informations sont disponibles sur ce plan. Le Nigeria est aussi un pourvoyeur d'aide pour ses voisins au niveau fédéral, mais aussi au niveau de certains États (comme ce fût le cas pour les États limitrophes du Niger lors de la crise de 2004-2005).

La deuxième catégorie, celle des pays récipiendaires, est composée pour la majorité des pays victimes de crises alimentaires, les pays d'Afrique subsaharienne ayant subi des crises alimentaires, et qui ont notamment élaboré des Stratégies nationales[20]. A cet effet, dans la perspective d'un renforcement de la sécurité alimentaire par l'amélioration de la production agricole locale et la distribution de produits agroalimentaires, certains pays dont le Cameroun, le Congo-Brazzaville et le Gabon notamment projettent la mise en œuvre d'ambitieux programmes de développement agricole à travers la mobilisation d'investissements étrangers en contrepartie de location de terres à grande échelle[21]. La République du Congo, qui importe plus de 240 millions de dollars de nourriture par an, a loué en 2011, 180 000 hectares de terres arables à un groupe de fermiers sud-africains, dans la perspective de renforcer la production du maïs et de limiter l'impact des importations sur son économie[22]. Le Gabon ambitionne l'expansion du secteur des cultures commerciales (huile de palme, soja, sucre, maïs, caoutchouc, café et cacao) à travers un système d'investissement massif dans l'agriculture[23].

En avril 2012, la SG *Sustainable Oils Cameroon* (SGSOC), filiale camerounaise du groupe agro-industriel américain *Herakles Farm* (production

---

[18] Citons l'agence américaine US AID.

[19] Aide aux pays de la CEMAC : La France a toujours été un des plus proches partenaires de l'Afrique Centrale. En effet, la France se tient au côté des Africains dans cette lutte depuis 2008. Au plan bilatéral, l'Agence Française de Développement, conformément aux engagements pris en 2008, a octroyé un milliard d'euros pour le développement rural et la sécurité alimentaire en Afrique subsaharienne entre 2009 et 2012. PEWOUFO TSAMO Ghislaine Stéphanie, « L'Afrique centrale face à la problématique de la sécurité alimentaire : la lutte contre l'insécurité alimentaire dans la zone CEMAC pendant la période de 2003 à 2015 », Master en Relations internationales, IRIC, 2016, p.31 et s. (Mémoire online), consulté le 23 juillet 2019.

[20] Le Cameroun crise alimentaire de 2008, le Congo Brazzaville et le Gabon pour ce qui est de l'Afrique centrale GRIP, *op.cit.*, pp.11-13.

[21] FS-PDDAA/CEEAC, état de la mise en œuvre du PDDAA en Afrique centrale, au 31 décembre 2013, et aussi Agritade « Afrique centrale : enjeux liés au commerce agricole », Note de synthèse, juillet 2011.

[22] IRIN, « Congo : la corruption et les importations poussent à la hausse des prix des denrées alimentaires », 27 novembre 2012.

[23] « Gabon agriculture : 15 percent of GDP by 2020 », *This is Africa*, 19 décembre 2012.

d'huile de palme), s'est vu attribuer 73 000 hectares de terres agricoles dans le Sud-Ouest, dans le cadre d'une concession foncière d'une durée de 99 ans pour 1 dollar de bail annuel par hectare ; l'exploitation de cette concession pourrait forcer près de 25 000 villageois à se déplacer[24]. Au final, il est opportun ici, pour ce qui est du rôle de l'État de reprendre les propositions pertinentes des ONG lors du sommet mondial de l'alimentation de 1996 à Rome[25].

2- Les Organisations Internationales

Les organisations internationales qu'elles soient universelles, régionales ou sous régionales, spécialisées ou non ont dans leurs missions la promotion et l'action en faveur de la sécurité alimentaire.

a- L'ONU en premier lieu

L'ONU (Organisation des Nations Unies) est la première organisation universelle à vocation générale. Sa charte, signée à San Francisco le 26 juin 1945, est entrée en vigueur le 24 octobre 1945. Elle est composée de près de 199 États membres, soit la quasi-totalité des États dans le monde. Ses buts sont de plusieurs ordres, notamment d'assurer la paix et la sécurité internationale[26], développer entre les nations des relations amicales[27], réalisation de la coopération internationale en résolvant les problèmes internationaux d'ordre économique, social, intellectuel humanitaire[28] et être

---

[24] *Cameroun 24*, « Cameroun : les terres de la discorde louées aux Américains », 2 avril 2012, et aussi *Le Monde*, « Au Cameroun, un projet géant d'huile de palme fait scandale », 25 mai 2013.

[25] Les États, pour les ONG présentes à Rome, ont pour responsabilité principale de garantir la sécurité alimentaire. Leur capacité de remplir ce rôle doit être renforcée et les mécanismes nécessaires pour assurer cette responsabilité doivent être améliorés. Des politiques nationales pour vaincre la pauvreté, en garantissant des moyens d'existence durables, des possibilités d'emploi pour tous, et une distribution équitable des revenus, doivent être mises en œuvre en vue d'améliorer l'accès des pauvres et des plus vulnérables aux produits alimentaires et aux ressources destinées à l'agriculture. Les États doivent garantir les droits politiques et économiques de ceux qui habitent à l'intérieur de leurs frontières, y compris les droits des consommateurs. Les États doivent également assurer un climat favorable au développement et aux processus démocratiques, grâce à des efforts pour protéger l'environnement et éviter la violence, le terrorisme et les discriminations de toutes sortes. Les États doivent également respecter le droit international. Les programmes actuels d'ajustement structurel imposés par le Fonds monétaire international et la Banque mondiale doivent être suspendus. Les futures réformes économiques et le plan de rééchelonnement des dettes doivent être reformulés avec la participation de la société civile. Les États doivent faire des efforts accrus afin de prévenir et de résoudre les conflits de manière pacifique. En collaboration avec les institutions donatrices, ils doivent garantir l'alimentation des populations vulnérables, y compris des réfugiés et des personnes déplacées.

[26] Article 1 al.1.

[27] Article 1 al.2.

[28] Cadre de la lutte contre la faim.

un centre où s'harmonisent tous ces buts. Ainsi, la sécurité alimentaire entre dans les buts des Nations unies.

b- L'Union Africaine

Si l'Union européenne est un grand acteur, avec notamment un accord de coopération avec l'Afrique centrale[29] et l'Union africaine, cette dernière, pour ce qui est du continent africain reste aussi un acteur de choix.

C'est l'organisation régionale africaine, laquelle a remplacé l'OUA (organisation de l'unité africaine créée en 1963), le 11 juillet 2000, date de la signature de son acte constitutif à Lomé au Togo et officiellement lancée en 2002 à Durban en Afrique du Sud[30]. L'auguste organisation régionale africaine à vocation générale a ainsi pour mission d'assurer la sécurité alimentaire du continent africain. Cette ambition figure parmi les objectifs de l'UA[31], qui sont en ce qui concerne la sécurité alimentaire, la promotion et la protection des droits de l'homme et des peuples, promouvoir le développement durable aux plans économique, social et culturel et le relèvement du niveau de vie des populations africaines.

Sur le continent africain, existent quatre organisations sous régionales, qui ont été en proie à des crises alimentaires. En Afrique de l'Ouest, l'UEMOA (Union économique et monétaire ouest-africaine)[32] et la CEDEAO (Communauté économique des États de l'Afrique de l'Ouest)[33] se sont par exemple situées dans la crise de 2004/05 comme des acteurs de la solidarité régionale, en allouant des aides financières aux États concernés (Mali, Niger, Burkina Faso), et non pas au regard de leur mandat en matière d'intégration commerciale (respect des traités relatifs à la circulation des marchandises). Pour ce qui est de l'Afrique centrale, touchée de plein fouet par la crise alimentaire de 2008[34], citons deux acteurs majeurs que sont la CEMAC (Communauté économique et monétaire de l'Afrique centrale) créée le 16 mars 1994 pour prendre le relai de l'Union douanière des États de l'Afrique

[29] PEWOUFO TSAMO Ghislaine Stéphanie, *op.cit.*, pp. 31 et s.

[30] L'UA se compose de 54 États membres.

[31] Article 3, objectifs.

[32] Crée le 10 janvier 1994, se compose de huit Etats, et vise l'intégration de ses États membres

[33] Crée le 28 mai 1975, se compose de 15 Etats membres.

[34] La question de l'accès aux produits alimentaires revêt une importance politique cruciale, particulièrement en situation de faible priorisation du secteur agricole, de déficit de la productivité de ce secteur, d'insuffisance des revenus de larges couches de la population et lors de la flambée des prix des denrées de première nécessité. La grande crise alimentaire de 2008 et les émeutes sociales qui l'ont accompagnée ont révélé, pour nombre de pays, une fragilité structurelle porteuse de risques systémiques majeurs, qui font de la souveraineté et de la sécurité alimentaires un enjeu central de la gouvernance. Tout ceci justifie une réflexion sur les stratégies agricoles et alimentaires envisagées par les États de la sous-région de l'Afrique équatoriale et centrale. GRIP, *op.cit.*

centrale en vue de favoriser l'intégration régionale [35] et la CEEAC (Communauté économique des États de l'Afrique centrale) [36] crée le 18 octobre 1983 pour le développement économique social et culturel de la sous-région. À ces acteurs étatiques (États, OI) s'ajoutent les acteurs non étatiques.

3- Les acteurs non étatiques

Composés de la société civile principalement, ils ont pour mission louable de contrôler l'impact des politiques, programmes et actions des organisations internationales, commerciales et financières, sur la sécurité alimentaire et doivent participer à la formulation et au contrôle des politiques et programmes nationaux. Les organisations de la société civile devraient également participer à la mise en œuvre efficace des projets destinés au développement alimentaire et agricole[37]. On note à cet effet, une diversité d'acteurs de la solidarité et de la gestion des crises.

a- Les Organisations non gouvernementales internationales

Les ONG internationales agissent avec leurs propres ressources ou en mobilisant les financements des agences d'aide (dans certains cas comme ECHO/UE, l'ensemble de l'aide est mobilisée par le canal des ONG ou des organisations multilatérales), ou en combinant ressources d'origine privée et publique[38]. Les ONG nationales sont aussi un nouvel acteur né soit de l'autonomisation des projets portés par des ONG internationales soit d'initiatives nationales. Peu d'entre elles sont spécialisées et disposent d'une expertise et d'une expérience reconnues sur les enjeux de prévention et de gestion des crises.

Les ONG, notamment depuis plus d'une vingtaine d'années sont devenues des acteurs incontournables de la scène internationale. Leur diversité et leur grand nombre en attestent. Leurs actions sont diverses et vont de la collaboration dans des programmes, la participation à la création du droit international et des actions autonomes. Leur influence est donc non négligeable.

Pour ce qui est de la sécurité alimentaire, citons leur participation aux forums mondiaux et les déclarations y afférentes. Ce fut notamment le cas en 1996 à l'occasion du sommet mondial sur l'alimentation qui s'est tenu à Rome du 13 au 17 novembre 1996. Ces ONG, à l'occasion de ce sommet, ont affirmé avec force le droit humain fondamental à l'alimentation. Chacun a le

---

[35] Composée de six États.

[36] Composée de dix États membres.

[37] Cinquième proposition des ONG au sommet de l'alimentation de 1996 à Rome.

[38] « Nouveaux Contextes et Enjeux de Sécurité Alimentaire au Sahel et en Afrique de l'Ouest », *Document préparatoire à l'actualisation de la Charte de l'aide alimentaire, SWAC,* 3 février 2008, p.16.

droit d'avoir accès, à tout moment, à l'eau et à une nourriture saine et nourrissante, capable d'assurer une vie digne, active et saine. Ni la nourriture ni la famine ne peuvent être utilisées comme arme politique nationale ou internationale. L'accès à l'alimentation ne peut être refusé à aucune nation, groupe ethnique ou social pour des raisons politiques, économiques, religieuses ou autres. Les embargos économiques ou les sanctions internationales qui affectent les populations sont incompatibles avec la sécurité alimentaire. Ceux actuellement en vigueur doivent être abandonnés ».[39]

Cette déclaration s'est accompagnée de propositions, au travers de six éléments clés, pour arriver à la sécurité alimentaire.

Le premier élément est que les capacités des petits producteurs, y compris des populations indigènes, des femmes, des jeunes, de même que les systèmes alimentaires locaux et régionaux doivent être renforcés[40].

Le deuxième élément clé est que la concentration des richesses et du pouvoir doit être inversée et des actions doivent être envisagées pour éviter des concentrations ultérieures[41].

Le troisième élément est que l'agriculture et les systèmes de production agricoles et alimentaires qui se fondent sur des ressources non renouvelables et qui influencent de manière négative l'environnement doivent être modifiés au profit d'un modèle basé sur des principes agro-écologiques[42]. Pour prévenir

[39] Préambule de la déclaration du 17 novembre 1996.

[40] Tous les aspects de l'alimentation et de l'agriculture doivent être réorientés en faveur des agriculteurs familiaux. Cela doit inclure un soutien technique, gestionnaire et financier, le crédit, ainsi qu'un accès direct aux marchés pour les associations paysannes. Il faut également accorder plus d'importance à une agriculture urbaine saine et durable. Les femmes jouent un rôle central dans la sécurité alimentaire et il faut leur garantir le droit aux ressources productives ainsi que des possibilités égales pour utiliser et développer leurs savoir-faire. Les ressources doivent être réorientées en faveur des producteurs et de systèmes alimentaires régionaux et locaux. Des ressources doivent être rendues disponibles pour l'investissement au travers d'une suppression et d'un allègement de la dette, d'une réaffectation de la coopération internationale existante et d'une mobilisation de ressources supplémentaires de la part des pays riches, qui doivent respecter leur engagement de consacrer 0,7 % du PNB à l'aide publique au développement. Les agriculteurs familiaux doivent avoir accès aux systèmes de communication et d'information.

[41] La réforme agraire en faveur des populations rurales pauvres qui veulent travailler la terre doit être mise en œuvre immédiatement et une priorité doit être accordée au développement rural intégré. Les ressources génétiques sont essentielles pour la sécurité alimentaire et ne peuvent faire l'objet des droits de propriété intellectuelle. Les droits des agriculteurs, des communautés et des peuples indigènes doivent être définis par eux-mêmes et promus aux niveaux national et global.

[42] La recherche nationale et internationale, la formation et les services de vulgarisation rurale doivent être réorientés afin d'intégrer le paradigme agro-écologique, qui incorpore les connaissances et expériences des exploitants agricoles, hommes et femmes. Une cartographie

et réduire l'impact de la sécheresse et de la désertification, il faudra assurer l'accès et la gestion durable de l'eau ainsi que la récupération, la conservation et l'utilisation durable du couvert végétal naturel. Les politiques et les pratiques qui favorisent la production agricole biologique devraient être adoptées, de manière à réduire ou à éliminer l'utilisation des pesticides et d'autres produits chimiques en agriculture. Les coûts écologiques et sociaux de l'agriculture industrielle doivent être inclus dans les prix de manière à éviter une concurrence déloyale à l'égard de l'agriculture durable. Un régime alimentaire équilibré, diversifié, culturellement acceptable, ainsi que des aliments sains et de bonnes qualités doivent être assurés à tous.

Le quatrième élément est que les gouvernements, du niveau national au niveau municipal, et les Etats ont pour responsabilité principale de garantir la sécurité alimentaire. Leur capacité de remplir ce rôle doit être renforcée et les mécanismes nécessaires pour assurer cette responsabilité doivent être améliorés. Des politiques nationales pour vaincre la pauvreté, en garantissant des moyens d'existence durables, des possibilités d'emploi pour tous, et une distribution équitable des revenus, doivent être mises en œuvre en vue d'améliorer l'accès des pauvres et des plus vulnérables aux produits alimentaires et aux ressources destinées à l'agriculture. Les États doivent garantir les droits politiques et économiques de ceux qui habitent à l'intérieur de leurs frontières, y compris les droits des consommateurs. Les États doivent également assurer un climat favorable au développement et aux processus démocratiques, grâce à des efforts pour protéger l'environnement et éviter la violence, le terrorisme et les discriminations de toutes sortes. Les États doivent également respecter le droit international. Les programmes actuels d'ajustement structurel imposés par le Fonds monétaire international et la Banque mondiale doivent être suspendus.

Le cinquième élément est que la participation des organisations populaires et des ONG doit être renforcée et approfondie à tous les niveaux. Le droit à la libre association doit être garanti, y compris le droit des agriculteurs familiaux, consommateurs, femmes, populations indigènes, jeunes et autres à s'organiser librement[43].

Enfin le sixième élément est que le droit international doit garantir le droit à l'alimentation, en assurant que la souveraineté alimentaire ait priorité sur les politiques macro-économiques et la libéralisation commerciale. Les aliments

---

agro-écologique doit être réalisée pour fournir les détails sur la dégradation environnementale, partielle ou totale.

[43] La société civile doit contrôler l'impact des politiques, programmes et actions des organisations internationales, commerciales et financières, sur la sécurité alimentaire et doit participer à la formulation et au contrôle des politiques et programmes nationaux. Les organisations de la société civile devraient également participer à la mise en œuvre efficace des projets destinés au développement alimentaire et agricole.

ne peuvent être considérés comme des marchandises, étant donné leur dimension culturelle et sociale.

Chaque nation doit avoir droit à la souveraineté alimentaire afin d'atteindre le niveau de suffisance alimentaire et la qualité nutritive qu'elle estime adéquats sans subir de représailles sous quelque forme que ce soit. Les forces du marché aux niveaux national et international ne résoudront pas, à elles seules, le problème de l'insécurité alimentaire. Dans de nombreux cas, elles peuvent la provoquer ou la renforcer. Aussi les accords de l'Uruguay Round doivent-ils être revus en conséquence. Tous les pays et les peuples ont le droit de développer leur propre agriculture. L'agriculture remplit de multiples fonctions, toutes essentielles pour obtenir la sécurité alimentaire. Des négociations doivent avoir lieu pour développer des instruments plus efficaces en vue de mettre en œuvre le droit à l'alimentation.

Ces instruments doivent inclure en premier lieu, un Code de conduite qui régisse les activités de ceux qui participent à la réalisation du droit à l'alimentation, y compris les institutions nationales et internationales, de même que les organismes du secteur privé, tels que les sociétés multinationales. En second lieu, ces instruments doivent inclure une Convention mondiale sur la sécurité alimentaire pour appuyer les gouvernements dans le développement et la mise en œuvre des plans de sécurité alimentaire nationale et pour créer un réseau international de réserves alimentaires locales, nationales et régionales. Cette convention devra être ratifiée pour que le droit à l'alimentation ait priorité sur d'autres accords internationaux tels que l'Organisation mondiale du commerce. La dernière catégorie d'acteurs de promotion de la sécurité alimentaire est les collectivités territoriales et les organisations paysannes.

b- Autres acteurs : les collectivités territoriales et les organisations paysannes

Citons, en premier lieu les collectivités territoriales. En effet, l'évolution des formes de gouvernance, notamment la montée en puissance des collectivités locales mises en place dans le cadre des processus de décentralisation est un premier facteur. L'installation des communes remet en cause les dispositifs administratifs habituels et les nouveaux élus sont tentés de faire valoir leur légitimité, notamment pour déterminer les besoins (rôle d'information), organiser l'aide aux populations sinistrées, ou coordonner les interventions. Ils sont d'autant plus enclins à le faire que la multiplication des intervenants et des modalités de délivrance de l'aide crée d'importants problèmes de cohérence des outils, de justice sociale, et donc met en avant un besoin de coordination insuffisamment couvert par les dispositifs traditionnels).

Les organisations paysannes économiques ou généralistes[44] constituent le second acteur influent, notamment en Afrique de l'Ouest. Elles portent le débat sur l'orientation des politiques agricoles et alimentaires et souhaitent voir les stratégies de prévention et gestion des crises inscrites dans une certaine vision de la construction de la sécurité alimentaire ou de la souveraineté alimentaire notamment en Afrique de l'Ouest[45].

Seuls les États, les organisations internationales, les ONG nationales, les collectivités territoriales, et les organisations paysannes sont des acteurs politiques. Il existe une autre catégorie d'acteurs, les acteurs techniques ou spécialisés.

B- Les acteurs techniques

Ce sont des acteurs spécialisés de la lutte contre l'insécurité alimentaire et qui disposent de compétences propres dans la promotion de la sécurité alimentaire, notamment en matière de coordination et de gestion des crises, des secours et des aides alimentaires. Elles sont notamment constituées de programmes et d'institutions spécialisées de l'ONU que sont le PAM (1), la Banque Mondiale (2), la FAO (3) et le FIDA (4) pour ne citer que ces exemples.

1- Le Programme alimentaire mondial (PAM)[46]

C'est la plus grande agence humanitaire qui lutte contre la faim dans le monde. Chaque année, le PAM apporte une assistance à quelque 80 millions de personnes dans près de 80 pays.

En tant qu'agence des Nations Unies en première ligne dans la lutte contre la faim, le PAM répond constamment aux urgences. Il sauve des vies en apportant rapidement de la nourriture aux plus démunis et sous-alimentés. Le PAM œuvre également pour améliorer la sécurité alimentaire à plus long terme. Pour ce faire, il met au point des programmes qui utilisent la nourriture comme vecteur pour créer des biens productifs, transmettre les connaissances et redynamiser les commerces[47].

2- La Banque Mondiale

L'investissement dans l'agriculture et le développement rural, afin de soutenir la production alimentaire et la nutrition, fait partie des priorités du Groupe de la Banque mondiale. L'institution collabore avec ses partenaires

[44] Ces Organisations Paysannes remettent notamment en cause une certaine « vision gestionnaire » de la prévention – gestion des crises.
[45] SWAC, 3 février 2008, p.16.
[46] L'agence pivot du système des Nations Unies,
[47] « PAM : Notre Action» [archive], sur *wfp.org* (consulté le 21 avril 2018) et aussi, http://fr.wfp.org/propos/informations-institutionnelles [archive] (consulté le 11 janvier 2018).

pour améliorer la sécurité alimentaire et bâtir un système capable de nourrir tous les habitants du monde, où qu'ils vivent et tous les jours. Ses activités portent notamment sur la promotion de techniques agricoles climato-intelligentes et d'actions de restauration des terres agricoles dégradées, le développement de cultures plus résilientes et nutritives et sur l'amélioration du stockage et du transport des aliments pour réduire les pertes.

3- L'Organisation des Nations Unies pour l'Alimentation et l'Agriculture (FAO)[48]

Même si la FAO ne fournit plus d'aide alimentaire, l'objectif d'atteindre la sécurité alimentaire pour tous est au cœur de ses efforts – en veillant à ce que les êtres humains aient un accès régulier à une nourriture de bonne qualité qui leur permette de mener une vie saine et active. Ses trois principaux objectifs stratégiques sont les suivants : contribuer à éradiquer la faim, l'insécurité alimentaire et la malnutrition ; éliminer la pauvreté et favoriser le progrès social et économique pour tous ; et gérer et utiliser de manière durable les ressources naturelles, y compris la terre, l'eau, l'air, le climat et les ressources génétiques, au profit des générations présentes et futures. La FAO joue également un rôle déterminant dans la compilation, le traitement et la diffusion mondiale des statistiques concernant l'alimentation et l'agriculture, et aide les États membres à développer leurs capacités statistiques.

4- Le Fonds International de Développement Agricole (FIDA)

Ce Fonds veille à ce que les populations rurales pauvres acquièrent les compétences et s'organisent pour profiter et avoir un meilleur accès aux ressources naturelles, aux technologies agricoles et à des opportunités pour le développement rural. Il travaille avec les populations rurales pauvres, les gouvernements, les donateurs, les organisations non gouvernementales et de nombreux autres partenaires, en mettant l'accent sur des solutions spécifiques à chaque pays.

---

[48] L'Organisation des Nations unies pour l'alimentation et l'agriculture (connue sous les sigles ONUAA ou, plus couramment, FAO soit en anglais *Food and Agriculture Organization of the United Nations*) est une organisation spécialisée du système des Nations unies, créée en 1945 à Québec. Son siège est à Rome, au Palazzo FAO, depuis 1951. Depuis le 15 juin 2013, la FAO compte 197 membres, soit 194 pays membres, une Organisation membre (l'Union européenne) et deux membres associés (les Îles Féroé et Tokélaou). Son objectif suprême affiché est « Aider à construire un monde libéré de la faim », sa devise, inscrite sur son logotype, est « *Fiat panis* » (expression latine signifiant « qu'il y ait du pain (pour tous) »). Lire aussi, FAO : The Challenge of Renewal An Independent External Evaluation of the Food and Agriculture Organization [archive] Rapport intermédiaire, pour consultation, en anglais (FAO). *Les Objectifs stratégiques de la FAO* [archive]. Organisation des Nations unies pour l'alimentation et l'agriculture, « Conférence internationale sur l'agriculture biologique et la sécurité alimentaire » [archive][PDF], *Rapport*, sur *www.rue89.com*, FAO, 3 - 5 mai 2007 (consulté le 8 juillet 2019), p. 13.

L'UNICEF quant à lui est en charge des aliments thérapeutiques destinés aux programmes de réhabilitation nutritionnelle.

Ainsi, bien que le PAM soit l'agence pivot du système des Nations Unies, d'autres institutions sont impliquées dans la gestion de l'aide : l'Unicef pour les aliments thérapeutiques destinés aux programmes de réhabilitation nutritionnelle, la FAO pour les actions d'urgence portant sur le soutien à la production agricole (semences, outillages, etc.). Les institutions internationales ont leur propre mandat dans la gestion des crises et des catastrophes. Le PNUD en sa qualité de coordonnateur reconnu par les Nations Unies de l'ensemble des agences spécialisées revendique un rôle de coordination. En sa qualité de coordinateur des affaires humanitaires, il se positionne aussi au regard de son mandat international comme un agent de coordination. Il existe de ce fait de multiples sources de légitimité dans la fonction de coordination de la gestion des secours et des aides, et notamment une compétition entre la légitimité des institutions nationales et la légitimité donnée par les mandats internationaux. Le défi de la sécurité alimentaire met ainsi en branle une diversité d'acteurs, lesquels sont politiques et techniques, aussi bien universels, régionaux, sous régionaux, étatiques et privés.

À chaque catégorie d'acteurs, correspond une stratégie particulière, laquelle peut être universelle, régionale, sous régionale, avec néanmoins des politiques de coopération et de coordination entre ces différents acteurs.

II- LES STRATÉGIES AUX NIVEAUX UNIVERSELS, RÉGIONAUX ET SOUS RÉGIONAUX EN AFRIQUE

Le premier axe de ce papier a été consacré à l'identification des acteurs principaux de la promotion de la sécurité alimentaire, acteurs divers, aux politiques pas toujours coordonnées. Dans un contexte de compétition pour les terres arables en Afrique[49], des stratégies ont été mises en place entre les

[49] L'Afrique est l'un des continents les plus étendus de la planète et au vu de sa faible densité actuelle, dispose de plus de terres arables que les autres continents. Cette donnée est d'importance capitale eu égard aux difficultés éprouvées dans d'autres continents plus peuplés tels que l'Asie par exemple. À cet effet des puissances économiques louent déjà des terres arables dans des pays africains afin d'en exporter la production. Aujourd'hui, du fait de la faible densité de la population africaine, cet état des lieux n'est pas encore problématique. Cette lutte pour les terres vaut aussi pour les ressources énergétiques, tendance actuelle, mais qui le sera encore plus avec l'augmentation de la population africaine qui occasionnera des besoins énergétiques plus grands. La convoitise des terres arables africaines est une réalité, du fait de facteurs inhérents au souci de la sécurité alimentaire globale, tels que la volatilité des prix sur le marché international, la spéculation sur les cours futurs et la sécheresse dans la vallée du rift africain. La population mondiale, qui a atteint 7 milliards d'habitants donne déjà lieu aux prémices d'une limitation de la production alimentaire, production qui atteindra ses limites à l'horizon 2025. Aussi la réalité actuelle de la ruée vers les terres africaines deviendra un enjeu fort dans moins de deux décennies.

États, les organisations internationales universelles (A) et régionales et sous régionales (B), objet du second axe de notre étude.

A- Les stratégies universelles

Plusieurs acteurs sont engagés dans le défi de la sécurité alimentaire. De par leurs statuts et leurs compétences spécialisées et leur mandat, les Organisations Internationales sont les plus à même d'impulser une approche universelle non discriminatoire. C'est la raison pour laquelle l'ONU (1) et ses fonds et programmes à l'instar de la FAO, du PAM et du FIDA sont à la pointe du défi de la sécurité alimentaire mondiale (2).

1- L'ONU

Organisation universelle par excellence, il est loisible ici de mentionner l'article 1 alinéa 3 de la Charte, qui rappelle que l'un des buts des Nations unies est de « réaliser la coopération internationale en résolvant les problèmes internationaux d'ordre économique, social, intellectuel ou humanitaire... ». Citons aussi en matière des droits de l'homme la déclaration universelle des droits de l'homme du 10 décembre 1948 et le Pacte sur les droits sociaux économiques et culturels du 22 décembre 1966 qui sont les substrats de la politique onusienne de sécurité alimentaire. Plusieurs initiatives ont ainsi été prises sur cette base, que sont les conférences sur l'alimentation (a) et de nombreuses autres initiatives fortes, attestant de ses ambitions (b).

a- Les Conférences sur l'alimentation

Les conférences mondiales sont un mode d'action de l'ONU en vue de s'attaquer à un enjeu particulier, dont celui de la sécurité alimentaire.

La première Conférence mondiale de l'alimentation est convoquée par l'Organisation des Nations unies en 1974 en application d'une résolution de l'Assemblée générale des Nations unies. Premier sommet international sur la question de l'alimentation, elle réunit une centaine de pays, qui adoptent en novembre 1974 la Déclaration universelle pour l'élimination définitive de la faim et de la malnutrition[50]. Cette conférence internationale de l'alimentation de 1974 a permis l'adoption de la proclamation solennelle selon laquelle : « Chaque homme, femme et enfant a le droit inaliénable d'être libéré de la faim et de la malnutrition afin de développer pleinement ses facultés physiques et mentales ».

---

[50] L'instabilité de la situation alimentaire à la fin des années 1960 est telle que les pays en développement n'ont pas de disponibilités alimentaires suffisantes en moyenne pour chaque habitant. Dans les années 70, la situation n'a guère changé, bien au contraire, elle s'est dégradée donnant lieu à 35 % de la population mondiale, soit 900 millions d'individus, en sous-alimentation. Suite à la persistance de la pauvreté, de la sous-alimentation, de la malnutrition mais surtout des problèmes sévères liés à l'autosuffisance alimentaire, les États ont décidé de se regrouper afin de chercher à trouver ensemble des solutions pour faire face à ce fléau.

Pour des raisons d'ordre politique et financier, l'objectif n'est jamais atteint. Pire encore, la FAO a estimé que 680 millions d'individus pourraient souffrir de la faim dont plus de 250 millions en Afrique subsaharienne.

Deux autres conférences mondiales, en 1996 puis en 2009, ont suivi sur le même sujet. Au regard de celle de 1996, le Directeur Général de la FAO lance en janvier 1994 l'idée de la convocation d'un sommet mondial de l'alimentation. Après une tournée mondiale auprès des représentants des États concernés, il reçoit l'appui politique et personnel de plusieurs d'entre eux. Lors de la 28e session de la conférence de la FAO, il fut adopté à l'unanimité une résolution convoquant le sommet mondial de l'alimentation pour le mois de novembre de l'année 1996. Le 1er février 1996 à Rome, le directeur des Nations unies pour l'alimentation et l'agriculture lance la campagne d'information et de promotion du sommet mondial de l'alimentation avec comme thème : « *Food for all* ». Du 13 au 17 novembre 1996 s'est tenu à Rome le sommet mondial de l'alimentation qui était dans la continuité de la conférence des NU de RIO, Copenhague, Caire et Pékin dont le but était d'assurer la sécurité alimentaire pour tous, grâce à une politique concrète mondiale. Ce sommet fait partie des plus grands événements du millénaire, car il réunit plus de 120 chefs d'États et de gouvernements. La problématique principale posée dans ce sommet est l'éradication de la faim dans le monde. Il fallait ainsi donc penser à inciter au renouvellement politique, médiatique, mais aussi à la sensibilisation des responsables du secteur privé et public sur ce problème[51].

La troisième conférence, celle de 2009, voit le jour à Madrid les 26 et 27 janvier 2009. À cette réunion participent 62 ministres et délégués de 126 pays, des ONG internationales et des fédérations de syndicats agricoles. L'objectif de ce projet de partenariat mondial de l'agriculture et de la sécurité alimentaire est une meilleure cohérence politique.

Les objectifs concrets de cette conférence ont été de plusieurs ordres. Le premier est de créer un lieu réunissant les acteurs de la scène internationale notamment les États, les ONG et la société civile[52]. Le Deuxième objectif est d'éclairer les décideurs sur des choix de long terme en matière de sécurité alimentaire grâce à l'expertise scientifique et professionnelle. Le Troisième

[51] La déclaration de Rome pose 7 engagements qui seront les piliers d'une action en faveur de la sécurité alimentaire durable et universelle. Cette conférence internationale de l'alimentation aura permis certaines avancées qui malgré tout n'auront pas suffi, car la population ne cesse d'augmenter en même temps que le problème en question : ce qui mène à la stagnation de la situation.

[52] Afin d'atteindre une meilleure coordination et une plus grande cohésion des politiques et des stratégies internationales impactant la sécurité alimentaire.

objectif est de prendre des mesures financières sur la sécurité sociale[53]. Force est de constater que ces derniers ont été difficilement atteints.

b- Une pléthore d'autres initiatives onusiennes

La première est L'Équipe spéciale de haut niveau sur la sécurité alimentaire et nutritionnelle mondiale. Cette équipe a été mise en place en 2008. Elle est présidée par le Secrétaire général des Nations Unies et est composée de 23 membres, pour la plupart des organismes, fonds et programmes des Nations Unies, mais aussi un certain nombre d'institutions financières internationales et d'organisations internationales. Son principal objectif est de promouvoir une action globale et unifiée de la communauté internationale face au défi que représente la sécurité alimentaire et nutritionnelle mondiale. Les progrès se poursuivent dans la lutte contre la faim, mais force est de constater que le nombre de personnes qui sont privées de la nourriture dont elles ont besoin pour mener une vie saine et active reste inacceptable.

La deuxième est les Objectifs du Millénaire pour le Développement. En 2000, 189 pays ont pris l'engagement d'affranchir leur population de multiples privations, dont la faim. Cet engagement a débouché sur la formulation de huit Objectifs du Millénaire pour le Développement (ODD). Ces OMD sont devenus opérationnels grâce à la définition de cibles et d'indicateurs qui permettent de mesurer les progrès accomplis aux niveaux national et mondial sur une période de référence de 25 ans, de 1990 à 2015. Le premier OMD (objectif 1), celui relatif à la sécurité alimentaire, comprend trois cibles différentes : réduire de moitié la pauvreté dans le monde, assurer le plein emploi et la possibilité pour chacun de trouver un travail décent et productif, et réduire de moitié, d'ici à 2015, la proportion de la population qui souffre de la faim. Le second est d'Assurer l'éducation primaire pour tous. Le troisième est de Promouvoir l'égalité et l'autonomisation des femmes. Le quatrième est de Réduire la mortalité infantile. Le cinquième est d'Améliorer la santé maternelle.

Le sixième est de Combattre les maladies ; Le septième est d'Assurer un environnement humain durable. Et le huitième est de Mettre en place un partenariat mondial pour le développement. Force est de constater un bilan en demi-teinte de ces objectifs notamment le premier en lien avec notre étude qui était de réduire de moitié la part des individus soufrant de la faim[54].

---

[53] Tel que les bons alimentaires pour les populations les plus atteintes par la pauvreté et ainsi favoriser la relance de l'agriculture dans ces pays en question.

[54] Qui est la Troisième cible : réduire de moitié entre 1990 et 2015 la part des individus souffrant de la faim. La hausse des prix des matières premières, mais également les changements dans les régimes alimentaires, l'urbanisation, l'utilisation des parcelles pour la production de biocarburants ou encore le problème des subventions aux agricultures développées, rendent

La troisième est les Objectifs de développement durable (ODD) en remplacement des objectifs du millénaire pour le développement[55]. Le 1er janvier 2016, les 17 Objectifs de développement durable du Programme de développement durable à l'horizon 2030 –adoptés par les dirigeants du monde en septembre 2015 lors d'un Sommet historique des Nations Unies – sont entrés en vigueur. Le premier de ces 17 objectifs consiste à éliminer la faim, à assurer la sécurité alimentaire, à améliorer la nutrition et à promouvoir l'agriculture durable. Les cibles de ces objectifs sont, notamment : éliminer la faim et faire en sorte que chacun ait accès tout au long de l'année à une alimentation saine, nutritive et suffisante, mettre fin à toutes les formes de malnutrition, doubler la productivité agricole et les revenus des petits producteurs alimentaires, assurer la viabilité des systèmes de production alimentaire, accroître l'investissement en faveur de l'infrastructure rurale, corriger et prévenir les restrictions et distorsions commerciales sur les marchés agricoles mondiaux, adopter des mesures visant à assurer le bon fonctionnement des marchés de denrées alimentaires, zéro perte ou zéro gaspillage de produits alimentaires.

La quatrième est « *Le défi Faim Zéro* ». C'est une initiative mondiale qui vise à rassembler des soutiens autour d'un même objectif : éliminer la faim. Il a été lancé par le Secrétaire général de l'ONU Ban Ki-moon, en 2012, et demande à tout le monde – les gouvernements, le secteur privé, les ONG, le public – de contribuer à sa réussite. Il repose sur la conviction partagée que notre génération peut construire un monde où la faim n'existe pas. Le Défi Faim repose sur plusieurs objectifs essentiels : aucun enfant de moins de 2 ans souffrant d'un retard de croissance, 100 % d'accès à une alimentation adéquate toute l'année, tous les systèmes agroalimentaires sont durables, 100 % d'augmentation de la productivité des revenus des petits exploitants[56].

2- L'action de la FAO, du PAM et du FIDA

Ces trois institutions de la famille de l'ONU sont au niveau universel des acteurs majeurs de l'aide et de l'assistance alimentaire.

En collaboration avec l'OMS, la FAO développe le *Codex alimentarius*, système de normalisation internationale en matière alimentaire.[57] Elles

---

cette cible difficile à atteindre. L'Asie du Sud et l'Afrique sub-saharienne sont les zones les plus touchées par la sous-nutrition infantile. ». L'ONU, par la voix de son secrétaire général Ban Ki-moon, reconnait que les avancées sont insuffisantes, avec un bilan mitigé, pour Joseph Deiss (président de l'Assemblée générale de l'ONU), la faim concerne 925 millions de personnes et les indicateurs sont mauvais pour les objectifs concernant le SIDA, le développement durable, et l'objectif de réduction de la perte de la biodiversité en 2010, qui ne pourra pas être atteint.

[55] « De nouveaux objectifs développement durable pour « transformer le monde », [archive], sur *Actu-Environnement*, 24 septembre 2015 (consulté le 22 juillet 2019).

[56] https://www.un.org/fr/sections/issues-depth/food/index.html, (consulté le 23 juillet 2019).

[57] Codex alimentarius, « Liste des Normes officielles » [archive], sur*www.codexalimentarius.net*, FAO/OMS (consulté le 8 juillet 2019).

administrent conjointement le Comité mixte FAO-OMS d'experts des additifs alimentaires (JECFA)[58]. La FAO dans sa stratégie d'action a eu comme programme les ambassadeurs de bonne volonté.

Le Programme des ambassadeurs de bonne volonté de la FAO a été lancé en 1999. Son but principal est d'attirer l'attention du public et des médias sur la situation inacceptable de près d'un milliard de personnes qui continuent à souffrir de la faim et de malnutrition chronique à une époque de prospérité sans précédent. Ces personnes mènent une vie de misère et sont privées du droit de l'homme le plus fondamental : le droit à la nourriture. Les gouvernements à eux seuls ne peuvent éradiquer la faim. La mobilisation des secteurs public et privé, la participation de la société civile et la mise en commun des ressources collectives et individuelles sont autant de facteurs nécessaires pour rompre le cercle vicieux de la faim et de la sous-alimentation chronique. Grâce à leur talent et à leur influence, les ambassadeurs de bonne volonté de la FAO entraînent jeunes et moins jeunes, riches et pauvres dans la lutte contre la faim et la pauvreté afin que le rêve de la nourriture pour tous devienne une réalité au XIXe siècle et au-delà[59].

Le PAM quant à lui a en 2014, distribué plus de 3 millions de tonnes de nourriture à 80 millions de personnes dans 82 pays. La majorité des personnes assistées (42 millions) ont été atteintes lors d'opérations d'urgence du PAM (dont celles en Irak, au Soudan du Sud, en Syrie et dans les pays affectés par Ebola en Afrique de l'Ouest). En 2014, le PAM a acheté 2,2 millions de tonnes de produits alimentaires dans 92 pays, 81 % des produits alimentaires sont achetés directement dans des pays en développement. En 2014, les enfants sont demeurés au cœur des efforts déployés par le PAM, ils ont représenté 64 % du nombre total de bénéficiaires. 25 % des personnes souffrant de la faim sont des enfants[60].

Pour lutter contre la faim chez les enfants, le PAM fournit depuis la fin des années 1960 des repas de midi gratuits dans les écoles du monde entier. Le PAM est aujourd'hui le plus grand fournisseur mondial de repas dans les écoles : il intervient pour distribuer des repas à près de 20 millions d'enfants chaque année. En plus d'apporter aux enfants l'assurance d'avoir un repas chaque jour, les repas scolaires encouragent les familles pauvres à envoyer leurs enfants à l'école. Dans un nombre croissant de pays, le PAM transfère la responsabilité des programmes de repas scolaires aux gouvernements et aux communautés partenaires : au cours des 45 dernières années, 38 pays ont repris les programmes de repas scolaires du PAM.

---

[58] JECFA, FAO, « FICHE D'INFORMATION – LE JECFA » [archive], sur *www.fao.org*, FAO, février 2006 (consulté le 10 juillet 2019), p. 4.

[59] Céline Dion, Miriam Makeba pour ne citer que ces personnalités.

[60] «PAM :Notre Action» [archive], sur *wfp.org* (consulté le 21 avril 2018) et aussi http://fr.wfp.org/propos/ informations-institutionnelles [archive] (consulté le 11 juillet 2019).

En 2014, 7,3 millions d'enfants souffrant de malnutrition ont reçu un soutien nutritionnel spécialisé. Après le Soudan, les plus grandes opérations du PAM sont celles en Éthiopie et au Kenya.

Le FIDA enfin, comme énoncé plus haut, est une banque d'aide au développement qui a pour vocation d'aider financièrement, comme bailleur de fonds et organisateur, au développement agricole et rural dans les pays en développement et en transition. Il se donne pour mission d'y combattre la faim, la malnutrition et la pauvreté par l'amélioration des moyens et techniques agricoles et par la création et la modernisation d'activités agricoles ou commerciales en milieu rural, notamment moyennant des projets de microfinancement gérés au niveau local. Le FIDA mène régulièrement à bien des projets en collaboration, entre autres avec la Banque mondiale, le PNUD, le PAM et la FAO.

La FAO s'illustre par des projets et actions concrètes à l'exemple de l'aide octroyée à la Mauritanie en 2019 dans le cadre de la coopération Mauritanie-FIDA.

En effet, le FIDA a octroyé plus de 7 millions de dollars pour l'agriculture mauritanienne en 2019. La Mauritanie a bénéficié d'un financement d'une valeur de 7 071 108 dollars US de la part du Fonds international du développement agricole (FIDA), annonce faite par l'Agence mauritanienne d'information (AMI, publique). Il s'agit du financement supplémentaire du projet de développement global des filières agricoles, a précisé l'AMI, ajoutant que l'accord portant sur ledit financement a été signé à Rome par le ministre mauritanien de l'Économie et des Finances, Moctar Ould Diay, et le directeur du FIDA pour l'Afrique de l'Ouest et du centre, Alejandro Marty. Le projet bénéficiaire qui avait déjà obtenu un financement antérieur de la même institution en 2017 vise à améliorer les revenus et la sécurité alimentaire des populations rurales les plus vulnérables. Il profite de l'expertise du FIDA dans le domaine de la lutte contre la pauvreté conformément aux stratégies et politiques mauritaniennes en la matière. Le secteur agricole joue un rôle important dans l'économie mauritanienne et représente une source essentielle de subsistance pour un grand nombre de personnes dans ce pays[61].

Si au plan universel le défi de la sécurité alimentaire est une réalité, il en est de même aux plans régional et sous régional en Afrique.

---

[61] Le projet bénéficiaire qui avait déjà obtenu un financement antérieur de la même institution en 2017 vise à améliorer les revenus et la sécurité alimentaire des populations rurales les plus vulnérables. Il profite de l'expertise du FIDA dans le domaine de la lutte contre la pauvreté conformément aux stratégies et politiques mauritaniennes en la matière, a souligné Ould Diay dans un mot pour l'occasion. Le secteur agricole joue un rôle important dans l'économie mauritanienne et représente une source essentielle de subsistance pour un grand nombre de personnes dans ce pays. http://apanews.net/fr/news/plus-de-7-millions-de-dollars-du-fida-pour-lagriculture-mauritanienne, Consulté le 27 juillet 2019).

B- Les stratégies régionales et sous régionales

Les organisations régionales (1) et encore plus celles sous régionales, (2) qui sont des institutions d'intégration, ont quasiment toujours, dès leur naissance œuvré en faveur de la sécurité alimentaire dans leurs sphères de géographique de compétence[62].

1- Les stratégies régionales africaines

Depuis plusieurs décennies, l'OUA et l'Union africaine aujourd'hui, ont pris des initiatives en faveur de la promotion de la sécurité alimentaire. Le plan d'action de Lagos (a), la Charte des droits et du bien-être de l'enfant, le PDDAA bras armé du NEPAD et la déclaration de Maputo et l'action de la Commission de l'Union africaine en sont les manifestations (b).

a- Plan d'action de Lagos (OUA)

En avril 1980, les Chefs d'État et de Gouvernement de l'OUA adoptent à l'unanimité le « Plan d'action de Lagos » [63] (Le Plan d'Action de Lagos - PAL) pour le développement économique de l'Afrique (1980-2000) lors de la XVIe session ordinaire de la Conférence des Chefs d'État et de Gouvernement, précédée des travaux d'experts économistes et clôturée par une déclaration sur les principes à respecter et les mesures à prendre pour réaliser l'autosuffisance nationale et collective dans le domaine économique et social, en vue de l'instauration d'un nouvel ordre économique international. Sa priorité étant l'autosuffisance alimentaire et, par conséquent, le développement rural comme domaine privilégié d'activités productives recelant d'énormes potentialités de croissance économique. Par cette déclaration, ils s'engagent, au nom de leurs gouvernements et de leurs peuples respectifs à promouvoir le développement économique et social et l'intégration de leurs économies respectives en vue d'accroître l'auto-dépendance et favoriser un développement endogène et auto-entretenu pour faciliter et renforcer leurs rapports socio-économiques. Ils devraient aussi promouvoir l'édification aux niveaux national, sous régional et régional, une économie dynamique et compétitive pour l'établissement, à chaque année consécutive, de programmes de développement. Le continent africain promet ainsi de produire ce qu'il consomme, consommer ce qu'il produit, cesser de consommer ce qu'il ne produit pas et de produire ce qu'il ne consomme pas ; une manière de se prendre en charge sur le plan de la production agricole et

---

[62] La sècheresse des années 1980 au Sahel et la crise alimentaire de 2008 ont notamment été à l'origine de plusieurs initiatives sous régionales en Afrique de l'Ouest et centrale.

[63] Le Plan d'Action de Lagos (PAL) pour le développement économique de l'Afrique (1980-2000) remonte à la XVIe session ordinaire de la Conférence des Chefs d'État et de Gouvernement, tenue à Monrovia en juillet 1979, précédée des travaux d'experts économistes et clôturée par une déclaration sur les principes à respecter et les mesures à prendre pour réaliser l'autosuffisance nationale et collective dans le domaine économique et social, en vue de l'instauration d'un nouvel ordre économique international.

d'approvisionnement en céréales. Malheureusement, les maigres résultats enregistrés dans la réalisation des objectifs, dix ans plus tard, susciteront de virulentes critiques et, par conséquent, seront à l'origine de l'échec du Plan d'action de Lagos.

b- Les autres stratégies régionales africaines

La Charte africaine des droits et du bien-être de l'enfant[64] (1990) affirme en son article 20, le devoir des États membres d'assurer la fourniture d'une alimentation adéquate, d'eau potable […] et d'adopter des programmes de nutritions en faveur de l'enfant. Le protocole 2 de la Charte relatif aux droits de la femme (2001) quant à lui garantit un droit à la sécurité alimentaire[65] dans son article 5. Il est important de préciser que le système africain des droits de l'homme et le système universel portent un intérêt particulier sur les catégories spécifiques que sont les femmes et les enfants. Et ce d'autant plus que les premières victimes de la famine sont les femmes et les enfants. Une reconnaissance de leur droit à l'alimentation ne suffit pas sans l'accès aux ressources et aux cercles de décisions. Dans le contexte africain, les femmes et les enfants n'ont pas accès aux ressources suffisantes et leurs conditions de vie sont précaires. Même si la consécration du droit à l'alimentation est louable, elle nécessite une attention particulière, notamment en termes de mesures politiques à prendre en vue d'un impact positif sur le terrain.

Au niveau continental, une seule véritable politique de lutte contre l'insécurité alimentaire a été mise en place au sortir du sommet de Maputo. Cette politique fut inscrite au sein du programme NEPAD (Nouveau partenariat pour le développement de l'Afrique)[66]. Le PDDAA est le programme africain qui devait et encore aujourd'hui sert de référent en Afrique dans la lutte contre l'insécurité alimentaire. L'engagement a été pris par les chefs d'États africains à Maputo (Mozambique) en 2003, de redynamiser le secteur agricole par la mise en œuvre du Programme détaillé de développement de l'agriculture africaine (PDDAA), dont l'ambition est d'engranger au moins 6 % de taux de croissance annuel dans le secteur agricole afin de réduire l'incidence de la pauvreté à l'horizon 2015. La crise alimentaire de 2008 aura entre-temps constitué un autre jalon dans la revalorisation progressive de l'agriculture comme enjeu politique[67]. Le NEPAD s'appuie sur le programme-cadre qu'il a créé, le PDDAA, cadre politique panafricain pour la transformation agricole, la création de richesse,

---

[64] Adopté en 1990.

[65] En son article 5.

[66] Le NEPAD voit le jour le 3 juillet 2001 lors du sommet des Chefs d'État et de Gouvernement de l'union Africaine. Et est adopté le 23 août 2001 dans le cadre de la finalisation du cadre stratégique. En effet, c'est une fusion du partenariat du millenium pour le programme de redressement de l'Afrique.

[67] Déclaration de Maputo du 12 juillet 2003 sur l'Agriculture et la sécurité alimentaire en Afrique, Assembly/ UA/decl.7/(II).

la sécurité alimentaire et la nutrition, la croissance économique et la prospérité pour tous[68].

Suite au constat d'une extrême lenteur dans la réalisation des objectifs du millénaire en Afrique, en ce qui concerne la sécurité alimentaire et la réduction de la pauvreté (objectif 1 et 8 des OMD), les Chefs d'État africain ont adopté le PDDAA à la sortie du sommet de Maputo en 2003 afin d'améliorer la production agricole en Afrique et partant, résoudre le problème de l'insécurité alimentaire et venir à bout de la pauvreté qui mine toute la société[69]. En effet, le PDDAA visait l'accroissement de 6 % de la production agricole par an avec une affectation budgétaire d'au moins 10 % des dépenses publiques. Il devait être signé et adopté par chaque État pour une application au plan national et/ou régional, car il fournit un cadre essentiel pour assurer la reprise de la croissance agricole, du développement rural et de la sécurité alimentaire dans la région Afrique.

Conçu dans le cadre du NEPAD, le PDDAA repose sur trois piliers dont, (i) étendre les surfaces sous gestion durable des terres et les systèmes fiables de contrôle de l'eau ; (ii) renforcer l'infrastructure rurale et les capacités commerciales en vue d'améliorer l'accès au marché ; et (iii) accroître l'approvisionnement alimentaire et réduire la faim[70].

S'agissant des Pactes du PDDAA, en mars 2015 : Quarante-et-un États membres de l'Union africaine ont signé les pactes du PDDAA ; parmi eux, 33 ont développé des plans d'investissement pour l'agriculture nationale et la sécurité alimentaire. Ces plans servent à cadrer les dépenses pour l'agriculture à moyen terme en vue d'améliorer la planification agricole. À l'échelle

---

[68] En effet, le PDDAA s'inscrit dans un cadre panafricain qui offre un ensemble de principes et définit des stratégies générales pour aider les pays à : analyser de manière critique leur situation et identifier les opportunités d'investissements avec un retour sur investissement optimal. Malgré son envergure continentale, le PDDAA existe par les efforts combinés aux niveaux national et régional pour la promotion de la croissance du secteur agricole et le développement économique.

[69] Le Programme détaillé de développement de l'agriculture africaine (PDDAA) définit le cadre de la politique de l'Afrique pour la transformation de l'agriculture, la création de richesse, la sécurité alimentaire et la nutrition, la croissance économique et la prospérité pour tous.

[70] La plateforme de partenariat est un processus qui a permis au PDDAA de contribuer à une participation plus active de tous les acteurs de la planification sectorielle, d'augmenter la priorité accordée à l'agriculture et de définir des politiques agricoles incitatives, plus détaillées et orientées sur les résultats palpables. La majorité des Communautés Economiques Régionales (CER) ont avancé dans l'établissement de pactes régionaux du PDDAA et celui de la CEDEAO est déjà mis en œuvre. Il est indispensable de rappeler que les objectifs du Programme détaillé pour le développement de l'agriculture en Afrique ont été revus par certaines institutions internationales au travers de rencontres des chefs d'États et des gouvernements. L'exemple qui nous revient présentement à l'esprit est celui des décisions prises par certaines structures des Nations unies (FIDA, PNUD, FAO) en lien avec la lutte contre l'insécurité alimentaire en Afrique subsaharienne, à travers l'actualisation du document du Programme détaillé de développement de l'agriculture de l'Afrique.

régionale, quatre des huit Communautés économiques régionales (CER) ont signé des pactes régionaux. Parmi les quatre signataires, trois ont développé des plans d'investissements complets.

De ce fait, les dépenses publiques en agriculture ont enregistré depuis 2003 une croissance moyenne supérieure à 7 % par an en Afrique. Les dépenses publiques en agriculture ont autrement dit presque doublé depuis le lancement du PDDAA[71].

En 2003, lors de la conférence tenue au Mozambique, les Chefs d'État et des gouvernements africains promettent d'allouer 10 % (et plus) du budget national (à chaque année budgétaire) afin d'accroître la politique alimentaire et d'assurer la sécurité alimentaire dans les différents pays. Quatorze ans après la déclaration de Maputo, bon nombre de pays africains peinent à respecter leurs engagements afin d'atteindre les résultats préconisés. Environ seize sur vingt-neuf pays ayant signé leur pacte de partenariat (en 2012) n'ont pu atteindre le seuil d'allocation à la promotion agricole en Afrique. Autant dire que beaucoup reste à faire sur la stratégie à adopter pour une mise en œuvre efficiente de ce programme conçu par les Africains pour la promotion agricole et la lutte contre la famine et l'insécurité alimentaire en Afrique subsaharienne.

L'action de la Commission de l'UA est celle de la priorisation de la sécurité alimentaire en Afrique[72]. En effet, en réponse aux engagements pris par les chefs d'État des gouvernements africains contenus dans la Déclaration de Malabo des 26 et 27 juin 2014[73], le Département de l'économie rurale et de l'agriculture de la Commission de l'Union africaine a élaboré une stratégie et une feuille de route de mise en œuvre du PDDAA ainsi qu'un plan opérationnel de soutien (2018- 2020). Les plans visent à aider les entités de l'UA et ses États membres à générer des résultats stratégiques à partir de la mise en œuvre des actions clés. Dans la Déclaration de Malabo, le domaine de résultat 5 du Programme détaillé pour le développement de l'agriculture

[71] https://www.un.org/fr/africa/osaa/peace/caadp.shtml, (consulté le 21 juillet 2019).

[72] RE 2049-143/29/15.

[73] (*Malabo Declaration on Accelerated Agricultural Growth And Transformation for Shared Prosperity And Improved Livelihoods*. Le point culminant de 2014 comme l'Année de l'Agriculture et de la Sécurité Alimentaire de l'UA fut marqué pendant la 23ème Session ordinaire de l'Assemblée de Malabo en Guinée Equatoriale, du 26 au 27 juin 2014 pendant laquelle les Chefs d'Etats et de Gouvernements ont adopté la Déclaration de Malabo sur une croissance accélérée de l'agriculture et une transformation pour une prospérité partagée et des moyens d'existences améliorées (*Malabo Declaration on Accelerated Agricultural Growth And Transformation for Shared Prosperity And Improved Livelihoods*). Parmi les engagements récents, les Chefs d'Etats et de Gouvernements de l'UA se sont engagés à éradiquer la faim d'ici 2025 et pour réaliser cela, ils se sont aussi engagés à diminuer de moitié les niveaux actuels des pertes après récoltes d'ici 2025.

africaine (PDDAA) accorde la priorité à la stimulation des échanges intra-africains des produits agricoles de base et des services.

La Commission a également pris des mesures progressives visant à soutenir les processus et les négociations[74] de la Zone de libre-échange continentale (ZLEC) en réponse directe au programme de stimulation des échanges intra-africains de produits agricoles et de services[75], lequel est effectif depuis le 29 avril 2019[76]. Il est clair qu'une composante majeure du commerce en Afrique concerne les denrées alimentaires. Il est par conséquent primordial d'avoir un cadre politique continental sur les normes sanitaires et phytosanitaires (SPS) et des structures pour s'assurer que les pays membres de l'UA ont mis en place des mesures sanitaires et phytosanitaires (SPS) efficaces, avec un accent particulier sur la sécurité alimentaire afin d'élargir les échanges commerciaux.

S'il existe une politique régionale (OUA puis UA), les organisations sous-régionales ouest et centrafricaines ont aussi mis en place des politiques de promotion de la sécurité alimentaire.

2- Politiques sous régionales : les cas de l'Afrique de l'Ouest et de l'Afrique centrale

Ces deux régions ont vu leurs institutions respectives, la CEDEAO en Afrique de l'Ouest et au Sahel (a), la CEMAC et la CEEAC en Afrique centrale (b) dans une moindre mesure mettre en place des politiques de sécurité alimentaire, notamment en réaction aux crises.

---

[74] Négociations de la ZLEC sur les services : comment parvenir à un accord d'ici 2017 ? [archive], Viola Sawere, David Ndolo, Passerelles, ICTSD, 31 mai 2016, L'Afrique entame la négociation de sa zone de libre-échange continentale [archive], Passerelles, ICTSD, 29 février 2016.

[75] Signé par 44 États africains le 21 mars 2018 à Kigali au Rwanda, la zone de libre-échange continentale africaine (ZLECA, ZLEC ou Zlecaf), est un projet de zone de libre-échange en cours de création sur l'ensemble du continent africain. Elle doit regrouper la zone tripartite de libre-échange, qui doit inclure le marché commun de l'Afrique orientale et australe (COMESA), la communauté d'Afrique de l'Est (CAE) et la communauté de développement d'Afrique australe (SADC), avec d'autre part la communauté économique des États de l'Afrique centrale (CEEAC), la communauté économique des États de l'Afrique de l'Ouest(CEDEAO), l'union du Maghreb arabe et la communauté des États sahélo-sahariens L'objectif du projet est d'intégrer à terme l'ensemble des 55 États de l'Union africaine au sein de la zone de libre-échange. Comme références, Abdi Latif Dahir, « Africa moved the world closer to its largest free trade area since WTO in 2018 » [archive], sur *Quartz*, 26 décembre 2018, «African Continental Free Trade Area (AfCFTA) Legal Texts and Policy Documents » [archive] (consulté le 3 juin 2019).

[76] Le 29 avril 2019, le seuil des 22 États est atteint pour sa mise en œuvre avec la ratification du Sahara occidental et de la Sierra Leone et l'Érythrée devient le seul pays africain à n'avoir pas rejoint la ZLECAF.

a- L'Afrique de l'Ouest et Sahel

L'une des politiques sous régionales africaines dans cette zone a été la Charte de l'aide alimentaire (Charte PREGEC) initiée en1990[77].

Un historique de la Charte s'impose. En effet, lorsqu'en 1984, le Club du Sahel organise une réunion de concertation sur l'aide alimentaire, il déclenche un processus de réflexion qui va occuper l'agenda du Réseau de prévention des crises au Sahel les années suivantes. En 1990, cette concertation débouche sur l'élaboration d'une Charte de l'aide alimentaire qui est formellement approuvée par les Chefs d'État des pays membres du CILSS en février de la même année au cours du Sommet de Guinée Bissau. Elle reçoit l'approbation des pays donateurs membres du Club du Sahel/OCDE (Canada, Communauté Economique Européenne, États-Unis, France, Pays-Bas, Allemagne). C'est la première fois dans l'histoire de l'aide publique au développement qu'un texte d'orientation visant l'amélioration des pratiques de l'aide alimentaire est adopté simultanément par des États bénéficiaires et des pays donateurs.

Cette Charte reflète les problématiques d'insécurité alimentaire des années 1980 marquées dans les pays sahéliens par des déficits de l'offre agricole (céréalière). La sécheresse de 1983/85 s'était traduite par des livraisons considérables d'aide alimentaire, dont une partie était restée bloquée dans les ports des pays côtiers en raison d'une insuffisance des infrastructures de transports et, plus généralement, de toute la logistique de gestion de l'aide en nature.

Un rappel du contenu de la Charte s'avère opportun. La Charte a pour objectif d'améliorer la gestion des crises et de gérer ces dernières en cohérence avec la construction d'une sécurité alimentaire à long terme en veillant à réduire les impacts négatifs de l'aide sur le fonctionnement des marchés (découragement des producteurs), à éviter les changements d'habitude alimentaire qui détourneraient durablement les Sahéliens de leurs productions régionales, à limiter les aides gratuites aux secours d'urgence pour ne pas perpétuer des comportements d'assistés, à utiliser l'aide comme une ressource pour financer le développement agricole et les programmes de sécurité alimentaire, et enfin à favoriser le recours aux achats locaux ou régionaux en cas de besoins d'aide alimentaire.[78] La Charte comprend quatre domaines d'application : l'évaluation de la situation alimentaire, la programmation des

---

[77] Club du sahel et de l'Afrique de l'Ouest /OCDE- CSAO SWAC- « nouveaux contextes et enjeux de sécurité alimentaire au Sahel et en Afrique de l'Ouest, d*ocument préparatoire à l'actualisation de la Charte de l'aide alimentaire, SWAC, 3 février 2008.* Ce document est en fait un bilan de l'application de la Charte PRAGEC de 2001 à 2006. Voir aussi http://www.food-security.net/topic/la-charte-pregec/, (consulté le 27juillet 2019). Sur la mise en œuvre et les évaluations de cette Charte, http://www.oecd.org/fr/csao/publications/41281118.pdf, (consulté le 22 juillet 2019).

[78] SWAC, *op.cit.*, p. 9.

besoins d'aide alimentaire, la mise en œuvre de l'aide et, enfin, l'évaluation des interventions et l'amélioration des pratiques. La coopération ou, tout au moins, la concertation sont placées au cœur de ces quatre volets. Elles sont considérées comme les fondements de la confiance entre les Etats et les donateurs, formes d'une efficacité accrue de la gestion de l'aide alimentaire.

Aujourd'hui, si cette Charte a fait l'objet entre 1991 et 2001 de huit évaluations[79], une réforme de cette Charte s'impose du fait de nouveaux contextes et enjeux de sécurité alimentaire en Afrique de l'Ouest. Il faudrait combiner le souci d'avoir une Charte focalisée sur l'aide alimentaire tout en prenant en compte les innovations et la nécessité d'ouverture aux évolutions actuelles et futures, mettre l'accent sur des principes facilement applicables et mesurables, prendre en compte la situation des pays non-sahéliens d'Afrique de l'Ouest en plaçant la question de prévention et de gestion des crises alimentaires dans un contexte global d'intégration régionale et sous-régionale. L'Afrique centrale s'est inscrite dans la lignée de l'Afrique de l'Ouest.

b- Afrique centrale : le Programme Régional de Sécurité Alimentaire (PRSA-CEMAC) et la PAC (CEEAC)

Si la thématique agricole a toujours été présente dans le discours des acteurs politiques, de manière générale, la crise de 2008 a constitué une véritable rupture en consacrant la question alimentaire comme un enjeu sociétal et politique majeur. La CEMAC et la CEEAC ont ainsi initié des stratégies que sont le PRSA pour la CEMAC et la Politique agricole commune pour la CEEAC.

Au regard de la CEMAC, en parallèle des accords de coopération avec l'UE et la FAO notamment[80], et d'autres stratégies,[81] l'institution régionale a mis en place le Programme régional de sécurité alimentaire (PRSA). En effet, la prise de conscience après le sommet de Maputo de 2003 est notable. Les

---

[79] Dans l'ensemble des pays sahéliens en 1991 et 1993, en Mauritanie en 1998 et 1999, au Sénégal en 1998, au Tchad en 1998 et 1999, au Burkina Faso, au Niger et au Tchad en 2001. Ces évaluations se sont toutes déroulées au mois de janvier.

[80] La CEMAC et l'Union européenne dans le cadre de la lutte contre l'insécurité alimentaire en Afrique centrale et la lutte contre la pauvreté, ont signé des accords de coopération pour le financement du développement dans la sous-région. Ces accords de partenariat se déclinent en deux documents de financement, le programme indicatif régional (PIR) et la Convention de Financement du programme d'Appui au Mécanisme de Coordination CEEAC/CEMAC (PAMEC) pour la mise en œuvre du Programme Indicatif Régional (10e FED) d'un montant de 4 millions d'euros. Notons aussi les accords avec la FAO dans le cadre du PRSA (Programme Régional de Sécurité Alimentaire) pour les pays membres de la Communauté économique et monétaire de l'Afrique centrale (Cameroun, République centrafricaine, République du Congo, Gabon, Guinée Equatoriale, Tchad), Mai 2002.

[81] La première est la mise en place des cadres institutionnels communs pour une vision harmonisée des politiques agricoles communes. Dans le cadre de cette politique agricole commune, les États prennent conscience de l'impact des PAS sur le développement du secteur agricole et visent à reformer et harmoniser leurs cadres macroéconomiques.

États de la zone CEMAC s'arriment rapidement pour résoudre le problème commun auquel ils font face. Tout d'abord, ils s'engagent dans la signature de la politique agricole commune adoptée pendant le sommet, le NEPAD et des 6 Etats que compte la zone, seule la Guinée équatoriale reste en arrière. En plus des politiques établies dans le NEPAD, que les États de la CEMAC ont adopté, des stratégies de lutte propres à la communauté ont été mises sur pied à l'instar du PRSA (Programme régional de sécurité alimentaire).

Conçu pour une durée de 5 ans de 2003 à 2007, le premier programme régional de sécurité alimentaire (PRSA) de la CEMAC, s'inscrit dans un contexte marqué par un accroissement rapide de la population, l'exode rural qui entraine une forte urbanisation, une faible production agricole et des demandes alimentaires de plus en plus tournées vers les produits faiblement produits dans la région au détriment des produits agricoles locaux dont les prix connaissent une flambée sur le marché et plusieurs enregistrements de malnutrition dans la région. Ce programme a été fait en concertation avec la FAO[82].

En remplacement du PRSA, a vu le jour en 2011 le PRSA-AC. C'est une politique de sécurité alimentaire qui vit le jour à Douala au Cameroun. Le PRSA-AC prend en effet corps à la suite du constat d'échec des PRSA de la CEMAC et de la CEEAC dans la lutte contre l'insécurité alimentaire en Afrique centrale. Ce nouveau programme régional de sécurité alimentaire est donc une fusion et actualisation des deux précédents devant relever les défis que ses prédécesseurs n'ont pas pu relever. Également à l'intérieur, les États s'engagent à respecter les engagements qu'ils n'ont pas tenus dans les précédents, dont le respect du budget alloué au secteur agricole.

La seconde organisation sous régionale, la CEEAC a aussi élaboré des stratégies dont une politique agricole commune.

Au regard de la CEEAC, la stratégie phare a été l'émergence d'une politique agricole commune (PAC). En effet, la population de la zone CEEAC était estimée à quelque 143 millions d'habitants en 2012[83]. Environ 65 % de celle-ci vit en milieu rural, tandis que 50 % au moins de la population active travaille dans le secteur agricole, avec des disparités très marquées entre les pays. L'agriculture constitue ainsi un secteur essentiel de l'économie des États de l'Afrique centrale et équatoriale. Le secteur agricole dispose d'immenses potentialités et atouts, dont une grande diversité des écosystèmes favorables à une large gamme de productions, ainsi que d'abondantes ressources naturelles, notamment des terres arables et un important réseau hydrographique.

---

82 CEMAC et FAO. Programme Régional de Sécurité Alimentaire (PRSA) pour les pays membres de la Communauté économique et monétaire de l'Afrique centrale (Cameroun, République centrafricaine, République du Congo, Gabon, Guinée Equatoriale, Tchad), Mai 2002.

83 GRIP, *op.cit.*, p. 4.

La question de l'accès aux produits alimentaires revêt une importance politique cruciale, particulièrement en situation de faible priorisation du secteur agricole, de déficit de la productivité de ce secteur, d'insuffisance des revenus de larges couches de la population et lors de la flambée des prix des denrées de première nécessité. La grande crise alimentaire de 2008 et les émeutes sociales qui l'ont accompagnée ont révélé, pour nombre de pays, une fragilité structurelle porteuse de risques systémiques majeurs, qui font de la souveraineté et de la sécurité alimentaires un enjeu central de la gouvernance[84]. Tout ceci justifie une réflexion sur les stratégies agricoles et alimentaires envisagées par les États de la sous-région de l'Afrique équatoriale, et ce en dépit de ces atouts, la production domestique agricole de l'Afrique centrale n'assure qu'une faible couverture des besoins alimentaires régionaux ; la prévalence de la pauvreté avoisine les 50 % au niveau régional, avec des taux de plus de 70 % dans certains pays, tandis que la malnutrition demeure endémique. C'est dans ce contexte que le Secrétariat général de la CEEAC s'est engagé, depuis 2010, dans la formulation d'une Politique agricole commune (PAC), avec les pays membres, en vue de répondre aux défis de la vulnérabilité alimentaire et à l'extrême dépendance de la sous-région aux marchés extérieurs, à travers une stratégie de restructuration et de renforcement de la productivité des agricultures régionales.

CONCLUSION

L'accès, la disponibilité, la qualité et la stabilité sont les quatre piliers de la sécurité alimentaire, qui a une dimension technique. Cette sécurité alimentaire est accompagnée de deux notions voisines que sont la souveraineté alimentaire et le droit à l'alimentation qui ont une dimension plus politique et juridique. C'est pourquoi les deux dernières notions sont les conditions de la mise en œuvre d'une sécurité alimentaire efficace, notamment en Afrique qui subit depuis plusieurs décennies singulièrement au Sahel une sécheresse, et les effets de la crise alimentaire mondiale de 2008.

La sécurité alimentaire, qui fait partie des objectifs de l'ONU (article 1.al.3) est garantie par un cadre normatif aussi bien universel, régional et sous régional. Sa mise en œuvre met à l'action des acteurs aussi bien techniques (PAM, FAO) que politiques (États, Organisations Internationales, ONG pour ne citer que ces exemples). Cette sécurité alimentaire est tributaire de facteurs climatiques (sécheresse), humains (crises alimentaires). Elle est aussi tributaire de la coordination et des synergies d'action des divers acteurs, lesquels sont politiques et techniques. Une synergie d'action et une complémentarité s'imposent alors entre ces derniers afin que nul n'empiète

---

[84] *Le Matin*, « les émeutes de la faim enflamment l'Afrique », 11 avril 2008. Voir aussi JANIN (P.), « Les émeutes de la faim : une lecture géopolitique du changement social », *Politique étrangère*, 2/2009 (été), pp. 251-263.

dans les domaines de compétence de l'autre, encore plus en Afrique. Pour ce qui est de ce continent, l'OUA, l'UA, la CEDEAO et la CEMAC ont élaboré des stratégies propres, parallèlement aux actions de coopération avec les États donateurs et d'autres organisations internationales.

En clair, l'action pour la sécurité alimentaire dépend de facteurs qui sont humains (les guerres), naturels (sécheresse, famine), politiques (choix de développement des États). Elle dépend aussi d'une convergence de stratégies entre les divers acteurs. Ces deux éléments apparaissent ainsi être la voie vers une sécurité alimentaire durable et permanente, notamment en Afrique.

INDICATIONS BIBLIOGRAPHIQUES

- ABDI LATIF (D.), « Africa moved the world closer to its largest free trade area since WTO in 2018 », *Quartz*, 26 décembre 2018, disponible sur https://qz.com/africa/1507273/africas-free-trade-agreement-was-signed-in-2018.
- CEMAC et FAO. Programme Régional de Sécurité Alimentaire (PRSA) pour les pays membres de la Communauté économique et monétaire de l'Afrique centrale, Mai 2002.
- Déclaration de Maputo du 12 juillet 2003 sur l'Agriculture et la sécurité alimentaire en Afrique, Assembly/UA/decl.7/(II).
- HALPÉRIN (J.), « La notion de sécurité dans l'histoire économique et sociale », *Revue d'histoire économique et sociale,* 1952, pp.7-25.
- JANIN (P.), « Les émeutes de la faim : une lecture géopolitique du changement social *», Politique étrangère*, 2/2009 (été), pp. 251-263.
- JOSLING (T.), « Politique commerciale pour la sécurité alimentaire : Politiques agricoles des pays développés », *International Centre for Trade and Sustainable Development*, vol. 9, n° 5, 15 juin 2010, disponible sur http://www.ictsd.org, consulté le 9 juillet 2019.
- MABONDZO (W. A. J.), *Sécurité alimentaire en Afrique subsaharienne. Une analyse socio-anthropologique du rôle des banques de céréales au Guera (Tchad),* Thèse de Doctorat, Université de Montréal, Canada, juillet 2017, 412 p.
- « Nouveaux Contextes et Enjeux de Sécurité Alimentaire au Sahel et en Afrique de l'Ouest », *Document préparatoire à l'actualisation de la Charte de l'aide alimentaire, SWAC,* 3 février 2008.
- Organisation des Nations Unies, *Objectifs du Millénaire pour le Développement, rapport 2015*, Organisation des Nations Unies, 6 juillet 2015. Disponible sur *www.un.org,* consulté le 12 décembre 2017.

- PEWOUFO TSAMO (G.S.), « L'Afrique centrale face à la problématique de la sécurité alimentaire : la lutte contre l'insécurité alimentaire dans la zone CEMAC pendant la période de 2003 à 2015 », Master en Relations internationales, IRIC, 2016, Mémoire online, consulté le 23 juillet 2019.
- STAATZ (J.M.), D'AGOSTINO (V. C.) et SUNDBERG (S.), « Meausuring food security in Africa: conceptual, empirical and policy issues », *American Journal of Agricultural econo-mics*, décembre, 1990, pp.1311-1317.

La sécurité dans la construction de l'ordre juridique africain

Par

Théodore POMTE-LE[1]

Résumé

La sécurité a été le fondement de la construction de l'ordre juridique africain sans épouser la notion de guerre interétatique. Elle est passée d'une sécurité existentielle à une sécurité humaine. Sous l'ère de l'OUA, cette sécurité s'est affirmée par la remise en cause du droit international classique et sous l'ère de l'Union africaine, elle est holistique épousant l'ordre public international tout en gardant les spécificités africaines.

Mots-clés : Sécurité, ordre juridique africain, droits de l'homme, ordre public, Union Africaine, Conseil de Paix et de Sécurité, dignité humaine.

[1] Docteur/Ph. D. en Droit Public, Assistant, Faculté des Sciences Juridiques et Politiques, Université de Maroua, E-mail : pomteletheodore@gmail.com.

INTRODUCTION

La sécurité fait partie des concepts fondamentaux du droit international public. Son couplage avec la paix constitue d'ailleurs le sous-bassement des Nations unies à tel point que leur distinction théorique n'est pas si évidente. Si la paix s'oppose à la guerre, la sécurité est une situation traduite par l'absence de la menace contre la paix ou de rupture de celle-ci[2]. Ce qui est certain est que la paix et la sécurité contribuent au bien-être social[3].

Initialement, la guerre était considérée comme normale dans un contexte de coexistence. Fort heureusement, sa réglementation va se faire par sa soumission à une juste cause. La seule et unique cause de la guerre doit être la violation d'un droit. L'idée de « guerre juste » soustrait la guerre de l'emprise de la force pour la soumettre au droit[4]. La recherche de la sécurité internationale va par la suite s'affirmer par l'incrimination des comportements dans la guerre. Il s'agit d'une réglementation aboutissant au droit international humanitaire consacrant en même temps les sanctions pénales internationales.

La sécurité dans l'ordre juridique international s'est construite autour de l'interdiction de recourir ou de la menace de recourir à la force, car la « paix constitue une condition préalable à la sécurité et au développement »[5]. Elle débouchera sur l'institutionnalisation de la sécurité collective consistant en la centralisation de la force entre les mains d'un organe et l'assistance de la communauté à un État victime d'un acte illicite[6].

La centralisation du maintien de la paix et de la sécurité internationales traduisant l'idée de la paix par le droit[7] a été instituée depuis l'ère de la SDN. La sécurité collective exige la solidarité de tous contre l'agresseur et n'est dirigée contre personne. Elle a un caractère défensif et constitue un instrument de dissuasion. Dans la Charte de l'ONU, elle repose sur « l'interdiction du recours à la force en échange d'un système garantissant en principe la sécurité contre tous, par tous et pour tous »[8]. La seule possibilité de recourir à la force

---

[2] SALMON (J.), (dir.), *Dictionnaire de Droit international public*, Bruxelles, Bruylant, 2001, p. 1025.

[3] SOBZE (S.F.), « Le maintien de la paix et de la sécurité et le règlement des différends en Afrique subsaharienne. Réflexion à partir des cas Malien, Sud-soudanais et Centrafricain », *Afrilex*, disponible sur http://www.afrilex.u-bordeaux4.fr, consulté le 01 mars 2019, p. 4.

[4] SZUREK (S.), « Historique de la formation du droit international pénal » in ASCENSIO (H.), DECAUX (E.), PELLET (A.), *Droit international pénal,* Paris, Pedone, 2e édition révisée, 2012, pp. 26-27.

[5] SOBZE (S.F.), « Le maintien de la paix et de la sécurité et le règlement des différends en Afrique subsaharienne. Réflexion à partir des cas Malien, Sud-soudanais et Centrafricain », *op.cit.*, p. 4.

[6] KELSEN (H.), *Théorie du droit international public*, La Haye, RCADI, Volume 87, Martinus Nijhoff publishers, 2008, p. 25.

[7] VIRRALY (M.), *Panorama du droit international contemporain*, La Haye, RCADI, Volume 183, Martinus Nijhoff Publisher, 1983 (V), pp. 33 et ss.

[8] PETIT (Y.), *Droit international du maintien de la paix*, Paris, LGDJ, 2000, p. 22.

dans un tel système n'est que la légitime défense. En effet, la sécurité collective « est un concept qui ne se repose pas sur une coalition d'États partageant un idéal de paix ou une même conception de la sécurité, mais sur la solidarité et la responsabilité de tous les États composant la communauté internationale. Un État devient dépendant des autres pour sa sécurité et une agression dans les relations internationales susceptible de présenter les répercussions au plan international entrainera une réponse collective des États membres de la communauté internationale »[9]. Lorsque le Conseil de sécurité agit dans le cadre du chapitre VII, il centralise l'autorisation du recours à la force du fait que les États y ont renoncé en application de l'article 2 (4) de la Charte de l'ONU. Ce qui revient à dire que tout autre mécanisme militaire lui reste subordonné.

La recherche de la sécurité est le propre de tout ordre juridique[10]. Celui africain ne s'en dérobe pas. L'ordre juridique africain ne fait pas l'unanimité au sein de la doctrine. Pour certains, il n'existe pas, tandis que pour d'autres, il est buté à plusieurs difficultés[11] qui remettent en cause son efficacité. Mais, nier l'existence d'un ordre juridique africain est la négation de l'existence même des hommes en Afrique, car « *Ubi societas, ibi jus* ». Par contre, l'on peut admettre les faiblesses de cet ordre juridique, mais, qui ne remettent pas en cause son existence, car aucun ordre n'est parfait[12]. D'ailleurs, en adoptant la démonstration de Santi Romano, l'ordre juridique africain existe bel et bien[13]. Il ne s'agit pas d'une addition des ordres juridiques internes, mais d'un ordre juridique continental chapeauté par l'Union africaine.

De l'Afrique coloniale jusqu'à l'Union africaine en passant par l'Organisation de l'unité africaine (OUA), la sécurité a été au cœur de son affirmation juridique. Il s'est agi chaque fois pour l'Afrique de s'appuyer sur

---

[9] *Ibid.*, p. 23.

[10] Les Professeurs Pierre-Marie Dupuy et Yann Kerbrat affirment précisément que la « notion d'ordre juridique désigne un ensemble coordonné de normes, dotées de force obligatoire à l'égard des sujets déterminés, et dont la méconnaissance entraine certaines sanctions définies ». Voir DUPUY (P.-M.), KERBRAT (Y.), *Droit international public*, Paris, 11e édition, Dalloz, 2012, p. 12.

[11] L'on peut citer la multiplicité des groupes ethniques, l'existence de plusieurs sources de production du droit à savoir les sources écrites et non écrites, la soumission des ordres juridiques internes à l'ordre politique, le déclin généralisé du droit (crise de la normativité constitutionnelle, instabilité constitutionnelle, crise de légitimité du juge, crise de l'État, de l'État de droit, bref du gouvernement de la Constitution), etc. Voir SOBZE (S.F.), « Existe-il un ordre juridique africain ? », *Revue béninoise des Sciences juridiques et administratives*, n° 38 ; 2017, pp. 190-192.

[12] VAN DE KERCHOVE (M.), OST (F.), *Le système juridique entre ordre et désordre*, Paris, PUF, 1988, p. 236.

[13] Selon l'auteur, la notion d'ordre juridique intègre les normes et tous les « mécanismes et engrenages multiples, les rapports d'autorité et de force qui créent, modifient, appliquent, font respecter les normes juridiques sans s'identifier à celles-ci ». Voir ROMANO (S.), *L'ordre juridique*, Paris, 2e édition, 1975, p. 38.

un contexte pour se donner une vision de sa sécurité. Elle a toujours œuvré pour la paix et la sécurité. Elle s'est d'abord battue pour sa libération de la domination étrangère pour finalement se pencher sur des revendications internes[14]. Ce qui fait la mouvance de ce concept au fil de l'évolution des relations de l'Afrique avec le reste du monde et avec elle-même. Il est donc loisible de partir de la période coloniale pour cerner la place de la sécurité aux yeux des États africains. Il en ressort donc un intérêt sociopolitique tant il est vrai que tout système juridique aspire à la sécurité de ses membres. La sécurité est alors une question actuelle aussi bien que brulante dans un continent en proie à plusieurs souches d'insécurité. Quelles sont les différentes évolutions de la sécurité dans l'ordre juridique africain ? La réponse à cette question suppose l'analyse des textes onusiens, de l'OUA/Union africaine sans oublier la jurisprudence. En partant de l'idée selon laquelle ces évolutions sont nombreuses, on peut affirmer que la sécurité en Afrique a d'abord eu un sens existentiel (I) avant d'épouser le sens de la sécurité humaine (II).

I- D'UNE SÉCURITÉ EXISTENTIELLE…

Il s'agit d'une sécurité qui consiste à se libérer de la domination coloniale et néocoloniale en s'appuyant sur le droit à l'autodétermination des peuples. Étant existentielle [15] pour l'Afrique, cette dernière est consacrée par l'article 20 (1) de la Charte africaine des droits de l'homme et des peuples (Charte ADHP)[16]. La sécurité ainsi envisagée est d'abord politique (A) avant d'être économique (B).

A- Une sécurité politique

Par sécurité politique, l'on entend celle-là qui permet aux peuples opprimés d'accéder à l'indépendance. C'est une sécurité contre l'extérieur. Elle permet l'acquisition de la souveraineté en remettant en cause un des principes cardinaux du droit international qu'est l'interdiction de recourir à la menace

---

[14] SOBZE (S.F.), « Le maintien de la paix et de la sécurité et le règlement des différends en Afrique subsaharienne. Réflexion à partir des cas Malien, Sud-soudanais et Centrafricain », *op.cit.*, p. 1.

[15] Considérant le préambule de sa Charte, « le droit des peuples de choisir leur propre destin se veut le fondement à la fois idéologique et juridique de l'unité africaine ». Voir NOMO MVILONGO (S.), *La formulation du panafricanisme dans la pratique conventionnelle et constitutionnelle en Afrique,* Mémoire de Master, Université du Québec, Montréal, octobre 2013, p. 50. L'article 2 (4) de la Charte de l'OUA énonce parmi ses objectifs d'éliminer « sous toutes ses formes le colonialisme en Afrique » et l'article 3 (6) du même texte consacre le principe du « Dévouement sans réserve à la cause de l'émancipation totale des territoires africains non encore indépendants ».

[16] Selon cet article, « Tout peuple a droit à l'existence. Tout peuple a un droit imprescriptible et inaliénable à l'autodétermination. Il détermine librement son statut politique et assure son développement économique et social selon la voie qu'il a librement choisie ».

ou à l'emploi de la force dans les relations interétatiques (1) et le renforcement de la sécurité interne (2).

1- La redéfinition de l'interdiction de recourir à la menace ou à l'emploi de la force dans les relations internationales

Le principe de l'interdiction de recourir à la menace ou à l'emploi de la force consacré par l'article 2 (4) de la Charte des Nations unies vise les relations interétatiques et donc la guerre dans son sens classique. Cette conception est inadaptée sur le continent africain, car ses États n'existaient pas encore et la guerre au sens classique a existé rarement en Afrique.

Selon Michel Virally, la lutte « constitue évidemment le seul moyen d'expression de la volonté d'autodétermination d'un peuple lorsque cette volonté existe et qu'elle se heurte à un refus de la prendre en considération »[17]. Elle se justifie lorsque la puissance administrante refuse d'octroyer conformément aux dispositions pertinentes l'indépendance à un territoire qui est sous sa responsabilité. L'emploi de la force dans l'autodétermination des peuples colonisés se présente sous trois visages : autorisation d'y recourir pour les Mouvements de libération nationale (MLN), interdiction d'y recourir pour les puissances administrantes et l'obligation d'assistance de la communauté internationale.

D'abord, lorsque la puissance administrante fait preuve de mauvaise foi et s'oppose à l'émancipation des peuples colonisés, les MLN pouvaient recourir à la force pour s'autodéterminer. Les Nations unies « ont estimé que les conflits anticoloniaux constituaient une action légitime contre une "menace contre la paix" au sens du chapitre VII de la Charte »[18]. Autrement dit, les « guerres de libération ne seraient donc pas frappées d'interdiction et constitueraient une catégorie de "guerre juste", internationalement licite »[19].

Le droit international africain ne pense pas le contraire. Pierre François Gonidec affirme que le recours à la force pour aider les MLN en Afrique constitue selon le droit international africain la légitime défense et non un recours à la force[20]. L'article 20 (2) de la Charte ADHP exprime la même idée

---

[17] VIRALLY (M.), *Panorama du droit international contemporain*, La Haye, RCADI, Volume 183, Martinus Nijhoff publishers, 1983 (V), p. 65. Frantz Fanon affirme dans le même sens que « le colonialisme en tant que système est fondamentalement violent et raciste, et ne peut être éliminé qu'avec la violence » et à M. Jorge d'affirmer que le seul langage que connait le colonialisme est le langage des armes. Cité par PONDI (J.-E.), « L'OUA et le défi Sud-africain », *in* Maurice KAMTO, Jean-Emmanuel PONDI, Laurent ZANG, *L'O.U.A. : Rétrospective et perspective africaine*, Paris, Economica, 1990, p. 273.

[18] DAILLIER (P.), FORTEAU (M.), PELLET (A.), *Droit international public*, Paris, LGDJ, 8e édition, 2009, p. 582.

[19] VIRALLY (M.), *Panorama du droit international contemporain*, *op.cit.*, p. 67.

[20] GONIDEC (P.F.), *Les organisations internationales africaines. Étude comparative*, Paris, L'Harmattan, 1987, p. 96.

lorsqu'elle énonce que les « peuples colonisés ou opprimés ont le droit de se libérer de leur état de domination en recourant à tous moyens reconnus par la Communauté internationale ». En plus, ces peuples peuvent être aidés par les États tiers dans ce combat si la métropole s'y oppose armement[21].

Ensuite, la Résolution 2621 en son paragraphe 7, principe 1, interdit l'usage de la force par la puissance administrante en cas d'autodétermination. En effet, tout « État a le devoir de s'abstenir de recourir à toute mesure de coercition qui priverait de leur droit à l'autodétermination, à la liberté et à l'indépendance les peuples mentionnés dans la formulation du principe de l'égalité de droits et de leur droit à disposer d'eux-mêmes ». Chaque État a le devoir de s'abstenir d'organiser ou d'encourager l'organisation de forces irrégulières ou de bandes armées, notamment de bandes de mercenaires, en vue d'incursions sur le territoire d'un autre État. Il faut pourtant noter que le recrutement des mercenaires [22] par les puissances coloniales a été un phénomène banal. Ce qui a rendu très sanglantes les luttes d'autodétermination en Afrique. Elles ont souvent fait face à l'obstruction des mercenaires[23]. Ces derniers sont généralement recrutés par une puissance administrante pour combattre les MLN. Il est interdit de les utiliser contre l'autodétermination[24].

La Convention de l'OUA sur l'élimination du mercenariat en Afrique[25] va prendre à bras le corps cette interdiction. C'est l'Afrique qui a œuvré pour que le mercenariat soit régi par la Convention de Genève de 1977 en son Protocole I. Il s'agit d'un crime contre la paix et la sécurité en Afrique.

Enfin, si jamais l'interdiction de recourir à la force est violée, les peuples victimes doivent être soutenus par la communauté internationale pour s'émanciper. La lutte pour l'autodétermination des peuples fait partie des conflits internationaux. Selon le Professeur Pierre-Marie Dupuy, les « guerres de libération nationale » ont réajusté pour la première fois, « le dispositif normatif des Nations Unies en rangeant ces conflits, par interprétation, dans la catégorie des exceptions à la règle posée par l'article 2, paragraphe 4 »[26].

---

[21] DOBELLE (J.-F.), « Article 1, Paragraphe 2 », *in* COT (J.-P.), PELLET (A.), FORTEAU (M.), (dir.), *La Charte des Nations Unies. Commentaire article par article*, Paris, Economica, 3e édition, 2005, p. 341.

[22] Un mercenaire est un « Individu qui s'enrôle volontairement dans des forces armées combattantes d'un État belligérant dont il n'est pas le ressortissant afin d'obtenir un profit personnel, notamment d'ordre financier ». Voir SALMON (J.) (dir.), *Dictionnaire du droit international public*, *op.cit.*, p. 696.

[23] MUBIALA (M.), *Le système régional africain de protection des droits de l'homme*, Bruxelles, Bruylant, 2005, pp. 37-38.

[24] DAILLIER (P.), FORTEAU (M.), PELLET (A.), *Droit international public*, *op.cit.*, p. 582.

[25] Elle est adoptée le 3 juillet 1977 à Libreville au Gabon et entrée en vigueur le 22 avril 1985.

[26] DUPUY (P.-M.), « L'enfer et le paradigme : libres propos sur les relations du droit international avec la persistance des guerres et l'objectif idéal du maintien de la paix », *in*

L'ingérence des autres États est condamnée si la lutte n'est pas armée. Mais lorsque l'État contre lequel la lutte est menée recourt à la violence, l'ingérence de la communauté internationale ne saurait être condamnée. C'est la raison pour laquelle l'OUA a soutenu des MLN tels que l'ANC, la PAC et la SWAPO sous la coordination du Comité de libération. Cette posture sera confirmée par la Charte ADHP. Son article 20 (3) indique que « Tous les peuples ont droit à l'assistance des États parties à la présente Charte, dans leur lutte de libération contre la domination étrangère, qu'elle soit d'ordre politique, économique ou culturel ». De même, il s'est agi de sanctionner les régimes racistes à l'instar de la Rhodésie et de l'Afrique du Sud avec l'aide des puissances étrangères.

Par ailleurs, l'OUA s'est toujours attelée à se comporter comme étant en face d'une norme impérative existentielle. C'est ainsi que François Borella dira que la « liquidation du colonialisme en Afrique est probablement le principe substantiel le plus connu du droit africain »[27]. Les États africains contrairement aux autres questions, s'accordent plus sur la lutte anticoloniale[28]. D'ailleurs, « l'un des domaines d'action où l'OUA s'est particulièrement illustrée avec succès est sans conteste celui de la décolonisation »[29]. C'est ce que reconnait l'Union africaine dans le paragraphe 5 du préambule de son Acte constitutif[30].

En clair, le destin du droit à l'autodétermination est spécial en Afrique. Sa « mise en œuvre a permis notamment de légitimer les guerres de libération nationale et l'importance que les États africains lui ont accordée, non seulement sur le plan politique, mais aussi dans le cadre judiciaire international, a contribué, d'une part, à sa cristallisation comme règle générale de droit international et, d'autre part, à son élévation au rang de norme impérative... au plan régional africain »[31]. Mais, le principe ne s'applique pas aux peuples infra étatiques.

Mélanges offerts à HUBERT THIERRY, *L'évolution du droit international*, Paris, Pedone, 1998, p. 196.

[27] BORELLA (F.), « Le système juridique de l'Organisation de l'Unité Africaine », *AFDI*, Volume 17, 1971, p. 244.

[28] BIPOUN-WOUM (J.-M.), *Le droit international africain : problèmes généraux, règlement des conflits*, Paris, LGDJ, 1969, p. 150.

[29] DJIENA WEMBOU (M.-C.), *L'O.U.A à l'aube du XXIe siècle : Bilan diagnostic et perspectives*, Paris, LGDJ, 1995, p. 92.

[30] Il y est écrit que l'OUA « a joué un rôle déterminant et précieux dans la libération du continent, l'affirmation d'une identité commune et la réalisation de l'unité de notre continent, et dans un cadre unique pour notre action collective en Afrique et dans nos relations avec le reste du monde ».

[31] MUBIALA (M.), *Le système régional africain de protection des droits de l'homme*, *op.cit.*, p. 16.

2- Une sécurité profitable aux États

Sans le consentement de l'État dans lequel il se trouve, un peuple non colonial ne peut accéder à l'autodétermination externe[32]. C'est la traduction de la sécurité de l'État c'est-à-dire contre les dangers internes. Le permettre risquerait de remettre en cause le principe de l'intangibilité des frontières héritées de la colonisation. Après l'accession à l'indépendance, l'État devient le bénéficiaire de l'autodétermination et ne peut plus permettre l'autodétermination de ses démembrements. Du principe révolutionnaire, le principe de l'autodétermination devient conservateur[33]. Il est un « principe instantané »[34] qui n'est plus admis aux peuples infra étatiques, car, désormais, ces peuples sont constitués en nation incarnée par l'État. Il s'agit du peuple détenteur du pouvoir constituant originaire dont la volonté se confond avec celle de l'État national. L'auto-disposition s'épuise avec la formation de l'État. Une fois formé, c'est lui qui exerce le droit des peuples à travers ses organes. Permettre à des entités infra étatiques de s'ériger en État consisterait à leur reconnaitre le droit à la sécession.

À titre illustratif, la Commission Africaine des Droits de l'Homme et des Peuples (Com. ADHP) dans sa Communication Congrès du Peuple katangais c. Zaïre rendue en 1995 et qui portait sur la demande du peuple katangais de s'autodéterminer, a refusé de lui donner raison, faute de preuve sur l'existence véritable de ce peuple, de l'absence de violations massives de leur droit qui puissent justifier leur autodétermination. Cette Communication laisse toutefois apparaître qu'exceptionnellement, l'autodétermination des entités infra étatiques serait possible s'il existe des preuves manifestes qui attestent qu'elles ne participent pas à la direction des affaires publiques.

De même, dans sa Communication 266/03 rendue en 2009 dans l'affaire Gunme et Autres c. Cameroun portant sur la demande de l'autodétermination des peuples du Cameroun du sud, la Com. ADHP a présenté toutes les difficultés à définir la notion de peuple. Elle procéda par caractérisation pour reconnaitre la qualité de peuple aux Camerounais du sud. Elle affirme que « le peuple du Cameroun du Sud » a le droit d'être considéré comme un « peuple » en raison des nombreuses particularités et affinités, y compris une histoire commune, une tradition linguistique, une connexion territoriale, et une perspective politique[35]. Selon ce peuple, il est victime des mesures

[32] Notons qu'exceptionnellement deux États africains ont reconnu le droit à l'autodétermination infra étatique. Il s'agit de l'Éthiopie et du Soudan. Ce dernier cas a été effectif puisque depuis le 9 juillet 2011, existent le Soudan du Nord et le Sud-Soudan comme des États indépendants. Par ailleurs, l'évolution du droit international public a admis de manière très restreinte une telle autodétermination.

[33] DOBELLE (J.-F.), « Article 1, Paragraphe 2 », *op.cit.*, p. 345.

[34] OST (F.), VAN de KERCHOVE (M.), *De la pyramide aux réseaux ? Pour une théorie dialectique du droit*, Bruxelles, Facultés universitaires Saint-Louis, 2002, p. 137.

[35] Voir paragraphe 179 de la Communication.

discriminatoires et ses revendications n'ont pas été prises en compte par le gouvernement en place. Pour ces raisons, il veut la sécession. La Com. ADHP n'a pas suivi les prétentions des requérants, car selon elle, ces griefs « ne peuvent pas être réglés par la sécession, mais par un dialogue national global ». Elle méconnait le statut de MLN au Conseil national du sud du Cameroun (SCNC) et à la Southern Cameroons People's Organisation (SCAPO) et leur recommande de se constituer en partis politiques.

En outre, dans le rapport de sa mission de bons offices effectuée au Sénégal en 1996 suite aux différentes plaintes de la Casamance, la Com. ADHP, « tout en reconnaissant la réalité des frustrations des populations de cette région, a rejeté le bien-fondé de leur revendication d'indépendance, aux motifs que celle-ci n'irait pas seulement à l'encontre de l'intégrité du pays, mais ouvrirait la voie à la séparation d'autres entités de celui-ci »[36]. Il en est de même du refus au peuple biafrais de s'ériger en État indépendant. L'on retient que s'il existe des peuples au sens étatique et infra étatique, ils n'ont pas les mêmes droits, car, « la tendance des États africains et des organisations internationales…, est de privilégier les aspects économique, social et culturel de ces droits, au détriment de leur dimension politique »[37].

Pour les peuples d'Afrique, l'accession à l'indépendance par le recours à la force constitue la légitime défense, car leur existence est en cause. Le résultat final de ces luttes conduit à obtenir la sécurité politique. Celle-ci permet la lutte pour leur sécurité économique.

B- Une sécurité économique

La souveraineté des États africains doit être totale et complète. Or, l'accession au concert des nations les met en face des règles à l'égard desquelles ils n'ont pas exprimé leur volonté à être lié. C'est l'argument de l'absence du volontarisme étatique. La lutte pour la liberté et la sécurité se poursuivra sur le plan économique. Elle passe par l'exercice de la souveraineté permanente sur les ressources naturelles (1) et la revendication d'un Nouvel ordre économique international (2).

1- L'exercice de la souveraineté permanente sur les ressources naturelles

La souveraineté politique doit s'accompagner de celle économique pour être véritablement effective. Or, il persistait encore après les indépendances africaines des accords économiques inégaux calqués sur le droit international classique. Selon ce droit, aucun peuple ne pouvait refuser de nouer des accords avec l'Occident colonisateur. Il s'agissait d'un droit naturel dont le refus

[36] MUBIALA (M.), *Le système régional africain de protection des droits de l'homme*, *op.cit.*, p. 42.
[37] *Ibid.*, p. 47.

entrainait la guerre[38]. Toute chose qui entrainera des revendications pesant auprès des instances internationales « comme une nécessité vitale »[39]. La lutte pour les indépendances bascule du politique vers l'économique.

L'Afrique s'est longuement battue pour obtenir ce droit, car elle assimilait les règles de jadis comme une arme économique qui s'est substituée à l'arme de guerre après l'interdiction du recours à la force dans les relations internationales. C'est dans ce sens qu'est mis « l'accent sur la souveraineté permanente sur les ressources naturelles, puis, plus globalement, sur les activités économiques »[40]. Elle doit avoir la liberté de s'autodéterminer sur le plan économique, c'est-à-dire, être libre de gérer, d'exploiter et de sous-traiter pour l'intérêt exclusif de la population[41]. C'est le rejet de l'ingérence économique. Plusieurs textes internationaux ont consacré ce principe. Selon l'article 21 (1) de la Charte ADHP, les « peuples ont la libre disposition de leurs richesses et de leurs ressources naturelles. Ce droit s'exerce dans l'intérêt exclusif des populations. En aucun cas, un peuple ne peut en être privé »[42].

Ce principe authentifie le concept de souveraineté qui devient plein et entier. Il est moralisateur, car grâce à lui, « les ressources naturelles sont entrain (…) de revenir à leurs possesseurs légitimes, en rentrant dans le champ des compétences exclusives de l'État sur le territoire duquel il se trouvait »[43]. L'objet primordial du principe est de consacrer l'existence d'un pouvoir de contrôle particulièrement étendu de l'État sur les intérêts étrangers. Il vise avant tout à assurer l'indépendance économique des anciennes colonies.

Selon l'ONU, le développement économique va de pair avec le principe de souveraineté permanente. Dans sa Résolution 1515 (XV), elle estime que cela pourrait être facilité par la coopération internationale, les échanges commerciaux et la croissance du commerce international. Le Professeur Dominique Rosenberg y voit une contradiction, car ce principe « se veut accaparement pour soi en même temps qu'il entend favoriser la coopération

---

[38] ROSENBERG (D.), *Le principe de souveraineté des États sur leurs ressources naturelles*, Paris, LGDJ, 1983, pp. 37 et ss.

[39] ELIAN (G.), *Le principe de la souveraineté permanente sur les ressources nationales et ses incidences juridiques sur le commerce international*, La Haye, RCADI, tome 149, Martinus Nijhoff publishers, 1976 (I), p. 47.

[40] DAILLIER (P.), FORTEAU (M.), PELLET (A.), *Droit international public*, *op.cit.*, p. 1156.

[41] La souveraineté permanente sur les ressources naturelles est une « doctrine exprimée à l'initiative des pays en voie de développement selon laquelle chaque État décide en dernière instance et en toute indépendance du sort des ressources naturelles qui se trouvent sur son territoire et des activités économiques qui s'y exercent ». Voir SALMON (J.) (dir.), *Dictionnaire de droit international public, op.cit.*, p. 1046.

[42] L'on peut ajouter l'article 2 (2) de la Charte des droits et devoirs économiques et la Résolution 1803 des Nations unies du 14 décembre 1962.

[43] ROSENBERG (D.), *Le principe de souveraineté des États sur leurs ressources naturelles*, *op.cit.*, p. 22.

internationale, la solidarité mondiale et la sécurité collective »[44]. D'après ce principe, les États sont appelés à coopérer. Cette coopération pourrait s'opérer par exemple, à travers l'assistance technique et économique, l'échange de données pour la gestion de ressources ou encore le renforcement de mécanismes de contrôle et de protection internationale disponibles pour garantir le respect au droit des peuples à disposer de leurs ressources naturelles. L'exploitation des ressources passe par la prospection, la mise en valeur ; leur disposition et « l'importation des capitaux étrangers nécessaires à ces fins »[45]. Les accords économiques et financiers entre pays développés et pays en voie de développement « doivent se fonder sur les principes d'égalité et du droit des peuples à disposer d'eux-mêmes », et selon le paragraphe 12 de la Résolution 1803 dans « un esprit de coopération internationale en matière de développement économique ».

Au nom de la souveraineté économique, les investisseurs étrangers vont véritablement inonder l'Afrique parce qu'elle offre un accès direct aux matières premières et à une main-d'œuvre moins coûteuse. L'investissement est perçu comme un moteur de démarrage et de la consolidation de la croissance[46] africaine. C'est un principe qui a une direction quasiment unique puisque l'Afrique se présente comme le réservoir des ressources naturelles. Étant en retard économiquement, elle doit faire preuve de vigilance et de perspicacité. C'est à ce titre que les accords d'exploitation des ressources et richesses naturelles seront revus. Les anciennes colonies vont aussi s'appuyer sur l'instauration d'un Nouvel ordre économique international (NOEI).

2- La revendication d'un Nouvel ordre économique international

L'ordre économique international tel que trouvé par les pays africains est d'inspiration capitaliste et élaboré par l'Occident. Il s'oppose aux intérêts économiques de l'Afrique et à la perception africaine du développement. Conscients de leurs richesses et ressources économiques d'une part, et de leur sous-développement d'autre part, ils s'appuieront sur leur masse et sur l'histoire pour imposer un NOEI. L'Afrique entend opérer un bouleversement du droit international en fondant un droit international du développement. Elle promeut ainsi l'équité et la justice dans les relations économiques internationales.

Dans un premier temps, pour faire face au sous-développement, « la doctrine du développement par le commerce ou le capitalisme d'État est élaborée et mise en œuvre »[47]. Après les indépendances, les États postcoloniaux ont axé leur économie sur le commerce. Sur le plan international, il est encadré par la

[44] *Ibid.*, p. 24.
[45] Principe 2 de la Résolution 1803.
[46] DUPUY (P.-M.), KERBRAT (Y.), *Droit international public*, *op.cit.*, p. 786.
[47] BENCHIKH (M.), « Souveraineté des « États post-coloniaux » et droit des peuples à disposer d'eux-mêmes », *RQDI*, Hors-série (novembre 2012*)*, p. 90.

CNUCED en tenant compte des réalités des pays sous-développés après moult revendications. Mais, des réponses proposées sont inefficaces. En effet, le « commerce mondial est dominé par les pays développés qui l'orientent selon les besoins qui s'expriment sur leurs territoires sur la base de stratégies qu'ils définissent »[48]. Cela n'est pas sans conséquence sur l'ordre public économique, car il entraine son évolution et en même temps le désengagement des États[49]. Dans un tel contexte, les États africains se trouvent en face d'un dilemme qui nécessite des coudées franches. Cela passe par le droit international du développement[50]. Ce droit « constitue en très large mesure un catalogue de revendications des États du Sud à l'égard de ceux du Nord »[51].

Les pays non alignés parmi lesquels les Africains vont constituer le groupe des 77 pour revendiquer la révision du droit international économique classique. Ce droit qui garantit une égalité formelle entre les États est déséquilibré en réalité et marginalise l'Afrique qui présente pourtant des richesses incroyables pour le commerce international. C'est dans ce domaine que « les pays en développement ont déployé le plus d'effort pour obtenir un aménagement favorable du principe d'égalité et promouvoir la dualité des normes »[52] non sans soulever la critique de la doctrine[53]. Ces revendications donneront naissance à l'instauration d'un NOEI[54], une sorte d'ordre public de protection pour l'Afrique.

Ce nouvel ordre considère chaque État dans sa situation concrète. L'on passe d'une égalité abstraite à une égalité réelle. La dualité des normes distingue entre, « d'une part, les normes applicables entre les pays développés qui obéissent aux règles classiques du droit international de l'économie et,

---

[48] *Ibid.*, p. 94.

[49] MESTRE (J.), « L'ordre public dans les relations économiques », in THIERRY REVET, *L'ordre public à la fin du XXe siècle*, Paris, Dalloz-Sirey, 1996, p. 38.

[50] Ce droit est consacré par la Résolution 41/128 du 4 décembre 1986. Il est né en France autour de 1960.

[51] DUPUY (P.-M.), KERBRAT (Y.), *Droit international public*, *op.cit.*, p. 782.

[52] DAILLIER (P.), FORTEAU (M.), PELLET (A.), *Droit international public*, *op.cit.*, p. 1256.

[53] Certains auteurs sont réticents sur la dualité des normes en matière du droit au développement, car elle est dangereuse pour le « maintien de l'unité et de la cohésion de l'ordre juridique ». Il est même contradictoire que le Tiers-monde réclame une égalité pour ensuite demander l'application à son égard d'un corps de règles spécifiques pour les démunis. Malgré tout, le droit compensatoire a plus existé dans les domaines du commerce international et en matière de protection de l'environnement. Étant un produit d'une conciliation savamment menée basée sur la volonté des États, l'on ne saurait s'inquiéter. Il « ne s'agit pas de bouleverser le droit international classique ou d'y introduire la révolution, mais de s'ouvrir aux nouvelles perspectives et d'envisager une stratégie d'adaptation, d'aménagement et de réforme des principes, règles et méthodes classiques du droit international pour en assurer la nécessaire évolution ». Voir DUPUY (P.-M.) ; KERBRAT (Y.), *Droit international public*, *op.cit.*, 2012, p. 777 et MAHIOU (A.), *Le droit international ou la dialectique de la rigueur et de la flexibilité*, La Haye, RCADI, Volume 337, Martinus Nijhoff publishers, 2009, p. 41.

[54] Deux résolutions consacreront cet ordre : la Résolution 3201 (S-VI) et la Résolution 3202 (S-VII) toutes deux adoptées le 1er mai 1974.

d'autre part, les normes applicables entre pays développés et pays en développement qui tentent de corriger les inégalités de développement en introduisant une inégalité compensatrice en faveur des pays du Sud »[55]. Ces règles visent à protéger l'Afrique sur le marché international. C'est pourquoi l'on préconise « un traitement plus favorable et un système de préférences généralisées pour en quelque sorte compenser l'inégalité économique entre les pays développés et les pays en développement »[56]. Par ailleurs, parmi les manifestations du droit du développement, il y a l'instauration du « principe de gradualité »[57].

Les traitements préférentiels présentent trois types de normes. D'abord des normes qui régissent les rapports entre pays développés basées sur le droit international classique mettant l'accent sur les principes de non-discrimination, de la clause de la nation la plus favorisée, de réciprocité, etc., ensuite des normes économiques qui régissent les rapports entre pays développés et pays sous-développés basées sur une inégalité compensatrice et enfin, les normes économiques qui régissent les rapports entre les pays du Sud[58]. L'exemple type de ce nouvel ordre est la coopération ACP/UE. Elle est une coopération commerciale visant à réduire l'écart entre les pays de l'UE et ACP. Les Conventions de Lomé de 1975 et les accords de Yaoundé expriment « le désir des États développés à s'assurer, par une institution du droit international,… des bases stables d'approvisionnement en matières premières, et l'espoir des États en voie de développement d'obtenir aide et assistance dans leurs efforts pour réduire le décalage économique »[59].

Il convient de dire que la sécurité économique n'a pas réussi comme celle politique. Les États africains font face à la dureté de la diplomatie des ressources. Elle est beaucoup plus au service de la classe dirigeante africaine au lieu de l'être au profit des peuples d'Afrique. Cette situation aidée par la mondialisation de la gouvernance entrainera l'extension de la notion de sécurité. Cette nouvelle sécurité sacralise la dignité humaine.

II- À UNE SÉCURITÉ HUMAINE

Depuis la création de l'Union africaine, la conception africaine de la sécurité n'est plus le rejet des règles du droit international, mais plutôt leur

---

[55] MAHIOU (A.), « La déclaration concernant l'instauration d'un nouvel ordre économique international », disponible sur http://www.un.org/law/avl, consulté le 19 juin 2017, p. 3.
[56] BENCHIKH (M.), Souveraineté des « États post-coloniaux » et droit des peuples à disposer d'eux-mêmes », *op.cit.*, p. 91.
[57] Selon ce dernier, la coopération Nord-Sud est basée sur des dérogations structurellement temporaires permettant aux pays en voie de développement de s'intégrer sur le marché mondial.
[58] MAHIOU (A.), *Le droit international ou la dialectique de la rigueur et de la flexibilité*, *op.cit.*, p. 50.
[59] ELIAN (G.), *Le principe de la souveraineté permanente sur les ressources nationales et ses incidences juridiques sur le commerce international*, *op.cit.*, p. 23.

acceptation avec une certaine spécificité. Il ne s'agit plus seulement d'une sécurité contre l'extérieur et l'intérieur, mais désormais d'une sécurité pour tous. L'Union africaine sécrète ainsi un ordre public démocratique et sécuritaire aboutissant à la sacralisation de la dignité humaine. Selon l'article 1 (X) du Pacte de non-agression de l'Union africaine, la sécurité humaine signifie « la sécurité de l'individu eu égard à la satisfaction de ses besoins fondamentaux. Elle comprend également la création des conditions sociales, économiques, politiques, environnementales et culturelles nécessaires à la survie et à la dignité de l'individu, y compris la protection et le respect des droits humains, la bonne gouvernance et la garantie à chaque individu des opportunités et des choix pour son plein épanouissement »[60]. Dès lors, la sécurité signifie la défense militaire du continent par l'érection d'un système de sécurité continental (A) et d'une architecture africaine de la gouvernance (B).

A- La construction d'un système de sécurité africain

L'une des originalités de l'Afrique est la création de l'architecture africaine de paix et de sécurité (AAPS). Elle remplace le mécanisme du Caire qui, bien qu'étant créé pour la prévention, la gestion et le règlement des conflits en Afrique, a montré ses limites. Sous l'Union africaine, il sera remplacé par le Conseil de paix et de sécurité (CPS), colonne dorsale d'un système (1) en conformité avec la sécurité collective onusienne (2).

1- La création du Conseil de paix et de sécurité de l'Union

Un système de sécurité a nécessairement besoin de la force matérielle pour se faire respecter[61] et partant, protéger la population. Cette force en Afrique est le CPS. Il traduit la rupture avec le principe de non-ingérence qui a longtemps prévalu en Afrique. Désormais, l'ingérence de l'Union africaine est possible dans les affaires intérieures des États membres[62]. Ce changement a permis une adaptation idoine de la lutte contre l'insécurité tout en tenant

---

[60] Cette définition traduit la « hardisation » du concept de sécurité humaine dans l'ordre juridique africain contrairement à l'ordre juridique international qui hésite à retenir une définition consolidée de ladite notion. En effet si les démarches ont commencé autour des années 1994 pour juridiciser la sécurité humaine, ce n'est qu'en 2012 que l'Assemblée générale de l'ONU a retenu une définition générale de la sécurité humaine. Voir la Résolution 66/290 du 10 septembre 2012.

[61] DUBE (G.), « Les sanctions du droit international public dans la Charte des Nations Unies », *Les Cahiers de droit*, n° 1, Volume 5, 1962, p. 9.

[62] Selon l'article 3 (2) de la Charte de l'OUA, l'on retrouve comme un des principes de l'Organisation la « Non-ingérence dans les affaires intérieures des États » alors que l'article 4 alinéa (g) de l'Acte constitutif retient comme un des principes de l'Union africaine la « Non-ingérence d'un État membre dans les affaires intérieures d'un autre État membre ». Cette différence de rédaction montre bien le déclin de la non-ingérence multilatérale consacrée par l'OUA.

compte de la nouvelle conflictualité africaine comme un « impératif catégorique »[63].

Le CPS est l'organe décisionnel permanent de l'Union africaine pour la prévention, la gestion et le règlement des conflits. Ses objectifs et principes sont le socle de la protection de l'ordre public africain. Selon l'article 3 du Protocole le créant, ses objectifs sont entre autres : la promotion de la paix, la sécurité et la stabilité en Afrique en vue d'assurer la protection et la préservation de la vie et des biens, le bien-être des populations africaines et de leur environnement, ainsi que la création de conditions propices à un développement durable ; d'anticiper et de prévenir les conflits. Lorsque des conflits éclatent, le CPS a la responsabilité de rétablir et de consolider la paix en vue de faciliter le règlement de ces conflits ; la promotion et la mise en œuvre des activités de consolidation de la paix et de reconstruction après les conflits pour consolider la paix et prévenir la résurgence de la violence. Il assure la coordination et l'harmonisation des efforts du continent dans la prévention et la lutte contre le terrorisme international sous tous ses aspects.

L'article 4 du Protocole du CPS concerne quant à lui ses principes. Il s'agit du règlement pacifique des différends et des conflits ; la réaction rapide pour maîtriser les situations de crise avant qu'elles ne se transforment en conflits ouverts ; le respect de l'État de droit, des droits fondamentaux et des libertés, le respect du caractère sacré de la vie humaine ainsi que du droit international humanitaire.

Face aux conflits, le CPS déploie toute une panoplie d'activités diplomatiques et militaires. Les activités diplomatiques renferment la diplomatie préventive, la médiation et les bons offices. Sur « la base des informations reçues du système continental d'alerte rapide (SCAR) et du groupe de sages, le CPS procède, de manière semestrielle, à l'examen périodique de l'état de la paix et de la sécurité sur le continent. À l'issue de chaque examen périodique, il établit un rapport sur "ses activités et l'état de la paix et de la sécurité en Afrique" »[64].

Selon l'article 6 du Protocole du CPS, ses fonctions militaires sont entre autres : le rétablissement de la paix, y compris les bons offices, la médiation, la conciliation et l'enquête ; l'opération d'appui à la paix et l'intervention, conformément à l'Article 4(h) et (j) de l'Acte constitutif. Ces fonctions mettent en avant l'impératif de l'ordre public africain des droits de l'homme

---

[63] GUEUYOU (M. L.), « Le rôle de l'Union africaine dans la prévention et la résolution des conflits », in ABDULQAWI AHMED YUSUF, FATSAH OUGUERGOUZ (dir.), *L'Union africaine, cadre juridique et institutionnel. Manuel sur l'organisation panafricaine*, Paris, Pedone, 2013, p. 271.

[64] ANDELA KELLE (G.), « L'action du CPS : une perspective analytique et évaluative », in GUY MVELLE, LAURENT ZANG (dir.), *L'Union Africaine quinze ans après*, Paris, L'Harmattan, 2017, p. 243.

et du droit international humanitaire[65] visant à protéger les Africains. Désormais, l'ingérence de l'Union africaine est possible dans les affaires intérieures des États membres, excepté celles interétatiques. Cette intervention est de quatre types[66]. Le CPS a aussi pour fonction de consolider la paix et la reconstruction post-conflit, l'action humanitaire ainsi que toute autre fonction qui pourraient être décidées par la Conférence. Il constitue alors « la puissance [africaine] en acte »[67].

La création du CPS, traduction d'un « nouvel ordre sécuritaire »[68] dans l'ordre régional africain est importante dans l'administration des sanctions. Il symbolise « l'institutionnalisation et la légitimation de la force – en tant qu'expression de la puissance – dans la résolution des conflits et l'édification de la paix dans le nouveau contexte de l'Union africaine »[69]. Dans le même sens, le Professeur Jean-Claude Tcheuwa dira que la grille des fonctions du CPS fait de lui « l'organe ayant la responsabilité principale dans le domaine de la paix, de stabilité, de la démocratie et des droits de l'homme »[70]. C'est l'organe « le plus important parmi ceux développés dans l'Union africaine, car il reflète la réalité sécuritaire troublée et la perte de paix dans plusieurs régions du continent africain »[71]. Il est un organe conforme à l'ONU.

2- Un système conforme au maintien de la paix et de la sécurité internationales

L'Union africaine fait partie intégrante du système de sécurité collective internationale, car elle est un mécanisme régional dans le sens du chapitre VIII de la Charte onusienne. Ce qui prouve que ses activités sont conformes aux buts et principes de l'ONU. Lesquels buts placent l'homme au centre de la sécurité collective. Selon l'article 53 (1) de la Charte des Nations unies, la centralisation du recours à des mesures coercitives ressortit de la compétence du Conseil de sécurité et un tel recours n'est possible pour les accords ou mécanismes régionaux que sur son autorisation.

---

[65] POMTE-LE (T.), *De l'ordre public africain ?* Thèse de Doctorat, Université de Ngaoundéré, 18 mai 2019, pp. 238 et ss.

[66] L'on peut citer l'intervention dans un État membre sous autorisation de la Conférence en cas de crime de guerre, de génocide et de crime contre l'humanité ; intervention sous demande d'un État membre pour restaurer la paix et la sécurité, l'intervention en cas de menace grave à l'ordre légitime d'un État membre afin de restaurer la paix et la stabilité dans ledit État sur la recommandation du CPS et l'intervention en cas de catastrophes naturelles.

[67] CHOUALA (Y. A.), « Puissance, résolution des conflits et sécurité collective à l'ère de l'Union africaine », *AFRI*, 2005, p. 291.

[68] *Ibid.*, p. 288.

[69] Idem.

[70] TCHEUWA (J.-C.), « L'Union Africaine et les changements anticonstitutionnels de gouvernement », *RRJ*, n° 127, Volume 2, 2009, *op.cit.*, p. 1017.

[71] ELABIDI (A.), *L'évaluation de l'Union africaine par rapport à l'Union européenne (comme modèle de régulation juridique internationale d'excellence) : étude comparative*, Thèse de Doctorat, Université d'Auvergne–Clermont-Ferrand I, 2015, p. 669.

Selon l'article 24 (1) de la Charte des Nations unies, le Conseil de Sécurité a la responsabilité principale en matière de maintien de la paix et de la sécurité internationales. Elle « est en quelque sorte le code génétique quintessentiel de l'article 53 »[72]. À ce titre, le CPS ne saurait rivaliser avec son homologue onusien. Cette responsabilité principale est une conséquence de l'interdiction de recourir à la menace ou à l'emploi de la force dans les relations internationales. Ainsi, le CPS doit toujours obtenir, en principe, l'autorisation du Conseil de sécurité avant de recourir à la force armée pour protéger l'ordre public africain. Les États membres de l'Union reconnaissent cette primauté dans l'article 17 du Protocole créant le CPS. L'Union africaine est l'auxiliaire du Conseil de sécurité dans l'imposition des mesures coercitives. D'ailleurs, lors de sa 68e réunion tenue en décembre 2006, le CPS a adopté la décision sur la mise en place d'un mécanisme de coordination et de consultation entre lui et le Conseil de Sécurité des Nations Unies[73].

La décentralisation du maintien de la paix et de la sécurité, symbole de démocratie et de légitimité peut amener l'Union africaine à intervenir, en cas d'urgence à un conflit sans une autorisation préalable des Nations unies. Les faiblesses du système de la sécurité collective pourraient renforcer cette affirmation[74]. L'attitude de la communauté internationale est critiquable lorsqu'elle estime qu'il faut laisser « l'Afrique aux Africains »[75]. En effet, l'ONU s'est souvent montrée impuissante pour ce qui est des menaces à la stabilité de l'Afrique. De plus, ses interventions ne sont pas totales, elles se limitent le plus souvent dans la protection des civils[76]. Cette attitude traduit d'une part la sélectivité de ses interventions. D'où l'impérativité pour l'Union africaine d'exploiter toutes les marges de manœuvre pour recourir à la contrainte militaire lorsque les circonstances l'exigent afin de sécuriser la population.

En réalité, les organismes régionaux à l'instar de l'Union africaine disposent toujours des moyens de contournement du chapitre VII. Ils pourront utiliser les incohérences terminologiques pour agir sans recourir au Conseil de sécurité. L'initiative des OMP classiques n'a pas besoin d'une autorisation.

---

[72] KOLB (R.), « Article 53 », *in* COT (J.-P.), PELLET (A.), FORTEAU (M.), (dir.), *La Charte des Nations Unies. Commentaire article par article*, *op.cit.*, p. 1413.

[73] Communiqué PSC/PR.COMM (LXVIII).

[74] D'ailleurs pour les régionalistes, les Mécanismes régionaux peuvent recourir à la force pour maintenir la paix et la sécurité alors que pour les universalistes, un tel pouvoir revient exclusivement à l'ONU à travers son Conseil de sécurité.

[75] À titre illustratif, le désengagement militaire occidental en Afrique s'est illustré par le refus de l'Union européenne d'accepter la demande de l'ONU de renforcer la MONUC. En plus, les pays européens ont réduit leur contribution au financement des OMP en Afrique. Ils contribuent aujourd'hui à hauteur de moins de 2 % aux déploiements africains.

[76] BIHINA (J.B.), « L'Union africaine entre quête permanente de sens et de puissance », in MVELLE (G.), ZANG (L.) (dir.), *L'Union Africaine quinze ans après*, Paris, L'Harmattan, 2017, p. 6.

Mais, les missions du CPS sont plutôt qualifiées d'« opération d'appui à la paix »[77]. En plus, les missions coercitives régionales de maintien de la paix ne requièrent pas toujours l'autorisation du Conseil de sécurité[78]. À propos de l'exécution des actions coercitives par les organisations régionales, il convient de noter qu'elles sont très encadrées. Il faut d'une part une autorisation du Conseil de sécurité. Or, ces autorisations ne sont pas claires. Parfois, elles ne précisent même pas le mandat de ces interventions, chose faite par les intervenants eux-mêmes ; parfois, il les précise, mais leur mise en œuvre est extrapolée par les troupes sur le terrain. Ce fut notamment le cas de la France en Côte d'Ivoire en 2004 et de l'OTAN en Libye en 2011. En plus, la pratique montre que parfois, le Conseil de sécurité avalise les opérations déjà initiées ou est juste informé après coup.

La question de l'illégalité des interventions armées à des fins humanitaires reste controversée[79]. L'on ne pense pas qu'elles soient illégales, car la gestion urgente d'une crise humanitaire est d'ordre public international. Le Conseil peut toujours procéder par une autorisation *ex post*. La sécurité de nos jours est également holistique.

B- La construction d'une architecture africaine de la gouvernance

La sécurité humaine n'est pas seulement l'absence de la guerre. Elle est aussi tout moyen visant à la prévenir pour l'épanouissement de l'homme. C'est la sécurité positive. L'Union africaine a adopté l'architecture africaine de la gouvernance (AAG)[80] mettant en avant la sécurité démocratique (1) assurée par une juridiction continentale complète (2).

1- La sécurité démocratique

La sécurité au sein de l'Union africaine n'est plus seulement militaire, mais s'étend aussi à tout mécanisme permettant l'épanouissement des peuples d'Afrique. L'Union africaine a donc établi un lien entre la démocratie et la sécurité. À travers sa mission de promotion des droits de l'homme, de la démocratie et la bonne gouvernance, se trouve ainsi posée la théorie de la

---

[77] TCHIKAYA (B.), *Le droit de l'Union Africaine. Principes, institutions et jurisprudences*, Paris, Berger-Levrault, 2014, p. 106.

[78] La CEDEAO a recouru à de tels agissements en 1990 au Libéria, en 1997 en Sierra Leone, et en 1998 en Guinée-Bissau.

[79] Cette position vient d'être renchérie par les frappes de la Syrie sans autorisation du Conseil de sécurité par les États-Unis d'Amérique, la France et l'Angleterre.

[80] L'architecture africaine de la gouvernance a été adoptée du 15 au 17 mars 2010 à Banjul (Gambie) par l'Union africaine sous initiative de sa Commission. Elle est le cadre global, politique, et institutionnel de promotion de la gouvernance en Afrique. Elle constitue une réflexion du continent africain sur la manière non seulement de protéger les progrès enregistrés dans les domaines de la démocratie et de la gouvernance, mais aussi de les renforcer. Elle a pour objectif de « rendre effectifs la bonne gouvernance, la démocratie, les droits de l'homme et un développement respectueux des droits, y compris les droits économiques et sociaux, culturels et environnementaux ».

« paix collective » [81]. La démocratie serait alors l'un des piliers de la construction d'une sécurité collective sur le continent. Elle est l'expression du peuple en vue de la satisfaction de ses besoins fondamentaux.

Le premier pilier de l'architecture consacré aux normes et valeurs communes constitue la manifestation de l'État de droit africain. C'est ce qu'observe M. Armel Lali lorsqu'il note que la conception substantielle de l'État de droit « trouve un point d'ancrage dans l'Acte constitutif » [82] de l'Union. Dans ses principes, l'on retrouve le respect des principes démocratiques, des droits de l'homme, de l'État de droit et de la bonne gouvernance, le respect du caractère sacro-saint de la vie humaine et la condamnation ainsi que le rejet des changements anticonstitutionnels de gouvernement[83]. Ils traduisent le passage d'un constitutionnalisme autoritaire à un constitutionnalisme démocratique mieux encore, à un « ordre public juste »[84]. Il est question de « la revalorisation de la constitution comme socle juridique de tout pouvoir »[85] tel que mentionné dans le point 9 de l'AAG.

La nouvelle sécurité africaine tient compte des principes démocratiques. Ils sont au cœur du droit de l'Union africaine. On y note une emphase du principe de légitimité démocratique[86] renforcé à cause de l'interdiction des changements anticonstitutionnels de gouvernement[87] qui est la principale cause de l'insécurité en Afrique violant le droit de vote. La Charte africaine de la démocratie, des élections et de la gouvernance reconnait la démocratie comme un droit inaliénable des peuples, [88] car les droits de l'homme constituent une partie intrinsèque de la démocratie.

Assurer la sécurité humaine, c'est instaurer un ordre public des droits de l'homme en Afrique. C'est de la violation de ces droits que naît l'insécurité.

---

[81] L'argument de base de cette théorie est que « les démocraties sont caractérisées d'un coté par la séparation des pouvoirs et l'existence d'une opinion publique, de l'autre par la culture du compromis et le règlement pacifique des conflits ». Cité par MVELLE (G.), *L'Union Africaine. Fondements, organes, programmes et actions*, Paris, L'Harmattan, 2007, p. 184.

[82] LALI (A.), « La perception de l'État de droit dans le droit et la pratique de l'Union Africaine », in Société Française de Droit International, *L'État de droit en droit international*, Paris, Pedone, 2009, pp. 288-289.

[83] Article 4 alinéa (m) et suivants de l'Acte constitutif de l'Union.

[84] Selon le Professeur Nicolas Aumonier, il est défini par « le devoir essentiel pour tout pouvoir civil de protéger et de promouvoir les droits inviolables de l'homme ». AUMONIER (N.), Un ordre public juste peut-il reposer sur la loi naturelle ? », *Communio*, n° XX, 4-juillet-août 1995, p. 103.

[85] TCHEUWA (J.-C.), « L'Union africaine et les changements anticonstitutionnels de gouvernement », *op.cit.*, p. 996.

[86] KOKOROKO (D.), « Souveraineté étatique et principe de légitimité démocratique », *RQDI*, n° 1, Volume 16, 2003, pp. 38 et ss.

[87] TABALA KITENE (F.), *Le statut des sanctions contre les changements anticonstitutionnels de gouvernement dans les textes et la pratique de l'Union Africaine. Contribution à l'étude de la production des normes par les organisations internationales*, Thèse de doctorat, Université de Gand, 2013, p. 168.

[88] *Ibid.*, p. 170.

La consécration des droits subjectifs intangibles, des droits socioéconomiques et culturels fondamentaux sont des mécanismes de garantie de la paix en Afrique. C'est dans cette optique que le CPS est le promoteur des droits de l'homme[89] et membre de l'AAG. En outre, dans cette initiative, il a fallu tenir compte du communautarisme africain. C'est pourquoi il est reconnu de manière claire, les droits des peuples à l'existence, à la paix, au développement et à un environnement sain. Ils sont suivis des devoirs de l'homme. Ces droits sont justiciables.

2- La sécurité judiciaire

La justice est l'institution par excellence qui assure la sécurité juridique dans une société et partant, sa stabilité. Elle constitue un excellent moyen de résolution pacifique des différends. L'une des innovations institutionnelles de l'Union africaine est la création d'une justice panafricaine, provoquant ainsi une rupture avec la tradition judiciaire de naguère. En effet, étant restée longtemps sans organe judiciaire, l'organisation panafricaine va jeter les bases de la création d'une juridiction en 1998, puis en 2003, en 2008 et enfin en 2014. C'est ce qui fait dire à Mme Tessa Barsac que le « mode judiciaire de règlement des différends a suscité en Afrique d'innombrables revirements de positions, de rejet à l'acceptation, de la construction à la destruction pour permettre la transformation »[90]. C'est avec la Charte ADHP que l'ordre juridique africain se dotera d'une juridiction continentale[91]. La véritable révolution juridictionnelle est la création de la Cour africaine de justice des droits de l'homme et des peuples (CAJDHP). Fusionnant en elle sa devancière, elle fait partie du cadre institutionnel et est actrice de la plateforme de l'AAG conformément en ses piliers 2 et 3.

Les déboires de la CPI face à l'Afrique ont suscité la régionalisation du droit international pénal par l'Union africaine. Selon l'article 28 de son Protocole de 2008, sa compétence s'étend à toutes les affaires et à tous les différends d'ordre juridique qui lui seront soumis conformément à son Statut visant à l'application et à l'interprétation des textes de l'organisation panafricaine, de toutes les questions de droit international et de tout fait qui, s'il était établi, constituerait une violation d'une obligation internationale. Il s'agit d'une compétence énorme qui consiste à fixer l'ordre public africain. Mais, il s'agit d'une compétence large qui risque de créer son encombrement[92]. En cas d'interprétation d'une disposition de l'Acte

[89] Voir article 3 (f) de son Protocole.

[90] BARSAC (T.), *La Cour Africaine de Justice et des Droits de l'Homme*, Paris, Pedone, 2012, p. 17.

[91] C'est la Cour Africaine des Droits de l'Homme et des Peuples (Cour ADHP).

[92] Elle « mélange presque au sein d'un seul forum plusieurs modèles différents de juridictions tels que la Cour internationale de Justice, le Tribunal du contentieux administratif des Nations Unies, la Cour de justice de l'Union européenne et les organes judiciaires régionaux de protection des droits de l'homme ». Voir BARSAC (T.), *La Cour africaine de justice et des droits de l'homme*, *op.cit.*, p. 14.

constitutif de l'Union par la Cour, cette interprétation aura un effet *erga omnes*. Elle a trois sections : la section des affaires générales, la section des droits de l'homme et la section de droit international pénal.

La dernière section ci-dessus mentionnée a pour compétence de juger le génocide, le crime contre l'humanité, les crimes de guerre, les crimes relatifs aux changements anticonstitutionnels de gouvernement, la piraterie, le terrorisme, le mercenariat, la corruption, le blanchiment d'argent, la traite des personnes, le trafic illicite de stupéfiants, le trafic illicite de déchets dangereux, l'exploitation illicite des ressources naturelles, le crime d'agression. C'est la première fois dans l'histoire du droit international public qu'une organisation internationale se dote d'une juridiction aussi globale. Les raisons humanitaires le justifient largement. N'étant pas encore fonctionnelle, les défis de cette Cour seront son opérationnalité, son efficacité et sa capacité à faire face au défi financier tant il est vrai que la justice pénale est très coûteuse[93]. Ces attributions sont une solution à la problématique de la paix et de la sécurité internationales qui « rend désormais compte des mesures de protection des droits humains, de la lutte contre la criminalité, de la gouvernance politique dans toute leur complexité »[94].

L'ordre juridique africain permet désormais l'accès de l'individu à la CAJDHP. Même si cet accès dépend de l'accord des États conformément à l'article 9 (3) de son Statut, il existe d'autres acteurs qui peuvent désormais le faciliter[95]. Cette ouverture progressive rend effectif le droit à la justice en Afrique.

CONCLUSION

La sécurité est au cœur de l'ordre juridique africain confronté à plusieurs crises. Son appropriation est le gage de la stabilité africaine. Son évolution donne à réfléchir sur un ordre public africain. Mais elle reste tout de même une équation à plusieurs inconnues, car elle va de pair avec l'insécurité tant il est vrai qu'il y a un temps pour la guerre et un temps pour la paix. Il revient donc à l'Afrique de contenir autant que possible le temps de la paix comme c'est le cas actuellement.

---

93 SOMA (A.), « L'africanisation du droit international pénal », *in* Société Africaine de Droit International, *L'Afrique et le droit international pénal*, Paris, Pédone, 2015, pp. 33-35.

94 SOBZE (S.F.), « Le maintien de la paix et de la sécurité et le règlement des différends en Afrique subsaharienne. Réflexion à partir des cas Malien, Sud-soudanais et Centrafricain », *op.cit.*, p. 7.

95 Il s'agit de la Com. ADHP, du Procureur, du Comité d'expert africain sur les droits et le bien-être de l'enfant, des organes intergouvernementaux accrédités auprès de l'Union ou de ses organes, les institutions nationales des droits de l'homme.

INDICATIONS BIBLIOGRAPHIQUES

- BARSAC (T.), *La Cour africaine de justice et des droits de l'homme*, Paris, Pedone, 2012, 129 p.
- BIPOUN-WOUM (J.-M.), *Le droit international africain : problèmes généraux, règlement des conflits*, Paris, LGDJ, 1970, 327 p.
- BORELLA (F.), « Le système juridique de l'Organisation de l'Unité Africaine », in *AFDI*, Volume 17, 1971. pp. 233-253.
- CHOUALA (Y.A.), « Puissance, résolution des conflits et sécurité collective à l'ère de l'Union africaine. Théorie et pratique. », *AFRI*, 2005, pp. 288-306.
- KAMTO (M.), PONDI (J.-E.), ZANG (L.), *L'OUA : Rétrospective et perspectives africaines*, Paris, Economica, 1990, 338 p.
- MUBIALA (M.), *Le système régional africain de protection des droits de l'homme*, Bruxelles, Bruylant, 2005, 299 p.
- MVELLE (G.), ZANG (L.), *L'Union Africaine quinze ans après,* Paris, L'Harmattan, tome 1, 2017, 346 p.
- POMTE-LE (T.), *De l'ordre public africain ?* Thèse de Doctorat, Université de Ngaoundéré, 18 mai 2019, 655 p.
- ROSENBERG (D.), *Le principe de souveraineté des États sur leurs ressources naturelles*, Paris, LGDJ, 1983, 395 p.
- SOBZE (S.F.), « Existe-il un ordre juridique africain ? », *RBSJA*, n° 38, 2017, pp. 178-219.
- TABALA KITENE (F.), *Le statut des sanctions contre les changements anticonstitutionnels de gouvernement dans les textes et la pratique de l'union africaine. Contribution à l'étude de la production des normes par les organisations internationales*, Thèse de Doctorat, Université de Gand, 2013, 487 p.
- TCHIKAYA (B.), *Le droit de l'Union Africaine. Principes, institutions et jurisprudences*, Paris, Berger-Levrault, 2014, 247 p.

La sécurité aux frontières du Cameroun : une question persistante ou négligée ?

Par

Deville TCHOUBAN TCHANGA[1]

Résumé

De tout temps, il apparaît important pour la sécurité de chaque pays, que ses frontières soient toujours surveillées. Celles-ci constituent les principales portes d'invasion du territoire, par les ennemis de la nation. Ce sont entre autres des groupes sectaires violents, notamment Boko Haram, ainsi que d'autres criminels de tout acabit. Pour combattre énergiquement une telle situation, il est un devoir pour les pouvoirs publics du Cameroun d'asseoir des stratégies de lutte efficaces. Il s'agit ainsi de contrer les menaces et autres formes d'insécurité. De ce fait, diverses mesures sont prises pour freiner le développement de l'insécurité. Du fait du professionnalisme de ses forces armées et d'une volonté gouvernementale résiliente à combattre les dangers, les frontières camerounaises restent sécurisées. L'intérêt d'une tranquillité aux frontières du pays n'est plus à évoquer.

Mots clés : Forces armées, frontière, insécurité, pouvoirs publics, volonté gouvernementale résiliente.

[1] Deville TCHOUBAN TCHANGA, Docteur / Ph. D. en Droit Public International, Chargé de Cours à la Faculté des Sciences Juridiques et Politiques de l'Université de Yaoundé II, tchoubandéville@yahoo.fr

INTRODUCTION

Existe-t-il une sécurité aux frontières du Cameroun ? Dans un monde en pleine mutation, la mondialisation apparaît comme un phénomène incontournable au développement des États. Il n'en demeure pas moins nécessaire, qu'il doit régner une sûreté aux frontières du pays. Une telle sûreté, voire cette idée de circulation à l'abri du danger, constitue sans doute l'un des vecteurs indispensables qui favorisent la paix, l'ordre au niveau des frontières ou à l'intérieur de celles-ci. Comme le souligne Charles Eisenmann « le cadre conceptuel vise soit à donner une idée aux lecteurs ou aux auditeurs auxquels elle est destinée, soit alors à déterminer les projets auxquels cette définition doit correspondre ».[2]

Le substantif « sécurité » dérive du latin « *securitas* », absence de soucis, tranquillité de l'âme, dérivé de secours, exempt de crainte, tranquillité. La sécurité est l'absence de danger c'est-à-dire une situation dans laquelle quelqu'un ou quelque chose n'est pas exposé à des évènements critiques ou à des risques (défaillance, accident, détérioration, agression physique,…)[3]. La sécurité s'entend comme l'ensemble de dispositifs permettant de réduire considérablement les risques, les dangers ou les effets indésirables susceptibles de se produire, de surveiller et de contrôler tous les utilisateurs de la frontière et de sanctionner en temps de besoin tous ceux qui portent atteinte à la réglementation de normes y relatives. Le vocable « frontière » dans le dictionnaire de droit international public, publié sous la direction du Professeur Jean Salmon, se définit comme de « lignes qui déterminent le territoire de deux États effectivement constitués et reconnus par les tiers et que l'on qualifie au besoin de frontières internationales, pour l'opposer aux lignes qui séparent deux territoires n'ayant pas le statut d'États souverains (ainsi, les circonscriptions administratives d'un État unitaire, les entités fédérées d'un État fédéral, les colonies d'un État colonial, etc.) et que l'on désigne le plus souvent, sous le nom de « limites » ou de « lignes de démarcation »[4]. La frontière c'est également une « limite du territoire d'un État. Ligne déterminant où commencent et finissent les territoires relevant respectivement de deux États voisins »[5]. Pour le professeur Ahmed Abou-El-Wafa, « une frontière est une limite qui sépare deux ou plusieurs États. Il s'agit donc d'un *corpus separatum* entre ceux-ci. Partant, une frontière peut être définie "à l'entrée" et "à la sortie" : à l'entrée, elle n'est que le terminus d'un territoire soumis à la souveraineté d'un État, alors qu'à la sortie elle est le

---

[2] EISENMANN (C.), *Cours de droit administratif*, Tome 1, Paris, 1998, p. 17. « Quelques problèmes de méthodologie des définitions et des classifications en science juridique » *in la logique du droit*, Paris, Arch. Ph. Droit, tome XI, 1966, p. 29.

[3] Voir www.toupie.org/dictionnaire/sécuroté, consulté le 10 mars 2019.

[4] SALMON (J.) (dir), *Dictionnaire de droit international public*, Bruxelles, Bruylant, 2001, p. 520.

[5] BASDEVANT (J.), *Dictionnaire de la terminologie du droit international*, Paris, Sirey, 1960, p. 293.

commencement d'un autre sous la souveraineté d'un État voisin. La frontière est un lieu d'un "en deçà" et d'un "au-delà"[6]. La frontière permet ainsi d'appréhender l'État comme "une unité indivisible dans l'ordre de ses relations in *foro interno* et in *foro externo*"[7]. Dans l'affaire du Différend frontalier (Bénin/Niger), la Cour internationale de justice souligne qu'« une frontière marque la séparation des souverainetés étatiques, autant sur la surface terrestre que dans le sous-sol et l'espace atmosphérique »[8]. Cette définition de la frontière énoncée par la Haute juridiction mondiale sied d'être retenue, car, elle rend compte amplement, de la notion de frontière. Celle-ci est généralement constituée de deux sortes. Selon le professeur Ahmed Abou-El-Wafa, il faut distinguer les frontières naturelles, comme les montagnes[9], les frontières forestières ou lacustres[10], les frontières fluviales ou maritimes (par exemple le thalweg, la ligne médiane ou l'équidistance). Une frontière souterraine, vu que la souveraineté d'un État s'étend aussi au sous-sol terrestre, fluvial ou maritime et une frontière artificielle. On y recourt, lorsqu'on ne dispose pas d'un obstacle naturel ou lorsque celui-ci n'est pas identifiable. Il s'agit essentiellement des lignes astronomiques, telles que les méridiens ou les parallèles »[11]. Chaque État est ainsi séparé d'un autre, soit par une frontière naturelle, soit par une frontière artificielle.

Sur un aspect descriptif, le Cameroun est un pays de l'Afrique centrale situé entre le Nigeria au Nord-ouest, le Tchad au Nord, la République centrafricaine à l'Est, le Gabon, la Guinée Équatoriale au Sud, la République du Congo au Sud-est et le Golfe de Guinée au Sud-ouest, avec une population d'environ vingt-quatre millions d'âmes[12] et une superficie de 475 442 km². Le Cameroun est surnommé « l'Afrique en miniature »[13] à cause de sa diversité climatologique, culturelle, humaine, géographique, entre autres.

Compte tenu du fait qu'il n'existe plus de *terra nullius* à l'époque contemporaine, chaque territoire est ainsi déterminé, localisé ou perceptible à partir de ses frontières. Par la frontière « le territoire d'un État se trouve encadré et individualisé. Il s'agit d'une réalité incontestable »[14].

---

[6] ABOU-EL-WAFA (A.), « Les différends internationaux concernant les frontières terrestres dans la jurisprudence de la Cour internationale de justice », *RCADI*, Leiden Boston, Martinus Nijhoff Publishers, 2010, pp. 29-30.

[7] *Ibid*, p. 31.

[8] CIJ, *Recueil* 2005, p. 142, par. 124.

[9] ABOU-EL-WAFA (A.), « Les différends internationaux concernant les frontières terrestres dans la jurisprudence de la Cour internationale de justice », *RCADI*, *op.cit.*, p. 1.

[10] Source : Banque mondiale.

[11] ABOU-EL-WAFA (A.), *op.cit.*, p. 1.

[12] Source : Banque mondiale.

[13] KETCHEIMEN (A.), *Dictionnaire de l'origine des noms et surnoms des pays africains*, Fabre, 2014, p. 81.

[14] ROUSSEAU (Ch.), « Les frontières de la France », *RGDIP*, 1954, p. 374.

À l'ère de la globalisation[15], il s'avère nécessaire sinon d'évoluer en rangs serrés, du moins d'exercer une surveillance permanente sur ses frontières afin de réduire autant que faire se peut, les méfaits de surprise ou d'instabilité aux frontières entraînant souvent des situations de conflit. Au XXIe siècle, il est indispensable pour tout État soucieux de son développement d'assurer, et ce faisant même par les moyens coercitifs, le contrôle, la sûreté de ses frontières puisqu'elles sont de tout temps, considérées comme des portes d'entrée ou de sortie du territoire. La stabilité des frontières de tout État est la condition *sine qua non* de la recherche de la paix, de la sérénité ou des perspectives d'un développement à long terme de l'entité considérée. Dans une telle perspective, il échoit aux autorités gouvernementales du Cameroun de rechercher toutes les orientations socio-économiques ou politiques indispensables, afin d'assurer la tranquillité, la maîtrise du territoire ainsi que de ses frontières.

Pour des besoins de développement du pays, il est primordial que les pouvoirs publics camerounais conservent toujours une souveraineté sur leurs frontières.

La sécurité des frontières suppose l'existence des forces armées spécialisées qui s'occupent des problèmes y relatifs. Ce faisant, l'État déploie des moyens matériels qui s'imposent afin d'assurer la quiétude aux frontières. D'un autre point de vue, il y a également des partisans d'abolition des frontières. Pour eux, il serait avantageux qu'il n'y ait pas de frontières limitant ou empêchant les aller et retour des individus d'un espace à un autre. C'est consacrer en filigrane la fin de la sécurité des frontières. Une telle idée, même si elle peut sembler possible dans le cadre d'une communauté [16] où il y a libre circulation des personnes et de leurs biens, n'est pas aisée à matérialiser. Les États respectent souvent la frontière politique qui sépare la souveraineté d'autres sujets de droit international. C'est une coutume universelle qui doit toujours être de vigueur afin d'éviter des remous ou des troubles, l'insécurité entre autres, en leur sein. L'intérêt de la présente étude peut s'appréhender tant sur le plan théorique que pratique.

Sur le plan théorique, il est question de se familiariser aux dispositifs sur lesquels les pouvoirs publics mettent en œuvre le contrôle de leurs frontières. L'exigence des forces de contrôle, de dispositifs de gestion des frontières apparaît indispensable pour la bonne marche des affaires étatiques. La sécurité devient un levier qui conditionne l'existence et la pérennité de la paix aux

[15] WACKERMANN (G.), « Quel sens pour la notion de frontière dans la mondialisation ? » *in Cités* 2007/3 (N° 31), pp. 83-91.

[16] Au sein de l'Union Européenne par exemple, l'idée de frontière politique peut *a priori* sembler inexistante. Toutefois, la notion de frontière douanière ou économique continue d'exister. La frontière administrative même au sein d'une grande communauté de libre circulation à l'instar de l'Union Européenne, ne suspend pas pour autant, les services de contrôle, de surveillance du territoire par les forces de l'ordre spécialisées dans ce domaine.

frontières voire au sein du pays. Sur le plan pratique, la population du Cameroun se doit de vaquer librement à ses occupations. Pour cela, l'État a le devoir d'assurer l'exercice, la liberté de sa population à circuler librement sur tout son territoire. Ce faisant, s'assurer de la permanence de la sécurité aux frontières de l'État devient un *leitmotiv* pour les politiques. En effet, l'on ne peut se mouvoir véritablement, au sein de l'État, lorsque l'insécurité persisterait aux frontières du pays. Il est ainsi impérieux aux forces de défense du Cameroun, d'assurer une sécurité sans faille aux frontières du pays. Les vies de population dépendent également de l'état de la sécurité qui existe au niveau des frontières. Celles-ci ne doivent pas être des passoires, pour laisser traverser tout le monde y compris les ennemis de la nation, les personnes recherchées ou en fuite.[17]

Tout pays, quel qu'il soit, a besoin afin de maîtriser son développement, de posséder de bonnes forces de défense. Une bonne formation ainsi que des périodes de recyclage, la soumission des diverses forces de défense à l'autorité constituent en partie l'armature d'une sécurité renforcée des forces armées[18] aux frontières de l'État. Celui-ci a le devoir d'assurer à tous, une existence paisible sur toute l'étendue du territoire. Pour cela, l'éparpillement ou l'installation des moyens de contrôle et de surveillance sur toute l'étendue des frontières s'avère nécessaire. Sans ambages, il sied également de posséder des moyens financiers adéquats. Cela étant, comment les pouvoirs publics camerounais aménagent-ils la sécurité aux frontières du pays ?

À l'heure actuelle, il est improbable pour les États de vivre en n'assurant point de sécurité à leurs frontières. C'est dire en d'autres termes qu'il est obligatoire de disposer en permanence des moyens humains et matériels permettant d'assurer la sécurité aux frontières de chaque pays.

Pour appréhender ce libellé, il apparaît judicieux de se référer à la méthode analytique, car c'est au moyen d'une analyse que l'on aboutira à une réponse objective du questionnement.

À travers ce libellé, il est à relever que le gouvernement camerounais s'attèle à sécuriser régulièrement ses frontières. Ce faisant, il s'agit de faire face aux difficultés de tous genres. Pour appréhender la présente réflexion, il est judicieux d'examiner consécutivement, l'inclination des pouvoirs publics camerounais à la sécurisation des frontières (I) et l'adaptation desdits pouvoirs aux maux des frontières (II).

---

[17] NTUDA EBODE (J.V.) (dir), *Terrorisme et piraterie : de nouveaux enjeux sécuritaires en Afrique centrale*, Fondation Friedrich Ebert, Yaoundé – février 2010, pp.10 et s.

[18] NOGUES (T.), « Armées et missions de sécurité intérieure : la spécificité militaire en question » *in* les champs de mars 2001/2/n° 10 pp. 103-134.

I- L'INCLINATION DES POUVOIRS PUBLICS CAMEROUNAIS À LA SÉCURISATION DES FRONTIÈRES

Le préambule de la constitution camerounaise du 18 janvier 1996 proclame que « la liberté et la sécurité sont garanties à chaque individu dans le respect des droits d'autrui et de l'intérêt supérieur de l'État. L'État garantit à tous les citoyens de l'un et de l'autre sexe, les droits et libertés énumérés au préambule de la constitution ». De manière concrète, quand on parle de pouvoirs publics, « il s'agit d'un ensemble des services chargés d'assurer le bon fonctionnement d'une collectivité territoriale ou de l'État »[19]. Au rang de ceux-ci, il faut mentionner les forces de défense ; toutefois, les pouvoirs étatiques recourent au préalable aux techniques classiques ou conventionnelles permettant d'assurer l'ordre, la paix aux frontières. Pour analyser l'intitulé susdit, il sied d'examiner la délimitation et la démarcation des frontières (A) ainsi que leurs surveillances et contrôles (B).

A- La délimitation et la démarcation

C'est d'une part dans l'idée d'éviter des différends que la notion de frontière trouve son importance entre les sujets primaires du droit international. En outre, l'idée de communauté sans frontières n'a pas fait florès, d'où l'urgence de délimitation et de démarcation des frontières, afin d'assurer la sécurité du territoire de l'État à ses confins.

1- Consistance de la délimitation et de la démarcation

La délimitation s'entend d'« une opération juridique consistant à fixer le tracé de la frontière entre deux États ; sur la base des titres leur attribuant respectivement la souveraineté sur les territoires répartis entre eux »[20]. Il s'agit comme le souligne Daniel Bardonnet d'une « opération politique par laquelle est déterminé intellectuellement l'emplacement de la ligne divisoire, elle correspond dès lors à une définition *in abstracto* de la frontière »[21]. Quand on parle de frontière, il faut dire qu'elle connaît deux phases. La première correspond à la délimitation et la seconde à la démarcation. Il est question dans ce second cas d'« une opération matérielle consistant à reporter sur le terrain le tracé d'une frontière préalablement délimitée entre deux États limitrophes »[22]. Alors que la délimitation de la frontière est généralement

---

[19] SALMON (J.) (dir.), *Dictionnaire de droit international public, op.cit.*, p. 337.

[20] *Ibid*, p. 312.

[21] BARDONNET (D.), « De la densification des frontières terrestres en Amérique latine », Mélanges Colliard, Paris, Pedone, 1984, p.4. Il faut souligner que « les traités établissant des frontières peuvent comporter des défectuosités de moindre importance, ainsi que des lacunes, des inexactitudes et des ambigüités » CIJ Mémoires, CMR/2002/10, Différend frontalier terrestre et maritime entre le Cameroun et le Nigeria, p. 24, par. 32, ABI SAAB (G.).

[22] SALMON (J.) (dir.), *Dictionnaire de droit international public, op.cit.*, p. 317.

« l'œuvre des diplomates ou des juges »[23], la démarcation quant à elle connaît une kyrielle d'acteurs : « les topographes, les arpenteurs ou les militaires »[24].

La délimitation et la démarcation des frontières ont pour finalité de favoriser l'instauration de la sécurité, de la paix entre les États. C'est pour cette raison que la Charte des Nations Unies en son article 2 paragraphe 4 dispose : « Les membres de l'Organisation s'abstiennent dans leurs relations internationales, de recourir à la menace ou à l'emploi de la force, soit contre l'intégrité territoriale ou l'indépendance politique de tout État, soit de toute autre manière incompatible avec les buts des Nations Unies ». Le droit international public à travers cette disposition de la Charte suggère ainsi, le respect indispensable des frontières à travers l'expression « intégrité territoriale ». Ce faisant, il s'agit de sécuriser les frontières contre les violences. La Cour internationale de justice milite dans la même lancée lorsqu'elle soutient « le principe de l'intangibilité des frontières d'un État au moment de son indépendance. Si ces limites n'étaient que des limites entre divisions administratives relevant initialement de la même souveraineté, l'application du principe *uti possidetis* emporte leur transposition en frontières internationales proprement dites »[25]. Selon les professeurs Jean-Marc Sorel et Rostane Mehdi, « l'*uti possidetis* peut être défini, aujourd'hui, comme le principe selon lequel les frontières établies sous l'empire d'un système disparu doivent être respectées et maintenues par les nouveaux États »[26].

En Afrique, la charte de la défunte Organisation de l'Unité Africaine en son article 3 paragraphe 3. a mentionne : « tous les États membres s'engagent à respecter les frontières existant au moment où ils ont accédé à l'indépendance ».

Trente-sept ans plus tard, la nouvelle organisation ainsi créée l'Union africaine, ne reprend plus l'expression « *uti possidetis* ». Toutefois, son Acte constitutif mentionne au rang de ses principes « le respect des frontières existant au moment de l'accession à l'indépendance »[27].

Quoi qu'il en soit, l'établissement par voie de délimitation et de démarcation de la frontière, nécessite dès lors pour le Cameroun, l'organisation de celle-ci afin d'y assurer la sécurité de façon constante. L'État, personne morale titulaire de la souveraineté, organise ses pouvoirs publics, ses circonstances administratives, ses frontières. C'est dans le cadre

---

[23] SALMON (J.) (dir.), *Dictionnaire de droit international public, op.cit.*, p. 317.

[24] *Idem.*

[25] CIJ, *Rec.* 1986, pp. 566 et s.

[26] SOREL (J.-M.) et MEHDI (R.), « *L'uti possidetis* entre la consécration juridique et la pratique : Essai de réactualisation », *AFDI*, XL, Paris, Éditions du CNRS, 1994, p. 13.

[27] Voir art 4.b de l'Acte constitutif de l'Union Africaine

de cette organisation qu'il déploie tout un arsenal juridique et matériel en vue de sécuriser ses frontières.

Au plan juridique, au regard du foncier camerounais, il n'est pas possible aux étrangers d'acquérir des terres au niveau des frontières du territoire. Tout ceci participe des besoins de sécurité. L'État se doit de maîtriser son espace, son territoire terrestre où il assoit son pouvoir. C'est dans le cadre de l'exercice de sa souveraineté que l'État se doit, d'assurer à la population une sécurité sans cesse renouvelée. Vis-à-vis d'autres Etats de la sous-région, la délimitation et la démarcation des frontières contribuent à fixer de part et d'autre, les limites étatiques de chaque souveraineté. De ce fait, « la ligne frontière cloisonne la sphère d'activités des États. Certains ont pu y voir la réalité à travers laquelle s'organisent les relations internationales »[28]. Une telle idée est sans doute loin d'être impertinente. La délimitation et la démarcation des frontières doivent être respectées par les entités voisines.

2- Leurs conséquences

Une fois que le territoire de tout État a fait l'objet d'une délimitation et d'une démarcation au niveau de sa ligne frontière, il devient aisé pour chaque entité titulaire de souveraineté d'exercer ses pouvoirs sur son espace. Chaque pays est ainsi libre de fixer les conditions d'accession à ses frontières. De même, il apparaît désormais aisé de déterminer en cas de conflit, lequel des Etats frontaliers est auteur d'une violation de frontières d'un autre État. Compte tenu du fait que la responsabilité internationale apparaît redoutée en droit international public, les États ont l'obligation d'éviter de porter atteinte aux frontières d'un autre État, de respecter l'intégrité territoriale d'autres États. La Cour internationale de justice, organe judiciaire principal de l'Organisation des Nations Unies, n'est point tatillonne à établir la responsabilité des États en cas de violation de l'intégrité territoriale d'un pays[29]. C'est dire que l'existence des frontières ou l'établissement de celles-ci constituent des vecteurs, des outils de détermination claire, des bornes à l'intérieur desquelles s'exerce la souveraineté de chaque pays. Il est désormais aisé de dénommer telle ou telle entité bénéficiant d'une frontière, à l'intérieur de laquelle il est indispensable de prévoir ou d'y exercer un aménagement des compétences de l'État. Comme le remarquait Anzilotti : « la délimitation territoriale des États… est véritablement la prémisse sur laquelle reposent leurs relations et le point de départ du développement de ses relations »[30].

---

[28] DELAYE (Y.), *La frontière et le texte*, Paris, Payot, 1977, p. 18. HALLAIRE (A.), « L'intérêt d'une frontière : l'exemple des monts Mandara (Cameroun/Nigeria) », *in Tropiques, lieux et liens*, Florilège offert à Paul PELISSIER et Gilles SAUTTER, Paris, ORSTOM, 1989, pp. 589-593.

[29] CIJ, Affaire frontière terrestre et maritime entre le Cameroun et le Nigeria, *recueil*, 2002, p.116. CIJ, Affaire République Démocratique du Congo c. Ouganda, 2005.

[30] ANZILOTTI (D.), *Cours de droit international*, traduction française par GIBEL G., Paris, Sirey, 1929, p. x.

C'est dans la même lancée que Basdevant remarquait également que « la délimitation géographique de la compétence de l'État se fait par le tracé même de la frontière qui le sépare des États voisins »[31]. En principe, la délimitation et la démarcation des frontières ont pour effet d'éviter l'avènement d'incidents frontaliers à l'instar de celui survenu entre le Cameroun et le Nigeria au confluent du Rio Del Rey et du Ndian[32].

S'il ne fait point de doute que l'État est en principe maître sur son espace territorial, il n'empêche point que la surveillance et le contrôle des frontières aient pour effet de mieux les sécuriser.

B- La surveillance et le contrôle

La sécurité aux frontières du Cameroun se cristallise essentiellement autour de la surveillance et du contrôle tout en visant ainsi quelques effets escomptés.

1- Le déroulement de la surveillance et du contrôle

Il est question pour les pouvoirs publics de surveiller leurs espaces frontières. Cette surveillance concerne non seulement les personnes, mais aussi leurs biens qui y circulent. La surveillance est le fait au sens *lato sensu*, des forces de l'ordre telles que le corps de la police, les gendarmes. Les forces de défense notamment les militaires y prennent également part en principe, toute frontière est sécurisée par une multitude de forces armées.[33]

Il s'agit d'une organisation sans doute efficace des pouvoirs publics, afin de permettre une bonne circulation des personnes et de leurs biens. Les douaniers surveillent, généralement, tout ce qui entre ou sort du territoire, au niveau des frontières. En cas d'infraction du fait de certains individus, ceux-ci doivent répondre devant les juridictions de l'État. Il s'agit d'organiser les moyens de lutte contre la vente illicite des espèces protégées notamment fauniques. D'organiser également la lutte contre la vente illicite des essences protégées.

En l'absence de murs et de barrières délimitant de façon précise les frontières du Cameroun, pour assurer aisément la sécurité de telles zones, d'autres dispositifs de sécurité sont mis en œuvre. Il s'agit d'abord d'un dispositif classique de surveillance constitué de la police des frontières dotée

[31] BASDEVANT (J.), « Règles générales du droit de la paix », *RCADI*, 1936, tome 58, p. 591.
[32] *Le monde*, 26-27 juillet 1981 et 3 décembre 1981. Voir également ROUSSEAU (Ch.), *RGDIP*, 1981, p. 857.
[33] HANON (J.P.), « Militaires et lutte antiterroriste », *Cultures et conflits*, 2004, pp. 121-140. MONPEYSSIN (P.), « Sécurité et gouvernance : contribution des forces armées à l'établissement d'un monde plus juste, solidaire et responsable », Paris, mars 2010, *in* hppts://www.vierrees.net/, consulté le 18 mars 2019. TOUCHARD (L.), « Des murs et des Hommes : sécuriser les frontières africaines au XXIe siècle », *Focus stratégique*, n° 85, IFRI, septembre 2018, 46 p.

des équipements de vision nocturne. Des moyens d'intervention notamment des capacités opérationnelles aériennes telles que des drones, des hélicoptères et une multitude de véhicules tout-terrain, des chars de différents types *a minima* peuvent être utilisés par les forces chargées du contrôle et de la surveillance des frontières.[34]

Pour l'efficacité d'une telle opération, la surveillance et le contrôle doivent se faire de façon permanente : de jour comme de nuit, malgré de vastes étendues qui séparent à titre d'exemple la frontière entre le Cameroun et le Nigeria sur une très longue distance de plus de mille kilomètres. Une telle vaste longueur nécessite un potentiel humain et des moyens matériels importants.

L'insuffisance du personnel chargé de la surveillance des frontières est parfois secondée par les groupes d'autodéfense, dont le rôle contribue aussi à sécuriser ou à fournir des renseignements aux forces de l'ordre.

On observe une mutualisation de forces entre, d'une part, les différentes forces de l'ordre aux frontières, et d'autre part, les groupes d'auto-défense particulièrement dans la partie septentrionale du pays. Ces derniers ont parfois une proximité avec ceux qui habitent dans ces zones. Leur collaboration est utile en termes d'informations. Une telle mutualisation de forces renforce l'objectif de sécurisation desdites zones. C'est dans une telle perspective qu'il est judicieux de prévoir une coopération transfrontalière entre d'un côté le Cameroun et de l'autre, chaque État limitrophe qui partage les frontières avec celui-ci. Il apparaît donc que la sécurité aux frontières doit normalement être le vœu, le but de chacun des États ayant une frontière avec son voisin territorial.

Le but de la sécurité aux frontières de l'État vise notamment à promouvoir la paix et l'ordre nécessaires au développement de tout pays. Le vœu d'une sécurité aux frontières apparaît comme un principe fondamental pour les États car, l'activité étatique et humaine ne peut prospérer dans un climat d'insécurité.

Même si cette sécurité est souvent perceptible aux frontières terrestres avec singulièrement le contrôle des pièces d'identité, cet exercice s'étend également aux frontières maritimes[35] et aériennes[36] du pays.

Au niveau des eaux intérieures, il s'agit d'une zone dans laquelle il y a une exclusivité et une plénitude des compétences de l'État côtier c'est-à-dire le

---

[34] MOUILLÉ (F.), « La sécurisation de la frontière ou l'apparition de territoires – frontières », *revue d'économie régionale et urbaine*, 2018, n°3, pp. 601-618.

[35] FOUCHER (M.), « A quoi servent les frontières ? Justifications, séparations, transitions et passages », *Dossier le réveil des frontières*, questions internationales n° 79/80, mai-août 2016, p. 8.

[36] *Idem.*

Cameroun. En général, les bateaux de plaisance et de commerce y ont un droit d'accès. Mais, des restrictions peuvent être opposées par ses autorités pour certaines marchandises, en évoquant des raisons de santé publique, de protection de l'environnement voire d'ordre public.

Quant aux navires militaires, ils obéissent à un régime juridique différent dans cette zone dans la mesure où les bâtiments militaires sont considérés comme des morceaux de territoire de l'État du pavillon. Dès lors, pour mouiller les eaux intérieures d'un autre État, il faut obligatoirement obtenir une autorisation de ses autorités compétentes. L'État côtier peut interdire l'accès de ses ports aux navires étrangers. Dans le port, les bâtiments militaires sont soumis à la juridiction de l'État du pavillon. En réalité, cette présence de navires militaires étrangers semble rogner en filigrane la souveraineté de l'État côtier. Tout ce qui s'y déroule ne relève ni plus, ni moins, que de la seule compétence des autorités de l'État du pavillon. À l'opposé, les navires de commerce ou de complaisance sont plutôt soumis à la juridiction, de l'État du port.

S'agissant de la mer territoriale du Cameroun, le principe en vigueur en droit international est celui de sa souveraineté. Celui-ci peut déterminer des règles ou principes qui sont identiques à ceux du domaine terrestre et les appliquer.

Sur la mer territoriale, tout navire battant pavillon étranger se voit reconnaître par l'État côtier, un droit de passage inoffensif. Il s'agit d'une libre circulation sans s'arrêter sur la mer territoriale en question de l'État côtier, du navire étranger qui peut ainsi traverser cette zone en toute tranquillité. Mais, pour diverses raisons notamment les manœuvres militaires, la pollution, l'État côtier peut refuser l'accès à sa mer territoriale non seulement pour des navires suspects, mais aussi pour des sous-marins dans certaines conditions. Toutes ces interdictions participent d'une idée de surveillance et de contrôle[37] de son espace maritime qui s'étend jusqu'à la zone économique exclusive où l'État côtier exerce également des droits de contrôle et de surveillance contre des activités contraires à la navigation maritime ou pouvant porter des dommages aux intérêts de l'État côtier.

Quant à la navigation aérienne, la Convention relative à l'aviation civile internationale ou Convention de Chicago du 7 décembre 1944 « confirme la totale primauté des États en matière de régulation du transport aérien. Établit les règles de l'air, règles pour l'immatriculation des aéronefs, la sécurité ». C'est dire en d'autres termes qu'un État peut interdire le survol de son territoire à certains aéronefs, le survol de certaines parties dudit territoire. L'espace aérien de chaque État est subordonné à l'autorisation des autorités

[37] « Sécurité et surveillance des frontières maritimes. Une solution adaptée aux problématiques et menaces actuelles », *in* https://sd.magazine.com, 15.12.2016, consulté le 8 mars 2019.

compétentes afin d'y effectuer tout survol. L'acceptation ou le refus de survol peut être assimilé à un contrôle à distance négatif des autorités chargées de communiquer l'autorisation préalable de survol.

La multitude de surveillance et de contrôle des frontières du Cameroun vise divers effets escomptés.

2- Les effets escomptés

En réalité, l'institution d'une surveillance par les autorités compétentes, le recours aux outils technologiques perfectionnés ainsi que d'un contrôle aux frontières par les forces publiques ou groupes de sécurité privée, vise l'établissement de la sécurité dans ces zones. Il s'agit donc de reconsidérer la frontière. Comme le souligne Monsieur Jules Doret NDONGO « la frontière constitue désormais une passerelle voire un pont et non un mur, un lieu de coopération et non de confrontation, une zone de cohabitation et non, d'exclusion »[38]. Bien plus, renchérit-il « les frontières constituent un potentiel à partir duquel il est possible de construire une vision de développement alliant, dans une seule et même dynamique, le développement local et l'intégration régionale »[39].

Le contrôle ne se fait plus exclusivement aux frontières. Il peut se faire de façon feutrée au moyen du blocage préventif d'individus suspectés dans l'organisation du grand banditisme, à travers notamment le rôle des ambassades et des consulats qui rechignent à accorder des visas à diverses personnalités. Ce faisant, l'on assiste à un filtrage de frontières qui nécessite de la part des pouvoirs publics, un contrôle permanent sur bon nombre d'individus recherchés ou ayant franchi la frontière illégalement.

La surveillance et le contrôle des frontières visent aussi le renforcement de la lutte contre l'immigration clandestine[40]. Les actions de surveillance et du contrôle des forces de sécurité aux frontières du pays vont des simples patrouilles, aux opérations de grande envergure nécessitant entre autres, les couvre-feux, l'interdiction de circuler, les fouilles, les arrestations d'individus recherchés. Les drones et hélicoptères contribuent à élargir ou augmenter le rayon de contrôle des frontières.

La politique sécuritaire du Cameroun c'est-à-dire celle qui fait des questions de sécurité et de la lutte contre la délinquance une priorité doit être à même de contrer les préoccupations de surveillance et de contrôle.

---

[38] « Cameroun – Nigeria : la frontière sous surveillance » *in Cameroon Tribune*, 14 décembre 2016.

[39] *Idem.*

[40] Architecture et contexte sécuritaire de l'espace CEMAC-CEEAC, *GRIP*, note n° 5, 25 février 2014, 24 p. « Cameroun – UE : un partenariat pour renforcer la sécurité aux frontières du septentrion », *in* https://eeas.europa.eu/, consulté le 18 mars 2019.

Pour arriver à un quelconque résultat, il est nécessaire que tous ceux qui y ont charge s'activent sans cesse. Le rôle des pouvoirs publics est certes de veiller en priorité à la bonne gestion des hommes dans le pays ainsi qu'à la bonne marche des affaires étatiques. L'État ayant un besoin important de moyens humains d'abord, et matériels ensuite, pour la pérennité de ses actions aux frontières, il est à prévoir que des recrutements dans les corps d'armée soient fréquents pour des besoins de célérité et d'efficacité.

L'enrôlement de nombreux jeunes dans les corps d'armée aura pour effet immédiat d'inculquer, une nouvelle dynamique importante pour perpétuer, les actions entreprises par leurs devanciers : la surveillance et le contrôle aux frontières. Ces actions aboutissent à des résultats relativement escomptés de maîtrise du flux des mouvements d'entrée et de sortie aux frontières. En outre, la présence permanente des forces de défense aux frontières peut aussi s'analyser comme la détermination tous azimuts des pouvoirs publics, d'exercer sans relâche une sécurisation sans faille de tous ceux qui franchissent les frontières.

Toutefois, l'on ne peut manquer de se poser la question de savoir si la présence des forces de l'ordre et de défense aux frontières signifie même implicitement l'absence de difficultés aux frontières.

II- L'ADAPTATION DES POUVOIRS AUX MAUX DES FRONTIÈRES

Le banditisme, le terrorisme, la violence orchestrée par les acteurs non étatiques armés, les crises locales sont entre autres les causes des déplacements massifs de la population au niveau des frontières terrestres du Cameroun. Assurer la sécurité aux frontières du Cameroun semble de prime abord difficile à cause de l'insécurité ambiante, qu'on peut relever de part et d'autre, de la frontière du Cameroun et celle d'autres États frontaliers tels que le Nigeria, le Tchad, la République Centrafricaine. Le fléau de la porosité des frontières peut trouver un pan d'explication dans l'existence d'une part, des maux sus évoqués, mais également d'autre part, dans le partage discriminatoire des frontières de l'Afrique lors de la conférence de Berlin de novembre 1884 à février 1885 qui aboutit à cette balkanisation contestable. Les pouvoirs publics camerounais sont sérieusement préoccupés par ces différents problèmes de frontières. Ils se donnent ainsi pour ambition d'endiguer la porosité des frontières (A) tout en recourant à un arsenal spécifique de lutte contre la guerre ou les conflits asymétriques (B).

A- L'endiguement de la porosité des frontières

Pour réaliser l'endiguement de la porosité des frontières, les pouvoirs publics camerounais prennent des mesures particulières. L'accent est mis sur la stratégie sécuritaire singulièrement pour les éventuels membres du mouvement Boko Haram ainsi que d'autres criminels qui écument les frontières (1). Par ailleurs, cette lutte contre la porosité des frontières concerne aussi, d'autres formes d'infiltration qui sont combattues (2).

1- Les stratégies sécuritaires contre les éventuels membres de Boko Haram et autres criminels

Dans certaines régions du Cameroun notamment au niveau de l'Extrême-Nord, la porosité de la frontière entre le Cameroun et le Nigeria ne permet pas toujours une traque aisée des membres du mouvement islamiste Boko Haram, au grand dam de la population, et même parfois de l'armée. Cette situation peut s'expliquer par au moins deux raisons. Il y a d'une part une vaste longueur qui sépare ces deux États frontaliers sur plus de mille sept cents kilomètres[41]. Ce qui nécessite de bout en bout la présence des forces de défense le long de cette vaste ligne frontière. L'utilisation d'un matériel de surveillance et de contrôle moderne s'impose pour réduire sur certaines zones la présence des forces de défense. D'autre part, depuis la conférence de Berlin de novembre 1884 à février 1885, les territoires d'Afrique avaient été arbitrairement tracés par les occidentaux. L'une des conséquences observables réside dans le fait que les familles sont parfois séparées arbitrairement. Compte tenu du fait que ces habitants des frontières maîtrisent généralement leurs zones, il peut être aisé pour ces derniers de contourner la surveillance et le contrôle mis en place par les pouvoirs publics.

Pour lutter efficacement contre ce fléau de la porosité des frontières, les pouvoirs publics camerounais multiplient les stratégies de surveillance et de contrôle des frontières[42]. Entre autres, on peut souligner les contrôles systématiques de tous ceux qui franchissent la frontière. Le contrôle de leur identité. Les sans-papiers ne sont pas tolérés sur le territoire. De même, ceux qui vivent aux environs des zones frontière doivent se conformer à la réglementation : disposer d'une carte nationale pour tous ceux qui ont l'âge requis à cet effet. Les personnes titulaires des moyens de transport (véhicules, motos) doivent également disposer des pièces justificatives. Les contrôles inopinés de cartes nationales peuvent se faire à tout moment au gré de l'urgence. Les moyens de contrôle comme la vidéosurveillance, l'interception des communications téléphoniques, la filature d'individus suspects entre autres, peuvent avoir lieu, mais il ne revient pas à l'État de faire une telle publicité. Il revient aux populations de ne pas recourir aux procédés illégaux afin de franchir ou traverser une frontière. Le rôle de la puissance publique permet de s'assurer notamment que ceux qui habitent les zones frontière sont de nationalité camerounaise d'une part et que la population qui veut traverser la frontière, soit à la sortie ou à l'entrée remplit les conditions nécessaires

---

[41] https://fr.m.wikipedia.org/, consulté le 18 mars 2019.

[42] NANA NGASSAM (R.), « Insécurité aux frontières du Cameroun », *Études*, 2014/3 (mars), pp. 7 à 16.

d'autre part. Bien plus, les pouvoirs publics peuvent utiliser les médias pour informer un vaste public, des conditions à remplir pour un séjour dans le pays, ou celles à remplir pour sortir du territoire, pour traverser la frontière. En tant que symbole d'un espace de souveraineté, les individus doivent se soumettre aux conditions requises de séjour dans les pays. Ceux qui y sont déjà ou y vivent, doivent respecter la réglementation en vigueur.

La préoccupation de la lutte contre la porosité des frontières concerne prioritairement, tous ceux qui veulent franchir illégalement celles-ci. En premier lieu, on peut citer les acteurs non étatiques armés. Ils sèment le désarroi, l'épouvante partout là où ils sont ou passent. Il est « important d'améliorer les capacités de surveillance des frontières terrestres »[43]. Ils sont à dérouter,[44] car l'existence des conflits locaux, externes à l'État du Cameroun favorise une densité de circulation de ces hors-la-loi à la recherche de victimes et de sanctuaires. On note également que « l'insécurité transfrontalière progresse faisant des victimes parmi les populations civiles. Elle résulte des mouvements de rebellions armées comme la seleka, le mouvement d'émancipation pour le delta du Niger (MEND), les Bakassi Freedom Fighters (BFF), les attaques de coupeurs de route, des organisations terroristes ou criminelles à l'image de Boko Haram »[45]. Dès lors, l'on observe une fréquence d'enlèvements et de prises d'otages notamment au niveau des frontières entre le Cameroun et le Nigeria, et entre le Cameroun et la République centrafricaine. De manière courante, les pillages ont souvent cours le long des frontières entre le Cameroun et ses voisins frontaliers, en particulier à l'Est et dans la partie septentrionale.

C'est ainsi que « la frontière sert de balancier entre l'État où est illicitement prélevée la source, souvent violemment, et celui dont elle est stockée ou écoulée »[46]. La prolifération d'acteurs non étatiques armés porte généralement atteinte à la quiétude préliminaire des frontières. Pour ces acteurs, faire la guerre apparaît comme une entreprise, un travail comme un autre. Mais, les pouvoirs publics se doivent de s'opposer à l'enracinement de la présence ou des activités des acteurs non étatiques armés aux frontières territoriales. Ce faisant, il est question de recourir aux moyens armés modernes fussent-ils, pour détruire cette nébuleuse et autres criminels qui occasionnent la psychose et les affres dans les régions frontière. À l'observation, ces acteurs non étatiques armés parfois constitués de bandes de rebelles alimentent à partir des armes qu'ils dérobent et possèdent généralement, des foyers de tension,

---

[43] SEMOTA (J.) et POITEVIN (C.), « Gestion des frontières terrestres et trafic illicite », *Groupe de recherche sur la paix et la sécurité,* 2010/3, p. 23.

[44] SAIBOU (I.), *Les coupeurs de route : histoire du banditisme rural et transfrontalier dans le bassin du Lac Tchad*, Paris, Karthala, 2010, 278 p. BERGHEZAN (G.), « Éradiquer Boko Haram : acteurs multiples, résultat incertain », 2016, 24 p.

[45] NANA NGASSAM (R.), « Insécurité aux frontières du Cameroun », *op.cit.*, p7.

[46] https://www.cam-info/, consulté le 18 mars 2019.

d'insécurité aux abords des frontières. Les problèmes de violence dans les régions du Nord-ouest et du Sud-ouest du Cameroun semblent en partie épouser cette configuration de déstructuration de la société en général et des frontières en particulier.

La porosité des frontières est généralement à l'origine de plusieurs maux : banditisme, criminalité, rapt, entre autres. Il s'agit d'une préoccupation cardinale de tous les instants[47]. C'est donc une lutte de longue haleine des pouvoirs publics à l'encontre des individus considérés comme des hors-la-loi. Ces derniers n'obéissent point aux institutions ou aux autorités étatiques. Leurs affidés et eux-mêmes ont souvent tendance à franchir les frontières pour essayer d'accomplir leur ignoble dessein que sont les attentats.[48]

Néanmoins, la problématique de la porosité des frontières soulève en filigrane une préoccupation humanitaire. En cas de conflit armé interne par exemple, les potentielles victimes ont généralement le droit de solliciter l'hospitalité ne serait-ce que temporaire d'un État voisin où ils espèrent être en sécurité. Ceux-ci fuyant parfois les exactions dans leur pays d'origine, peuvent se retrouver par le fait des évènements indésirables et impromptus sur le territoire d'un autre État en Afrique en général et au Cameroun en particulier. Les réfugiés ne sont pas *a priori* refoulés aux frontières. Dans cette masse de réfugiés, s'y trouvent également, des hors-la-loi. La question de la porosité des frontières semble dès lors mise entre parenthèses à travers ces situations de détresse qui caractérisent plusieurs États qui connaissent ou subissent des problèmes intérieurs ou internes.[49]

La porosité des frontières ne concerne pas seulement l'aspect du contrôle lié aux éléments du mouvement Boko Haram. Il y a également d'autres pans de lutte contre cette porosité.

---

[47] En effet, les pouvoirs publics se mobilisent sans cesse pour trouver des voies et moyens efficaces afin d'étouffer, de réduire si possible à une simple expression, les allures, les actes des coupeurs de route ; de bandits et criminels qui écument les régions frontière du Cameroun. Diverses conférences visant la coopération et l'harmonisation des moyens humains et matériels ont cours entre les forces armées et les autorités gouvernementales, entre les forces armées des régions entre elles. À tout ceci, il faut ajouter l'appui de l'aide extérieure de pays assistant le Cameroun dans cette longue lutte contre Boko Haram dans la partie septentrionale du pays. Les moyens matériels modernes sont importants notamment les drones, les radars. Il s'agit d'une coopération militaire qui est sans ambages importante et se veut permanente.

[48] Journal du Cameroun, com. 29.7.2017, consulté le 20 mars 2019 https://www.francophonie.org/ consulté le 20 mars 2019.

[49] NGODI (E.), « L'Afrique centrale face aux nouveaux enjeux sécuritaires du XXIe siècle », *Codesria*, 13e Assemblée Générale Rabat-Maroc, 5-9/12/2011, pp.14 et s. BECK (U.), *La société du risque*. Sur la voie d'une autre modernité, trad. de l'allemand par Laure BERNADI, Paris, Aubier, 2001, 521 p.

2- Les efforts de lutte contre d'autres formes d'infiltration aux frontières.

Les pouvoirs publics camerounais s'efforcent de mettre un terme à la porosité des frontières à travers les contrôles qu'effectuent les forces de l'ordre auprès des éleveurs peuls, des vendeurs de bétail qui franchissent ou sont sur le point de traverser la frontière. Les équipes de santé vétérinaire doivent vérifier l'état de santé des mammifères qui doivent pénétrer sur le territoire, ou franchir les frontières. De même, les propriétaires de ces mammifères sont contrôlés : ils doivent se munir de pièces d'identité, de justificatifs permettant d'attester l'appartenance du bétail et du nombre. Ces contrôles ont pour effet d'éviter le vol de bétail et leur libre circulation de part et d'autre de la frontière.

L'interdiction de la vente des médicaments falsifiés[50] qui passent aux frontières consiste pour les équipes de douane, les forces de l'ordre, de fouiller tous les véhicules qui franchissent la frontière. C'est à ce stade qu'il faut souligner l'importance de matériels modernes de détection à distance ou à travers les conteneurs de leur contenu. Les commerçants ambulants doivent être contrôlés en permanence, ainsi que la qualité des produits qu'ils commercialisent.

La lutte contre l'immigration clandestine oblige les forces de l'ordre à contrôler toutes les issues susceptibles de communiquer aux frontières, de contrôler ceux qui les empruntent.

La coopération policière et douanière est très importante, au niveau des États frontaliers afin de combattre le fléau de la porosité. En effet, il peut sembler difficile pour un seul État de lutter contre le problème de porosité des frontières. Compte tenu du fait qu'il est nécessaire de mobiliser plusieurs forces armées au niveau d'un État, la mutualisation de forces ne peut qu'être souhaitée afin d'aboutir à des résultats escomptés, concrets. La lutte par exemple contre le vol de bétail, contre la criminalité ou les rapts de personnes dans les régions frontière, contre les acteurs non étatiques armés ou la falsification des médicaments doit être menée en symbiose entre les pouvoirs publics des États. La coopération policière[51] entre pays voisins permet de

[50] DJITAFO FAH (B.A.) Mobilisation de l'Afrique centrale (CEMAC) dans la lutte contre les médicaments falsifiés. Séminaire sur les politiques pharmaceutiques à l'attention des experts francophones 23-27 avril 2018, Genève-Suisse, 25 p. Lire aussi « les réseaux des médicaments falsifiés au Cameroun » *in* https : //www.sciedev.net/, consulté le 22 mars 2019.

[51] PONDI (J.E.) et ZANG (L.), The Cameroon – Nigeria Border cooperation : presentation and analysis of bilateral Agreements and treaties, *in Cameroon review of international studies*, vol. v. 1998, 1-2 May, 2000. Cameroun – Nigeria. Ensemble pour la solidarité et le développement, Éditorial publié dans le n° 28 du bulletin « le temps des réalisations » de la Présidence de la République du Cameroun. La coopération sécuritaire entre les États frontaliers ne concerne pas seulement le volet militaire ou la coopération policière. Elle concerne aussi l'entraide judiciaire

mieux combattre l'immigration clandestine, qui peut être une cause d'insécurité, de part et d'autre des frontières d'États.

A priori, même si les forces de l'ordre du Cameroun sont à même d'assurer la sécurité aux frontières de l'État, il est néanmoins avantageux pour les pouvoirs publics camerounais, de prioriser davantage la coopération militaire entre les pays voisins afin de mieux juguler l'épineuse préoccupation de la porosité des frontières. En effet, la plus-value d'une telle coopération permet généralement, de débusquer la provenance, les auteurs des produits pharmaceutiques contrefaits, voire de la contrefaçon des boissons. Il s'agit d'un besoin de protection en amont de la santé et de la vie des citoyens. La porosité des frontières revêt ainsi des conséquences néfastes pour la santé, la sécurité des citoyens. La tâche des forces de l'ordre n'est donc point de tout repos. De façon permanente, les pouvoirs publics camerounais doivent veiller, renouveler ou renforcer davantage la présence des forces de l'ordre aux frontières. Il s'agit d'une préoccupation majeure, car l'on ne peut travailler lorsqu'il y a pertinence de l'instabilité aux frontières du pays.

B- L'arsenal spécifique de lutte contre les conflits asymétriques

Pour garantir la sécurité aux frontières du Cameroun, tenant compte de la menace et des attentats de Boko Haram vis-à-vis de la population particulièrement dans la partie septentrionale, une batterie de mesures est prise par les autorités compétentes à savoir la lutte contre la guerre asymétrique (1) et la répression des actes de terrorisme (2).

1- Les mesures gouvernementales de lutte de la guerre asymétrique

L'interdiction des regroupements et fermeture des débits de boisson après dix-huit heures : cette mesure vise tous les débits de boisson y compris les cabarets de commercialisation de la boisson traditionnelle communément appelée « bil-bil ». De même, les rassemblements dans les lieux publics et les mosquées sont également interdits après cette heure. La multiplication des contrôles et des fouilles. Pour y arriver, les pouvoirs publics encouragent les comités de vigilance à se développer et la population camerounaise est invitée à utiliser un numéro vert afin de signaliser tout comportement leur paraissant suspect. Les renforts de policiers et de gendarmes doivent permettre de multiplier les contrôles et les fouilles de domiciles.

L'expulsion des étrangers en situation irrégulière. À Maroua, les propriétaires de logement et les chefs de quartier ont été priés de s'assurer de la « conformité » de leurs locataires et de leurs administrés.

Le renforcement des effectifs des forces de défense, dans le Nord, l'Extrême-Nord, de part et d'autre à plus de huit mille cinq cents soldats, a

---

en matière pénale, l'extradition et le transfèrement des personnes condamnées. Il s'agit de lutter sur une vaste échelle contre les criminels et autres ennemis de la République, de l'État hôte.

pour objectif de favoriser la dynamique du travail. Le renforcement des contrôles sur les axes routiers qui doivent s'accompagner, d'une fouille systématique, à l'aide de détecteur de métaux notamment.

L'interdiction de la vente à la sauvette est proscrite sur l'ensemble de la région de l'Extrême nord. Il y a aussi la restriction de la circulation des véhicules à deux roues, le contrôle des enfants, l'interdiction du port du voile intégral, la surveillance des mosquées[52]. Toutes ces mesures sont décidées en vue d'éradiquer[53] la pratique de la guerre asymétrique, qui se fait par des attaques-surprises, de la pose des engins explosifs notamment dans les lieux publics. Ce *modus operandi* du mouvement Boko Haram vise à causer la tourmente et l'épouvante au sein de la population. Face à ces agissements effroyables, le Gouvernement ne reste pas insensible.

« La Direction Générale de la Recherche Extérieure (DGRE) a pour priorité aujourd'hui de mener la guerre contre le terrorisme, de soutenir la lutte contre le grand banditisme, de veiller à la protection du patrimoine économique et industriel du pays, et de lutter contre la corruption.

La DGRE est une unité d'intelligence géostratégique et de réflexion au service de l'État. La DGRE investit dans le renseignement électronique. Elle a acquis du matériel dernier cri d'écoute et d'interception des communications. Ces moyens lui ont permis de déjouer plusieurs attentats terroristes. Elle a aussi acquis des drones d'observation affectés à la guerre contre Boko Haram »[54].

La guerre asymétrique peut prendre notamment soit la forme populaire et spectaculaire du terrorisme, soit celle moins spectaculaire et dévastatrice également de guérilla. Dans l'un et l'autre cas, le recours aux procédés asymétriques a pour conséquence de causer un maximum de dégâts, y compris les pertes en vies humaines au sein de la population. Le recours à cette forme de guerre qu'on observe dans plusieurs villes du Cameroun proches de la frontière septentrionale, dénote le fait qu'il y a par là, une forte concentration d'éventuels membres du mouvement Boko Haram qui persistent à défier l'autorité de l'État. La présence d'une vaste ligne frontière terrestre du Cameroun avec le Nigeria et le Tchad, incite à subodorer la nécessité d'un renfort important de soldats et des moyens ou matériels de défense dans cette partie du territoire. Par ailleurs, à côté de cette présence armée des soldats, il y a lieu de souligner le travail peu visible, mais utile des services de renseignement tapis dans l'ombre, travaillant toujours de façon

---

[52] https : //www.jeuneafrique.compolitique/, consulté le 20 mars 2019. Lire aussi FILAKOTA (R.), « Boko Haram et crise sécuritaire au Nigéria et au Cameroun » *Nurt,* Institut Afrique monde, 2016, 21 p.
[53] BERGHEZAN (G.), « Éradiquer Boko Haram : acteurs multiples, résultat incertain », *Note d'analyse du GRIP*, 2016, 24 p.
[54] www.jeuneafrique.com, consulté le 22 mars 2019.

discrétionnaire. Ces services doivent fournir des informations pertinentes au gouvernement permettant de protéger tant la sécurité des frontières que celle de la population. Le Cameroun disposant de vastes lignes frontière, le séparant des autres six États voisins (Congo, Gabon, Guinée Équatoriale, Nigeria, République Centrafricaine, Tchad), doit disposer de plusieurs services de renseignement. Chaque service de renseignement devant fournir en temps réel, des informations relatives à la menace, à la situation sécuritaire des frontières à un moment précis. Ces services de renseignement doivent pouvoir anticiper ou prévoir les menaces, les risques aux frontières. Ils doivent donc être capables d'analyser et de décrypter les situations d'urgence, les menaces réelles ou latentes pouvant exister aux frontières du pays.

Les services de renseignement ne sont pas des services de publicité d'où la discrétion qui doit toujours caractériser leurs membres.

Généralement, ils sont peu perceptibles pour les profanes. Ils doivent travailler d'arrache-pied et disposer de pouvoirs intrusifs[55] leur permettant d'accomplir entièrement leurs missions.

Une coopération interétatique doit exister entre les services de renseignements de divers pays frontaliers. Il s'agit de mutualiser les informations de part et d'autre de la frontière, pour affaiblir l'action indésirable des terroristes et des criminels qui sillonnent les frontières.

Pour soutenir les actions des pouvoirs publics y compris les forces de défense et de sécurité, l'État va légiférer sur le terrorisme.

2- La loi camerounaise n° 2014/028 du 23 décembre 2014 sur la répression des actes de terrorisme.

C'est dans un contexte de lutte contre le mouvement islamiste Boko Haram que la loi camerounaise sur la répression des actes de terrorisme a été votée au parlement. La loi punit de peine capitale « quiconque, agissant seul comme co-auteur ou complice, commet ou menace de commettre un acte pouvant causer la mort, mettre en danger l'intégrité physique, causer une blessure corporelle ou un dégât matériel, détruire des ressources naturelles, l'environnement ou le patrimoine culturel, avec l'intention de : intimider le public, provoquer une situation de terreur… troubler le fonctionnement normal des services publics… créer une insurrection généralisée dans le pays… ».

La lecture de cet article 2 susmentionné peut inciter à dire qu'il s'agit d'une conception large de la notion de terrorisme[56]. En réalité, il s'agit du désir de mettre un terme aux activités du terrorisme au Cameroun. La froideur de la loi

---

[55] https : //fr.glosbe.com/, consulté le 22 mars 2019.
[56] CHALIAND (G.) et BLIN (A.), (dir), *Histoire du terrorisme de l'Antiquité à Daech*, Fayard, 2015, pp. 14-46.

doit au premier plan interpeller tous ceux qui, de près ou de loin, seraient animés ou tentés de commettre de telles infractions. Ils savent désormais à quoi ils s'exposent. La sévérité de la loi pénale d'un État est une politique de lutte contre la grande criminalité, contre la menace de l'instabilité ou le développement de l'insécurité. C'est à l'aune de ces prismes qu'il faut comprendre la loi camerounaise contre les actes de terrorisme. Il n'est donc pas question de dire ou d'affirmer qu'elle est attentatoire aux libertés fondamentales.[57] Il s'agit précisément de protéger, ce faisant, au moyen de la répression, les droits humains. C'est dans le prolongement d'une telle idée qu'il faut, également analyser ou comprendre, le choix d'un tribunal d'exception en l'occurrence le tribunal militaire, comme seule juridiction compétente en matière de terrorisme. En attribuant cette compétence au tribunal militaire, les pouvoirs publics camerounais ont résolument démontré leur refus d'incorporer de tels actes à la compétence des juridictions judiciaires ou ordinaires. Il s'agit d'une réaffirmation de la condamnation des actes de terrorisme sur le territoire de l'État. Faut-il le rappeler, ces actes dans leur immense majorité, causent la mort d'Hommes. Cette façon volontaire et déraisonnée d'ôter la vie à qui que ce soit, doit dissuader tous ceux qui sont sur le point de commettre de telles infractions. Il en est de même d'autres atteintes énumérées par la loi. La politique pénale camerounaise peut *a priori* paraître sévère[58], mais c'est le sens même d'une telle pratique. Au lieu de spéculer s'il y avait lieu de le faire, sur les contours de la présente loi ou encore sur son contenu notamment le caractère plus ou moins vague du terrorisme, il est judicieux de s'abstraire des comportements visés par la présente loi. Les droits humains ne signifient pas droit de tout faire. Il s'agit précisément d'un ensemble de droits reconnus, codifiés par la puissance publique. Pour diverses raisons, au premier rang desquelles, l'on citera la raison d'État notamment, la répression peut primer sur la protection, dans l'objectif du maintien de l'unité de l'État.

CONCLUSION

Il est indispensable pour tout État d'avoir une politique particulière qui puisse permettre l'organisation d'une sécurité aux frontières. En effet, quand on parle de la construction d'un État, l'on suppose que les préoccupations relatives à la question sécuritaire sont satisfaites ou doivent l'être. Au

---

[57] À cet effet, consulter : Une tournure tragique violence et atteintes aux droits humains dans les régions anglophones du Cameroun Amnesty international juin 2018, 40 p. Bonne cause, mauvais moyens : atteintes aux droits humains et à la justice dans le cadre de la lutte contre Boko haram au Cameroun. Amnesty international 2016, 53 p.

[58] Il y a lieu de relativiser le sens et la portée de cette sévérité si l'on peut utiliser ce vocable. En effet, aux États-Unis d'Amérique par exemple, toute atteinte aux biens de la nation ou tout acte qualifié ou assimilé aux actes terroristes est puni de la peine capitale. Les auteurs d'actes de terrorisme n'ont droit à aucune circonstance pouvant permettre l'inexécution d'une telle peine.

Cameroun, compte tenu des menaces aux frontières qui sont parfois le fait de quelques acteurs non étatiques armés depuis quelques années, il est impérieux de renforcer les moyens de sécurité existants. C'est une tâche de longue haleine qui exige des gouvernants, cette volonté résiliente de parer aux désordres et à l'insécurité. De manière pratique, le devoir des pouvoirs publics consiste notamment à veiller sur les libertés fondamentales des citoyens. C'est dans le but de sécuriser ceux-ci que des dispositions particulières sont souvent prises par les gestionnaires de l'État. De bout en bout, la sécurité aux frontières du Cameroun est préservée par les différentes forces armées qui y opèrent courageusement. Malgré quelques dangers que cette tâche sous-tend, il est à relever que la vaillance et les stratégies mises sur pied par les forces armées, sont de nature à permettre et à rassurer la libre circulation de tous ceux qui empruntent les frontières comme moyen de communication entre les États ou comme lieu d'échanges commerciaux.

INDICATIONS BIBLIOGRAPHIQUES

- ABOU-EL-WAFA (A.), Les différends internationaux concernant les frontières terrestres dans la jurisprudence de la Cour internationale de justice, Académie de droit international de La Haye, *Recueil des cours*, Leiden Boston, Martinus Nijhoff Publishers, 2010, pp. 10-570.
- BECK (U.), *La société du risque*. Sur la voie d'une autre modernité, trad. de l'allemand par Laure BERNADI, Paris, Aubier, 2001, 521 p.
- BERGHEZAN (G.), « Éradiquer Boko Haram : acteurs multiples, résultat incertain », 2016, 24 p.
- DELAYE (Y.), *La frontière et le texte*, Paris, Payot, 1977, 225 p.
- HALLAIRE (A.), « L'intérêt d'une frontière : l'exemple des monts Mandara (Cameroun/Nigeria) », *in Tropiques, lieux et liens*, Florilège offert à Paul PELISSIER et Gilles SAUTTER, Paris, ORSTOM, 1989, pp. 589-593.
- HANON (J.P.), « Militaires et lutte antiterroriste », *Cultures et conflits*, 2004, pp. 121-140.
- MONPEYSSIN (P.), « Sécurité et gouvernance : contribution des forces armées à l'établissement d'un monde plus juste, solidaire et responsable », Paris, mars 2010, *in* hppts://www.vierrees.net/, consulté le 18 mars 2019.
- MOUILLE (F.), « La sécurisation de la frontière ou l'apparition de territoires – frontières », *Revue d'Economie Régionale et Urbaine,* 2018, n° 3, pp. 601-618.
- NANA NGASSAM (R.), « Insécurité aux frontières du Cameroun », *Études*, 2014/3 (mars), pp. 7-16.

- NGODI (E.), « L'Afrique centrale face aux nouveaux enjeux sécuritaires du XXIe siècle », *Codesria*, 13e Assemblée Générale Rabat-Maroc, 5-9/12/2011.
- NOGUES (T.), « Armées et missions de sécurité intérieure : la spécificité militaire en question » *in* les champs de mars 2001/2/n° 10 pp. 103-134.
- NTUDA EBODE (J.V.) (dir), *Terrorisme et piraterie : de nouveaux enjeux sécuritaires en Afrique centrale*, Fondation Friedrich Ebert, Yaoundé – février 2010, 241 p.
- SAIBOU (I.), *Les coupeurs de route : histoire du banditisme rural et transfrontalier dans le bassin du Lac Tchad*, Paris, Karthala, 2010, 278 p.
- SOREL (J.-M.) et MEHDI (R.), « L'*uti possidetis* entre la consécration juridique et la pratique : Essai de réactualisation », *AFDI*, XL, Paris, Éditions du CNRS, 1994, pp.11-40.
- TOUCHARD (L.), « Des murs et des Hommes : sécuriser les frontières africaines au XXIe siècle », *Focus stratégique*, n° 85, IFRI, septembre 2018, 46 p.
- WACKERMANN (G.), « Quel sens pour la notion de frontière dans la mondialisation ? » *in Cités* 2007/3 (N° 31), pp. 83-91.

La communauté internationale face aux défis sécuritaires contemporains : le cas des changements climatiques

Par

Yanick Hypolitte ZAMBO[1]

Résumé

Depuis le début des années 1990, la nature des menaces auxquelles la communauté internationale est confrontée a amplement évolué. Cette nouvelle génération de facteurs d'insécurité internationale se caractérise par leur penchant non militaire. C'est dans cette mouvance que se situent les changements climatiques. Dû à la pullulation de la concentration des gaz à effet de serre, ce phénomène devient le *leitmotiv* ou le point de mire des États. On se propose dans le présent texte de passer au crible l'influence manifeste de la débâcle climatique actuelle sur la sécurité internationale. Ainsi, ce « serpent de mer » brouille la sphère sécuritaire mondiale via les conflits et les tensions qu'il génère ; entrave la jouissance effective des droits de l'homme. Pour redorer le blason de l'échiquier sécuritaire international, il est nécessaire d'agir de façon purgative dans la lutte contre le changement climatique par un répondant dynamique.

Mots-clés : changements climatiques ; communauté internationale ; défis sécuritaires contemporains ; ressources naturelles ; justice climatique.

---

[1] ZAMBO Yanick Hypolitte est Doctorant en droit public à l'Université de Dschang – Cameroun, E-mail : yanickzambo@yahoo.com.

INTRODUCTION

De 1914 à 1918 et de 1939 à 1945, l'humanité a fait face à deux guerres mondiales, lui ayant infligé d'ineffables souffrances. Eu égard à cette impasse, la communauté internationale a pris conscience des effets pervers des conflits armés via la création de la Société Des Nations devenue plus tard l'Organisation des Nations Unies. Manifestement, l'un des buts de cette dernière selon l'article premier de sa Charte souvent considérée de « Constitution mondiale » est le maintien de la paix et la sécurité internationales. Toutefois, la communauté internationale[2] est graduellement sujette à un déferlement de menaces et risques de nature non militaire, en l'occurrence, les changements climatiques[3]. Causé par l'augmentation de la concentration des gaz à effet de serre (GES)[4], le changement climatique n'épargne aucune sphère géographique de la planète au regard de l'interconnectivité des frontières, d'où leur médiatisation accrue. L'actualité ambiante qui émaille ce phénomène ne saurait occulter ses origines séculaires. En effet, la tendance développementaliste du XIXe siècle avait pour corollaire l'utilisation irrationnelle des ressources naturelles non renouvelables. Malencontreusement, la course effrénée au développement socioéconomique d'alors se situait aux antipodes des considérations environnementales et climatiques. Cette situation déplorable a entrainé la concentration du dioxyde de carbone (CO_2) dans l'atmosphère. Tout bien considéré, et nonobstant les velléités naturalistes des climato-septiques, il s'avère que les activités anthropiques ont insidieusement joué un rôle majeur dans le déclenchement de la crise climatique qui sévit de nos jours. On est donc passé d'un changement climatique astronomique à un changement climatique anthropique. C'est ce qui a fait relever au Groupe d'Experts

---

[2] La communauté internationale désigne dans le cadre de cette étude, l'ensemble des États souverains qui constituent le bloc onusien ; confer article 2 paragraphe 1 de la Charte des Nations unies.

[3] Aux termes des dispositions de l'article premier alinéa 2 de convention-cadre des Nations unies sur les changements climatiques (CCNUCC) de 1992, on entend par changements climatiques « des changements de climat qui sont attribués directement ou indirectement à une activité humaine altérant la composition de l'atmosphère mondiale et qui viennent s'ajouter à la variabilité naturelle du climat observée au cours de périodes comparables ». Ce texte est disponible à l'adresse : https://unfccc.int/resource/docs/convkp/convfr.pdf.

[4] L'article premier de la convention-cadre des Nations unies sur les changements climatiques définit les GES comme les constituants gazeux de l'atmosphère, tant naturels qu'anthropiques, qui absorbent et réémettent le rayonnement infrarouge. L'annexe A du protocole de Kyoto à la CCNUCC énumère les GES : le dioxyde de carbone (CO_2), le méthane (CH_4), l'oxyde nitreux (N_2O), les Hydrofluorocarbones (HFC), les Hydrocarbures perfluorés (PFC) et l'Hexafluorure de soufre (SF_6). D'une manière générale, ces gaz sont naturellement présents dans l'atmosphère. Ils régulent en quelque sorte la planète. La chaleur du soleil qu'ils concentrent permet de maintenir la terre à une température moyenne de 15 °C et sans eux, la température de la terre serait de -18 °C. D'après les scientifiques, la température moyenne de la terre devrait augmenter de 1 à 5 °C d'ici 2100.

Intergouvernemental sur l'Évolution du Climat (GIEC)[5] dans son quatrième rapport de 2007 que « l'essentiel de l'accroissement observé sur la température moyenne globale depuis le milieu du 20e siècle est très vraisemblablement dû à l'augmentation des gaz à effet de serre anthropiques ». Cette impasse symbolise ainsi la relation « déséquilibrée » tous azimuts que l'espèce humaine entretient avec son environnement. Laconiquement, l'empreinte des activités anthropiques sur le climat devient nettement indélébile. La communauté internationale est convaincue, les études scientifiques l'ont confirmée : les changements climatiques sont une réalité et les populations en sont déjà conscientes : il s'agit d'un problème « d'environnement global »[6]. Compte tenu des incommodités qu'il renferme, la communauté internationale a pris conscience de ce fléau à travers la mise sur pied d'un certain nombre de mesures, de politiques, de mécanismes, de stratégies et d'outils pour l'élaguer. Le changement climatique présente alors un profil transversal : il intéresse entre autres les climatologues, les géologues, les géographes, les juristes, les économistes. C'est certainement ce qui justifie la pléthore de publications scientifiques mieux le foisonnement de la littérature en la matière. Étonnamment, les pays les plus vulnérables sont ceux qui émettent marginalement les GES. Ce paradoxe climatique présente une injustice concomitamment géographique et intergénérationnelle[7].

À l'échelle mondiale, 1992 constitue systématiquement le socle du déploiement de la communauté internationale dans le domaine du climat[8].

---

[5] Créé en 1988 par le Programme des Nations Unies pour l'environnement (PNUE) et par l'Organisation météorologique mondiale (OMM) pour « fournir au monde une vision scientifique claire de l'état actuel des connaissances en matière de changements climatiques et de leur incidence potentielle sur l'environnement et la sphère socio-économique », le GIEC fournit des rapports sur la base des informations scientifiques et techniques recueillies et disponibles dans le monde entier consécutives à l'évolution du climat. Cet organe pense non seulement des mesures d'adaptation au changement climatique, mais également d'atténuation des émissions de gaz à effet de serre. Pour louer son action, un Prix Nobel de la Paix lui avait été attribué en 2007 conjointement avec Al Gore, Ancien vice-président américain. Son premier rapport publié en août 1990 a inspiré la négociation de la convention-cadre des Nations unies sur les changements climatiques adoptée en juin 1992 à Rio de Janeiro, lors de la deuxième conférence des Nations unies sur l'environnement, confer : HENRY (C.) et TUBIANA (L.), « Instruments économiques dans la perspective du changement climatique », *Économie & prévision*, n°143-144, 2000-2-3, *Économie de l'environnement et des ressources naturelles*, p. 1. Pour plus amples informations sur le GIEC, consulter : https://www.ipcc.ch/home_languages_main_french.shtml.

[6] PRIEUR (M.), « Introduction », Actes du 1er séminaire international de droit de l'environnement : Rio+10 sur le thème « Mondialisation et droit de l'environnement », Rio de Janeiro, du 24 au 26 avril 2002, pp. 13-22.

[7] GEMENE (F.), « De l'équité dans l'adaptation aux impacts du changement climatique », *in* COURNIL (C.) et COLARD FABREGOULLE (C.) (dir.), *Changements climatiques et défis du droit*, Bruxelles, Bruylant, 2010, p. 220.

[8] C'est au cours de cette année qu'a été organisée la Conférence des Nations Unies sur l'Environnement et le Développement (CNUED) du 3 au 14 juin 1992 à Rio de Janeiro au Brésil. Cet évènement a vraisemblablement catalysé une importante architecture juridique en

C'est cette date qui impulsa l'organisation des rencontres décennales par les États pour débattre des questions climatiques dans l'optique de sortir de cette impasse. Eu égard à cette abnégation, le dérèglement climatique se produit à une vitesse exponentielle et recèle les effets rédhibitoires à la survie de l'espèce humaine en entrainant les déplacements forcés des populations à la recherche d'un cadre de vie décent. En sus, ce phénomène génère le foisonnement des tensions et engendre les conflits liés entre autres à l'appropriation des ressources vitales en déclin. Durant ces dernières années, plusieurs chercheurs ont jeté leur dévolu sur l'analyse de fond en comble de la relation entre les changements climatiques et les conflits. Cependant, les résultats de cette activité heuristique sont particulièrement ambigus et généralement mal interprétés[9]. Certains auteurs comme Barnett Jon estiment que le lien entre effet de serre et conflits est indirect[10]. Autrement dit, selon eux, on ne saurait conférer au phénomène climatique actuel le label d'un enjeu sécuritaire, le lien de causalité étant médiat. Par ailleurs, la susceptibilité pour l'environnement de générer les conflits a été corroborée par le Programme des Nations Unies pour l'Environnement (PNUE) dans son rapport de 2009. Il en ressort qu'« aucune discussion sérieuse sur les menaces actuelles ou émergentes, pesant sur la sécurité, ne saurait avoir lieu sans tenir compte du rôle des ressources naturelles et de l'environnement »[11]. Dans le même sillage, l'ancien Président des États-Unis d'Amérique Barack Obama a affirmé que « le changement climatique représente une menace grave à la sécurité mondiale »[12]. La sphère sécuritaire internationale transcende les considérations militaires pour intégrer d'autres éléments, enjeux et paramètres globalisants. Le concept de sécurité internationale se caractérise par la flexibilité[13] et l'approche syncrétique sera mobilisée pour l'appréhender ici. Autrement dit, on ne saurait faire fi de l'aspect militaire qui l'émaille et le

l'occurrence la convention-cadre des Nations unies sur les changements climatiques. Ce fameux texte constitue à n'en point douté, le sommier, la soupape juridique de référence dans la lutte contre le changement climatique. Par ailleurs, le dernier né des textes conventionnels internationaux à caractère universel en la matière est assurément l'Accord de Paris sur les changements climatiques, adopté le 12 décembre 2015 lors de la 21e Conférence des Parties à la Convention-cadre des Nations Unies sur les changements climatiques (COP 21) au Bourget en France, et signé à New York le 22 avril 2016.

[9] DETGES (A), *Climate and Conflict: Reviewing the Statistical Evidence. A Summary for Policy-Makers*. Berlin, Adelphi, 2017, p. I.

[10] BARNETT (J.), « Security and climate change », *Global environment change*, volume 13, n° 1, 2003, pp. 7-17.

[11] PNUE, Du conflit à la consolidation de la paix, le rôle des ressources naturelles et de l'environnement, 2009, p. 6.

[12] Cité par SCOT (S. V.) et KHAN (S.), « Les implications du changement climatique sur les armées, les missions de maintien de la paix et la prévention des conflits », *ASPJ Afrique et Francophonie*, 3e trimestre, 2016, p. 86. Aussi, la FAO a établi un lien de causalité conséquent entre la pauvreté, la faim, la malnutrition et les changements climatiques.

[13] SUR (S.), « Sécurité collective » *in* DE MONTBRIAL (T.) et KLEIN (J.), *Dictionnaire de stratégie*, Paris, PUF, 2000, pp. 305-309.

jonche (conception générique ou prosaïque de la sécurité). Mais le dévolu sera plus jeté sur une conception amplifiée. C'est dire que l'approche définitionnelle retenue est axée sur la prise en compte d'une fourchette ou d'un corridor élargi.

Ce texte s'inscrit dans une dynamique analytique, critique et prévisionnelle dont le but est d'interroger le rapport entre les changements climatiques, en tant que pan fondamental de la crise écologique et les objectifs de maintien de la paix et la sécurité internationales définis par la communauté internationale. Notre approche sera pragmatique et empirique. Ceci dit, une analyse synoptique et holistique de ce serpent de mer permet de déduire que les changements climatiques constituent un vecteur de conflits, de tensions et donc un facteur d'insécurité qui revigore la flambée des tensions et menaces existantes (I). Dans les pays vulnérables et ceux ayant une faible capacité de résilience, les populations voient leurs chances de développement s'amenuiser et leurs moyens de subsistance périclitent. Cette situation morose et morbide crée une véritable convulsion. Cependant, des perspectives sont envisagées pour que les changements climatiques cessent d'être cauchemardesques et déstabilisateurs pour la communauté internationale. Il serait judicieux de se doter de nouveaux outils permettant de désamorcer ces nouvelles menaces et d'axer la lutte contre les changements climatiques sur la coopération internationale. Cette prouesse pourrait éventuellement consolider les mesures d'adaptation et d'atténuation et garantir la justice climatique. Laconiquement, une prise en compte des effets du changement climatique est idoine dans l'élan de prévention des conflits mieux de maintien de la sécurité internationale (II). Dans l'optique de vérifier scientifiquement notre hypothèse, on procédera entre autres à l'exégèse des textes régissant la société internationale et ceux relatifs à la protection de l'environnement et à la lutte contre les changements climatiques. Aussi, l'enquête de terrain est fondamentale pour le traitement de ce sujet eu égard à son opportunité pour la collecte des informations, ceci permettra de toucher du doigt les réalités quotidiennes.

I- LES CHANGEMENTS CLIMATIQUES, UN PHÉNOMÈNE RÉDHIBITOIRE AU MAINTIEN DE LA PAIX ET LA SÉCURITÉ INTERNATIONALES

C'est un secret de Polichinelle : le changement climatique n'est plus considéré comme une « bombe à retardement » dans la mesure où ses effets sont considérablement visibles, réels et indéniables. Ne s'inscrivant plus sur des potentialités futuristes encore moins sur des considérations évasives ou chimériques, le changement climatique nous atteint *crescendo* et continuera d'impacter l'humanité du fait de la propension développementaliste irrationnelle observée de par le monde. Constituant l'un des grands défis du XXIe siècle, il ébranle la communauté internationale et pose maints problèmes sécuritaires non seulement pour les individus, mais également pour l'État[14]. Le rythme actuel des changements climatiques crée une véritable sidération. En fait, deux principaux facteurs élucident la propension crisogène et de nuisance des changements climatiques. En l'espèce, les effets que ces derniers regorgent sont perceptibles sur les plans socio-écologique (A) d'une part et économico-géopolitique (B) d'autre part.

A- La mise en relief du profil crisogène et de nuisance des changements climatiques au plan socio-écologique

Les incommodités induites par les changements climatiques foisonnent, s'imbriquent et se chevauchent. Ce spectre obère l'objet sécuritaire des Nations unies et cela est patent non seulement au plan social (1), mais également écologique ou environnemental (2).

1- Le changement climatique, un coefficient de l'insécurité et des tensions au plan social

D'emblée, les phénomènes météorologiques et climatiques générés par les changements climatiques sont drastiques. Ce cul-de-sac est perceptible à travers la sécheresse, la désertification, les inondations, la montée du niveau des mers, la fonte des glaces, les ouragans, la salinité des sols ou l'acidité des océans. Au regard de cet amas de manifestations (non exhaustives), il sied de noter que le volet social est indubitablement impacté. On convient avec Alain Plantey que « plus que toute autre société, la société internationale reste placée sous le signe du fait accompli et du danger »[15]. Depuis quelques années, les régions vulnérables ayant une faible capacité d'adaptation aux effets du changement climatique connaissent un cocktail de violence et de conflits. Mais, la gravité de ces derniers est à géométrie variable, c'est-à-dire spécifique selon la capacité des États à désamorcer ce phénomène.

Dans son rapport de 2007, le GIEC a conclu que l'Afrique est l'un des continents les plus vulnérables au changement climatique. Par analogie, celui-ci est un facteur de l'aggravation des tensions et parfois un générateur de menaces ou conflits. Dans un autre rapport, cette fois-ci du PNUE de 2007, il a été relevé que le changement climatique et la dégradation de l'environnement constituent en partie la cause du conflit au Darfour[16].

[14] SIPRI YEARBOOK, *Armaments, disarmament and international security*, Les rapports du GRIP, 2017, p. 11, disponible à l'adresse https://www.sipri.org/sites/default/files/2017-09/yb17-summary_fr.pdf.

[15] PLANTEY (A.), *Principes diplomatiques*, Paris, A. Pedone, 2000, p. 401.

[16] United Nations Environment Program, *Sudan : post-conflict environmental assessment* (Nairobi : UNEP, 2007), 354 p., disponible à l'adresse : https://postconflict.unep.ch/publications/UNEP_Sudan_synthesis_E.pdf. Sur la symétrie entre le conflit au Darfour, le changement climatique et la dégradation environnementale, lire LAVERGNE (M.), « Le réchauffement climatique à l'origine de la crise du Darfour ? La recherche scientifique menacée par le déni de la complexité », *Revue Tiers Monde*, volume 4, n° 204, 2010, p. 73.

Le Cameroun, en dépit de la richesse de sa biodiversité, subit de plein fouet les effets du dérèglement climatique et cette impasse crée un cadre névralgique susceptible de battre en brèche le vivre ensemble prôné par les pouvoirs publics. La désertification a généré un « conflit » interethnique dans la partie septentrionale du pays précisément dans l'Extrême Nord. Le village Doumrou dans le département du Mayo-Kani (dont le Chef-lieu est Kaélé) a été le théâtre de l'affrontement. En l'espèce, un troupeau appartenant à un individu peul, à la recherche du pâturage, avait dévasté le champ d'oignons d'une famille Moundang. Manifestement, ce climat délétère et belliqueux catalysa un conflit entre éleveurs et agriculteurs et devenait de plus en plus général. Dans le même ordre d'idées, le pan conflictogène du changement climatique est tangible dans la région de Karamoja au Nord-Est de l'Ouganda. En effet, la recrudescence de la sécheresse entraine conséquemment la raréfaction du pâturage. Pourtant, la disponibilité et la régularité de ce dernier sont *sine qua non* à la survie et à l'accroissement du bétail. C'est dans cette mouvance que la communauté pastorale s'investit en parcourant des kilomètres à la quête (parfois risquée) d'un environnement présentant les conditions propices et adéquates pour un élevage décent dans l'optique de garantir la pullulation de l'effectif du cheptel local ou du nombre de bovins. Toutefois, la recherche effrénée de l'herbage génère le plus souvent des tensions relatives à l'« appropriation » de l'élément nutritionnel du troupeau. La raison est simple : certaines communautés pastorales estiment que le pâturage leur appartient de *facto* et donc aucune incursion étrangère ne serait permise.

De même, il est incontestablement admis que la sécurité alimentaire prônée par la communauté internationale est susceptible d'être annihilée par le dérèglement du climat. À l'issue du Sommet mondial de l'alimentation de 1996, il en ressort que « la sécurité alimentaire existe lorsque tous les êtres humains ont, à tout moment, un accès physique et économique à une nourriture suffisante, saine et nutritive leur permettant de satisfaire leurs besoins énergétiques et leurs préférences alimentaires pour mener une vie saine et active »[17]. Schématiquement, quatre principaux piliers sont apparents sur cette précision définitionnelle. De prime à bord, l'aspect de la disponibilité est mis en valeur dans cette perception de la sécurité alimentaire et renvoie génériquement à l'existence suffisante de la nourriture pour l'ensemble de la population. Ensuite, la présente définition fait la part belle au critère de l'accessibilité. Ici, il est indiqué que chaque individu se procure de la nourriture, soit grâce à sa propre production (via la pratique de l'agriculture ou de l'élevage), soit en disposant un pouvoir d'achat suffisant pour acheter la nourriture. Prosaïquement, cette deuxième spécificité cerne « l'indice de la

---

[17] Plan d'action du Sommet mondial de l'alimentation, 1996, disponible à l'adresse : http://www.fao.org/wfs/index_fr.htm.

pauvreté alimentaire monétaire »[18]. En outre, il est requis que la nourriture soit certes disponible et accessible, mais, en toutes circonstances. Il revient à dire que la guerre ou les catastrophes naturelles par exemple ne devraient aucunement entraver la garantie de la sécurité alimentaire. C'est ce qui justifie le pilier de stabilité et durabilité. *In fine*, la définition proposée comporte l'exigence de la salubrité. Selon celle-ci, la nourriture doit être consommable et hygiénique[19] dans le dessein d'éviter certaines maladies. Au regard de ce qui précède, l'existence de l'équilibre entre les proportions nécessaires de nutriments, de glucides, de protéines, de lipides, de minéraux, de vitamines, de fibres et d'eau [20] est fondamentale. Malgré les efforts fournis, les phénomènes extrêmes que génère le changement climatique sont susceptibles d'enclencher ou d'amplifier le problème lancinant et récurrent de la crise alimentaire, d'étioler la valeur nutritive des aliments et la jouissance effective des droits de l'homme. Déjà, « (...) deux milliards de personnes souffrent de carences en micronutriments ; 815 millions sont en déficit calorique ; près d'un enfant sur quatre souffre de malnutrition chronique ; 52 millions d'enfants souffrent de malnutrition aiguë ; et deux milliards d'adultes sont en surpoids »[21]. Dans le Sahel, plus de 200 millions de personnes sont menacées d'une insécurité alimentaire. Or, le droit à l'alimentation est un droit de l'homme fondamental et il est considéré comme une plus-value au dévouement de la communauté internationale dans la réduction de la faim. Concrètement, il oriente et consolide les initiatives traditionnelles de résorption de l'insécurité alimentaire en pensant un cadre juridique, en garantissant les notions de droits des individus et d'obligations des États. Il établit donc les responsabilités des acteurs dans le dessein de parvenir à la sécurité alimentaire pour tous. Le corollaire est la garantie d'un monde exempt de faim où tous les êtres humains peuvent se nourrir dans la dignité[22]. C'est

---

[18] Rapport national sur le Développement Humain au Sénégal « Changement climatique, sécurité alimentaire et développement humain », 2009, p. 72. Cet indice « correspond à la proportion de ménages ou de personnes vivant en dessous du seuil de pauvreté alimentaire ». Il est important de signaler que le panier alimentaire diffère selon les pays. Par exemple : 353 FCFA par jour au Sénégal entre 2005 et 2006. Au Cameroun, le seuil de pauvreté en 2007 était de 738 FCFA par jour et 931 FCFA par jour en 2014, confer Troisième Enquête Camerounaise Auprès des Ménages (ECAM3) de 2007 (135 p.) et Quatrième Enquête Camerounaise Auprès des Ménages (ECAM4) de 2014 (8 p.).

[19] www.humanium.org/fr/comprendre-droits-enfant/droit-a-l-alimentation/ consulté le 12 avril 2019.

[20] *Idem.*

[21] MEYBECK (A.) et al., *Sécurité alimentaire et nutrition à l'heure des changements climatiques*, Actes du Colloque international organisé par le gouvernement du Québec en collaboration avec la FAO. Québec, 24-27 septembre 2017, Rome, FAO, 2018, p. xiii, 114 p. Licence : CC BY-NC-SA 3.0 IGO.

[22] FAO, *Le droit à l'alimentation : le temps d'agir. Avancées et enseignements tirés lors de la mise en application*, Rome, 2012, p. iv, v et xii. Lire également : Coordination Sud, Note *de la Commission Agriculture et Alimentation (C2A) n° 3*, « Le droit à l'alimentation : un outil indispensable pour la sécurité alimentaire mondiale », juin 2017, p. 1.

ce qui justifie le challenge « Faim-Zéro » lancé en 2012 par l'ancien Secrétaire général de l'ONU Ban Ki-Moon. Quoi qu'il en soit, il est plausible dans la précarité climatique ambiante que la santé humaine soit influencée.

D'emblée, les considérations sur le rapport entre la variation du climat et la santé humaine ont fait l'objet de débats houleux au sein de la communauté scientifique comme le relève pertinemment Jean-Pierre Besancenot[23]. Tout bien considéré, des probabilités sont établies, allant dans le sens que le dérèglement du climat peut favoriser la transmission ou le développement des maladies. À l'occasion de la Journée mondiale de la Santé en 2008, le Docteur Margaret Chan, ancienne Directrice générale de l'Organisation Mondiale de la Santé (OMS), déclarait que « le changement climatique met directement en péril la santé ». Cette assertion s'inscrivant dans une perspective eschatologique tire la sonnette d'alarme sur la flexibilité de la santé consécutive aux vicissitudes climatiques. Par ailleurs, certaines de ces dernières sont potentielles et d'autres réelles ou matérielles.

Dans les années à venir, l'augmentation drastique de la température pourra catalyser la prolifération des maladies à transmission vectorielle comme la trypanosomiase, l'onchocercose ou le paludisme. Ce dernier étant le facteur majeur de la morbidité et la mortalité, sa propagation sera accrue dans les régions présentant l'abondance des précipitations et la hausse des températures propice au développement larvaire. Classiquement, ceci peut se justifier à travers le caractère composite binaire du cycle biologique de l'anophèle dont le préalable est essentiellement aquatique et l'aboutissant étant matériellement terrestre. C'est ce qui a fait dire à Moussa Fane que « la transmission du paludisme est globalement liée à la pluviométrie »[24]. Comme on l'a signalé plus haut, les vicissitudes climatiques peuvent être à l'origine de l'insécurité alimentaire caractérisée par la déficience des micronutriments. Ces derniers regroupant les vitamines et les minéraux, leur carence peut potentiellement avoir des répercussions sur la santé. Ainsi, les développements suivants sont issus des études de l'UNICEF : dans le monde, des millions d'enfants sont

---

[23] BESANCENOT (J-P.), « Changement climatique et impacts sanitaires : une évolution déjà observable ? », *Air Pur*, n° 72, Deuxième semestre 2007, pp. 13-20, disponible à l'adresse : http://www.appa.asso.fr/_docs/7/fckeditor/file/Revues/AirPur/Airpur_72_Besancenot.pdf. Voir également : BESANCENOT (J-P.), « Le réchauffement climatique et la santé », *Les Cahiers du M.U.R.S.*, n° 39, troisième trimestre, 2000, pp. 37-48.

[24] FANE (M.), *Impact du climat sur l'écologie et la transmission du paludisme : analyse du risque palustre dans le septentrion malien*, thèse de doctorat en médecine humaine et pathologie, Université de Grenoble, 2011, p. 11. L'auteur relève que l'absence des pluies pendant des années peut entraîner une rupture continue de la transmission. À titre illustratif, la sécheresse sahélienne avait conduit à l'annihilation du paludisme entre 1970 et 1973. Pour plus de détails concernant l'influence du climat sur la transmission des maladies vectorielles, lire : Nicholas H. Ogden, « Climate change and vector-borne diseases of public health significance », *FEMS Microbiology Letters*, volume 364, issue 19, October 2017, avalaible at : https://doi.org/10.1093/femsle/fnx186.

atteints de retard de croissance, de retard dans le développement cognitif, d'immunité affaiblie et de maladies à cause d'une carence en micronutriments. Pour les femmes enceintes, le manque de vitamines et de minéraux indispensables peut avoir des résultats catastrophiques, augmentant le risque d'insuffisance pondérable à la naissance, de malformations congénitales, d'avoir un enfant mort-né ou même de mourir. La carence en vitamine A affaiblit le système immunitaire et accroît les risques qu'un enfant contracte des infections comme la rougeole et des maladies diarrhéiques. La carence en fer peut provoquer l'anémie[25]. Sans fausse modestie, le changement climatique rentre dans le cénacle des menaces contemporaines à la santé humaine. Il occasionnera près de 250 000 décès supplémentaires chaque année entre 2030 et 2050, pour des raisons liées à la malnutrition, au paludisme, à la diarrhée et au stress dû à la chaleur[26]. Pour faire face à ce phénomène, les populations se trouvent astreintes de se départir de leurs localités pour s'installer ailleurs de façon temporaire ou définitive. Ainsi, le changement climatique devient un accélérateur de la migration forcée.

Qu'ils soient de nature « abrupte ou lente, spécialement focalisée ou diffuse, réversible ou irréversible »[27], les changements climatiques massifient les déplacements des individus à la recherche d'un cadre de vie décent. C'est ainsi que l'existence foisonnante des conditions climatiques extrêmes dans le sahel entraîne le départ des Touaregs. La rareté des ressources hydriques et la recrudescence de la sécheresse entrainent des déplacements en Somalie et au Kenya. Au Darfour, les populations migrent du Nord vers le Sud, région présentant les conditions climatiques favorables. Généralement, les populations se déplacent d'un point à l'autre, au sein d'un même État. Mais incidemment, cet exode peut être transfrontalier. Vue sous cet angle, la mobilité semble être un moyen d'adaptation aux impacts du changement climatique. Les flux migratoires liés aux conditions climatiques sont majoritairement à sens unique. En d'autres termes, la possibilité d'un retour éventuel est annihilée. Il en est par exemple des migrants de la Nouvelle Orléans après le passage de Katrina. Dans l'histoire, il existe des catastrophes écologiques ayant entraîné le départ forcé des populations. 7000 personnes furent obligées de quitter leur localité pour s'installer dans les villes et États périphériques suite à la série d'inondations enregistrée dans le delta du Mississippi en 1927[28]. En résumé, le changement climatique devient de plus

---

[25] https://www.unicef.org/french/nutrition/index_iodine.html.

[26] Organisation mondiale de la Santé, « Changement climatique et santé. Aide-mémoire » [en ligne], Genève, OMS, 2017, disponible à l'adresse : http://www.who.int/mediacentre/factsheets/fs266/fr/, consulté le 1er mai 2019.

[27] COURNIL (C.) et MAZZEGA (P.), « Réflexions prospectives sur une protection juridique des réfugiés écologiques », *Revue européenne des migrations internationales*, vol. 23, n° 1, 2007, p. 4.

[28] GEMENNE (F.) et GAVICCHIOLI (A.), « Migrations et environnement : prévisions, enjeux et gouvernance », *Regards croisés sur l'économie*, vol. 8, n° 2, 2010, pp. 84-91.

en plus un coefficient de l'exode des individus et le développement de ces flux migratoires pourrait être phénoménal si des mesures appropriées ne sont pas prises. En perturbant le mode de vie des populations, il brouille « notre équilibre sociétal »[29]. En sus, cette incommodité est flagrante au plan écologique ou environnemental.

2- Le changement climatique, un goulot d'étranglement majeur à la garantie de la sécurité environnementale

Selon le Professeur Philippe Le Prestre, le concept de « sécurité environnementale » renvoie à quatre réalités : la sécurité des individus, la sécurité des États, la sécurité du système international et la sécurité de l'environnement[30]. C'est cette dernière qui est retenue dans ce texte. Elle est donc entendue ici comme une situation caractérisée par un environnement intègre, sain ou non dégradé. Le sens qu'on attribue à l'environnement est à mille lieues de l'anthropocentrisme exacerbé. La sécurité humaine ayant trait à l'homme exclusivement, la sécurité environnementale quant à elle sera axée sur le milieu naturel, c'est-à-dire l'ensemble des ressources physiques et biologiques. Ceci dit, le changement climatique peut créer un déséquilibre écosystémique à travers par exemple l'extinction de certaines espèces, qu'elles soient terrestres, aquatiques ou aériennes. Dans un biotope, l'augmentation de la température influence *illico* le métabolisme de la biocénose. Le crocodile du Nil est par exemple extrêmement sensible aux variations de température en période de reproduction. C'est ainsi que le sexe de sa descendance est tributaire de la température ambiante du Nil. Une augmentation des températures peut instiguer l'apparition d'un seul sexe de l'espèce et paralyser la reproduction. Aussi, les scientifiques ont constaté la décroissance drastique des ours blancs ou polaires sur la banquise arctique du fait de sa fonte progressive[31]. Selon les estimations des scientifiques, un quart d'espèces pourraient disparaître d'ici 2050 pour des raisons climatiques. À titre de précision, il ne s'agit pas uniquement des espèces fauniques, mais également floristiques.

L'augmentation de la température est susceptible d'influencer la dynamique floristique. L'expédition scientifique Tara Pacific a révélé que le réchauffement et l'acidification des océans provoqués par le changement

---

[29] HAGEGE-RADUTA (B.), « La sécurité, facteur d'évolution du droit de l'environnement français », *in* COURNIL (C.) et al. (dir.), *Sécurité et environnement*, Bruxelles, Bruylant, 2016, p. 7.

[30] LE PRESTRE (P.), « Sécurité environnementale et insécurités internationales », *Revue québécoise de droit international*, vol. 11, n° 1, 1998, p. 274.

[31] International Polar Foundation, « Impacts des changements climatiques sur l'homme », disponible à l'adresse : http://www.educapoles.org/assets/uploads/teaching_dossiers_files/impact_cc_homme_fr.pdf. L'ours polaire est classé à l'Annexe II de la Convention sur le commerce international des espèces de faune et de flore sauvages menacées d'extinction.

climatique incitent à la décadence des coraux. Aussi, ce phénomène est-il responsable de la disparition de plusieurs forêts et par conséquent, le processus de la photosynthèse se trouve sapé. Autrement dit, le CO2 sera davantage présent dans l'atmosphère, cause du changement climatique. En règle générale, l'arbre mieux la forêt regorge deux principales vertus. Au premier abord, il s'agit de sa fonction écologique. En substance, elle conserve les espèces animales et végétales, préserve les sols entre autres. Ensuite, son rôle économique est à noter. En fait, la forêt est une source d'énergie et de revenus.

Incontestablement, la variation du climat peut entraîner la précarité des ressources hydriques. Ceci revient à dire que le système climatique déteint significativement sur le cycle de l'eau et modifie le régime des précipitations. Or, selon un adage populaire, « l'eau c'est la vie ». Automatiquement, l'existence humaine dépend fondamentalement de la dynamique de sa disponibilité, de la parcimonie et la minutie relativement à son usage. La raréfaction chronique de cette ressource dans certaines régions suscite habituellement des remous. Compte tenu de cet émoi, « les changements climatiques constituent un défi additionnel considérable, complexe et transversal »[32] pour la garantie de la paix et la sécurité. Cette menace supplémentaire sera probablement importante avec le boom démographique ambiant impliquant la supériorité de la demande à la disponibilité de la ressource. La sécheresse induite par le dérèglement du climat aiguillonne le stress hydrique et cette cadence risquerait de prendre des proportions plus importantes à l'égard des générations futures. D'une manière générale, la précarité de l'eau dont il est question ici est envisagée en termes de quantité et de qualité de la ressource. Logiquement, cette ambiance morne compromettrait la santé publique ou la production agricole, compte tenu de la diminution des surfaces arables ou de l'édulcoration de la dynamique des sols.

L'office du sol est indéniable en matière de lutte contre les changements climatiques du fait de son opportunité dans le stockage des GES. C'est certainement ce qui a motivé l'ONU à déclarer 2015 comme année internationale des sols. Pourtant la sécheresse conjuguée à la désertification dégrade les sols et par conséquent, compromet leur fertilité. À cet effet, le dérèglement du climat entrainant l'irrégularité des précipitations ou la défaillance pluviométrique, risque d'accentuer l'altération des sols et des terres ou de catalyser leur épuisement. Dans les zones côtières par exemple, l'augmentation du niveau de la mer aura sans équivoque une influence sur les sols. D'une façon synoptique, l'être humain et l'environnement en général sont harassés par le supplice que génère le changement climatique. Ce dernier est susceptible d'embarrasser le secteur économique surtout des pays vulnérables et de brouiller les relations internationales.

---

[32] Il s'agit des propos du directeur général de la FAO, prononcé lors de son discours sur le colloque *Sécurité alimentaire et nutrition à l'heure des changements climatiques, op. cit. p.14.*

B- Les incommodités du changement climatique au plan économique et géopolitique

Le changement climatique influence fortement l'activité économique des pays dont la capacité d'adaptation est faible (1) et rend de plus en plus confuses les relations internationales (2).

1- Le changement climatique comme facteur de l'insécurité économique

Le changement climatique ébranle les activités économiques. Ceci est perceptible par exemple dans le secteur agricole qui constitue un levier de développement et une niche d'emplois dans la plupart des pays en développement. D'entrée de jeu, il existe une réciprocité certaine de l'influence entre le changement climatique et l'agriculture. Précisément, cette dernière concourt au changement climatique à travers les GES y émis (le CO_2 ; le méthane entre autres) et en subit en même temps l'impact. Le déploiement dans le secteur agricole nécessite la prise en compte de certains paramètres. Il est ainsi utopique de développer les activités agricoles dans la précarité des ressources hydriques et la morosité des terres. Autrement dit, l'agriculture et surtout son développement sont tributaires de la disponibilité de l'eau et des terres arables. Aujourd'hui, l'agriculture est un secteur extrêmement sensible au changement climatique, car les précipitations deviennent nettement erratiques. Ceci dit, la production agricole sera harassée, impactée et cela peut occasionner le déficit de la balance commerciale. La situation sera encore problématique dans les pays ayant un potentiel hydrique défavorable, pays déjà caractérisés par une économie vacillante et la versatilité des ressources financières. Dans ce sens, le Groupe de la banque mondiale a constaté l'impact considérable du spectre climatique actuel sur le produit intérieur brut de l'Afrique et l'accroissement de la pauvreté. Ce constat est inhérent à la place majeure qu'occupe l'agriculture dans les économies nationales du continent. Dans les pays comme la Côte d'Ivoire, l'augmentation des températures entachant la fertilité des terres dans les régions agricoles du Sud-Est avilira la culture du cacao. Celui-ci représente un tiers des exportations du pays et procure un revenu à plus de cinq millions de personnes[33]. Selon le rapport du GIEC de 2007, on pourrait assister à la déchéance du rendement de l'agriculture pluviale de 50 % d'ici 2020. Laconiquement, les effets du changement climatique sur l'agriculture résident dans la diminution de la production ou des rendements.

En outre, le changement climatique influencera le potentiel touristique, pivot de l'attractivité des voyageurs. Il est de notoriété publique que le secteur

---

[33] Source : https://www.jeuneafrique.com/594091/societe/comment-le-changement-climatique-va-affecter-leconomie-ivoirienne/. Il est important de préciser que la Côte d'Ivoire est le premier producteur mondial de cacao.

touristique présente des commodités macroéconomiques considérables. Le dérèglement du climat avec les effets pervers y afférents pourront enchevêtrer la splendeur et la somptuosité des destinations « paradisiaques ». Le cas typique ici est les Seychelles où la hausse du niveau de la mer influence les pages, tandis que l'acidification des océans défait les récifs coralliens. Au plan international, la prise de conscience des effets du changement climatique a été systématique en 2003 lors de la tenue de la Première Conférence internationale sur le changement climatique et le tourisme[34]. À l'issue de cette rencontre, une Déclaration fut adoptée exhortant « tous les gouvernements soucieux de la contribution du tourisme au développement durable à souscrire à tous les accords intergouvernementaux et multilatéraux d'importance ».

Enfin, les aléas climatiques pourront impacter le secteur de l'énergie notamment la production de l'hydroélectricité à travers l'assèchement des lacs artificiels. Cette situation peut entacher la croissance économique, car le caractère défavorable du climat des affaires sape l'attrait des investissements internationaux. Dans un pays comme le Malawi dont la principale source d'énergie est l'hydroélectricité, l'économie pourrait être obstinément influencée par le dérèglement du climat. Ceci dit, le changement climatique est de plus en plus un facteur de l'insécurité économique et regorge des enjeux diplomatiques.

2- Le changement climatique, une menace géopolitique

Le réchauffement climatique présente une considération schématique classique : le Nord pollue et le Sud subit. Sans se leurrer, ce cul-de-sac bouleverse les relations internationales en mettant en exergue les conflits d'intérêts entre les États. En effet, la disparité dans les émissions des GES et le clivage Nord-Sud présentent une dichotomie consécutive aux responsabilités des uns et des autres. À la lumière de cet « antagonisme », les pays en développement dont le degré d'émission des GES est infime considèrent les pays industrialisés comme des responsables historiques de la débâcle climatique actuelle compte tenu de la course effrénée au développement qu'ils ont menée. Autrement dit, il est judicieux et même impérieux, selon les pays du Sud, que les principaux responsables s'investissent activement dans l'escompte des gaz querellés et dans l'assistance financière. En revanche, les pays du Nord invitent ceux du Sud à s'impliquer également dans l'entreprise de réduction[35]. On peut donc comprendre le caractère rétif de certains grands pollueurs. Ainsi, cette

---

[34] Cette conférence a été organisée à Djerba, en Tunisie, du 9 au 11 avril 2003, sous les auspices de l'Organisation mondiale du tourisme et à l'invitation du Gouvernement tunisien.

[35] OURO-GNAOU OURO-BODI, *Les États et la protection internationale de l'environnement : la question du changement climatique*, thèse en droit, Université de Bordeaux, 2014, 648 p. Lire également : NAJAM (A.), « The South in international environmental negociations », *International Studies*, vol. 31, n° 4, 1994, pp. 427-464.

situation est susceptible de générer des tensions et d'annihiler les efforts ménagés pour la lutte contre le changement climatique. *Grosso modo*, la crainte des pays en développement porte sur l'instrumentalisation des problèmes environnementaux, synonyme de frein au développement[36].

En somme, dans le contexte climatique, on vit avec la menace et dans la menace. Le changement climatique génère des tensions, engendre les conflits, mieux prolifère l'insécurité sur plusieurs plans. On est tenté de dire que la goutte d'eau du changement climatique a débordé le vase de la sécurité visée par la communauté internationale, d'où l'urgence d'agir. Afin de sortir de cette ornière pour la garantie de la sécurité intergénérationnelle, il est crucial de penser un répondant stratégique et dynamique en amont et en aval.

II- LA REVIGORATION DE LA LUTTE CONTRE LE CHANGEMENT CLIMATIQUE POUR LA GARANTIE DE LA SÉCURITÉ INTERNATIONALE

De nos jours, « *il est plus difficile que jamais de regarder l'avenir avec confiance* »[37]. D'ailleurs, selon les estimations de l'ONU, la plupart des appels d'urgence enregistrés en 2007 pour une assistance humanitaire étaient étroitement liés aux aléas climatiques. C'est certainement ce qui a balisé la prise en compte des changements climatiques au Conseil de sécurité cette même année. Ce phénomène met la communauté internationale en éveil. Afin d'« offrir à l'humanité une vie décente dans une planète préservée »[38], des actions ont été menées et des mesures ont été prises. D'ailleurs, le treizième objectif de développement durable (ODD) appelle à agir avec acuité pour juguler le phénomène climatique concomitamment en amont et en aval. Il s'agit précisément de la vivification des politiques d'atténuation (A) et d'adaptation (B) pour la garantie d'une continuité générationnelle équilibrée.

A- Le renforcement des mesures d'atténuation des émissions de GES

Depuis la prise de conscience du phénomène climatique, le régime international du climat faisait la part belle à la définition et la mise en œuvre des stratégies de restriction des émissions des GES. Ceci revient à dire que l'atténuation est l'outil initial de la politique climatique internationale. La mise sur pied de cet instrument a été opérée dans un contexte particulier. En effet, la réalité et l'ampleur des effets néfastes du changement climatique ont

[36] MAERTENS (L.), « Changement climatique au Conseil de sécurité : reconfigurations du débat Nord-Sud », *Informations et commentaires*, n° 172, 2015, pp. 17-24, disponible à l'adresse : http://archiveouvert.unige.ch/unige:77644.

[37] MALJEAN-DUBOIS (S.), « Environnement, développement durable et droit international. De Rio à Johannesburg : et au-delà ? », *Annuaire français de droit international*, volume 48, 2002, p. 592.

[38] Discours du Président gabonais Ali Bongo, lors de la 72e Assemblée générale de l'ONU, prononcé le 21 septembre 2017.

créé l'anxiété au sein de la communauté internationale et entraîné le développement des politiques visant à limiter les émissions des GES. Déjà, l'objectif fondamental de la CCNUCC proféré dans son article 2 étaye suffisamment cette considération[39]. Manifestement, l'atténuation désigne « l'ensemble des actions entreprises pour réduire le changement climatique à sa source »[40] et requiert l'établissement des mesures de précaution. Il s'avère ainsi que l'atténuation est un instrument mobilisé en amont, c'est-à-dire permettant d'agir sur les causes du changement climatique donc la réduction de la concentration des GES. Plusieurs paramètres rentrent dans la caractérisation des politiques de l'atténuation.

Sans se lasser, les transports constituent l'un des secteurs les plus émetteurs des GES et c'est la raison pour laquelle on les qualifie d'« énergétivores ». À cet effet, il est judicieux de se départir des véhicules polluants et d'adopter par conséquent ceux ayant un dispositif antipollution. Signalons que certains constructeurs de l'automobile équiperaient leurs voitures de logiciels de trucage en vue de contourner les tests antipollution. Connue sous le nom « Dieselgate », l'affaire Volkswagen révélée en septembre 2015 par l'Agence américaine de protection de l'environnement en est la parfaite illustration. Dans la même veine, il faut saluer l'initiative ambitieuse et audacieuse du phénomène suédois « Flygskam »[41] né d'une conscience écologique et qui est en plein essor. Un certain nombre de valeurs méritent d'être implémentées dans le domaine du transport en l'occurrence l'éthique, la transparence et la rationalité.

De fil en aiguille, la lutte contre la déforestation trouve sa place dans le cortège des stratégies opérationnelles relatives à l'atténuation. Les arbres étant indispensables pour le stockage du CO_2, leur destruction entraîne automatiquement le réchauffement, amplificateur de l'insécurité. Il faut dans ce cadre encourager la réalisation des projets de reboisement ou de reforestation élaborés dans certains pays. À titre d'exemples, l'Australie s'est fixé un objectif « écologiste » de planter un milliard d'arbres à horizon 2050, selon une annonce faite par le Premier ministre Scott Morrison en février 2019

---

[39] Cet objectif est inhérent à la stabilisation des concentrations de GES dans l'atmosphère à un niveau qui empêche toute perturbation anthropique dangereuse du système climatique.

[40] TUBIANA (L.), GEMENNE (F.) et MAGNAN (A.), *Anticiper pour s'adapter – Le nouvel enjeu du changement climatique*, Pearson Education France, 2010, p. 9.

[41] « Flygskam » signifie littéralement la honte de prendre l'avion. En fait, ce phénomène consiste à renoncer au transport aérien qui serait plus polluant et se manifeste par le boycott des aéroports. Les fervents défenseurs de la cause écologique mettent en avant le transport ferroviaire en dépit du rallongement du temps de voyage. Par exemple, une famille préfère voyager par train pour huit heures de Örnsköldsvik à Stockholm alors que la durée du voyage par avion est d'une heure. Au regard de ce phénomène, le nombre de passagers par train a augmenté de 7 % au premier trimestre 2019, cf: https://www.lci.fr/international/environnement-de-plus-en-plus-de-suedois-refusent-de-prendre-l-avion-2122177.html, consulté le 30 mai 2019.

lors de sa visite en Tasmanie. Cette annonce revêt une connotation atypique en matière d'environnement en général et climatique en particulier et s'inscrit dans le respect des engagements y afférents. Au Cameroun, l'objectif escompté à l'horizon 2030 est la reconstitution de plus de douze millions d'hectares des surfaces déboisées. C'est ce qui justifie l'organisation régulière des campagnes nationales de reboisement sous le haut patronage du ministère des Forêts et de la Faune. Le thème de l'édition 2018 est évocateur à juste titre : « Ensemble, luttons contre le changement climatique au moyen de la restauration des forêts naturelles dégradées ». De telles initiatives ne devraient pas être l'exclusivité des pouvoirs. Aussi, il est nécessaire que le secteur privé s'y investisse sans détour pour l'intérêt de la communauté. C'est dans ce contexte qu'il faut situer l'abnégation des acteurs du milieu sportif dans ce domaine. En substance, ce dévouement a été manifesté lors de la cérémonie d'ouverture des Jeux olympiques de Rio au stade Maracana dans la nuit du 5 au 6 août 2016 mettant la protection de l'environnement au-devant de la scène. Le but était naturellement de créer la forêt des athlètes à base des graines d'arbres déposées au pied d'un mur végétal par l'ensemble des athlètes présents à l'évènement.

L'optimisme du changement profond de la base énergétique constitue un pan probant de l'atténuation, celle-ci étant essentiellement préventive. Il faudra rompre fondamentalement avec le modèle de développement dépendant des énergies fossiles (qui représentent 80 % des énergies mondiales). L'explosion démographique combinée aux impératifs de développement va certainement accroître la demande en énergie. L'enjeu climatique avec la perspective éthique qu'il comporte nécessite une véritable transition énergétique impliquant le délaissement des combustibles fossiles et la garantie des énergies renouvelables, en tant que soubassement du développement durable. Ces dernières requièrent l'essor des technologies innovantes et « nous oblige[nt] à porter le regard au-delà des évidences »[42]. Jusqu'à une date récente, l'atténuation était considérée comme l'apanage des pays développés qui sont des responsables historiques des émissions de GES[43]. Maintenant, ce volet de la politique climatique devient une affaire de tous. Ce souci environnementaliste a eu des échos en Afrique en 1973 sous les auspices de l'OUA, où les États s'étaient engagés à « accélérer l'utilisation des autres sources d'énergie solaire et l'énergie thermique dont l'utilisation

[42] Thoraya Ahmed Obaid, « Avant-propos », in Fonds des Nations unies pour la population, « Face à un monde qui change : les femmes, la population et le climat », *Rapport sur l'état de la population mondiale 2009*, New York, p. v, téléchargeable sur : https://www.unfpa.org/sites/default/files/pub-pdf/frenchswop09.pdf.

[43] SWART (R.) & RAES (F.), « Making integration of adaptation and mitigation work: mainstreaming into sustainable development policies ? », *Climate Policy*, vol. 7, n°4, 2007, p. 289.

peut se substituer progressivement à celle de bois [...] »[44]. Tout bien considéré, l'atténuation meublait la politique climatique internationale. Toutefois, l'immobilisme et l'inertie du système climatique n'avaient malheureusement pas permis d'endiguer ce phénomène. Celui-ci devient inévitable. C'est au regard de cette situation que l'adaptation trouve toute son indispensabilité.

B- L'affermissement des stratégies d'adaptation aux effets du changement climatique

L'inéluctabilité envisagée du changement climatique voudrait dire que même les mesures de limitation des émissions de GES les plus affutées se situeraient à mille lieues de son éradication. En d'autres termes, les politiques d'atténuation prises à elles seules ne seraient pas susceptibles d'assurer une vie saine pour les générations présentes et futures. À cet effet, la communauté internationale a progressivement élaboré les mesures d'adaptation pour « anticiper et mieux se préparer aux conséquences des dérèglements climatiques »[45]. Cet instrument est de plus en plus consacré dans le paysage climatique international et sa mobilisation permet d'agir sur les conséquences du changement climatique. Les préoccupations climatiques sont alimentées par une propension modulatrice. Ainsi, convoquer l'adaptation veut dire changer la façon de faire ; procéder à l'ajustement des habitudes à l'oppression climatique contemporaine. Il s'agit en quelque sorte de développer les moyens de sauvetage. À notre sens, la consolidation des politiques d'adaptation renvoie à la garantie d'une effectivité réelle et indéfectible de la justice climatique puis à la définition d'un cadre juridique spécifique de protection des personnes déplacées pour des raisons climatiques.

La justice climatique est issue de la revendication de la société civile au regard de l'hétérogénéité et la complexité du phénomène climatique. Dans les régions les plus vulnérables et à faible capacité d'adaptation, la justice climatique représente l'espoir mieux le symbole d'un répondant stratégique et dynamique eu égard d'une part à sa commodité au plan éthique ou déontologique et d'autre part à la tendance consécutive au financement des mesures d'adaptation et au transfert des technologies pour un développement durable. Il faut donc cultiver un esprit de solidarité. Or, on dénonce les attitudes cyniques de certains grands pollueurs de la planète alors qu'ils devraient agir sans détour. Dans le contexte actuel, la réticence des uns est susceptible d'exténuer le dynamisme des autres. Rappelons que la non ratification du protocole de Kyoto par les USA est liée selon eux, à la non

---

[44] Déclaration africaine sur la coopération, le développement et l'indépendance économique, citée par OURO-GNAOU OURO-BODI, *op. cit.*, p. 496.

[45] UICN France, *Des solutions fondées sur la nature pour lutter contre les changements climatiques*, Paris, 2016, p. 2, disponible sur : http://www.uicn/solutions-fondees-sur-la-nature.html.

implication des pays en développement dans l'entreprise de réduction des GES. Sans doute, la mise en œuvre des mesures d'adaptation a un coût[46]. Du fait du marasme économique ambiant, le regard des pays en développement est plus que jamais tourné vers les 100 milliards de dollars devant être mobilisés par les pays développés chaque année à partir de 2020. L'imbroglio ici porte sur la nature même des finances. Par exemple, l'argent privé renvoie au prêt et pas au don comme le réclament les pays vulnérables eu égard à leur « innocence » dans le déclenchement de la crise climatique. Chaque acteur doit jouer sa partition pour que la justice climatique soit en marge d'un vœu pieux ou d'un simple slogan, mais une réalité.

Il y a une littérature abondante sur le lien entre le climat et la migration. Ainsi, le changement climatique devient un coefficient de l'exode forcé des individus à la recherche d'un cadre de vie décent. Cependant, il n'y a aucune définition unanimement admise des déplacements environnementaux. Alors, il existe une kyrielle d'expressions pour les désigner : « réfugiés environnementaux, réfugiés écologiques, réfugiés climatiques, migrants environnementaux, éco-réfugiés, personnes déplacées en raison d'une catastrophe naturelle, etc. »[47]. Quoi qu'il en soit, cette mobilité humaine fait l'objet d'une traduction juridique en carence d'où la précarité de ces migrants. On propose donc la mise sur pied d'un outillage juridique adapté, contextualisé et perfectionné. Cet aspect est un discours de la méthode pour la peinture du tableau des déplacés climatiques dans l'optique de leur donner une couleur scintillante en droit international.

CONCLUSION

En somme, « il est difficile aujourd'hui de ne pas être convaincu que le système international vient d'entrer dans une phase de conflits et d'instabilité »[48]. Le changement climatique donne le tournis à la communauté internationale et constitue un défi sécuritaire contemporain. Cette incommodité est perceptible au plan économique, écologique et géopolitique. Ce casse-tête planétaire génère les conflits, amplifie les tensions ambiantes et brouille la pleine jouissance des droits de l'homme. Consciente de cette impasse, la communauté internationale a défini des politiques complémentaires et non alternatives, visant à réduire considérablement les

[46] Chaque année, le Royaume Uni investit 1,2 milliard de dollars pour se protéger contre les inondations, cf. PNUE, Rapport mondial sur le développement humain 2007/2008 : *La lutte contre le changement climatique : un impératif de solidarité humaine dans un monde divisé*, Paris, La Découverte, p. 13. Dans un rapport publié en 2013 et intitulé Africa's Adaptation Gap, le PNUE a évalué le coût annuel de l'adaptation en Afrique de l'ordre de 7 à 15 milliards de dollars d'ici 2020.

[47] COURNIL (C.), « Quelles protections spécifiques pour les déplacés environnementaux ? », *Après-demain*, vol. 3, n° 23, 2012, p.34.

[48] FORTMANN (M.) et GOMAND (J.), « L'obsolescence des guerres interétatiques ? Une lecture de John Mueller », *Raisons politiques*, vol. 1, n° 13, 2004, p. 79.

émissions de GES et à s'adapter aux effets du changement climatique dans le dessein de sortir de cet « enfermement planétaire »[49]. Surtout, il est indispensable de tenir le taureau du changement climatique par les cornes de la solidarité, d'où la nécessité d'une coopération internationale.

INDICATIONS BIBLIOGRAPHIQUES

- BARNETT (J.), « Security and climate change », *Global environment change*, volume 13, n° 1, 2003, pp. 7-17.
- BESANCENOT (J-P.), « Le réchauffement climatique et la santé », *Les Cahiers du M.U.R.S.*, n° 39, troisième trimestre, 2000, pp. 37-48.
- COURNIL (C.), « Quelles protections spécifiques pour les déplacés environnementaux ? », *Après-demain*, vol. 3, n° 23, 2012, pp. 34-36.
- COURNIL (C.) et COLARD FABREGOULLE (C.) (dir.), *Changements climatiques et défis du droit*, Bruxelles, Bruylant, 2010, 452 p.
- DETGES (A.), *Climate and Conflict : Reviewing the Statistical Evidence. A Summary for Policy-Makers*. Berlin, Adelphi, 2017, 19 p.
- GEMENNE (F.) et GAVICCHIOLI (A.), « Migrations et environnement : prévisions, enjeux et gouvernance », *Regards croisés sur l'économie*, vol. 8, n° 2, 2010, pp. 84-91.
- LAVERGNE (M.), « Le réchauffement climatique à l'origine de la crise du Darfour ? La recherche scientifique menacée par le déni de la complexité », *Revue Tiers Monde*, volume 4, n° 204, 2010, pp. 69-88.
- LEBEAU (A.), *Enfermement planétaire*, Paris, Gallimard, 2008, 312 p.
- LE PRESTRE (P.), « Sécurité environnementale et insécurités internationales », *Revue Québécoise de Droit International*, vol. 11, n° 1, 1998, pp. 271-291.
- MALJEAN-DUBOIS (S.), « Environnement, développement durable et droit international. De Rio à Johannesburg : et au-delà ? », *Annuaire Français de Droit International*, volume 48, 2002, pp. 592-623.
- NAJAM (A.), « The South in international environmental negociations », *International Studies*, vol. 31, n° 4, 1994, pp. 427-464.
- OURO-GNAOU OURO-BODI, *Les États et la protection internationale de l'environnement : la question du changement climatique*, Thèse en droit, Université de Bordeaux, 2014, 648 p.

[49] LEBEAU (A.), *Enfermement planétaire*, Paris, Gallimard, 2008, 312 p.

- SWART (R.) & RAES (F.), « Making integration of adaptation and mitigation work: mainstreaming into sustainable development policies? », *Climate Policy*, vol. 7, n° 4, 2007, pp. 288-303.
- TUBIANA (L.), GEMENNE (F.) et MAGNAN (A.), *Anticiper pour s'adapter – Le nouvel enjeu du changement climatique*, Pearson Education France, 2010, 204 p.

Sanction et sécurité de l'environnement

Par

NAIME AITCHA IBNOU[1]

Résumé

Cette étude portant sur une notion aussi complexe que la sécurité environnementale met en exergue la compétence de l'État dans la recherche d'une efficacité relative à la protection de l'environnement. Le seul moyen allant dans ce sens est l'application de la sanction dans toute sa diversité. À l'analyse, la sanction autant administrative que juridictionnelle a permis de déterminer que les éléments de l'environnement sont, autant que se peut, à l'abri d'une quelconque insécurité.

Mots-clés : Environnement, infraction, sanction et sécurité.

[1] Docteur en Droit Public, Monitrice à la Faculté des Sciences Juridiques et Politiques de l'Université de Maroua, E-mail : naimeaicha1@gmail.com.

INTRODUCTION

Le thème de l'environnement a envahi l'univers des relations internationales. Cela est particulièrement évident depuis 1989 alors que des événements comme l'échouage du pétrolier Exxon Valdez et le sommet de Paris du G-7[2] ont permis à l'environnement d'émerger comme un enjeu médiatique et diplomatique majeur[3]. Ainsi, l'environnement ne peut aujourd'hui plus être ignoré comme cause potentielle de conflit. Le rapport du Programme des Nations Unies pour l'Environnement (PNUE) en 2009 le confirme en ces termes : « aucune discussion sérieuse sur les menaces actuelles ou émergentes, pesant sur la sécurité, ne saurait avoir lieu sans tenir compte du rôle des ressources naturelles et de l'environnement »[4].

En effet, dans les études stratégiques, la définition traditionnelle de la sécurité n'a trait qu'aux menaces militaires[5]. Cependant, le regain d'intérêt observé chez les internationalistes depuis les années 1980, et surtout depuis la fin de la guerre froide et la recomposition des grands enjeux sécuritaires dans un monde post-bipolaire, a conduit à un élargissement progressif de la notion de sécurité amorcé tant par les théoriciens[6] que par les praticiens. Le sujet de la sécurité ne se limite plus à l'État, on pense notamment au concept de sécurité humaine[7]. La menace qui met en péril la sécurité ne se limite plus aux enjeux politico-militaires. Les questions environnementales telles que le changement climatique, la dégradation de l'environnement ou les catastrophes naturelles, analysées comme potentiels déclencheurs de conflits ou comme menaces à la sécurité humaine, participent à cet approfondissement de la notion de sécurité[8].

---

[2] Qui était en grande partie consacré à l'étude des problèmes écologiques globaux.

[3] FREDERICK MICHEL, « La sécurité environnementale : éléments de définition », *Études internationales*, p. 753.

[4] PNUE, *Du conflit à la consolidation de la paix, le rôle des ressources naturelles et de l'environnement*, Rapport, 2009, p. 6.

[5] Selon la théorie du contrat social élaborée par Jean-Jacques Rousseau il y a plus de deux siècles, les humains se sont volontairement constitués en un corps politique – l'État – afin d'accroître leur sécurité3. Il va de soi que les questions relatives à cette sécurité ont été depuis lors associées principalement à la survie de l'État, c'est-à-dire à sa protection à l'interne contre toute insurrection et sa protection à l'externe contre toute agression. C'est ce que l'on a appelé la « sécurité nationale », dont le renforcement s'est nécessairement opéré au fil des siècles par une consolidation de la détention effective par l'État du monopole de la violence sur son territoire et par une compétition essentiellement militaire sur la scène internationale entre les États. Voir à ce sujet ROUSSEAU (J.-J.), *Du contrat social*, livre I, chap. 6. Édition consultée : Paris, Garnier-Flammarion, 1966.

[6] En particulier par l'École de Copenhague et les théories critiques.

[7] COLARD (D.), « À propos de la sécurité humaine, la doctrine de la sécurité humaine. Le point de vue d'un juriste », Arès, n° 47, vol. XIX, fasc, 1, 2001.

[8] MAERTENS (L.), « Entre sécurisation de l'environnement et environnementalisation de la sécurité : le défi de la sécurité environnementale à l'ONU », *CERISCOPE Environnement*,

Si des concepts tels que la sécurité environnementale, la sécurité économique ou sociétale apparus dans ce sillage ont pu transparaître dans le débat, ils présentaient cependant une faiblesse majeure. En effet, contrairement à la sécurité dure, ces concepts de *soft security* font l'objet de définitions variables, dépendant de l'acteur qui les utilise[9]. Quelques éléments peuvent néanmoins caractériser cette tendance, dans laquelle s'inscrit la sécurité environnementale.

Loin de faire l'objet d'un consensus quant aux éléments de sa définition, cette notion, apparue récemment dans le langage politique international, relève ainsi de la combinaison de deux termes « sécurité » et « environnement », eux-mêmes empreints d'une forte dose de subjectivité et aux contours incertains. Tenter de définir la sécurité environnementale implique donc, au préalable, de s'interroger sur la signification de deux concepts, dépourvus d'une interprétation unanimement acceptée et dont la combinaison ajoute un degré d'imprécision additionnel.

Selon le Vocabulaire juridique, la « sécurité » est une situation de celui ou de ce qui est à l'abri des risques[10]. Il peut également s'agir, dans un sens abstrait, de toute garantie, tout système juridique de protection tendant à assurer, sans surprise, la bonne exécution des obligations, à exclure ou au moins réduire l'incertitude dans la réalisation du droit[11]. Il s'agit donc de la prévention et de la garantie des risques de toute nature, de la protection des personnes, des biens et de l'environnement contre les accidents, les sinistres et les catastrophes par la préparation et la mise en œuvre des moyens d'intervention et de secours. Quant à l'environnement, la signification de ce vocable a beaucoup évolué au fil du temps. Avec toute la polysémie qui l'entoure, il désigne un ensemble de composantes d'un milieu déterminé que la législation de protection désigne a contrario par référence à la commodité du voisinage, à la santé, la sécurité et la salubrité publique, à l'agriculture et à la nature[12].

Dès lors, comment concilier ces deux notions ? Quand, d'une part, les nouvelles approches de sécurité s'éloignent volontairement de la vision, jusque-là prédominante, d'une sécurité nationale, pour intégrer une dimension

2014, URL : http://ceriscope.sciences-po.fr/environnement/content/part4/entre-securisation-de-l-environnement-et-environnementalisation-de-la-securité.

[9] LINDLEY-FRENCH (J.), « The Revolution in Security Affairs: Hard and Soft Security Dynamics in the 21stCentury », European Security, 2004, volume 13, n° 1-2, pp. 1-15, et DALBY (S.), « Contesting an Essential Concept: Reading the Dilemmas in Contemporary Security Discourses » Critical Security Studies, Minneapolis, University of Minnesota Press, 1997, pp. 3-32.

[10] CORNU (G.), (dir.), *Vocabulaire juridique*, Paris, Quadrige, PUF, 2007, p. 853.

[11] *Idem.*

[12] *Ibid.*, p. 365.

de sécurité collective[13]. Et, d'autre part, la plupart des nouvelles menaces identifiées sont reconnues comme transnationales tels terrorisme, dégradations environnementales, pénuries… La sécurité est donc de plus en plus perçue comme un bien collectif, qui dépasse les compétences de l'État et requiert une réponse coordonnée. Toutefois, au niveau de la réponse politique, le choix des instruments reste problématique. Évidemment, contrairement à la sécurité traditionnelle, domaine où le militaire s'impose comme instrument privilégié, le choix des instruments adéquats et disponibles pour faire face à ces nouveaux défis est loin d'être clair[14]. Il revient donc à un État, champ de cette étude, de choisir comment garantir la sécurité de son environnement, au sein de son territoire, d'où la nécessité de sanctionner toute violation susceptible d'enfreindre la sauvegarde de celui-ci. La sanction comme moyen destiné à assurer le respect et l'exécution effective d'un droit ou d'une obligation est donc indispensable. De ce fait, comment la sanction participe-t-elle à garantir la sécurité de l'environnement ? Sachant que les atteintes à l'environnement revêtent des formes très diverses. D'une façon générale, la criminalité liée aux espèces sauvages se définit comme l'exploitation illégale de la faune et de la flore sauvages ; la criminalité liée aux forêts désigne l'exploitation illégale du bois et les activités connexes ; la pêche illégale et les infractions qui la facilitent telles que la fraude documentaire sont considérées comme relevant de la criminalité liée à la pêche ; et la criminalité liée à la pollution inclut le commerce et le rejet illicites de déchets dangereux ou électroniques. Les atteintes à l'environnement ne constituent pas seulement un problème pour l'économie ou pour la protection de la nature, elles sont un défi pour la sécurité internationale, car elles sapent la bonne gouvernance et l'état de droit.

Ainsi, punir toutes ces atteintes afin de garantir une certaine sécurité de l'environnement revient à infliger, par une autorité appropriée, soit la sanction administrative (I), soit la sanction juridictionnelle (II).

---

[13] Depuis les années 80, le concept de sécurité nationale a bénéficié d'une croissance définitionnelle. L'approche traditionnelle reflétant une perception trop étroite non seulement des problèmes, mais aussi des solutions disponibles pour affronter les menaces. Voir MYERS (N.), « Environment and Security », Foreign Policy, n° 74, printemps 1989, p. 41. Il fallait en arriver à une définition plus large qui considérerait qu'une menace à la sécurité nationale existe dès « qu'une action ou une série d'événements... risquent, au sein d'un État, de porter atteinte à la qualité de vie de la population ou de réduire l'éventail des moyens d'intervention dont disposent le gouvernement et les acteurs privés intra-étatiques ». Lire ULLMAN (R.), « Redefining Security », International Security, vol. 8, n° 1, été 1983, pp. 129-153. C'est dans le cadre des débats entourant ces efforts de redéfinition qu'a émergé le concept de sécurité environnementale.

[14] LEPRESTRE (Ph.), « Sécurité environnementale et insécurités internationales », *Revue Québécoise de Droit International*, 1998, volume 11, n° 1, p. 275 ; TORRELLI (M.), « La dimension humanitaire de la sécurité internationale », *Académie de Droit International de La Haye*, Leiden, Nijhoff, 1993, p.171 et suivant.

I- LA SANCTION ADMINISTRATIVE, INSTRUMENT PRIVILEGIE DE GARANTIE DE LA SÉCURITÉ DE L'ENVIRONNEMENT

La sanction administrative est apparue très récemment dans le droit public. Elle n'a longtemps existé qu'en matière disciplinaire, à l'égard des fonctionnaires ou en matière fiscale[15]. La doctrine et les juridictions surtout françaises ont été conduites, par le développement du phénomène de la régulation, à admettre qu'une même autorité administrative puisse cumuler des pouvoirs qui auraient dû être séparés (le pouvoir réglementaire et le pouvoir répressif)[16]. Désormais, de très nombreux textes ont investi diverses autorités administratives, le plus souvent celles qui représentent l'État (ministres, préfets, autorités administratives indépendantes) et parfois les autorités exécutives décentralisées (en particulier le maire, lorsqu'il agit comme agent de l'État), du pouvoir de prononcer des sanctions. Ces sanctions sont de nature très diverse. Il peut s'agir, alternativement ou cumulativement, de la suspension du droit d'exercer une activité, du retrait d'une autorisation ou encore d'amendes ou d'autres sanctions pécuniaires. Ces sanctions peuvent se manifester lors de la mise en œuvre des modes extra juridictionnels qui sont caractérisés par une souplesse ou une fermeté (A) ou lors de l'application du pouvoir répressif reconnu à l'administration (B).

A- L'application de la sanction administrative par le biais des modes extra juridictionnels

Hormis cette compétence leur permettant de constater les infractions et d'entreprendre des procédures judiciaires, les autorités administratives peuvent également procéder à une transaction pour régler un litige environnemental. C'est ce que prévoit par exemple la Loi-cadre relative à la gestion de l'environnement au Cameroun qui dispose que « les Administrations chargées de la gestion de l'environnement ont plein pouvoir pour transiger » (1). La procédure d'arbitrage n'est aussi pas exclue en matière d'environnement (2).

1- Le traitement par l'amende transactionnelle

« De tous les moyens de mettre fin aux différends que font naître entre les hommes leurs rapports variés et multipliés à l'infini, le plus heureux dans tous ses effets est la transaction, ce contrat par lequel sont terminées les

---

[15] CE, 5 mai 1922, Fontan, Recueil Lebon, p. 386 : l'autorité administrative a le droit d'établir une amende fiscale en vue d'assurer le recouvrement d'une taxe.

[16] La réticence du droit public français à reconnaître les sanctions administratives tient à une lecture littérale de l'article 16 de la Déclaration des droits de l'homme et du citoyen, aux termes duquel « Toute société dans laquelle la garantie des droits n'est pas assurée, ni la séparation des pouvoirs déterminée, n'a point de Constitution ». Pris à la lettre, cet article paraît interdire qu'un même organisme puisse cumuler un pouvoir réglementaire et un pouvoir répressif.

contestations existantes, ou par lequel on prévient les contestations à naître »[17].

Pourtant, la transaction est longtemps restée rangée parmi les petits contrats, comme en témoignent ces mots du Doyen Carbonnier : « c'est un fait qu'à côté des trois géants retors, vente, louage et société, les contrats que le Code Napoléon avait rassemblés sous les titres X à XV de son livre troisième ne sont jamais parvenus à faire le poids, ni dans les occupations des commentateurs, ni dans les préoccupations des étudiants. »[18] Aujourd'hui, cette qualification réductrice est dépassée : « la transaction est dans l'air du temps »[19]. En effet, la prévention du contentieux est à la mode surtout dans les disciplines récentes comme le droit de l'environnement.

En effet, les infractions perpétrées sur l'environnement sont souvent traitées par l'administration par voie transactionnelle. Bien évidemment, en dehors de la compétence en matière de constatation des infractions, les autorités administratives peuvent procéder à la transaction pour régler un litige environnemental[20]. La transaction qui est l'un des modes non juridictionnels de règlement des litiges environnementaux est considérée comme étant une convention par laquelle les parties, au moyen de concessions réciproques, terminent une contestation née ou une contestation à naître[21].

Le choix du recours à la transaction est une prérogative reconnue à l'administration dont l'exercice est soumis à l'approbation du procureur de la République[22]. En matière environnementale, la tendance est vers le traitement des infractions par la technique de la transaction qui engendre l'extinction de l'action publique et la reconnaissance de la culpabilité par le contrevenant. C'est ce qui se dégage en substance de l'article 91 de la Loi-cadre relative à la protection de l'environnement au Cameroun qui offre une idée globale sur cette faculté ouverte à l'administration de transiger après la fixation du montant de l'amende transactionnelle et la détermination des travaux imposés au contrevenant pour faire cesser l'infraction ou éviter son renouvellement.

---

[17] PREAMENEU (Arguera Bigot de), quelques jours avant l'adoption de la loi sur les transactions, lors d'une séance du Corps législatif, le 24 ventôse an XII.

[18] CARBONNIER (J.), *Flexible droit. Pour une sociologie du droit sans rigueur*, Paris, LGDJ, 10e éd, 2001, p. 339.

[19] JARROSSON (C.), « Les concessions réciproques dans la transaction », *D*, n° 32-33, 1997, p. 267.

[20] OUMBA (P.), « La contribution du droit administratif a la réparation des atteintes à l'environnement au Cameroun », *Revue de droit administratif*, n° 4, 2014, p. 2.

[21] Article 2044 du Code Civil camerounais.

[22] Les infractions sont constatées au Gabon par les agents habilités de l'administration de l'environnement, par tous officiers de police judiciaire ou par tous autres agents légalement habilités. Voir à ce sujet l'article 76 de la Loi n° 007/2014 du 1er août 2014 portant Code gabonais de l'environnement.

Dès lors, la transaction en droit de l'environnement obéit à certaines exigences.

De prime à bord, il est impératif que la procédure de transaction soit antérieure à toute procédure judiciaire. En fait, l'administration est autorisée à transiger avant toute poursuite des infractions environnementales[23] et pour cela, elle doit être saisie par l'auteur de l'infraction[24].

Le ministre en charge de l'environnement peut alors proposer à l'auteur de cette infraction une transaction pécuniaire si les résultats des enquêtes le concernant lui sont défavorables et s'il n'y a pas de récidive de sa part dans un délai d'un an depuis la dernière infraction[25]. Le montant de la transaction est fixé en concertation avec l'administration chargée des finances et peut être inférieur au minimum de l'amende pénale correspondante[26]. Afin de favoriser l'efficacité de la protection textuelle de l'environnement, le produit issu de la transaction est versé de manière intégrale dans un Fonds prévu par la loi-cadre camerounaise.

Ainsi la possibilité de recourir à la transaction permet d'obtenir plus rapidement des fonds et d'éviter la lenteur et la lourdeur de la procédure juridictionnelle. Mais avant de saisir le juge de l'environnement, une autre alternative s'offre à l'administration ; il s'agit de la pratique de l'arbitrage.

2- Le recours à la procédure d'arbitrage

La justice rendue par les juridictions étatiques investie du pouvoir et de la fonction judiciaire constitue un véritable service public. En effet, les plaideurs lorsqu'ils décident de faire trancher un litige peuvent recourir à la justice publique, c'est-à-dire à des magistrats professionnels. Mais ils ont également la possibilité de faire trancher leur litige par une personne ou un collège de personnes qu'elles choisissent et leur investissent de leur confiance : ce sont les arbitres.

L'arbitrage est l'institution par laquelle un tiers règle le différend qui oppose deux ou plusieurs parties en exerçant la mission juridictionnelle qui lui a été confiée par celles-ci[27]. Il est un mode alternatif de règlement des litiges par recours à une ou plusieurs personnes privées choisies par les parties en vue d'obtenir une décision impérative[28]. L'arbitrage est l'institution d'une

---

[23] Article 136 de la loi portant code de l'environnement burundais. Tel est aussi le contenu de l'alinéa 3 de l'article 91 de la loi relative à la gestion de l'environnement au Cameroun.

[24] Article 91 al. 1 de la loi relative à la gestion de l'environnement au Cameroun.

[25] Article 108 de la loi portant code de l'environnement en République centrafricaine.

[26] Article 91 al. 2 de la loi sur la gestion de l'environnement au Cameroun.

[27] Lire JARROSSON (Ch.) et RACINE (J.-B.), « Arbitrage commercial – droit international », *JCl*, fasc. 585, n° 2, 2012.

[28] La caractéristique fondamentale de l'arbitrage réside dans la soustraction aux tribunaux étatiques des litiges qui relèvent normalement de leur compétence.

justice privée grâce à laquelle les litiges sont soustraits aux juridictions de droit commun, pour être résolus par des individus revêtus, pour la circonstance, de la mission de les juger[29].

Ainsi, l'arbitrage ne constitue pas un choix concurrentiel à la justice étatique ou un choix alternatif, il s'agit d'un complément à celle-ci. La relation entre les modes alternatifs et la justice est un choix, et une relation de rapprochement de complémentarité. L'arbitrage est un mode dit parfois amiable ou pacifique, mais toujours juridictionnel de règlement d'un différend par une autorité (le ou les arbitres) qui tient son pouvoir de juger, non d'une délégation permanente de l'État ou d'une institution internationale, mais de la convention des parties lesquelles peuvent être de simples particuliers de l'État.

L'arbitrage entre donc en concurrence directe avec la justice étatique. La possibilité d'y recourir, les règles qui le gouvernent, les effets de la sentence arbitrale et les règles applicables au fond du litige relèvent de la loi en vigueur. Dès lors qu'un État tolère l'arbitrage, il l'encadre étroitement. À partir du moment où le litige met en cause des intérêts purement internes, sa solution dépend alors de l'ordre juridique du territoire dans lequel l'infraction a été commise.

Le Droit International reconnait l'arbitrage comme une des procédures de règlement judiciaire. Le droit administratif par contre ne l'admet pas expressément[30]. Toutefois, le contentieux de l'environnement le reconnait comme mode non juridictionnel de règlement des litiges. Dans le cadre de la procédure amiable de règlement des litiges relatifs aux infractions sur l'environnement, il est reconnu aux parties le recours à des spécialistes, considérés comme ayant une expertise en la matière. Les législations accordent généralement cette compétence aux autorités administratives, qui jouent le rôle d'arbitre à la demande des parties au conflit. Par cette procédure, les parties en litige décident de recourir à un tiers, arbitrent et acceptent d'avance de se conformer à sa sentence. À cet effet, l'article 92 de la Loi camerounaise sur la gestion de l'environnement énonce que les parties à un

---

[29] JEAN (R.) et MOREAU (B.), *L'arbitrage : droit interne, droit international privé*, Paris, Dalloz, 6e édition, 1983, p. 7.

[30] L'arbitrage désigne un certain mode de règlement des litiges ou les mécanismes officiels de la justice s'effacent au profit des arbitres, qui sont de simples particuliers. Par conséquent, il semble normal que l'arbitrage soit marginal au sein du droit administratif ou il existe des juridictions étatiques spécialisées (les juridictions administratives), qui sont chargées du règlement du contentieux. En effet, on rencontre dans le droit administratif un principe général du droit public qui interdit à l'état et aux personnes morales du droit public de recourir à l'arbitrage. La formulation de ce principe du droit, qui est confirmé par ailleurs dans divers textes législatifs, en terme principalement organique a pour conséquence la quasi-absence de l'arbitrage en droit administratif.

différend relatif à l'environnement peuvent le régler d'un commun accord par voie d'arbitrage[31].

Par ailleurs, dans le cadre de l'arbitrage réalisé par l'administration, seuls les intérêts des parties sont pris en considération, ce qui soulève des interrogations quant au sort réservé à l'intérêt de la communauté qui est troublée suite à la commission de l'infraction.

L'arbitrage est un outil efficace pour le règlement des différends, plus précisément il s'agit d'une procédure ou une technique par rapport au recours à la justice étatique. En effet, en l'utilisant, l'on s'adresse opportunément non pas à des magistrats de carrière siégeant dans les tribunaux appartenant à l'appareil judiciaire de l'État, mais plutôt à des personnes de droit privé qui sont appelées à départager les parties au litige. À l'instar des juridictions nationales, elles peuvent dire le droit au lieu de statuer uniquement sur la base de l'équité.

L'administration peut également réagir plus rigoureusement à travers le pouvoir coercitif qui lui est reconnu.

B- La pratique de la sanction administrative par le biais de la répression

Afin de garantir l'effectivité du droit de l'environnement, l'administration bénéficie d'un privilège coercitif dans la mesure où elle est appelée à sanctionner tout égarement portant atteinte au bien commun à travers son pouvoir de police.

La police de l'environnement désigne l'ensemble des personnes et structures ayant pour objectif de faire respecter les lois relatives au droit de l'environnement d'un pays et mandatées par ce pays pour le faire. La fonction de police de l'environnement consiste à garantir le respect de la réglementation environnementale. Réservée aux agents commissionnés et assermentés, elle concerne principalement, en matière de biodiversité, la police de l'eau et des milieux aquatiques et la police de la nature. L'objectif est de veiller à ce que soient assurés la protection et le respect des milieux, espèces et espaces naturels, en identifiant les menaces, en étant présent sur le terrain pour informer les usagers et prévenir les dégradations, en recherchant, en constatant et en faisant cesser les infractions. Ces dernières peuvent être appliquées soit par une autorité administrative (1), soit par un auxiliaire de l'administration (2).

---

31 L'arbitrage des litiges s'apparente à la médiation pénale qui permet aux autorités publiques ayant entrepris des poursuites judiciaires d'y renoncer moyennant le paiement d'une somme d'argent.

1- La suspension et le retrait des autorisations d'activités par l'autorité administrative

Les recours aux sanctions administratives[32] sont particulièrement efficaces en matière de lutte contre les dégradations de l'environnement, mais ils sont d'autant plus quand il s'agit de la protection de la diversité biologique. Les autorités administratives ont rapidement pris conscience de la nécessité de sanctionner les atteintes à l'environnement ceci depuis l'internalisation des obligations qui découlent des conventions auxquelles ils font partie.

Afin de garantir un respect effectif et efficace des éléments de l'environnement, plusieurs institutions étatiques en assurent le contrôle. Au sens du code gabonais de l'environnement, l'administration de l'environnement peut, seule ou en concertation avec les autres administrations concernées, prendre des mesures administratives de suspension ou de retrait des autorisations d'activités[33]. À ce titre, après mise en demeure restée infructueuse, elle peut en cas d'atteinte grave aux sols et sous-sols, rivières, fleuves, mers et tout autre écosystème aquatique, air et atmosphère, espèces et habitats naturels, ordonner la réduction ou l'interruption de toute pollution, l'arrêt ou la suspension d'opération de production, de manipulation ou de transport de matières, produits, substances ou déchets[34].

La Loi-cadre camerounaise va plus loin en consacrant les différentes administrations impliquées dans cette poursuite en répression des atteintes à l'environnement et aux ressources de celui-ci. En premier lieu, la protection de l'environnement échoit au Ministère de l'Environnement et de la protection de la nature et du développement durable (MINEPDED) et au ministère des Forêts et de la Faune (MINFOF). Ils partagent ce domaine d'intervention avec d'autres autorités importantes, tels que le ministère des Domaines, du Cadastre et des Affaires foncières, le ministère de l'Agriculture et du Développement rural et le ministère de l'Administration territoriale et le ministère de la Décentralisation[35]. Celui des forêts et de la faune prend des mesures nécessaires pour que les obligations découlant de la législation sur les forêts soient respectées. Pour protéger la diversité biologique, il est exigé que l'exploitant justifie d'un titre d'exploitation régulièrement délivré par

---

[32] Il ressort de la jurisprudence qu'une sanction administrative suppose la réunion de deux critères : il doit s'agir d'une décision unilatérale prise par une autorité administrative agissant dans le cadre de prérogatives de puissance publique ; cette décision doit avoir pour objet de réprimer une infraction, et non de prévenir de la commission de nouvelles infractions. En d'autres termes, la finalité de la sanction est répressive, et non préventive : la sanction est un procédé de répression non pénale.

[33] Article 142 du Code gabonais de l'environnement.

[34] *Idem.*

[35] Article 88 alinéa 1 de la loi-cadre relative à la gestion de l'environnement au Cameroun.

l'Administration forestière, sous peine de l'application des sanctions prévues par la réglementation en vigueur[36].

Cet aperçu de l'implication de l'autorité administrative dans la sanction des atteintes à l'environnement et aux ressources naturelles est imputable à tous les États. Le contentieux de l'environnement camerounais met en exergue l'importance du rôle joué par certains ministères en matière forestière, où on dénombre depuis 1994 quelque 93 affaires. Les interventions de ces ministères ont permis de constater et de mettre en garde des sociétés pour des faits infractionnels en matière forestière. Il s'agit en l'occurrence de faits pouvant constituer une fraude sur document émis par les administrations chargées des forêts (Horizon Bois et Bubinga), de l'exploitation non autorisée dans une forêt du domaine national (Société Camerounaise de Développement Social Sarl), et du non-respect des normes d'intervention en milieu forestier (Société Camerounaise d'Industrie et d'Exploitation du Bois)[37].

Ainsi, pour réduire autant que faire se peut les atteintes à la diversité biologique et aux ressources naturelles, il est associé l'autorité traditionnelle dans la mesure où elle est une auxiliaire à l'administration.

2- Les sanctions reconnues à l'autorité traditionnelle

L'intégration progressive et continue de la préoccupation de l'environnement au sein de différentes institutions publiques (en l'occurrence pour les États ayant opté pour la décentralisation) s'est fait remarquer au plus bas niveau de l'organisation administrative. En effet, pour faciliter l'intervention de l'administration centrale dans la mise en œuvre de la politique environnementale sous le prisme de la sanction, il est associé des auxiliaires à cette administration. Ces derniers assurent le relais entre les populations et les autorités dans plusieurs activités urbaines qui exigent la sensibilisation et la collaboration. Les auxiliaires de l'administration ont alors pour mission de seconder les autorités administratives centrales dans le processus d'encadrement des populations. Pour cela, ils sont chargés de concourir, sous la direction des autorités administratives compétentes, au maintien de l'ordre public et au développement économique, social et culturel de leurs unités de commandement[38]. Par conséquent, il leur revient de protéger l'environnement.

---

[36] C'est ce qui se dégage de l'affaire CAM IRON Haut Nyong du 28 avril 2010, dans laquelle la société CAM IRON a été astreinte à payer une somme de 13 417 633 FCFA pour exploitation non autorisée dans le domaine national. Il en est de même de l'affaire SOFOCAM du 10 décembre 2010 dans laquelle la société SOFOCAM a été condamnée à payer une amende de 2 000 000 FCFA pour non-respect des clauses techniques d'exploitation.

[37] Lire OUMBA (P.), « La contribution du droit administratif à la réparation des atteintes à l'environnement au Cameroun », *op.cit.* p. 2.

[38] Article 20 alinéa 2 du décret n° 77/245 du 15 juillet 1977 portant l'organisation des chefferies traditionnelles.

C'est dans ce sens que la Loi-cadre relative à la gestion de l'environnement au Cameroun leur octroie un pouvoir de sanctionner certains comportements susceptibles de dégrader l'environnement urbain[39].

À cet effet, ils sont compétents en matière de litiges liés à l'utilisation de certaines ressources naturelles tels l'eau et le pâturage sur la base des *us* et coutumes locaux sans préjudice des parties au litige de saisir les tribunaux compétents[40]. À l'issue du résultat de ces règlements de litige, un procès-verbal est dressé et une copie de ce procès-verbal signée par l'autorité traditionnelle et les parties ou leurs représentants est déposée auprès de l'autorité administrative du ressort territorial de la communauté villageoise où a lieu le litige[41]. L'article 21 du décret de 2008 précise par ailleurs que les chefs traditionnels peuvent, conformément à la coutume, et lorsque les lois et règlements n'en disposent pas autrement, « procéder à des conciliations ou arbitrages (...) ». C'est donc dire que les chefs traditionnels sont investis de pouvoir en matière de règlement d'un litige environnemental[42].

Mais cette implication des chefs traditionnels ou de quartier comme auxiliaire de l'administration dans le cadre du règlement des litiges environnementaux est une originalité camerounaise. Dans d'autres pays, les actions menées par ces chefs dans la préservation de l'environnement se limitent à des tâches de nettoyage des zones d'habitation et de curage des caniveaux et des rivières[43].

En tout état de cause, l'application par les administrations aussi bien centrales que locales des mesures répressives afin de prévenir les dégradations à l'environnement ne sera pas assez suffisante si elle n'est pas accompagnée par des mécanismes juridictionnels de réparation.

II- LA SANCTION JURIDICTIONNELLE, ARME EFFICACE DE GARANTIE DE LA SÉCURITÉ DE L'ENVIRONNEMENT

Afin de concrétiser les obligations internationales relatives à la protection de l'environnement, les États se sont engagés à mettre en œuvre et d'exécuter des mesures concrètes de protection de l'environnement, sanctions et réparations des préjudices[44]. Pour ce faire, la création des cours et tribunaux est une nécessité afin de garantir le caractère justiciable des droits des citoyens à un environnement sain. Le « bon berger pour l'application des lois de

---

39 Article 93(1) de la loi camerounaise relative à la gestion de l'environnement.

40 Voir article suscité.

41 Article 93(1) de la loi camerounaise susmentionnée.

42 OUMBA (P.), « La contribution du droit administratif a la réparation des atteintes à l'environnement au Cameroun, *Revue de droit administratif*, 2014, pp. 3 et suivant.

43 Arrêté n° 00131/ML portant sur le statut des chefs de quartier du Gabon.

44 Article 25 et 26 de la Charte africaine des droits de l'homme et des peuples.

protection de l'environnement »[45] reste donc le juge. Il intervient dans le contrôle de la mise en œuvre du droit en général et dans le domaine de l'environnement en particulier[46].

Le rôle central du juge et son intervention sont souvent formellement sollicités afin de garantir une sécurité environnementale. Il revient dès lors, en fonction de leur domaine de compétence, au juge administratif (A) et au juge judiciaire de sanctionner dans le règlement des litiges environnementaux (B).

A- Les sanctions appliquées par le juge administratif

En dépit de certaines brillantes tentatives visant à proclamer l'autonomie du droit de l'environnement par rapport aux autres branches du droit[47], il faut bien constater que l'action administrative dans le domaine de l'environnement reste d'abord régie par les principes et les théories du droit administratif général et que l'on voit mal pourquoi il en irait autrement que pour les autres interventions publiques[48]. Il est donc logique que le juge administratif, appliquant à la question de l'environnement les théories générales du droit administratif, ait été conduit à sanctionner l'administration en annulant ses actes (1), et aussi, en suspendant l'exécution de certaines de ses décisions (2)[49].

1- L'annulation des actes de l'administration

Il existe en droit administratif un principe général du droit en vertu duquel toute décision administrative peut faire l'objet d'un recours pour excès de pouvoir, peu importe qu'il y ait ou non un texte qui le prévoit[50]. Le recours pour excès de pouvoir est un recours tendant à l'annulation d'une décision administrative faisant grief[51]. Pour qu'il soit déclenché, quatre moyens de droit doivent être réunis[52]. Certains visent l'illégalité externe de l'acte, relative

---

[45] Expression de Monsieur ABAUZIT. Lire ABAUZIT (F.), « Peut-on parler de stratégie contentieuse du ministère de l'Environnement ? », *Revue Juridique de l'Environnement*, numéro spécial, 1995. Le juge administratif, juge vert ? pp. 69-75.

[46] MALJEAN-DUBOIS (S.) et RICHARD VANESSA, « Mécanismes internationaux de suivi et mise en œuvre des conventions internationales de protection de l'environnement », *Gouvernance mondiale*, Note de l'IDDRI, n° 09, 2004, p 47.

[47] PRIEUR (M.), *Droit de l'environnement*, Paris, Dalloz, 2004, p. 10.

[48] JEGOUZO (Y.), « Le juge administratif et l'ordonnancement du droit de l'environnement », *Revue Juridique de l'Environnement*, numéro spécial, 2004. p. 21.

[49] On peut même considérer que l'affirmation progressive de ce que toute action publique doit prendre en compte l'environnement (principe dit de l'intégration) condamne cette thèse d'un droit autonome de l'environnement.

[50] Arrêt Dame Lamotte du Conseil d'État le 17 février 1950.

[51] L'arrêt Dame Lamotte pose le principe selon lequel toute décision administrative peut faire l'objet d'un recours pour excès de pouvoir (CE 17 février 1950). Les cas d'ouverture du recours pour excès de pouvoir correspondent aux irrégularités qui peuvent affecter l'acte administratif et entraîner son annulation.

[52] Voir KAM YOGO (É.) et KOUA (É.), « Les litiges environnementaux devant les juridictions camerounaises », in RUPPEL (Oliver C.) et KAM YOGO (E.), *Droit et politique de*

au processus de la prise de décision, d'autres visent une illégalité interne portant sur la décision même[53].

En effet, lors de son activité normative, l'administration en charge de la protection de l'environnement prend des mesures d'autorisation, de retrait ou de suspension d'opérations liées à l'utilisation de l'environnement et des ressources naturelles.

Les moyens juridiques à l'appui du recours contre ce genre d'acte administratif ayant approuvé une demande d'utilisation de l'environnement peuvent être tirés du vice de procédure. Il est alors possible d'invoquer le vice de forme dans le cadre du contrôle de la légalité d'une étude d'impact environnemental au Cameroun par exemple[54]. En effet, en cas d'insuffisance, d'erreur ou d'absence d'étude d'impact, le juge administratif annule la décision d'approbation. Le juge peut à cet égard soulever d'office les moyens d'ordre public prévus par les textes pour annuler la décision incriminée. L'annulation de la décision emporte également annulation de l'étude d'impact. Cependant, l'annulation de la décision ainsi que son accessoire de l'étude d'impact, n'exclut pas que le promoteur soumette de nouveau une autre étude d'impact pour approbation en veillant cette fois-ci à ne pas l'entacher du vice qui était à l'origine de l'annulation. Cette possibilité de reprise de l'acte est une conséquence des effets de l'annulation d'une décision pour illégalité externe dont font partie le vice de procédure et le vice de forme[55].

L'annulation peut être dès lors totale ou partielle si l'irrégularité n'entache qu'une partie suffisamment individualisée de la décision. Surtout, cette annulation présente deux caractéristiques fondamentales. D'abord, la décision d'annulation est dotée de l'autorité absolue de la chose jugée et vaut à l'égard de tous, c'est-à-dire à l'égard du requérant, mais aussi vis-à-vis de tous les citoyens, administrations ou juridictions. L'autre caractéristique fondamentale est que l'annulation pour excès de pouvoir a un effet rétroactif. Autrement dit, l'acte annulé est réputé n'avoir jamais existé : il disparait de l'ordonnancement juridique ainsi que tous les effets qu'il a pu produire[56].

---

l'environnement au Cameroun : afin de faire de l'Afrique l'arbre de vie, PUCAC, 2018, pp. 659-671.

[53] Il s'agit d'un moyen relatif aux règles de procédure, de forme et l'incompétence d'une part et de détournement de pouvoir et de la violation de la loi d'autre part.

[54] FOTSO CHEBOU KAMDEM, *Étude d'impact environnemental en France et au Cameroun*, Mémoire Online, Université de Limoges, 2009, consulté le 1er juin 2018.

[55] Voir, jugement n° 103/2005-2006 du 14 juin 2006 de la Chambre administrative de la Cour Suprême du Cameroun.

[56] Les juges administratifs peuvent également assurer le respect du droit à l'environnement proclamé par les constitutions dans le cadre du contentieux de l'annulation. Le nouveau droit de l'homme à l'environnement pourrait servir de base légale pour attaquer pour excès de pouvoir les actes administratifs qui seraient contraires à la protection de l'environnement. La

L'annulation d'un acte administratif illégal susceptible de protéger l'environnement par le juge administratif intervient généralement dans le cadre d'une saisine régulière par le requérant. Cependant, le juge administratif peut suspendre l'exécution d'une décision lorsque l'urgence le justifie.

2- La suspension de l'exécution des décisions administratives[57]

« Quand une décision administrative fait l'objet d'une requête en annulation ou en réformation, le juge des référés saisi d'une demande (...), peut ordonner la suspension de l'exécution de cette décision ou de certains de ses effets, lorsque l'urgence le justifie et qu'il est fait état d'un moyen propre ou crée en l'état de l'instruction un doute sérieux quant à la légalité de la décision. »[58].

Les procédures d'urgence constituent un terrain de prédilection pour la consécration du droit de l'environnement par le juge administratif. En effet, le contrôle juridictionnel de la mise en œuvre du droit de l'environnement trouve également un terrain fertile dans des procédures d'urgence notamment dans le référé où le juge administratif est appelé à prendre des mesures urgentes pour sauvegarder une situation susceptible de nuire à l'environnement[59]. En fait, bon nombre de contentieux traditionnels, comme ceux des travaux publics, de l'expropriation pour cause d'utilité publique, de la police municipale, des contraventions de grande voirie, des carrières ou de l'urbanisme posent aujourd'hui au juge administratif des questions relatives à la protection de l'environnement. De plus, c'est au détour de ces litiges que les parties invoquent généralement une insuffisance soit de l'étude d'impact ou de l'enquête publique réalisée, les impacts sur les écosystèmes, les atteintes au milieu naturel, au cadre de vie ou encore une carence des pouvoirs publics en matière environnementale ou dans la prévention des risques naturels. Dès lors, le juge des référés peut statuer par des mesures provisoires qui n'ont pas d'incidence sur la décision à rendre sur le fond. Il est évident que l'ordonnance de référé permet au juge administratif de prendre toutes les mesures de

reconnaissance de ce droit pourrait renforcer l'obligation pour les pouvoirs publics de respecter l'environnement.

[57] Pour pallier le caractère non suspensif des recours dans le domaine administratif, il est prévu, comme en matière civile, une procédure d'urgence ou procédure de référé permettant au juge de prononcer la suspension d'une décision contestée par un requérant.

[58] Article L521-1 du code de la jurisprudence administrative française. La procédure de référé est encadrée par la réunion de trois conditions : d'abord, il faut qu'un recours en annulation soit enregistré au préalable, ensuite l'urgence sera admise si l'exécution de la décision contestée préjudicie de façon grave et immédiate aux intérêts du requérant et enfin la requête doit soulever un moyen propre à créer un doute sérieux quant à la légalité de la décision contestée.

[59] Le ministre chargé de l'Environnement requiert la mise en œuvre des procédures d'urgence appropriées afin d'interrompre l'exécution des travaux envisagés ou entamés, lorsque les termes de références de l'étude d'impact ne sont pas respectés. Ces procédures d'urgence sont engagées sans préjudice des sanctions pénales prévues par la présente loi. Article 93 du Code de l'environnement centrafricain.

sauvegarde de l'environnement en général et des intérêts des populations en particulier[60]. Car, s'il est admis que les problèmes de l'environnement se posent dans l'urgence, c'est aussi dans l'urgence qu'il convient de trouver leurs solutions.

Les conditions requises pour l'obtention de cette suspension varient d'un État à l'autre. En France par exemple, le juge administratif peut ordonner la suspension de l'exécution de la décision ou de certains de ses effets lorsque l'urgence le justifie et qu'il est fait état par le requérant d'un moyen susceptible de créer, en l'état de l'instruction, un doute sérieux quant à la légalité de la décision[61]. L'urgence est généralement admise eu égard aux caractéristiques du projet et à ses impacts potentiels sur l'environnement[62]. En République centrafricaine pour ce qui est de l'exemple d'un pays d'Afrique centrale, des procédures d'urgence sont appropriées afin d'interrompre l'exécution des travaux envisagés ou entamés, lorsque les termes de références de l'étude d'impact ne sont pas respectés[63].

En outre, le juge administratif peut également condamner l'administration à une indemnisation de la victime écologique tout comme il peut lui imposer une réparation financière[64].

Qu'en est-il du juge judiciaire ?

B- Les sanctions du juge judiciaire

Il en résulte que les dommages causés aux tiers restent régis par le droit commun de la responsabilité civile. Il ne s'agit pas ici de dommages environnementaux purs, mais de dommages environnementaux à l'origine de dommages corporels ou matériels pour les victimes. Au demeurant, leurs actions peuvent tout d'abord être fondées sur les articles 1382 et 1383 du Code

---

[60] Voir à ce sujet GEOFFROY (M.), *La notion d'urgence en droit administratif de l'environnement*, Thèse de doctorat Ph. D, Université de Limoges, 2006, 392 p.

[61] Code de justice administrative, article L. 521-1.

[62] C.E., 2 juillet 1982, Huglo et autres, Rec. 257 ; A.J.D.A. 1982, p. 657, concl. Biancarelli, note Lukaszewicz, D. 1983, p. 327, note O. Dugrip.

[63] Article 93 du Code de l'environnement centrafricain

[64] L'idée selon laquelle l'exercice du droit au recours par un justiciable peut, en fonction des conditions dans lesquelles ce dernier agit, dégénérer en faute ouvrant droit à réparation, apparaît, aujourd'hui, bien établie en droit administratif. Comme tout droit, le droit au recours est susceptible de faire l'objet d'un usage abusif de la part de son titulaire et donner lieu, en cas de préjudice, au versement de dommages-intérêts. Certes, dans certains types de contentieux, tels que l'excès de pouvoir ou le contentieux électoral, cette réparation est rendue compliquée par la règle de l'irrecevabilité des conclusions reconventionnelles : le défendeur souhaitant obtenir l'indemnisation du préjudice que lui aurait causé le recours abusif du demandeur, doit donc, par principe, former une action indemnitaire distincte devant le juge compétent pour en connaître. Lire POULET (F.), « La condamnation de l'administration à des dommages-intérêts pour résistance abusive : Une hypothèse de responsabilité administrative à encourager ? », *Revue Générale du Droit*, 2015, numéro 16, 20 p.

civil. En pratique, ce régime est peu utilisé par les victimes parce qu'il leur incombe de prouver une faute souvent difficile à établir.

La jurisprudence judiciaire relative à la réparation des atteintes à l'environnement reste encore aujourd'hui limitée et très souvent laconique dans sa motivation. Pourtant, la capacité de l'homme à endommager l'environnement est bien réelle. Sa responsabilité l'est aussi. C'est à ce propos que certains parlent de « responsabilité écologique ». Cette dernière est donc connue des juridictions civiles (1), mais également des juridictions pénales (2).

1- La réparation civile des dommages écologiques

L'action en réparation d'un dommage devant une juridiction civile concerne toute personne physique ou morale, qui, par son acte ou son activité, provoque une contamination ou une modification directe de l'environnement par toute action susceptible d'affecter défavorablement une utilisation du milieu profitable à l'homme ; provoque une situation préjudiciable à la santé, à la sécurité, au bien-être de l'homme, de la faune, de la flore ou à la sécurité des biens collectifs et individuels[65]. Ainsi, toute personne physique ou morale dont le comportement et les activités causent ou sont susceptibles de causer des dommages à l'environnement est soumise à une sanction. De ce fait, le pollueur est appelé à réparer non seulement les dommages qu'il a causés à l'homme, mais également à la nature.

Le but de la responsabilité civile[66] est que la victime retrouve une situation équivalente à celle qui existait avant le dommage et non qu'elle se retrouve dans une meilleure situation.

Le contentieux civil de l'environnement trouve son fondement dans les articles 1382 à 1384 du Code civil. En effet, il est énoncé que « Tout fait quelconque de l'homme, qui cause un dommage, oblige celui par la faute duquel il est arrivé à le réparer »[67]. De ce fait, chacun est responsable du dommage qu'il a causé non seulement par son fait, mais encore par sa négligence ou par son imprudence[68]. Bien plus, on est responsable non seulement du dommage que l'on cause par son propre fait, mais encore de celui qui est causé par le fait des personnes dont on doit répondre, ou des choses que l'on a sous sa garde[69].

[65] Article 3 al. 5 de la loi portant code de l'environnement en République centrafricaine.

[66] Le droit de la responsabilité civile est orienté principalement vers la réparation des dommages. Le droit positif est caractérisé par l'existence de trois régimes distincts : la responsabilité du fait personnel, la responsabilité du fait d'autrui, la responsabilité du fait des choses.

[67] Article 1382 du Code civil.

[68] Article 1383 du Code civil.

[69] Article 1384 du Code civil.

Ainsi, le dommage aussi bien en droit civil que de l'environnement, pour qu'il soit sujet à réparation doit être l'effet d'une faute ou d'une imprudence de la part du fautif ou du pollueur. S'il ne peut être attribué à cette cause, il n'est plus que l'œuvre du sort, dont chacun doit supporter les charges. Mais s'il y a eu faute ou imprudence, quelque légère que soit leur influence sur le dommage commis, il est dû à la réparation[70].

Trois fondements juridiques permettent de guider une action en responsabilité devant les juridictions civiles en matière d'environnement. Tout d'abord, le pollueur sera considéré comme responsable s'il commet une faute sous la base de l'article 1382 du Code civil. Ensuite, le pollueur sera également responsable, même sans faute, du fait des choses qu'il a sous sa garde. Enfin, les victimes de trouble de voisinage peuvent agir contre l'auteur des troubles[71]. La responsabilité pour trouble de voisinage peut être mise en œuvre dès lors que les nuisances dépassent un seuil admissible, compte tenu des circonstances de temps et de lieu[72].

Pour ce qui est du dommage écologique pur, il est principalement et restrictivement une atteinte à la nature y compris ses ressources.[73].. Le dommage écologique est constitué donc par la seule atteinte au milieu naturel, abstraction faite de tout préjudice individuel. Le dommage est considéré de façon autonome, indépendamment des conséquences de l'atteinte au milieu naturel sur l'être humain[74]. Ainsi, un dommage, pour être réparable, doit généralement répondre aux caractéristiques suivantes : être certain, personnel et direct, cette dernière condition a été analysée au regard du lien de causalité. Cependant, le dommage écologique présente plusieurs difficultés à la lumière des caractéristiques reconnues par le droit commun de la responsabilité civile.

La réparation du dommage écologique pur, à savoir l'atteinte au milieu naturel lui-même, aux choses communes que sont l'eau, l'air, la faune, la flore… s'avère alors complexe à cerner, car, certains de ces biens sont

---

[70] MAZEAUD (L.) et TUNC (A.), « Traité théorique et pratique de la responsabilité civile délictuelle et contractuelle », 6e éd., t. II, *Revue Internationale de Droit Comparé,* Vol. 22 N° 4, Octobre-décembre 1970. pp. 817-820.

[71] C.A. Centre Arrêt n° 105 du 06 août 1975 Aff. La Société Paterzon Zochonis et Cie LTD C / Atangana Essomba Protais

[72] Sont considérées comme trouble de voisinage les nuisances sonores ou auditives et olfactives c'est-à-dire les bruits, quelles qu'en soient l'origine et la nature, ainsi que les vibrations susceptibles de causer une gêne pour le voisinage, de nuire à la santé de l'homme.

[73] Selon ROBIN (C.), le dommage écologique pur peut être défini « comme un préjudice causé directement au milieu pris en tant que tel, indépendamment de ses répercussions sur les biens et sur les personnes. Il s'agit d'un dommage spécifique mi collectif et mi individuel, matériel et diffus, réversible à plus ou moins long terme, parfois incertain et direct, et souvent futur » ROBIN (C.), « La réparation des dommages causés par l'Erika : un nouvel échec dans l'application du principe pollueur payeur », *RJE*, 1/2003, p. 41.

[74] ANOUCHKA (D.), « Le dommage écologique pur en droit international », *Cahiers de l'institut*, Genève, 2013, https://books.openedition.org/iheid/667, consulté le 2 juin 2019.

inappropriés[75], voire inappropriables[76] empêchant tout demandeur d'établir que l'atteinte qu'il a subie constitue un préjudice personnel. Il existe bien un dommage dans les faits, mais aucune personne ne peut en obtenir réparation pour deux raisons : sur le plan procédural, l'atteinte à la nature touchant aux intérêts collectifs, il est impossible pour une personne de démontrer qu'elle possède un intérêt personnel. Sur le plan substantiel, la nature n'étant pas une personne, il est impossible de démontrer la présence d'un dommage personnel[77]. De ce fait, admettre la réparation du préjudice écologique pur implique nécessairement l'élargissement du champ des personnes ayant intérêt à agir et catégoriser les préjudices réparables.

2- La répression pénale des atteintes environnementales

« Le droit n'est rien d'autre qu'un ensemble de prescriptions prohibitives ou permissives »[78]. C'est dans cette logique de préservation de l'environnement par le droit pénal que s'inscrit l'intervention du juge pénal dans la répression des atteintes à l'environnement. Ainsi, les textes pénaux et environnementaux définissent les peines principales et les peines complémentaires applicables à un délinquant écologique[79]. Les peines principales[80] ont pour objectif de faire payer un individu vis-à-vis de la société. Au regard de la doctrine, l'amende et l'emprisonnement sont les deux peines principales les plus importantes. Ils ont un caractère à la fois « personnel » et « punitif ».

En matière d'environnement, le juge pénal a pour compétence de connaître des litiges basés sur les infractions internes et celles internationales de l'environnement. L'on peut dire que la voie pénale est le mécanisme attitré de règlement des différends. En effet, en plus du Code pénal qui contient des dispositions relatives aux atteintes portées à l'environnement, presque tous les

---

[75] « *res nullius* »

[76] « *res communes* »

[77] BOUTONNET (M.), « La réparation du préjudice causé à l'environnement », *Revue chinoise de l'environnement*, Vol.5, 2010, p. 90.

[78] KAMTO (M.), *Droit de l'environnement en Afrique*, Paris, EDICEF, 1996, pp. 5 et s.

[79] En effet, c'est au cours du XXe siècle, à la suite de l'émergence d'une conscience environnementale, que s'est développée une nouvelle forme de criminalité qualifiée de délinquance écologique. Pour faire face à cette délinquance visant à porter atteinte à l'environnement, les législateurs sont intervenus en définissant des infractions afin que puisse être engagée la responsabilité pénale. Il existe ainsi aujourd'hui en droit positif une multitude d'incriminations écologiques protégeant la valeur sociale de l'environnement.

[80] La peine se définit selon PRADEL comme un mal infligé à un délinquant à cause de sa faute, une souffrance imposée par l'autorité à titre de sanction de la violation de règles fondamentales de la vie d'un groupe. La peine a pour finalité de remplir une triple fonction : empêcher par l'effet d'intimidation, la réalisation ou le renouvellement d'une infraction ; réprimer les comportements fautifs ; inciter l'auteur à réparer le dommage causé voir à ce sujet : PRADEL (J.), *Manuel de droit pénal général*, Paris, 16e éd., CUJAS, 2006, p. 524 et NERAC-CROISIER (R), *Sauvegarde de l'environnement par le droit pénal*, L'Harmattan, Science Criminelle, Paris, 2005, p. 52.

instruments spécifiques de protection de l'environnement accordent une place significative aux dispositions pénales de répression des infractions. La loi pénale prévoit de nombreuses infractions au droit de l'environnement. Elle détermine les personnes pénalement responsables et fixe les peines applicables. De ce fait, les sanctions pénales, à savoir les peines et les mesures de sûreté, sont prononcées uniquement par le juge pénal sur la base d'une infraction à la loi pénale[81]. Pour cela, le juge ne peut prononcer une peine que si le législateur l'a prévue.

Les peines complémentaires[82] en ce qui les concerne se rapportent à : « l'interdiction légale d'exercer une fonction publique », l'interdiction de séjour, la déchéance, la double incapacité de recevoir à titre gratuit ». Est qualifiée aussi de peine complémentaire, la perte des droits civiques (droit d'être expert devant une juridiction, droit de détenir une arme, droit de voter et d'être élu...)[83] et la publicité du jugement qui apparaît comme une mesure qui porte atteinte à la réputation du condamné. Toutes ces peines participent à réduire ou à décourager tout comportement susceptible de porter atteinte à l'environnement. Ainsi, peut être puni des travaux forcés de 5 à 25 ans assortis d'une dégradation civique quiconque aura introduit, commercialisé[84] ou fait circuler des substances nocives et dangereuses interdites sur le territoire national[85].

La peine de confiscation est aussi une peine complémentaire. Cette peine, très utilisée en droit de l'environnement est une acquisition par l'État aux fins d'aliénation à son profit, de tout ou partie du patrimoine d'une personne condamnée[86]. À titre d'exemple, on peut citer les dispositions de l'article 123 de la loi portant Code de l'environnement en République centrafricaine qui prévoit que « lorsqu'une infraction résulte de l'utilisation de véhicule à deux (2)

---

[81] PRADEL (J), *Manuel de droit pénal général*, *op.cit*., p. 524.

[82] Il faut relever que la doctrine observe une nuance entre peine complémentaire et peine accessoire. Que ce soit l'une ou l'autre, il s'agit des peines qui s'ajoutent à la peine principale. Tandis que l'accessoire est celle qui s'ajoute automatiquement, le complémentaire s'ajoute, mais pas de plein droit. Il faut que le juge la prononce expressément. Elle est alors tantôt obligatoire tantôt facultative. Mais selon certains auteurs qui semblent mettre un terme à la controverse doctrinale, en dehors de la peine de confiscation, « le Code pénal français par exemple ne connaît en principe que des peines complémentaires facultatives ». Quant aux peines dites accessoires, naguère appliquées systématiquement à toute condamnation criminelle, elles appliquaient une interdiction légale.

[83] Article 34 du Code pénal Bouvenet applicable en AOF.

[84] TPI Yaoundé Centre administratif, Jugement n° 628/00 du 12 novembre, *Affaire MP et administration chargée de la faune c/ Kiaripou Andrée*.

[85] Article 71 de la loi portant protection de l'environnement Tchadien.

[86] CORNU (G.), (dir.), *Vocabulaire juridique*, *op.cit*., p. 205.

à quatre (4) roues, la juridiction compétente peut toujours ordonner la saisie ou le retrait des objets ayant servi à commettre l'infraction »[87].

La principale peine complémentaire qui existe est « la saisie » ou « la confiscation » qui peut être ordonnée par un officier de police judiciaire, ou par une juridiction compétente[88]. En tant que peine, la confiscation ne porte que sur les choses, qui ont servi à commettre l'infraction ou sur les choses qui en sont le produit. Le juge pénal ordonne couramment la confiscation au profit de l'État de l'objet du délit si, faute d'être réclamée par son propriétaire dans un certain délai à compter du jour où le jugement a acquis l'autorité de la chose jugée, la partie non confisquée de la saisie est réputée propriété de l'État[89].

Par ailleurs, la remise en état ou la mise en conformité des lieux, sanction à prédominance réparatrice est également considérée comme une mesure pénale prévue également par les textes et largement utilisée en droit de l'environnement. Dès lors, tout site ayant fait l'objet d'une exploitation doit être remis en état selon les conditions fixées par la réglementation en vigueur dans les différents pays. C'est une sanction hybride pouvant être prononcée tantôt par l'administration tantôt par le juge pénal ou par le juge administratif ou encore par le juge civil.

CONCLUSION

En guise de conclusion, le champ d'application de la sécurité de l'environnement couvre l'ensemble des problèmes associés à la protection et à l'utilisation de l'environnement. Cette sécurité pourrait par conséquent être compromise par des actes de vandalisme (guerre et éco-terrorisme), de pollution excessive ou d'exploitation non durable des ressources, ainsi que par une intrusion humaine permanente dans certaines régions écologiquement sensibles. L'originalité du droit de l'environnement réside donc dans la diversité de sanctions afin de pallier toute insécurité écologique susceptible d'aliéner le patrimoine commun de l'humanité dans l'intérêt des générations présente et future.

---

[87] La loi burundaise portant Code de l'environnement ordonne également la saisine ou la mise en séquestration de tous les objets, matériels, substances achetées en fraude ou circulant en contravention aux dispositions dudit Code, mais également ceux qui ont fait l'objet de l'infraction ou ayant servi à commettre une infraction écologique. Article 134 et 135 du Code.

[88] Voir article 106 alinéa 1 de la Loi organique de protection, sauvegarde et promotion de l'environnement : « la juridiction ayant prononcé la peine peut également ordonner la saisie de tout moyen ayant servi à la commission de l'infraction ».

[89] Article 142 du Code centrafricain de l'environnement.

INDICATIONS BIBLIOGRAPHIQUES

- CORNU (G.), (dir.), *Vocabulaire juridique*, Association Henri Capitant, Paris, PUF, 6e édition, 2004, 986 p.
- FREDERICK (M.), « La sécurité environnementale : éléments de définition (Note) ». Études internationales, 24 (4), (1993), pp. 753–765. https://doi.org/10.7202/703239a.
- MAERTENS (L.), « Entre sécurisation de l'environnement et environnementalisation de la sécurité : le défi de la sécurité environnementale à l'ONU », *CERISCOPE Environnement*, 2014, [en ligne], consulté le 11/07/2019, URL : http://ceriscope.sciences-po.fr/environnement/content/part4/entre-securisation-de-l-environnement-et-environnementalisation-de-la-securité.
- OUMBA (P.), « La contribution du droit administratif à la réparation des atteintes à l'environnement au Cameroun », *Revue de Droit Administratif*, 2014, n° 4, pp. 197-214.
- KAM YOGO (É.) et KOUA (É.), « Les litiges environnementaux devant les juridictions camerounaises », in RUPPEL (O. C.) et KAM YOGO (E.), *Droit et politique de l'environnement au Cameroun : afin de faire de l'Afrique l'arbre de vie*, PUCAC, 2018, pp. 659-671.
- BOUTONNET (M.), « La réparation du préjudice causé à l'environnement », *Revue Chinoise de l'Environnement*, Vol.5, 2010, pp. 67-109.

L'encadrement de la participation criminelle en droit international : un régime d'insécurité juridique

Par

Philippe ZOUMLII[1]

Résumé

Les infractions internationales sont de moins en moins perpétrées de façon individuelle, d'où l'idée de participation criminelle en droit international. La plasticité, l'élargissement de la participation criminelle et l'inexistence d'une catégorie juridique permettant de l'appréhender, justifient l'intérêt de mener une réflexion sur le thème suivant : « *L'encadrement de la participation criminelle en droit international : un régime d'insécurité juridique* ». À l'analyse, il faut relever que le droit international pénal met en œuvre une pénalisation diffuse de la participation criminelle. Ainsi, le régime qui y est envisagé est source d'insécurité juridique en raison de certaines de ses faiblesses intrinsèques actuelles. Ces faiblesses sont aussi bien d'ordre formel que substantiel.

Mots clés : Encadrement, Sécurité juridique, Participation criminelle, Droit international pénal, Plasticité.

[1] Docteur en Droit Public, Assistant à la Faculté des Sciences Juridiques et Politiques de l'Université de Maroua. E-mail : zoumliip@gmail.com.

INTRODUCTION

La sécurité est une véritable obsession pour tous ceux qui s'intéressent à l'Histoire, à la Science Politique et au Droit[2]. Pour le juriste, elle constitue un impératif. À ce titre, elle est inhérente et irrigue tout ordre juridique, notamment l'ordre juridique international. Le mouvement de pénalisation de ce dernier prend en considération cette exigence. À l'analyse, tout porte à croire que tel n'est pas toujours le cas. Le régime juridique de la participation criminelle en droit international pénal en est un exemple patent ; d'où la thématique « L'encadrement de la participation criminelle en droit international : un régime d'insécurité juridique ». Il s'agit d'examiner ce régime et de le mettre en rapport avec la sécurité juridique. Pour le faire, il convient de préciser que ce régime renvoie à l'ensemble des règles juridiques relatives au fait pour un individu de contribuer de quelque manière que ce soit à la réalisation d'un crime prohibé par les normes internationales et dont l'organisation de la répression se fait aussi bien au niveau national qu'international.

La définition de la sécurité juridique implique que l'on donne d'abord un sens au mot « sécurité » avant d'y ajouter le qualificatif « juridique ». Pour ce faire, on dira que « sécurité » vient du latin « *securitas* », de « *securus* » qui signifie sûr (*sine cura*, sans souci, sans inquiétude, calme)[3]. Dans le langage juridique, ce terme peut avoir plusieurs sens. C'est donc un concept polysémique. C'est ce qui justifie l'existence de plusieurs entrées y relatives dans le vocabulaire juridique. L'une de ces entrées définit la sécurité comme toute garantie, tout système juridique de protection tendant à assurer, sans surprise la bonne exécution des obligations, à exclure ou au moins réduire l'incertitude dans la réalisation du droit[4]. En ajoutant le qualificatif « juridique », la définition précédente ne change pas fondamentalement. Il faut donc mobiliser ses différentes figures[5] qui sont entre autres, la clarté, la précision, la stabilité[6], etc. En outre, les analyses s'envisagent à partir de l'après-Seconde Guerre mondiale[7]. Ceci n'occulte pas la prise de conscience

---

[2] En droit, la sécurité est une obsession pour ceux qui le créent, qui l'étudient, qui le pratiquent, qui dépendent de lui, etc. L'intérêt d'un ouvrage y relatif est indubitable. Voir le projet dirigé par le Professeur NYABEYEU TCHOUKEU (L.), *La sécurité, approche tridimensionnelle.*

[3] CORNU (G.), (dir.), *Vocabulaire juridique,* Paris, PUF, 9e éd., août 2011, p. 942.

[4] *Idem.*

[5] POUGOUE (P.G.), « Les figures de la sécurité juridique », *RASJ,* Université de Yaoundé II, Vol. 4, n° 1, 2007, pp. 1-8

[6] ABANE ENGOLO (P.E.), « La notion de qualité du droit », *Revue Africaine de Droit et de Science Politique*, 2010, pp. 91-95.

[7] En effet, cette période « [...] est une période clef dans le développement du droit pénal international ». Voir BAUCHOT (B.), *Sanctions pénales nationales et droit international,* Université du Droit et de la Santé-Lille II, Ecole Doctorale n° 74, Thèse de Doctorat en Sciences Juridiques (Droit Public) dirigée par le Professeur COUSSIRAT COUSTERE (V.), soutenue le 1er décembre 2007, p. 46. Et par la suite, eu égard à l'âprement distinction de ce droit d'avec

de la criminalité internationale[8] avec la tentative de l'engagement de la responsabilité internationale individuelle en 1919[9].

Par ailleurs, il faut aussi remarquer que le sujet est relatif à la lutte contre l'impunité. S'agissant de cette lutte, le Magistrat WESIHEBA estime qu'elle est toujours d'actualité[10]. Cela est d'autant plus vrai que la participation criminelle est une ancienne notion qui intéresse encore les juristes. L'analyse est digne d'intérêt tant sur le plan théorique que sur le plan pratique. Son traitement permet d'abord de mobiliser les questions relatives aux règles juridiques et aux catégories juridiques qui rendent compte de l'insécurité juridique et aux rapports de systèmes. Il permet ensuite de renouveler les difficultés rencontrées au plan international devant le juge pénal. Ce travail est davantage intéressant dans la perspective où il s'agit d'une thématique non courue si on s'en tient à la doctrine parcourue, même s'il y a des élaborations qui peuvent s'y rattacher. On peut citer entre autres la contribution de Monsieur DUFFOURC[11], celle de Monsieur ZOUMLII[12] et l'article du Professeur WERLE[13]. Malgré l'inscription de la première contribution dans le droit pénal national français, elle a le mérite de tabler sur certaines notions qui seront employées et exploitées suffisamment à la suite des développements[14].

---

le droit international pénal, tout porte à croire que ce dernier droit s'est aussi développé. Par ailleurs, parlant par exemple du droit conventionnel, l'avocat BAUCHOT précise qu'« au sortir du second conflit mondial, il est vite apparu utile de refondre le régime conventionnel existant pour le rendre efficace, en assurant une répression effective de crimes de plus en plus nombreux ». BAUCHOT (B.), *Sanctions pénales nationales et droit international*, *op.cit.*, p. 47. Et qu'en effet, « il faudra attendre la fin de la seconde guerre mondiale pour voir le droit international s'emparer de l'incrimination de crime de guerre et substituer aux déterminations internes des Etats une définition internationale, préalable indispensable pour en assurer véritablement la répression ». Voir JUROVICS (Y.), HUSSON (L.), « Crime de guerre », *Jcl. Droit International*, 3, 2004, Fasc. 412, p. 2.

[8] Celle-ci peut être définie comme étant l'ensemble des infractions prévues par les normes internationales pénales, commises dans le monde pendant une période déterminée. Il s'agit de l'ensemble des comportements qui portent atteinte non seulement aux valeurs sociales protégées par les États, mais surtout à celles protégées par la communauté internationale. Voir KEUBOU (Ph.), *Le droit pénal camerounais et la criminalité internationale,* Université de Dschang, Thèse de Doctorat en Droit, soutenue le 18 octobre 2012, p. 14.

[9] Voir le Traité de Versailles de 1919, avec son article 227.

[10] WESIHEBA (D.), *Radioscopie de la justice pénale internationale, de Nuremberg à Tokyo*, Edilivre, p. 39.

[11] DUFFOURC (M.), *La participation à l'infraction internationale*, Thèse de Doctorat soutenue le jeudi 12 décembre 2013, à 14 h 00 au pôle juridique et judiciaire de Pey Berland, dirigée par le Professeur MALABAT (V.).

[12] ZOUMLII (Ph.), *La participation criminelle en droit international pénal,* Thèse de Doctorat en Droit Public, soutenue à l'Université de Maroua le lundi 28 mai 2018, à 9 h 30 minutes, Codirigée par les Professeurs NYABEYEU TCHOUKEU (L.) et SPENER YAWAGA, 490 p.

[13] WERLE (G.), « Les formes de participation criminelle en droit international pénal », *Revue de Sciences Criminelle,* pp. 47 et ss.

[14] Il s'agit par exemple des notions comme : action intellectuelle, action matérielle, action par intermédiaire, aide, assistance, causalité, coaction, complicité, contrôle, emprunt de criminalité,

La deuxième contribution procède à la systématisation de la participation criminelle en droit international. La troisième, bien que limitée aux formes de participation criminelle, a le mérite de se situer dans le cadre du droit international pénal. Cependant, elle n'accorde pas du prix à la participation criminelle et procède à une assimilation entre formes et modes de participation[15]. Tout compte fait, ces auteurs s'alignent dans une logique de distinction, d'analyse, de comparaison entre la coaction, l'Entreprise Criminelle Commune et la complicité. L'option envisagée dans la présente contribution se veut beaucoup plus globalisante.

Dès lors, on peut se poser la question de savoir si l'encadrement de la participation criminelle en droit international favorise un régime d'insécurité juridique. Cette réflexion tend à vérifier que le régime de la participation criminelle en droit international pénal est source d'insécurité juridique en raison de certaines de ses faiblesses intrinsèques actuelles. À l'observation, il y a une pénalisation diffuse de la participation criminelle en droit international. Cette insécurité juridique[16] est le *verso* de la sécurité juridique. Elle est manifestée par la prolifération, la démultiplication des sources et partant, des normes d'incrimination des différentes hypothèses de la commission en groupes des infractions de droit international.

La doctrine affirme qu'une « loi » suffisamment accessible implique que « le citoyen doit pouvoir disposer des renseignements suffisants, dans les circonstances de la cause, sur les normes applicables à un cas donné »[17]. À côté de la transparence de la règle de droit, le principe de la légalité exige que la norme connaissable soit suffisamment claire et précise dans son énoncé de

---

fait d'autrui, imputation, infraction collective, instigation, participation principale, participation secondaire, responsabilité du supérieur hiérarchique, droit international pénal, tribunaux internationaux, crime organisé. L'auteur pour sa part, n'établit pas la différence entre les systèmes juridiques relatifs à la participation criminelle. Il se focalise sur la particularité qui découle de la définition de l'infraction internationale en insistant sur la constance structurelle de celle-ci. Pour lui, « cette constance structurelle dominant la diversité définitionnelle milite en faveur d'une unification des formes de la participation associées à ces infractions internationales : la spécificité de la participation à l'infraction internationale résiderait donc dans la spécificité, non des formes de la première, mais de la définition de la seconde ». Son point de départ est l'infraction internationale. Ce qui n'est pas le cas pour nous. Il pense aussi, en prenant seulement l'idée des formes de participation qu'il aurait un système unique de participation à l'infraction. DUFFOURC (M.), *La participation à l'infraction internationale*, *op.cit.*, résumé.

[15] Voir la logique générale de Professeur WERLE (G.), « Les formes de participation criminelle en droit international pénal », *op.cit.*, pp. 47 et ss.

[16] Concernant ces manifestations de l'insécurité juridique, voir STIRN (B.), *Processus normatif et sécurité juridique : le principe de sécurité juridique, définition et portée*, Cours, séance 2, mercredi 7 mars 2007, inédit.

[17] NYABIRUNGU MWENE (S.), *Droit international pénal, crimes contre la paix et la sécurité de l'humanité*, Kinshasa, éd. Droit et Société « DES », 2013, p. 472.

manière à permettre au requérant « de régler sa conduite en la matière »[18]. Dans ce contexte, tout individu doit pouvoir prévoir les conséquences juridiques de ses agissements[19]. Le Professeur GRADONI précise que les critères d'accessibilité et de clarté se conjuguent ainsi dans un paramètre de prévisibilité[20]. Ce critère prône que l'individu doit savoir à partir du libellé de la clause pertinente et, au besoin à l'aide de son interprétation par les tribunaux, quels actes et omissions engagent sa responsabilité[21]. Le régime juridique de la participation criminelle en droit international ne satisfait pas à cette exigence.

Dans cette perspective, l'idée de l'existence d'un régime d'insécurité juridique dans l'encadrement de la participation criminelle en droit international pénal s'envisage dans une démarche révélant d'une part l'insécurité formelle (I), d'autre part l'insécurité substantielle (II).

I- L'INSÉCURITÉ FORMELLE

Cette première partie se fixe pour ambition bien modeste d'envisager des recherches sur les sources d'incrimination[22] de la participation criminelle. Il

---

[18] CEDH, Kokkinakis c/Grèce, arrêt du 19 avril 193, par. 40 ; GRADONI (L.), « L'attestation du droit international pénal coutumier dans la jurisprudence du TPIY : Régularités et règles », *op.cit.*, pp. 54-55.

[19] CEDH, affaire Sunday Times c/Royaume-Uni, *op.cit.*, par. 49.

[20] GRADONI (L.), « L'attestation du droit international pénal coutumier dans la jurisprudence du TPIY : Régularités et règles », *op.cit.*, pp. 54-55.

[21] Affaire Kokkinakis, *op.cit.*, par. 52 ; affaire Baskaya, Okgnogbe c/Turquie, arrêt du 8 juillet 1999, par. 34.

[22] L'incrimination (Ce terme vient du verbe « incriminer » qui signifie « (de la part du législateur), ériger un fait en infraction (en crime, en délit, etc.) » : CORNU (G.) (dir.), *Vocabulaire juridique*, Paris, P.U.F., 10ème éd., 2014, p. 532) est définie de façon générale comme une « mesure de politique criminelle consistant pour l'autorité compétente (en principe le pouvoir législatif), à ériger un comportement déterminé (non pas nécessairement en crime) mais en infraction, en déterminant les éléments constitutifs de celle-ci et la peine applicable » (CORNU (G.) (dir.), *Vocabulaire juridique*, *op.cit.*, p. 532). Autrement dit, l'incrimination s'entend comme le fait d'ériger un comportement en infraction au regard du droit. C'est un « acte législatif ou règlementaire par lequel est définie une infraction » (CORNU (G.) (dir.), *Vocabulaire juridique*, *op.cit.*, p. 351, (De manière spécifique et en droit international public, voir les élaborations de la doctrine sur la définition internationale d'incriminations pénales : DAILLIER (P.), FORTEAU (M.), PELLET (A.), *Droit international public*, Paris, LGDJ, Coll. Bibliothèque de droit, 8ème éd., 2009, pp. 777-792. Le moins que l'on puisse retenir à la lecture de cette doctrine est que cette incrimination est l'érection en crime international d'un comportement donné. Elle se définit comme « le fait pour les Etats ou les Organisations Internationales, par voie conventionnelle ou coutumière, de constituer un comportement en infraction ». SALMON (J.) (dir.), *Dictionnaire du droit international public*, Bruxelles, Bruylant, 2001, pp. 568-569. En droit international pénal, ce terme désigne la mesure de politique criminelle consistant, pour le « législateur international », à ériger un comportement déterminé nécessairement en crime (pour quelque peu expliquer cette affirmation, voir DAILLIER (P.), FORTEAU (M.), PELLET (A.), *Droit international public*, *op.cit.*, p. 780), en déterminant les éléments constitutifs de celui-ci et la peine applicable ou tout simplement le fait

s'agit de tabler sur les règles de droit pénal de fond relatives à la participation criminelle. Ce droit est en perpétuel développement[23] dans le contexte international. Ici se pose une question : au plan formel, qu'est-ce qui crée l'insécurité juridique dans l'encadrement de la participation criminelle en droit international ? Il s'agit de l'incrimination diffuse. En fait, la particularité de l'ordre juridique international[24] par rapport à celui interne, est la diversité des instruments juridiques qui procèdent à cette incrimination. Cette idée part de la théorie selon laquelle sans être un gouvernement au sens du droit interne, l'Organisation des Nations Unies n'assume pas moins, à l'heure actuelle, une fonction de gouvernance mondiale, c'est-à-dire qu'elle assure, de manière éparpillée, parfois diffuse, souvent désordonnée, un certain nombre de fonctions gouvernementales à l'échelle internationale ; parmi lesquelles la « fonction législative »[25]. Dans ces conditions, le moins que l'on puisse dire est que cette incrimination est diffuse sur le plan quantitatif (A) et sur le plan qualitatif (B).

A- L'incrimination diffuse de la participation criminelle sur le plan quantitatif

Quantitativement, le constat de l'insécurité juridique relatif à l'incrimination de la participation criminelle en droit international pénal provient de la multiplicité d'une part des sources[26] (1) et d'autre part des termes pénalisant la contribution à la commission des comportements prohibés par le droit international (2).

1- La multiplicité des sources d'incrimination de la participation criminelle

Il est question de l'inflation des procédés d'élaboration des normes internationales relatives à la participation criminelle. La multiplicité ainsi annoncée s'entreprend dans le cadre général de la formation voire des sources

---

de rendre un acte répréhensible au regard du droit international (C'est d'abord dans la logique de la répréhension d'un comportement ou d'un acte qu'est envisagée l'incrimination de la participation criminelle et ensuite dans l'érection en crime d'un de ses modes).

[23] S'agissant de cet aspect, lire WERLE (G.), « À propos du développement du droit international pénal substantiel », *in* CHIAVORIO (M.) (dir.), *La justice pénale internationale, entre passé et avenir,* Milano, Guiffré, 2003, pp. 169-172.

[24] Concernant cette particularité, lire DAILLIER (P.), FORTEAU (M.), PELLET (A.), *Droit international public*, *op.cit*., pp. 96-109.

[25] DECAUX (E.), DE FROUVILLE (O.), *Droit international public*, Paris, Dalloz, 10e éd., 2016, p. 22.

[26] Parlant des sources du droit international pénal en général, lire DELMAS MARTY (M.), FRONZA (E.), LAMBERT ABDELGAWAD (E.), *Les sources du droit international pénal*, Unité mixte de recherche de droit comparé de Paris. Société de législation comparée, 2004, 488 p.

du droit international[27]. Ces sources en général d'après la doctrine sont identiques à celles du droit international pénal[28].

Alors, quelles sont les sources qui incriminent la participation criminelle en droit international pénal ? Pour répondre à cette interrogation, on dira que ces sources sont multiples et ne se limitent pas seulement aux conventions. Alors qu'on sait que « sur le plan technique, la formation coutumière du droit conserve un rôle de premier plan. La formation conventionnelle [...] est plus utilisée et la mieux réglementée »[29]. Cela donne lieu à une insécurité juridique dans l'encadrement de la participation criminelle. En effet, dans l'environnement juridique international, un constat saisit tout esprit averti : c'est la diversité des règles qui encadrent les situations juridiques[30]. Pour ce qui est des sources du droit, qu'il s'agisse du droit national ou du droit international, « [...] l'incrimination internationale peut être d'origine coutumière ou conventionnelle [...] »[31]. C'est aussi ce que révèle un rapport du Secrétariat Général des Nations Unies sur le Statut du Tribunal Pénal International pour l'Ex-Yougoslavie, en ces termes : « le droit applicable se présente sous forme de règles du droit conventionnel et de règles du droit coutumier »[32]. Cette incrimination strictement relative à la participation criminelle est dispersée dans les différentes sources du droit international pénal. C'est dans cette logique que l'idée de sources ici fait d'emblée allusion aux textes conventionnels. À ceux-ci, il faut ajouter non plus seulement les textes coutumiers, mais surtout les textes non

---

[27] Sur ces sources, il existe une abondante littérature. On peut à titre d'exemple citer les élaborations suivantes : DE VISSCHER (Ch.), « Contribution à l'étude des sources du droit international », *RDILC,* 1933, pp. 395-420 ; SCELLE (G.), « Essai sur les sources formelles du droit international », *Mélanges GENY,* 1934, tome III, pp. 400-430 ; KOPEMANAS (L.), « Essai d'une théorie des sources formelles du droit international », *RDILC,* 1938, pp. 101-150 ; GUGGENHEIM (P.), « Contribution à l'histoire des sources du droit des gens », *RCADI,* 1958, II, vol. 94, pp. 5-84 ; *S.F.D.I.,* Colloque de Toulouse, *L'élaboration du droit international public,* Paris, Pedone, 1975, 224 p ; DAILLIER (P.) FORTEAU (M.) PELLET (A.), *Droit international public, op.cit.,* pp. 123-439 ; ASCENSIO (H.), DECAUX (E.), PELLET (A.) (dir.), *Droit international pénal,* Paris, Pedone, 2ème éd. revisée, 2012, pp. 67-90 ; ABI-SAAB (G.), « Les sources du droit international-un essai de déconstruction », *Mélanges JIMENEZ,* pp. 29-49 ; BUZZINI (G.), « La théorie des sources face au droit international général », *RGDIP.,* 2002, pp. 581-617 ; KAMTO (M.), « La volonté de l'État en droit international », *RCADI,* 2004, tome 310, pp. 9-428 ; DELMAS-MARTY (M.), FRONZA (E.), LAMBERG-ABDELGAWAD (dir.), *Les sources du droit international pénal,* LGDJ, 2005, 488 p. HUESA VINAIXA (R.), WELLENS (K.) (dir.), *L'influence des sources sur l'unité et la fragmentation du droit international, op.cit.,* 280 p ; PELLET (A.), CHEMAIN (R.) (dir.), *La Charte des Nations Unies, constitution mondiale ?,* Colloque Cedin, Paris X, Pedone, 2006, 237 p.

[28] ASCENSIO (H.), DECAUX (E.), PELLET (A.) (dir.), *Droit international pénal, op.cit.,* p. 67.

[29] COMBACAU (J.), SUR (S.), *Droit international public,* Paris, Montchrestien, 9e éd., 2010, p. 41.

[30] ZOUMLII (Ph.), *La coaction en droit de la responsabilité internationale,* Université de Ngaoundéré, Mémoire de Master II, 2013-2014, p. 51.

[31] ASCENSIO (H.), DECAUX (E.), PELLET (A.) (dir.), *Droit international pénal, op.cit.,* p. 997.

[32] *Rapport* du S.G./N.U., Doc. N.U. S/25704, par. 33.

conventionnels[33] pour davantage cerner le socle juridique de la participation criminelle en droit international pénal dans sa globalité[34].

Il importe de noter que « l'application pratique des sources traditionnelles du droit international général en droit international pénal soulève des problèmes notables »[35]. D'abord, les sources du droit international général concernent surtout les États et dans une moindre mesure les individus alors que le droit international pénal règle la répression des infractions mettant les individus au centre. Ensuite, il y a peu d'antécédents quant à la répression des crimes de guerre, crimes contre l'humanité et génocides, à l'exception de la répression des crimes de guerre nazis juste après la Deuxième Guerre mondiale. Enfin, le droit conventionnel souffre aussi de l'absence d'un système cohérent organisant l'ensemble du droit international pénal[36]. Ainsi, l'inexistence d'une catégorie juridique explicite de la participation criminelle[37] oblige de convoquer plusieurs sources du droit international pour mettre en œuvre son incrimination. Il faut donc reconnaître qu'il y a une montée de la production normative.

Dans ces conditions, il convient de remarquer avec le Professeur ABANE ENGOLO, que : « La montée de la production normative est indexée comme étant une source d'insécurité, et donc, que le droit positif ne doit pas être sujet à un excès de codification ; c'est la mise en perspective de l'inflation normative comme mettant en péril la qualité du droit »[38]. Cela est d'autant plus vrai que les thèses sur l'inflation normative font d'elle une source de complexification du droit, d'émission de possibles contradictions dans le droit et donc d'insécurité juridique[39]. Par ailleurs, la multiplicité des termes cernant la participation criminelle vient renforcer cette situation d'insécurité.

---

[33] Autrement dit, le droit non conventionnel. Le Professeur PELLET dans l'une de ses contributions a procédé à juste titre à la qualification de droit non conventionnel par exemple le projet d'articles de la CDI: « [...] l'objet du projet et il n'y aurait, de toute manière, eu aucun sens à faire figurer de telles dispositions dans un texte non conventionnel [...] ». Voir PELLET (A.), « Les articles de la CDI sur la responsabilité de l'État pour fait internationalement illicite suite - et fin ? », *Annuaire Français de Droit International,* volume 48, 2002, p. 7. Cette qualification peut être transmise au projet de code des crimes contre la paix et la sécurité de l'humanité issu de la C.D.I.

[34] ZOUMLII (Ph.), *La participation criminelle en droit international pénal*, *op.cit.*, pp. 60-61. Ce socle découle des deux modes de formation du droit international. À propos de la formation du droit international, voir COMBACAU (J.), SUR (S.), *Droit international public*, *op.cit.*, pp. 41-114.

[35] ASCENSIO (H.), DECAUX (E.), PELLET (A.) (dir.), *Droit international pénal*, *op.cit.*, p. 69.

[36] Pour plus de détails voir *ibid.*, pp. 69-70.

[37] Un élément d'insécurité juridique dans l'encadrement de la participation criminelle.

[38] ABANE ENGOLO (P.E.), « La notion de qualité du droit », *op.cit.*, p. 94.

[39] *Ibid.*, p. 95. Ceci malgré le fait que le Professeur relativise par la suite cette position.

2- La multiplicité des termes d'incrimination de la participation criminelle

« Quiconque a planifié, incité à commettre, ordonné, commis ou de toute autre manière aidé et encouragé à planifier, préparer ou exécuter un crime visé aux articles 2 à 4 du présent statut est individuellement responsable dudit crime »[40]. Tous ces termes ont été utilisés dans le souci de cerner tous les modes de participation à une infraction internationale[41] dans le cadre du tribunal *ad hoc* pour le Rwanda. Cette disposition est un exemple parmi tant d'autres que prévoient plusieurs instruments juridiques internationaux[42].

---

[40] Article 6 (1) du Statut du Tribunal Pénal International pour le Rwanda, adopté le 8 novembre 1994 par le Conseil de Sécurité des N.U. Cet article a impacté sur la rédaction des articles relatifs à la responsabilité internationale individuelle des textes instituant les autres juridictions internationales pénales ultérieures. L'article 25 du Statut de Rome, considéré comme le droit synthèse du droit international pénal illustre davantage ces analyses. Aux termes de cet article, il ressort que : « 1. La Cour est compétente à l'égard des personnes physiques en vertu du présent Statut.

2. Quiconque commet un crime relevant de la compétence de la Cour est individuellement responsable et peut être puni conformément au présent Statut.

3. Aux termes du présent Statut, une personne est pénalement responsable et peut être punie pour un crime relevant de la compétence de la Cour si :

a) Elle commet un tel crime, que ce soit individuellement, conjointement avec une autre personne ou par l'intermédiaire d'une autre personne, que cette autre personne soit ou non pénalement responsable ;

b) Elle ordonne, sollicite ou encourage la commission d'un tel crime, dès lors qu'il y a commission ou tentative de commission de ce crime ;

c) En vue de faciliter la commission d'un tel crime, elle apporte son aide, son concours ou toute autre forme d'assistance à la commission ou à la tentative de commission de ce crime, y compris en fournissant les moyens de cette commission ;

d) Elle contribue de toute autre manière à la commission ou à la tentative de commission d'un tel crime par un groupe de personnes agissant de concert. Cette contribution doit être intentionnelle et, selon le cas :

i) Viser à faciliter l'activité criminelle ou le dessein criminel du groupe, si cette activité ou ce dessein comporte l'exécution d'un crime relevant de la compétence de la Cour ; ou

ii) Être faite en pleine connaissance de l'intention du groupe de commettre ce crime ;

e) S'agissant du crime de génocide, elle incite directement et publiquement autrui à le commettre;

f) Elle tente de commettre un tel crime par des actes qui, par leur caractère substantiel, constituent un commencement d'exécution, mais sans que le crime soit accompli en raison de circonstances indépendantes de sa volonté. Toutefois, la personne qui abandonne l'effort tendant à commettre le crime ou en empêche de quelque autre façon l'achèvement ne peut être punie en vertu du présent Statut pour sa tentative si elle a complètement et volontairement renoncé au dessein criminel.

4. Aucune disposition du présent Statut relative à la responsabilité pénale des individus n'affecte la responsabilité des États en droit international ».

[41] Concernant la participation à une infraction internationale, voir DUFFOURC (M.), *La participation à l'infraction internationale, op.cit.*

[42] Voir par rapport à ce constat, ZOUMLII (Ph.), *La participation criminelle en droit international pénal, op.cit.*, 490 p.

Au regard de l'analyse des différentes sources d'incrimination de la participation criminelle en droit international pénal, la multiplicité des termes utilisés[43] par le « législateur international »[44] est remarquée. La question que l'on peut se poser est celle de savoir comment peut s'illustrer cette multiplicité ? De cette multiplicité découle une élasticité du vocabulaire de la participation criminelle. C'est pourquoi, l'examen de cette élasticité se proposera d'établir d'un côté la tentative de l'inventaire de termes utilisés par le « législateur international », de l'autre un inventaire rigoureusement impossible.

Alors, si sur le plan numérique[45] un effort peut être fourni dans le sens de mener cet inventaire, un problème reste persistant : il s'agit du caractère caoutchouc, insaisissable des différentes consistances, économies des mots ou expressions employés pour mettre en place le régime d'incrimination de la participation criminelle. Si l'on veut faire cet inventaire, il sera nécessaire de considérer chaque source d'incrimination et d'y recenser les différents termes utilisés par le « législateur international » et en identifier le contenu. Il sera question de scruter les multiples sources développées dans le cadre de l'incrimination de la participation criminelle. Leur identification obéit à la logique de la formation du droit international public général[46]. Fort malheureusement, il n'existe pas une convention qui procède de manière explicite à l'incrimination de la participation criminelle. Or, on sait que la convention en droit international pénal est la source d'incrimination privilégiée[47].

[43] C'est le cas des termes contenus dans l'article 25 du Statut de Rome, *op.cit.*

[44] L'idée de « législateur international » ne renvoie pas à la même réalité que celle en vigueur en droit interne. Il s'agit pour nous d'identifier à travers cette appellation les acteurs producteurs du droit international qui sont à titre principal les États, les Organisations Internationales, etc. Il ne s'agit donc pas d'un législateur au sens premier du terme. Voir par exemple en ce qui concerne le cas particulier du Conseil de Sécurité des Nations Unies : BOISSON DE CHAZOURNES (L.), « Les résolutions des organes des Nations Unies, et en particulier celles du Conseil de Sécurité en tant que source de droit international humanitaire », *in* CONDORELLI (L.), LA ROSA (A.-M.), SCHERRER (S.), (dir.), *Les Nations Unies et le Droit International Humanitaire*, Paris, Pedone, Actes du Colloque international à l'occasion du cinquantième anniversaire de l'ONU, Genève, 19, 20 et 21 octobre 1995, 1996, pp. 149-173 ; CARILLO SALCEDO (J.A.), « Le rôle du Conseil de Sécurité dans l'organisation et la réglementation du "droit d'assistance humanitaire" », DUPUY (R.-J.), *Le développement du rôle du Conseil de Sécurité, Peace keeping et peace building,* Colloque de l'Académie de Droit International de La Haye (21 au 23 juillet 1992), Dordrecht/Boston/London, Martinus Nijhoff Publishers, 1993, pp. 157-167 ; CADOUX (Ch.), « La supériorité du droit des Nations Unies sur le droit des États membres », *Revue Générale de Droit International Public,* pp. 649-680.

[45] Encore que, même numériquement il est quasiment impossible d'établir cet inventaire.

[46] Voir l'article 38 du Statut de Rome et les sources qui se sont développées après 1945.

[47] Nous élaborons les développements ici en nous référant aux analyses de l'avocat BAUCHOT qui considère l'incrimination conventionnelle comme un mode « privilégié » dans l'ordre juridique international : BAUCHOT (B.), *Sanctions pénales nationales et droit international, op.cit.,* p. 21 ; cette idée découle de l'affirmation suivante : « le recours au droit conventionnel afin d'incriminer un comportement dénoncé en droit international est la méthode couramment retenue ». Dans cette dynamique, Monsieur BAUCHOT précise que : *« un traité est par nature*

L'emploi de l'expression « de toute manière... »[48] participe de façon plus accentuée de la difficulté voire de l'impossibilité d'envisager un inventaire rigoureux des termes utilisés pour cerner la participation criminelle. En fait, cette expression crée un cafouillage dans l'incrimination et ne permet pas l'appréhension exacte, complète de celle-ci. Elle rend le contenu de l'incrimination fluctuant. Dans cette expression, on peut tout mettre. Il y a à ce niveau violation des principes de la typicité et de la légalité criminelle. Ainsi, l'utilisation de cette expression apparaît comme la raison la plus achevée de la démonstration de l'idée d'un inventaire rigoureusement impossible. Dans cette dynamique, il est difficile d'admettre l'existence d'un droit international pénal consolidé, car cette formulation vague irrigue la plupart des consécrations. C'est le cas de l'incrimination des quatre crimes relevant de la compétence de la Cour Pénale Internationale. En bref, un fait s'impose par rapport à cette impossibilité d'inventorier rigoureusement ces termes : il est question des effets sur l'engagement de la responsabilité internationale pénale. Ainsi, on constate un échec de cet inventaire.

En effet, l'échec de l'inventaire justifie la non prise en considération de l'exigence de formulation des incriminations en des termes précis, concis, clairs, saisissables et stables. Il est par-là porté atteinte à la sécurité juridique au sein de l'ordre juridique international. L'absence de clarté, de précision, d'intelligibilité, de stabilité au niveau de l'encadrement de la participation à la commission d'un crime de droit international public se fait remarquer. La tentative d'inventaire permet tout simplement de réaliser qu'il y a une démultiplication des termes flous, vagues [49] employés pour cerner les différentes hypothèses de la participation criminelle[50].

D'un autre côté, il est mis en œuvre une évolution voire une croissance de la réglementation de la participation criminelle, épousant ainsi la dynamique des juridictions internationales pénales. Cette évolution s'envisage par exemple en ce qui concerne les personnes pouvant être pénalement responsables sur le plan international, avec l'extension des notions telles qu'auteurs, coauteurs, etc. ; la naissance de certaines notions parmi lesquelles l'Entreprise Criminelle Commune. Cette évolution est source de confusion, d'imprécision, d'incertitude, d'amalgame, d'inflation des règles juridiques,

---

l'acte symbolique du volontarisme des États de se lier dans un domaine spécifique ». C'est l'idée de préférence qui est mise en œuvre. Tout porte donc à croire qu'elle est naturellement mobilisée quand elle existe.

[48] La même attitude adoptée au regard de l'expression « ... autres actes inhumains » devrait inspirer aussi le « législateur international ». Lire les développements de CASSESE (A.), SCALIA (D.), THALMANN (V.), *Les grands arrêts de droit international pénal,* Paris, Dalloz, 2010, pp. 210 et ss.

[49] Par rapport à cette démonstration, voir VERHAEGEN (J.), « Notions floues en droit pénal », *Les notions à contenu variable en droit*, Bruxelles, Bruylant, 1984, p. 11.

[50] On peut remarquer que les incriminations se font par énumération.

d'impunité dans l'ordre juridique international. En bref, c'est un « vecteur » d'une incohérence dans la réglementation prévue par le droit international en général et dans celle de la participation criminelle en particulier ; « [...] ce que la sécurité juridique ne peut souffrir »[51]. Il y a donc expression de la plasticité de la notion ou même encore de sa dilatation.

En fin de compte, il convient de remarquer que l'incrimination de la participation criminelle est problématique en droit international pénal. Dans cette dynamique, on pourrait légitimement penser qu'il y a l'absence d'une définition de l'infraction de participation criminelle[52]. Ce qui oblige de recourir à une incrimination empruntée pour s'arrimer aux exigences du droit pénal. Seulement, cet objectif demeure mis en mal par le caractère diffus de l'incrimination de la participation criminelle sur le plan qualitatif.

B- L'incrimination diffuse de la participation criminelle sur le plan qualitatif

La démultiplication des comportements prohibés (1) et l'élargissement du vocabulaire (2) constituent des aspects d'insécurité dans l'encadrement de la participation criminelle en droit international pénal.

1- La démultiplication des comportements prohibés

À s'en tenir à la définition précédente de la participation criminelle, il conviendra de noter qu'il en existe plusieurs modes et formes, expression de la démultiplication des comportements prohibés en droit international. La forme est une notion polysémique et parfois synonyme de mode[53]. Mais, il importe de les distinguer. À cet effet, la forme s'entend comme « toute façon d'agir, toute manière de procéder qui préside à l'accomplissement d'un acte juridique [...] ou au déroulement d'une série d'actes [...] »[54]. Il s'agit donc de la définition de la forme au sens strict du terme[55]. Les modes quant à eux renvoient aux différents types de responsabilités qui rendent compte des hypothèses de participation à un crime.

La doctrine relève que : « les formes de participation à l'infraction internationale sont, on le sait, variées [...] »[56]. Ces formes[57] varient en

---

[51] BARON (E.), *La coaction en droit pénal*, Université Montesquieu-Bordeau IV, Thèse de Doctorat dirigée par le Professeur MALABAT (V.) et soutenue le 7 décembre 2012, p. 30.

[52] Il y a l'absence d'une identification complète des éléments constitutifs de la participation criminelle et l'inexistence d'une définition précise de ces éléments. Voir ZOUMLII (Ph.), *La participation criminelle en droit international pénal*, *op.cit.*, pp. 79-82.

[53] CORNU (G.), (dir.), *Vocabulaire juridique*, *op.cit.*, p. 471.

[54] *Idem.*

[55] Le sens large pour sa part se rapporte aussi au mot mode.

[56] ASCENSIO (H.), MAISON (R.), « L'activité des juridictions pénales internationales (2010-2011) », *Annuaire Français de Droit International*, 2001, p. 269.

[57] À titre de rappel, prenant le cas de la doctrine, il faut constater que la notion d'« Entreprise Criminelle Commune en anglais "Joint Criminal Enterprise", "Common Purpose", nous place

fonction d'un certain nombre de critères. Il convient de préciser que l'œuvre du « législateur international » et même du juge international pénal à ce niveau permet difficilement de saisir avec exactitude ces différentes formes. L'élément fondamental qu'il faut retenir dans la dynamique de la mise en œuvre d'une systématisation de ces formes est le degré d'implication du sujet de droit dans la réalisation du fait incriminé. Un débat y relatif, fort intéressant découle du fait que « la distinction entre toutes les formes de participation criminelle a pris de plus en plus d'importance parce que celle-ci affectait le calcul de la peine et le nombre d'infractions que l'on pouvait imputer à un accusé qui n'était pas un exécutant »[58]. Ainsi, la doctrine n'est pas unanime sur ce point. Une fois encore, il y a les indices de l'insécurité juridique.

Ces formes selon le critère retenu peuvent être entre autres : les formes prenant en compte le degré d'implication ou de participation[59] des différents participants[60] ; les formes tenant compte de la nature du comportement[61] ; les

---

au cœur de la théorie de la responsabilité pénale applicable aux différentes formes de participation à la commission des crimes de masse. Voir NTONO TSIMI (G.), *Le paradigme du crime contre l'humanité et la renaissance du pluralisme juridique dans les droits pénaux africains, Contribution à une théorie sur l'internormativité des systèmes pénaux nationaux en transition*, Thèse de Doctorat, Université de Yaoundé II, 2011-2012, p. 381. Le Professeur NTONO TSIMI présente cette notion comme « [...] système de responsabilité pénale issu du projet criminel collectif et distribué à chaque participant en fonction de son mode individuel, ou bien, système de responsabilité pénale issu du projet criminel et distribué identiquement à tous les participants du seul fait de l'exercice d'un but criminel ».

[58] WERLE (G.), « Les formes de participation en droit international pénal », *op.cit.*, pp. 47-48.

[59] Chambre d'appel du TPIY, Le Procureur c/ Kvocka, jugement, affaire n° It-98-30/1-A, 28 février 2005, par. 306.

[60] Auquel cas on aura : la participation criminelle directe et la participation criminelle indirecte (comme exemple, on peut évoquer la complicité par instigation (provocation) qui sanctionne la personne qui, sans directement participer au crime de génocide, a donné instruction de commettre un génocide par dons, promesses, menaces, abus d'autorité ou de pouvoir, machinations ou artifices coupables, ou directement provoqué à commettre le génocide : Jugement Akayesu, par. 537 ; jugement Musema, par. 179 ; jugement Bagislishema, par. 69. Voir pour toutes ces formes de participation criminelle cf. NYABIRUNGU MWENE (S.), *Droit international pénal, Crimes contre la paix et la sécurité de l'humanité*, *op.cit.*, p. 240.

[61] Ici on aura la participation criminelle par commission / active ou même par action et la participation criminelle par omission / passive ou même par inaction. Pour illustrer cela, on peut prendre le cas de la complicité par aide ou assistance sciemment fournie à l'auteur d'un génocide dans les faits qui l'ont préparé ou facilité. Elle suppose que l'aide et l'assistance soient positives et par conséquent il doit avoir l'exclusion en principe de la complicité par abstention ou par omission (Jugement Musema, par. 178). La doctrine pense que cette complicité par abstention ou par omission ne peut constituer la complicité que si elle est circonstanciée (NYABIRUNGU MWENE (S.), *Traité de droit pénal général congolais*, kinshasa, éd., DES, 2001, p. 281).

formes au regard de la nature du mode de la responsabilité[62] ; les formes prenant en considération le nombre de participants[63].

Au vu de ce qui précède, l'on peut effectuer une classification des formes de participation criminelle. « [...] un individu peut être tenu responsable d'avoir participé à la commission d'un crime par un moyen autre qu'une participation directe s'il est démontré qu'il avait l'intention de prendre part à la perpétration de ce crime, et que ses actes délibérés ont contribué de manière directe, et substantielle à la perpétration du crime »[64]. Cela suppose un moyen en l'occurrence la participation indirecte. Cette déduction est faite sur la base de l'affirmation elle-même et sur la base du principe de l'échelle mobile du temps. Dans la seconde hypothèse, il faut rappeler que ce qui n'est pas participation criminelle directe est participation criminelle indirecte. Au total, l'affirmation suivante a tout son sens : « il existe en effet plusieurs façons d'être impliqués dans la commission d'une infraction. Outre celui qui commet personnellement et directement les faits, celui qui planifie le crime, incite à commettre, l'ordonne, fournit une assistance à sa perpétration, sous une forme ou une autre, etc., participe audit crime »[65].

Dans l'appréciation des modes de participation[66] à l'infraction en droit international pénal, c'est le degré d'implication du sujet ou de la personne qui conditionne la qualification de la forme de la responsabilité et par la suite la détermination de la peine. Tout y est subordonné à la culpabilité du participant et à la gravité du crime. C'est ce qu'exprime un juge en ces termes : « la communauté internationale doit assurer sa défense vis-à-vis d'une criminalité collective, en sanctionnant les personnes participant à l'entreprise criminelle. Les différents degrés de culpabilité seront pris en considération lors de la détermination de la peine »[67]. La détermination de la culpabilité doit ainsi se

---

[62] Elles sont présentées par le Professeur AMBOS qui cite un certain nombre d'auteurs. AMBOS (K.), *Amicus Curiae, op.cit.*, p. 10. On peut donc avoir la participation criminelle « institutionnalisée » et la participation criminelle « accessoire ».

[63] Il s'agit de la participation criminelle individuelle et de la participation criminelle collective. Ces formes sont déduites du fait que certains auteurs mettent en évidence l'idée d'une participation collective. En tenant compte de l'image de l'échelle mobile du temps, on peut facilement mettre en exergue la participation individuelle. *Ibid.* Pour d'autres, ils font de façon explicite le *distinguo* participation criminelle individuelle et participation criminelle collective ; c'est le cas des auteurs ASCENSIO (H.), DECAUX (E.), PELLET (A.) (dir.), *Droit international pénal, op.cit.*, pp. 490-515.

[64] TPIY, Tadic, Chambre de première instance, Jugement, 7 mai 1997, par. 692 ; Mucic et consorts, Chambre de première instance, 16 novembre, par. 326 : cités par CASSESE (A.), SCALIA (D.), THALMANN (V.), *Les grands arrêts de droit international pénal, op.cit.*, p. 291.

[65] ASCENSIO (H.), DECAUX (E.), PELLET (A.) (dir.), *Droit international pénal, op.cit.*, p. 489.

[66] OSIEL (M.), « Modes of Participation in Mass Atrocity », *Cornell International Law Journal,* 2005, n° 38, pp. 793-822.

[67] Voir TPIY, Arrêt Brdanin, par. 432.

faire dans le cadre de la légalité. La question qu'on peut se poser est de savoir quels sont les modes[68] de participation criminelle en droit international pénal.

Il convient de relever que « l'appréhension [des] modes individuels ne va [...] pas sans difficulté »[69]. Cela se justifie par « [...] la relative indifférence des premiers instruments internationaux (succédé par) une certaine confusion dans la prise en compte-pourtant grandissante-du rôle joué par chacun des participants à une infraction internationale. Le droit international pénal se montre hésitant, oscillant entre une approche unitaire et une approche différentielle de la question »[70]. D'où l'idée ou le problème du manque d'une cohérence et d'une clarté dans le traitement juridique croissant de ces modes individuels. Il y a donc une incohérence du droit international pénal par rapport aux modes individuels de participation criminelle. Dans la mesure où d'après la doctrine, il n'y a pas pour le moment une échelle des peines, faute d'accord international[71] et que ces modes n'ont pas d'incidences sur la fixation des peines. C'est pourquoi il faut y mettre un accent particulier. Le constat de la démultiplication des comportements prohibés peut s'illustrer davantage au niveau de la jurisprudence et des textes internationaux.

Dans la jurisprudence internationale, il y a l'acte d'accusation final de Tadic devant le TPIY, ce dernier est inculpé de 31 chefs d'accusation[72]. Tadic a été finalement condamné par la Chambre d'Appel pour 20 chefs d'accusation et écopera 20 ans d'emprisonnement. Ici, il importe de se référer aux différentes infractions qui relèvent de la compétence de la Cour Pénale Internationale. Dans le Statut de Rome, l'article 5 alinéa 1 [73] précise la

[68] Les modes de participation criminelle, lorsqu'on retient le critère numérique sont entre autres l'action, la coaction, la complicité, l'incitation à commettre le crime, l'ordre du supérieur hiérarchique, la planification, la tentative de commission, l'E.C.C. Ces modes peuvent être individuels et collectifs. Pour certains auteurs, les modes de participation criminelle les plus significatifs sont : la planification, l'ordre, l'aide et l'encouragement, l'ECC, la responsabilité du supérieur hiérarchique et l'instigation à commettre le génocide. Ces auteurs évoquent les autres modes mais sans les étudier à savoir : la tentative, l'entente en vue de commettre le génocide. Ce qui n'est pas admis de la même manière par les Professeurs ASCENSIO, DECAUX et PELLET. Les études menées par ces deux groupes d'auteurs se complètent. L'action, la coaction, l'incitation, qui ne sont pas mises en œuvre par les premiers, le sont par les seconds. D'où l'intérêt de les combiner et d'en déceler une insécurité juridique.

[69] ASCENSIO (H.), DECAUX (E.), PELLET (A.) (dir.), *Droit international pénal*, *op.cit.*, p. 489.

[70] *Idem.*

[71] *Idem.*

[72] Un chef d'accusation de persécution en tant que crime contre l'humanité; trois chefs d'accusation pour « rapports sexuels sous la contrainte » en tant que violation grave des Conventions de Genève, infraction aux lois et coutumes de la guerre et crime contre l'humanité; sept chefs d'accusation pour meurtre dans le cadre desdites trois catégories de crimes; des chefs d'accusation pour sévices corporels.

[73] « La compétence de la Cour est limitée aux crimes les plus graves qui touchent l'ensemble de la communauté internationale. En vertu du présent Statut, la Cour a compétence à l'égard des crimes suivants :

compétence matérielle de la Cour qui formellement ne se limite qu'aux quatre crimes les plus graves touchant l'ensemble de la communauté internationale ; mais, dont le contenu englobe réellement une multitude de comportements prohibés, est un exemple concret[74].

Ainsi, il faut réaliser que les modes de participation criminelle qui d'une manière ou d'une autre rendent compte des autres sont la coaction et la complicité. Cette tentative de contenir les différents modes de participation criminelle, n'empêche tout de même pas la démultiplication des comportements prohibés dans l'hypothèse d'une participation criminelle en droit international pénal. L'élargissement du vocabulaire de la participation criminelle, n'en dit pas le contraire.

2- L'élargissement du vocabulaire employé

La thèse de l'insécurité juridique dans l'encadrement juridique de la participation criminelle s'explique aussi par le fait qu'en principe, il est communément admis que les auteurs des crimes graves de droit international ne doivent pas rester impunis[75]. Aussi, la lutte contre cette impunité doit prendre en considération les impératifs du droit international pénal en l'occurrence le principe *nullum crimen, sine lege*. En outre, l'observation de la réglementation croissante de la participation criminelle voire de la politique criminelle internationale dans ce contexte laisse interrogateur. L'on ne sait pas s'il est question d'un côté d'une lutte contre l'impunité « à tous les prix » ou d'une lutte contre l'impunité « à tout prix » et de l'autre, s'il s'agit même encore d'une lutte contre l'impunité ; car il semble se développer plutôt un autre objectif du droit international pénal qu'est l'évitement de la violation des règles régissant l'ordre juridique international. Ce constat bute à « [...] la difficulté de mettre en œuvre cette justice dans des situations post-conflit complexes et souvent explosives »[76]. Toute chose qui a permis de déplorer à juste titre l'« éclatement du vocabulaire de la participation criminelle »[77], expression de l'insécurité juridique.

---

a) Le crime de génocide ;
b) Les crimes contre l'humanité ;
c) Les crimes de guerre ;
d) Le crime d'agression.

[74] Voir les différents articles du Statut de Rome relatifs aux crimes de génocide (article 6), crime contre l'humanité (article 7), crime de guerre (article 8).

[75] DE FROUVILLE (O.), *Droit international pénal : Sources, Incriminations, Responsabilité*, Paris, Pedone, 2012, p. 11.

[76] *Idem.*

[77] PARIZOT (R.), « L'incrimination de participation à une bande ayant des visées violentes, un nouvel exemple de mépris(e) à l'égard des principes du droit pénal », *D.* 2009, p. 2701.

À cet effet, il faut dire qu'il y a un décalage qui existe entre les systèmes d'une part et d'autre part entre les formulations [78] du « législateur international » et les exigences de la répression. Le droit international a consacré une conception plutôt large des conditions de la responsabilité individuelle et partant de la participation criminelle au détriment des droits pénaux nationaux. La logique de l'Entreprise Criminelle Commune en est une illustration parfaite. Tout commence par les raisons générales de l'élaboration jurisprudentielle de cette doctrine qui contribue à l'élargissement [79] de la participation criminelle. En réalité, la doctrine de l'E.C.C. a été établie pour éviter que des situations non prévues ne soient pas sous le coup de l'impunité.

La thèse de l'incrimination diffuse, cause de l'insécurité juridique dans l'encadrement de la participation criminelle s'illustre aussi bien sur le plan quantitatif que qualitatif. Ces considérations ne sont pas sans impact sur le juge répressif en droit international, dont l'œuvre favorise une insécurité substantielle.

II- L'INSÉCURITÉ SUBSTANTIELLE

Fort du décalage qui existe entre le vouloir international et le pouvoir international, l'incidence de la répression internationale sur les différents modes de participation criminelle au regard de la conception large de la responsabilité individuelle, est marquée. Alors, la logique retenue dans cette répression est de pouvoir atteindre au maximum possible le criminel international[80]. Le problème qui se pose est celui de savoir si l'adage selon lequel « qui trop embrasse, mal étreint » ne produira pas ses effets. La répression confiée aux juridictions internationales pénales par souci

---

[78] Ici, il y a une remise en cause du principe de typicité. Voir SOLER (S.), « La formulation actuelle du principe « Nullum Crimen » », *Revue de Science Criminelle et Droit Pénal Comparé,* Nouvelle Série, 1952, n° 1, janvier-mars, pp. 11-18.

[79] PICOTTI (L.), « L'élargissement des formes de préparation et de participation. Rapport général », *RIDP,* 2007, ¾, pp. 355-404.

[80] Si l'ensemble des règles établies en droit international pénal a pour but de rechercher et de juger les personnes prévenues d'avoir commis, planifié, incité, aidé, ou d'avoir ordonné de commettre, ou même de tout autre manière participé à l'une ou à l'autre des infractions graves de droit international, alors il est important de s'attarder sur l'opportunité même de cette énumération lorsque, l'on retrouve dans certaines législations internes (par exemple toutes les Constitutions en majorité africaines prévoient la responsabilité politique exceptionnelle du Chef de l'Etat. Voir, articles 76-79 et 176-182 des Constitutions tchadienne du 16 avril 1962 et du 14 avril 1996 ; articles 34 et 53 de la Constitution camerounaise du 2 juin 1972 ; articles 126-129 de la Constitution togolaise du 14 octobre 1992 ; articles 62-63 et 78-81 respectivement des Constitutions gabonaises du 21 février 1961 et du 26 mars 1991) les moyens « de conservation d'une catégorie d'auteurs d'infractions hors des poursuites pénales » (FOKO (A.), « Les immunités et privilèges de juridictions : évolution, stagnation ou déclin? », *C.J.P.*, 2008, p. 99). Alors si cette catégorie n'échappe pas à la répression internationale, *a fortiori* les autres hommes politiques ou militaires qui interviennent dans la chaîne de commission des infractions graves de droit international public.

d'efficacité concerne les seules atteintes les plus graves aux droits de l'homme et aux libertés publiques[81]. Cette gravité justifie la compétence répressive reconnue d'abord aux juridictions nationales[82] et ensuite aux juridictions internationales[83]. Il s'agit là d'un dédoublement[84]. C'est cette idée que relevait déjà Monsieur DUFFOURC dans ses analyses : « [...] il n'existe que deux grands systèmes de participation applicables à l'infraction internationale : celui des juridictions pénales nationales et celui des juridictions pénales internationales »[85]. Ce dédoublement, vecteur d'une insécurité juridique de la répression peut s'apprécier aussi bien au niveau des qualifications faites par le juge qu'au niveau du cadre de la répression. On aura ainsi un dédoublement de la qualification judiciaire (A) et un dédoublement du cadre répressif de la participation criminelle (B).

A- Le dédoublement de la qualification judiciaire

Il faut mentionner que la participation criminelle se perçoit soit comme une incrimination autonome[86] soit comme une incrimination subordonnée à travers les notions de coaction et complicité[87]. Elle est qualifiée légalement soit comme modalité de commission d'une infraction soit alors comme un crime à part entière. Cette double qualification emporte aussi des conséquences au niveau de la qualification faite par le juge. La démonstration de ce constat passe d'une part par une qualification autonome stabilisée de la notion de participation criminelle (1), d'autre part par une qualification subordonnée non stabilisée (2).

1- Une qualification autonome stabilisée

La qualification autonome par le juge de la participation criminelle est celle qui s'envisage sans tenir compte de l'existence d'un quelconque crime principal. Il ne s'agit pas pour le juge de prendre appui sur un crime pour pouvoir qualifier l'acte de participation. Cette qualification est en outre

---

[81] C'est ce que rappelle le magistrat WESIHEBA (D.), *Radioscopie de la justice pénale internationale, de Nuremberg à Tokyo*, *op.cit.*, p. 23.

[82] Voir dans cette logique l'exemple en France avec la contribution suivante : ROULOT (J.-F.), « La répression des crimes contre l'humanité par les juridictions criminelles en France- Une répression nationale d'un crime international », *Revue Sciences Criminelles*, 1999, pp. 545-562.

[83] LATTANZI (F.), « La répression des crimes du droit international : des juridictions internes aux juridictions internationales », *Le droit face aux crises humanitaires, de l'efficacité du droit international humanitaire dans les conflits armés*, vol. 1, Office des publications officielles des Communautés européennes, 1995, pp. 121-176.

[84] Voir concernant le dédoublement, DUPUY (R.-J.), « Le dédoublement du monde », *RGDIP*, 1996, n° 2, pp. 313-321.

[85] DUFFOURC (M.), *La participation à l'infraction internationale*, *op.cit.*, résumé.

[86] Ici, la participation criminelle est considérée comme une infraction à part entière, non subordonnée à une infraction principale.

[87] Par contre à ce niveau, la participation criminelle est considérée comme un mode de responsabilité qui s'inscrit dans le cadre d'une incrimination subordonnée à l'existence d'une infraction principale.

stabilisée en ce sens qu'elle est consacrée par le législateur international. Cependant, ses fondements laissent une large marge de manœuvre au juge. Il s'agit des possibilités qu'a le juge d'incriminer [88] le participant. Sans l'emprunt de criminalité, quels sont les différents cas de qualification judiciaire de la participation criminelle en droit international pénal ? Il faut remarquer après analyse qu'il y a une double hypothèse[89] : soit la participation criminelle est qualifiée comme modalité de commission d'un crime de droit international, soit elle est qualifiée comme crime de droit international.

L'illustration de la première pensée passe par l'étude du cas du crime de complicité dans le génocide[90]. On précisera par la suite qu'il y a une controverse doctrinale autour de la qualification de participation criminelle comme un crime à part entière. Par ailleurs, pour la seconde pensée, il convient de reprendre l'assertion suivante : « la complicité n'est pas une infraction, mais une modalité de la commission de l'infraction »[91]. La participation criminelle, identifiée par la complicité, est qualifiée ici comme un mécanisme juridique qui permet d'établir un lien entre un groupe criminel et un comportement criminel ou une infraction ou même précisément un crime. Il est question de retenir une incrimination générale de la participation criminelle. Le juge a donc la possibilité de qualifier cette participation comme une modalité de commission des crimes contre la paix et la sécurité de l'humanité ou comme une modalité de responsabilité en droit international. Quid de la qualification subordonnée non stabilisée ?

2- Une qualification subordonnée non stabilisée

Le dédoublement de la qualification de la participation criminelle dans la répression manifeste l'un de ses pans *via* l'idée d'une qualification subordonnée non stabilisée. Il s'agit d'analyser le champ d'opérationnalisation du crime de

---

[88] Le verbe « incriminer » est entendu ici dans un langage judiciaire où il désigne le fait d'accuser une personne, l'action de lui imputer une faute ou même de la mettre en cause, voir CORNU (G.), (dir.), *Vocabulaire juridique*, *op.cit.*, p. 535.

[89] Il peut donc avoir une duplicité ou une dualité de la qualification judiciaire de la participation criminelle basée sur une qualification légale tout aussi double. C'est le cas du crime de génocide. Cf. dans ce sens VAN DER WILT (H.G.), « Genocide, Complicity in Genocide and International v. Domestic Jurisdiction Reflections on the van Anraat Case », *Journal of International Criminal Justice,* 2006, n° 4 (2), pp. 239-257.

[90] Concernant les éléments constitutifs de ce crime, voir CASSESE (A.), SCALIA (D.), THALMANN (V.), *Les grands arrêts de droit international pénal, op.cit.,* p. 395. Le crime de génocide au vu des analyses doctrinales a une particularité par rapport aux autres crimes de droit international public. Relativement à cela, voir VERHOEVEN (J.), « Le crime de génocide, originalité et ambiguïté », *RBDI,* 1991, pp. 5-26 ; MARTIN (P.M.), « Le crime de génocide : quelques paradoxes », *D.*, 2000, pp. 477-481 ; SCHABAS (W.), *Génocide in International Law,* Cambridge, U.P., 2000, XVI-624 p ; CASSESE (A.), « La communauté internationale et le génocide », *Mélanges offerts à VIRALLY,* 1991, pp. 183-194 ; BUSTANY (K.), DORMOY (D.), (dir.), *Génocide(s),* Bruxelles, Bruylant, 1999, 518 p.

[91] www.cliquedroit.com/la-complicité.

complicité. À l'observation, il est précisé la répression à titre autonome de la complicité dans le génocide et non de la complicité dans les crimes de droit international. Pour que cette qualification puisse exister, il faut au préalable un crime à savoir dans le cas d'espèce le crime de génocide, d'où l'idée de qualification subordonnée. Par ailleurs, elle n'est pas stabilisée. Alors, il se pose la question de savoir comment peut s'illustrer une telle qualification. Le constat que l'on peut faire est que dans ce type de répression de la participation criminelle en droit international pénal, il y a une subordination avérée du crime de complicité [92] au crime de génocide d'un côté et de l'autre côté, une subordination non avérée aux autres crimes de droit international. Toute chose qui va dans le sens de dédoubler la répression de la participation criminelle et participe ainsi de l'insécurité substantielle de l'encadrement de celle-ci.

Concernant la subordination avérée, il faut reconnaître que le crime de complicité dans le génocide est sans doute subordonné au crime de génocide par un lien qui a un effet limité. Car en soi, « [...] l'acte de complicité n'est pas pourvu de criminalité propre, mais emprunte sa criminalité à l'acte de l'auteur de l'entreprise délictueuse »[93]. Si la subordination de l'existence du crime de complicité est avérée par rapport au crime de génocide, tel n'est pas le cas pour ce qui est des autres crimes plus graves du droit international. En réalité, des crimes de guerre[94], contre l'humanité[95], d'agression, il ne découle pas une qualification autonome de la complicité. C'est-à-dire, qu'il n'y a pas de crime de complicité dans la guerre, dans le crime contre l'humanité et dans l'agression. Eu égard à cela, on constate la constance des sources primaires et l'inconstance des sources secondaires par rapport à cette question de subordination. Le cadre répressif de la participation criminelle n'échappe pas à cette idée de dédoublement.

B- Le dédoublement du cadre répressif

La répression de la participation criminelle, introduite dans le cadre du droit international, n'est pas récente[96]. Par ailleurs, on a vu se développer des

---

[92] Concernant la répression de la complicité, tout au moins en droit pénal international, voir FOURNIER (A.), « La répression de la complicité et ses avatars en droit pénal international », *op.cit.*, n° 53, pp. 13-31.

[93] DORMOY (D.), YETONGNON (M.) « La complicité de génocide dans la jurisprudence des tribunaux pénaux internationaux », *op.cit.*, p. 83.

[94] C'est le moment de mentionner la formulation énumérative de ce crime qui n'illustre pas une consécration du crime de complicité qui lui soit subordonné. Voir l'article 8 alinéas 2 du Statut de Rome.

[95] Ce crime fait aussi l'objet d'une incrimination ou définition par énumération dans le Statut de Rome. Voir l'article 7 de ce Statut.

[96] C'est ce qui pourrait être déduit de l'affirmation suivante : « l'idée qu'il y a, dans les relations qu'entretiennent les États, certains comportements répréhensibles susceptibles d'être punis est très ancienne ». « Elle est présente non seulement dans le *jus in bello* [...], mais aussi dans le *jus ad bellum* [...] et ceci depuis que des entités politiques s'affrontent les unes aux autres ». Ensuite, il a été mis en œuvre une « [...] transition vers le modèle contemporain : Nuremberg

normes, une répression faite tour à tour devant les tribunaux nationaux pendant la guerre froide, les tribunaux *ad hoc* pour l'ex-Yougoslavie et pour le Rwanda. Après ces différentes phases de la répression, il faut noter l'intervention d'une répression permanente avec le texte instituant la Cour Pénale Internationale (C.P.I.). La répression se fait de nos jours par le canal prioritaire des juridictions nationales et les tribunaux mixtes[97]. Ce qui précède rentre ainsi dans la logique du principe de la complémentarité comme prévu par le Statut de Rome notamment entre autres dans son préambule. Ainsi, la répression de la participation criminelle peut se faire aussi bien dans le cadre national[98] que dans celui international. L'on dira qu'il y a dédoublement du cadre répressif de la participation criminelle. Sa déclinaison oblige de tabler d'une part sur une répression complémentaire (1) et d'autre part sur une répression étendue (2).

1- Un cadre répressif complémentaire

Réprimer une infraction dans tout système juridique est un fait et une nécessité. Cette répression varie selon le cadre juridique retenu, de la gravité de l'infraction en cause et surtout de la particularité de la fonction envisagée. Dans le cadre du droit international pénal en général et celui de la répression de la participation criminelle en particulier, il y a un constat qui se dégage. Il s'agit de la dualité des compétences des différentes juridictions qui sont chargées de mettre en œuvre cette répression. Sa démonstration passe par des compétences complémentaires de la répression. C'est ici que la nécessité de la mise en œuvre d'un encadrement homogène de la participation criminelle se présente avec plus d'acuité ; ceci en vue d'harmoniser les différentes législations de façon efficiente. Cet impératif s'impose davantage avec la « mondialisation du droit »[99].

D'ores et déjà, il importe de mentionner que : « les juridictions pénales internationales ont pour fonction d'assurer la répression d'une catégorie d'infractions internationales, les crimes internationaux, ou crimes contre la paix et la sécurité de l'humanité. Elles appliquent le régime de la

---

et Tokyo ». À ce niveau, il y a une innovation fondamentale à savoir : le « [...] fait que la répression est conceptuellement justifiée non par la situation de *debellatio*, mais par la nature des actes qui ont été commis [...] ». Voir DE FROUVILLE (O.), *Droit international pénal : Sources, Incrimination, Responsabilité*, *op.cit.*, p. 13.

[97] *Ibid.*, pp. 17-26. Un bon rappel de l'historique de la répression en droit international pénal en général a été fait par le Professeur NYABEYEU, qui établit un rapport entre cette répression et la victoire du droit sur la force d'une part et l'influence du temps sur ce combat d'autre part. NYABEYEU TCHOUKEU (L.), « L'Afrique et la Cour Pénale Internationale », *op.cit.*, p. 154.

[98] Voir l'exemple envisagé dans la contribution de ROULOT (J.-F.), « La répression des crimes contre l'humanité par les juridictions criminelles en France- Une répression nationale d'un crime international », *RSC*, 1999, pp. 545-562.

[99] Consulter les reprises effectuées par le Professeur KOM KAMSU (M.), « L'ordre concurrentiel et le droit des sociétés dans l'espace CEMAC », *Cahiers Juridiques et Politiques, Revue de la Faculté des Sciences Juridiques et Politiques-Université de N'gaoundéré*, 2015, p. 168.

responsabilité pénale internationale. Leur existence manifeste ainsi la forme la plus achevée d'internationalisation de la matière pénale »[100]. Il faut questionner l'articulation des compétences de ces juridictions avec celles des juridictions pénales nationales. Pour répondre à cette interrogation, il convient de dire qu'il y a une complémentarité entre les juridictions nationales et celles internationales dans la répression des infractions internationales[101]. Il est donc impératif de scruter la répression faite aussi bien par les juridictions nationales que par les juridictions internationales pénales. Certaines de ces juridictions pénales internationales n'existent plus[102], mais elles ont constitué un fait historique et *ipso facto*, le droit qui y a été énoncé demeure. En réalité, il sied de dire que la compétence des juridictions pénales nationales s'exerce d'abord et est complétée ensuite par celle des juridictions internationales pénales[103].

Concernant les juridictions internationales pénales, il faut reconnaître qu'elles se complètent pour ce qui est de leurs compétences. Ce qui n'est pas toujours le cas s'agissant de leurs domaines de déploiement. En effet, chaque juridiction pénale dans l'ordre juridique international a un domaine précis et déterminé de déploiement. C'est la caractéristique principale des premières juridictions de cet ordre juridique. L'exception qu'on peut noter de nos jours est le cas de la Cour Pénale Internationale, qui est une juridiction universelle[104].

2- Un cadre répressif étendu

L'extension envisagée s'inscrit dans une approche objective de la procédure pénale. Il ne s'agit pas de la mettre en évidence à l'égard d'un quelconque sujet de droit international pénal, mais plutôt au regard de la procédure internationale pénale elle-même. Il est question de s'interroger dans ce contexte sur l'extension de la répression de la participation criminelle et ses limites.

Monsieur BAUCHOT fait cette remarque : « en parallèle, de nouveaux concepts ou de nouvelles attentes en matière de sanction ont vu le jour. Tout d'abord, la responsabilité pénale individuelle est vite devenue l'élément clef de

---

[100] ASCENSIO (H.), DECAUX (E.), PELLET (A.) (dir.), *Droit international pénal*, *op.cit.*, p. 727.

[101] ALMOKTAR ASHNAN, *Le principe de complémentarité entre la Cour Pénale Internationale et la juridiction pénale nationale*, *op.cit.*, résumé.

[102] C'est le cas du tribunal pénal international pour le Rwanda fermé en décembre 2015.

[103] L'exercice de la compétence pénale dans la répression des crimes de droit international, quitte en principe de l'interne pour l'international. LATTANZI (F.), « La répression des crimes du droit international : des juridictions internes aux juridictions internationales », *Le droit face aux crises humanitaires, de l'efficacité du droit international humanitaire dans les conflits armés*, vol. 1, Office des publications officielles des Communautés européennes, 1995, pp. 121-176. C'est le principe de la primauté de la compétence des juridictions nationales. Les juridictions internationales, quant à elles, sont complémentaires.

[104] Et même à ce niveau, la question de la possibilité de la non reconnaissance du caractère obligatoire de cette juridiction peut être posée sur la base du refus de la ratification de son Statut. Il y a donc ici possibilité de faire jouer le principe de la souveraineté bref le volontarisme.

la répression. En effet, sa recherche s'impose comme une évidence, et répond au combat nécessaire que la société internationale ainsi que les États doivent mener contre une impunité scandaleuse »[105]. Il continue en disant que « rechercher une telle responsabilité répond également à une vision préventive et dissuasive, à l'image des propos du représentant français auprès des Nations Unies, selon qui poursuivre les responsables, c'est aussi envoyer à ceux qui continuent à se livrer à ces crimes un message clair : ils auront à répondre de leurs actes »[106]. Par ailleurs, l'individu a acquis une place nouvelle au sein de la société internationale, devenant titulaire de droits subjectifs, dont le respect s'impose comme une évidence et dont l'irrespect conduit à cette responsabilité pénale. Aussi, la notion de victime s'est institutionnalisée et exige en conséquence une réelle prise en compte des droits bafoués, pouvant passer par la répression. En parallèle, la punition du délinquant est devenue une réalité impérative. Enfin, le développement exponentiel de la criminalité internationale a entraîné une mutation des cadres traditionnels de la répression. Dès lors que le crime s'est internationalisé, de son extraterritorialité découlent deux conséquences. D'une part, les États ont pris conscience que la coopération judiciaire et pénale est le meilleur moyen de lutter efficacement contre la criminalité internationale et d'assurer la défense d'intérêts supérieurs, tant personnels que communs. D'autre part, cette extraterritorialité du crime a amené à un développement de plus en plus important de la compétence universelle. Cette dernière, traditionnellement limitée à certains crimes, est devenue un idéal de justice que les États s'efforcent d'appliquer aux crimes les plus graves[107].

Telle est entre autres l'explication de l'élargissement de la répression au plan international. On en déduit l'extension de la répression de la participation criminelle. Cette extension a des fondements et elle vise des objectifs précis.

Si « [...] l'époque de l'impunité est révolue en Amérique, en Asie, en Europe, en Océanie et en Afrique ! »[108], il n'en demeure pas moins de mentionner qu'elle n'est pas supplantée par celle de la punité. Cette remarque est faite au regard des limites que présente le système répressif en droit international pénal. Il est donc question de s'interroger sur la problématique des limites de la répression de la participation criminelle. Il y a entre autres la pratique du phénomène des « paradis pénaux » et l'inefficacité de la lutte contre l'impunité.

Tout ce qui précède permet de souhaiter que le « législateur international » devrait fournir un effort allant dans le sens d'assurer un respect

---

[105] BAUCHOT (B.), *Sanctions pénales nationales et droit international*, *op.cit.*, p. 13.
[106] Intervention du représentant permanent de la France auprès des Nations Unies à la suite de l'adoption de la Résolution 808 portant sur la création du Tribunal pénal international pour l'ex-Yougoslavie, (New-York, 22 février 1993), *DAI*, n° 7, 1er avril 1993, pp. 128-129.
[107] BAUCHOT (B.), *Sanctions pénales nationales et droit international*, *op.cit.*, p. 13.
[108] NYABEYEU TCHOUKEU (L.), « L'Afrique et la Cour Pénale Internationale », *op.cit.*, p. 154.

effectif[109] du principe de typicité et de légalité criminelle. En conséquence, on pourrait voir se mettre en place un ordre de règles au sein duquel est assuré le principe de la sécurité juridique. Pour cela, il lui faut adopter un langage légal, précis, concis, accessible[110], ferme en conformité avec les exigences de droit pénal sans outrepasser le principe phare des relations internationales à savoir la souveraineté de l'État.

CONCLUSION

En somme, il convient de préciser que la sécurité en droit international doit pouvoir participer de la construction de l'État de droit[111]. C'est pourquoi prenant le cas du critère d'accessibilité, le Professeur MOLFESSIS affirme que l'« expression élémentaire du souci de sécurité juridique, l'accès au droit est devenu le dogme par excellence. Il faut dire que dans cette idée, c'est tout l'État de droit qui se trouve agrégé : accès à la justice, à la loi, à l'administration, etc. L'accès au droit est l'exact synonyme de ce "droit au droit" dont il est toujours question sans qu'il soit jamais nommé »[112]. Par conséquent « dans cette perspective, l'épanouissement du citoyen repose, entre autres choses, sur le droit, condition de son bien-être »[113]. Alors, « accéder au droit est aussi nécessaire qu'accéder au savoir ou aux soins : une condition du respect de la dignité de la personne humaine »[114]. « Pour cette raison, l'accès au droit est désormais érigé en facteur de la lutte contre l'exclusion »[115] et, pourrait-on dire de la garantie de la lutte contre l'impunité. On comprend aisément alors que s'il y a inaccessibilité à la règle de droit international pénal *via* une insécurité formelle et substantielle dans le régime de la participation criminelle, il y aura aussi une non garantie de la justice internationale pénale.

INDICATIONS BIBLIOGRAPHIQUES

- ABANE ENGOLO (P.E.), « La notion de qualité du droit », *Revue Africaine de Droit et de Science Politique*, 2010, pp. 88-110.
- ABDOULAYE SOMA, « L'africanisation du droit international pénal », *SADI, L'Afrique et le droit international pénal*, Actes du troisième Colloque, Paris, Pedone, 2015, 181 p.

---

[109] On fait allusion à ce niveau à l'effectivité théorique et pratique.

[110] Concernant le critère d'accessibilité de la règle de droit, voir MOLFESSIS (N.), « La sécurité juridique et l'accès aux règles de droit », *Revue Trimestrielle de Droit Civil,* 2000, Chroniques, p. 662.

[111] Voir sur cet aspect SFDI, *L'État de droit en droit international*, Paris, Pedone, 2009.

[112] MOLFESSIS (N.), « La sécurité juridique et l'accès aux règles de droit », *op.cit.,* p. 662.

[113] *Idem.*

[114] *Idem.*

[115] *Idem.*

- ASCENSIO (H.), BODEAU-LIVINEC (P.), FORTEAU (M.), LATTY (F.), SOREL (J.-M.), UBEDA-SAILLARD (M.), (dir.), *Dictionnaire des idées reçues en droit international, Mélanges PELLET (A.),* Paris, éd. A. Pedone, 2017, 606 p.
- ASCENCIO (H.), DECAUX (E.), PELLET (A.) (dir.), *Droit international pénal*, Paris, Pedone, 2e éd. revisée, 2012, 1280 p.
- BADINTER (R.), « De Nuremberg à la Cour Pénale Internationale », *Pouvoirs*, n° 92, 2000, pp. 155-164.
- BAR HAIM (R.) « Une vision du droit pénal international : “l’humanisme judiciaire” régulation du droit pénal international par la codification des garanties internationales d’équité du procès pénal », *Revue Québécoise de Droit International (Hors-série),* 2010, pp. 341-396.
- BARON (E.), *La coaction en droit pénal*, Université Montesquieu-Bordeaux IV, Thèse de doctorat dirigée par le Professeur MALABAT (V.) et soutenue le 7 décembre 2012, 485 p.
- BAUCHOT (B.), *Sanctions pénales nationales et droit international*, Université du Droit et de la Santé-Lille II, École doctorale n° 74, Thèse de Doctorat en sciences juridiques (Droit Public) dirigée par le Professeur COUSSIRAT COUSTERE (V.), soutenue le 1er décembre 2007, 614 p.
- CASSESE (A.), SCALIA (D.), THALMANN (V.), *Les grands arrêts de droit international pénal*, Paris, Dalloz, 2010, 500 p.
- COMBACAU (J.), SUR (S.), *Droit international public,* Paris, Montchrestien, 9e éd., 2010, 820 p.
- CLAVERIE (E.), MAISON (R.), « L’entreprise criminelle commune devant le Tribunal pénal international pour l’ex-Yougoslavie », TRUCHE (P.), *Juger les crimes contre l’humanité vingt ans après le procès Barbie,* Lyon, 2009, ENS éd., pp. 183-205.
- DAILLIER (P.), FORTEAU (M.), PELLET (A.), *Droit international public*, Paris, LGDJ, 8e éd., 2009, 1709 p.
- DAVID (E.), HEIRMAN (P.), *Code de droit international pénal,* Bruxelles, Bruylant, 2e éd., 2009, 1725 p.
- DE FROUVILLE (O.), *Droit international pénal : Sources, Incriminations, Responsabilité,* Paris, Pedone, 2012, 523 p.
- DECAUX (E.), DE FROUVILLE (O.), *Droit international public*, Paris, Dalloz, 10e éd., 2016, 628 p.

- DELMAS MARTY (M.), FRONZA (E.), LAMBERT ABDELGAWAD (E.), *Les sources du droit international pénal*, Unité mixte de recherche de droit comparé de Paris. Société de législation comparée, 2004, 488 p.
- DORMOY (D.), YETONGNON (M.) « La complicité de génocide dans la jurisprudence des tribunaux pénaux internationaux », *Revue Québécoise de Droit International*, 2007, pp. 81-94.
- DUFFOURC (M.), *La participation à l'infraction internationale*, Thèse de doctorat soutenue le jeudi 12 décembre 2013, à 14 h 00 au pôle juridique et judiciaire de Pey Berland, dirigée par le professeur MALABAT (V.).
- FERNANDEZ (J.), PACREAU (X.) (dir.), *Statut de Rome de la Cour pénale internationale, Commentaire article par article,* Paris, Pedone, 2012, 2224 p.
- LA ROSA (A.-M.), *Dictionnaire de droit international pénal. Termes choisis*, Paris, PUF, 1998, xii-118 p.
- LEVASSEUR (G.), « La participation criminelle », *Encyclopédie juridique de l'Afrique, Droit pénal et Procédure pénale,* Tome 10, pp. 59-74.
- MARTIN (P.M.), « La Cour pénale internationale : quel avenir pour une illusion ? », *Dalloz*, 1998, 36e Cahier, pp. 337- 340.
- MOLFESSIS (N.), « La sécurité juridique et l'accès aux règles de droit », *Revue Trimestrielle de Droit Civil,* 2000, Chroniques, p. 662.
- NTONO TSIMI (G.), *Le paradigme du crime contre l'humanité et la renaissance du pluralisme juridique dans les droits pénaux africains, Contribution à une théorie sur l'internormativité des systèmes pénaux nationaux en transition,* Thèse de doctorat en droit, Université de Yaoundé II, 2011-2012, 699 p.
- NYABEYEU TCHOUKEU (L.), « L'Afrique et la Cour Pénale Internationale », *Recherches Internationales*, Paris, n° 105, octobre-décembre 2015, pp. 153-168.
- NYABIRUNGU MWENE (S.), *Droit international pénal, crimes contre la paix et la sécurité de l'humanité,* Kinshasa, éd. Droit et Société « DES », 2013, 1054 p.
- PICOTTI (L.), « L'élargissement des formes de préparation et de participation. Rapport général », *RIDP,* 2007, ¾, pp. 355-404.
- PRADEL (J.), « Tentative et abandon en cas de pluralité de participants à la commission du crime », *Revue Internationale de Droit Comparé*, 1986, n° 38, pp. 735-747.
- PRADEL (J.), *Droit pénal comparé*, Paris, Dalloz, 3e éd., 2008, 892 p.

- SCARANO (J.-P.) (dir.), *Dictionnaire de droit pénal général et de procédure pénale,* Paris, Ellipses, 2008, 313 p.
- SOLER (S.), « La formulation actuelle du principe "Nullum Crimen" », *Revue de Science Criminelle et Droit Pénal Comparé,* Nouvelle Série, 1952, n° 1, janvier-mars, pp. 11-18.
- VAURS CHAUMETTE (A.-L.), *Les sujets du droit international pénal : vers une nouvelle définition de la personnalité juridique internationale ?,* Thèse de Doctorat, Paris, Pedone, 2009, 545 p.
- VERHAEGEN (J.), « Notions floues en droit pénal », *Les notions à contenu variable en droit*, éd., Bruxelles, Bruylant, 1984.
- WECKEL (Ph.), « La Cour pénale internationale. Présentation générale », *Revue Générale de Droit International Public*, n° 4, 1998, pp. 984-993.
- WERLE (G.), « Les formes de participation en droit international pénal », *Revue de Sciences Criminelles,* 2012, pp. 47-67.
- ZOUMLII (Ph.), *La participation criminelle en droit international pénal,* Thèse de Doctorat en Droit, soutenue à l'Université de Maroua le lundi 28 mai 2018, Codirigée par les Professeurs NYABEYEU TCHOUKEU (L.) et SPENER YAWAGA, 490 p.

SECONDE PARTIE

ÉTUDES DE DROIT PRIVÉ

CHAPITRE I

LA SÉCURITÉ EN DROIT PRIVÉ GÉNÉRAL

Jurisprudence, sécurité juridique et droit au procès équitable
(Réflexion à partir de l'article 35, alinéa 1 (i), de la loi n° 2006/016 du 29 décembre 2006 fixant l'organisation et le fonctionnement de la Cour suprême au Cameroun[1])

Par

Léonard LEMO[2]

Résumé

Étudier la jurisprudence sous le prisme de la sécurité juridique et du droit au procès équitable à partir de l'approche énumérative des cas d'ouverture à pourvoi incite à s'interroger sur la pertinence de l'article 35, alinéa (1i), de la loi n° 2006/016 du 29 décembre 2006 fixant l'organisation et le fonctionnement de la Cour suprême au Cameroun. En effet, dans l'optique de concilier les systèmes de civil law et de common law qui prévalent dans ce pays, le législateur a érigé au rang des cas d'ouverture à pourvoi le non-respect de la jurisprudence établie par les Sections réunies et les Chambres réunies de la Haute juridiction. La présente étude entend démontrer que, si l'option choisie semble reconnaître à la jurisprudence la valeur de « précédent », elle n'est pas le meilleur moyen pour allier l'efficacité de la mission essentielle de la Cour de cassation et les exigences de la sécurité juridique et du droit au procès équitable. La réforme n'est donc éclatante que sur la forme, car, au fond, elle est plutôt illusoire.

Mots-clés : Jurisprudence, sécurité juridique, droit au procès équitable, revirement de jurisprudence.

---

[1] Cette loi a été modifiée et complétée par celle n° 2017/14 du 12 juillet 2017. L'innovation majeure que cette loi modificative a apportée, est la création d'une Section de *Common law* au sein de la Chambre judiciaire de la Cour suprême (voir ses art. 8, 11 et 37).

[2] Docteur /Ph. D. en Droit Privé, Chargé de Cours, Faculté des Sciences Juridiques et Politiques-Université de Maroua, E-mail : leonanrdlemo@yahoo.fr.

INTRODUCTION

Depuis plus d'une dizaine d'années, un vent de réforme a soufflé sur l'organisation et le fonctionnement de la Cour suprême du Cameroun. Au chapitre des principales innovations qu'elle a apportées[3], on note l'extension énumérative des cas d'ouverture à pourvoi[4], parmi lesquels figure en filigrane le non-respect de la jurisprudence de la Haute juridiction statuant en Sections réunies d'une Chambre ou en Chambres réunies. Cette innovation a, pour reprendre l'expression d'un auteur, élevé la jurisprudence « au rang de source plus sûre du droit »[5]. Du coup, cette œuvre législative réalimente le débat sur la question de savoir si la jurisprudence est une source du droit. Mais avant de s'y atteler, il faut s'entendre au préalable sur la notion même de jurisprudence.

En effet, le terme de « *jurisprudence* » est polysémique. Le *Vocabulaire juridique* de l'Association CAPITANT en donne au moins six sens[6]. Certains auteurs, retenant la conception limitative, en font une systématisation autour de deux définitions ; une large, l'autre étroite[7]. Le premier sens considère la jurisprudence comme « l'ensemble des décisions rendues par les juridictions nationales [...] ou internationales »[8]. Le second, quant à lui, envisage la jurisprudence comme « l'ensemble des décisions rendues dans une branche du droit [...] ou dans une matière précise [...] ou concernant un point de droit précis »[9]. Dans le cadre de la présente étude, la jurisprudence est celle

[3] Sur les autres innovations, on peut, entre autres, citer le droit d'évocation reconnu à la Cour suprême. Sur ce dernier, voir NJEUFACK TEMGWA (R.), « Le droit d'évocation reconnu aux juridictions de cassation statuant en matière civile : le cas de la Cour suprême du Cameroun », *Civil procedure Review*, Vol. 1, N° 3, 2010, pp. 3-27. Pour une vue globale, voir DJOFANG (D.-A.), « Le nouveau visage de Cour Suprême du Cameroun : vers une plus grande efficacité ? (A propos de la loi n° 2006/016 du 29 décembre 2006 fixant l'organisation et le fonctionnement de la Cour Suprême) », *Revue de l'ERSUMA*, n°1, juin 2012, pp. 370-396.

[4] En réalité, cette extension avait été amorcée, un an plutôt, par le Code de procédure pénale en son article 485, même si finalement ce Code est entré en vigueur en 2007, soit le 1er janvier 2007. Sur l'ensemble de ces cas d'ouverture à pourvoi, lire l'article 35 (1i) de cette loi qui dispose que : « (1) Les cas d'ouverture à pourvoi sont : a) l'incompétence ; b) la dénaturation des faits de la cause ou des pièces de la procédure ; c) le défaut, de la contradiction ou de l'insuffisance de motifs ; d) le vice de forme ; e) la violation de la loi ; f) la non-réponse aux conclusions des parties ou aux réquisitions du ministère public ; g) le détournement de pouvoir ; h) la violation d'un principe général de droit ; i) le non-respect de la jurisprudence de la Cour suprême ayant statué en Sections Réunies d'une Chambre ou en Chambres Réunies ».

[5] TCHAKOUA (J.-M.), *Introduction générale au droit camerounais,* Yaoundé, Presses de l'UCAC, 2014, p. 94.

[6] Sur ces six définitions, voir CORNU (G.), (dir.), *Vocabulaire juridique,* Paris, Quadrige/PUF, 9e éd., 2011, pp. 587 et 588.

[7] Sur l'ensemble de ces définitions, voir notamment MAÏWENN TASCHER, *Les revirements de jurisprudence de la Cour de cassation*, Thèse, Université de Franche-Comté–Besançon, 2011, pp. 16 et s.

[8] *Ibid.* p. 17.

[9] *Ibidem.*

constituée de l'ensemble de décisions de la Cour suprême, notamment celles rendues par les Sections réunies ou par les Chambres réunies.

Ceci étant, la teneur du débat sur la jurisprudence comme source du droit varie en fonction du système juridique dans lequel on se trouve. Faut-il le rappeler dans le système *romano-germanique,* la doctrine a toujours été et demeure encore divisée sur le statut de la jurisprudence entre simple autorité et véritable source du droit. En effet, certains auteurs martèlent avec une fermeté opiniâtre que la jurisprudence doit être regardée comme une simple autorité[10]. L'argument fondamental qu'ils avancent repose sur le principe de la séparation des pouvoirs. Ainsi, le pouvoir de créer le droit étant conféré aux élus de la Nation, le juge ne doit en être qu'un simple serviteur. C'est la raison pour laquelle sa décision qui intervient au cas par cas produit un effet relatif[11]. Cette vision est confortée par l'article 5 du Code civil qui prohibe les arrêts de règlement[12].

D'autres auteurs, par contre, reconnaissent plutôt le caractère authentique de source du droit à la jurisprudence[13]. Ils partent de la réalité selon laquelle la loi ne saurait tout prévoir. Parfois, elle peut être obscure, incomplète et devenir progressivement obsolète. Dans ces conditions, il revient au juge de l'interpréter, de la compléter et de l'adapter. C'est par le truchement de cette faille textuelle que la jurisprudence tire sa force de source du droit. C'est pour cette raison l'article 4 du Code civil « l'y incite et lui reconnaît implicitement un pouvoir propre lui permettant de créer le droit »[14].

Entre ces deux opinions tranchées, une autre partie de la doctrine suggère une position intermédiaire. Elle préfère bannir le terme de « *source* » pour le remplacer par celui de « *composante* » qui paraît plus neutre[15]. Ainsi, si la

---

[10] Voir notamment CARBONNIER (J.), *Droit civil*, Paris, PUF, 27e éd., 2002, t. 1., n° 144 ; CORNU (G.), *Droit civil : Introduction - Les personnes - Les biens*, Paris, Montchrestien, 12e éd., 2005, n° 440 ; J.-L. AUBERT, *Introduction au droit et thèmes fondamentaux du droit civil*, Paris, Armand Colin, 10e éd., 2004, p. 176, n° 172.

[11] Il s'agit, bien entendu, de l'autorité de la chose jugée, telle que définie à l'article 1351 du Code civil en ces termes : « L'autorité de la chose jugée n'a lieu qu'à l'égard de ce qui a fait l'objet du jugement. Il faut que la chose demandée soit la même ; que la demande soit fondée sur la même cause ; que la demande soit entre les mêmes parties, et formées par elles et contre en la même qualité ».

[12] Il s'agit des décisions par lesquelles un juge, excédant son pouvoir, s'arrogerait de prononcer par voie de disposition générale et réglementaire sur les causes qui lui sont soumises. On en déduit que de telles décisions s'attribueraient, en dehors du litige dont était saisi le juge, dans les litiges futurs de même nature.

[13] Voir notamment MARTY (G.), RAYNAUD (P.) et JESTAZ (Ph.), *Droit civil : Introduction générale*, Paris, 3e éd., 1988, t. 1, n° 119 ; MAZEAUD (H.-L.) et CHABAS (Fr.), *Leçons de droit : Introduction au droit*, Paris, Montchrestien, 12e éd., 2000, t. 1, vol. 1, n° 105.

[14] CAPITANT (H.), TERRE (Fr.) et LEQUETTE (Y.), *Les grands arrêts de la jurisprudence civile*, Paris, Dalloz, 13e éd., 2015, t. 1, p. 83.

[15] TERRE (Fr.), *Introduction générale au droit*, Paris, Dalloz, 6e éd., 2003, n° 346.

jurisprudence ne peut en principe être considérée comme une véritable source du droit, elle peut le devenir, notamment en cas de silence législatif.

En revanche, dans le système de *common law*, l'admission de la jurisprudence comme source du droit ne souffre d'aucune contestation. Dans ce système, le droit provient principalement des décisions de justice. Celles-ci sont certes rendues au cas par cas, mais elles constituent des « *précédents* » qui lient le juge pour les affaires futures similaires. C'est la raison pour laquelle il est courant d'affirmer que le droit anglo-saxon est un droit jurisprudentiel[16]. Toutefois, il importe de relever que la *common law* n'est plus aujourd'hui exclusivement un droit judiciaire ; il a connu une évolution significative vers la production textuelle des règles de droit. Cette évolution trouve ses facteurs non seulement en droit interne, mais aussi dans la réalité de la mondialisation qui impose une sorte d'universalisation du droit à travers la sécrétion des règles et la création des institutions judiciaires communautaires ou internationales. Peu à peu, le fossé entre les différents systèmes s'effrite[17], même si l'uniformisation a encore du chemin à parcourir[18].

Les deux systèmes – anglo-saxon et romano-germanique – qui viennent d'être exposés intéressent le Cameroun, car ayant été mis sous-mandant, puis sous-tutelle franco-britannique jusqu'à son accession à la souveraineté internationale, il a bénéficié, de ce fait, du double héritage juridique[19]. Ainsi, en consacrant le non-respect de la jurisprudence établie par certaines formations de la Cour suprême, le législateur camerounais semble conférer la valeur de précédent à certains de ses arrêts opérant ainsi une sorte de conciliation entre le système de *common law* et celui de *civil law*. Quoi qu'il en soit, la jurisprudence contribue indéniablement au contenu de l'assiette normative, même si elle demeure une source du droit d'une nature différente

---

16 MALINVAUD (Ph.), *Introduction à l'étude du droit*, Paris, LexisNexis, 15e éd., 2015, p. 14 ; TCHAKOUA (J.-M.), *Introduction générale au droit camerounais, op.cit.*, p. 16.

17 CANIVET (G.), « Influence croisée de la *common law* et du droit civil », *Louisiana Law Review,* Vol. 63, Summer 2003, N°4 ; MORISSETTE (Y.-M.), « Les caractéristiques classiques attribuées à la *Common law* », *RIDC,* 2013, pp. 613 et s. ; STEINER (S.), « Adoption en Angleterre du style législatif en vigueur sur le continent : espoirs déçus et perspectives d'avenir », *Lamy, Coll. « Axe Droit »*, 2013 ; GRIMALDI (M.), « Le droit continental face à la mondialisation », *in Études offertes à* OPPETIT (B.), Paris, Litec, 2009, pp. 293 et s.

18 MALINVAUD (Ph.), *Introduction à l'étude du droit, op.cit.*, p. 15. L'auteur relève que les différences fondamentales entre les deux systèmes « rendent particulièrement difficile la recherche de règles communes ».

19 Il faut rappeler que le Cameroun, avant son accession à l'indépendance, avait été sous la cotutelle française et anglaise. Ainsi, chacune de ces deux grandes puissances a laissé son système juridique dans les deux parties du Cameroun à savoir respectivement l'ex-Cameroun oriental et l'ex-Cameroun occidental. Sur les héritages de la justice coloniale en Afrique noire de manière générale, voir JOHN-NAMBO (J.), « Quelques héritages de la justice coloniale en Afrique noire », *Droit et Société* 51/52-2002, pp. 325-344.

de celle de la loi[20]. Et, en l'admettant comme telle, elle heurte frontalement les exigences de la sécurité juridique et du droit au procès équitable.

La sécurité juridique[21] implique que les citoyens doivent avoir un accès aisé à la connaissance des règles de droit applicables à leurs actions et pouvoir compter sur une certaine stabilité de ces règles[22]. En droit camerounais, un tel principe juridique est encore en devenir, car il n'est ni consacré par la Constitution ni reconnu par la jurisprudence[23]. Mais, la doctrine la plus autorisée pense que sa reconnaissance est non seulement nécessaire, mais aussi, et surtout possible au regard des textes[24]. Cette possibilité reposerait sur le sens large à accorder au concept de « *sécurité* » employé dans la Constitution[25]. Ainsi, le juge constitutionnel est donc fondé à impulser une jurisprudence féconde reconnaissant le droit à la sécurité juridique qui couvre toutes les garanties générales accordées aux individus[26]. Mais il importe de relever qu'en l'état actuel du droit camerounais, il est difficile de pouvoir compter sur le Conseil constitutionnel à cause de la quasi-absence de contrôle de constitutionnalité *a posteriori*[27].

En tout cas, l'aptitude des décisions à former un ensemble de solutions cohérentes et constantes, quel que soit le système juridique considéré, « est au

---

[20] HEBRAUD (P.), « Le juge et la jurisprudence », *Mélanges* COUZINET, 1974, pp. 329 et s. ; TCHAKOUA (J.-M.), *Introduction générale au droit camerounais, op.cit.* ; GATSI (J.), « La jurisprudence, source du droit OHADA », *RIDC,* 2-2002, p. 478 ; MALINVAUD (Ph.), *Introduction à l'étude du droit, op.cit.*, p. 102.

[21] Sur ce thème qui innerve le droit, voir DUTHEILLET De LAMOTHE (O.), « La sécurité juridique : le point de vue du juge constitutionnel », *in Rapport du Conseil d'État,* 2006, pp. 369 et s. ; MOLFESSIS (N.), « Combattre l'insécurité juridique ou la lutte du système juridique contre lui-même », *in Rapport du Conseil d'État,* 2006, pp. 391 et s. ; TEYSSIE (B.), « L'impératif de sécurité juridique », *Melanges* FOYER (J.), Economia, 2007, pp. 985 et s. ; MAYER (P.), « La sécurité juridique et judiciaire dans l'espace OHADA », *Penant, N° 855*, 2006, pp. 151 et s. ; POUGOUE (P.-G.), « Les figures de la sécurité juridique », *RASJ,* Vol. 4, N° 1, 2007, pp. 1-8 ; PIAZZON (T.), *La sécurité juridique*, Défrenois, coll. « Doctorat et Notariat », 2009 ; LEVADE (A.) et *al.,* « La sécurité juridique », *JCP,* 2013, pp. 8 et s. ; LANNEAU (R.), « La sécurité juridique, un essai de théorisation », *RRJ,* 2013, n° 2, pp. 1109 et s.

[22] MALINVAUD (Ph.), *Introduction à l'étude du droit, op.cit.* p. 102.

[23] Cette observation a été faite par POUGOUE, voir son article précité sur « Les figures de la sécurité juridique », *op.cit.*, p. 6.

[24] *Ibid.*, p. 7.

[25] *Idem.* L'auteur propose que le principe de la sécurité juridique puisse être fondé sur la formule constitutionnelle selon laquelle « la liberté et la sécurité sont garanties à chaque individu dans le respect des droits d'autrui et de l'intérêt supérieur de l'État ».

[26] *Idem.*

[27] Cette quasi-absence résulte de la limitation des personnes pouvant saisir le juge constitutionnel à savoir le Président de la République, les Présidents du Senat et de l'Assemblée Nationale, 1/3 des députés ou de sénateurs, les Présidents des exécutifs régionaux lorsque l'intérêt de leur Région est en jeu (cf. l'article 47 de la Constitution et l'article 19 de la loi n° 2004/004 du 21 avril 2004 portant organisation et fonctionnement du Conseil constitutionnel).

cœur de la question de la sécurité juridique »[28]. Elle l'est, d'une part, parce que les justiciables éprouvent des difficultés à accéder et identifier la décision faisant jurisprudence, et d'autre part, parce qu'il n'existe pas un cadre juridique permettant de contenir l'application de la jurisprudence dans le temps. Sur ce dernier point, il faut rappeler qu'en droit français, les solutions ont été proposées dans un rapport sur les revirements de jurisprudence remis le 30 novembre 2004 à Monsieur le Président Guy CANIVET par un groupe de travail présidé par MOLFESSIS[29]. Elles ont suscité une réaction doctrinale la plus spectaculaire[30]. Malgré les critiques formulées, l'Assemblée plénière a reconnu la figure du revirement de jurisprudence pour l'avenir[31]. Elle est suivie dans cette œuvre par la Chambre commerciale[32] qui vise de manière expresse l'exigence de sécurité juridique dans sa motivation conformément à la position de la CEDH qui a prescrit que la justification d'un revirement figure dans la décision qui précède à celui-ci[33].

Aussi, l'exigence de sécurité juridique n'exclut-elle pas le système anglo-saxon. En effet, pour la préserver, le juge qui décide d'opérer un revirement de jurisprudence a souvent recours à la technique de *prospective overrulling* qui est une forme de revirement pour l'avenir[34].

Le droit au procès équitable, quant à lui, est incontestablement un droit fondamental, parce que reconnu par les Conventions internationales[35] et la Constitution[36]. Il s'entend, dans un sens large, comme le droit d'accès à un

[28] CHEROT (J.-Y.), « Jurisprudence en droit privé français et exigences de sécurité juridique », *Revue du Notariat, 110(2),* 2008, p. 669. Dans le même sens, LAGARDE (X.), « Jurisprudence et insécurité juridique », *D.* 2006, *Chron.,* p. 678.

[29] MOLFESSIS (N.), (dir.), *Les revirements de jurisprudence. Rapport remis à Monsieur le Président Guy CANIVET,* Paris, Litec, LexisNexis, 2005.

[30] Cela se traduit par le nombre impressionnant de participants, soit 537 inscrits, au Colloque consacré à cet effet sur le thème « Pour une modulation dans le temps des revirements de jurisprudence ? ». Un numéro spécial de la *Revue Trimestrielle de Droit civil de 2005* y a également été réservé.

[31] Ass. Plén., arrêt du 21 décembre 2006, *D.* 2007, p. 837, note MORVAN (P.).

[32] Com., arrêt du 8 février 2011, *D.* 2001. 1314, note MOLFESSIS (N.) et KLEIN (J.).

[33] CEDH, 14 janvier 2010, n° 366815/03, *aff. ATANASOVSKI c/ République yougoslave de Macédoine*, $ 38.

[34] MUIR WATT (H.), « La gestion de la rétroactivité des revirements de jurisprudence dans les systèmes de *common law* », *in* MOLFESSIS (N.), (dir.), *Les revirements de jurisprudence. Rapport remis à Monsieur le Président Guy CANIVET, op. cit.*, p. 60.

[35] Cette exigence est notamment exprimée aux articles 10 de la Déclaration universelle des Droits de l'Homme du 10 décembre 1948 (« Toute personne a droit, en pleine égalité, à ce que sa cause soit entendue équitablement et publiquement par un tribunal indépendant et impartial ») et 7, alinéa 1, de la Charte africaine des Droits de l'Homme et des Peuples (« Toute personne a droit à ce que sa cause soit entendue »).

[36] Le préambule de la Constitution camerounaise qui affirme son attachement aux libertés fondamentales reconnues par la Déclaration universelle des droits de l'Homme, la Charte des Nations-Unies et la Charte africaine des Droits de l'Homme et des Peuples, énonce que : « La loi assure à tous les hommes le droit de se faire rendre justice ».

juge, le droit à une bonne justice et le droit à l'exécution[37]. Un tel droit se rapproche de la jurisprudence au moins sur deux points. S'agissant du premier point, le droit au procès équitable impliquant le recours effectif et égal au tribunal, il en résulte que les citoyens ont le droit d'être reçus et jugés de la même manière pour des faits similaires. Ainsi, dans un système qui reconnaît la jurisprudence comme source du droit, l'instrument de lutte contre l'arbitraire du producteur de la norme jurisprudentielle dont dispose le justiciable est nécessairement le droit au procès équitable[38]. C'est dans ce sens que la Cour de cassation française décide que le changement de jurisprudence ne saurait s'appliquer immédiatement à une instance en cours sans aboutir à priver la victime d'un procès équitable[39].

Quant au second point, pour déterminer le rapport pouvant exister entre la jurisprudence et le droit au procès équitable, il faut partir de la réalité selon laquelle le droit au juge se prolonge sur le plan procédural, par l'exercice des voies de recours. Compte tenu du caractère relatif du droit aux voies de recours, il arrive parfois que le législateur l'aménage en les faisant passer dans le circuit d'un filtrage. La sélection intellectuelle des cas d'ouverture ainsi imposée peut sembler remettre en cause le droit au procès équitable[40]. C'est dire que l'approche énumérative des cas d'ouverture retenue par le législateur camerounais peut s'avérer contreproductive à garantir le droit au procès équitable.

La Cour suprême, quel que soit le système juridique considéré, assure une fonction singulière qui consiste à « veiller à la bonne application des règles juridiques par des juridictions inférieures et, par là même [...] assurer au droit unité, clarté et certitude »[41]. À ce titre, elle ne saurait, sans compromettre l'essentiel de sa mission, connaître de toutes les affaires. C'est la raison pour laquelle l'idée de sélection des affaires à lui soumettre est communément admise[42]. Il se pose alors la question de savoir si l'élévation du non-respect de la jurisprudence de la Cour suprême au rang des cas d'ouverture à cassation permet à la Haute Cour d'accomplir efficacement sa mission tout en

---

[37] Sur cette notion, voir GUINCHARD (S.), CHAINAIS (C.) et FERRAND (F.), *Procédure civile : Droit interne et droit de l'Union européenne*, Paris, Dalloz, 30e éd., 2010, p. 520, n° 721.

[38] MORVAN (P.), « Le sacre du revirement prospectif sur l'autel de l'équitable », *D.* 2007, *Jur.*, p. 835.

[39] Civ., 1re, 28 juillet 2004, *D.* 2004, *Jur. 2956* ; Ass. Plén., 21 décembre 2006, *D.* 2007, *Jur.* 835.

[40] AMRANI MEKKI (S.), « Voie de recours et droit au procès équitable », *Ahjucaf, http://www.ahjucaf.org/Voie-de-recours-et-droit-au-procès.html,* consulté le 15 janvier 2018.

[41] TUNC (A.), « Conclusions : La Cour suprême idéale », *in La Cour judiciaire suprême. Enquête comparative*, RIDC, Vol. 30, N° 1, janvier-mars 1978, p. 436.

[42] Il est vrai que certains ont proposé l'augmentation du personnel de la Haute juridiction en fonction de l'accroissement du nombre des affaires. Mais cette alternative a été critiquée et contestée en ce qu'elle présente plus de dangers que d'avantages. En effet, on lui reproche son inefficacité à maintenir l'unité de jurisprudence et à opérer du bon choix des personnalités remplissant les conditions requises pour officier à la Haute Cour. Sur ces dangers, voir RUTSAERT (C. J.) et MEEUS (A.), « La Cour de cassation de Belgique », *RIDC,* Vol. 30, N° 1, pp. 255 et 256 ; TUNC (A.), « Synthèse », *RIDC*, Vol. 30, N° 1, janvier-mars 1978, p. 33.

garantissant la sécurité juridique et le droit au procès équitable. À l'apparence, si on peut déceler dans la réforme un certain éclat (I), mais au fond, elle s'avère plutôt illusoire (II).

I- LA CONSÉCRATION DU NON-RESPECT DE LA JURISPRUDENCE COMME CAS D'OUVERTURE À POURVOI : UNE RÉFORME AUX APPARENCES ÉCLATANTES

La consécration du non-respect de la jurisprudence établie par certaines formations de la Cour suprême comme cas d'ouverture à cassation constitue une marque certaine de la garantie de la sécurité juridique et du droit au procès équitable. Cette avancée législative, au regard de l'impératif de la sécurité juridique et du droit au procès équitable, est assise sur plusieurs éléments fondamentaux[43] au rang desquels figurent les exigences de clarté (A), de prévisibilité (B) et de stabilité (C). C'est sous le prisme de ces trois dernières exigences qu'il convient d'analyser l'avancée de la réforme législative.

A- L'apport de la réforme à l'exigence de clarté

Les qualités essentielles de la loi intelligible sont la clarté et la brièveté[44]. En droit français, le juge constitutionnel a reconnu la valeur de principe à l'exigence de clarté en décidant que : « il appartient au législateur d'exercer pleinement la compétence que lui confie l'article 34 de la Constitution. À cet égard, le principe de clarté de la loi qui découle du même article de la Constitution, et de l'objectif de valeur constitutionnelle d'intelligibilité et d'accessibilité de la loi, qui découle des articles 4, 5, 6 et 16 de la Déclaration des droits de l'homme et du citoyen de 1789, lui imposant d'adopter des dispositions suffisamment précises et des formules non-équivoques »[45]. Cette reconnaissance implique qu'il pèse sur le législateur une obligation de s'exprimer clairement et d'être cohérent. Le Cameroun ne saurait rester en marge d'une telle exigence, compte tenu de l'évolution de la production prolifique des normes et surtout parce que sa Constitution, dans son préambule, vise également la Déclaration universelle des droits de l'homme,

---

[43] Sur l'ensemble de ces éléments, voir POUGOUE (P.-G.), « Les figures de la sécurité juridique », *op.cit.*, pp. 1-8 ; AKAM AKAM (A.), « Libres propos sur l'adage *"nul n'est censé ignorer la loi"* », *RASJ,* Vol. 4, N° 1, 2007, pp. 31-54 ; MALINVAUD (Ph.), *Introduction à l'étude du droit, op.cit.*, n° 11, 20, 24, 27, 107.

[44] Voir BENTHAM, *Traité de législation civile et pénale,* 2e éd., t. 3, 1820, p. 391, cité par AKAM AKAM (A.), « Libres propos sur l'adage *"nul n'est censé ignorer la loi"* », *op.cit.*, p. 51.

[45] Cons. Const., 10 juin 1998, n° 98-401, *DC : Rec. Cons. Const.* 1998, p. 258 ; Cons. Const., décision n° 2004-449 du 29 avril 2004, *Petites Affiches,* 14 mai 2004, n° 97, note SCHOETL (J.-E.).

la Charte africaine des Droits de l'Homme et des Peuples[46]. On peut, à partir de cette analyse, dire que le législateur camerounais de 2006, sans qu'un tel principe soit reconnu, s'est inscrit dans la logique de l'exigence de clarté de la norme. En effet, il faut rappeler qu'avant cette loi, la situation de la jurisprudence qui pourrait servir de cas d'ouverture à cassation était complexe et délibérément floue.

Pourtant, l'article 23, alinéa 3, de la loi n° 75-16 du 8 décembre 1975 fixant la procédure et le fonctionnement de la Cour suprême disposait que : « Les décisions de la Cour suprême siégeant au moins à cinq membres s'imposent aux juridictions inférieures sur les points de droit tranchés ». Ces dispositions, à elles seules, étaient difficiles à mettre en œuvre dans la mesure où, le filtrage opéré par 5[47] de l'ordonnance n° 72/6 du 26 août 1972 fixant l'organisation de la Cour suprême, telle que modifiée par la loi n° 76/28 du 14 décembre 1976, laissait planer un doute sur la possibilité de se pourvoir en cassation en cas de non-respect de la jurisprudence de la Cour suprême formée dans ces conditions. La systématisation des cas d'ouverture à pourvoi faite par la doctrine et régulièrement retenue par la jurisprudence ne mentionne pas expressément ce cas d'ouverture[48].

S'il est certes vrai qu'il arrive parfois à la Cour suprême de motiver sa décision en se fondant sur l'existence d'une « *jurisprudence ancienne et constante* »[49], mais cela ne devrait pas amener à tirer la conclusion selon laquelle cette jurisprudence visée constituerait expressément un cas d'ouverture à cassation. L'examen de la jurisprudence permet de confirmer cette opinion. En effet, la Cour suprême a toujours déclaré irrecevable le pourvoi dont le moyen n'allègue la violation d'aucun texte de loi. Elle estime

[46] Le préambule de la Constitution camerounaise précise que : « Le Peuple camerounais… affirme son attachement aux libertés fondamentales inscrites dans la Déclaration universelle des Droits de l'Homme, la Charte des Nations Unies, la Charte africaine des Droits de l'Homme et des Peuples et toutes les conventions internationales y relatives et dûment ratifiées ».

[47] Cet article limitait globalement la compétence de la Cour suprême, en matière civile, commerciale, sociale et pénale aux « *recours en cassation admis par la loi* » sans autre forme de précision.

[48] Les cas d'ouverture systématisés sont les suivants : la violation de la loi ; l'excès de pouvoir ; le défaut de motifs (défaut de réponse aux moyens contenus dans les concluions, la contradiction des motifs entre eux, le défaut de base légale, la contradiction entre les motifs et le dispositif) ; l'incompétence ; l'inobservation des formes ; la contrariété des jugements ; la dénaturation. Sur l'ensemble de cas, voir KERE KERE (G.), *Droit civil processuel : La pratique judiciaire au Cameroun et devant la Cour Commune de Justice et d'Arbitrage*, Yaoundé, SOPECAM, 1re éd., 2006, pp. 64 et 65 ; 144-147.

[49] C'est notamment le cas de l'arrêt de la Cour suprême du 26 décembre 1985 qui précise, dans ses motifs, que « s'il est vrai que c'est l'exploit introductif d'instance qui fixe l'objet du procès et la compétence de la juridiction, il est de jurisprudence ancienne et constante que le chiffre que l'on prend en considération est celui qui résulte des dernières conclusions du demandeur » (CS, *RCD,* 1985, p. 273). Dans le même sens, CS, arrêt n° 75/CC du 16 juin 1985, *RCD, S. 2,* N° 30, 1985, pp. 251-255 ; CS, arrêt n° 87/CC du 18 juillet 1985, *RCD, S.2,* N° 30.

qu'un tel moyen ne répond pas au vœu de l'article 5 de l'ordonnance de 1972, tel que modifié par la loi du 14 décembre 1976[50]. Ainsi, la Haute juridiction exige que le mémoire ampliatif, conformément à l'article 13[51], alinéa 2 *in fine*, de la loi du 8 décembre 1975, soit articulé et ait visé un texte de loi qui aurait été violé ou faussement appliqué sous peine d'irrecevabilité[52]. Cela se comprend aisément dans la mesure où seul le pourvoi du Ministère public près d'une Cour d'appel peut être déclaré recevable, quand bien même il n'énoncerait aucun moyen en vertu de l'article 26, alinéa 2, de la loi précitée[53]. En bref, la Cour suprême, dans la rédaction des arrêts, a toujours visé la règle de droit violée. On en conclut donc qu'à cette époque, le respect du précédent passait par le détour de la violation d'une règle de droit, fut-elle mal interprétée.

Un raisonnement différent pourrait être retenu en ce qui concerne les procédures en matière de droit local. En effet, l'article 18, alinéa f, du décret n° 69/DF/544 du 19 décembre 1969 fixant l'organisation judiciaire et la procédure devant les juridictions du Cameroun oriental[54], semble permettre l'hypothèse de fonder le pourvoi sur la violation d'une disposition jurisprudentielle. Ce texte dispose que : « Les jugements des tribunaux coutumiers doivent être motivés, et contenir… f) l'énonciation de la coutume et la référence des dispositions législatives, réglementaires ou jurisprudentielles dont il est fait application ». On peut, sur la base de ces dispositions, dire que la jurisprudence, notamment celle de la Cour suprême qui s'impose aux juridictions inférieures, pourrait constituer un cas d'ouverture à pourvoi, surtout que, dans ces matières, elle a apporté d'importantes contributions à l'interprétation évolutive de la coutume[55]. Bien

---

[50] CS, arrêt du 2 juin 1977, *RCD, S.2,* N° 30, 1985, pp. 259-264 ; CS, arrêt n° 153/S du 15 septembre 1983, *RCS, S. 2,* N° 30, 1985, pp. 299-302.

[51] Cette exigence est aujourd'hui reprise par l'article 53, alinéa 2, de la loi n° 2006/016 du 29 décembre 2006 précitée.

[52] CS, arrêt n° 99/P du 22 février 1973, *RCD,* N° 5, p. 41, obs. MOURALIS ; 22 septembre 1977, *RCD,* N° 13 et 14, 1977, p. 135 ; 2 juin 1977, *RCD* N° 13 et 14, 1977, pp. 259-264 ; arrêt n° 14/S du 20 octobre 1983, *RCD,* N° 13 et 14, 1977, pp. 315-319.

[53] Cet article dispose que : « Le pourvoi du Ministère public près d'une Cour d'appel lorsqu'il a été formé dans le délai, ne peut être déclaré irrecevable, même s'il n'énonce aucun moyen, cette carence pouvant être supplée par un moyen soulevé d'office par le Conseiller-rapporteur ou le Procureur Général ».

[54] Le raisonnement doit être le même dans la mesure où la loi n° 79/04 du 29 juin 1979 portant rattachement des *Customary Courts* et des *Alkali Courts* au Ministère de la Justice prévoit en son article 2 que, d'une part, la forme et les délais d'appel contre leurs décisions sont les mêmes que ceux applicables aux jugements civils rendus par le tribunal de première instance et, d'autre part, les arrêts rendus en appel sur leurs jugements peuvent faire l'objet d'un pourvoi devant la Cour suprême dans les mêmes forme et délais que les décisions civiles rendues par la Cour d'appel.

[55] On peut notamment citer le cas de l'exigence de la participation de la femme pour bénéficier du régime légal de communauté des biens meubles et acquêts (voir notamment CS, arrêt n° 41/L du 24 mai 1984, *in* ANOUKAHA (Fr.), (s/d.), *Grandes décisions de la jurisprudence civile*

entendu, la Cour suprême a eu l'occasion de rejeter un pourvoi qui reprochait à l'arrêt d'une Cour d'appel le manque de base légale en ce qu'elle s'est contentée d'une jurisprudence pour motiver son arrêt, au motif que la décision querellée est fondée sur des dispositions jurisprudentielles relatives à la règle *ultra petita* qui interdit au juge d'accorder à une partie plus qu'elle n'a demandé [56]. Est-ce à dire, *a contrario*, que le non-respect d'une telle jurisprudence peut fonder la recevabilité du pourvoi ? Si la réponse affirmative peut, *a priori*, emporter la conviction, il n'en demeure pas moins vrai que le doute subsiste. En effet, ce doute est fondé, dans la mesure où l'article 41 de la même ordonnance de 1969 renvoie les conditions relatives au pourvoi contre les arrêts des Cours d'appel rendus sur appel des jugements des tribunaux traditionnels à celles de droit commun.

Aujourd'hui, on peut dire que l'équivoque et l'incertitude, source d'insécurité d'autrefois, sont levées. Désormais, les justiciables peuvent valablement se pourvoir en cassation en se fondant sur le non-respect de la jurisprudence de la Cour suprême sans passer par le truchement des cas d'ouverture systématisés et dont la finalité serait peut-être de faire respecter la position de la Haute cour antérieurement établie sur la question qui lui est posée. Le flou juridique désormais éclairé rétablit finalement la cohérence juridique. On peut donc dire que la réforme constitue un aboutissement formel d'une admission implicite restée pendant longtemps inachevée et imbue de brouillards.

Il en résulte qu'entre les deux systèmes juridiques en présence, le législateur a opté pour celui de *common law*, en ce que l'élévation de la jurisprudence établie par certaines formations au rang des cas d'ouverture à cassation permet d'utiliser *officiellement* et *directement* la jurisprudence comme visa auquel peut se référer le juge pour justifier et motiver la solution au litige qui lui est soumis. Cela devrait amener les juges du fond tout comme les juges de la Cour suprême à étendre les moyens de motivation de leurs décisions. Les premiers pourraient motiver leur décision en se fondant sur l'interprétation de la règle de droit telle que retenue par la Haute juridiction ou sur la norme jurisprudentielle directement créée par le juge dont la décision fait jurisprudence. Les seconds peuvent faire figurer dans les visas de leurs arrêts la norme jurisprudentielle sans passer par le détour des principes généraux du droit ou la règle de droit supposée mal interprétée. En bref, la jurisprudence pourrait figurer non seulement dans le mémoire ampliatif

---

camerounaise, LERDA, 2008, obs. G. DZEUKOU (B.), pp. 399-439. Sur l'ensemble de la doctrine, voir POUGOUE (P.-G.) et ANOUKAHA (Fr.), « Législation comparée : Cameroun », *JCP, Droit comparé, 2,* 1996 *: fasc. 3, Régimes matrimoniaux, Successions, Droit des conflits,* pp. 1-15 ; NGUEBOU TOUKAM (J.), « Notion et originalité du partage-rémunération dans la construction du droit camerounais des régimes matrimoniaux », *Juridis Périodique,* N° 30, 1997, pp. 57-65.

[56] CS, arrêt n° 60/L du 20 juin 1985, *RCD, S. 2,* n° 30, pp. 399-401.

comme moyen de cassation sans courir le risque d'irrecevabilité, mais également comme visa de l'arrêt de la Cour suprême[57].

En réalité, il faut dire que les deux systèmes sont proches ; ils se distinguent néanmoins par rapport à leur méthode. Le système de *civil law*, pour former une jurisprudence cohérente et constante, passe par l'entremise d'une interprétation de la règle de droit ou du principe général en cause pour affirmer une politique jurisprudentielle sans le faire apparaître officiellement dans la motivation de sa décision[58]. En tout cas, on espère que la précision apportée permettra d'uniformiser le système judiciaire camerounais au niveau suprême même si, devant les juges de fond, la pratique semble varier d'une zone à l'autre.

B- La contribution de la réforme à l'exigence de prévisibilité

Selon l'expression d'un auteur, « la sécurité juridique, c'est en somme tout à la fois savoir et prévoi*r* »[59]. Il en résulte que le citoyen serait en insécurité s'il n'est pas à mesure de connaître l'environnement juridique dans lequel il vit à cause de l'interprétation divergente de la règle de droit applicable. Si l'appréciation de deux cas similaires varie d'un juge à un autre, la solution au litige devient imprévisible et, partant, entraîne *ipso facto* l'insécurité juridique et la négation du droit à un procès équitable. Pour éviter cette insécurité et cette inégalité, le droit positif doit être un système cohérent de normes textuelles ou jurisprudentielles qui ne doivent pas varier pour les situations juridiques similaires nées au cours de la même période. C'est dans ce sens que la prévisibilité est considérée comme un élément fondamental de la sécurité juridique et du droit au procès équitable. À ce titre, elle contribue énormément à la préservation de la paix sociale, car elle permet à l'individu de connaître par avance les conséquences juridiques de son comportement volontairement ou involontairement adopté[60] ; ce qui correspond à la théorie fondée sur l'adage : « *nul n'est censé ignorer la loi* »[61]. Envisagé sous le prisme de la norme d'origine jurisprudentielle, l'apport de la réforme nécessite d'être analysé sur deux points.

---

[57] Mais il faut relever qu'en l'état actuel, la Cour suprême continue à viser les règles de droit.

[58] Sur ces différences de méthode entre les deux systèmes juridiques, voir CHEROT (J.-Y.), « Jurisprudence en droit privé français et exigences de sécurité juridique », *op.cit.*, p. 674. Voir aussi CANIVET (G.) et MOLFESSIS (N.), « La politique jurisprudentielle », *Mélanges en l'honneur de BORE (J.)*, Paris, Dalloz, 2007, p. 79.

[59] PACTEAU (B.), « La sécurité juridique, un principe qui nous manque ? », *AJDA*, 1995, p. 151.

[60] BITIFFOL (H.), *La philosophie du droit*, Paris, PUF, coll. Que sais-je, 10e éd., 1997, p. 103 ; PIAZTON (T.), *La sécurité juridique*, Coll. de thèse, Defrénois, Lextenso, éd. 2009, p. 48 ; MAÏWENN TASCHER, *Les revirements de jurisprudence de la Cour suprême*, thèse préc., p. 224.

[61] Sur cet adage, lire AKAM AKAM (A.), « Libres propos sur l'adage *"nul n'est censé ignorer la loi"* », *op.cit.*, pp. 31-54.

S'agissant du premier point, il faut relever qu'en consacrant le non-respect des arrêts de la Cour suprême rendus par certaines formations comme cas d'ouverture à cassation, le législateur a renforcé l'autorité des décisions de la Haute juridiction qui, par ailleurs, assure une fonction « *pastorale* »[62]. Cette fonction permet d'assurer une unité d'interprétation sur le territoire national[63]. Et nul ne saurait douter de ce que l'unité d'interprétation constitue un facteur important qui concourt à l'effectivité de la sécurité juridique[64]. Elle l'est, parce que justement les justiciables ont la possibilité de prévoir et de s'assurer de l'application de la règle de droit, telle qu'interprétée par la Cour suprême, à leurs actions en justice. Cette unité d'interprétation permet à la Cour de remplir sa mission de régulation de la jurisprudence, c'est-à-dire éviter les sons discordants que pourraient provoquer les juges de fond.

Cependant, il ne faut pas comprendre cette exigence comme empêchant les juges de fond de s'écarter de la norme d'origine jurisprudentielle telle que reconnue ou créée par les formations de la Cour suprême dont les décisions font jurisprudence. Bien au contraire, leur résistance, dans une certaine mesure, est même souhaitée, car la Haute juridiction s'inspire parfois des rébellions opposées par les juges de fond pour faire évoluer sa jurisprudence afin de l'adapter au contexte actuel[65]. La mission régulatrice de la Cour suprême doit donc consister à sanctionner les solutions contraires adoptées ou à les suivre en tant que de besoin, mais tout en tenant compte de la prévision qu'avaient les justiciables au moment de l'action en justice.

Quant au second point, il faut partir de l'idée selon laquelle, non seulement l'unité d'interprétation garantit la sécurité juridique, mais aussi elle promeut une égalité dans l'application de la norme interprétée aux situations juridiques nées au cours de la même période. L'uniformité des décisions judiciaires, parce qu'elle « a vocation à relier entre les décisions passées et les décisions futures (...) assure donc la prévisibilité du droit jurisprudentiel »[66]. Ainsi, elle impose au juge dont la décision fait jurisprudence de tenir compte de sa position antérieure pour ne pas soumettre les justiciables aux affres d'une

[62] TUNC (A.), « La Cour suprême idéale », *op.cit.*, pp. 433 et s., spéc. p. 437.

[63] L'adjectif « *national* » employé n'est pas anodin. Il tient compte de la délimitation de la présente étude qui est consacrée à la jurisprudence de la Cour suprême. Bien entendu, la jurisprudence de certaines juridictions, notamment communautaires, ont un domaine d'application plus vaste. On peut citer à titre d'exemple celles de la CCJA, de la CJ-CEMAC qui s'imposent à l'ensemble des États membres.

[64] Dans ce sens, voir MEYER (P.), « La sécurité juridique et judiciaire dans l'espace OHADA », *Ohadata D-06-50*, spéc. n° 16 et s.

[65] AUBERT (J.-L.), « Pour des rébellions constructives sur la jurisprudence aujourd'hui », *RTD civ.*, 1992, p. 338 et s. Dans le même sens, TCHAKOUA (J.-M.), *Introduction générale au droit camerounais, op.cit.*, p. 95 ; MAÏWENN TASCHER, *Les revirements de jurisprudence de la Cour suprême*, Thèse préc., p. 224.

[66] CANIVET (G.) et MOLFESSIS (N.), « La politique jurisprudentielle », *Mélanges en l'honneur de BORE (J.), op.cit.*, p. 79.

« application qu'ils ignoraient et dont ils ne pouvaient anticiper la survenue au moment où ils ont agi »[67]. Le faire « est de nature à porter atteinte au principe de sécurité juridique »[68] et, par extension, au procès équitable.

Il ressort de ce qui précède que la prévisibilité permet de traiter les justiciables sur un même pied d'égalité. Elle leur garantit le droit à une bonne justice. En effet, cette composante du droit à un procès équitable serait mise en péril si, chaque fois que le juge institue une nouvelle exception ou fin de non-recevoir, l'on doit aussitôt en tenir compte[69]. Dans ces conditions, les justiciables comprendraient mal qu'une norme, d'origine jurisprudentielle soit elle, puisse changer de sens au point où la vérité d'hier devient l'erreur de demain sans qu'ils soient informés[70] ; ce qui impacte négativement la volonté de respecter les règles de droit. Comme l'a si bien relevé un auteur, « Il faut que le lecteur puisse se faire, avant d'agir, la même idée de la concrétisation de la norme que celle que se feront a posteriori les tiers et surtout les autorités chargées de l'appliquer. L'idéal est que tous les lecteurs de la norme parviennent à la représentation de la concrétisation future »[71]. Cette exigence s'accommode convenablement avec les finalités du droit, à savoir le besoin d'ordre, le besoin de sécurité et le besoin de justice.

C- La contribution de la réforme à l'exigence de stabilité

La stabilité est un concept polysémique[72]. Pour l'essentiel, il renvoie à l'aptitude des situations juridiques à se maintenir dans la durée afin qu'elles trouvent leur accomplissement[73]. Il s'ensuit que la stabilité juridique n'interdit pas le changement, mais vise à limiter et contenir les effets néfastes de ce changement[74]. L'élément temporel qui la caractérise permet d'en déduire qu'elle est une composante essentielle des exigences de la sécurité juridique et du droit au procès équitable. Pour préserver ces deux dernières exigences, la stabilité contribue au travers des principes qui la promeuvent, à savoir le

---

[67] Civ. 1re, 28 juillet 2004, *D.* 2004, *Jur. 2956.*

[68] *Idem.*

[69] MORVAN (P.), « Le sacre du revirement prospectif à l'autel de l'équitable », *op.cit.*, n° 28.

[70] GHESTIN (J.) et GOUBEAUX (G.), *Traité de droit civil, Introduction générale*, Paris, LGDJ, 3e éd., 1990, p. 414.

[71] PAQUES (M.), « Sécurité juridique et risque environnemental », *in* BOY (L.), RACINE (J.-B.) et SIIRIAINEN (F.), *Sécurité juridique et droit économique,* Droit, Économie internationale, Larcier, 2007, p. 498.

[72] CORNU (G.) (dir.), *Vocabulaire juridique*, *op.cit.*, p. 977.

[73] *Idem.*

[74] Dans le même sens, MAÏWENN TASCHER, *Les revirements de jurisprudence de la Cour de cassation*, thèse préc., p. 218.

principe de la non-rétroactivité ou de la protection des droits acquis[75] et celui de l'autorité de la chose jugée[76].

Ainsi, envisagée exclusivement sous le prisme de la jurisprudence, la stabilité implique que l'interprétation ou la norme jurisprudentielle retenue à un moment donné doit être la même pour toutes les situations juridiques nées sous son empire. Cette interprétation est d'ailleurs confortée par le système classique de *common law* qui, en principe, interdisait au juge de créer des droits nouveaux[77]. En effet, en vertu de la maxime *stare decisis,* le précédent était immuable et rigide. Mais, la déclaration de la Chambre de Lords, en 1966, en faveur de la possibilité d'écarter ses précédents, a apporté une modification profonde au système de *common law*[78]. Ainsi, dans le contexte camerounais qui jouxte les deux systèmes, l'impératif de stabilité juridique appelle deux observations.

La première observation repose sur un éventuel conflit entre la norme d'origine jurisprudentielle anciennement retenue et la loi nouvelle expressément rétroactive ou immédiatement applicable à cause de son caractère d'ordre public. L'intérêt de ce conflit en droit camerounais n'est plus à démontrer. Le législateur ayant consacré la jurisprudence de la Cour suprême comme source du droit, ce conflit ressuscite la question de savoir si la jurisprudence devrait être considérée comme une source du droit d'égale valeur que la loi. En réalité, dans le système juridique camerounais, quoi qu'on dise, la réponse à une telle question est contenue dans la Constitution. Cette dernière[79], en déterminant les rôles respectifs de chacun de trois pouvoirs, semble réduire la jurisprudence à une simple source d'interprétation du droit. En conséquence, la séparation des pouvoirs permet d'en déduire que la norme d'origine jurisprudentielle n'a pas la même valeur que celle d'origine législative et devrait donc, en cas de conflit, céder en faveur de cette dernière. Cette analyse concerne les deux systèmes juridiques laissés en héritage au Cameroun, puisque c'est la seule et même Constitution qui s'applique sur

---

[75] Sur ce principe, voir notamment MALINVAUD (Ph.), *Introduction à l'étude du droit, op.cit.*, p. 132 et s. ; POUGOUE (P.-G.), « Les figures de la sécurité juridique », art. préc., p. 6 ; TCHAKOUA (J.-M.), *Introduction générale au droit camerounais, op.cit.*, p. 48.

[76] En ce que la chose jugée, dès lors que les voies de recours sont épuisées, est tenue pour la vérité et, partant constitutive de droit (TCHAKOUA (J.-M.), *Introduction générale au droit camerounais, op.cit.*, p. 48). Cette solution est critiquable dans la mesure où cette vérité ne s'impose pas *orga ernes*, en vertu de l'effet relatif des jugements. L'auteur ajoute que les règles de publicité sont également un moyen de promotion de la stabilité.

[77] BLACKSTONE (W.), *Commentaries on the laws of England (Facsimile of the first edition of 1765-1769)*, University of Chicago Press, 1979, vol. 1, p. 69.

[78] Sur l'ensemble de l'évolution du système de *common law*, voir DEVINAT (M.), *Etude de méthodologie juridique comparée sur la règle prétorienne en droit civil français et dans la common law canadienne*, Aix-en-Provence, PUAM, coll. Laboratoire de théorie du droit, 2005, p. 4.

[79] Voir notamment l'article 37, alinéa 2, de la Constitution qui précise que : « Le pouvoir judiciaire est exercé par la Cour suprême, les Cours d'appel, les tribunaux. Il est indépendant du pouvoir exécutif et du pouvoir législatif ».

l'ensemble du territoire national. Ainsi, on peut d'ailleurs douter de la constitutionnalité de l'article 35, alinéa (1i), de la loi du 29 décembre 2006 précitée. À partir de cette analyse, on en conclut que la nouvelle loi contraire à la norme jurisprudentielle existante prévaut et doit s'appliquer à compter de son entrée en vigueur. Cette hypothèse pose peu de problèmes, même si la norme jurisprudentielle avait la même valeur que celle d'origine législative.

En revanche, les difficultés surviennent lorsque la loi est expressément rétroactive. En effet, il faut relever que si la rétroactivité des lois est quasiment interdite en matière pénale[80], elle semble être permise dans les autres matières, nonobstant la prohibition de l'article 2 du Code civil. Bien entendu, cette rétroactivité doit s'appliquer aux normes d'origine jurisprudentielle. Mais, compte tenu de son impact négatif sur la sécurité juridique, l'action du législateur est minutieusement encadrée. Il ne peut, selon le juge constitutionnel français, faire des lois expressément rétroactives « qu'en considération d'un motif d'intérêt général suffisant et sous réserve de ne pas priver de garanties légales des exigences constitutionnelles »[81]. D'ailleurs, la Cour européenne des droits de l'homme va dans le même sens en décidant que seuls les impérieux motifs d'intérêt général peuvent justifier l'application immédiate d'une loi, à portée rétroactive, aux instances en cours[82]. Une telle solution retenue devrait inspirer le juge constitutionnel camerounais. En cas d'inaction de celui-ci pour les raisons sus-évoquées, le juge judiciaire peut le faire à travers le contrôle de la conventionalité des lois[83], quand bien même la loi nouvelle contreviendrait à la norme jurisprudentielle.

La seconde observation porte sur ce qu'on peut appeler « conflit des jurisprudences dans le temps ». Il va sans dire que le changement d'orientation d'une interprétation ou de norme jurisprudentielle impacte le régime applicable aux situations juridiques existantes et, par conséquent, peut aller à

---

[80] Le principe de la légalité criminelle est consacré à l'article 3 du Code pénal en ces termes : « Ne sont pas soumis à la loi pénale, les faits commis antérieurement à son entrée en vigueur ou ceux qui n'ont pas été jugés avant son abrogation expresse ou tacite ».

[81] Cons. Const., 18 décembre 2001, *JO 26 décembre 2001*, p. 20582.

[82] CEDH, 23 octobre 1997, *National et provincial building society, Rec. CEDH*, p. 2325; *RFDA*, 1998, p. 990, note SERMET (L.) ; 28 octobre 1999, *Zielenski, D.*, 2000, p. 629, obs. PERROT (R.) ; *RTD civ.*, 2000, p. 437, obs. MARGUENAUD.

[83] Il faut utilement rappeler que la Cour suprême reconnaît aujourd'hui au juge judiciaire le pouvoir d'exercer le contrôle de la conventionalité des lois. Cf. CS, arrêt n° 21/CIV, 15 juillet 2010, *aff. Michel ZOUHAIR FADOUL c/ OMAÏS KASSIM Sélecta SARL*, inédit. Elle a confirmé d'ailleurs sa position en 2013 en annulant l'arrêt de la Cour d'appel du Littoral qui a fait application de l'article 1421 du Code civil qui contrevient aux dispositions de la Convention sur l'Élimination de toutes les formes de Discrimination à l'égard des Femmes (CEDEF) au motif clairement exprimé « qu'en vertu de l'article 45 de la Constitution, les Traités régulièrement ratifiés et entrés en vigueur prennent place dans la hiérarchie des normes juridiques à côté de la Constitution et au-dessus des lois » (CS, Ord. N° 498 du 05 novembre 2013, *aff. Dame Veuve YAMSI c/ Dame GOMDIJIM*, inédit).

l'encontre du besoin de sécurité juridique[84]. Doit-on, dans cette hypothèse, soumettre la jurisprudence au principe de la non-rétroactivité comme c'est le cas pour la loi ? On peut être tenté de dire qu'en consacrant le non-respect de la jurisprudence de la Cour suprême comme cas d'ouverture à cassation, le système camerounais opte pour la réponse affirmative. Celle-ci romprait complètement avec la situation qui a prévalu en France en 2001 où la Cour de cassation, pour concilier l'impératif de la stabilité et l'exigence de la flexibilité de l'interprétation jurisprudentielle, a décidé que « l'interprétation jurisprudentielle (…) à moment donné ne peut être différente selon l'époque des faits considérés et nul ne peut se prévaloir d'un droit acquis à une jurisprudence figée »[85]. Même si aujourd'hui, une sorte d'infléchissement semble être apportée à cette solution jurisprudentielle, on s'accorde pour relever que le principe reste l'effet immédiat de la jurisprudence et il est écarté seulement lorsque cette application immédiate ne prive pas la partie de son droit à l'accès au juge[86]. On peut en conclure que les effets de la jurisprudence seront contenus dans le temps même si aucun texte ne l'a précisé. C'est sur ces insuffisances qu'on peut, au fond, exposer les lacunes de la réforme.

II- L'ÉLÉVATION DU NON-RESPECT DE LA JURISPRUDENCE DE LA COUR SUPRÊME EN CAS D'OUVERTURE À POURVOI : UNE RÉFORME AU FOND ILLUSOIRE

La sélection par une énumération limitative des cas d'ouverture à pourvoi parmi lesquels figure le non-respect de la jurisprudence de la Cour suprême semble *a priori*, comme il vient d'être examiné, garantir à la fois l'impératif de sécurité juridique et le droit fondamental au procès équitable. Ainsi, si cette présentation de la réforme recèle un certain mérite dans l'apparence, elle porte, au fond, le manteau de l'illusoire. En effet, elle semble ne pas résoudre les problèmes de l'accès à la Cour suprême (A), de l'accès à la jurisprudence (B) et de l'encadrement de l'application de la norme jurisprudentielle dans le temps (C).

A- Le problème de l'accès à la Cour suprême

On peut apprécier l'accès à la Cour suprême, sous le prisme des exigences de la sécurité juridique et du droit au procès équitable, sur deux points. Ces derniers portent respectivement sur l'approche énumérative des cas d'ouverture à pourvoi et les modalités de saisine des formations dont les

[84] RIVERO (J.), « Sur la rétroactivité de la jurisprudence », *AJDA*, 1968, p. 15.
[85] Civ. 1re, 9 octobre 2001, *Bull. civ. I*, n° 249, p. 157, *D.* 2001. *3470*, rapport SARGOS (P.), note THOUVENIN (D.) ; *JCP*, 2002. II. 10045, note CACHARD (O.) ; *RTD civ.* 2002, p. 176, obs. LIBCHABER (R.) ; *LPA*, 13 mars 2002, n° 52, p. 17, note MARMOZ (F.) ; *GAJC*, Paris, Dalloz, 13 éd., 2015, t. 1, p. 87, note TERRE (Fr.) et LEQUETTE (Y.).
[86] Civ. 1re, 11 juin 2009, *JCP*, 2009, n° 237, note LAGARDE (X.) ; MOLFESSIS (N.), « La Cour de cassation face à la modulation dans le temps des revirements de jurisprudence », *D.* 2009, chron., p. 2567.

décisions font jurisprudence. Dans le premier cas, l'option choisie est inadaptée pour concilier la sécurité juridique et le droit au procès équitable et l'objectif d'efficacité de la mission de la Cour suprême (1). Dans le second cas, la réforme limitant le droit d'accès aux formations réunies ne permet pas à la haute juridiction d'asseoir une véritable politique jurisprudentielle (2).

1- L'inadaptation de l'approche énumérative des cas d'ouverture à pourvoi

À croire une certaine doctrine[87], on peut être flatté par le mérite de l'approche énumérative des cas d'ouverture à pourvoi qui semble *a priori* lever toute incertitude liée à la saisine de la Cour suprême. Elle s'accommode, pour ainsi dire, avec le rôle particulier de la Haute juridiction qui se limite à vérifier le droit[88]. Ainsi, l'absence de définition des cas d'ouverture conduirait inéluctablement à considérer la Haute juridiction comme un troisième degré de juridiction, c'est-à-dire un juge du fait et du droit[89]. Cette opinion est d'ailleurs renforcée par l'argument selon lequel le pourvoi en cassation étant une voie de recours extraordinaire, « seul un texte spécifique peut en déterminer les conditions d'exercice »[90]. Ce texte doit, conformément à l'exigence de la sécurité juridique, fixer les justiciables sur les cas qui fondent la saisine de la Cour suprême. Cette voie, en plus du Cameroun, est empruntée par plusieurs autres législateurs africains[91]. Si l'argumentaire semble convaincant, il n'en est pas moins exempt de critiques. En effet, l'approche énumérative des cas d'ouverture à pourvoi, en général, et l'élévation du non-respect de la jurisprudence de la Cour suprême en cas d'ouverture, en particulier, présentent respectivement des limites qu'il importe de relever.

S'agissant de la sélection par une énumération limitative des cas d'ouverture à pourvoi, elle est contestée pour plus d'une raison. En effet, l'idée même de sélection est remise en cause par une partie de la doctrine. Selon cette dernière, dans un État où l'égalité de droit « implique une égalité

---

[87] ISSA-SAYEGH (J.), « Le bilan jurisprudentiel du droit OHADA (Incertitudes législatives et turbulences jurisprudentielles) », *In 31e congrès 2008 Lomé sur le rôle du droit dans le développement, IDEF* ; NAYO (K. I.), *Le pourvoi en cassation devant la Cour commune de justice et d'arbitrage de l'OHADA*, Mémoire de l'ENA de Togo, Magistrature 2009, *mémoireonline droit processuel*, p. 21.

[88] *Idem.*

[89] ASSEPO ASSI (E.), « La Cour commune de justice et d'arbitrage de l'OHADA : un troisième degré de juridiction ? », *RIDC*, Vol. 57, N° 4, 2005, pp. 943-955 ; ISSA-SAYEGH (J.), « Le bilan jurisprudentiel du droit OHADA (Incertitudes législatives et turbulences jurisprudentielles) », *op.cit.* ; NAYO (K. I.), *Le pourvoi en cassation devant la Cour commune de justice et d'arbitrage de l'OHADA*, *op.cit.*, p. 21 ; POULET (L.), « La cassation d'ici et ailleurs. L'exemple du Bénin », *Justice et Cassation*, 2017, p. 339.

[90] NAYO (K. I.), *Le pourvoi en cassation devant la Cour commune de justice et d'arbitrage de l'OHADA*, *op.cit.*, p. 21.

[91] On peut citer le cas de l'article 219 du Code de procédure civile du Togo, le cas de l'article 206 du Code de procédure civile, commerciale et administrative de la Côte d'Ivoire.

de traitement, la différence de traitement devant répondre à une différence de situation et être en rapport avec l'objet ou le but du texte qui l'établit, on ne peut qu'être gêné par l'idée de sélection »[92]. Ainsi, à s'en tenir à l'apparence de cette sélection intellectuelle, on peut dire qu'elle introduit une inégalité de traitement entre les justiciables dans leur droit au pourvoi, car certains d'entre eux seulement auront la chance que la Cour suprême examine leur recours. Pourtant, le droit au juge voudrait bien qu'on permette à tout justiciable d'avoir accès à la Cour suprême.

Mais, au fond et en pratique, cette solution, de par son caractère assez formel, est plutôt souple[93] et ne permet pas d'atteindre le but escompté qui est celui de ne pas encombrer la Haute juridiction avec des affaires fantaisistes. Autrefois retenue en droit français, cette approche « s'est révélée illusoire (car) le système ne filtre ni les moucherons, ni les chameaux »[94]. En effet, le filtrage intellectuel qui n'empêche pas l'exercice du pourvoi est un leurre[95], dans la mesure où la Cour suprême sera toujours amenée à connaître du pourvoi même s'il ne repose pas sur un des cas d'ouverture à pourvoi limitativement énumérés. Par conséquent, on ne résout pas le problème d'encombrement de cette juridiction particulière en ayant recours à la voie de la sélection par une énumération des cas d'ouverture à pourvoi qui, en réalité, lui occupe l'essentiel de son temps pour rien, puisqu'elle finira toujours par prononcer l'irrecevabilité du pourvoi ainsi formé. C'est la raison pour laquelle la plupart des pays ne retiennent pas cette solution[96]. La France l'a aujourd'hui abandonnée[97]. On peut donc dire que le système camerounais, qui semble

---

[92] PIWNICA (E.), cité par AMRANI MEKKI (S.), « Voie de recours et droit au procès équitable », *op.cit.,* n°11.

[93] AMRANI MEKKI (S.), « Voie de recours et droit au procès équitable », *op.cit.,* n°11.

[94] TUNC (A.), « Conclusions : La Cour suprême idéale », *op.cit.*, p. 445.

[95] AMRANI MEKKI (S.), « Voie de recours et droit au procès équitable », *op.cit.,* n°11.

[96] Pour une présentation générale, voir notamment Lord WILBERFORCE, « La Chambre des Lords », *RIDC*, Vol. 30, N° 1, pp. 88 et 89 ; GRISWOLD (E. N.), « La Cour suprême des États-Unis », *RIDC*, Vol. 30, N° 1, pp. 101 et s. ; BORA LASKIN, « La Cour suprême du Canada », *RIDC*, Vol. 30, N° 1, p. 140 ; SALGER (H.), « La Cour fédérale de justice de la République d'Allemagne », *RIDC*, Vol. 30, N° 1, pp. 331 et s.

[97] Lire l'article 604 du Code de procédure civile français qui ne précise pas les cas d'ouverture à cassation en ces termes : « Le pourvoi en cassation tend à faire censurer par la Cour de cassation la non-conformité du jugement qu'il attaque aux règles de droit ».

vouloir concilier la *common law et la civil law*, ne s'inspire ni du modèle britannique[98] ni de celui français[99].

Compte tenu de ce que la sélection par une énumération limitative des cas d'ouverture à pourvoi fait partie de mauvais moyens[100], la doctrine relève que le critère qui semble recouper l'unanimité de différents systèmes juridiques, repose sur « l'intérêt que présenterait l'arrêt de la Cour pour clarifier ou orienter le droit »[101]. Pour ce faire, moult mécanismes sont préconisés pour le mettre en œuvre[102]. Mais, le mécanisme le plus indiqué pour concilier l'efficacité de la mission de la Cour suprême et le droit au procès équitable nous semble celui reposant sur la procédure de sélection. Ainsi, les organes en charge de cette sélection, institués au sein de la Cour, doivent rendre des décisions motivées admettant ou non le pourvoi[103]. Dans ces conditions, la motivation étant une garantie du droit au procès équitable[104], le justiciable ne qualifiera point de traitement inéquitable et inégalitaire, une décision de non-admission. Bien entendu, pour qu'une telle procédure de sélection puisse être menée conformément aux exigences du droit au procès équitable, l'organe de sélection doit être saisi d'une requête articulée qui expose le grief de nature

---

[98] Sur le modèle britannique, voir Lord WILBERFORCE, « La Chambre des Lords », *op.cit.*, pp. 88 et 89. Selon ce modèle, le pourvoi est autorisé soit par la Cour d'appel dont la décision est contestée, soit la Chambre des lords elle-même. En effet, à « la fin d'une affaire jugée par la Cour d'appel, (…) la partie perdante peut demander l'autorisation de porter en appel devant la Chambre des Lords. Une brève discussion peut alors s'ouvrir sur la question. Le résultat est annoncé immédiatement. Si l'autorisation est donnée, la Chambre des Lords a l'obligation d'examiner l'affaire. Si l'autorisation est refusée, la partie qui l'avait sollicitée peut encore présenter une requête écrite à la Chambre des Lords. (…) Elle est soumise à une Commission d'appel (Appeal Committee) de la Chambre des Lords, composée de trois membres qui vont écouter les raisons que l'on développera devant eux. Ils statueront immédiatement par une décision non motivée » (cf. p. 89).

[99] Comme, l'article 604 du Code de procédure civile français ne précise pas les cas d'ouverture à cassation, une loi du 25 juin 2001 a introduit une procédure de sélection qui permet à la Cour suprême d'admettre ou non les pourvois par une décision non motivée. La doctrine qui ne conteste pas le principe de la procédure de sélection, mais critique le fait qu'elle soit admise ou non par une décision soit non motivée. Sur cette doctrine, GUINCHARG (S.), « Petit à petit l'effectivité du droit à un juge s'effrite », *Mélanges en l'honneur de BORE (L.), Paris, Dalloz,* 2007, pp. 275-285, spéc. pp. 284 et s. ; AMRANI MEKKI (S.), « Voie de recours et droit au procès équitable », *op.cit.*, n° 12.

[100] TUNC (A.), « Conclusions : La Cour suprême idéale », *op.cit.*, pp. 444 et 445. À ce mauvais moyen, l'auteur en ajoute d'autres, à savoir la condamnation à une amende le plaideur dont le pourvoi est rejeté, l'intérêt en jeu et la politique consistant à rejeter le plus grand nombre possible de pourvoi pour des raisons de pure forme.

[101] *Idem.*

[102] Sur ces différents mécanismes, voir TUNC (A.), « Conclusions : La Cour suprême idéale », *op.cit.*, pp. 445 et s.

[103] Dans le même sens, voir AMRANI MEKKI (S.), « Voie de recours et droit au procès équitable », *op.cit.*, n° 15.

[104] CABRILLAC (R.), FRISON ROCHE (M.-A.) et REVET (T.), *Libertés et droits fondamentaux*, Paris, Dalloz, 14e éd., 2008, p. 490, n° 651 ; AMRANI MEKKI (S.), « Voie de recours et droit au procès équitable », *op.cit.*, n° 12.

juridique reprochée à la décision attaquée. Cela impose l'obligation de constituer avocat qui développe les moyens de droit invoqués. Pareille exigence existe déjà à l'article 53, alinéa 2[105], de la loi n° 2006/016 du 29 décembre 2006 précitée. En outre, la décision de sélection doit intervenir après avoir observé le principe du contradictoire et l'égalité des armes. Bien que la loi de 2006 ait prévu la procédure de sélection appelée « Audience d'examen du pourvoi » à l'article 58, alinéa 3, elle a opéré une distinction entre l'arrêt d'admission et de rejet du pourvoi. Dans ce dernier, elle a l'obligation de motiver sa décision. En tout cas, l'institution d'une procédure de sélection qui prend en compte les garanties du droit au procès équitable doit supplanter l'approche énumérative des cas d'ouverture à pourvoi qui ne limite en réalité le droit au pourvoi que sur la forme. Par conséquent, elle ne saurait produire, au fond, l'effet escompté.

Quant à l'érection du non-respect de la jurisprudence de la Cour suprême en cas d'ouverture à pourvoi, elle court le risque d'être contreproductive. En effet, cette technique rend les juges de la Cour suprême en simples vérificateurs des causes d'irrecevabilité et partant, distributeurs automatiques des décisions d'irrecevabilité sans pouvoir d'appréciation des circonstances et des conditions sociales qui font évoluer l'interprétation jurisprudentielle. Cela se justifie par le fait que l'évolution d'interprétation est généralement provoquée par les parties et par la résistance des juges de fond à se conformer à la position de la Cour suprême préalablement établie sur la question du droit invoqué. Ainsi, en précisant que le non-respect de la jurisprudence de la Haute juridiction est un cas d'ouverture à cassation, on tue dans l'œuf toutes les initiatives visant tout changement d'interprétation, parce que le sort d'un tel pourvoi est connu d'avance : l'irrecevabilité. L'unique hypothèse, qui reste donc favorable au changement de normes, est celle qui repose sur la volonté législative. On en convient qu'en voulant faire de la jurisprudence une source du droit, il y a eu une sorte d'avancée en reculant : car l'essentiel de sa valeur a été réduit à cause du cantonnement de son domaine d'intervention aux seuls silences textuels et de la dépendance de son évolution à la seule volonté législative. Pourtant, les mutations normatives les plus importantes proviennent de l'œuvre jurisprudentielle aidée par les travaux de la doctrine[106].

---

[105] Il faut le rappeler ; l'article 53, alinéa 2, dispose que : « Le mémoire ampliatif, dûment timbré par feuillet doit articuler et développer les moyens de droit invoqués à l'appui du pourvoi ».

[106] L'œuvre jurisprudentielle la plus remarquable est visiblement perceptible en matière de droit de la responsabilité civile. Elle apporté d'importantes contributions aux limites des articles 1382 et 1384 du Code civil en consacrant une responsabilité de plein droit et des principes généraux de responsabilité du fait de chose et du fait d'autrui. Sur l'ensemble, voir GHESTIN (J.), VINEY (G.) et JOURDAIN (P.), *Les conditions de la responsabilité civile*, Paris, LGDJ, 4e éd., 2013, 1320 p.

2- La limitation du droit d'accès aux formations réunies

À la lecture combinée des articles 35, alinéa (1i)[107], 71[108] et 138[109] de la loi n° 2006/016 du 29 décembre 2006, seules font jurisprudence les décisions rendues en Sections réunies ou en Chambres réunies. C'est dire que les divergences de point de vue sont permises au sein de la Cour suprême. Ainsi, on pourrait dire que l'approche énumérative des cas d'ouverture à pourvoi ainsi choisie expose délibérément à l'insécurité juridique et judiciaire et affecte négativement l'efficacité de la mission essentielle de la Haute juridiction. Cette indication ne devrait pas en soi poser de problème dès lors que les différentes Sections ou Chambres ont une politique jurisprudentielle commune.

Mais, le problème refait surface lorsqu'on examine les modalités de saisine de ces formations dont les décisions font jurisprudence. En effet, les articles 41, alinéa 2[110], et 131[111] de la loi suscitée, qui organisent les conditions de saisine des formations réunies, ne semblent pas impulser une politique efficace d'uniformisation de la jurisprudence. Ayant écarté les parties au procès, dans les deux cas, de la possibilité de saisir ces formations, le législateur semble laisser libre cours aux seules personnalités habilitées à pouvoir le faire. Qui plus est, il ne précise même pas dans quelles conditions ces formations réunies « *doivent* » être saisies. Il en résulte que, si ces personnalités ayant reçu qualité pour agir, restent inactives, les solutions données aux problèmes similaires peuvent continuer à varier d'une Section à une autre, d'une Chambre à une autre. Par exemple, la Section de *common law* de la Chambre judiciaire continuera à retenir, en matière civile, l'âge de minorité à moins de 18 ans[112], tandis que la Section civile de la même Chambre continuer à appliquer l'article 388 du Code civil qui définit le mineur comme tout individu n'ayant point l'âge 21 ans, alors même qu'en vertu des Conventions relatives aux droits de l'enfant, une harmonisation est possible[113].

---

[107] Cf. *supra*, n° 1.

[108] « Les décisions de la Chambre judiciaire statuant en Sections réunies s'imposent aux juridictions inférieures en matière judiciaire, sur tous les points de droit tranchés ».

[109] « Les décisions de la Cour suprême statuant en Chambres réunies s'imposent aux juridictions inférieures sur tous les points de droit tranchés ».

[110] La formation des Sections Réunies est saisie « soit par ordonnance du Premier Président, soit par arrêt d'une Section ».

[111] La formation des Chambres réunies est saisie « soit par ordonnance du Premier Président, soit par arrêt d'une Section ou des Sections Réunies d'une Chambre, soit sur réquisition du Procureur Général »

[112] Dans le système de *common law* applicable dans la partie dite ex-Cameroun occidental, est mineure, toute personne de moins de 18 ans. Sur l'ensemble de la question, lire FOMBAD et MANGA (Ch.), « Researching Cameroonian Law », disponible en ligne sur le site *http://www.nyulawglobal.org/globalex/Cameroon.html*.

[113] Voir l'art. 1er de la Convention relative aux droits de l'enfant ; l'art. 2 de la Charte africaine des droits et du bien-être de l'enfant.

Au regard de ce qui précède, il aurait été souhaitable que le législateur, en évinçant les parties au procès du droit de saisine, envisageât une sorte de compensation. Cette dernière pourrait consister à exiger le rapport sur l'état de la jurisprudence sur la question de droit posée. Bien entendu, ce rapport, en explorant les solutions retenues par les différentes Sections ou Chambres, doit être fait par les organes de sélection des affaires à soumettre à la Cour suprême. En cas de divergence, une sorte de saisine de plein droit des formations réunies devrait s'opérer. Dans ces conditions, on encouragerait les parties à se pourvoir en cassation, de bonne foi, dans l'optique de faire évoluer et uniformiser la jurisprudence en invoquant, au soutien de leur pourvoi, les solutions retenues par une Section ou Chambre autre que celle saisie.

B- Le problème de l'accès à la jurisprudence

Aucun texte n'organise jusque-là l'accès à la jurisprudence de la Cour suprême. Pourtant, l'accès aussi bien dans son volet matériel (1) et qu'intellectuel (2) est une nécessité, d'autant plus que le législateur reconnaît à cette source du droit une valeur importante.

1- Les difficultés relatives à l'accès matériel

Les décisions de justice sont certes publiques[114], mais elles ne sont pas publiées comme le sont les textes. S'il est vrai que leur publication n'ajoute rien à leur valeur, elle renferme néanmoins une importance incommensurable pour les professionnels du droit, les magistrats eux-mêmes et les chercheurs. C'est la raison pour laquelle la doctrine propose que la jurisprudence, parce qu'elle est dans une certaine mesure une source du droit[115], doive être accessible à tous[116]. Mais, l'accès à la jurisprudence au Cameroun demeure une véritable gageure. Comme l'a relevé AKAM AKAM[117], « il y a (...) une imperfection, voire une absence manifeste, de la diffusion des décisions de justice ». Le seul support qu'est le *Bulletin des arrêts de la Cour suprême* qui assurait la publication a cessé de paraître. La relève qu'ont prise les Revues universitaires[118] est insuffisante. Il faut donc, pour faciliter l'accès à la

---

[114] Bien sûr, il y en a qui sont rendus en Chambre de conseil ou à huis clos.

[115] Sur la jurisprudence comme source du droit, lire Fr. Terré., *Introduction générale au droit*, 6e éd., Dalloz, 2003, n° 284. Cet auteur préconise une tendance intermédiaire entre les deux opinions antithétiques.

[116] MALINVAUD (Ph.), *Introduction à l'étude du droit, op.cit.*, p. 193 ; LEUSEUR De GIVRY, « La diffusion de la jurisprudence, mission de service public », *Rapport de la Cour de cassation, 2003*, p. 269 ; PAGET (S.), « La réception de la jurisprudence », *LPA, mai 2007*, p. 4 ; AKAM AKAM (A.), « Libres propos sur l'adage "*nul n'est censé ignorer la loi*" », *op.cit.*, pp. 43 à 45.

[117] AKAM AKAM (A.), « Libres propos sur l'adage "*nul n'est censé ignoré la loi*" », *op.cit.*, pp. 43 et 44, n° 29.

[118] Il s'agit notamment de la Revue *Juridis Périodique* qui réserve une de ses rubriques à la jurisprudence ; ANOUKAHA (Fr.), (dir.), *Les grandes décisions de la jurisprudence civile camerounaise,* Coll. Les Grandes décisions, LERDA, 2008, 643 p ; *Les grandes décisions de*

jurisprudence, rénover les moyens de publication des décisions de justice, de manière générale, et instituer une obligation de publication de certains arrêts de la Cour suprême, en particulier.

À propos de la rénovation des techniques de diffusion de la jurisprudence, il faut, comme l'a relevé un auteur[119], non seulement réactiver la parution du *Bulletin des arrêts de la Cour suprême*, mais aussi, et surtout développer l'informatique juridique[120] et moderniser la communication juridique[121]. Pour ce faire, on peut implémenter les techniques utilisées en droit comparé et en droit communautaire. En effet, en droit français par exemple, la Cour de cassation diffuse des décisions sous deux formes, l'une papier[122], l'autre informatique[123]. À travers ces deux techniques, la haute juridiction publie les *Bulletins* et le *Rapport* et met à la disposition du public gratuitement sur le site *Légifrance*[124] les arrêts qu'elle rend et ceux des Cours d'appel. Pour ces derniers, elle a créé une banque de données qui les centralise. Ce dernier instrument est connu sous l'appellation de JURICA[125]. Les *Bulletins* paraissent mensuellement et sont établis par le service d'études et de la documentation de la Cour de cassation[126].

---

la jurisprudence pénale camerounaise, coll. Les Grandes décisions, LERDA 2018, 947 pages ; TCHAKOUA (J.-M.), (dir.), *Les grandes décisions du droit du travail et de la sécurité sociale*, Jusprint, 2016, 858 pages.

119 AKAM AKAM (A.), « Libres propos sur l'adage "*nul n'est censé ignoré la loi*" », *op.cit.*, p. 44, n° 30.

120 Sur l'informatique juridique, voir VIVANT (M.), « Quelques mots sur l'informatique juridique », *JCP*, 1985.I. 3211 ; BERGEL (J.-L.), « Informatique et légistique », *D.* 1987, *Chron.* 171 ; CATALA (P.), « Le fichier national informatisé de la jurisprudence française », *JCP*, 1995.I. 3873.

121 L'auteur propose de « *repenser l'utilisation de la radio et de la télévision comme vecteurs de l'information juridique* ». AKAM AKAM (A.), « Libres propos sur l'adage "*nul n'est censé ignoré la loi*" », *op.cit.*, p. 44, n° 30, note de bas de page n° 91.

122 La publication sur support papier est désormais réservée, depuis le 1er janvier 2008, aux abonnés.

123 Les arrêts de la Cour de cassation sont publiés sur les sites www.courdecassation.fr, *Légifrance*. Sur ces outils, lire ROUVIERE (F.), « Qualité de l'information et diffusion informatique du droit », *RRJ*, 2006, p. 2745.

124 Pour assurer la protection des données personnelles, la Commission nationale de l'information et des libertés (CNIL) préconise de ne pas mentionner dans les publications sur le site internet le nom des personnes concernées. Voir PERDRIAU (A.), « L'anonymisation des jugements civils », *JCP*, 1999.I., p. 163 ; De BELLESCIZE (R.), « Faut-il légiférer sur l'anonymisation des décisions de justice ? », *LPA*, 20 septembre 2006, p. 3 ; MERCARDIER (M.-F.), « La question de l'anonymisation des décisions de justice diffusées sur internet en France et dans les pays de l'Union européenne », *RRJ*, 2006, p. 2675 ; LELIEVRE (F.), « L'anonymisation à la française des décisions de justice, une exception ? », *AJDA*, 2012, p. 526.

125 BORIES (S.), « JURICA : un outil de communication et de recherche », *D.* 2011, p. 1242 ; HENRY (X.), « Vidons les greffes de la République ! De l'exhaustivité d'accès aux arrêts civils des Cours d'appel », *D.* 2011, 2609.

126 Pour plus de détail, lire MASSART (Y.) et LACABARATS (A.), « Le service de documentation et d'études à 60 ans », *Bull. inf. C. cass.* 15 juillet 2007, n° 665.

Quant au *Rapport*[127], la Cour de cassation le publie chaque année conformément à l'article R 431-9 du Code de l'organisation judiciaire qui en a fait une obligation à sa charge. Elle met l'accent sur les décisions importantes qu'elle a rendues au cours de l'année dans les différents domaines du droit. Une partie de ce *Rapport* est réservée aux suggestions de modification des textes susceptibles de pallier les difficultés rencontrées par la Cour.

L'exemple du droit OHADA est également à implémenter. En effet, conformément à l'article 42 du Règlement de procédure de la Cour Commune de Justice et d'Arbitrage[128], un recueil de jurisprudence de cette Haute juridiction communautaire est publié par les soins du greffier en chef sous le contrôle du Président. « Ce système qui est perfectible rend actuellement de bons services »[129]. Aujourd'hui, ce système est renforcé par la diffusion informatique sur le site *www.ohada.com* qui publie non seulement les décisions de la Haute juridiction communautaire, mais aussi celles rendues par les juridictions nationales concernant le droit harmonisé. Ses institutions comme l'École Régionale Supérieure de Magistrature[130] contribuent efficacement à la publication des décisions. Les initiatives doctrinales ne sont pas en reste[131], notamment à travers les recueils annotés et commentés de certaines décisions de la CCJA.

Quant à l'obligation de publication de certains arrêts de la Cour suprême, on peut la fonder sur l'article 35, alinéa (1i) de la loi n° 2006/016 du 29 décembre 2006. En effet, en élevant le non-respect de la jurisprudence de la Cour suprême ayant statué en Sections réunies d'une Chambre ou en Chambres réunies au rang des cas d'ouverture à pourvoi, le législateur aurait dû aller au bout de sa logique en imposant leur publication immédiate et systématique par les deux techniques de diffusion à savoir le support papier et le support numérique.

---

[127] CHARBONNEAU (C.), « Le rapport annuel de la Cour de cassation a 40 ans ! », *Rev. Lamy dr. civ.*, mai 2008, p. 63.

[128] En abrégé CCJA.

[129] OLIVERA (A.), « Influence de la jurisprudence internationale », *in Le juge de cassation à l'aube du 21ème siècle, Actes du premier Congrès de l'AHJUCAF,* Marrakech – 17 au 19 mai 2004, p. 135.

[130] En abrégé ERSUMA.

[131] Voir par exemple, POUGOUE (P.-G.), (dir.), *Les Grandes décisions de la Cour Commune de Justice et d'Arbitrage,* L'Harmattan, 2010 ; ONANA ETOUNDI (F.), *OHADA : Grandes tendances jurisprudentielles de la Cour Commune de Justice et d'Arbitrage en matière d'interprétation et d'application du droit OHADA (*1997-2010*)*, Coll. « Pratique et Contentieux de Droit des Affaires », ERSUMA, éd. spéc., octobre 2011, préf. M'BOSSO (J.).

2- Les difficultés relatives à l'accès intellectuel

Nul ne saurait nier le caractère hermétique, opaque, voire ésotérique du langage judiciaire[132]. En effet, un auteur[133] explique la complexité de ce langage par le fait que le juge utilise considérablement les expressions latines[134], a recours aux « *locutions surannées ou archaïques* »[135], emploie « *d'expressions peu intelligibles ou ambiguës* »[136], etc. À cela s'ajoute le caractère lapidaire ou obscur de la motivation qui rend incompréhensibles les décisions de justice. Dans tous les cas, il en ressort que le style judiciaire constitue un véritable obstacle à l'accès à la jurisprudence. Compte tenu de cette difficulté, on a proposé la simplification du langage judiciaire. La Cour européenne des droits de l'homme va plus loin en sanctionnant les arrêts dont la motivation n'est pas assez claire[137].

Certains pays, notamment la France, ont engagé le chantier de la simplification dont l'objectif est de dépoussiérer la rédaction des décisions des éléments de complexification tels que : « *Attendu que : Considérant que* ». Le style direct, qui permet d'éviter les longues et sinueuses phrases afin de rendre les décisions plus claires et intelligibles, a remplacé celui de rédaction adoptant la phrase unique. Désormais, la structure de ces dernières est organisée en paragraphes numérotés. Elles comportent trois parties bien identifiées et nommées à savoir les faits et la procédure, l'examen des moyens et le dispositif. La deuxième partie qui exige une motivation développée doit faire mention des solutions alternatives non retenues lorsque celles-ci ont été sérieusement discutées au cours du délibéré afin de ressortir les raisons qui ont justifié leur mise à l'écart. En plus, si la Cour opère un revirement de jurisprudence, les « *précédents* » doivent être cités pour permettre la traçabilité de la décision au sein de la jurisprudence de la Cour. Cette nouvelle forme de rédaction des décisions de justice est déjà mise en œuvre par le

---

132 Sur le style judiciaire, lire notamment MIMIN (V.), *Le style des jugements*, 1962 ; SCHOERDER, *Le nouveau style judiciaire*, 1978, cités par AKAM AKAM (A.), « Libres propos sur l'adage nul n'est censé ignorer la loi », *op.cit.*, p. 48.

133 AKAM AKAM (A.), art. préc., p. 48.

134 C'est notamment les expressions telles que : *in limine litis ; ultra petita ; infra petita ; pretium doloris ; penitus extranei ; fraus omnia corrompit ; in bonis ; in malus,* etc.

135 « Agissant poursuites et diligences de ; jugement querellé ou entrepris ; condamne en tous les dépens ».

136 « Déboute X de toutes ses demandes, fins et conclusions ; venir aux droits et actions de ; aux torts et griefs ».

137 CEDH, 14 mars 2019, *aff. QUILICHINI c/ France*, *Dalloz. actualité,* 27 mars 2019, obs. BOISSON.

Conseil Constitutionnel[138], le Conseil d'État[139] et la Cour de cassation[140]. En tout cas, cette exigence qui permet d'expliquer et d'encadrer l'application du revirement de jurisprudence dans le temps devrait inspirer le juge camerounais.

C- Le problème de la modulation des effets de la jurisprudence dans le temps

En élevant la jurisprudence au rang des cas d'ouverture à pourvoi, le législateur a, sans doute, renforcé sa position parmi les sources du droit. Seulement, il n'a pas enchainé le juge de la Cour suprême dans la cage de l'observatoire servile et éternel de sa propre jurisprudence[141]. C'est dire que

---

[138] C'est par un communiqué de presse très succin du 10 mai 2016 que le Conseil constitutionnel a annoncé la mise en œuvre de la modification rédactionnelle de ses décisions. Consécutivement à la publication de deux décisions adoptant le nouveau mode de rédaction, le Conseil constitutionnel a indiqué notamment que celui-ci « a pour objectifs de simplifier la lecture des décisions du Conseil constitutionnel et d'en approfondir la motivation. Ce mode de rédaction s'appliquera désormais à l'ensemble des décisions rendues par le Conseil constitutionnel » (Communiqué du Président du Conseil constitutionnel, 10 mai 2016, Site internet du Conseil constitutionnel). Sur la décision appliquant le nouveau style, voir Décisions n° 2016-539 QPC et 2016-540 QPC du 10 mai 2016. Sur le commentaire doctrinal, voir GAHDOUN (P. Y.), « Chronique de droit public », *Les nouveaux cahiers du Conseil constitutionnel*, octobre 2016, n° 53 p. 157 ; MALHIERE (F.), « Le considérant est mort ! Vive les décisions du Conseil constitutionnel », *Gaz Pal.*, 24 mai 2016, n° 19, p. 11 ; CHARITE (M.), « Réflexions sur la modernisation du mode de rédaction des décisions du Conseil constitutionnel », *Revue générale du droit (www.revuegeneraledudroit.eu), Études et réflexions*, 2017, n° 1, pp. 1-16.

[139] À propos du nouveau mode de rédaction des décisions du Conseil d'État, voir FARDET (Ch.), « Le style des décisions du État », *Revue d'Histoire des Facultés de droit et de la science juridique, n° 3*, 2013, pp. 219-243 ; PETIT (J.), « La motivation des décisions du juge administratif », *in* S. CAUDAL, (dir.), *La motivation en droit public*, Paris, Dalloz, 2013, pp. 213-230 ; PELLISSIER (G.), « La réflexion de la juridiction administrative sur la rédaction de ses décisions », *Les Cahiers de la Justice*, 6 (2), 2014, pp. 219-228 ; DELVOLVE (P.), « Le style et le Conseil d'État », *Justice et Cassation*, 2013, « Colloque du 22 mars 2012. Le juge, l'avocat et le style. L'exemple des hautes juridictions », pp. 296-309 ; BRUNET (P.), « Le style déductif du Conseil d'État et la ligne de partage des mots », *Droit et Société, n° 91*, 2015, pp. 545-561 ; Le BOT (O.), « Rédaction des jugements et lisibilité des décisions des juges administratifs », *in* PAILLET (M.), (dir.), *La modernisation de la justice administrative en France*, Bruxelles, Larcier, 2010, pp. 281-296.

[140] Il importe de rappeler qu'en 2014, une démarche collective, large, très ouverte, a été engagée par et à la Cour de cassation en vue de réfléchir aux évolutions possibles et souhaitables en matière de motivation de ses décisions. Elle a abouti, en mars 2017, à la création d'une commission chargée de proposer des choix précis, argumentés, et d'élaborer, en fonction, un projet de dispositif opérationnel. Cette commission a achevé ses travaux à la mi-décembre 2018. Les solutions concrètes ont été formalisées pour servir de règles rédactionnelles en février et mars 2019. La modernisation du style des décisions de la Cour de cassation devrait s'opérer à partir du 1er octobre 2019. Sur le modèle de la nouvelle rédaction des arrêts de la Cour de cassation, voir MAUPINLE (E.), « La Cour de cassation change de style », *Dalloz. actualité*, août 2019.

[141] Les articles 71 et 138 de la loi n° 2006/016 du 29 décembre 2006 ne précisent pas que les décisions rendues par les formations réunies s'imposent à elles. C'est dire, comme l'a relevé un

les formations dont les décisions font jurisprudence peuvent changer, dans le temps, les normes qu'elles ont élaborées jusque-là. Cette situation interpelle et impacte la sécurité juridique et le droit au procès équitable. En effet, comment garantir la sécurité juridique et le droit au procès équitable aux plaideurs qui ont agi conformément à la norme jurisprudentielle en vigueur lorsque la Cour suprême a décidé d'opérer un revirement ? Cette question qui n'est pas nouvelle a suscité une vive controverse dans la doctrine. En effet, ROUBIER avait suggéré une réponse selon laquelle la nouvelle jurisprudence pourrait « n'avoir d'effet que pour les faits ou les situations postérieurs au jour où elle a été dégagée (car), dès l'instant où l'on peut dater la nouvelle jurisprudence grâce au principe de l'autorité immédiate des décisions, ainsi on pourrait assimiler le traitement des changements de jurisprudence à celui des changements de législation »[142]. Cette solution a reçu la faveur d'une partie de la doctrine [143] . Cette dernière estime que l'idée de faire appliquer immédiatement le revirement de jurisprudence au plaideur qui l'a sollicité et obtenu n'est que justice. Admettre le contraire, c'est décourager les plaideurs à demander le revirement de jurisprudence.

Une autre partie de la doctrine remet en cause une telle solution. Elle pense que cette solution contrevient aux exigences de la sécurité juridique et du droit au procès équitable et partant, au principe d'égalité devant la justice. En effet, selon elle, « il ne serait pas égal que la partie se voit imposer un revirement de jurisprudence pour les situations passées »[144].

Entre ces deux positions doctrinales qui reposent sur la difficile conciliation des intérêts des parties au procès, on a proposé de faire exclure les parties du bénéfice du revirement de jurisprudence[145]. À partir de là, on ne saurait assimiler le régime de l'application immédiate de la nouvelle loi à celui de l'application de la nouvelle jurisprudence. Il faut donc, pour cette dernière, un régime spécifique. La modulation des effets de la jurisprudence dans le temps doit obéir à un certain nombre de critères qui varient en fonction du système juridique considéré.

Dans le système de *common law*, l'idée de revirement apparaît en principe impossible, car, selon un principe constitutionnel, les juges ne créent pas de

---

auteur, que « rien n'interdit à cette juridiction, elle-même, de revenir sur une position précédemment adoptée » (TCHAKOUA (J.-M.), *Introduction générale au droit camerounais*, *op.cit.*, p. 94).

[142] ROUBIER (P.), *Le droit transitoire : Les conflits de lois dans le temps*, Paris, Sirey, 1929, t. 1, p. 28.

[143] Sur cette dernière, lire MAÏWENN TASCHER, thèse préc., p. 355 ; POLLAUD-DULIAN (F.), « À propos de la sécurité juridique », *RTD civ.*, 2001, p. 487.

[144] MAÏWENN TASCHER, thèse préc., p. 355.

[145] ATIAS (C.), « Sur les revirements de jurisprudence », *RTD civ.*, 2005, p. 300.

droit nouveau, ils maintiennent et développent le droit ancien[146]. Mais, cette exigence n'a pas empêché que les juges de tradition anglo-saxonne, compte tenu de l'évolution des conditions sociales, économiques imposant le changement de précédent, aient recours au revirement de jurisprudence. Ils y procèdent en y utilisant deux techniques. La première, appelée le *distinguishing*, consiste à créer une nouvelle règle jurisprudentielle à partir d'une situation semblable à celle dont la solution est déjà contenue dans un précédent sans appliquer ce dernier. La distinction opérée à partir des faits permet à la Chambre des Lords de se prononcer sur une question comme si elle n'a jamais été tranchée. En conséquence, il n'y a pas un véritable revirement de jurisprudence. La solution ainsi retenue, étant prononcée pour la première fois, n'aura d'effet que pour l'avenir. Cette technique a été critiquée, car en banalisant le recours au *distinguishing*, on va « *progressivement vider de sa substance* »[147] le précédent.

La seconde technique, appelée *prospective overrulling*, est un véritable revirement pour l'avenir. Consacrée pour la première fois par la Cour suprême des États-Unis en 1863[148], elle consiste à appliquer aux revirements de jurisprudence un régime transitoire inspiré du principe de la non-rétroactivité de la loi. Avec cette technique, la Cour peut opérer un revirement de jurisprudence en l'appliquant immédiatement à l'affaire en cause sans rétroactivité, d'une part, en ne réservant l'application de la nouvelle jurisprudence qu'aux litiges futurs. Dans ce dernier cas, le litige en cause, quoiqu'ayant provoqué le revirement, sera résolu conformément à l'ancienne règle jurisprudentielle[149]. La Cour peut aller plus loin en fixant la date d'entrée en vigueur de la nouvelle jurisprudence[150]. La doctrine en a déduit qu'il s'agit là d'une véritable « *perspective normative* »[151]. De toute façon, le juge, pour arriver à un tel revirement, doit avoir ouvert un débat sur la pertinence de cette modulation et évoquer les raisons qui ont justifié le changement intervenu.

Dans le système *romano-germanique*, plus précisément français, « l'admission des revirements pour l'avenir est perçue comme remettant en cause les rapports entre le pouvoir législatif et l'autorité judiciaire, tels qu'ils sont traditionnellement entendus au sein du système *juridique* »[152]. Malgré les

---

[146] Ce principe est énoncé par BLACKSTONE. Sur l'ensemble de la question, voir BLACKSTONE (W.), *Commentaries of the Laws of England*, University of Chicago Press, Vol. 1, 1979, p. 69.

[147] MUIR WATT (H.), « La gestion de la rétroactivité des revirements de jurisprudence dans les systèmes de *common law* », *in* MOLFESSIS (N.), (s/dr.), *Les revirements de jurisprudence. Rapport remis à Monsieur le Président Guy CANIVET, op.cit.*, p. 60.

[148] *GELPCKE v. City of Dubuque,* 68 US (1 Wall) 175 (1863) : *aff. des municipals bonds.*

[149] Cf. *aff. HARE v. General contract purchase Corp,* 220 Ark. 601, 249 SW, 2 d 973 (1952).

[150] Cf. *aff. BROWN v. Board of Education,* 347 US, 483 (1954).

[151] MAÏWENN TASCHER, Thèse préc., p. 330.

[152] CAPITANT (H.), TERRE (Fr.) et LEQUETTE (Y.), *Les grands arrêts de la jurisprudence civile, op.cit.*, p. 98.

critiques formulées et la dissidence de certaines Chambres[153], la Haute juridiction française a reconnu la figure du revirement de jurisprudence pour l'avenir[154]. En se fondant sur le droit au procès équitable et à l'accès au juge, elle a décidé qu'« imposer aux justiciables l'application d'une règle qu'ils ignoraient et dont ils ne pouvaient anticiper la survenue au moment où ils ont agi est de nature à porter atteinte au principe de sécurité juridique et à contredire illégitimement leurs prévisions ». Constatant le chemin résolument emprunté par la jurisprudence française dans le sens du revirement de jurisprudence pour l'avenir, la doctrine propose qu'il nécessite de juguler une éventuelle excroissance. Pour ce faire, elle indique que le revirement pour l'avenir ne doit pas intervenir dans toutes les affaires ; d'autres personnes, en plus des parties, doivent être appelées au débat sur la possibilité de décider d'un revirement pour l'avenir et les décisions de revirement doivent être motivées[155]. En réalité, le débat s'est désormais orienté vers l'exigence de motivation. C'est dire que le principe reste l'application immédiate de la décision opérant revirement. Exceptionnellement, le juge peut décider de différer l'effet de sa décision de revirement en la motivant.

Quel que soit le système juridique considéré, la possibilité de moduler les effets de certains arrêts de revirement est acquise. Mais, la tergiversation demeure sur le critère de sélection des décisions de revirement dont les effets doivent être modulés. Quoique le problème ne soit pas précisément évoqué dans la jurisprudence camerounaise, l'article 35, alinéa (1i), de la loi n° 2006/16 du 29 décembre 2006 l'a ouvertement exposé. Il reste donc aux formations dont les décisions font jurisprudence d'opter pour l'une de plusieurs solutions proposées qui viennent d'être présentées par les différents systèmes juridiques.

CONCLUSION

L'étude sur la pertinence de l'élévation du non-respect de la jurisprudence des Sections réunies et des Chambres réunies de la Cour suprême en cas d'ouverture à pourvoi a permis de se rendre compte qu'en apparence, cette option, certes, peut être perçue comme une garantie de la sécurité juridique et du droit au procès équitable, en ce qu'elle semble, pour cela, répondre aux exigences de clarté, de prévisibilité et de stabilité. Mais au fond, cette réforme s'avère inadaptée à concilier les différents impératifs divergents en présence : l'efficacité de la mission de la Cour suprême et les garanties de la sécurité juridique et du droit au procès équitable. Qui plus est, elle se présente sous

---

[153] Alors que la Chambre commerciale et la deuxième Chambre civile semblent être réceptives, la première Chambre civile a marqué sa distance (voir Civ. 1re, 11 juin 2009, *D.* 2009. 2599 et 2567, chron. MOLFESSIS (N.)).

[154] Ass. Plén., 21 décembre 2006, *D.* 2007. 837, note MORVAN (P.) ; *JCP,* 2007. II, note LAGARDE (X.), *RTD civ.* 2007, p. 72, obs. DEUMIER (P.), p. 168, obs. THERY (Ph.).

[155] Sur l'ensemble de ces propositions, lire MAÏWENN TASCHER, Thèse préc., pp. 358 et s.

une forme inachevée en ce qu'elle est restée muette sur le régime de publication des décisions de justice qui, désormais, sont considérées comme des sources du droit. Aussi, la jurisprudence devra-t-elle œuvrer pour combler un autre vide, celui d'élaborer un mécanisme d'application dans le temps des arrêts rendus par les formations dont les décisions font jurisprudence. Peut-on espérer une amélioration provenant de ces deux producteurs des normes ? Seul l'avenir nous le dira.

INDICATIONS BIBLIOGRAPHIQUES

- AKAM AKAM (A.), « Libres propos sur l'adage *"nul n'est censé ignorer la loi"* », *RASJ,* Vol. 4, N° 1, 2007, pp. 31-54.
- AMRANI MEKKI S.), « Voie de recours et droit au procès équitable », *Ahjucaf, http://www.ahjucaf.org/Voie-de-recours-et-droit-au-procès.html,* consulté le 15 janvier 2018.
- ASSEPO ASSI (E.), « La Cour commune de justice et d'arbitrage de l'OHADA : un troisième degré de juridiction ? », *RIDC,* Vol. 57, N° 4, 2005, pp. 943-955.
- ATIAS (C.), « Sur les revirements de jurisprudence », *RTD civ.,* 2005, pp. 300 et s.
- AUBERT (J.-L.), « Pour des rébellions constructives sur la jurisprudence aujourd'hui », *RTD civ.,* 1992, pp. 338 et s.
- AUBERT (J.-L.), *Introduction au droit et thèmes fondamentaux du droit civil*, Paris, Armand Colin, 10e éd., 2004, 366 p.
- BERGEL (J.-L.), « Informatique et légistique », *D.* 1987, *Chron.,* pp. 171 et s.
- BORA LASKIN, « La Cour suprême du Canada », *RIDC*, Vol. 30, N° 1, pp. 139-147.
- BORIES (S.), « JURICA : un outil de communication et de recherche », *D.* 2011, p. 1242.
- CANIVET (G.) et MOLFESSIS (N.), « La politique jurisprudentielle », *Mélanges en l'honneur de* BORE (J.), Paris, Dalloz 2007, pp. 79 et s.
- CAPITANT (H.), TERRE (F.) et LEQUETTE (Y.), *Les grands arrêts de la jurisprudence civile*, Paris, Dalloz, 12e éd., 2007, t. 1, 816 p.
- CARBONNIER (J.), *Droit civil*, Paris, PUF, 27e éd., 2002, t. 1., n° 144.
- CATALA (P.), « Le fichier national informatisé de la jurisprudence française », *JCP,* 1995.I. 3873.

- CHEROT (J.-Y.), « Jurisprudence en droit privé français et exigences de sécurité juridique », *Revue du Notariat, 110(2),* 2008, pp. 669 et s.
- CORNU (G.), (dir.), *Vocabulaire juridique,* Paris, Quadrige/PUF, 9e éd., 2011, 1079 p.
- CORNU (G.), *Droit civil : Introduction - Les personnes - Les biens*, Paris, Montchrestien, 12e éd., 2005, 733 p.
- ENRY (X.), « Vidons les greffes de la République ! De l'exhaustivité d'accès aux arrêts civils des Cours d'appel », *D.* 2011, 2609.
- FOMBAD et MANGA (Ch.), « Researching Cameroonian Law », disponible en ligne sur le site *http://www.nyulawglobal.org/ globalex/Cameroon.html.*
- GRIMALDI (M.), « Le droit continental face à la mondialisation », *in Études offertes à* B. OPPETIT, Paris, Litec, 2009, pp. 293 et s.
- GRISWOLD (E. N.), « La Cour suprême des États-Unis », *RIDC*, Vol. 30, N° 1, pp. 97-110.
- GUINCHARD (S.), CHAINAIS (C.) et FERRAND (F.), *Procédure civile : Droit interne et droit de l'Union européenne*, Paris, Dalloz, 30e éd., 2010, 1585 p.
- GUINCHARG (S.), « Petit à petit l'effectivité du droit à un juge s'effrite », *Mélanges en l'honneur de L. BORE, Paris, Dalloz,* 2007, pp. 275-285.
- HEBRAUD (P.), « Le juge et la jurisprudence », *Mélanges* COUZINET, 1974, pp. 329 et s.
- GATSI (J.), « La jurisprudence, source du droit OHADA », *RIDC,* 2-2002, pp. 477-500.
- JOHN-NAMBO (J.), « Quelques héritages de la justice coloniale en Afrique noire », *Droit et Société* 51/52-2002, pp. 325-344.
- KERE KERE (G.), *Droit civil processuel : La pratique judiciaire au Cameroun et devant la Cour Commune de Justice et d'Arbitrage,* Yaoundé, SOPECAM, 1re éd., 2006, 326 p.
- LAGARDE (X.), « Jurisprudence et insécurité juridique », *D.* 2006, *Chron.,* pp. 678 et s.
- LANNEAU (R.), « La sécurité juridique, un essai de théorisation », *RRJ,* 2013, n° 2, pp. 1109 et s.
- LEVADE (A.) et *al.,* « La sécurité juridique », *JCP,* 2013, pp. 8 et s.
- LORD WILBERFORCE, « La Chambre des Lords », *RIDC*, Vol. 30, N° 1, pp. 85-96.

- MAÏWENN TASCHER, *Les revirements de jurisprudence de la Cour de cassation*, Thèse, Université de Franche-Comté–Besançon, 2011, 469 p.
- MALINVAUD (Ph.), *Introduction à l'étude du droit*, Paris, Lexis Nexis, 15e éd., 2015, 519 p.
- MAYER (P.), « La sécurité juridique et judiciaire dans l'espace OHADA », *Penant n° 855*, 2006, pp. 151 et s.
- MOLFESSIS (N.), « Combattre l'insécurité juridique ou la lutte du système juridique contre lui-même », *in Rapport du Conseil d'État,* 2006, pp. 391 et s.
- MORISSETTE (Y.-M.), « Les caractéristiques classiques attribuées à la *Common law* », *RIDC,* 2013, pp. 613 et s.
- MORVAN (P.), « Le sacre du revirement prospectif sur l'autel de l'équitable », *D.* 2007, *Jur.,* pp. 835et s.
- NJEUFACK TEMGWA (R.), « Le droit d'évocation reconnu aux juridictions de cassation statuant en matière civile : le cas de la Cour suprême du Cameroun », *Civil Procedure Review*, Vol. 1, N°3, 2010, pp. 3-27.
- PACTEAU (B.), « La sécurité juridique, un principe qui nous manque ? », *AJDA,* 1995, pp. 151et s.
- PAQUES (M.), « Sécurité juridique et risque environnemental », *in* BOY (L.), RACINE (J.-B.) et SIIRIAINEN (F.), *Sécurité juridique et droit économique,* Droit, Économie internationale, Larcier, 2007, pp. 498 et s.
- POLLAUD-DULIAN (F.), « À propos de la sécurité juridique », *RTD civ.,* 2001. 487.
- POUGOUE (P.-G.), « Les figures de la sécurité juridique », *RASJ,* Vol. 4, N° 1, 2007, pp. 1-8.
- POULET (L.), « La cassation d'ici et ailleurs. L'exemple du Bénin », *Justice et Cassation*, 2017, pp. 327-352.
- RUTSAERT (C. J.) et MEEUS (A.), « La Cour de cassation de Belgique », *RIDC,* Vol. 30, N° 1, pp. 247-274.
- SALGER (H.), « La Cour fédérale de justice de la République d'Allemagne », *RIDC*, Vol. 30, N° 1, pp. 311-344.
- TCHAKOUA (J.-M.), *Introduction générale au droit camerounais,* Yaoundé, Presses de l'UCAC, 2014, 335 p.
- TEYSSIE (B.), « L'impératif de sécurité juridique », *Melanges* J. FOYER, Economia, 2007, pp. 985 et s.

- TUNC (A.), « La Cour suprême idéale », *RIDC,* 1978, pp. 433-471 ; « Synthèse », *RIDC,* Vol. 30 N° 1, janvier-mars 1978, pp. 5-83.
- VIVANT (M.), « Quelques mots sur l'informatique juridique », *JCP,* 1985.I. 3211.

Regard critique sur l'implémentation de la sécurité alimentaire au Cameroun

Par

Denis Thérèse BOMBA[1]

Résumé

Garantir une alimentation adéquate et régulière n'est pas seulement un impératif moral et un investissement extrêmement rentable sur le plan économique, il s'agit aussi de la réalisation d'un droit humain fondamental. Cette assertion traduit à suffisance que l'on ne doit plus faire la politique de l'autruche face aux questions intéressant la sécurité alimentaire tant le mal est grand et profond. À travers un critère quantitatif ambivalent et un autre qualitatif relatif, la sécurité alimentaire dévoile toute sa complexité dans un contexte particulier comme celui qui sied au Cameroun.

Mots-clés : Implémentation, aliment, sécurité alimentaire, production, conditionnement, distribution, consommation.

[1] Maître de Conférences en Droit Privé, Chef de Département de Théorie du Droit et Épisthémologie de l'Université de Ngaoundéré. Email : bombadenis1@yahoo.fr.

INTRODUCTION

L'envie de se nourrir est un besoin vital du corps humain[2]. C'est pourquoi accéder à des disponibilités vivrières suffisantes et de bonne qualité est le plus fondamental des besoins et droits de l'homme[3]. Garantir suffisamment de nourriture à la population n'est pas seulement le devoir moral des gouvernements, mais c'est aussi dans leur intérêt politique et économique. Car, des adultes qui ont faim ne peuvent travailler de même que des enfants qui ont faim ne peuvent apprendre. Le deuxième des Objectifs de Développement durable (ODD)[4] vise d'ailleurs dans ce sens à éliminer la faim, assurer la sécurité alimentaire, améliorer la nutrition et promouvoir l'agriculture durable[5]. On comprend ainsi que le droit à l'alimentation est un droit de l'homme reconnu par le droit international qui protège le droit de chaque être humain à se nourrir dans la dignité, que ce soit en produisant lui-même son alimentation ou en l'achetant[6]. Le Comité sur les droits économiques, sociaux et culturels déclarait que « Le droit à une alimentation adéquate est réalisé lorsque chaque homme, chaque femme et chaque enfant, seul ou en communauté avec autrui, a accès à tout instant, physiquement et économiquement, à une alimentation adéquate ou aux moyens de se la

---

[2] BOMBA (D.T.), « Les dommages consécutifs à l'exercice des activités agropastorales en milieu urbain », *in Revue Africaine de Droit et de Science Politique*, vol. V, n° X, juil.-déc. 2017 ONDOA (M.) (dir.), Les éditions Kilimandjaro, Yaoundé, septembre 2017, pp. 7 et ss.

[3] DIOUF (J.) dans l'avant-propos des Directives volontaires à l'appui de la concrétisation progressive du droit à une alimentation adéquate, dans le contexte de la sécurité alimentaire nationale, p. iv, Rome, 2005, *in* FAO, *Le droit à l'alimentation, Le temps d'agir*, 2012, consulté en ligne le 24 janvier 2020 et accessible via le l'adresse : http://www.fao.org/3/a-i2250f.pdf, p. 3.

[4] Adoptés en septembre 2015, constituent le cadre d'action international pour le développement d'ici 2030 auquel plusieurs États au rang desquels le Cameroun a pris part.

[5] Les Objectifs de Développement durable (ODD), adoptés en septembre 2015, constituent le cadre d'action international pour le développement d'ici à 2030. C'est certainement dans ce sens que le Rapport de la Revue Stratégique de la Sécurité alimentaire et de la Nutrition au Cameroun a été officiellement présenté à Yaoundé le 15 mars 2017, par le Ministre de l'Agriculture et du Développement Rural au nom de Monsieur le Premier Ministre. Lancé sous le thème « Faim Zéro à l'horizon 2030 », ce rapport a permis d'identifier les principaux défis à surmonter pour atteindre l'objectif « zéro faim » au Cameroun d'ici 2030. Cet exercice, mené pendant la période d'avril à août 2016, présente la situation de la sécurité alimentaire et de la Nutrition au Cameroun, les programmes et projets en cours, leurs insuffisances et a formulé des recommandations sur les actions prioritaires à mettre en œuvre en vue d'atteindre l'objectif « Faim Zéro » d'ici 2030. Il faut noter que le gouvernement du Cameroun, a réalisé d'énormes progrès dans la lutte contre la faim avec une baisse du nombre de personnes en insécurité alimentaire. La proportion de ces personnes au sein de la population est passée de 38,8 % en l'an 2000 à 15,4 % en 2014, dépassant ainsi l'objectif fixé dans le cadre des OMD (Objectifs du Millénaire pour le Développement). Malgré ces réalisations, 9,6 % de la population est toujours confrontée à des défis en matière de sécurité alimentaire. Dans l'ensemble, la disponibilité de la nourriture au Cameroun est suffisante, mais il subsiste des disparités régionales.

[6] DE-SCHUTTER (O.), « Rapport du Rapporteur spécial sur le droit à l'alimentation », Rapport consulté en ligne le 21/01/2020 et accessible via le lien https://reliefweb.int/site/reliefweb.int/files/ressouces/AHRC2250Add.2_French.PDF

procurer »[7]. Relevons par ailleurs que la sécurité alimentaire concerne la santé humaine et animale[8]. Car, des substances nuisibles à la santé humaine et même animale se fixent dans les aliments destinés à la consommation humaine ou animale en raison soit de l'usage démesuré des pesticides et intrants ou engrais, soit simplement en vertu de la pollution des villes par les importantes activités économiques et industrielles[9] qui sont menées dans divers lieux. Or, l'on sait que si les animaux sont atteints d'une manière ou d'une autre par une maladie, cela ne tardera pas à être transmis à l'homme[10]. D'où le principe de la traçabilité[11].

De fait, si la population n'est pas bien nourrie, le développement est impossible. La situation en matière de sécurité alimentaire s'est d'ailleurs considérablement dégradée en 2016 selon le rapport sur « L'état de la sécurité alimentaire et de la nutrition dans le monde », publié conjointement par la FAO[12], le PAM[13], le FIDA[14], l'UNICEF[15] et l'OMS[16]. L'Afrique est la région où la prévalence de la sous-alimentation est la plus élevée, avec 22,7 % de la population touchée en 2016, soit 243 millions de personnes. La question de la faim est pour ainsi dire une question de tout temps et de tout lieu. Ce n'est pas *Abraham Maslow* qui nous démentirait à ce propos. Car, son échelle de besoin classe la faim dans la catégorie des besoins physiologiques. Autrement dit, le besoin de s'alimenter rentre dans la catégorie des besoins de première nécessité. Que ce soit qualitativement ou quantitativement, le souci d'alimentation a pour finalité de mettre l'individu à l'abri de l'insécurité alimentaire. C'est la raison pour laquelle la sécurité alimentaire constitue la préoccupation majeure de tout État sérieux.

Cela dit, il est à noter que la quête à la résolution de cet épineux problème a souvent débouché sur des crises dues à la surabondance bien que cela soit une situation rare. L'on en veut pour exemple la crise des années 1930 qui avait pour cause la surproduction alimentaire de certains États[17]. *A contrario*,

---

[7] Comité sur les DESC dans son commentaire général n° 12.

[8] BOMBA (D.T.), « Les dommages consécutifs à l'exercice des activités agropastorales en milieu urbain », *op. cit. p. 7.*

[9] *Idem.*

[10] L'on en veut pour exemple les cas récents de l'épidémie dite *Ebola* en Afrique de l'Ouest.

[11] Voir Article 23 de la Loi n° 2018/020 du 11 décembre 2018 portant Loi-cadre sur la sécurité sanitaire des aliments au Cameroun.

[12] L'Organisation des Nations unies pour l'Alimentation et l'Agriculture.

[13] Le Programme Alimentaire Mondial.

[14] Fonds International de Développement Agricole.

[15] Fonds des Nations Unies pour l'Enfance.

[16] Organisation Mondiale de la Santé.

[17] Dès son arrivée au pouvoir Hitler entreprend de lutter contre la crise économique née en 1929. Fin 1932, il y avait environ 6 millions de chômeurs en Allemagne. Hitler avait promis à ses électeurs de lutter contre le chômage. En 1939, il n'y a plus de chômeurs et la production industrielle a considérablement augmenté, grâce au réarmement très important de l'armée allemande. Mais le pays a coupé la plupart de ses liens économiques avec le reste du monde en

la carence alimentaire constitue la cause majeure des différentes crises alimentaires à travers le monde. Si l'on s'accorde à dire aujourd'hui que l'enrôlement des jeunes dans des groupes terroristes est dû au chômage qui se traduit généralement par l'oisiveté, il faut cependant aussi relever que, ce qui pousse un individu à chercher du travail c'est le désir de subvenir à ses besoins. Besoins au rang desquels l'on a principalement la nécessité de s'alimenter. Il n'est donc pas surprenant de constater qu'à travers le monde, des États, des Organisations Internationales et même des Organisations Non Gouvernementales se mobilisent pour éradiquer ce fléau de la faim qui sévit aussi bien dans les pays développés que dans ceux en voie de développement.

Le 3 décembre 2015, les premières estimations mondiales de l'OMS[18] sur les maladies d'origine alimentaire montrent que, chaque année, une (01) personne sur dix (10) tombe malade du fait de la consommation des aliments contaminés et que quatre cent vingt mille (420 000) en meurent. Les enfants de moins de cinq (5) ans sont particulièrement exposés et chaque année, cent vingt-cinq mille (125 000) décèdent en raison de ces maladies. C'est particulièrement en Afrique et en Asie du Sud-Est que la charge de morbidité imputable à ces maladies est la plus élevée[19]. Si la situation sus-évoquée sur le plan qualitatif des aliments est alarmante, il faut relever qu'à côté de l'insanité des aliments présentant un risque pour la santé des individus, l'on a également la carence ou l'insuffisance d'aliments dans certains États. Cela dit, l'ambition de tout État est de parvenir à la sécurité alimentaire. Il n'est donc pas surprenant de voir des États avec le concours de certaines institutions se mobiliser afin d'y parvenir. Relevons cependant que la « sécurité alimentaire » ne doit pas se confondre avec l'« autosuffisance » ni avec la « souveraineté alimentaire ».

L'autosuffisance alimentaire est la capacité de satisfaire tous les besoins alimentaires d'une population par la seule production[20] nationale. Deux différences distinguent donc fondamentalement les deux concepts. D'une part, la sécurité alimentaire est un concept plus vaste que l'autosuffisance dans la mesure où elle inclut la possibilité de jouer sur les capacités d'importation d'un pays et non pas seulement sur la production nationale. Alors que « la sécurité alimentaire » s'inscrit dans un cadre mondial, l'autosuffisance ne se

pratiquant l'autarcie (technique consistant à ne consommer que ce que l'on produit). L'effort demandé aux Allemands permet de préparer une nouvelle guerre de conquête afin d'agrandir le marché d'exportation des produits allemands et de se procurer à bon compte les matières indispensables.

[18] Organisation Mondiale de la Santé.

[19] OMS, « Sécurité sanitaire des aliments », disponible et accessible en ligne à l'adresse : https://www.who.int/foodsafety/areas_work/foodborne-diseases/fr/.

[20] Voir Article 4 de la Loi-cadre sur la sécurité des aliments au Cameroun « culture, récolte, capture, traitement ou transformation des aliments, y compris l'obtention, le traitement et l'élevage des animaux de ferme avant l'abattage, jusqu'à la mise en consommation ».

réalise que dans un contexte national. D'autre part, ils n'ont pas la même finalité. Tandis que l'unique objectif de la sécurité alimentaire est de satisfaire, dans les meilleures conditions de production possible, à l'ensemble des besoins alimentaires de la population, l'autosuffisance alimentaire place sur un plan au moins équivalent la recherche d'indépendance politique[21]. Alors, la sécurité alimentaire est un objectif politique et elle ne participe pas à la même philosophie politique que l'autosuffisance.

La souveraineté alimentaire, quant à elle, postule la possibilité pour tout l'État de mettre en place une politique agricole spécifique satisfaisant les besoins nationaux et répondant à des impératifs environnementaux et sociaux. Alors, au sens strict, la souveraineté alimentaire renvoie au droit des peuples de pouvoir définir leurs propres politiques agricoles ou encore dans un sens large au droit des peuples à une alimentation saine et culturellement appropriée produite avec des méthodes durables, et le droit des peuples de définir leurs propres systèmes agricoles et alimentaires[22]. La souveraineté alimentaire peut être considérée comme un moyen pour parvenir à la sécurité alimentaire[23].

Cela dit, depuis le Sommet mondial de l'Alimentation de 1996, la sécurité alimentaire est considérée comme étant : *l'accès de façon stable en qualité et en quantité suffisante aux aliments*. La sécurité alimentaire existe pour ainsi dire lorsque tous les êtres humains ont, à tout moment, un accès physique et économique à une nourriture suffisante, saine et nutritive leur permettant de satisfaire leurs besoins énergétiques et leurs préférences alimentaires pour mener une vie saine et active[24]. Relevons que l'expression « sécurité alimentaire » est apparue au milieu des années 1970, lorsque le sommet mondial de l'alimentation (1974)[25] a défini la sécurité alimentaire en termes d'approvisionnement alimentaire, à savoir garantir la disponibilité et la stabilité des prix des produits alimentaires de base à l'échelon national et international. Dans la même orientation, en 1983, des études de la FAO se

---

[21] MONTFORT (V. P. -F.), « La sécurité alimentaire : un enjeu politique d'actualité », disponible sur le site internet du Mouvement pour une organisation mondiale de l'agriculture (Momagri), 6 avril 2009, p. 4.

[22] CAMPESINA (V.), Mouvement paysan mondial, cité par DEL CORSO (F.) et PATUREL (D.), « Droit à l'alimentation, *in* dp/UMR innovation/2013, consulté en ligne le 24 janvier 2020 et accessible via le l'adresse : http://www1.montpellier.inra.fr/aide-alimentaire/images/Droit_a_lalimentation /Le_droit_a_l_alimentation_notions_generales.pdf, p. 6.

[23] BOUCOBZA (X.), « La méthode de promotion de la sécurité alimentaire : une application de la Lex publica ? », *in Revue internationale économique,* 2012, p. 72.

[24] Sommet mondial de l'alimentation, 1996.

[25] Déjà en 1948, lors de la ratification de la Déclaration universelle des Droits de l'Homme, le droit à l'alimentation a été reconnu ne fut-ce qu'indirectement. Le Conseil Alimentaire Mondial reprit le thème en 1974 et déclara que : « Chaque homme, femme et enfant a le droit inaliénable d'avoir à manger et ne doit pas souffrir de malnutrition afin de se développer pleinement et de conserver ses facultés physiques et mentales. ».

sont centrées sur l'accès à l'alimentation pour définir la sécurité alimentaire comme le fait d'« assurer à toute personne et à tout moment un accès physique et économique aux denrées alimentaires dont elle a besoin ». Puis, en 1986, la Banque Mondiale a publié le très important Rapport sur la pauvreté et la faim qui mettait l'accent sur la dimension temporelle de l'insécurité alimentaire en distinguant l'insécurité alimentaire chronique[26] de l'insécurité alimentaire transitoire[27]. Il convient ici de souligner qu'il est important de bien distinguer la pauvreté de l'insécurité alimentaire. Dans toute situation de crise, communautés et familles, pauvres ou moins pauvres recourent à des stratégies d'adaptation afin de réduire l'impact de ladite crise sur leurs conditions d'existence et leurs moyens de subsistance. L'insécurité alimentaire étant une crise, elle peut non seulement causer des dommages durables aux générations à venir et à l'environnement, mais aussi nuire à la santé physique de l'individu puisqu'elle entraîne la malnutrition. Il est donc important d'avoir conscience de ce que l'insécurité alimentaire peut aboutir à cet état grave et potentiellement fatal à plus ou moins long terme. Néanmoins, notons que la malnutrition n'est pas toujours causée par l'insécurité alimentaire. Elle peut résulter d'une multiplicité d'autres causes tels la maladie, un environnement insalubre, la consommation d'eau polluée ou encore la négligence parentale[28].

La définition du concept de « sécurité alimentaire », la plus communément acceptée aujourd'hui, est donc celle du Sommet mondial de l'alimentation de 1996 sus évoquée. C'est d'ailleurs la définition la plus complète puisqu'elle englobe les différentes dimensions de la sécurité alimentaire qui se déclinent aussi bien quantitativement que qualitativement selon quatre aspects à savoir : la disponibilité alimentaire, l'accès à la nourriture, la stabilité de ces derniers et la salubrité. Au regard de ces différents critères, le droit à l'alimentation n'est pas un droit à une ration minimum de calories, protéines et autres nutriments spécifiques, ni un droit à être nourri. C'est plutôt la garantie du droit à se nourrir, qui ne requiert pas seulement que la nourriture soit disponible, que le ratio de production soit suffisant pour la population, mais aussi qu'elle soit accessible. Par exemple, que chaque ménage ait les moyens de produire ou d'acheter sa propre alimentation. Dès lors, *comment comprendre que nonobstant les efforts des États à garantir la sécurité alimentaire, cela semble demeurer une utopie hors d'atteinte ?*

La question ainsi posée revêt un intérêt considérable sur le double plan théorique et pratique. Théoriquement et inéluctablement, elle recentre le débat sur la garantie des droits subjectifs. Car, si l'on part du postulat selon lequel

---

[26] L'insécurité alimentaire chronique renvoie ici aux problèmes de pauvreté permanente ou structurelle et aux faibles revenus.

[27] L'insécurité alimentaire transitoire est fonction des catastrophes naturelles, marasme économique ou encore des conflits.

[28] « Comment évaluer la sécurité alimentaire ? », *in* Guide pratique pour les Sociétés nationales africaines, Fédération internationale des Sociétés de la Croix-Rouge et du Croissant-Rouge.

un droit subjectif est toute prérogative reconnue à un individu par le droit objectif, l'on peut donc conclure que la sécurité alimentaire est un droit subjectif de tout citoyen. Or, qui dit droit subjectif, suppose l'existence d'un débiteur dudit droit et d'un créancier. En l'espèce, c'est le citoyen qui serait le créancier et, en principe, l'État qui serait le débiteur bien que cela soit l'émanation des Organisations Internationales[29]. Dans ces conditions, tout porte à croire que la responsabilité de l'État pourrait être engagée si jamais la sécurité alimentaire n'était pas assurée. Pourtant, il n'en est rien, et cela pour plusieurs raisons pratiques. Sur le plan pratique justement, cette question met en exergue l'inadéquation des politiques de gestion des ressources alimentaires avec la demande réelle des populations. De plus en plus, l'accès à une nourriture complète et adéquate est considéré comme un droit inaliénable et universel. L'idée d'un droit à la nourriture n'est cependant pas nouvelle puisqu'elle était déjà présente dans la Déclaration sur les Droits de l'Homme des Nations Unies de 1948 (article 25) et dans le Pacte international relatif aux droits économiques, sociaux et culturels de 1966 (article 11). Ce texte pose la règle selon laquelle, tout individu doit être à l'abri de la faim[30].

La réponse à cette question passera nécessairement par l'étude des différentes dimensions de la sécurité alimentaire qui d'un point de vue technique revêtent une certaine singularité. Car, du point de vue quantitatif, l'on peut observer en soi une contradiction intrinsèque dans la mesure où les ressources sont disponibles avec une politique de gestion inadéquate de ces ressources dans la redistribution aux populations. D'un point de vue qualitatif, les études croisées aussi bien dans les pays développés que dans les pays en voie de développement nous permettent de déduire qu'il s'agit d'un critère purement relatif dont l'appréhension peut varier d'un État à l'autre, ou mieux, d'une classe sociale à l'autre. L'on constate en effet que les efforts sont faits sur le plan juridique bien que cela ne soit que théorique pour résoudre le problème de l'insécurité alimentaire. C'est donc une *vérité de La Palisse* que de savoir que sur le plan théorique[31] tout est mis en œuvre, mais que sur le plan pratique les mesures d'accompagnement ont du mal à suivre avec la collaboration des États. Cependant, plutôt que de nous pencher sur des vérités

[29] La Déclaration de Rome sur la sécurité alimentaire mondiale, lors du sommet mondial de l'alimentation de 1996, à l'invitation de l'ONU réaffirme le droit de chaque être humain d'être à l'abri de la faim et d'avoir accès à une nourriture saine et nutritive : « Nous proclamons notre volonté politique et notre engagement commun et national de parvenir à la sécurité alimentaire pour tous et de déployer un effort constant afin d'éradiquer la faim dans tous les pays et, dans l'immédiat, de réduire de moitié le nombre des personnes sous-alimentées d'ici à 2015 au plus tard. ».

[30] C'est le texte qui a consacré l'universalité du droit à l'alimentation qui était jusque-là confiné par la Convention 3 de Genève de 1949 relative aux prisonniers de guerre et à des phénomènes exceptionnels.

[31] Voir par exemple la déclaration universelle des droits de l'homme de 1948, les pactes de 1966 et la loi-cadre sur la sécurité des aliments au Cameroun

connues, l'on s'appesantira davantage sur les différents facteurs constituants la sécurité alimentaire afin de déceler la raison pour laquelle pour certaines personnes plus que pour d'autres, elle demeure une vue de l'esprit. Il s'agira à tout prendre d'étudier d'une part, l'ambivalence du critère quantitatif de la sécurité alimentaire (I), avant de nous pencher sur la relativité du critère qualitatif de la sécurité alimentaire (II) d'autre part.

I- L'AMBIVALENCE DU CRITÈRE QUANTITATIF DE LA SÉCURITÉ ALIMENTAIRE

La sécurité alimentaire est une situation qui garantit à tout moment à une population, l'accès à une nourriture à la fois sur le plan qualitatif et quantitatif. Elle doit être suffisante pour assurer une vie saine et active, compte tenu des habitudes alimentaires. Dans ces conditions, la sécurité alimentaire dépend de certains facteurs au rang desquels figurent, en bonne place, la disponibilité, la stabilité et l'accessibilité des aliments. On déduit alors que l'atteinte de la sécurité alimentaire serait subordonnée à l'acquisition d'une capacité optimale de production des aliments destinés à la consommation humaine et animale (A) d'une part, et à la mise sur pied d'une politique appropriée de gestion des ressources alimentaires disponibles (B), d'autre part.

A- L'exigence d'une capacité optimale de production des aliments

Pour parvenir à la sécurité alimentaire au plan national, chaque État doit être capable de produire des aliments de manière suffisante ou avoir assez de devises pour importer des denrées alimentaires. De la même façon, les ménages doivent avoir un revenu suffisant pour acheter les aliments qu'ils ne peuvent pas produire par eux-mêmes. C'est dire en définitive que les causes fondamentales de l'insécurité alimentaire reposeraient sur la faible productivité agricole. Pour y remédier, un accent doit être mis sur des facteurs ayant trait au critère quantitatif, que constituent la disponibilité [32] et la stabilité[33].

S'agissant particulièrement de la stabilité, sur le plan infrastructurel, la situation varie d'un État à l'autre. Car, l'on a des pays dont les infrastructures sont plus avancées que d'autres. Sur le plan climatique, avec le réchauffement climatique qui ne cesse d'être la cause de plusieurs sommets à travers le monde, l'on s'accorde à dire que les conditions climatiques, plus qu'avant, deviennent de plus en plus imprévisibles. Ce qui a un impact très souvent négatif au niveau de la sécurité alimentaire. Pour cause, les agriculteurs sont confrontés à des situations telles qu'ils ne peuvent plus prévoir comme par le passé à quel moment il faut semer afin que cela corresponde à la période de

---

[32] Il s'agit ici de la démographie, des surfaces cultivables, de la production intérieure, de la productivité, de la capacité d'importation, du stockage, de l'aide alimentaire, *etc*.

[33] Il s'agit des infrastructures, de la climatique, de la politique, *etc*.

pluie ou de sècheresse selon le cas favorable à la croissance de la semence. Cette imprévision est de nature à diminuer l'offre d'aliment en quantité sur le marché, car plusieurs agriculteurs sont découragés.

Un constat se dégage cependant dans certains États considérés comme étant ceux dont le taux de prévalence serait le plus élevé. Si l'on prend pour exemple le Cameroun, une analyse contradictoire s'opère tout de suite, car, le potentiel alimentaire et la capacité de production du Cameroun sont très élevés et pourraient d'ailleurs très bien nourrir toute la population nationale et procéder à des exportations. Pourtant, il n'en est rien. L'on observe plutôt que le Cameroun peine, nonobstant son potentiel, à satisfaire la demande nationale au point où, paradoxalement, pour régler ce problème, s'est tourné vers l'importation qui a la plus grande part de marché du Cameroun en ce qui concerne les produits dits de première nécessité.

Néanmoins, cela n'est pas spécifique à l'État du Cameroun. En effet, dans la plupart des pays du Sud, l'on constate que le potentiel de production est assez élevé. Pour cause, ces pays disposent de ressources abondantes susceptibles de pouvoir mettre à l'abri du besoin toute la population. C'est la raison pour laquelle l'on peut faire le constat selon lequel ce n'est pas la disponibilité de la nourriture qui pose problème pour créer des conditions propices à la sécurité alimentaire.

La disponibilité de la nourriture au niveau national, régional et/ou local signifie que la nourriture est physiquement disponible parce qu'elle a été produite, traitée, importée ou transportée. Par exemple, en parcourant les marchés de ces pays ou même les ménages, la nourriture est disponible parce qu'elle est produite dans des fermes ou des jardins, ou encore parce qu'elle provient de l'aide alimentaire. C'est la nourriture qui est visible. Ceci étant, la nourriture peut être disponible sur le marché, mais inaccessible. Et cette inaccessibilité est souvent, et la plupart du temps, liée au faible pouvoir d'achat des consommateurs.

Il importe alors dans ces conditions de mettre en œuvre une politique appropriée de distribution des aliments disponibles.

B- La nécessité de la mise en œuvre d'une politique de distribution des aliments disponibles

L'accessibilité de la nourriture est globalement entendue comme la façon dont les gens peuvent obtenir la nourriture disponible. Normalement, la nourriture est accessible par une combinaison de production domestique, de stocks, d'achats, de trocs, de cadeaux, d'emprunts ou d'aide alimentaire. L'accessibilité de la nourriture est garantie lorsque les communautés et les ménages, y compris la totalité des individus qui les composent, disposent des ressources adéquates, de l'argent par exemple pour se procurer les aliments nécessaires à un régime équilibré. Il dépend donc des revenus des ménages, de la répartition de ces revenus au sein de la famille et du prix des denrées. Il dépend également des droits et prérogatives sociaux, institutionnels et commerciaux des individus, notamment de la répartition publique des ressources et des systèmes de protection et d'aide sociale. La crise alimentaire des années 2006-2008 est un exemple de cette réalité. Cela s'est d'ailleurs traduit au Cameroun en février 2008 par une manifestation populaire qui visait la révision des prix des aliments de première nécessité[34]. Cependant, d'après des études, l'on a noté que même si les prix sont bas, le problème n'est pas résolu. Bien au contraire, les prix bas d'aujourd'hui créent les conditions de la crise de demain. La période post-crise de 2008 au Cameroun confirme justement cette assertion.

L'accessibilité physique et économique aux denrées alimentaires ne devrait pas, il convient de le souligner, exclure un accès aux ressources productives[35]. Toutefois, l'accessibilité de la nourriture peut être restreinte par l'insécurité physique liée à une situation de conflit[36], par la capacité de résistance[37] ou par la disparition de la protection sociale dont bénéficiaient jadis les personnes à faibles revenus.

Par ailleurs, il ne suffit pas que la nourriture soit accessible du fait d'une meilleure politique de distribution des aliments existants. Il faut encore que la qualité des aliments, leur stockage et leur préparation ainsi que leurs principes nutritionnels de base soient compatibles avec l'état de santé des individus les consommant. En effet, d'un côté, certaines maladies s'opposent à la consommation optimale d'une catégorie d'aliments, et d'un autre côté, la croissance nécessite une consommation accrue de certains aliments.

N'importe lequel des facteurs mentionnés ci-dessus peut entraîner l'insécurité alimentaire.

Si les interventions à court terme sont importantes pour répondre aux besoins immédiats des plus vulnérables[38], les efforts en matière de politiques doivent se concentrer sur la recherche de solutions durables afin de renforcer à moyen et à long terme[39] la résilience des populations qui souffrent actuellement de faim chronique et d'insécurité alimentaire en cas de chocs sur l'offre d'aliments.

---

[34] DE-SCHUTTER (O.), « Rapport du Rapporteur spécial sur le droit à l'alimentation », Rapport précité, p. 10.

[35] *Ibid.*, pp. 10-13.

[36] Troubles causés par Boko Haram dans l'Extrême-Nord Cameroun ayant porté un coup aux activités économiques créant des conditions favorables à l'insécurité alimentaire ; les crises dans le Nord-Ouest et le Sud-Ouest Cameroun.

[37] Emplois saisonniers à l'étranger résultant de la fermeture des frontières.

[38] Comme l'aide alimentaire d'urgence.

[39] DE-SCHUTTER (O.), « Rapport du Rapporteur spécial sur le droit à l'alimentation », Rapport précité, p. 18.

Depuis sa création, la FAO aide les pays en développement à accroître leur production de denrées alimentaires de base et leur production animale et à faire face aux situations d'urgence. D'autres institutions des Nations Unies, la communauté des donateurs et les ONG ainsi que les pays eux-mêmes, ont soutenu divers programmes et mesures propres à renforcer la sécurité alimentaire. Toutefois, il est clair aujourd'hui que pour pouvoir satisfaire les besoins des populations en expansion, il faut faire plus, et faire vite, pour aider les PFRDV [40] à augmenter et à stabiliser leur production de denrées alimentaires de base de manière durable.

Aujourd'hui, dans la plupart des cas, la cause profonde de l'insécurité alimentaire est la pauvreté. Il y a assez de nourriture dans le monde pour toute la population, mais de nombreux habitants de la planète sont trop pauvres ou ont des revenus insuffisants pour y avoir accès. Il est donc essentiel, si l'on veut parvenir à assurer la sécurité alimentaire au niveau mondial, d'accroître le pouvoir d'achat des pauvres et de résoudre les problèmes de développement. Mais il faut aussi prendre des mesures pour que la hausse des revenus contribue à améliorer la nutrition, ce qui suppose d'agir en particulier dans les domaines de la santé, de l'éducation, de la protection sociale et des infrastructures.

Il est important de s'intéresser aussi au rôle particulier que jouent les politiques agricoles, d'autant plus que beaucoup d'entre elles sont maintenues en place avec pour objectif clair d'améliorer la sécurité alimentaire. Dans de nombreux pays, l'intervention des pouvoirs publics sur les marchés agricoles[41] a souvent pour but de promouvoir la sécurité alimentaire en favorisant l'autosuffisance de la production. Or, dans bien des cas, ces politiques ont au contraire pour effet de faire monter les prix des denrées de base, au détriment de la sécurité alimentaire des ménages pauvres[42].

En plus de ne pas pouvoir atteindre leurs objectifs initiaux, il s'avère que de nombreuses mesures de soutien sont détournées et que les ressources publiques sont utilisées à d'autres fins alors qu'elles pourraient réellement contribuer à améliorer la sécurité alimentaire, notamment ceux qui visent à créer des conditions propices à l'amélioration de la productivité, par exemple grâce au développement des systèmes d'innovation agricole. La construction d'infrastructures rurales et d'installations de stockage, les activités de formation et les services de conseils dans le domaine agricole sont d'autres

---

[40] Pays à Faible Revenu et Déficit Vivrier. C'est à la fin des années 70 que la FAO a établi une liste des pays à faible revenu et à déficit vivrier pour faciliter l'analyse et l'examen des problèmes de sécurité alimentaire. En 2018, la liste nouvelle dressée par la FAO compte 51 PFRDV.

[41] Sous forme de subventions ou de restrictions à l'exportation.

[42] Parmi lesquels se trouvent aussi des agriculteurs qui sont des consommateurs nets de ces produits.

investissements pouvant accroître la production et les disponibilités alimentaires. Des systèmes solides et efficaces capables de renforcer la résilience et la gestion des risques dans le secteur agricole sont également essentiels, car, ils contribuent à renforcer la sécurité alimentaire au niveau national et même mondial.

La société et les gouvernants ont moins d'exigence à l'égard de l'alimentation. Les marchés sont censés régler l'essentiel des questions liées à l'alimentation des consommateurs. Les politiques alimentaires sont donc assez rudimentaires. Elles concernent pour l'essentiel la sécurité alimentaire, c'est-à-dire l'accès à l'alimentation de consommateurs pauvres et la non-dangerosité des aliments. D'un côté, des mesures d'aide alimentaire, de l'autre, la définition de standards de qualité, suivies en théorie d'inspections publiques, viennent compléter les mécanismes de marché, en tout cas, dans les pays du Nord. Ce qui rend le critère qualité purement relatif aussi bien d'un État à l'autre ou d'une classe sociale à l'autre.

II- LA RELATIVITÉ DU CRITÈRE QUALITATIF DE LA SÉCURITÉ ALIMENTAIRE

La législation alimentaire a pour objectif de protéger les intérêts des consommateurs et de leur offrir les conditions essentielles pour choisir en connaissance de cause les aliments à consommer[43]. Il ne suffit donc pas que l'aliment soit disponible ou accessible à la population pour qu'on parvienne à la sécurité alimentaire. Encore faudrait-il que l'aliment soit de bonne qualité[44], c'est-à-dire qu'elle n'est pas impropre à la consommation. Et donc, il ne doit présenter aucun danger pour la santé des consommateurs. Mais au-delà des précautions légales, on observe dans la pratique une mobilisation variable de ces exigences selon que l'on considère l'alimentation de la classe bourgeoise (A) ou alors celle de la classe prolétaire (B).

A- L'aliment de qualité comme facteur prépondérant dans la consommation de la classe riche

L'autre pan de la sécurité alimentaire mis à part l'aspect quantitatif sus évoqué, c'est le critère qualitatif. Il s'agit de la *« sécurité des aliments »* ou *« sécurité sanitaire des aliments »* qui est la garantie de l'innocuité des produits alimentaires, c'est-à-dire que leur consommation n'aura pas de conséquences néfastes sur la santé[45]. Elle est l'une des composantes de la sécurité alimentaire. En effet, aux termes de l'Article 5 de la Loi-cadre

---

[43] Voir Article 8 de la Loi-cadre sur la sécurité des aliments au Cameroun.

[44] Voir Article 4 de la Loi-cadre sur la sécurité des aliments au Cameroun c'est-à-dire « ensemble des propriétés et caractéristiques d'un produit, qui lui confèrent son aptitude à satisfaire les besoins exprimés ou implicites de tous les utilisateurs. La qualité alimentaire comprend quatre composantes : hygiénique, nutritionnelle, organoleptique et d'usage ».

[45] Voir Article 4 de la loi-cadre sur la sécurité des aliments au Cameroun.

« conformément au principe d'innocuité des aliments, les aliments et les objets au contact des aliments, y compris les ingrédients, les emballages et les ustensiles utilisés pour leur production, leur fabrication et leur préparation, ne doivent pas constituer un risque pour la santé humaine ». Les institutions pour y parvenir procèdent au : contrôle des origines, contrôle de la composition, détection des sources de contamination bactérienne, contrôle de la chaîne de fabrication ou de transformation, contrôle de la chaîne du froid. Les entreprises concernées par la sécurité alimentaire ont une obligation de résultat et doivent avoir mis en place les méthodes nécessaires pour la garantir jusqu'à la consommation finale.

La sécurité alimentaire et la nutrition sont inextricablement liées, notamment là où la sécurité des approvisionnements alimentaires est inexistante. Lorsque les aliments deviennent rares, on néglige souvent l'hygiène, la sécurité sanitaire des aliments et la nutrition, les populations adoptant alors une alimentation moins nutritive et consommant davantage des *« aliments impropres à la consommation »*[46] où les risques chimiques, microbiologiques, zoonotiques et autres risques constituent un danger pour la santé. Le concept de sécurité nutritionnelle complète celui de sécurité alimentaire en y ajoutant la disponibilité de services de santé et de la connaissance par la population des bonnes pratiques nécessaires à une bonne santé des membres du foyer, indispensable au plein développement de leur potentiel. La sécurité nutritionnelle inclut également l'élimination des principales carences en minéraux et vitamines, qui sont souvent associées et s'aggravent mutuellement.

L'OMS[47] mène une action visant à ce que tous aient accès à des aliments sûrs, sains et conformes aux normes de salubrité, de manière à améliorer la sécurité sanitaire des aliments et la sécurité de la nutrition. Elle encourage vivement l'intégration de la question de la sécurité sanitaire des aliments dans les programmes portant sur la nutrition et la sécurité alimentaire.

Ainsi, assurer la sécurité alimentaire, c'est faire en sorte que la nourriture soit disponible là où elle est nécessaire. Or, certaines régions du monde sont mieux loties que d'autres en termes de climat, de sols, d'eau et de situation géographique et le changement climatique va rendre les échanges encore plus indispensables à la sécurité alimentaire mondiale en entraînant de ce fait une dégradation des conditions de production dans certaines parties du monde et en aggravant la volatilité de l'offre.

---

[46] Il s'agit aux termes de l'Article 4 de la loi-cadre sur la sécurité des aliments au Cameroun de « tout produit primaire ou tout aliment qui, sans être corrompu ou toxique, ne possède pas toutes les garanties requises au plan hygiénique, compte tenu de certains éléments indésirables qu'il contient, soit par contamination, soit par dégradation de sa qualité microbiologique et/ou chimique ».

[47] Organisation Mondiale de la Santé.

Pour que les ménages puissent effectivement avoir accès à des aliments nutritifs variés, de qualité et en quantité suffisante, pour pouvoir mener une vie saine et épanouie, il faut un système commercial international ouvert, prévisible, non discriminatoire et équitable dans le secteur agricole et alimentaire. L'exposition des produits agricoles aux cours des marchés mondiaux (qui sont généralement plus stables que les cours du marché domestique) est aussi un moyen de renforcer les signaux du marché pour qu'ils encouragent la production à se localiser là où elle est le plus efficace.

B- L'aliment de qualité comme critère purement folklorique pour la classe pauvre

L'alimentation est un droit universel, mais les aliments sont des biens marchands. Cela se traduit dans d'autres domaines : santé, logement, et, partiellement, éducation par des aides publiques complémentaires ou correctrices des défaillances de marché. Il y a d'ailleurs eu débat en France au lendemain de la Deuxième Guerre mondiale sur les possibilités de garantir à tous un accès à la nourriture grâce à des aides publiques. Les autorités ont préféré garder une éducation publique et gratuite et imaginer un système de sécurité sociale assurant une gratuité de la santé. L'alimentation aurait tout aussi bien pu bénéficier d'une prise en charge publique fondée par exemple sur des prix conventionnés remplaçant le système de bons et de rationnement en vigueur pendant la guerre.

L'évolution des politiques de sécurité alimentaire et de sécurité sanitaire au niveau international indique un consensus croissant sur la notion de devoir de tout gouvernement de garantir la sécurité alimentaire de la population en créant des conditions d'accès de toutes les couches de la population à une alimentation suffisante, saine et de bonne qualité nutritionnelle.

Bien que disposant d'un potentiel de production agricole ayant permis pendant de nombreuses années de garantir l'autosuffisance alimentaire, la République du Cameroun connaît des difficultés à apporter l'ensemble de ces garanties à la population, en particulier en termes sanitaires qui restent un enjeu majeur pour les autorités. Le pays souffre de l'absence d'un système fiable de contrôle des denrées alimentaires basé sur des concepts modernes, mondialement admis et inscrits au corpus du *Codex Alimentarius*[48] « de l'étable à la table » concepts qui, traduits administrativement, permettent d'assurer une prise en charge correcte de cette mission par l'État.

Alors, l'absence d'un tel système soulève également de nombreuses difficultés qui comportent des incidences économiques majeures. Le Cameroun se voit dans l'impossibilité d'envisager les exportations de certains produits et donc de développer ces secteurs qui pourraient être exportateurs.

[48] Voir Article 10 de la loi-cadre sur la sécurité des aliments au Cameroun.

Il en est ainsi pour les produits de la mer, à forte valeur marchande, mais qui sont refusés par les pays importateurs, comme ceux de l'Union Européenne (UE)[49], motif pris du défaut d'un système fiable de contrôle sanitaire. Il convient de souligner que sur le plan du commerce international, les produits agricoles contribuent à plus de cinquante pour cent (50 %) aux revenus des exportations.

Dans la mesure où les marchés sont censés régler l'essentiel des questions liées à l'alimentation des consommateurs parce que la société et particulièrement les gouvernants n'ont qu'une moindre exigence à l'égard de l'alimentation, il n'est donc pas étonnant que les politiques se rapportant au domaine alimentaire soient assez rudimentaires. Aussi, les marchés et leur ouverture progressive ont-ils depuis des décennies provoqué une baisse des prix des produits alimentaires, d'où des effets bénéfiques pour les consommateurs qui ont pu s'alimenter à moindre coût. Néanmoins, par une conjonction de facteurs, l'évolution des marchés s'est retournée au premier semestre 2008. La plupart des prix agricoles et alimentaires ont connu une hausse brutale et importante qui a entraîné une incapacité pour les consommateurs pauvres de s'alimenter convenablement. La question du niveau des prix et celle de leur volatilité qui se posaient principalement aux producteurs agricoles sont devenues des questions aiguës pour les consommateurs les plus démunis. Les politiques alimentaires sont donc appelées à prendre en compte de nouvelles préoccupations et à mieux s'articuler avec les politiques agricoles[50]. C'est d'ailleurs cette réalité qui conduit les pauvres à relever la qualité de l'aliment au second plan en accordant plus d'importance à leur accessibilité.

Toutefois, soulignons que les experts ne considèrent pas en général que la sous-alimentation et la faim soient liées à un déficit structurel et durable de production. Les marges de progression de l'offre alimentaire sont encore fortes. La brusque montée des prix alimentaires au printemps 2008 en est un exemple patent[51]. Mais les difficultés alimentaires viennent aussi de la paupérisation des classes sociales déjà pauvres et aussi sans doute de réflexes ou de calculs spéculatifs locaux et internationaux. Elle provient également, et peut-être surtout, d'une mauvaise gestion des mécanismes de marchés par les politiques en place, particulièrement de la réduction du niveau mondial des stocks de produits alimentaires pour des raisons doctrinales. Mais, si ces aléas

---

[49] Voir Règlement 146/2009 du 20/02/2009 de la Commission.

[50] ROUILLE D'ORFEUIL (H.), « Faire face aux besoins alimentaires, la question des consommateurs pauvres ou insolvables », *in Défi Alimentaire mondial : les politiques face à la faim et à la pauvreté,* pp. 64-72. Mis en ligne sur Cairn.info le 01/12/2014, https://doi.org/10.3917/pour.202.0064.

[51] Ce qui avait pour cause en grande partie de la montée des prix des facteurs de production, notamment de l'énergie, dont une partie a pu être répercutée par les producteurs dans les prix de vente de leurs produits Ce qui a été à l'origine du soulèvement de la population.

venaient à être contrés et ces erreurs corrigées, l'offre alimentaire devrait pouvoir suivre la montée de la demande à condition que celle-ci soit solvable ou solvabilisée par des aides publiques ou privées. En fait, l'agriculture est un secteur économique, elle n'est pas un service public. Cela signifie que les producteurs sont des acteurs économiques qui doivent vendre leurs produits sur un marché et rémunérer leurs facteurs de production, à commencer par leur travail. Comme tous les acteurs économiques, les producteurs agricoles ne peuvent se soucier que des consommateurs solvables. Nous sommes donc face à une équation relativement courante ; l'alimentation est un droit universel, mais les aliments sont des biens marchands.

Puisque nous sommes face à un droit universel, la question des consommateurs insolvables est préoccupante, car, ils étaient huit cent cinquante millions (850 000 000) à souffrir de la faim ou de la sous-alimentation chronique avant la crise alimentaire du printemps 2008 ; ils étaient deux cents millions (200 000 000) de plus début 2009 et la question s'est alors posée à la société tout entière, et, dans la situation d'intégration mondiale des marchés qui prévaut aujourd'hui, et à l'ensemble de la communauté internationale. À moins de nous résoudre à voir une partie importante de l'humanité souffrir, voire mourir de faim, nous devons caractériser les différents publics qui sont victimes de la faim et proposer des solutions pour chacune des catégories identifiées.

Ce faisant donc, on peut considérer quatre catégories de victimes de la faim ou de la sous-alimentation chronique : les victimes de catastrophes naturelles ou de conflits [52]; les pauvres extrêmes[53] ; les paysans pauvres [54]; et enfin, les urbains pauvres, dont la faible solvabilité ne permet pas d'affronter des hausses de prix. Pour tous, la seule solution durable réside dans l'insertion ou la réinsertion dans des circuits économiques leur permettant d'obtenir un revenu suffisant et de pouvoir sortir de la pauvreté. En fait, la première des mesures politiques devrait consister à contrer les mécanismes qui aboutissent à une paupérisation et à une exclusion de la majorité des paysans et des artisans et qui risquent de provoquer de véritables hémorragies et de précipiter des centaines de millions, voire quelque trois milliards, de personnes dans le néant économique et social. À plus court terme, chacune des quatre catégories doit être l'objet d'une attention spécifique, qu'il s'agisse d'aides alimentaires d'urgence ou de lutte contre les désordres de marché.

Au regard de ce qui précède, une première série de questions concerne les six cent cinquante millions (650 000 000) de paysans qui, paradoxalement, souffrent de la faim. Ainsi, nous retrouvons la question de l'insolvabilité et des

---

[52] Qui bouleversent ou détruisent les circuits de production ou d'approvisionnement des biens alimentaires.

[53] Qui sont en situation d'exclusion et de totale insolvabilité.

[54] Qui n'ont plus la capacité de produire leur propre nourriture.

difficultés d'accès aux marchés de produits alimentaires. Mais, s'agissant de producteurs de produits alimentaires, nous devons nous interroger spécifiquement sur cette faim des familles paysannes et sur le manque d'accès aux ressources leur permettant de produire des biens alimentaires pour leur propre consommation. À l'échelle du monde, les agricultures et les systèmes de production sont très diversifiés, mais disons schématiquement que, par exemple, une petite exploitation familiale d'un hectare comprenant une vache, les cultures fourragères correspondantes et quelques cultures vivrières peut permettre à une famille, même assez nombreuse, de s'en sortir et déjà d'assurer sa consommation alimentaire. Malheureusement, l'organisation d'une compétition pour l'accès aux ressources rares ou raréfiées (terres, eau, intrants, crédit…) et aux marchés condamne ces micro-exploitations. En plus, les accords commerciaux et la plupart des politiques agricoles organisent sciemment une telle compétition à l'échelle mondiale et, sans le dire, l'élimination des exploitations qui font vivre près de 2,8 milliards de ruraux[55]. C'est dire que nous risquons de voir se développer dans les décennies à venir de véritables hémorragies paysannes, notamment en Asie et en Afrique où les paysans représentent encore plus de 60 % de la population. La pauvreté rurale et l'exclusion paysanne, qui pourraient toucher 35 % de la population mondiale, risquent de réduire l'autoconsommation paysanne sans résoudre, bien au contraire, la question de l'insolvabilité de ce bon tiers d'humanité. La stabilisation de ces agricultures paysannes et, si possible, la sécurisation des revenus des familles correspondantes sont donc une priorité de la lutte contre la pauvreté, première condition de la lutte contre la faim et la sous-alimentation. D'une manière ou d'une autre, il faut aider ces petites paysanneries et leur garantir un accès aux facteurs de production et un accès aux marchés. Malheureusement, les orientations des négociations commerciales et le contenu des politiques agricoles vont à l'encontre de cette nécessaire préoccupation.

Une deuxième série de questions concerne le financement de l'alimentation des consommateurs insolvables et, plus largement, l'organisation des aides alimentaires. Nous savons en effet que la coexistence d'une consommation marchande et d'une consommation subventionnée ou offerte n'est pas sans poser de sérieux problèmes d'étanchéité entre deux circuits relevant de logiques différentes. Nous savons aussi que l'aide alimentaire ne concerne aujourd'hui qu'une petite minorité du milliard de personnes qui aujourd'hui ont chroniquement et quotidiennement faim. En fait, elle concerne les pauvres des pays du Nord et, dans les pays du Sud, les réfugiés, victimes de catastrophes naturelles ou de conflits armés, qui sont le plus souvent regroupés dans des camps. Dans les pays du Nord, l'aide alimentaire est pour l'essentiel organisée

---

[55] ROUILLE D'ORFEUIL (H.), « Faire face aux besoins alimentaires, la question des consommateurs pauvres ou insolvables », *in Défi alimentaire mondial : les politiques face à la faim et à la pauvreté,* pp. 64-72. Mis en ligne sur Cairn.info le 01/12/2014, https://doi.org/10.3917/pour.202.0064.

par des associations, comme c'est le cas en France grâce aux *Restos du cœur, au Secours populaire, au Secours catholique* ou à *Emmaüs* permettant ainsi aux pauvres d'avoir de la nourriture de qualité à moindre coût ou gratuitement. Ces associations bénéficient d'un large appui privé, mais aussi des aides de l'État et des collectivités territoriales. Dans les camps de déplacés ou de réfugiés, de grandes associations sont aussi en première ligne, appuyées par le système des Nations unies et les coopérations publiques ou privées. Les distributions doivent être très ciblées si l'on veut éviter de perturber les circuits économiques et les marchés locaux. Pour les centaines de millions de personnes des pays du Sud qui ont faim et qui ne sont pas regroupées ou identifiées comme victimes d'une catastrophe exceptionnelle, les solutions sont plus difficiles à organiser. Le plus évident est de passer par des institutions, comme les écoles ou les centres de santé maternelle et infantile, qui sont au contact des groupes ou des familles en difficulté. C'est ce que fait le *Programme Cantines scolaires*, lancé par le gouvernement Lula dans le cadre du programme *Faim Zéro*, qui permet chaque jour d'offrir aux enfants brésiliens trente-six millions (36 000 000) de repas. C'est aussi le cas du Système de distribution publique indien, qui s'adresse aux personnes qui sont sous le seuil de pauvreté, mais qui ne peut répondre qu'au quart des besoins. Ce sont des exemples assez exceptionnels, mais on l'imagine hors de portée des pays les plus pauvres.

Une troisième série de questions concerne les populations pauvres, notamment urbaines ou périurbaines, qui sont à la limite de la solvabilité et qui entrent dans l'insolvabilité, c'est-à-dire dans la faim ou l'endettement, lorsque les prix des produits ou des services de première nécessité, notamment les produits alimentaires, explosent ou simplement progressent. Cette situation s'est produite au printemps 2008 dans de nombreuses villes des pays du Sud. Pour ces consommateurs pauvres, deux questions également importantes se posent : celle du niveau des prix des produits alimentaires et celle de la volatilité de ces prix. La question du niveau des prix, qui se pose pour le long terme, renvoie à des questions difficiles : comment déterminer un prix juste à la fois pour les producteurs et pour les consommateurs ? Comment évaluer ce qui pourrait être une juste répartition des valeurs entre les différents acteurs des filières alimentaires ? Comment maîtriser à moyen et long terme les équilibres de marché ? La question de la volatilité des prix pour sa part renvoie à des questions qui concernent plutôt le court terme et la régulation des marchés agricoles et alimentaires : comment contractualiser les échanges entre producteurs et consommateurs autour d'un prix prédéterminé ? Comment intervenir sur les marchés pour rétablir des équilibres et contenir les mouvements de prix à l'intérieur de fourchettes raisonnables ? Comment financer les stocks permettant d'intervenir par apports ou par retraits sur les marchés ?

Dans le débat sur la lutte contre la volatilité des prix, il est en général question soit des interventions de l'État soit des pratiques de protection que mettent en œuvre les producteurs. D'autres articles abordent ces possibles interventions de l'État sur les marchés ou ces éventuelles disciplines que s'administrent les producteurs eux-mêmes. Ces politiques et ces pratiques sont nécessaires, mais elles sont souvent coûteuses et elles nécessitent des pouvoirs publics d'être bien outillés. C'est rarement le cas dans les pays où la volatilité des marchés est la plus forte et où les consommateurs sont moins bien armés pour y résister. Selon la théorie classique, plus on élargit le marché, plus les aléas se réduisent, ceux-ci ayant plus de chances de se compenser les uns les autres. L'expérience, notamment celle du printemps 2008, montre qu'il n'en est rien. Se pose donc la question de la possibilité pour les consommateurs de se protéger eux-mêmes contre les aléas et l'arbitraire des marchés. De fait, des pistes de réflexion ou des expériences existent.

En définitive, la double nature de l'alimentation : l'accès à la nourriture est un droit universel, alors que les produits alimentaires sont des biens privés et marchands destinés aux seuls consommateurs solvables. Cette deuxième nature l'emporte sur la première puisque nous observons une quasi-ignorance de plus d'un milliard de consommateurs insolvables. La question des consommateurs pauvres et insolvables et celle de la volatilité des prix nous obligent à considérer que, d'une part, l'intervention de l'État est nécessaire à la fois dans sa fonction de redistribution[56] et dans sa fonction de régulation des logiques de marché[57], mais également que les producteurs et les consommateurs doivent aussi contribuer à cet effort de régulation des marchés par l'acceptation de disciplines permettant la recherche d'un équilibre entre l'offre et la demande des biens alimentaires. Ce n'est qu'à ces conditions que le marché pourra jouer le rôle central que l'on attend de lui dans le domaine de l'alimentation. Ce qui pourrait alors permettre à tout le monde d'avoir une nourriture de qualité et règlerait par là même le problème de l'insécurité alimentaire.

CONCLUSION

La question de la sécurité alimentaire au Cameroun ne constitue pas une situation isolée de la planète. Bien au contraire, il s'agit d'une réalité qui préoccupe toute la communauté internationale. La sollicitude de la communauté internationale à l'endroit de la sécurité alimentaire a pris corps à travers la consécration dans certains textes à l'échelon mondial, continental, et même sous régional du droit à l'alimentation comme un droit fondamental.

Or, sachant pertinemment que les droits fondamentaux reconnus aux citoyens, quel que soit l'État envisagé de par le monde, constituent en quelque sorte, des obligations imputables à l'État de rattachement des citoyens bénéficiaires. Dès lors, en scrutant l'état des lieux de l'implémentation des

56 Aides financières ou alimentaires au bénéfice des consommateurs pauvres.

57 Lutte contre la volatilité des prix et maintien de leur niveau autour d'un juste prix.

exigences de la sécurité alimentaire au Cameroun, on arrive à la conclusion selon laquelle les efforts fournis par les pouvoirs publics butent à un certain nombre d'obstacles qui freinent considérablement la course pour le paiement par l'État du Cameroun à ses citoyens du droit à l'alimentation. Ces obstacles peuvent être regroupés au moins dans trois catégories. La première porte sur la relative indisponibilité des revenus financiers nécessaires pour une certaine catégorie de citoyens, qui pour se nourrir, doit se procurer les aliments sur le marché. La deuxième pourrait être qualifiée d'infrastructurelle, dans la mesure où, on fait face dans certaines régions du Cameroun à une production végétale et animale abondante qui non seulement a de la peine à être conservée pour une consommation étalée sur une longue période, mais qui ne peut non plus être écoulée aisément vers les bassins marqués par une sous production des aliments. Ces deux premières catégories d'obstacles rendent compte du déficit du critère quantitatif de la sécurité alimentaire au Cameroun, alors que l'aspect insuffisant du critère qualitatif repose sur le caractère risqué des conditions et même du processus de production des végétaux et animaux destinés à l'alimentation de l'homme.

INDICATIONS BIBLIOGRAPHIQUES

- BOMBA (D.T.), « Les dommages consécutifs à l'exercice des activités agropastorales en milieu urbain », *in Revue Africaine de Droit et de Science Politique*, vol. V, n° X, juil.-déc. 2017, (dir.) ONDOA (M.), Les Éditions Kilimandjaro, Yaoundé, septembre 2017.
- BOUCOBZA (X.), « La méthode de promotion de la sécurité alimentaire : une application de la Lex publica ? », *in Revue internationale économique,* 2012.
- CAMPBELL (C.), « Modern consumerism and imaginativ hedonism », *in* GOODWIN (N. R.), ACKERMAN (F.), KIRON (D.) (edited by) The consomers society, Ed. Island Press, Washington D.C., pp. 238-242, cité par VIALE (B.), *Le statut juridique de l'alimentation en droit communautaire – Droit de l'alimentation*, Thèse Université de Rennes 1, Mention Droit, 2001.
- CAMPESINA (V.), Mouvement paysan mondial, cité par Del Corso (F.) et Paturel (D.), « Droit à l'alimentation, *in* dp/UMR innovation/2013, consulté en ligne le 24 janvier 2020 et accessible via le l'adresse : http://www1.montpellier.inra.fr/aide-alimentaire/images/Droit_a_lalimentation/Le_droit_a_l_alimentation_notions_generales.pdf, 17 pages.
- DE-SCHUTTER (O.), « Rapport du Rapporteur spécial sur le droit à l'alimentation », Rapport consulté en ligne le 21/01/2020 et accessible via le

lien https://reliefweb.int/site/reliefweb.int/files/ressouces/AHRC2250Add.2_
French.PDF.

- Diouf (J.) dans l'avant-propos des Directives volontaires à l'appui de la concrétisation progressive du droit à une alimentation adéquate, dans le contexte de la sécurité alimentaire nationale, p. iv, Rome, 2005, *in* FAO, *Le droit à l'alimentation, Le temps d'agir*, 2012, consulté en ligne le 24 janvier 2020 et accessible via le l'adresse : http://www.fao.org/3/a-i2250f.pdf, 208 pages.
- MONTFORT (V. P. -F.), « La sécurité alimentaire : un enjeu politique d'actualité », disponible sur le site internet du Mouvement pour une organisation mondiale de l'agriculture (Momagri), 6 avril 2009.
- ROUILLE D'ORFEUIL (H.), « Faire face aux besoins alimentaires, la question des consommateurs pauvres ou insolvables », *In Défi alimentaire mondial : les politiques face à la faim et à la pauvreté,* pp 64-72. Mis en ligne sur Cairn.info le 01/12/2014, https://doi.org/10.3917/pour.202.0064.
- WOLF (E.), « Le droit l'alimentation : obligations des États et d'autres acteurs », décembre 2009, consulté en ligne le 24 janvier 2020 et accessible via l'adresse : http://base.d-p-h.info/fr/fiches/dph/fiche-dph-8165.html.
- « Comment évaluer la sécurité alimentaire ? », *in Guide pratique pour les Sociétés nationales africaines, Fédération internationale des Sociétés de la Croix-Rouge et du Croissant-Rouge.*

Les figures de la sécurité juridique en droit des affaires OHADA

Par

Maurice KOM KAMSU[1]

Résumé

L'objectif principal du droit OHADA est de favoriser l'essor des activités économiques en créant les conditions propres à garantir la sécurité juridique et judiciaire. Cette dernière a pour vocation de donner plus de sécurité aux investissements étrangers d'une part et d'autre part de faciliter le développement endogène reposant sur des agents économiques africains eux-mêmes. La sécurité juridique est tantôt perçue comme une finalité du droit tantôt comme un droit fondamental. Comme finalité du droit, elle se concrétise soit par des garanties visant le bon fonctionnement du système juridique, soit par des garanties propres à assurer la sécurité des transactions. Cette contribution questionne à l'aune des exigences de qualité et de prévisibilité du droit qui caractérisent la sécurité juridique, les forces et les faiblesses de plusieurs pans de l'intégration juridique recherchée dans l'espace OHADA, concernant principalement l'amélioration de la performance des entreprises, l'attractivité des règles de procédure de recouvrement des créances et des voies d'exécution et des procédures destinées à traiter les difficultés des entreprises. Les réflexions menées tendent à démontrer que des normes uniformes sécrétées par le législateur communautaire constituent un élément appréciable de sécurité tant en ce qui concerne les règles substantielles que processuelles. Mais celui-ci semble relatif, car non seulement l'entreprise est le siège des intérêts antagonistes, ceux des associés, ceux de l'entreprise, ceux des tiers, mais également il semble que le droit a besoin d'un fondement plus profond de sorte qu'au-delà du juridique apparaisse ce qui est plus juste, peut-être gage de plus de sécurité.

Mots-Clés : OHADA, Sécurité juridique, Sécurité judiciaire

---

[1] Maitre de Conférences en Droit Privé et Sciences Criminelles ; Enseignant Chercheur à la Faculté des Sciences Juridiques et Politiques de l'Université de Maroua.

INTRODUCTION

Le concept de sécurité vient du latin « secouru » [de « se » (sans) et « cura », (soin dans son activité, d'où souci)] et signifie exempt d'inquiétude, de danger. La sécurité est donc un état résultant de l'absence de danger. C'est en d'autres termes, la situation objective correspondant à l'absence réelle de danger. La sécurité juridique[2] apparaît comme un besoin légitime de tout sujet de droit, au point qu'on n'hésite pas à invoquer aujourd'hui un droit à la sécurité juridique[3] comme un droit fondamental. *L'avis de Tilsit de 1807* est la première décision à avoir reconnu l'exigence de sécurité juridique[4]. Le Professeur POUGOUE relève que la sécurité juridique apparaît comme une finalité du droit, garanties propres à assurer la sécurité des transactions et visant le bon fonctionnement du système juridique dans la vie quotidienne. Le droit à la sécurité juridique trouve aujourd'hui dans de nombreux droits constitutionnels de solides assises.

Issue principalement du droit constitutionnel allemand, la Constitution espagnole le reconnaît expressément à l'alinéa 3 de l'article 9, la Constitution portugaise y fait référence dans son article 282-4. Dans les systèmes européens, les juges constitutionnels mettent souvent en œuvre le droit à la sécurité juridique de façon implicite à travers la notion de confiance légitime qui est un principe éthique de la démocratie permettant aux citoyens de mieux adhérer aux institutions et aux droits qu'elles génèrent, dès lors qu'ils sont assurés du caractère sûr et prévisible de la règle de droit applicable[5]. Aux États-Unis, le principe de non-rétroactivité et la clause de *due process* (fondée sur l'équité) sont invoqués par la Cour Suprême pour faire sanctionner un manque manifeste de clarté ou de prévisibilité du droit.

---

[2] Le principe de la sécurité a été institué en principe général de droit en Europe, Cf. SPITZER (J.-P.), « Les principes généraux du droit communautaire dégagés par la CJCE », *in Gaz. Pal.* 1986, II, Doct., p. 732, FROMONT (M.), « Le principe de sécurité juridique internationale », in *AJDA*, no spéc, Juin 1996, PP178 et s ; (J.) TOUSCOZ, « Mondialisation et sécurité juridique internationale », in *Rev.gén. Dr. intern. Public* no 3, 1998, pp. 624 et s.

[3] V. POUGOUE (P.G.), « Les figures de la sécurité juridique », *Revue Africaine des Sciences Juridiques*, Vol. 4, no1, 2007, pp. 1-8.

[4] Cf. SARGOS (P.), « Les sept piliers de la sagesse du droit – 12 janvier 1815 – 12 janvier 2015 », *La semaine Juridique, E.G.*, n° 1-2, 12 janvier 2015, doctr. 34

[5] Cf. CASSIA (C.) « La sécurité juridique, un "nouveau" principe général du droit aux multiples facettes », *Recueil Dalloz* no 18, 2006, p. 1101, qui note que c'est sur le fondement du principe de sécurité juridique que le Conseil d'État a considéré que l'absence de mesures transitoires était de nature à entacher le décret d'illégalité. L'apport de la décision Société KPMG du 24 mars 2006 à la théorie des principes généraux du droit français est double : formellement, elle reconnaît l'existence d'un principe de sécurité juridique… Substantiellement, elle montre que ce principe englobe celui de confiance légitime qui implique que les administrés disposent d'un droit acquis au maintien d'une situation. En cas de changement brutal de la règle, les situations légitimement acquises par les administrés sont protégées.

Dans la plupart des pays africains, il n'y a pas de reconnaissance expresse du droit à la sécurité juridique, mais les corollaires de ce droit sont consacrés à l'instar du principe de la non-rétroactivité, la garantie de la « sécurité »[6], les droits de la défense... et constituent les germes du droit à la sécurité juridique. C'est une valeur essentielle qui « innerve tout le droit »[7] et concourt à l'essor et à la promotion des investissements. Le droit à la sécurité juridique exprimerait ainsi deux exigences : une exigence de prévisibilité du droit et une exigence de stabilité[8]. L'exigence de prévisibilité invite le législateur à ne pas utiliser les dispositions imprécises ou ambiguës et de faire preuve de cohérence en assurant la coïncidence des dispositions d'une loi avec les objectifs poursuivis. Un manque de clarté ou de prévisibilité dans les relations juridiques peut entraîner des situations manifestement arbitraires et injustes. On ne saurait ainsi concevoir une activité économique durable dans un environnement où les « règles du jeu » que constituent les règles de droit ne sont ni précises ni correctement appliquées ni dotées d'une certaine stabilité[9].

À la lecture du préambule du Traité de l'OHADA, on observe que son objectif essentiel est la sécurité juridique et judiciaire. Ce droit harmonisé doit ainsi « garantir la sécurité juridique des activités économiques »[10]. Pour réaliser cet objectif, l'OHADA a eu recours à deux instruments que sont les normes et les institutions en charge de les appliquer. Les États africains en ratifiant le Traité OHADA ont accepté perdre une partie de leur souveraineté. C'est ainsi que les normes édictées par le législateur communautaire, c'est-à-

[6] V. Préambule de la constitution camerounaise du 14 avril 2008.

[7] V. POUGOUE (P.G.), *op.cit.*, p.1.

[8] *Idem.*

[9] V. MEYER (P.), « La sécurité juridique dans l'espace OHADA », *PENANT* 855, 2006, p. 151 ; V. également PAILLUSSEAU (J.), « Le droit est aussi une science d'organisation (et les juristes sont parfois des organisateurs juridiques) », *RTDCom.* N° 1, 1989, PP 1-57, *RTDCom.* N° 1, 1989, pp. 1-57 ; BRIERE DE L'ISLE, « Sécurité juridique et loi », *JCP E* supplément, 1990, pp. 3-9.

[10] La sécurité est liée à l'idée même du droit. Le doyen Georges RIPERT, dans « Les forces créatrices du droit », écrit que le droit est avant tout un instrument de sécurité et par conséquent de liberté. On attend ainsi qu'il garantisse la sécurité, de sorte que l'on puisse prévoir la solution des situations juridiques et compter sur elle grâce à des moyens de contrainte garantissant la réalisation des droits. Cet accent sur la sécurité juridique des « activités économiques » qui ressort du Traité OHADA a fait dire à certains auteurs qu'il ne s'est pas agi pour l'OHADA d'harmoniser le droit des affaires, mais le droit des activités économiques. Le Professeur PAILLUSSEAU (J.) dans son article « Le droit de l'OHADA, un droit très important et original », *in Cahiers du droit de l'entreprise* no 5, « L'OHADA, dix ans de droit du droit des affaires en Afrique », *JCP* 2004, p. 3 fait constater que lors de la réunion des délégations des différents pays de l'OHADA à Abidjan des 18, 19 et 20 avril 1993, il avait été suggéré de remplacer cette notion de droit des affaires par celle de droit des activités économiques, à l'instar de la Guinée Conakry qui avait adopté quelques mois plutôt un code des activités économiques, car il n'était plus possible de revenir sur la terminologie retenue par le Traité. Les amendements souhaités de l'arsenal juridique OHADA intégreront certainement ce concept.

dire le Conseil des ministres, sont directement appliquées dans les États parties au Traité. Il en est ainsi des Actes uniformes qui régissent déjà un bon nombre d'activités économiques dans l'espace OHADA.

L'avènement de l'OHADA a suscité chez les entrepreneurs africains et ses partenaires économiques une attente considérable tant il est évident que le continent regorge de richesses multiples, encore faiblement exploitées, et qui ne sauraient l'être dans un contexte d'insécurité juridique décriée par les acteurs économiques[11]. Le droit, comme l'écrit le Doyen RIPERT[12] est avant tout un instrument de sécurité et par conséquent de liberté. On attend qu'il garantisse la sécurité, de sorte que l'on puisse prévoir la solution des situations juridiques et compter sur elle grâce à des moyens de contraintes, garantissant la réalisation des droits. C'est pourquoi, à l'effet de sécuriser les relations juridiques, le législateur communautaire se devait d'agir sur les normes régissant le droit des affaires qui dans la plupart des pays étaient non codifiées, mal connues et obsolètes pour certaines d'entre elles. La question de l'identification de la figure de l'insécurité juridique semblait se dessiner ainsi facilement, mais peut-on dire que l'architecture juridique et judiciaire de l'OHADA, consacrée par le Traité de Port-Louis concourt à améliorer l'État de droit et à faire confiance aux entrepreneurs ?

Après plus d'une vingtaine d'années d'existence, on observe en effet que l'institution a procédé à une « forte production normative et a véritablement fait fonctionner son dispositif institutionnel original en dépit des difficultés rencontrées et du scepticisme suscité en 1993 à l'avènement de l'organisation, ceci à la satisfaction des entreprises ».[13]

Les entrepreneurs africains relèvent ainsi à travers l'œuvre du législateur communautaire des avancées certaines, mais ce cadre juridique des affaires

---

[11] Un spécialiste des établissements financiers à la Banque Mondiale, André RYBA, au début des années 90 relevait que « l'appareil judiciaire en Afrique n'encourageait ni le respect des contrats, ni le recouvrement des créances », *Economica*, no 22/23, p. 96.

[12] Cf. RIPERT (G.), *Les forces créatrices du droit*, Paris, GDJ, 430 p.

[13] C'est le sentiment général des participants à « la réunion des forces vives de l'OHADA » qui s'est tenue sous l'égide de l'organisation communautaire à l'Hôtel Akwa Palace à Douala (Cameroun), du 08 au 10 Novembre 2007, sous l'égide de l'Organisation Communautaire. L'objectif de la réunion d'après le Secrétaire Permanent de l'OHADA était « de faire le point sur cet outil juridique d'intégration régionale pour le rendre plus performant en portant un regard rétrospectif et prospectif sur le devenir de l'organisation, cernant les défis et les perspectives afin de permettre la poursuite de son œuvre constructive. ». Les travaux se sont étalés sur trois jours autour des thèmes suivants : - Le renforcement des organes de l'OHADA, - Les Commissions Nationales: rôle et fonctionnement ; - L'évaluation des Actes Uniformes ; - L'effectivité du droit OHADA : le point de vue des entreprises ; - La consolidation et l'élargissement du système OHADA ; - Les relations de l'OHADA avec les autres Organisations d'intégration sous-régionales ; - Les relations CCJA et Hautes Juridictions nationales ; - La révision du Traité de Port-Louis du 17 octobre 1993 ; Cf. Rapport général de la Réunion des forces vives de l'OHADA, p. 2 inédit.

reste toutefois à parfaire pour améliorer la performance des entreprises. Cette réflexion questionne à l'aune des exigences de qualité et de prévisibilité du droit, qui caractérisent la sécurité juridique, les forces et les faiblesses de plusieurs pans de l'intégration juridique recherchée dans l'espace IOHADA concernant principalement l'amélioration de la performance des entreprises et l'attractivité des règles de procédure de recouvrement des créances et des voies d'exécution et des procédures destinées à traiter les difficultés des entreprises. La réflexion menée tend à démontrer que les normes uniformes sécrétées par le législateur communautaire constituent un élément appréciable de sécurité. Mais celui-ci semble relatif, car l'entreprise est le siège des intérêts antagonistes : celui des associés, celui de l'entreprise et ceux des tiers. Notre propos consistera à analyser à grands traits cette sécurisation relative des entreprises sous l'angle substantiel d'une part (I) et processuel d'autre part (II) à l'aune de la recherche de la sauvegarde de tous les intérêts en présence.

I- LA SÉCURISATION RELATIVE DES ENTREPRISES SOUS L'ANGLE SUBSTANTIEL

Pour mieux apprécier le rôle joué par le législateur OHADA dans l'amélioration de l'environnement des entreprises (B) et le perfectionnement souhaité (C), il serait intéressant de dresser un état des lieux avant la réforme (A)

A- Les entreprises et l'insécurité juridique avant la réforme OHADA

Parmi les risques qui freinent le développement des entreprises en Afrique, l'insécurité juridique et judiciaire occupait une place de choix. On comprend aisément ces propos d'un opérateur économique : « nous ne voulons pas investir dans la zone franc parce que nous ne connaissons pas le droit qui va régir notre patrimoine… le même droit n'est pas applicable d'un pays à un autre, d'un tribunal à un autre. On ne tient pas compte de la jurisprudence… »[14]. Plusieurs facteurs pouvaient expliquer l'insécurité juridique : la vétusté des textes et la divergence dans les législations applicables aux affaires. Par rapport à ce dernier facteur, on constatait qu'il y avait de nombreuses divergences dans les législations applicables aux affaires. Certains appliquaient les vieux codes de la puissance mandataire[15] (exemple du Cameroun qui était sous mandat français et anglais) ou

[14] Propos rapportés par KENFACK DOUAJNI (G.), in « Arbitrage forcé et règlement en droit camerounais des litiges entre associés », *Recueil PENANT*, n° 825, 1997, p. 335 et KEBA MBAYE, *in L'autre Afrique*, n° 11, p. 10.

[15] En vertu du principe de la spécialité législative, les lois et règlements de la métropole ne s'appliquaient pas dans les colonies de plein droit, sauf lorsqu'ils avaient été pris spécialement à leur intention, en vertu d'une disposition spéciale.

coloniale, et d'autres avaient fait un effort de modernisation de leur législation[16]. Certains auteurs[17] font observer que le développement du droit des sociétés dans les pays d'Afrique aujourd'hui membre de l'OHADA était assez inégal. Pour la plupart des pays précédemment colonies ou sous mandat français, peu de choses avaient été modifiées dans la législation sur les sociétés commerciales léguées par la France. Il en était ainsi du Togo et du Tchad. Ces derniers, pour les raisons de modernité, appliquaient la loi française du 24 juillet 1966 sur les sociétés commerciales comme le démontre NODJINGOTO[18]. Certains pays étaient préoccupés par les créations des sociétés d'État ou par les prises de participations de l'État dans les entreprises. On peut citer ici au Cameroun la loi n° 74/18 du 5 décembre 1974 relative au contrôle des ordonnateurs, gestionnaires et gérants des crédits publics des entreprises d'État et l'ordonnance n° 95/003 du 17 mai 1995 portant statut général des entreprises du secteur public et parapublic[19]. Au Niger, l'ordonnance 86-01 du 1er janvier 1986 et ses décrets d'application ; au Gabon, les ordonnances n° 41-72 du 10 juin 1972, 27-75 du 11 avril 1975 et 18-76 du 6 décembre 1976 ; en Haute-Volta ou Burkina Faso, l'ordonnance n° 75-049 du 30 octobre 1975 ; au Bénin, les sociétés d'État et les sociétés d'économie mixte ont été créées par une ordonnance n° 72-11 du 8 avril 1972. D'autres textes nationaux ont eu pour but de filialiser les entreprises étrangères, par exemple l'ordonnance n° 73-11 du 7 février 1973 au Bénin, la loi camerounaise n° 76-9 du 8 juillet 1976 et la loi gabonaise n° 10-73 du 20 décembre 1973.

Quelques retouches éparpillées ici et là ont été apportées sur les SA et les SARL par le biais de la réglementation de l'exercice des activités commerciales. C'est le cas avec la loi béninoise n° 90-005 du 15 mai 1990 fixant les conditions d'exercice du commerce ; au Burkina Faso, il s'agit de la loi n° 15-72 du 30 décembre 1972 et du décret n° 73-006 du 7 février 1973 et l'ordonnance du 26 août 1981 qui réglemente la profession de commerçant et élargit le domaine des sociétés commerciales par la forme en ajoutant aux SA et aux SARL, les sociétés en nom collectif et les sociétés en commandites simples[20]. Au Cameroun, la loi n° 61-20 du 27 juin 1961 relative à la forme

---

[16] Cf. ANOUKAHA (F.), ABDOULLAH (C.), NDIAW (D.), NGUEBOU TOUKAM (J.), POUGOUE (P.-G.), MOUSSA (S.), *OHADA, Sociétés commerciales et G.I.E.*, Bruylant, Bruxelles, 2002, pp. 4-17.

[17] *Idem.*

[18] NODJINGOTO (E.), « *Analyse du droit tchadien des sociétés* », in *Common Law et droit des sociétés commerciales d'Afrique et d'Haïti.*

[19] V. MBENDANG EBONGUE (J.), *Les entreprises d'État au Cameroun*, Thèse, Paris I, 1989 ; KWIMO (J.), *L'interventionnisme économique au Cameroun et au Congo*, Thèse, Orléans, 1980 ; V. TCHOKOMAKOUA, « La réforme du cadre juridique des entreprises du secteur public et parapublic (essai sur l'ordonnance n° 95/003 du 17 mai 1995*) », Juridis Périodique*, no 26, 1996, pp. 97 et s.

[20] V. YADO TOE (J.), « Les sociétés commerciales au Burkina Faso », *in Common Law et droit des sociétés commerciales d'Afrique et d'Haïti.*

des sociétés a imposé la forme notariée pour tous les actes constitutifs de société anonyme, en commandite par actions ou à responsabilité limitée, ainsi que tous les actes relatifs aux modifications statutaires et à la liquidation desdites sociétés. Il en est de même de la loi n° 90/031 du 10 août 1990 régissant l'activité commerciale suivie du décret n° 93/720/PM du 22 novembre 1993 fixant les modalités d'application de cette loi. Au Gabon, la législation sur les sociétés a été modifiée par plusieurs textes : la loi n° 13-69 du 31 décembre 1969, la loi n° 10-73 du 20 décembre qui institue le régime du Président-directeur général pour les SA sans préciser s'il doit être une personne physique et sans rien mentionner en ce qui concerne le conseil d'administration. Cette loi a été complétée par la loi 1-74 du 31 mai 1974, la loi 12-79 du 28 mars 1979, le décret 276 du 28 mars 1979 de la loi 8-86 du 4 août 1986 qui s'inspirent de la loi française du 24 juillet 1966. Le Mali pour sa part, sans abroger les lois du 24 juillet 1867 et 7 mars 1925, a pris les textes modifiant le droit des sociétés : c'est ainsi que l'ordonnance n° 58 du 14 octobre 1975 portant réglementation de la profession de commerçant réglemente les formes de sociétés admises au Mali à savoir les SNC, les SARL, les SA et les sociétés à caution mutuelle des commerçants, elle supprime donc les sociétés en commandite. Au Niger, l'ordonnance 92-48 du 7 octobre 1992 instituait un livre premier au nouveau code de commerce qui consacrait un élargissement de la commercialité par la forme qui passait ainsi de la seule SA, aux SNC, SCS, SCA et SARL. En République centrafricaine une loi n° 88-014 du 27 août 1988 instituait un régime préférentiel en faveur des petites et moyennes entreprises et des petites et moyennes industries.

D'autres pays en s'inspirant de la loi française du 24 juillet 1966, sont allés plus loin en refondant leur législation sur les sociétés : c'est le cas de la Guinée et du Sénégal. La Guinée avait opté pour l'unité des textes applicables en matière des sociétés en adoptant la loi du 1er septembre 1962 instituant un code. Après une ordonnance en date du 17 mai 1985 régissant l'activité commerciale et des sociétés, une loi du 8 décembre 1992 portant Code des activités économiques réglementait toutes les sociétés. Mais le domaine réservé aux entreprises privées était considérablement réduit par la création des sociétés d'État dans différents secteurs de l'économie.

Le Sénégal a aussi procédé à une véritable réforme du droit sénégalais des sociétés par la loi n° 85-40 du 29 juillet 1985. Il s'agit d'un cadre législatif important et complet, intégrant les évolutions modernes du droit des sociétés et autres groupements d'affaires, et les acquis de la jurisprudence. Ce texte a été modifié par la loi n° 89-09 du 17 janvier 1989 et la loi n° 93-07 du 10 février 1993 qui d'après son exposé de motif, visait « l'amélioration du cadre juridique dans lequel les sociétés commerciales doivent développer leurs activités pour sécuriser davantage aussi bien les associés que les tiers ».

L'insécurité juridique s'expliquait donc par la vétusté des textes juridiques en vigueur. En effet, la plupart des textes juridiques en vigueur dataient comme nous venons de le voir, de l'époque coloniale et ne correspondaient plus à la situation économique et aux rapports internationaux actuels. Ainsi au Cameroun et dans la plupart des pays de la zone franc, en droit des sociétés, les anciens textes de l'époque coloniale[21] étaient toujours en vigueur.

Sauf quelques aménagements dans certains pays, étaient donc toujours en vigueur : la loi du 24 juillet 1867 sur les sociétés par actions (rendue applicable en Afrique par le Décret du 30 décembre 1868) et les textes modificatifs subséquents jusqu'aux années 1950, la loi du 18 mars 1919 relative au Registre du commerce, la loi du 7 mars 1925 sur les Sociétés à responsabilité limitée. En matière commerciale, l'accession à l'indépendance de ces pays ne s'est pas accompagnée d'une œuvre législative particulièrement remarquée. Le code de commerce français promulgué en 1807, appliqué respectivement à l'Afrique occidentale et à l'Afrique-Équatoriale française en 1901 et 1910, n'a pas connu de modification majeure. Au regard des techniques modernes de constitution, de fonctionnement et de contrôle des entreprises, ces textes avaient considérablement vieilli.

Certes, comme précédemment souligné, certains avaient fait un effort de modernisation de leur législation. Mais ces efforts de réglementation des uns, loin d'arranger la situation, ne pouvaient qu'accentuer la confusion qui régnait dans les sources du droit. Il y avait véritablement une insécurité juridique dans l'ensemble des pays concernés, d'autant plus qu'à cause du principe de la spécialité législative qui a gouverné l'élaboration du droit dans les colonies et territoires sous tutelle, il était difficile de savoir si telle ou telle disposition, pourtant contenues dans le Code civil était applicable ou ne l'était plus dans son intégralité. Un promoteur d'entreprises dans plusieurs pays africains ne pouvait donc qu'être confronté à une incertitude juridique. Le droit applicable aux entreprises, disséminé dans de nombreux textes, pouvant être appliqué tantôt à un grand nombre de pays, tantôt aux uns et pas aux autres. En définitive, il s'agissait d'une législation éparpillée, disparate, inadaptée, vétuste et archaïque[22]. Certains sont allés plus loin en caractérisant cet environnement de « maquis juridique »[23] qui ne pouvait répondre aux besoins

---

[21] V. NKOYOK (J.), *La situation juridique des sociétés commerciales au Cameroun, adaptation et inadaptation de la loi du 24 juillet 1867*, Thèse, Montpellier, 1985 ; ROBERT (J.H.), « Les sources du droit des sociétés au Cameroun Oriental », in *Mélanges ROBLOT*, Paris, LGDJ, 1984, pp. 24 et s., NGOMO (A.F.), *Le projet du code de sociétés de l'UDEAC*, Thèse, Paris II, 1989.

[22] Cf. NGUEBOU TOUKAM (J.), « Environnement juridique et développement du secteur privé : L'exemple de l'OHADA », *in Revue africaine des Sciences Juridiques*, Vol. 2, n° 1, 2001, pp. 19-45.

[23] Cf. ABARCHI (D.), « Droit Nigérien des sociétés », *in Common Law et droit des sociétés commerciales d'Afrique et d'Haïti*, 1997, 3ème rencontre de droit comparé du CICLEF, Moncton- Canada, 1998.

juridiques des opérateurs économiques. Les entreprises, justiciables, avaient donc une difficulté à connaître les textes applicables, ce qui ne pouvait que contribuer à accentuer leurs risques d'affaires.

B- La contribution de l'OHADA à la sécurité juridique des entreprises

Les objectifs de l'OHADA ont été clairement précisés dans le Traité du 17 octobre 1993. Outre la restauration de la sécurité juridique et judiciaire[24] des activités économiques en vue de restaurer la confiance des investisseurs et faciliter les échanges entre États parties, le Traité vise entre autres objectifs[25] à mettre à la disposition de chaque État des règles communes, simples, modernes, adaptées à la situation économique. À l'observation, le législateur communautaire s'est évertué à moderniser le droit substantiel.

Le champ d'application de l'OHADA est large aussi bien sur le plan géographique[26] que sur le plan matériel. Sur ce dernier point, le Traité a vocation à légiférer le domaine du droit des affaires au sens large du terme voire à en dépasser le cadre classique[27]. En effet, le droit des affaires est un concept nouveau qui est apparu dans le vocabulaire juridique et consacré par la doctrine[28]. Pour la plupart des auteurs, le droit des affaires a un domaine plus vaste que celui du droit commercial classique[29], branche spécialisée du droit privé. Le droit des affaires englobe en effet outre le droit commercial classique, des questions relevant du droit public (intervention de l'État dans

---

[24] Cf. ONANA ETOUNDI (F.), « L'OHADA et la sécurité juridique et judiciaire, vecteur de développement », 22e congrès international des huissiers de justice, Madrid, 2-5 juin 2015.

[25] Cf. article1 du Traité.

[26] Cf. LAURIOL (T.), « Codification commerciale et OHADA », *in Rapport Colloques, Quel Code de commerce pour demain ? Bicentenaire du code de commerce, 1807-2007*, pp. 88-89. Le code OHADA est ouvert à l'adhésion de tout membre de l'union africaine ainsi qu'à l'adhésion de tout autre État non membre de l'Union africaine invité à y adhérer du commun accord de tous les États parties.

[27] Cf. LAURIOL (T.), *Ibid.*, p. 89. Le Professeur ISSA SAYEGH note que « c'est la seule institution qui ait une ambition illimitée territorialement et matériellement », ISSA SAYEGH (J.), « L'extension du champ de l'OHADA », Communication au colloque ARPEJE/IDEF, Porto-Novo, 3-5 mai 2004, www.ohada.com, ohadata D-04-03.

[28] V. par exemple CHAMPAUD (CL.), *Le droit des Affaires*, coll. Que sais-je, Paris 1981 ; SHAPIRA (J.), LETALLEC (G.), BLAISE (J.B.), *Droit européen des affaires*, Paris, PUF, 1984, ALFANDARI (E.), *Droit des Affaires*, Paris Litec, 1993 ; CHARTIER (Y.), *Droit des affaires*, (2 tomes), éd. Economica, Paris, 1993 ; GUYON (Y.), *Droit des Affaires*, (2 Tomes), Paris, éd. Economica, 1994 ; SHAPIRA (J.), LEBEN (Ch.), *Droit international des affaires*, Coll. Que sais-je, Paris, 1996

[29] À ses origines, le droit commercial a été conçu comme un droit exceptionnel applicable aux seules personnes qui ont la qualité de commerçants. Il s'agit de la conception subjective du droit commercial qui a été autrefois un droit professionnel par opposition à la conception objective du droit commercial qui prend en considération les actes qui sont nécessaires à la vie commerciale.

l'économie, droit fiscal) ou de certaines branches du droit privé (droit du travail) que des domaines entièrement nouveaux (droit de la consommation).

Le législateur africain a consacré ce concept et a juridiquement défini son contenu [30]. Le droit des affaires africain se trouve être une discipline pluridisciplinaire au contenu élastique[31] avec pour objectif de répondre à tous les besoins d'ordre juridique de la vie des affaires. Après quinze années d'existence, l'espace OHADA a modernisé son droit des affaires et en a renforcé l'accessibilité[32]. Conscient du délabrement du cadre juridique des affaires, l'OHADA s'est en effet consacrée au toilettage [33] des textes applicables en la matière. La législation moderne conçue par le législateur communautaire est très proche de celle des pays développés avec lesquels les pays africains pourraient être amenés à contracter[34]. L'objectif escompté étant de favoriser les échanges entre investisseurs étrangers et nationaux et par conséquent, promouvoir les entreprises locales. C'est dans cette optique que l'OHADA s'est dotée, en s'inspirant des techniques et mécanismes de divers systèmes juridiques ou des usages et pratiques du commerce international, des textes juridiques uniques, simples et techniquement performants destinés à rénover le statut des entreprises, à renforcer les garanties des créanciers, à ménager les solutions aux difficultés des entreprises, à promouvoir l'arbitrage comme mode alternatif de règlement des différends contractuels. Il s'agit des Actes uniformes qui sont en vertu des dispositions du Traité OHADA, « directement applicables et obligatoires dans les États parties nonobstant toute disposition contraire de droit interne, antérieur ou postérieur »[35]. Comme

---

[30] D'après l'art. 2 du traité OHADA, le domaine du droit des affaires est « l'ensemble des règles relatives au droit des sociétés et au statut juridique des commerçants, au recouvrement des créances, aux sûretés et aux voies d'exécution, au régime de redressement des entreprises et de la liquidation judiciaire, au droit de l'arbitrage, au droit du travail, au droit comptable, au droit de la vente et des transports, et toute autre matière que le conseil des ministres déciderait d'inclure ».

[31] Après l'adoption de huit Actes uniformes couvrant le domaine traditionnel du droit des affaires, à sa réunion de Bangui en mars 2001, le Conseil des ministres a décidé que le programme d'harmonisation du droit des affaires se poursuivrait avec « le droit de la concurrence, le droit bancaire, le droit de la propriété intellectuelle, le droit des sociétés civiles, le droit sociétés coopératives et mutualistes, le droit des contrats, le droit de la preuve ». Pour certains auteurs, « cette démesure matérielle constitue des risques quasi-certains : risque de conflit avec les institutions d'intégration économique, risque d'engloutissement du droit interne », POUGOUE (P.G.), KALIEU ELONGO (Y.R.), *Introduction critique à l'OHADA*, *op.cit.* p. 67 et s.

[32] V. MASSAMBA (R.), *op.cit.*, p.138 et MUKA TCHIBENDE (L.-D.), Les voies comparées africaine et européenne d'unification du régime juridique de la société anonyme, *PENANT* 856, 2006, pp. 294-344 ; LAURIOL (T.) et De RUBERCY (G.), *Codification commerciale et OHADA*, in Actes du colloque organisé par IRDA le 30 mars 2007, Quel code de commerce pour demain ? Bicentenaire du code de commerce, 1807-2007, LexisNexis, 2007.

[33] Cf. NGUEBOU TOUKAM (J.), *Ibid.*, p. 22.

[34] V. MUKA TCHIBENDE (L.-D.), *Ibid.*, pp. 294 et s.

[35] Cf. art. 10 du Traité.

on a pu le constater, l'harmonisation[36] affichée par le Traité s'apparente à une véritable uniformisation du droit[37]. Le système juridique OHADA contient ainsi des normes uniques, identiques, simples, modernes, adaptées et élaborées pour dynamiser l'économie des États parties[38].

C'est ainsi que pour promouvoir et revitaliser le statut des entreprises, le droit commercial[39], le droit des sociétés commerciales et du groupement d'intérêt économique[40], le droit comptable[41], ont été largement rénovés. Le renforcement des garanties[42] des créanciers est aussi recherché dans l'optique de protéger le crédit et d'attirer les capitaux étrangers. Dans le même sens, des solutions aux difficultés financières des entreprises ont été conçues dans l'optique du sauvetage des entreprises chaque fois que cela est possible[43]. La réforme de l'Acte uniforme sur les procédures collectives améliore considérablement la situation des créanciers tout en renforçant les possibilités de sauvetage des entreprises. Nos travaux sur l'attractivité du nouveau droit de l'insolvabilité OHADA à l'égard du débiteur illustrent cette situation. L'aménagement d'une diversité de procédures offre plus de choix au débiteur. Par exemple, le législateur a consacré l'usage de la médiation par un débiteur en difficulté pour négocier un accord avec ses créanciers. Un acte uniforme y relatif vient d'ailleurs d'être adopté le 23 novembre 2017. Il en est de même de la possibilité donnée au débiteur, personne physique, de rebondir éventuellement.

L'entreprise en tant que facteur de développement économique est donc au cœur de la réforme OHADA qui vise à faciliter ses activités. À la lecture des règles unifiées, on aperçoit bien le souci du législateur communautaire de

---

[36] L'harmonisation est l'opération consistant à rapprocher des systèmes juridiques d'origine et d'inspiration différentes pour les mettre en cohérence entre eux, en réduisant ou en supprimant leurs différences et leurs contradictions de façon à atteindre les résultats compatibles entre eux et avec des objectifs communs recherchés par le Traité.

[37] L'unification du droit ou l'uniformisation est à priori une forme plus brutale, mais aussi plus radicale d'intégration juridique. Elle consiste à instaurer dans une matière donnée une réglementation unique, identique en tous points pour tous les États membres dans laquelle il n'y a pas de place en principe pour les différences. V. également SECK AMI COLLE, Intégration et souveraineté étatique, approche comparative entre l'Europe et l'Afrique à travers l'UE, l'UEMOA et l'OHADA, Thèse, université Le Havre-Normandie, avril 2018, 402 p.

[38] Cf. article 7 du Traité OHADA.

[39] Entré en vigueur le 1er janvier 1998 et modifié en 2010

[40] Entré en vigueur le 1er janvier 1998 et modifié en 2014.

[41] Entré en vigueur le 1er janvier 2001 pour les comptes personnels des entreprises et le 1er janvier 2002 pour les comptes consolidés et les comptes combinés et modifié en 2017

[42] Cf. (F.) ANOUKAHA, *Le droit des sûretés dans l'acte uniforme OHADA*, PUA, 1998. Cet Acte uniforme est entré en vigueur le 1er janvier 1998.

[43] Cf. Acte Uniforme du 10 avril 1998 portant organisation des procédures collectives et d'apurement du passif, entré en vigueur le 1er janvier 1999modifié en 2010

sécuriser les rapports internes dans les entreprises[44], et de sécuriser les relations de l'entreprise avec les tiers.

On peut mentionner à titre d'exemple, la réforme de la qualité de commerçant, la consécration du statut de l'entreprenant, la rénovation de la théorie de la société commerciale[45], la clarification des formes d'entreprises[46], l'intégration des formes occultes de société dans le champ juridique[47], la consécration des sociétés unipersonnelles[48], la consécration de la Société par actions simplifiées. On observe alors que l'instrument juridique s'adapte aux nécessités de l'économie dans une visée concurrentielle. En effet, la SAS est destinée à répondre aux besoins des entreprises d'un pays qui souhaitent disposer d'un outil juridique mieux adapté à la coopération entre elles et avec les partenaires étrangers, le réaménagement des modes d'administration des sociétés, le renforcement du contrôle interne et externe, l'amélioration de la visibilité des entreprises, la modernisation des règles de gestion des résultats financiers[49] et la recherche de la compétitivité à travers les concentrations d'entreprises[50].

Il faut dire dans ce dernier cas que, selon que les partenaires souhaitent ou non conserver l'autonomie juridique de leurs sociétés, l'Acte uniforme sur les sociétés commerciales et le Groupement d'Intérêt Économique leur offre

---

[44] Rapport des associés entre eux, rapports avec la société, v. *infra*.

[45] Cf. ANOUKAHA (F.), CISSE (A.), DIOUF (N.), TOUKAM (J.N.), POUGOUE (P.G.), et SAMB (M.), *OHADA, Sociétés commerciales et GIE, op.cit,* n° 27 et n° 28.

[46] Cf. *Ibid.,* no 29 à n° 36, v. *infra.*

[47] Il s'agit de la société de participation dans laquelle les associés conviennent qu'elle ne sera pas immatriculée au RCCM et qu'elle n'aura pas la personnalité juridique, cf. art.854 à 860 de l'AUSCGIE, de la société de fait, cf. 864 à 867 et la société créée de fait qui comme l'écrit le Professeur POUGOUE est une notion « fourre-tout » et est soit déduite du comportement des parties, cf. art. 864 : « il y a société de fait lorsque deux ou plusieurs personnes physiques ou morales se comportent comme des associés sans avoir constitué entre elles l'une des sociétés reconnues par le présent Acte uniforme » ; soit constitué sans écrit, cf. art. 115 de l'AUSCGIE ou au mépris des formalités légales, cf. art. 865 de l'AUSCGIE, « Lorsque deux ou plusieurs personnes physiques ou morales ont constitué entre elles une société reconnue par le présent Acte uniforme, mais n'ont pas accompli les formalités légales constitutives ou ont constitué entre elles une société non reconnue par le présent Acte uniforme, il y a également société de fait ». Le législateur semble donc maladroitement employé indifféremment les termes de société de fait et de société créée de fait. Car sur le plan juridique une différenciation est faite : la société crée de fait est une société dans laquelle les associés n'ont voulu respecter aucune formalité juridique alors que la société de fait est à l'origine une société constituée et immatriculée, mais qui a été annulée. Cf. POUGOUE (P.G.), ANOUKAHA (F.), NGUEBOU TOUKAM (J.), nos 615 et s., *op.cit.,* p. 264.

[48] Cf. les art.5, 309 alinéa 2 et 385 alinéa 2 de l'AUSCGIE, v. aussi S. SERLOOTEN, « L'entreprise unipersonnelle à responsabilité limitée », *D.* 1985, p. 187 et s., PAILLUSSEAU (J.), « L'EURL ou les intérêts pratiques et conséquences théoriques de la société unipersonnelle », *JCP* 1986, éd. E., 14684.

[49] V. *infra.*

[50] V. MODI KOKO BEBEY (H.), « La réforme du droit des affaires de l'OHADA au regard de la mondialisation de l'économie », op.cit., p.4 et s.

plusieurs possibilités de rapprochement. En effet, étant donné que l'économie moderne exige de plus en plus de moyens financiers, techniques et humains qu'une entreprise isolée ne parvient pas toujours à rassembler, des entreprises petites, moyennes et grandes peuvent concentrer leurs moyens afin d'accroître leur part de marché tout en conservant leur indépendance juridique soit à travers le groupe de sociétés, reconnu par le législateur africain, soit par le GIE.

Le Professeur MODI KOKO fait remarquer que si la concentration verticale est utilisée à bon escient en Afrique, celle-ci peut devenir actrice et non plus simplement victime de la mondialisation. Il note joliment qu'« il faut davantage insister sur le rôle que pourrait jouer le groupe africain de sociétés dans le développement du continent. En effet, l'Afrique a toujours souffert de la division internationale du travail du fait de la fixation unilatérale des prix des matières premières et des produits finis par l'occident, au gré de ses besoins ou d'objectifs conjoncturels. Dans un contexte de mondialisation de l'économie, on peut aisément imaginer la puissance commerciale d'un groupe de sociétés résultant de la concentration des entreprises africaines productrices de telle ou telle matière première. On peut même envisager des cas de concentration verticale où le groupe ainsi constitué aurait la maîtrise totale d'un secteur d'activité en assurant la fabrication d'un produit depuis l'extraction des matières premières jusqu'à la vente aux consommateurs. Ce schéma peut parfaitement être utilisé pour des produits tels que le café, le cacao, le bois, le coton et les ressources minières. C'est le sens qu'il faudrait donner à l'intégration économique en Afrique ».

Pour ce qui est du GIE selon l'article 869 de l'Acte uniforme, il a pour but exclusif de mettre en œuvre pour une durée déterminée tous les moyens propres à faciliter ou à développer l'activité économique de ses membres, à améliorer ou à accroître les résultats de cette activité. Son avantage résulte du fait qu'il permet à ses membres de mettre en commun des moyens de production et de développer ainsi leurs affaires tout en respectant leur indépendance juridique et économique contrairement au groupe de sociétés.

On constate bien à travers ces exemples que le législateur africain a choisi la voie de l'intégration juridique pour conduire à l'intégration économique[51]. Le droit mis au service du développement est appelé, à construire une communauté économique africaine. L'avènement de l'OHADA a donc le mérite d'avoir lutté contre la diversité qui caractérisait avant elle les textes régissant les affaires. Pour le Professeur Jacques DAVID, « après quinze

[51] Cf. NGUEBOU TOUKAM (J.), *op.cit.* ; v. aussi JOHNSON (K. L.), « L'intégration juridique par l'OHADA », in *Sensibilisation au droit communautaire et à l'intégration dans la zone CEMAC*, Actes du séminaire sous régional, Libreville (Gabon), 02-06 novembre 2004, éd. GIRAF, 2005, p. 61 et s. qui note que « c'est une démarche unificatrice de la règle de droit qui a conduit à la création de l'OHADA »

années, la prévisibilité qui est la première attente des opérateurs économiques à l'évidence est satisfaite avec le nouveau droit qui se substitue "aux droits d'avant", parfois divers, voire trop souvent difficiles à identifier »[52].

À la réunion des forces vives de l'OHADA[53], il a été observé que les entreprises qui sont implantées dans l'espace OHADA expriment leur satisfaction quant à ce nouveau système juridique. Peut-on alors dire que le droit OHADA est effectif ?

La notion d'effectivité du droit n'est pas définie. Mais, on peut dire avec ENCINAS DE MUNAGORRI et LHUILIER qu'elle « mesure l'écart entre la règle posée et les comportements suivis »[54]. Vu sous cet angle, le droit OHADA semble effectif[55] dans une large mesure dans les États parties. Et comme on a pu l'observer, les cas isolés de tentative d'application d'autres textes ou de refus de soumission au droit OHADA lorsqu'une matière est effectivement régie par un acte uniforme relèvent davantage de la méconnaissance du droit positif que d'une volonté d'éluder le droit OHADA[56].

L'on a certes noté quelques résistances d'application. Au Cameroun par exemple, du fait d'un double héritage juridique francophone et anglo-saxon, le système OHADA a connu quelques difficultés pour y prendre corps. Ces résistances pouvaient s'expliquer par le fait que la source d'inspiration majeure du droit OHADA est le système romano-germanique, et par conséquent déroutante pour les praticiens de la common law, et surtout que l'option linguistique première des Actes Uniformes qu'est le français, n'a pas facilité l'appropriation des textes par ceux qui ont l'anglais comme langue de pensée et de travail. Ces résistances se sont toutefois assouplies et les Actes Uniformes ont tendance à s'appliquer sur l'ensemble du pays[57].

L'entreprise en tant que facteur de développement économique est donc au cœur de la réforme OHADA qui vise à faciliter ses activités. Mais les entreprises restent confrontées aux difficultés d'application et d'évolution des normes OHADA.

---

[52] Cf. DAVID (M.J.), Avant propos de l'ouvrage *Introduction critique à l'OHADA* des Professeurs POUGOUE (P. G.) et KALIEU ELONGO (Y. R.), PUA, 2008, *op.cit.*, p. 17.
[53] Cf. *Rapport réunion des forces vives de l'OHADA*, Douala, 8-10 Novembre 2007, précité.
[54] Cf. ENCINAS DE MUNAGORRI (R.), LHUILIER (G.), *Introduction au droit*, Flammarion, 2002, p. 211.
[55] Cf. SAWADOGO (H.), « L'application des Actes Uniformes par les Juridictions nationales du Burkina Faso », *PENANT* n° 856, 2006, p. 71 ; S. OUSMANOU, « L'effectivité du droit OHADA : le point de vue des entreprises », *in Rapport réunion des forces vives de l'OHADA,* Douala, 8-10 Novembre 2007, *op.cit.*
[56] Cf. OUSMANOU (S.), « L'effectivité du droit OHADA : le point de vue des entreprises », *in Rapport réunion des forces vives de l'OHADA,* Douala, 8-10 Novembre 2007
[57] *Idem.*

C- Les entreprises confrontées aux difficultés d'application et d'évolution des normes OHADA

Si les chefs d'entreprise ne se sont pas attardés sur la question de savoir si le droit OHADA était, oui ou non, imposé aux États parties, les difficultés d'évolution des normes OHADA qui risquent de créer d'autres sources d'insécurité juridique les préoccupent davantage.

Quant aux origines de l'OHADA et de ses normes, certains ont estimé qu'il s'agit d'un arsenal juridique qui a été imposé aux Africains par les colonisateurs et les institutions internationales et qui ne prendrait pas en compte les réalités africaines, surtout que selon Jean Louis BERGEL, « il faut que le droit soit compatible avec les aspirations des peuples et l'opinion publique pour que le corps social ne le rejette pas[58]. Sinon, faute de pénétrer dans l'ordre juridique il reste lettre-morte et perd toute effectivité »[59]. L'aphorisme latin *« Ubi societas, ubi jus »*, (chaque société a son droit) mérite d'être pris en compte. Le droit pour être bien reçu, doit donc puiser aux sources dans lesquelles s'abreuvent les populations afin de mieux traduire leurs aspirations profondes, sinon l'on assistera comme l'écrit le Professeur BOKALLI à « un déphasage entre le droit applicable et le droit appliqué »[60]. Le modèle français semble pour l'essentiel inspiré sa rédaction et sa

---

[58] Cf. BLANC-JOUVAIN (X.), « La résistance du droit africain à la modernisation », in Actes du Colloque de Dakar 5-9 juillet 1977, *Revue Sénégalaise de Droit,* 1997, p. 38 qui note dans le même sens que « les pratiques et croyances ne peuvent pas se transformer subitement, sous l'action d'un législateur moderne…, et qu'il est illusoire de penser que le droit peut changer plus vite, au risque même de détruire l'harmonie d'ensemble ».

[59] V. POUGOUE (P. G.) et KALIEU ELONGO (Y. R.), *Introduction critique à l'OHADA*, PUA, 2008, p. 124 et s. ; J. L BERGEL, « la relativité du droit ? », *RRJ*, no 3, 1986, p. 13 et s. ; Pour VIRALLY (M.), « L'ordre juridique doit recueillir l'assentiment des sujets auxquels il s'applique », VIRALLY (M.), *Le phénomène juridique, Le droit international en devenir*, Paris, PUF, 1990.

[60] BOKALLI (V.E.), « La coutume, source de droit au Cameroun », *Rev. Gén. Dr.*, 1997, no 28, p. 37.

conception[61]. Le mimétisme juridique semble donc être la méthode de construction de cet outil juridique[62].

---

[61] VIVIER (J.L.), « L'OHADA ou l'unification du droit des affaires africain », *Droit et patrimoine*, no 72, juin 1999, p. 41 qui s'appuie sur le fait que le législateur OHADA n'ait pas pris en compte le secteur informel par rapport à l'exigence de l'immatriculation au RCCM comme condition d'exercice de l'activité commerciale, la non prise en compte des terrains non immatriculés pour la constitution des hypothèques ; V. aussi P. BOUREL, « À propos de l'OHADA : libres opinions sur l'harmonisation du droit des affaires en Afrique », *Recueil Dalloz*, 2007, no 14, p.969 et s.
Pour une perception contraire v. ; ISSA-SAYEGH (J.), Commentaires sous acte uniforme portant organisation des sûretés in *OHADA Traités et actes uniformes OHADA commentés et annotés, juriscope*, 3éd., 2008, p. 659 ; KALIEU ELONGO (Y.R.), « La mention manuscrite dans le cautionnement OHADA », *Juridis Périodique*, no 55, 2003, p. 109 et s. ; LOHOUES-OBLE (J.), *op.cit.,* p. 93 ; BOLMIN (M.), BOUILLET-COORDONNIER (G.) et MEDJAD (K.), « Harmonisation du droit des affaires dans la zone franc », *Journal de Droit International*, Clunet, 1994, p. 375 et s. ; GUYON (Y.), « L'organisation pour l'harmonisation en Afrique du droit des affaires », *LPA*, no spécial 205, 2004, p. 59 et s. Pour ces auteurs « Le traité OHADA est un projet conçu par les africains et pour l'Afrique. C'est l'outil qui pourra servir la politique choisie par les autorités compétentes qui ont compris que la sécurité juridique et judiciaire inspire la confiance, l'esprit d'entreprise, de conquête et la croissance. Les spécificités africaines s'expriment ainsi entre autres en matière de bail commercial dont les règles sont uniquement applicables dans les villes de plus de cinq mille habitants, les nouvelles formes de sociétés commerciales et de groupements tels que le GIE et la société en participation qui traduisent le souci de prendre en compte l'activité économique exercée dans le cadre informel ou encore l'exigence de l'acte authentique pour la constitution des sociétés commerciales, la prise en compte du faible taux d'alphabétisation en matière de cautionnement par l'exigence formelle de la présence des témoins en cas de cautionnement impliquant des personnes illettrées lorsque celles-ci interviennent dans l'acte en qualité de cautions. Par ailleurs les Professeurs POUGOUE et KALIEU soulignent l'apport scientifique du droit OHADA qui tout en contribuant à l'évolution juridique des pays membres a aussi enrichi le droit tout court sur certains points : d'une part sous l'angle de la théorie générale du droit, (dépassement de la théorie de la distinction droit privé et droit public en essayant de soumettre les personnes morales de droit public aux différents actes uniformes et en procédant à un abandon progressif de la distinction droit civil, droit commercial à travers l'uniformisation du régime des sûretés, l'élargissement des fonctions du RCCM, une nouvelle conception du bail commercial, l'extension de l'arbitrage et l'émergence d'une nouvelle distinction droit des professionnels et droit des non-professionnels) et d'autre part sous l'angle de la théorie contemporaine du contrat qui est au cœur du droit des affaires. Par exemple, par rapport à la formation du contrat entre absents, le droit OHADA a choisi d'appliquer la théorie ou le système de la réception. Désormais et en application de l'art. 21 alinéa 1 de l'AUDCG, lorsque le contrat doit se former alors que les parties ne sont pas en présence l'un de l'autre, ce contrat sera considéré comme conclu au jour et au lieu où l'offrant reçoit l'acceptation du destinataire de son offre. V. également J. NGUEBOU TOUKAM, « Les contrats à vocation économique dans le droit africain des affaires », *in Mélanges NGANDO (G. W.)*, Montchrestien, Paris, 2003, pp. 233 et s.

[62] Pour l'analyse du mimétisme comme méthode de construction du droit, v. ABARCHI (D.), « Problématique des réformes législatives en Afrique : mimétisme juridique comme méthode de construction du droit », *PENANT* n° 842, 2003, p. 88 et s. Pour l'auteur, la naissance des lois en Afrique ne découle pas des mêmes contraintes, la plupart des réformes résultent d'une présupposition d'obsolescence quand elles n'ont pas été suggérées de l'extérieur. Dans l'un et l'autre cas, le législateur succombe bien souvent à la séduction des dernières évolutions du droit des pays occidentaux qui créent en lui le sentiment de vivre chaque fois d'un droit anachronique pour ne pas dire démodé.

Si cette perception peut être partagée dans certaines branches du droit[63], il convient néanmoins de faire remarquer que les objectifs majeurs de l'OHADA qui sont économiques, (favoriser les échanges entre les États, stimuler le transfert de technologies et de connaissances et notamment les techniques modernes de gestion des entreprises, encourager la délocalisation vers l'Afrique de certaines grandes entreprises, améliorer les conditions de la libre concurrence, rétablir la confiance des chefs d'entreprises et des investisseurs et faciliter l'intégration économique du continent), pouvaient justifier le fait que le législateur communautaire pour moderniser ses normes se réfère au droit comparé.

Par ailleurs, il faut reconnaître que les besoins de réforme des législations en droit des affaires ne pouvaient être exprimés que par une minorité d'agents économiques, la plupart d'entre eux évoluant soit en marge des règles officielles, soit les contournant par le biais de leurs affinités sociales ou en s'adonnant à la corruption[64]. On peut donc aisément comprendre que par rapport aux objectifs de l'OHADA, la réforme relative à l'assainissement du cadre juridique puisse être suggérée, voire exigée par les partenaires extérieurs pour non seulement protéger les investisseurs, mais également assurer le développement des États parties à l'OHADA.

De même, l'inaptitude des législations africaines à régir certains pans des activités économiques du XXIe siècle est une autre raison qui rend difficile toute déconnexion juridique du droit africain par rapport au droit étranger[65]. On amorce déjà là la difficulté d'évolution de l'arsenal juridique OHADA observée par les opérateurs économiques.

Quant aux difficultés liées à l'évolution du droit OHADA, celles-ci semblent plus sérieuses.

En effet, il est devenu une vérité de polichinelle de dire que le droit des affaires est essentiellement évolutif. Ceci s'explique par le fait que dans un monde globalisé, les entreprises, les investisseurs, les financiers, les praticiens et les États inventent en permanence de nouvelles relations économiques. D'où la nécessité de sécuriser les nouveaux intérêts comme l'affirme un

---

63 V. ABARCHI (D.), sur la confusion évolution technologique et évolution juridique, il observe que si les progrès technologiques sont visibles et se prêtent à un usage quasi universel, il n'en est pas de même de ce droit qui fait souvent appel pour sa réceptivité dans l'ordre social davantage aux considérations culturelles les plus profondes de l'homme, op. cit. p. 90. C'est certainement le cas du droit foncier, du droit de la famille… Cf. POUGOUE (P.G.), *La famille et la terre, essai de contribution à la systématisation du droit privé au Cameroun*, thèse, Bordeaux, 1977 ; MELONE (S.), *La parenté et la terre dans la stratégie du développement*, éd. Klinchsiect, 1972.

64 Plus de la moitié du secteur économique dans l'espace OHADA relève du secteur informel.

65 Par exemple le droit traditionnel ignore la plupart des instruments juridiques nécessaires aux opérations économiques du monde moderne, chèque, lettre de change, carte bancaire, bref tout ce qui incarne la civilisation de l'écriture, v. ABARCHI (D.), *op.cit.* p. 95.

auteur, « puisque le droit des affaires- le droit des activités économiques- a pour objet l'organisation des structures des entreprises, celles de leur fonctionnement, celles des relations qu'elles nouent entre elles ou avec leur banquier, ou, plus généralement, avec leur environnement, les modifications qui affectent ces relations, ces structures, ces fonctionnements, et à plus fortes raisons, celles qui les bouleversent, ne peuvent que conduire à des modifications incessantes du droit »[66]. De nouveaux domaines du droit sont ainsi apparus à l'instar du commerce électronique, de la bioéthique, des financements spéciaux, la protection des actionnaires minoritaires (la corporate governance).

Le droit OHADA ne peut donc échapper à une mise à jour permanente. Il est important que le législateur communautaire adapte son texte aux nouvelles situations et relations pour sécuriser les parties contractantes et les tiers sous peine de constater progressivement son obsolescence ou la multiplication des pratiques contraires à la loi. C'est ainsi que son plan comptable qui a été bien conçu en son temps ne satisfait plus les besoins des investisseurs et des entreprises. Pour les plans consolidés, le monde se dote des normes internationales « International Financial Reporting Standard » [67] en abrégé IFRS. Ce qui a justifié la réforme du droit comptable en 2017.

Toutefois, la modification des Actes uniformes en droit OHADA est soumise à une procédure lourde, similaire à celle de leur adoption[68]. C'est dire que pour adapter une disposition de l'OHADA à l'évolution, il faudrait que les modifications soient préparées par le Secrétariat Permanent en concertation avec les gouvernements des États Parties, ensuite communiquées pour observations à ces derniers, puis transmises pour avis à la Cour Commune de Justice et d'Arbitrage. Ils ne peuvent être modifiés par le Conseil des ministres qu'à l'unanimité des représentants des États parties présents et votants, et à la condition que les deux tiers au moins des États parties soient représentés.

Pour éviter que le droit OHADA soit figé par cette procédure complexe, il a été préconisé par les participants à la réunion des forces vives de l'OHADA « d'envisager des modalités de révision et d'amendement plus souples des Actes Uniformes pour permettre une adaptation rapide de l'organisation juridique des entreprises aux évolutions économiques et financières »[69]. Une amorce de souplesse dans ce sens vient d'être préconisée par la révision de

---

[66] Cf. PAILLUSSEAU (J.), « Le droit économique, un droit très important et original », in *Cahiers de droit de l'entreprise*, l'OHADA, *dix années d'uniformisation du droit des affaires en Afrique*, éd. Du Jurisclaseur Périodique, n° 44 2004, *op.cit.*, p. 5.

[67] V. PAILLUSSEAU (J.), « L'internationalisation du droit comptable français », *in Mélanges en l'honneur de Yvon LOUSSOUARN*, Paris, Dalloz, 1994, pp. 321 et s.

[68] Cf. les articles 7 à 9 et 12 du Traité OHADA.

[69] V. YANKHOBA N'DIAYE (I.), Maître NGWE, « Évaluations des Actes uniformes » *in Rapport Général, Réunion Forces Vives de l'OHADA, op.cit.*

l'article 12 du Traité OHADA[70] qui accorde la compétence de l'initiative de la modification des Actes uniformes concurremment à tout État partie et au Secrétariat Permanent. Ceci peut se justifier par le fait que ce dernier est en effet « la poutre maîtresse dans l'élaboration des Actes uniformes et le suivi de leur application »[71]. Il est donc censé maîtriser non seulement l'ensemble du processus d'élaboration et de suivi de l'application des Actes uniformes, mais également semble mieux placé pour impulser les modifications lorsque surgit une difficulté d'application ou une difficulté liée à l'évolution de la matière uniformisée.

L'entreprise en tant que facteur de développement économique est donc au cœur de la réforme OHADA qui vise à faciliter ses activités. Le Traité OHADA offre une garantie supplémentaire aux entreprises commerciales en instituant un système spécifique supranational de contrôle du droit uniforme à travers la Cour Commune de Justice et d'Arbitrage.

II- SÉCURISATION RELATIVE DES ENTREPRISES SOUS L'ANGLE PROCESSUEL

Il convient au préalable de décrire comment se manifestait l'insécurité judiciaire (A), les réformes apportées par le législateur OHADA (B) et leurs limites (C).

A- Les entreprises et l'insécurité judiciaire avant la réforme

L'insécurité judiciaire quant à elle découlait de la dégradation de la façon dont la justice est rendue tant en droit qu'en matière de déontologie. De nombreuses études réalisées dans l'optique de la réforme de la justice ont essayé de décrire ces insuffisances[72].

En effet, l'institution judiciaire en Afrique était ainsi secouée par une triple crise : crise de confiance, crise d'autorité de la justice, crise de légitimité[73]. La crise de confiance exprime le fait que quand bien même une décision de justice est rendue, fut-elle correctement par référence au seul critère du droit applicable, elle n'échappe pas à la suspicion de partialité du justiciable. Quant

---

[70] D'après l'article 12 du Traité OHADA révisé le 17 octobre 2008 à Québec, « Les actes uniformes peuvent être modifiés, à la demande de tout État Partie ou du Secrétariat Permanent, après autorisation du Conseil des ministres.

[71] Cf. POUGOUE (P.-G.), KALIEU ELONGO (Y.R.), *Introduction critique à l'OHADA*, *op.cit.*, p. 37.

[72] V. en ce sens la synthèse des travaux de la table ronde « justice et institutions financières », organisée par le Ministère de l'Économie et des Finances et le Ministère de la Justice à Yaoundé les 15 et 16 Novembre 1994, au Cameroun ; Du BOIS de GAUDUSSON (J.), « Le statut de la justice dans les États d'Afrique francophone », in *La justice en Afrique, Afrique contemporaine*, no 156 spécial, 1990, pp. 72-80.

[73] V. dans ce sens RAMDAN (H.-O.), « La réforme de la justice en Mauritanie », *PENANT* 846, 2004, p. 6.

à la crise d'autorité de la justice, elle est accentuée par le fait que les décisions ne sont que très rarement exécutées en raison de la résistance des justiciables, de l'intervention des pouvoirs publics ou de l'abus de sursis à l'exécution[74]. Enfin, la crise de légitimité de la justice s'explique par le fait qu'il s'est développé le sentiment qu'elle est arbitraire et que ses décisions, même revêtues des formules exécutoires, ne sont pas légitimes. C'est pourquoi la tentation est grande de se faire justice soi-même ou d'emprunter d'autres voies de règlements des différends.

Les conséquences de cette crise se font sentir sur tous les plans : politique [75], social [76] et surtout économique. Sur ce dernier point, le dysfonctionnement de l'appareil judiciaire contribue à décourager les investisseurs privés tant nationaux qu'étrangers. Lorsqu'une entreprise entend investir dans un pays, l'exigence d'une justice prévisible, c'est-à-dire une justice dont les règles de droit sont connues, claires et surtout appliquées est une donnée qui entre pour une part importante dans l'appréciation de l'opportunité de son investissement. Un auteur a d'ailleurs démontré qu'il existe une relation étroite entre l'existence d'un système juridique subordonnant les décisions de justice à des règles abstraites et impersonnelles ou à des précédents judiciaires, et les besoins de prévisibilité et de calculabilité inhérents à l'économie moderne. Pour lui, « le capitalisme n'a pu se développer qu'en constituant l'entreprise dans un cadre juridique et non seulement économique sur la base d'un droit positivement évaluable, garantissant les investissements, le commerce prévisible et la sécurité des transactions »[77].

C'est dire que l'entreprise a, en effet, besoin d'un droit prévisible ou d'une justice sur laquelle on peut compter au même titre qu'« une machine »[78] comme l'écrit RAMDAN. Le marché ne peut fonctionner que s'il existe une justice capable de faire respecter les principes de liberté et d'égalité qui sont les piliers de l'ordre économique concurrentiel. Dans ce système, le marché est ouvert à tous les opérateurs économiques dans les mêmes conditions.

---

[74] V. *infra*.

[75] La crise de justice se répercute sur le fonctionnement des autres institutions de l'État et sur l'aptitude de celui-ci à assurer les fonctions inhérentes à la notion de souveraineté. V. dans ce sens ROUARD (P.), *Traité élémentaire de droit judiciaire privé*, Vol. 1, Bruylant, 1979, qui note « que la science du droit dont relève la problématique de la notion de justice, n'existe pas dans une société primitive où chacun a le droit de se faire justice et où le plus fort a plus de chance d'obtenir le respect de ses droits ».

[76] Les dysfonctionnements de la justice concourent à creuser les inégalités et à renforcer le sentiment d'injustice en même temps qu'ils constituent un facteur aggravant la crise de la profession d'avocat.

[77] Cf. FREUND (J.), « La rationalisation du droit chez Max WEBER », in *Formes de rationalité en droit*, *APD*, 1978, p. 228 ; RAMDAN (H.-O.), « La réforme de la justice en Mauritanie », *op.cit.*, p. 7.

[78] Cf. RAMDAN (H.- O.), op.cit. p.*6*.

L'administration ne peut donc pas, par exemple, imposer des barrières qui ne soient justifiées par des nécessités d'ordre public, de morale ou de salubrité publique ou alors traiter les agents économiques de manière discriminatoire. D'où la nécessité d'un contrôle juridictionnel effectif de l'action administrative par un juge impartial.

Les entreprises ne pouvaient qu'être découragées dans ce contexte de décisions contestables ou mises en délibéré pendant plusieurs années, des exécutions impossibles, des négligences diverses, de l'accueil des moyens dilatoires les plus évidents.

Conscient du fait qu'un système juridique et judiciaire crédible constitue le pilier d'une croissance économique soutenable, la sécurisation de l'environnement des entreprises se trouve être l'enjeu direct recherché par le législateur OHADA.

B- La sécurisation des entreprises à travers le droit processuel des affaires

Après avoir examiné les solutions « au droit à géométrie variable »[79], il était impérieux pour le législateur communautaire de se pencher sur les pistes pouvant aider à apaiser les inquiétudes et ramener la confiance du monde des affaires envers la justice[80] des pays africains.

En effet, les promoteurs d'entreprise ont une piètre image de la justice qu'ils qualifient de « loi de la jungle » pour traduire une justice marquée par la lenteur des procédures, l'insuffisance de la formation des magistrats dans le domaine du droit des affaires, une jurisprudence aléatoire et instable et de graves défaillances au niveau de l'exécution des décisions de justice. Pourtant aujourd'hui comme l'écrit un éminent auteur, « le temps n'est plus ce qu'il était. La rapidité est devenue l'exigence première (de la justice) »[81].

La réponse du législateur communautaire face à cette préoccupation a été révolutionnaire[82]. À côté de l'abandon de souveraineté sur le plan législatif et

---

[79] L'expression est de TATY (G.), « Brèves réflexions à propos de l'entrée en vigueur d'une réglementation commune du droit des affaires des États membres de la zone franc », *PENANT* no 830, 1999, *op.cit.*, p. 228.

[80] L'on sait depuis MONTESQUIEU que le pouvoir judiciaire est un des piliers de l'État de droit, toute divergence de jurisprudence compromettant l'exigence d'égalité des règles de droit. C'est à travers le contentieux que le droit se réalise et se matérialise. C'est le vecteur critique catalyseur appelé à rendre évident aux consciences et à rendre dans les faits la réalité et le dessein.

[81] STRICKLER (Y.), « Les lenteurs de la justice, Le procès », in *Annales de la Faculté des Sciences Sociales de Toulouse*, 1996, t. XLIV, p. 33.

[82] En effet, le droit processuel des pays de l'OHADA a été profondément rénové. Il en est ainsi des règles de procédure de recouvrement et de la promotion de l'arbitrage OHADA. V. ANOUKAHA (F.), TJOUEN (A.D.), *L'organisation des procédures simplifiées de recouvrement et des voies d'exécution*, PUA, 1999, POUGOUE (P.G.), (en collaboration avec

réglementaire, le Traité OHADA réalise l'abandon de souveraineté judiciaire[83] en consacrant la Cour Commune de Justice et d'Arbitrage. Cette institution « assure dans les États parties l'interprétation et l'application commune du Traité, des règlements pris pour son application et des Actes Uniformes et se prononce sur les décisions rendues par les juridictions d'appel des États parties dans toutes les affaires soulevant des questions relatives à l'application des Actes uniformes à l'exception des décisions appliquant des sanctions pénales. En cas de cassation, elle évoque et statue sur le fond »[84]. Elle est dotée de prérogatives importantes sur le plan consultatif et contentieux, en ce qu'elle est, comme l'écrit un auteur, « gardienne de la bonne application du droit uniforme et de la célérité du procès »[85].

Il s'agit donc d'une instance internationale créée grâce à la volonté des États signataires du Traité OHADA pour servir de juridiction suprême desdits États en matière de droit des affaires. Les pouvoirs de cette juridiction internationale sont d'autant plus importants qu'elle constitue un troisième degré de juridiction. À la différence des juridictions suprêmes nationales, la CCJA a le pouvoir, en cas de cassation, d'évoquer l'affaire et de statuer au fond. On voit bien là un souci d'accompagner l'unification législative de l'unification juridictionnelle. La CCJA devrait donc assurer l'uniformisation jurisprudentielle de l'application des règles communes par les juridictions d'instance et d'Appel de chacun des États parties, en statuant dans les délais raisonnables, sur le mérite des pourvois formés contre les décisions judiciaires

---

FENEON (A.), TCHAKOUA (J.M.)), Le *droit de l'arbitrage dans l'espace OHADA*, Yaoundé, PUA, 200 l, entré en vigueur le 11 juin 1999.

83 Mais il convient de préciser que le juge interne de chaque État membre est avant tout autre juge, garant de la primauté de la norme OHADA sur la règle nationale et c'est à lui qu'incombe la tâche de sauvegarder des droits des particuliers et des entreprises. Le juge national de fond est donc le juge de droit commun de la norme OHADA et compétent pour connaître tous les litiges relatifs aux normes OHADA. V. BOUMAKANI (B.), « Le juge interne et le droit OHADA », *PENANT* 839, 2002, pp.133-151 ABARCHI (D.), « La supranationalité de l'Organisation pour l'harmonisation en Afrique du droit des affaires (OHADA), *RBD*, 2000 spéc. pp. 18 et s, ISSA-SAYEGH (J.), « La fonction juridictionnelle de la cour Commune de Justice et d'Arbitrage de l'OHADA, in *Mélanges DECOTTIGNIES, Presses Universitaires de Grenoble* KENFACK DOUAJNI, « L'abandon de la souveraineté dans le Traité OHADA », *PENANT*, 1999, p. 125 ; DIALLO (B.), *Ibid*, p. 22, MEYER (P.)., « La sécurité juridique et judiciaire dans l'espace OHADA », *PENANT* no 855, 2006, p. 159

On peut donc dire comme le pense la doctrine que « les Actes Uniformes n'ont pas cherché à harmoniser l'organisation administrative et judiciaire des États membres », « Chaque État membre détermine les juridictions compétentes et leurs pouvoirs selon les règles régissant son organisation judiciaire » ; v. MARTOR (B.), PILKINGTON (N.), SELLERS (D.) THOUVENOT (S.), *Le droit uniforme africain des affaires issu de l'OHADA*, Litec, 2004, no 98, p. 25 ; ISSA SAYEGH (J.), « Quelques aspects techniques de l'intégration juridique : l'exemple des Actes Uniformes OHADA », *Revue de Droit Uniforme*, 1991-1, no 14 et 24.

84 Cf. art. 14 du Traité OHADA.

85 ISSA SAYEGH (J.), « Introduction au Traité et Actes uniformes de l'OHADA », WWW.OHADA.com, ohadata D-02-17, p. 9.

intervenues en matière du droit des affaires. Ce faisant, la CCJA contribue à régler le problème des lenteurs judiciaires décriées par les justiciables dans l'espace OHADA. Du fait des effectifs insuffisants et du manque de moyens matériels, certaines Cours Suprêmes ou Cours de Cassation Nationales pouvaient mettre plus de cinq ans, voire plus pour statuer sur le mérite des pourvois formulés par les justiciables. C'est pourquoi elles ont été baptisées de « cimetières des dossiers »[86]. Par ailleurs, l'efficacité des décisions juridictionnelles de la CCJA s'exprime par le fait que ses décisions juridictionnelles sont non seulement obligatoires pour les parties, mais aussi exécutoires. D'après l'article 9 du Traité OHADA, « les arrêts de la CCJA ont l'autorité de la chose jugée et la force exécutoire. Ils reçoivent, sur le territoire de chacun des États-parties, une exécution forcée dans les mêmes conditions que les décisions des juridictions nationales ».

C'est certainement sur ce point que le mécanisme mis sur pied par l'OHADA se distingue de celui élaboré par d'autres institutions à l'instar de la Conférence Internationale du Marché d'Assurance[87] et l'Organisation africaine de la Propriété Intellectuelle[88] quant à leur efficacité. Si celle-ci prévoit, pour éviter le risque de disparité jurisprudentielle « que les décisions judiciaires rendues dans l'un des États membres en application des règles communes font autorité dans tous les États membres[89], celle-là prévoit que la Conférence des ministres statue sur l'interprétation des règles uniformes s'il apparaît des divergences d'interprétations de la part des décisions des juridictions nationales. On perçoit aisément les limites de telles dispositions qui ne peuvent empêcher que les règles communes soient appliquées ou interprétées selon les États. On ne peut que souhaiter l'existence d'une collaboration entre l'OHADA avec les autres organisations sous-régionales qui pourrait aboutir à la consécration de la CCJA comme garante de l'unification juridictionnelle des normes unifiées[90]. Une telle appropriation aurait le mérite de « rendre transparente l'application de ces importantes

[86] Cf. KENFACK DOUAJNI (G.), « L'abandon de souveraineté dans le Traité OHADA », *PENANT* 830, 1999, spéc. p. 131.

[87] Le Traité instituant une organisation intégrée de l'industrie des assurances et régissant la Conférence Internationale du Marché d'Assurance (CIMA) a été signé à Yaoundé le 10 juillet 1992 par le Bénin, le Burkina Faso, le Cameroun, la République Centrafricaine, le Congo, la Côte-d'Ivoire, le Gabon, le Mali, le Niger, le Sénégal, le Tchad, le Togo et les Comores

[88] L'Organisation africaine de la Propriété Intellectuelle (OAPI) a été signé à Bangui le 2 mars 1977 par le Bénin, le Burkina Faso, le Cameroun, la République Centrafricaine, le Congo, la Côte-d'Ivoire, le Gabon, la Mauritanie, le Niger, le Sénégal, le Tchad, ,le Togo. Ces États ont été rejoints plus tard par le Mali, la Guinée Conakry et Djibouti.

[89] Cf. art. 15 de l'Accord de Bangui du 2 mars 1977.

[90] Cette solution est d'autant plus fondée que les objectifs que se sont assignées ces institutions tiennent dans la sécurisation des activités économiques.

législations uniformes, transparence nécessaire à la sécurité juridique et judiciaire dans le monde des affaires ».[91]

Si l'OHADA met un accent sur la CCJA comme organe devant contribuer à assurer l'unité d'interprétation et d'application du droit OHADA, il reste que les juges internes des États parties sont des juges de droit commun, juges du fond, et compétents pour connaître tous les litiges relatifs aux normes OHADA, dont un texte n'attribue pas la compétence à la juridiction supranationale. C'est dans cette optique que les justiciables, et particulièrement les entreprises installées dans l'espace OHADA, se voient appliquer depuis 1998[92], les Actes uniformes OHADA.

Les entreprises se plaignent du peu de formation des juges en droit des affaires, de leur manque d'indépendance à l'égard du pouvoir politique et la vénalité de certains juges qui par leurs décisions concourent à leur faillite. Face à ce tableau peu reluisant de la justice dans l'aire géographique OHADA, il a été préconisé une structure de formation des magistrats et autres personnels judiciaires à travers la création de l'École Régionale Supérieure de la Magistrature (ERSUMA). Selon les termes de l'article 41 initial du Traité OHADA, cette école concourt à la formation et au perfectionnement des magistrats et des auxiliaires de justice des États parties[93]. La formation des juges et leur connaissance en droit[94] sont donc une préoccupation du pouvoir constituant OHADA. Ce dernier a préconisé, pour garantir la bonne application du droit harmonisé à l'égard des entreprises, que le personnel judiciaire devrait être formé de la même façon et dans les mêmes conditions quel que soit le pays auquel il appartient surtout comme l'affirme pertinemment un auteur que « l'État de droit est indissociable de la connaissance du droit positif par ceux qui le reçoivent et par ceux qui sont chargés de sa mise en œuvre »[95]. Cette formation concerne non seulement les magistrats, mais aussi le personnel judiciaire et para-judiciaire. L'ancien président de la Cour de Justice des communautés européennes, le danois OLE DUE, faisait remarquer que « tous grands principes du droit communautaire ou international qui nous semblent aujourd'hui si évidents, comme l'effet direct, la primauté du droit communautaire, le respect des droits fondamentaux, le respect des droits de la défense ont été consacrés à

---

[91] Cf. POUGOUE (P.-G.), KALIEU ELONGO (Y.R.), *op.cit.*, p. 79.

[92] Date d'entrée en vigueur des Premiers actes uniformes.

[93] Sur l'importance de cette institution et les perspectives qu'elle ouvre pour le personnel judiciaire, v. ISSA-SAYEGH J., « L'OHADA, instrument d'intégration juridique des pays africains de la zone franc », *Rev. Jur. com.*, 1999, p. 243.

[94] S'interrogeant sur l'avenir du juge, le Professeur GUINCHARD considère que celui-ci passe par un juge qui connaît le droit, parce que sa fonction essentielle est de le dire et, parfois de le dépasser, GUINCHARD (S.), « L'avenir du juge », *in Mélanges offerts à Pierre CATALA, Le droit privé français à la fin du XXe siècle,* Paris, Litec, 2001, *op.cit.*, p. 171.

[95] Cf. KOUASSI KOUADJO, « Bilan et perspective de l'OHADA », *écodroit*, no11 mai 2002, p. 10 et s., www.ohada.com, ohadata D-02-24, p. 7.

l'occasion d'affaires dans lesquelles un avocat a identifié et a su convaincre le juge de la nécessité de les résoudre en formulant un principe général applicable non seulement dans l'affaire en cause, mais aussi à celle en devenir »[96].

On comprend toute l'importance qu'il y aurait à former les magistrats, mais aussi tous les auxiliaires de justice à la connaissance et à la maîtrise du nouveau droit des affaires OHADA. Ceci ne peut que contribuer à la crédibilité de la justice. Mais comme le faisait déjà remarquer un auteur[97], les missions de l'ERSUMA ne sont pas conduites au meilleur niveau et il convient d'élargir l'assiette de cette formation à tout le droit communautaire par dépassement du droit OHADA. Ceci peut aisément se justifier par le fait que le droit OHADA malgré son domaine vaste[98] n'est pas la seule institution ayant légiféré sur les activités économiques et il reste quelques pans de ce droit qui relève de la compétence de l'ordre juridique interne de chaque État partie. Le pouvoir constituant OHADA[99] semble aller dans ce sens, car à l'article 41 du Traité révisé en 2008 et proposé à la ratification des États parties [100], il précise « qu'il est institué un organe de formation, de perfectionnement et de recherche en droit des affaires dénommé École Régionale supérieure de la Magistrature ». Cette école voit ainsi son champ personnel et matériel élargi. Elle peut *ratione personae* désormais étendre ses formations aux personnes du secteur privé et aux fonctionnaires chargés d'œuvrer dans ou avec des organisations internationales. *Ratione materiae*, elle devra désormais assurer le perfectionnement et la spécialisation non seulement dans le droit OHADA, mais aussi dans le droit uniforme produit par d'autres organisations : OAPI, CIMA, UEMOA, CEMAC, afin de

---

[96] OLE DUE, in « *L'accès au juge* », allocution prononcée le 1er avril 1993 à Bruxelles, dans le cadre de la deuxième conférence européenne des avocats, Bruxelles, p. 4.

[97] V. POUGOUE (P.G.), « Le renforcement des organes de l'OHADA », *in Rapport Réunion des Forces Vives de l'OHADA*, Douala, 8-10 Novembre 2007.

[98] Des auteurs relèvent que ce risque de démesure qui s'exprime non seulement sur le plan matériel, mais également sur le plan territorial, pourrait faire en sorte que l'OHADA s'éloigne de ses objectifs. Les conséquences de la démesure étant les risques de conflit avec les institutions d'intégration économique et le risque d'engloutissement de tout le droit. C'est pourquoi ils proposent que la recherche systématique du droit des affaires uniformisable se fasse avec circonspection autour de toutes ses composantes à savoir : les acteurs économiques ; les actes économiques ; les biens économiques et les procédures économiques, Cf. POUGOUE (P.G.), KALIEU ELONGO (Y.R.), *Introduction critique à l'OHADA, op.cit.*, p. 78.

[99] La révision de l'article 41 du Traité OHADA va dans le sens du renforcement de l'efficience et de la visibilité de l'ERSUMA proposée par la doctrine. Cf. POUGOUE (P.G.), KALIEU ELONGO (Y.R.), *Introduction critique à l'OHADA, op.cit.*, p. 49.

[100] Au 5 mai 2009, seuls deux pays, le Tchad et le Burkina Faso ont déjà ratifié ce Traité révisé. Il faut rappeler sur ce point que d'après l'article second du Traité portant révision du traité relatif à l'harmonisation du droit des affaires, signé à Port-Louis le 17 octobre 1993, du 17 octobre 2008, « il n'entrera en vigueur que soixante jours après la date du dépôt du huitième instrument de ratification ».

permettre aux personnes concernées d'avoir une vue complète et cohérente du paysage unifié.

On voit là déjà que si beaucoup semble avoir été fait par le pouvoir constituant OHADA et le législateur communautaire pour assurer la sécurité juridique et judiciaire des entreprises commerciales, il reste que sur plusieurs points des améliorations sont souhaitées.

C- La CCJA et les germes de l'insécurité judiciaire

L'un des atouts de l'OHADA est que non seulement il encourage et encadre l'arbitrage[101] et la médiation[102] comme voie de règlement des différends d'ordre contractuel, mais également les opérateurs économiques savent qu'en cas de litiges, et malgré la précarité du processus judiciaire au premier et deuxième degré au niveau national, une ultime étape leur donnera accès à une justice plus crédible et plus sécurisante[103]. La CCJA est donc la juridiction de cassation des États membres dès lors qu'il s'agit d'un litige soulevant des questions relatives à l'application des Actes uniformes.

C'est précisément à ce niveau que les entreprises semblent éprouver quelques difficultés. Ces dernières tiennent non seulement au coût élevé des frais de justice, mais également aux conflits de compétence entre la CCJA et les juridictions nationales de contrôle de la légalité, qui constituent des sources d'insécurité.

Sur le premier point, il faut dire que la CCJA est unique, et siège à Abidjan en Côte d'Ivoire. Il se pose là le problème d'accès par le justiciable à cette juridiction. C'est peut-être ce qui justifie le fait que l'on constate que très peu de justiciables la saisissent, compte tenu de la distance.[104] De même pour certaines raisons techniques et d'efficacité, certains pourvois lui échappent, car les justiciables estiment avoir plus d'intérêt à saisir le juge national que celui de la CCJA.

La question peut d'ailleurs se poser sur le degré d'illégalité de ces violations de la compétence de la CCJA, car si à tort[105], par conviction ou par

---

[101]Acte uniforme sur l'arbitrage di 23 novembre 2017 modifiant celui de 1999.

[102] Cf. Acte uniforme sur la médiation du 23 novembre 2017.

[103] Cf. MASSAMBA (R.), parle d'une véritable amélioration du droit processuel, « L'OHADA et le climat d'investissement en Afrique », *PENANT* no 855, 2006, p. 143.

[104] Au 08 février 2008, le nombre total de pourvois en cassation reçu par la Cour était de 771, dont plus de 350 de la Côte d'Ivoire, près de 80 du Cameroun, et près de 30 du Mali Cf. ONANA ETOUNDI (F.), BOUBOU (P.), *Traité – Règlements d'application – Actes uniformes dérivés, La problématique de l'unification de la jurisprudence par la Cour Commune de Justice et d'Arbitrage*, éd. Droit au Service du Développement 2008, p. 33.

[105] Cf. Arrêt CCJA no 31 du 4 novembre 2004, Ayants droit de Bamba Etigué c/ Madame Adia Yéguo Thérèse, *Recueil de jurisprudence de la CCJA*, no 4, juillet-décembre 2004, p. 48 : la Cour Suprême de Côte d'Ivoire s'est déclarée compétente à tort pour examiner un pourvoi en

connivence pour éluder la compétence de la cour commune, une juridiction nationale de cassation est saisie, il n'est prévu aucune disposition permettant à la CCJA de s'autosaisir, même pas par un recours en cassation dans l'intérêt de la loi qui permettrait de censurer une décision mal rendue par une juridiction nationale de cassation saisie à tort[106].

La CCJA a consacré cette vision en déclarant irrecevable par arrêt du 27 janvier 2005, le recours en annulation d'un arrêt indûment rendu par une Cour Suprême Nationale et exercé devant elle contre la société ECOBANK[107], pour la raison que l'incompétence de la cour n'avait pas été soulevée au préalable.

Sur le second point, une analyse[108] faisait déjà remarquer en 2005 que sur 69 arrêts rendus par la CCJA en matière contentieuse, plus de 25 % porte uniquement sur la compétence.

En effet si cette question de compétence se pose, c'est soit parce que les juridictions suprêmes nationales méconnaissent la compétence de la CCJA, soit parce qu'un pourvoi en cassation implique à la fois une ou plusieurs règles de droit uniforme et une ou plusieurs dispositions de droit national non harmonisées[109].

Comme analysé plus haut, la méconnaissance de la compétence de la CCJA comme juge de dernier ressort par les juridictions suprêmes nationales est une violation du Traité OHADA et les décisions qui sont rendues sont nulles et de nul effet[110]. Ces dernières devraient simplement se déclarer incompétentes à chaque fois qu'une affaire relative à l'interprétation et à l'application des Actes uniformes leur est soumise. Une parfaite illustration

---

cassation dès lors que l'affaire soulevait des questions relatives à l'application de l'Acte uniforme relatif au droit des sociétés commerciales et au GIE.

106 ISSA-SAYEGH (J.)., « Quelques aspects techniques de l'intégration juridique : l'exemple de l'OHADA », *Rev.dr.unif.*, 1999-1, pp. 5-32 sec p. 25 ; V. également P. TIGER, Communication introductive : « Aspects conceptuels et évaluation » au colloque international organisé par l'Association africaine des Hautes Juridictions Francophones tenu à Lomé du 6 au 9 Juin 2006 sur le thème « *Les rapports entre juridictions de cassation nationales et la CCJA de l'OHADA : bilan et perspectives d'avenir* » in *PENANT* 860, 2007, pp. 284-298, l'auteur rappelle que ceux qui ont qualité pour saisir la CCJA sont soit l'une des parties à l'instance, soit la haute juridiction nationale indûment saisie et qui se dessaisie ou toute partie qui a relevé que cette dernière s'est déclarée compétente alors qu'elle a été saisie à tort, à condition d'avoir soulevé l'incompétence de la Cour Suprême Nationale.

107 On note bien là, la fragilité de l'intégration judiciaire recherchée par le dispositif OHADA, car la CCJA est légalement privée de tout moyen d'intervention a posteriori.

108 V. DIALLO (B.), La Cour Commune de Justice et d'Arbitrage et le contentieux des Actes uniformes, *PENANT* no 850, 2005, *op.cit.*, p. 31.

109 Cf. Cour de cassation du Sénégal, Arrêts no 36 et 37 du 19 janvier 2005, Notes, DIALLO (B.), *PENANT* 855, pp. 238-249.

110 V. art. 18 du Traité relatif à l'harmonisation du droit des affaires en Afrique. Il s'agit donc d'un pourvoi.

est faite dans l'affaire *Ayant-droit de B. c/Madame A*[111]. L'espèce concerne un couple de concubins ayant partagé une vie commune qui a engendré l'acquisition d'un important patrimoine immobilier au nom propre du concubin (feu B.). Après le décès de ce dernier, l'absence de vocation successorale *ab intestat* a laissé la concubine survivante (Madame A) dans une situation de précarité. Confrontée aux héritiers de son ex-compagnon, elle prend alors la voie de l'instance aux fins de voir reconnaître l'existence d'une société de fait entre elle et son ex-concubin. Le tribunal de première instance d'Abidjan saisi du litige fit droit à la demande en procédant à cette reconnaissance.

Insatisfaits, les héritiers de feu B. saisirent la Cour d'appel d'Abidjan qui infirma le jugement en ordonnant l'expulsion de madame A. de la villa qu'elle occupait.

Éconduite en appel, cette dernière forma un pourvoi en cassation devant la Cour Suprême d'Abidjan.

Malgré l'exception d'incompétence en vertu de l'article 18 du Traité OHADA soulevé par les ayants droit de feu B., la juridiction suprême par arrêt du 8 mai 2003, rend une décision de cassation qui désavoue la Cour d'appel d'Abidjan. En effet, elle conclut à la reconnaissance d'une société créée de fait entre dame A. et feu B. et ordonne par conséquent la liquidation de ladite société et le partage du boni.

Les ayants droit de feu B. qui ont vainement soulevé l'incompétence de la Cour Suprême d'Abidjan en matière de contentieux des Actes uniformes ont saisi le juge communautaire afin que celui-ci déclare l'arrêt du 8 mai 2003 nul et non avenu sur le fondement de l'article 18 du Traité relatif à l'harmonisation du droit des affaires en Afrique. Il s'agit donc d'un pourvoi tendant à l'annulation pure et simple de l'arrêt attaqué.

La CCJA ayant constaté que Madame A. avait introduit auprès du tribunal de première instance une demande dont l'intitulé ne faisait pas de doute : « assignation en liquidation de la société de fait », action introduite sur le fondement de l'article 866 de l'AUDSCGIE, fondement sur lequel la Cour d'Appel a aussi rendu son arrêt, a, à bon droit déclarer incompétente la Cour Suprême d'Abidjan pour examiner le pourvoi formé par Madame A. Le juge communautaire affirme la compétence exclusive, qui est d'ordre public, de la CCJA dans le contentieux des Actes uniformes[112].

La situation se complexifie davantage lorsqu'un pourvoi en cassation implique à la fois, une ou plusieurs règles de droit uniforme et une ou plusieurs

[111] V. Arrêt de la CCJA no 31 du novembre 2004, in *PENANT* no 852, 2005, pp. 382-386.

[112] Pour une analyse de cet arrêt, v. DIALLO (B.), « Jurisprudence, chronique OHADA », *PENANT*, pp. 386 et s.

dispositions de droit national non harmonisé. Comment régler dans ce cas le partage de compétences entre la juridiction commune et les juridictions nationales ? Doit-on attribuer la compétence pour l'intégralité du litige à la CCJA ou à la juridiction nationale de contrôle de la légalité ? Faut-il former deux pourvois contre la même décision ? Ou alors, former un seul pourvoi avec deux moyens destinés à deux juridictions différentes de sorte que la juridiction nationale de cassation renvoie l'affaire devant la CCJA après s'être prononcée sur l'application des dispositions de droit interne non harmonisé ? Ou l'inverse ?

À l'analyse, aucune des solutions envisagées ne semble satisfaisante et certaines sont même impraticables[113]. Ces situations suscitent des solutions alternatives, sources de conflits potentiels et d'insécurité juridique néfastes aux entreprises.

L'affaire Snar Lima[114] rendue par la Cour Suprême du Niger illustre cette situation. Le litige portait sur l'ouverture du capital de la Société nigérienne d'assurance et de réassurance (Snar Leyma) au groupe Hima Souley lors d'une opération de recapitalisation de la société d'assurance. Le groupe Hima Souley avait obtenu, par ordonnance rendue sur requête en date du 20 avril 2001, du président du tribunal de Niamey, la nomination d'un administrateur judiciaire chargé de convoquer une assemblée générale des actionnaires de la Snar Leyma, qui serait chargée de constater la libération des actions souscrites par le groupe Hima Souley et sa qualité d'actionnaire. Cette ordonnance avait été confirmée par un arrêt de la Cour d'Appel de Niamey du 23 Mai 2001. Insatisfaite de l'arrêt d'appel ayant confirmé l'ordonnance du 20 avril 2001, la société nigérienne d'assurance avait introduit un pourvoi en cassation invoquant la violation par l'arrêt soumis au pourvoi des dispositions du code de procédure civile, du Code civil et du code CIMA [115]. La défenderesse au pourvoi, le groupe Hima Souley, avait soulevé une exception d'incompétence et une fin de non-recevoir. L'exception d'incompétence invoquait la compétence exclusive de la CCJA pour statuer sur l'application des Actes Uniformes de l'OHADA, en l'espèce, l'Acte Uniforme relatif au droit des sociétés commerciales et du groupement d'intérêt économique, du

[113] Précisément celle qui consiste à former un seul pourvoi avec des moyens soumis à des juridictions différentes. V. dans le même sens MEYER (P.), « La sécurité juridique et judiciaire dans l'espace OHADA », *PENANT* no 855, 2006, pp. 162-163

[114] V. KANTE (A.), « La détermination de la juridiction compétente pour statuer sur un pourvoi formé contre une décision rendue en dernier ressort en application des actes uniformes » : observations sur l'arrêt de la cour Suprême du Niger du 16 Août 2001, Site OHADA.com, OHADA D-02-29.

[115] Il faut rappeler que les règles de constitution, de fonctionnement, de dissolution et de liquidation des entreprises d'assurance obligatoirement constituées en SARL ou en SA, heurtent celles de l'Acte uniforme sur les sociétés commerciales. D'où l'article 916 de ce texte qui précise que ses dispositions n'abrogent pas les dispositions législatives auxquelles sont assujetties les sociétés soumises à un régime particulier.

17 octobre 1997, conformément à l'article 14 du Traité OHADA. La fin de non-recevoir invoquait la non inscription en faux contre la décision notariée de souscription et de versement.

Les moyens de pourvoi invoquaient d'abord la violation par l'arrêt d'appel du 23 mai 2001 de l'article 809 du Code de Procédure civile nigérien en ce que cette disposition prévoit que « les ordonnances sur référé ne feront aucun préjudice au principal ». Or, selon la demanderesse au pourvoi, en reconnaissant la qualité d'actionnaire au groupe Hima Souley, les pouvoirs conférés au juge statuant en référé avaient été outrepassés. Les autres moyens du pourvoi invoquaient la méconnaissance des dispositions de l'article 1134 du Code civil nigérien et des dispositions spécifiques du code CIMA sans d'ailleurs relever précisément quelles dispositions de ces deux codes auraient été violées. Dans son examen du pourvoi, la Cour Suprême accueille le moyen pris de la violation de l'article 809 du code nigérien de procédure civile. Elle décide qu'en raison de la contestation de la qualité d'actionnaire du groupe Hima Souley, le juge des référés n'était pas compétent pour lui reconnaître cette qualité. En lui reconnaissant cette qualité, le juge de référé avait pris une décision contraire à la nature provisoire du référé.

Le second motif de cassation d'après la haute juridiction nigérienne, était fondée sur la violation de l'article 516 de l'Acte Uniforme relatif au droit des sociétés commerciales et du groupement d'intérêt économique qui impose que la nomination d'un mandataire judiciaire, pour pallier l'inertie du Conseil d'administration soit effectuée par ordonnance de référé rendue au terme d'une procédure contradictoire. Or dans le cas d'espèce, l'ordonnance avait été rendue sur requête sans procédure contradictoire.

Sans nous attarder sur l'analyse critique de cette décision,[116] revenons à notre propos et précisons que ce qui nous intéresse dans cette décision c'est le rejet de l'exception d'incompétence soulevée par la défenderesse au pourvoi qui invoquait la compétence exclusive de la CCJA, pour statuer sur l'application des Actes uniformes de l'OHADA. Or dans le cas d'espèce le pourvoi n'est pas exclusivement fondé sur les normes OHADA. Pour la Cour Suprême, « il lui revient de saisir la CCJA des questions spécifiques aux Actes uniformes ». Or, d'après l'article 51 du Règlement de procédure de la CCJA « lorsque la cour est saisie conformément aux articles 14 et 15 du Traité par une juridiction nationale statuant en cassation qui lui renvoie le soin de juger une affaire soulevant des questions relatives à l'application des Actes uniformes, cette juridiction est immédiatement dessaisie ». La Cour suprême du Niger soumet quant à elle la procédure de consultation de la CCJA à une double condition : « il faut que l'application des Actes uniformes ait été prépondérante pour la prise de la décision attaquée et que le pourvoi invoque

116 V. en ce sens ABARCHI (D.), *op.cit.*

principalement la violation du droit uniforme. Si tel n'est pas le cas, la juridiction suprême nationale est compétente pour statuer sur le tout sans devoir saisir la CCJA ». D'après ce système préconisé par la haute juridiction du Niger, il lui revient d'apprécier la clé de répartition entre le droit national et le droit uniforme. Ce faisant, c'est bien elle qui statue sur la compétence ou l'incompétence de la CCJA. Ce qui semble être contraire à l'esprit du Traité.

Cette résistance des juridictions nationales à l'abandon de la souveraineté judiciaire ne traduit-elle pas une inefficacité de la voie préconisée par le constituant OHADA pour l'intégration judiciaire et par conséquent, source d'insécurité pour les justiciables que sont les entreprises ? Car, l'existence de divergence de jurisprudence pourrait affecter l'aptitude de ce dispositif nouveau à régler, et en particulier prévenir les différends et fournir des critères légitimes de résolution des litiges dans le monde des affaires. Or, la prévention et le traitement des situations conflictuelles, constituent dans un ordre juridique, la plus certaine des vocations du droit constitué.

C'est pour pallier cette difficulté qu'au lieu de la technique de recours en cassation qui instaure potentiellement les relations conflictuelles entre la juridiction commune et les juridictions nationales, une application correcte et unifiée du droit commun peut également être faite à travers la technique du renvoi préjudiciel [117]. Cette technique instaure une véritable relation de complémentarité et de collaboration entre la juridiction commune et les juridictions nationales. La juridiction qui traite le recours ne dispose pas du pouvoir d'invalider ou d'annuler les décisions des juridictions nationales, même lorsque l'application du droit communautaire est en cause ; elle ne censure non plus les décisions des cours et tribunaux nationaux. Les litiges sont exclusivement tranchés par les juridictions nationales même lorsque leur dénouement requiert l'application d'une ou de plusieurs normes de droit communautaire. La juridiction qui traite du recours intervient dans le cadre d'un litige tranché par la juridiction nationale pour fournir à celle-ci des indications sur le droit communautaire auxquelles le juge national est tenu de se conformer. La relation établie par le recours préjudiciel est ainsi à la fois une collaboration et une complémentarité. Il n'est pas question pour la juridiction communautaire de contrôler l'application du droit en se substituant aux organes juridictionnels nationaux.

[117] Cette technique est utilisée au sein de l'union européenne et de l'UEMOA, v. dans ce sens, MEYER (P.), « les conflits de juridictions dans les espaces OHADA, UEMOA et CEDEAO », communication au colloque organisé par l'Agence intergouvernementale de la francophonie en collaboration avec l'UEMOA sur « la sensibilisation au droit communautaire de l UEMOA », Ouagadougou, 6-10 octobre 2003, Paris, éd.Graf, 2004 ; v. également LEVOA AWONA (S. P.), *Les compétences juridictionnelles dans les espaces OHADA et CEMAC*, Thèse, Université de Yaoundé II, 2009.

Naturellement, il ne s'agit pas dans notre propos d'un renforcement des compétences des Hautes juridictions nationales et la diminution concomitante de celles de la CCJA[118], ce qui risquerait de mettre à mal l'unification du droit dans tout l'espace OHADA. Il s'agit d'envisager l'organisation de l'entrée des Hautes juridictions nationales dans le dispositif juridictionnel de l'OHADA dans l'optique de la coopération. Le Professeur TIGER corrobore cette idée en précisant que « si l'on veut préserver la hauteur de la CCJA, peut-être faudrait-il envisager de faire comme le pilotage des montgolfières en perte d'altitude : la "délester" un peu, la faire remonter sagement vers son métier de base, c'est-à-dire la cassation pure et simple (en matière contentieuse, s'entend, les autres fonctions n'étant pas ici mises en cause). Elle se replierait alors tout naturellement sur la hauteur incontestée de juridiction régionale suprême. Ceci permettrait à la fois de sauvegarder l'ensemble des intérêts en présence sans porter atteinte à la cohérence du système OHADA »[119].

Voilà qui peut aider à amenuiser les conflits de compétence, car prôner la culture de l'intégration devrait aussi signifier accepter le partage de souveraineté et valoriser la règle de la courtoisie internationale qui implique le respect de l'organe supranational qui dans ce cas est la CCJA[120]. En développant la question préjudicielle comme nous venons de le voir, en organisant les audiences foraines prévues par l'article 18 du règlement de procédure de la CCJA ou même en allant plus loin en instituant des sections de la CCJA au niveau de chaque État-partie ou au moins des États à fort contentieux du droit OHADA[121]. L'avantage consisterait en ce que pour le pourvoi, les entreprises n'auront pas à dépenser assez d'argent pour supporter les honoraires et frais de déplacement de leurs conseils à Abidjan.

Pour rendre cette institution plus efficiente[122], il serait également souhaitable que l'on institue une procédure de référé et de sursis à exécution devant la CCJA, que l'on augmente le nombre des juges de la CCJA en fonction des besoins[123] et pour une meilleure visibilité, une scission de la

---

[118] Cette solution a été proposée par l'Association africaine des Hautes juridictions Francophones -AAHJF- celle-ci a demandé une révision du Traité en vue d'une rétrocession encadrée de compétences aux juridictions nationales en matières de droit des affaires, v. RAYNAL (J.-J.), *in Rapport réunion des forces vives de l'OHADA*, op.cit.

[119] TIGER (P.), « Relations CCJA et Hautes juridictions nationales », *in Rapport réunion des forces vives de l'OHADA, op.cit.*

[120] Quand bien même ce sont les Hautes juridictions nationales qui rendraient les décisions, elles ne seront exécutoires qu'après leur validation par la CCJA.

[121] V. ANOUKAHA (F.), « L'OHADA en marche », *in Annales de la Faculté des Sciences Juridiques et Politiques de l'Université de Dschang*, T. 6, 2002, no spécial, Droit OHADA – CIMA, *op.cit.*, n° 3.

[122] Car nous sommes bien dans le monde des affaires qui implique célérité.

[123] Nous avons relevé ci-dessus qu'au 8 février 2008, le nombre total de pourvois reçus par la CCJA était de 771 et pouvait atteindre 1000 pourvois en fin 2008. Il s'agit là d'un nombre assez impressionnant de dossiers que ne peuvent raisonnablement résorber 7 juges qui en plus de la cassation, doivent se pencher sur le fond des affaires en cas d'évocation, sans oublier leur tâches

CCJA en Cour Commune de Justice OHADA et en Cour d'Arbitrage OHADA [124]. Le pouvoir constituant de l'OHADA semble sensible à ces préoccupations et vient ainsi dans le Traité révisé au Québec le 17 octobre 2008 de faire passer le nombre de juges de sept à neuf et de donner la possibilité au Conseil des ministres compte tenu des nécessités de service et des possibilités financières, de fixer un nombre de juges supérieur à ce nombre[125].

CONCLUSION

Pour conclure, il ne fait point de doute que les règles unifiées OHADA ont relativement contribué à assurer la sécurité nécessaire aux transactions et se faisant au progrès, au travers de la qualité du droit et sa prévisibilité. Mais pour reprendre un auteur,[126] le droit a besoin d'un fondement plus profond de sorte qu'au-delà du juridique apparaisse ce qui est plus juste. La réponse à la quête de cet idéal de justice et d'équité semble reposer sur certains acteurs et principalement les organes judiciaires compétents et soucieux d'amener le droit OHADA à atteindre ses objectifs. Par ailleurs, il convient pour le juriste d'éviter d'avoir une croyance excessive dans l'efficacité de l'action du droit sur le fait ou sur l'économie[127].

---

administratives et la représentation de la Cour dans différents colloques et séminaires », ONANA ETOUNDI (F.), BOUBOU (P.), *op.cit.,* p. 33 ; mais comme le relève POUGOUE (P. G.), « Renforcement des organes de l'OHADA », *in Rapport réunion des forces vives OHADA*, cette augmentation doit se faire de manière prudente.

[124] V. Dans ce sens POUGOUE (P.G.) et FENEON, « Renforcement des organes de l'OHADA », in Rapport réunion des forces vives OHADA, *op.cit.*

[125] Cf. art. 31 du Traité OHADA révisé en le 17 octobre 2008. Les Professeurs POUGOUE (P.G.), KALIEU ELONGO (Y.R.), dans la même veine notaient qu'il fallait éviter à la CCJA de perdre sa véritable nature et sa vocation d'origine pour devenir simplement un organe de représentation des intérêts des différents États présents au sein de l'organisation. Aussi de *lege ferenda*, proposaient-ils « qu'il paraît judicieux de poser que la CCJA est composée de neuf juges par exemple, tout en laissant la possibilité au Conseil des ministres d'augmenter ce nombre en cas de besoin. En outre, dans le souci d'assurer une rotation effective des États parties, on pourrait retenir, d'une part que les juges soient élus pour sept ans non renouvelables, d'autre part qu'à l'expiration de son mandat, le juge sortant ne puisse pas être remplacé par un ressortissant du même État. L'origine professionnelle de ces juges devrait être déterminante : les juges seraient choisis parmi les membres des cours suprêmes nationales, de préférence des chambres commerciales ou à tout le moins civiles », Cf. POUGOUE (P.G.), KALIEU ELONGO (Y.R.), *Introduction critique à l'OHADA*, *op.cit.,* p. 108.

[126] ROUBIER (P.), *Théorie générale du droit. Histoire des doctrines juridiques et philosophie des valeurs sociales*, Paris, Dalloz, Sirey, 2005, p. 217.

[127] FRISSON-ROCHE (A.M.), *Droit de la concurrence,* Paris, Dalloz, 2006, p. 300. V. également VOGEL (L.), « L'économie, serviteur ou maître du droit ? », *in Mélanges DECOCQ (A.),* Litec, 2004, p. 605.

INDICATIONS BIBLIOGRAPHIQUES

Ouvrages

- ANOUKAHA (F.), ABDOULLAH (C.), NDIAW (D.), NGUEBOU TOUKAM (J.), POUGOUE (P. G.), MOUSSA (S.), *OHADA, Sociétés commerciales et GIE*, Bruylant, Bruxelles, 2002.
- ENCINAS DE MUNAGORRI (R.), LHUILIER (G.), *Introduction au droit*, Flammarion, 2002.
- MELONE (S.), *La parenté et la terre dans la stratégie du développement*, éd. Klinchsiect, 1972.
- POUGOUE (P.G.) et KALIEU ELONGO (Y.R.), *Introduction critique à l'OHADA*, PUA, 2008.

Thèses

- KWIMO (J.), *L'interventionnisme économique au Cameroun et au Congo*, Thèse, Orléans, 1980.
- LEVOA AWONA (S.P.), *Les compétences juridictionnelles dans les espaces OHADA et CEMAC*, Thèse, Université de Yaoundé II, 2009.
- MBENDANG EBONGUE (J.), *Les entreprises d'État au Cameroun*, Thèse, Paris I, 1989.
- NGOMO (A.F.), *Le projet du code de sociétés de l'UDEAC*, Thèse, Paris II, 1989.
- NKOYOK (J.), *La situation juridique des sociétés commerciales au Cameroun, adaptation et inadaptation de la loi du 24 juillet 1867*, Thèse, Montpellier, 1985.
- POUGOUE (P.G.), *La famille et la terre, essai de contribution à la systématisation du droit privé au Cameroun*, thèse, Bordeaux, 1977.

Articles

- BLANC-JOUVAIN (X.), « La résistance du droit africain à la modernisation », *in* Actes du Colloque de Dakar 5-9 juillet 1977, *Revue Sénégalaise de Droit,* 1997, pp. 38 et suiv.
- BOKALLI (V.E.), « La coutume, source de droit au Cameroun », *Rev. Gén. Dr.*, 1997, n° 28, pp. 37 et suiv.
- BRIERE DE L'ISLE, « Sécurité juridique et loi », *JCP E* supplément, 1990, pp. 3-9.

- CASSIA (C.), « La sécurité juridique, un “nouveau” principe général du droit aux multiples facettes », *Recueil Dalloz,* n° 18, 2006, pp. 1101 et suiv.
- Du BOIS de GAUDUSSON (J.), « Le statut de la justice dans les États d'Afrique francophone », *in La justice en Afrique, Afrique contemporaine*, n° 156 spécial, 1990, pp. 72-80.
- FROMONT (M.), « Le principe de sécurité juridique internationale », *AJDA*, n° spéc, Juin 1996, pp. 178 et suiv.
- BERGEL (J.-L.), « La relativité du droit ? », *RRJ,* n° 3, 1986, pp. 13 et suiv.
- JOHNSON (K.L.), « L'intégration juridique par l'OHADA », in *Sensibilisation au droit communautaire et à l'intégration dans la zone CEMAC*, Actes du séminaire sous régional, Libreville (Gabon), 02-06 novembre 2004, éd. GIRAF, 2005, pp. 61 et suiv.
- KANTE (A.), « La détermination de la juridiction compétente pour statuer sur un pourvoi formé contre une décision rendue en dernier ressort en application des actes uniformes » : observations sur l'arrêt de la cour Suprême du Niger du 16 Août 2001, Site OHADA.com, OHADA D-02-29.
- KENFACK DOUAJNI (G.), « Arbitrage forcé et règlement en droit camerounais des litiges entre associés », *Penant*, n° 825, 1997, pp. 335 et suiv.
- MEYER (P.), « La sécurité juridique dans l'espace OHADA », *Penant,* n° 855, 2006, pp. 151 et suiv.
- MEYER (P.), « La sécurité juridique et judiciaire dans l'espace OHADA », *Penant,* n° 855, 2006, pp. 162-163.
- NGUEBOU TOUKAM (J.), « Environnement juridique et développement du secteur privé : L'exemple de l'OHADA », *RASJ*, Vol. 2, n° 1, 2001, pp. 19-45.
- PAILLUSSEAU (J.), « L'OHADA, dix ans de droit du droit des affaires en Afrique », *JCP,* 2004, pp. 3 et suiv.
- PAILLUSSEAU (J.), « Le droit est aussi une science d'organisation (et les juristes sont parfois des organisateurs juridiques) », *RTD Com.,* N° 1, 1989, pp. 1-57.
- POUGOUE (P.G.), « Les figures de la sécurité juridique », *RASJ*, Vol. 4, n° 1, 2007, pp. 1-8.
- RAMDAN (H.- O.), « La réforme de la justice en Mauritanie », *Penant,* n° 846, 2004, pp. 6 et suiv.

- ROBERT (J.H.), « Les sources du droit des sociétés au Cameroun Oriental », in *Mélanges ROBLOT*, Paris, LGDJ, 1984, pp. 24 et suiv.
- SARGOS (P.), « Les sept piliers de la sagesse du droit – 12 janvier 1815 – 12 janvier 2015 », *La semaine Juridique, E.G.*, n° 1-2, 12 janvier 2015, doctr., pp. 34 et suiv.
- SAWADOGO (H.), « L'application des Actes Uniformes par les Juridictions nationales du Burkina Faso », *Penant,* n° 856, 2006, pp. 71 et suiv.
- SPITZER (J.-P.), « Les principes généraux du droit communautaire dégagés par la CJCE », *Gaz. Pal.* 1986, II, Doct., pp. 732 et suiv.
- TCHOKOMAKOUA, « La réforme du cadre juridique des entreprises du secteur public et parapublic (essai sur l'ordonnance n° 95/003 du 17 mai 1995) », *Juridis Périodique*, n° 26, 1996, pp. 97 et suiv.
- TOUSCOZ (J.), « Mondialisation et sécurité juridique internationale », *RGDIP,* n° 3, 1998, pp. 624 et suiv.
- VIVIER (J.L.), « L'OHADA ou l'unification du droit des affaires africain », *Droit et patrimoine*, n° 72, juin 1999, pp. 41 et suiv.

L'encadrement juridique de l'*argent mobile* dans les États du bassin du lac Tchad : de l'inclusion financière à l'insécurité

Par

NASSER SAID DJAOULI[1]

Résumé

L'inclusion financière désigne le processus visant à ce que les populations et les entreprises aient accès et utilisent efficacement toute une gamme de services financiers fournis à un prix raisonnable et de façon responsable. L'*argent mobile* constitue ainsi, non seulement un substitut de la banque, mais aussi un instrument magique d'atteindre cette finance dite *inclusive*. Des études menées par la Banque mondiale montrent que plus de la moitié de la population adulte mondiale n'a accès à aucun service financier formel. En dépit des progrès accomplis en matière de stimulation des banques de détail, des millions de personnes restent hors de portée des systèmes financiers formels précisément en Afrique. C'est la raison pour laquelle, les services financiers mobiles ont connu une expansion considérable au sud du Sahara, plus particulièrement autour du bassin de lac Tchad, malgré l'insécurité transfrontalière galopante. Au cours de ces dernières années, des instructions et des règlements sont formulés de tous bords : en Afrique de l'Ouest, la Banque Centrale des États de l'Afrique de l'Ouest (BCEAO) actualisant la réglementation de cette activité de plus en plus digitale a été publiée. De l'autre côté en Afrique centrale, le cadre réglementaire relatif à la monnaie électronique et au transfert d'espèces a été défini en septembre 2011 par la Banque des États de l'Afrique Centrale (BEAC). En dépit de toutes ces opportunités, l'expansion rapide de ce service financier digitalisé constitue un risque pour le tissu sécuritaire et demeure un défi pour les gouvernements à renforcer la formule de la réglementation. Encadrer davantage des échanges transfrontaliers qui constituent de véritables bombes à retardement, dans une communauté déterminée dans la lutte contre la criminalité financière.

Mots clés : Inclusion financière, insécurité financière, m-banking ; monétique, Portefeuille mobile.

---

[1] Ph. D. en Droit Privé/option Droit des Affaires, Assistant, Faculté des Sciences Juridiques et Politiques de l'Université de Maroua, E-mail : Djaoulinasser@gmail.com.

INTRODUCTION

À ce jour, deux milliards de personnes ne sont pas encore bancarisées et n'ont pas accès à des services financiers sûrs, fiables et abordables[2]. C'est ainsi que le maitre mot des pouvoirs publics aujourd'hui reste la promotion de l'inclusion financière. L'*argent mobile* constitue par conséquent le moyen le plus opportun, l'un des outils le plus puissant d'atteindre et d'améliorer l'inclusion financière. Il contribue à élargir la portée des services financiers au cours de cette décennie que les services bancaires traditionnels ne l'avaient fait, il y a des siècles. En 2015, le nombre de services d'*argent mobile* atteint le chiffre de 271 dans 93 pays. En outre, d'après les chiffres de la Banque mondiale sur l'inclusion financière dans le monde, les services d'*argent mobile* sont présents dans 85 % des pays où le nombre de personnes disposant d'un compte auprès d'un établissement financier est inférieur à 20 %[3]. Ce phénomène s'est affirmé il y a quelques années dans la majorité des pays en développement et constitue une réelle opportunité pour accélérer la croissance et le développement socioéconomique[4]. Ils offrent de nouvelles possibilités de mieux assurer l'accès aux services financiers, contrairement aux prestataires de services bancaires et financiers traditionnels. L'Afrique subsaharienne n'est pas en reste. Elle abrite la majorité des services d'argent mobile en activité 52 % et connait surtout une croissance salvatrice dans les pays du bassin du Lac Tchad[5] dont l'activisme du groupe Boko Haram[6] dans l'État du Borno, et l'implantation présumée de certains de ses éléments dans les zones contiguës du Cameroun, du Niger et du Tchad, apparaissent comme l'une des

---

[2] Rapport GSMA, « Le point sur le secteur : les services d'argent mobile », 2e trimestre 2015.

[3] Les analyses de ces statistiques s'appuient sur les données provenant de l'outil de suivi des services d'argent mobile de la GSMA de 2015.

[4] Sur les 2,5 milliards de personnes dans le monde n'ayant pas encore accès au système financier, 2 1,7 milliards disposent d'un téléphone portable. https://www.worldremit.com/fr/help/mobile-money.

[5] Le bassin du lac Tchad appartient à une vaste région sahélienne, qui s'étend sur une superficie de 2 381 636 km², en bordure sud du désert du Sahara. Il est constitué d'un réseau d'eaux souterraines et de surface, reliant le Hoggar (Algérie) au Ténéré (Niger/Tchad), le Tibesti et l'Ennedi (Tchad), le Nord-Est du Nigeria et le Nord du Cameroun. Cependant, l'essentiel des eaux libres, le bassin actif du lac Tchad, se trouve aujourd'hui dans la cuvette sud, qui correspond à peu près à la zone frontalière des quatre pays limitrophes traversés par le lac : le Tchad, le Cameroun, le Niger et le Nigeria. Il s'agit du « bassin conventionnel1 » du lac, qui recouvre une superficie de 967 000 km² et constitue la zone d'intervention de la Commission du bassin du lac Tchad (CBLT). Voir, SALLIOT (E), « Différend frontalier entre le Nigeria et le Cameroun à propos des îles sur le lac Tchad 1987 – 2004 », *CSAO*, 2010.

[6] Boko Haram est un mouvement insurrectionnel et terroriste d'idéologie salafiste djihadiste, originaire du nord-est du Nigeria et ayant pour objectif d'instaurer un califat et d'appliquer la charia. Formé en 2002 à Maiduguri par le prédicateur Mohamed Yusuf, le groupe est à l'origine une secte qui prône un islam radical et rigoriste, hostile à toute influence occidentale. En 2009, Boko Haram lance une insurrection armée dans laquelle Mohamed Yusuf trouve la mort. En 2010, Abubakar Shekau prend la tête du mouvement qui devient un groupe armé et se rapproche des thèses djihadistes d'Al-Qaïda, puis de l'État islamique.

menaces sécuritaires majeures [7]. Le *Mobile Money* est un service de portefeuille électronique, offert par les opérateurs de télécommunications. Cette solution permet d'envoyer, de recevoir de l'argent ou d'effectuer des paiements sans contact à l'aide de son téléphone mobile. Les avantages sont énormes : n'ayant pas besoin de se déplacer ; évite de transporter du cash ; coûts de transactions réduits ; files d'attente moins longues ; paiement de factures ; paiement de frais de scolarité ; recharge téléphonique ; paiement de salaires ; pas besoin de remplir des formulaires papier ; transactions à l'international disponibles ; points de vente accessibles à proximité… En effet, une plus grande accessibilité des services financiers favorise l'atteinte d'une croissance soutenue et inclusive et permet de lutter efficacement contre la pauvreté. Eu égard à ces retombées positives, la question de l'inclusion financière est inscrite au cœur des préoccupations des États, des banques centrales et des institutions internationales[8]. Qui dit inclusion financière, dit alors variété des établissements financiers, au-delà des seules banques commerciales[9]. Autant d'entités[10], dont les modèles sont très différents les uns des autres, qui sont situées dans des zones géographiques diverses et qui s'adressent à des clientèles distinctes. Afin d'atteindre les clients qui ne sont pas pleinement desservis par les banques commerciales, il est indispensable de se doter d'un cadre juridique et réglementaire qui autorise différents types d'établissements et qui applique des règles et un contrôle adaptés au niveau de risque de tous les acteurs[11]. Alors que les paiements électroniques sont le fait d'institutions financières réglementées qui offrent aux particuliers et aux entreprises de nouvelles façons de virer de l'argent, la monnaie électronique, elle, est souvent émise par des institutions non réglementées d'où l'intérêt de ce sujet. Les transactions financières via les mobiles ont par conséquent révolutionné le secteur financier et défient le monde capitaliste et veulent se hisser désormais au-delà de l'imaginaire dans un environnement numérisé. Chaque heure, une milliasse de francs et capitaux sont transférés sur des systèmes de paiement et d'autres systèmes financiers par téléphone mobile[12]. À titre d'exemple, indique la BEAC, les recharges des porte-monnaie électroniques, c'est-à-dire, les dépôts en espèces de la clientèle dans les points

[7] Face à la montée des nouvelles menaces sécuritaires, liées notamment aux incursions meurtrières des activistes de Boko Haram sur les territoires voisins du Nigeria, la CBLT constitue le principal cadre institutionnel pour une action commune des pays riverains du lac Tchad, qui sont membres de deux organismes régionaux distincts (la CEDEAO et la CEEAC).
[8] Rapport ELANN, « Atelier mobile money », janvier 2016.
[9] SHERIF (M.) et AHMED, *La monnaie électronique*, éd. Eyrolles, 2000.
[10] Banques postales, organismes de micro-financement, coopératives de crédit.
[11] Il est par conséquent encourageant de constater qu'à ce jour, plus de 40 pays, dont beaucoup jouent un rôle capital pour la réalisation de l'accès universel aux services financiers, ont formulé des stratégies nationales d'inclusion financière qui fixent leurs objectifs stratégiques et définissent les réformes à mener, et dont la mise en œuvre repose sur des structures de coordination multipartites et de solides dispositifs de suivi et d'évaluation.
[12] VANTET (C.), « La Monétique : les transactions bancaires », *IR3*, Paris, 2008, p. 4.

de vente, ont atteint 735 milliards FCFA en 2016, dont 663 milliards FCFA pour le Mobile Money. Toujours, selon elle, les paiements en monnaie électronique ont dépassé 121 milliards FCFA en 2016, dont 95 % avec le Mobile Money. Dans l'espace UEMOA, à la fin des 3 premiers trimestres de l'année 2015, la valeur des transactions financières réalisées via le mobile s'élevait à 5 121 milliards FCFA, en hausse de 36 % par rapport à 2014[13]. Faire adhérer davantage de personnes dans le secteur financier formel n'aurait pas seulement pour effet d'améliorer leur vie, mais contribuerait également à la sécurité des systèmes financiers eux-mêmes. Les gouvernements, les bailleurs de fonds et le secteur des services financiers s'efforcent de plus en plus de promouvoir le caractère inclusif de ce secteur pour que ces services soient accessibles à tous, y compris les personnes à faible revenu. La technologie des transactions par téléphone mobile revêt alors une importance capitale pour les économies en développement, dans un contexte d'insécurité comme les nôtres autour du bassin du lac Tchad. La monnaie électronique est apparue au début des années 1990[14], c'est « une valeur monétaire incorporée sous forme électronique contre remise de fonds de valeur égale, qui peut être utilisée pour effectuer des paiements à des personnes autres que l'émetteur, sans faire intervenir des comptes bancaires dans la transaction »[15]. Elle répond certes à d'importants besoins de consommation, mais elle recèle aussi certains risques. Cet article démontre ainsi comment *l'argent mobile* peut être maximisé grâce à un encadrement juridique approprié permettant de renforcer non seulement la finance inclusive, mais aussi lutter contre toute forme de criminalité financière transfrontalière. Comment l'inclusion financière est-elle devenue l'enjeu véritable d'insécurité ? Quel cadre réglementaire conviendrait le mieux pour l'*argent mobile* ?

Cependant, la sécurité demeure mitigée, dans la mesure où toutes les mesures n'ont pas été appliquées avec succès. L'adoption des mesures spécifiques semble irréversible. L'étude a donc pour but non seulement d'explorer les efforts accomplis, mais aussi les défis à relever aux niveaux national et communautaire. Tout en fournissant des mesures utiles à adopter pour porter la croissance des services financiers digitalisés au-delà des frontières. La présente étude vise également à amener les pouvoirs publics à revisiter le cadre juridique de l'intégration financière par *l'argent mobile* des pays autour du bassin du lac Tchad. Cette zone, qui correspond à peu près à la zone frontalière des quatre pays limitrophes traversés par le lac : le Cameroun, le Niger, le Nigeria et le Tchad. Il s'agit du *bassin conventionnel* du lac, qui

---

[13] *Rapport Banque centrale des Etats d'Afrique de l'Ouest (BCEAO), « Situation des services financiers via la téléphonie mobile dans l'UEMOA à la fin septembre 2015 », 2015, p.42.*

[14] GODEFFROY (J.-M.), MOUTOT (P.), « Monnaie électronique : enjeux prudentiels et impact sur la politique monétaire », In: *Revue d'économie financière,* n° 53, 1999, pp. 21-35.

[15] Le règlement n° 01/11/CEMAC/UMAC/CM du 18 septembre 2011 relatif à l'exercice de l'activité d'émission de monnaie électronique.

recouvre une superficie de 967 000 km² et constitue la zone d'intervention de la Commission du bassin du lac Tchad (CBLT)[16]. Toutes ces approches ont plusieurs caractéristiques en commun : elles sont complexes, elles appellent une coordination entre acteurs publics et privés, et leur déploiement nécessite des ressources et une action publique à un haut niveau. Ainsi, le cadre réglementaire des établissements de monnaie électronique a été posé dès le 31 juillet 2006 par la Banque Centrale des États de l'Afrique de l'Ouest[17] et il a été revu en 2015 pour restreindre les services de crédit et s'assurer de la haute disponibilité des plateformes techniques. Selon le dernier état de suivi des entreprises de monnaie électronique agréées par la BCEAO[18] en date du 28 février 2017. En zone CEMAC, la distribution du mobile money est assurée par les opérateurs de téléphonie mobile qui s'appuient sur une ou plusieurs banques partenaires agréées, seules habilitées à demander l'agrément[19]. Ce sont donc ces dernières qui contrôlent et garantissent l'émission de la monnaie électronique et assurent la conformité des opérations avec les lois relatives au blanchiment d'argent et au financement du terrorisme. En 2016, ce sont respectivement un tiers des 110 millions d'habitants en zone UEMOA et 28 % des 44 millions d'habitants en zone CEMAC qui sont équipés de mobile money[20]. On constate ainsi que les deux zones économiques ont opté pour des approches réglementaires différentes tout en partageant la même conviction : celle dont le mobile money constitue un outil essentiel d'inclusion financière. Ceci nous amène à voir que cette inclusion financière est fondée sur un encadrement de l'argent mobile pondéré des risques (I). Toutes les législations des Etats dans le bassin du Lac Tchad, aujourd'hui sont à la recherche de la sécurité de l'encadrement de *l'argent mobile* (II).

I- UNE INCLUSION FINANCIÈRE FONDÉE SUR UN ENCADREMENT DE *L'ARGENT MOBILE* PONDERE DES RISQUES DANS LES ÉTATS DU BASSIN DU LAC TCHAD

L'essor de la téléphonie mobile et la volonté affirmée des pays de la sous-région UEMOA et CEMAC de réduire le phénomène d'exclusion financière,

[16] Voir, SALLIOT (E.), *op.cit.*, p.478.
[17] Instruction n° 01/2006 du 31 juillet 2006 relative à l'émission de monnaie électronique et aux établissements de monnaie électronique.
[18] *Règlement n° 15/2002/CM/UEMOA du 19 septembre 2002, relatif aux systèmes de paiement dans l'UEMOA.*
[19] Voir, Instruction n° 01/GR du 31 octobre 2011 du Gouverneur de la BEAC, relative à la surveillance des systèmes de paiement par monnaie électronique, avec en annexe un cadre référentiel recensant les éléments permettant à la BEAC d'assurer sa mission de surveillance de l'activité.
[20] Rapport Groupe d'Action contre le Blanchiment d'Argent en Afrique Centrale (GABAC), « Les nouveaux moyens de paiement face aux défis de la lutte anti-blanchiment et contre le financement du terrorisme dans la zone CEMAC », août 2017.

ont favorisé le développement et l'expansion de l'offre de nouveaux instruments de paiements par le mobile money. Tous les États dans le bassin du lac- Tchad étaient soucieux de mettre en place un cadre réglementaire favorable à l'inclusion financière par *l'argent mobile* (A). Mais cet encadrement juridique n'est pas adéquat, il est parsemé des risques : Risques relatifs aux défaillances du dispositif réglementaire (B).

A- Le souci de mise en place d'un cadre réglementaire dans les États du bassin du lac Tchad favorable au développement de l'argent mobile

L'encadrement de l'argent mobile dans les États du lac Tchad a mis en place un encadrement favorable à l'inclusion financière. L'argent mobile était un outil propice par lequel l'inclusion financière trouvait du répondant. Cette réglementation à ce moment ne mettait pas l'accent sur la sécurité institutionnelle et systémique. Par après, l'État a confié la gestion de ces opérateurs de l'argent mobile. Ces régulateurs peuvent s'avérer des catalyseurs de l'inclusion financière lorsqu'ils adoptent des politiques et des réglementations qui élargissent et facilitent l'accès aux comptes mobiles[21]. Une réglementation mal conçue ou trop restrictive peut néanmoins entraver l'accès aux services financiers en décourageant les investisseurs ou en restreignant la portée et le champ d'application des services financiers envisagés. C'est pourquoi l'encadrement tenait en compte les intérêts des investisseurs que de la sécurité de l'État[22]. La réglementation influence également l'environnement commercial et opérationnel. Des formalités coûteuses d'inscription ralentissent par exemple le rythme d'acquisition des clients et peuvent constituer un obstacle coûteux pour les opérateurs. Une réglementation de cette nature est considérée « dissuasive »[23].

En 2013, la GSMA a répertorié six principes qui définissent les cadres réglementaires jugés « habilitants ». Un cadre « habilitant » désigne un ensemble de réglementations favorable au développement d'une activité d'argent mobile responsable et évolutive, qui permet de toucher de manière économiquement viable les catégories de population mal desservies et

---

[21] Le dialogue entre régulateurs et parties prenantes du secteur peut également faciliter l'investissement du secteur privé tout en contribuant à la réalisation des objectifs d'inclusion financière des pouvoirs publics.

[22] Les clés pour réussir dans une économie émergente selon McKinsey : Argent mobile et inclusion financière.

[23] « Deux milliards de personnes et 200 millions de petites entreprises dans les économies émergentes n'ont pas accès à l'épargne et au crédit formels ». En plus d'être un enjeu crucial d'inclusion financière, cette cible représente une formidable opportunité de croissance pour les fournisseurs de services financiers mobiles. Utiliser l'argent mobile comme un pont vers ces marchés qui attendent d'être défrichés va permettre à ces fournisseurs d'atteindre plus de 1,6 milliard de nouveaux clients et augmenter de 2,1 millions de dollars le volume des prêts accordés aux particuliers et aux entreprises. Les clés pour réussir dans une économie émergente selon McKinsey : Argent mobile et inclusion financière.

d'encourager l'inclusion financière numérique[24]. De par son caractère binaire, la classification des réglementations entre réglementations « habilitantes » et « non habilitantes » a ses limites[25]. Un tel encadrement[26] se prête mal à une analyse de l'influence des différents indicateurs sur l'efficacité d'un cadre réglementaire donné.

La réglementation de l'argent mobile selon GSMA s'efforce d'utiliser des indicateurs objectifs qui sont comparables d'un pays à l'autre et vérifiables par rapport aux réglementations écrites de l'argent mobile, pour plusieurs raisons[27]. Par exemple, l'efficacité des régulateurs en matière de mise en œuvre et d'application de la réglementation n'est pas mesurée. Cependant, compte tenu de l'évolution rapide du secteur de l'argent mobile et des cadres réglementaires, l'indice sera dynamique, avec des examens et des mises à jour fréquentes qui pourront inclure l'ajout de nouveaux indicateurs si nécessaire pour rester en phase avec l'évolution de la réglementation et du secteur dans son ensemble.

Toutes ces analyses de développement juridique et économique de l'encadrement de l'argent mobile sont concoctées en faveur de l'inclusion financière[28]. Les différentes réglementations des États dans le bassin du lac Tchad examinent les critères souples à respecter pour pouvoir offrir des services d'argent mobile, les instruments d'agrément applicables (lois, règlements, directives et circulaires) propices exigences de fonds propres.

Après toutes ces mesures, les associations des consommateurs revendiquaient la protection de leurs membres, eu égard aux arnaques, escroqueries et vols d'identité. Ce volet devenait plus regardant que les États misaient déjà sur cette protection sans penser à la sécurité intérieure. Aujourd'hui, des milliards de francs transitent par les comptes mobiles et l'on n'arrive pas ni à contrôler ni à maitriser. Jusque-là, les nouvelles réglementations mettant l'accent sur les mécanismes généraux d'information des clients et de recours des consommateurs, ainsi que les dispositions de

---

[24] Ces fournisseurs pourront également accroître leurs chiffres d'affaires de 4 000 milliards de dollars au total en développant des produits et services innovants qui vont bien au-delà des paiements standards pour atteindre les personnes non bancarisées.

[25] GSMA, « indice de la réglementation de l'argent mobile », *GSM Association*, 2019.

[26] *Idem*.

[27] Éviter de faire double emploi avec d'autres indices ou initiatives d'inclusion financière ; Suggérer aux décideurs politiques et aux autorités réglementaires des actions spécifiques pour mettre en place une réglementation plus favorable. En se concentrant sur des indicateurs objectifs, l'indice peut néanmoins laisser de côté certains aspects de la réglementation.

[28] Celles économiques sont analysées par le cabinet McKinsey & Company dans son rapport intitulé : « *Mobile money in emerging markets : The business case for financial inclusion* » (L'argent mobile dans les marchés émergents : l'analyse de rentabilisation pour l'inclusion financière). Publié en mars 2018, ce rapport analyse l'environnement d'incertitudes auquel sont confrontés les fournisseurs de services financiers qui cherchent à exploiter le potentiel de croissance du Mobile money.

protection des fonds des clients, dont notamment les mesures de garantie des dépôts. Sur le plan institutionnel, les limites applicables aux plafonds des opérations sont surveillées. Cette dimension examine l'adéquation des limites applicables aux soldes et aux opérations sur les comptes (montants minimum et maximum) ; Vigilance à l'égard de la clientèle[29].

C'est ainsi que les États dans le bassin du lac Tchad ont posé des conditions d'octroi des agréments plus souples afin de développer l'inclusion financière. La question donc de l'agrément est celle qui a la pondération la plus forte pour l'encadrement de l'argent mobile. En raison de son importance dans la détermination des critères d'autorisation pour les prestataires de services d'argent mobile qui n'appartiennent pas au secteur bancaire[30]. Les conditions d'agrément sont plus favorables aux prestataires non bancaires et aux ORM qui souhaitent obtenir une licence de prestataire de services d'argent mobile, tandis que leurs exigences de fonds propres ne sont pas exorbitantes. On relève cinq grands modèles pour l'agrément des activités d'argent mobile. L'Agrément direct ou octroi de licence à des établissements bancaires et non bancaires, comprenant les ORM. On retrouve également dans cette catégorie les pays qui autorisent des prestataires non bancaires à offrir des services d'argent mobile en partenariat avec une institution soumise à des règles prudentielles, dont la fonction va au-delà de la simple conservation des fonds[31]. L'Agrément ou octroi de licence à des entités ad hoc créées dans le seul but d'offrir des services d'argent mobile ou d'émettre de la monnaie électronique[32]. L'Agrément ou octroi de licence à des établissements bancaires distincts ou spécialisés autorisés à accepter des dépôts du public et à assurer des services de paiement, mais qui n'ont pas le droit d'offrir des prêts ou des avances[33]. Elles ont le droit de placer les dépôts collectés sur des

---

[29] Cette dimension examine les justificatifs d'identité autorisés, l'adéquation des obligations de vigilance à l'égard des clients (« KYC » pour Know Your Customer en anglais), les obligations de déclaration au titre de la lutte contre le blanchiment de capitaux et le financement du terrorisme (« AML/CFT » pour Anti-Money Laundering and Combating the Financing of Terrorism en anglais) et les orientations fournies par les autorités réglementaires en matière de vérification de l'identité ; Réseaux d'agents : cette dimension examine les critères de qualification des agents, les formalités d'agrément, les activités autorisées et les conditions d'accès au réseau (c'est-à-dire si une notification ou une autorisation officielle est requise pour la nomination de chaque agent) ; Conditions d'investissement et infrastructures : cette dimension examine les facteurs extérieurs susceptibles d'influencer le cadre réglementaire, comme par exemple la fiscalité propre au secteur, les infrastructures de vérification de l'identité, l'infrastructure d'interopérabilité, les dispositions relatives au versement et à l'utilisation des intérêts perçus et les politiques nationales d'inclusion financière.

[30] Les 10 pays qui se classent en tête sur cette dimension sont le Malawi, la Jordanie, le Cambodge, le Rwanda, le Zimbabwe, la Roumanie, les Seychelles, le Vietnam, la Malaisie et le Kenya.

[31] L'exemple de l'Egypte en Afrique du nord et le Mali.

[32] Exemple, pays de l'Union économique et monétaire ouest-africaine (UEMOA).

[33] Par exemple, les banques de paiement de l'Inde et, depuis octobre 2018, les banques de services de paiement du Nigeria bénéficient d'une licence au titre de la législation bancaire

instruments de trésorerie bénéficiant d'une garantie de l'État. L'Agrément ou octroi de licence à des établissements bancaires et non bancaires, mais pas aux opérateurs de réseau mobile (ORM). Ce modèle a été observé au Nigeria au moment de notre analyse et s'avère le plus restrictif pour les ORM qui souhaitent pénétrer sur le marché de l'argent mobile[34]. Et enfin l'Agrément d'établissements financiers soumis à des règles prudentielles uniquement pour des services de paiement ou l'émission de monnaie électronique. Il s'agit du modèle le moins favorable aux prestataires non bancaires en raison de son caractère restrictif. Beaucoup de pays sont pénalisés sur cet aspect de l'indice par des exigences de capital minimum disproportionnellement élevées par rapport à celles des banques commerciales, qui ont un profil de risque plus élevé que celui des prestataires de services d'argent mobile. Dans une grande majorité de pays, l'obligation de capital minimum des prestataires de services d'argent mobile représente 10 % ou moins du niveau exigé pour les banques commerciales. Le niveau de capital minimum exigé dépend néanmoins du modèle réglementaire adopté[35]. Même si cela réduit la charge des prestataires, les exigences de capital initial permettent de s'assurer que les nouveaux entrants sont capables de couvrir leurs frais d'exploitation et disposent d'un actif suffisant pour faire face aux demandes des clients en cas d'insolvabilité. Il est donc important d'imposer des exigences de fonds propres qui soient adaptées à l'activité d'argent mobile, qui se caractérise par un niveau de risque peu élevé et des opérations de faible montant[36].

B- Risques relatifs aux défaillances du dispositif réglementaire et institutionnel

Bien que d'introduction relativement récente, la réglementation sur le fonctionnement de l'activité d'émission de la monnaie électronique et sur l'utilisation des opérations via le mobile ne semble pas prendre en compte les possibles dérapages pouvant conduire à l'insécurité. Toutefois, il subsiste encore des vides réglementaires qui pourraient favoriser l'occurrence de ces phénomènes troubles. Dans son rapport, la BEAC mentionne : « Les acteurs de l'activité d'émission de monnaie électronique sont unanimes sur le fait que

existante et sont soumises à des exigences relativement contraignantes en matière de fonds propres.

[34] Le Nigeria a depuis lors réformé son cadre réglementaire en publiant de nouvelles directives pour l'agrément et la réglementation des banques de services de paiement (Guidelines for Licensing and Regulation of Payment Service Banks). Ce nouveau cadre réglementaire reconnaît l'incapacité du cadre antérieur à faire progresser l'inclusion financière et ouvre la porte aux ORM, par le biais de filiales agréées en tant que banques de services de paiement.

[35] Le Nigeria a suivi une approche similaire dans le cadre des réformes récentes au titre des nouvelles directives de la Banque centrale du Nigeria relatives à l'agrément et à la réglementation des banques de services de paiement (Guidelines for Licensing and Regulation of Payment Service Banks, 2018).

[36] Par exemple, le Cameroun a adopté un modèle de banques de paiement soumises à une obligation de capital minimum égale à 20 % de celle des banques traditionnelles.

les textes actuels, en dehors du fait qu'ils restent muets sur le développement de certains services (transferts d'argent à l'international, microcrédit, micro-épargne, crowfunding etc.), ne permettent pas de résoudre certains problèmes épineux rencontrés sur le terrain comme les modalités d'entrée en relation et l'identification de la clientèle »[37]. Malgré, les efforts considérables des pouvoirs publics réalisés dans ce cadre[38], des risques accrus et de nouvelles menaces compromettent les chances d'un avenir plus sûr et la réalisation de l'objectif du développement pour tous, passant par une finance inclusive[39]. En effet, la réglementation des paiements mobiles transfrontaliers est plus complexe que la réglementation nationale des paiements mobiles. C'est pourquoi le dispositif régissant l'utilisation de l'argent mobile dans le bassin du lac Tchad présente une certaine vacuité sur les aspects relatifs à l'insécurité dans cette zone couverte par l'UEMOA[40] et la CEMAC[41].

Notamment sur les aspects ci-après : l'absence d'un dispositif sécuritaire spécifique aux services de l'argent mobile et à la régulation des risques que leur utilisation peut engendrer ; le contrôle sur l'origine des fonds déposés en contrepartie de l'émission de monnaie électronique, sur l'objet des transactions, ainsi que sur la destination des fonds. Des dispositions dans ce sens contribueraient à une meilleure traçabilité des opérations ; le contrôle des transactions en temps réel dans le but de réduire les risques liés au caractère rapide de la circulation de la monnaie électronique via téléphone mobile ; le niveau des seuils sur les volumes de transaction qui restent trop élevés et

---

[37] Rapport de la BEAC, « les paiements électroniques en zone CEMAC », 2017, p.480.

[38] Au Cameroun par exemple, les affaires fleurissent, l'économie tourne à bonne vitesse, la croissance repart. Les différents opérateurs en tirent de bons bénéfices, et l'État n'est pas en reste : il vient de signer un accord de partenariat avec deux des trois opérateurs mobiles pour la mise en œuvre de l'« impôt mobile », un nouveau système de paiement de l'impôt en utilisant le *mobile money*. L'impôt foncier y passe déjà et représente environ 8 milliards FCFA en termes de recettes fiscales annuelles. Ce système moderne de paiement permettra de combler près de 6 milliards FCFA de pertes chaque année. À long terme, l'impôt mobile sera appliqué pour traiter toutes les formes de taxes prévues dans le Code général des impôts au Cameroun.

[39] Le modèle d'agence traditionnelle adopté par la plupart des prestataires de services bancaires ou de paiements répond difficilement aux besoins des plus pauvres, qui sont obligés de recourir à la place à des services financiers informels généralement peu sûrs, peu pratiques et onéreux.

[40] Le Règlement n° 15/2002/CM/UEMOA du 19 septembre 2002, relatif aux systèmes de paiement dans les Etats membres de l'Union Economique et Monétaire Ouest Africaine (UEMOA) ; L'Instruction n° 01/SP/2006 du 31 juillet 2006 relative à l'émission de monnaie électronique et aux établissements de monnaie électronique (BCEAO). L'instruction n° 008-05-2015 régissant les conditions et modalités d'exercice des activités des émetteurs de monnaie électroniques dans les états membres de l'UMOA. Ces textes ont pour objectif de promouvoir les moyens de paiement électroniques dans des conditions optimales de sécurité.

[41] Règlement CEMAC du 28 mars 2003 relatif aux systèmes, moyens et incidents de paiement Modifié par l'article 86 du Règlement du 21 Décembre 2018, relatif aux services de paiement dans la CEMAC. Suivi des instructions : Instruction N°001/GR/2018 du 10 août 2018 relative à la définition de l'étendue de l'interopérabilité et de l'interbancarité des systèmes de paiement monétiques dans la CEMAC ; Instruction N° 02/GR/UMAC du 7 mai 2014 relative à la mise en place du multi banking dans le cadre de l'activité d'émission de la monnaie électronique.

semblent avoir été fixés sans tenir compte du possible caractère fragmentaire de ces opérations, et d'un recours possible au *smurfing*[42]. Un vide juridique sur les droits et obligations des compagnies de téléphone mobile détentrices d'agrément d'opérationnalisation de transfert d'argent. Ce cadre juridico institutionnel ne concourt pas à la sécurisation du secteur financier dans l'optique de l'insécurité transfrontalière galopante et diversifiée.

On note également la faiblesse dans la supervision des nouveaux acteurs du marché, notamment les intervenants dans le circuit de distribution du mobile money. En règle générale, la plupart des pays africains adoptent une approche nationale dans leur conception des programmes de paiements mobiles, sauf dans le cas de l'UEMOA, où les transferts se font au niveau de toute la région, ce qui donne une idée des aspects à prendre en compte si une réglementation des paiements mobiles transfrontaliers devait être élaborée. Contrairement à bon nombre de régions africaines, la réglementation concernant l'UEMOA, élaborée au niveau régional par la BCEAO, s'applique tant au niveau régional qu'au niveau national[43]. Malheureusement, la réglementation sur les transferts au-delà de l'UEMOA pose problème. Cette insuffisance devrait être corrigée[44]. Ce dernier peut en effet présenter de nombreuses vulnérabilités liées à la faible formation des agents ou distributeurs, souvent non professionnels du secteur financier, au fonctionnement des services de l'argent mobile ainsi qu'aux dispositifs et autres mécanismes de lutte contre les risques des différentes fraudes[45] liées à l'utilisation de ces derniers.

À ces défaillances réglementaires quant à l'utilisation de *l'argent mobile*, s'ajoutent les limites reconductibles aux facteurs de risque relatifs à la

[42] *Smurfing* est probablement la méthode la plus courante de blanchiment d'argent. Cette méthode nécessite l'implication de nombreuses personnes dont le rôle consiste à déposer des sommes en espèces dans des comptes bancaires ou à se procurer des traites bancaires de moins de dix mille unités de la devise du pays afin d'éviter le seuil de déclaration.

[43] Groupe de la Banque Africaine de Développement, « l'inclusion et l'intégration financière par les transferts mobiles », *coopération d'intégration Inde- Afrique*, 2013.

[44] Rapport de la BEAC, *op.cit., p.478.*

[45] Dérivés de « phishing » (fraude par « hameçonnage ») et désignant l'utilisation d'appels téléphoniques (« phishing » vocal) ou de SMS (« phishing » via SMS) trompeurs afin d'obtenir des renseignements personnels de la part de la victime, comme par exemple son numéro de compte, son code confidentiel ou d'autres informations concernant son identité. Le fraudeur configure un appareil de composition automatique (wardialer) dont le travail sera d'appeler des numéros de téléphone dans une région donnée. Quand il répond à l'appel, une voix automatisée alerte le consommateur que sa carte de crédit a été frauduleusement utilisée et qu'il doit immédiatement appeler un numéro de téléphone (local) qui lui est donné. Lorsque le consommateur rappelle le numéro, il est accueilli par une voix automatisée typique lui confirmant qu'il a joint le département de vérification des comptes et l'invitant à entrer les 16 chiffres de sa carte de crédit sur le clavier de son téléphone. À l'autre bout du fil, un appareil reconnaît les touches pesées et détecte les numéros. Les clients sont incités à envoyer de l'argent sous un faux prétexte ou en contre partie d'une fausse promesse.

conduite de l'activité d'émission de la monnaie électronique, et des Nouveaux Modes de Paiement qui la véhiculent.

La rapidité des évolutions technologiques vient s'arrimer à la défaillance dont le dispositif juridique n'arrive pas à encadrer. Entre l'opération d'émission et de retrait, la transaction ne dure que quelques minutes et le tour est joué. Absence de suivi sur les transactions mobiles, certes, elles ne sont pas aussi anonymes, car elles sont rattachées à un numéro unique de téléphone portable et les transactions sont enregistrées et *traçables*. On peut utiliser l'identité de n'importe quel individu pour ouvrir un compte mobile money. Les formalités sont simples[46] : une photocopie de la carte nationale d'identité suffit, qu'on peut ramasser un peu partout et dès que la transaction est effectuée, on balance ladite SIM[47]. Le numéro de téléphone de l'émetteur et du destinataire, l'heure et le montant des opérations sont tous connus du fournisseur d'argent mobile, mais le véritable souci est que l'identité de ceux qui font l'opération peut s'avérer fausse[48], ne laissant aucune trace sur leur localisation. Par rapport à l'anonymat, les transactions se font de téléphone à téléphone via les numéros téléphoniques, mais le plus souvent, on ne sait pas où se situe le bénéficiaire et généralement l'ouverture de compte n'est pas sécurisée. Les opérations transitent les frontières : du Niger vers le Tchad, du Cameroun vers le Nigeria, ainsi de suite… on peut déduire que les transactions sont souvent nominatives ou anonymes selon les options. Généralement, la carte est vendue à une clientèle occasionnelle qui n'est pas systématiquement identifiée et qui fait ses recharges en espèces. Sans identification formelle par contre, l'établissement assujetti ou le distributeur ne sont pas capables de déterminer l'identité du porteur et l'origine des fonds qui servent à son chargement. Le vol d'identité et la fraude électronique sont les principales menaces de la dématérialisation des moyens de paiement. Il peut aussi avoir des personnes fictives intégrées frauduleusement dans le système qui se voient verser des paies via Mobile Money, lesquelles sont perçues par des fraudeurs. Les risques propres à la monnaie électronique proviennent ainsi de ceux liés aux différents intervenants dans l'opération, l'émission, la supervision, la gestion et la distribution des produits, ainsi qu'aux évolutions rapides de technologie qui devancent le plus souvent l'adaptation nécessaire des pouvoirs publics. Les acteurs du secteur de la monnaie électronique, en tout cas pour ce qui concerne essentiellement les distributeurs, sont issus d'une culture non-

---

[46]L'ouverture de compte est gratuite, l'utilisateur ne doit avoir qu'un seul compte. Les pièces à fournir : La photocopie de la Carte Nationale, Attestation d'identité, Permis de conduire, etc.

[47] HASHEM (S.-M.), SERHROUCHNI (A.), « La monnaie électronique : Systèmes de paiement sécurisé », *Editions Romandes,* 1999.

[48] Les vols d'identité sont fréquents, ou des Cartes Nationales d'Identité perdues, sont ramassées et utilisées pour la création de compte…

bancaire dont l'expertise et l'expérience en matière de connaissance-client sont plus limitées que dans le secteur financier traditionnel[49].

Des différents types d'arnaques sont aussi enregistrés, sans que la législation puisse les contenir : l'escroquerie[50] digitalisée à grande vitesse. Par exemple, tout part de l'envoi ou du dépôt par un client de ces services d'argent mobile vers son compte électronique. Une fois l'opération effectuée, un reçu peut être délivré ou non [51] pour confirmer la réussite de l'opération conformément aux règles de chaque établissement. Ensuite, l'escroquerie peut prendre la forme une fois que le client quitte les locaux de l'agence dans laquelle il vient d'effectuer le transfert d'argent.

Le client reçoit un coup de fil d'une personne se présentant comme un agent de la direction de l'établissement proposant le service, dépendant du pays où l'opération a été effectuée[52]. En prétextant des problèmes d'ordre technique, ce prétendu agent demande, en prenant le soin de signifier au client la somme transférée, l'heure du transfert et bien d'autres détails relatifs à l'opération. Dans la majorité des cas, il est demandé au client de saisir le code secret afin de régler le problème technique évoqué à la base de l'échec de la transaction. Il s'agit du code exécuté par la victime, afin de soit transférer elle-même l'argent vers d'autres comptes, soit simplement envoyer ses informations personnelles à l'escroc. Au Niger, la Plateforme de Lutte Contre la Cybercriminalité (PLCC), a enregistré 44 plaintes et signalements, pour un préjudice estimé à environ 8085550 FCFA[53].

En effet, les réseaux de distribution des nouvelles méthodes de paiement sont le plus souvent des opérateurs non-financiers peu férus en matière de fraudes. La gestion des coûts et de la complexité liés à la protection des comptes est l'une des priorités des compagnies de la téléphonie mobile. En effet, de nouveaux risques sont apparus tels que le piratage, l'usurpation d'identité et l'escroquerie, voire réfractaires à la mise en place de vigilances, qui peuvent être perçues comme étant un frein coûteux à la distribution de ces offres. S'agissant de ces risques certes le GAFI[54] ayant pris des mesures qu'il convient de souligner ici. La recommandation 15 du GAFI prévoit que : « Les pays et les institutions financières devraient identifier et évaluer les risques de

---

[49]Il apparaît que si l'émetteur est responsable juridiquement de la vigilance en matière de blanchiment et de financement du terrorisme, les éléments constitutifs de la connaissance-client ne peuvent être collectés que par le biais du « program manager » et du distributeur.

[50] Voir LEPAGE (A.), MAISTRE DU CHARBON (P.), SALOMON (R.), *Droit pénal des affaires*, Lexisnexis Litec, 2e ed. 2010, 832 pages. ; GUALINO AMBROISE-CASTEROT (C.), *Droit pénal spécial et des affaires*, 3e éd. lextenso, 2012, 526 pages,.

[51] La réception d'un message électronique peut aussi certifiée la réussite de l'opération.

[52] Orange, MTN, Moov, etc.

[53] http://blogs.worldbank.org/voices/fr/inclusion-financiere-des-statistiques-choc-attestent-du-potentiel-des-transactions-lectroniques.

[54] Groupe d'action financière contre le blanchissement d'argent.

blanchiment de capitaux ou de financement du terrorisme pouvant résulter (a) du développement de nouveaux produits et de nouvelles pratiques commerciales, y compris de nouveaux mécanismes de distribution, et (b) de l'utilisation de technologies nouvelles ou en développement en lien avec de nouveaux produits ou des produits préexistants. Dans le cas des institutions financières, cette évaluation du risque devrait avoir lieu avant le lancement des nouveaux produits ou de nouvelles pratiques commerciales ou avant l'utilisation de technologies nouvelles ou en développement. Les institutions financières devraient prendre les mesures appropriées pour gérer et atténuer ces risques ». Malheureusement, la recommandation est restée lettre morte. Cette rapidité des flux complique considérablement le contrôle et peut empêcher la saisie et le gel des fonds délictuels. Ce qui a pour conséquence, le ralentissement des procédures d'investigations. Car, ce dispositif juridique n'arrive pas non plus à cantonner l'opacité des banques, l'anonymat des porteurs, le non-respect des plafonds prescrits par les Banques Centrales[55].

S'agissant de l'opacité des établissements bancaires, tous les établissements bancaires de la sous-région[56] ont été conviés à participer à l'exercice de typologies objet du rapport[57]. Cependant, seuls ceux représentant les grands groupes internationaux et une banque à capitaux camerounais ont accepté de jouer le jeu. Or, il est revenu aux membres du groupe de travail que les établissements de crédit qui n'ont pas accepté de collaborer à l'exercice seraient impliqués dans des enquêtes relatives aux transferts de fonds à grande échelle à destination de pays d'Afrique de l'Ouest[58] touchés par le terrorisme et au change manuel au profit de personnes concernées par le transfert de l'argent occulte dans les pays où ils sont implantés. Et enfin, font de la surenchère aux plafonds de chargement via l'argent mobile[59].

Ces délits ne connaissent pas de frontière et sont le fait de professionnels bénéficiant de vastes ressources financières ainsi que de réseaux bien établis et liés au crime organisé. Le problème que pose cette dématérialisation est celui d'une sécurisation maximale face à ces nombreuses menaces. C'est ainsi que les partenaires de l'e-commerce notamment les banques, les clients, les cybercommerçants sont soucieux de protéger les échanges dématérialisés avec une panoplie ciblée. Il y a maintenant des sociétés qui permettent aux

---

[55] En Afrique de l'ouest, la Banque Centrale des Etats de l'Afrique de l'Ouest (BCEAO) et en Afrique centrale la Banque des Etats de l'Afrique Centrale (BEAC).
[56] La CEMAC.
[57] Le service de paiement électronique.
[58] L'écosystème de l'Union est caractérisé par une diversité d'acteurs, de canaux de distribution et de points de services. Le secteur bancaire, qui s'est développé et diversifié au cours de la dernière décennie, comprend, à fin 2017, 144 établissements de crédit, dont 126 institutions bancaires et18 établissement financiers.
[59] ARCAND (J.-L.), GARBOUJ (M.), MORGANDI (N.), « Transferts des fonds et services financiers sur mobile : les modèles d'affaires pour les postes », *Global migration centre,* numéro 6, 2013.

consommateurs de payer leurs achats sur Internet sans avoir à communiquer de renseignements financiers personnels aux vendeurs. De plus, la monnaie électronique est de nature à rendre les paiements plus efficients et moins chers, en particulier les paiements internationaux[60]. Malheureusement, ces mesures ne sont pas suffisantes pour éviter ces risques.

Par exemple, les plafonds de chargement, retrait, paiement, transfert ou par transaction, qui laissent croire que la mise à disposition des téléphones mobiles s'est détournée de son objectif d'inclusion financière, peuvent entrainer des abus de toutes sortes. Sans compter que, faute d'un dispositif de centralisation des informations sur les transactions par les mobiles, un client titulaire ou non de comptes peut, tout en respectant les plafonds réglementaires définis par chacune des compagnies, contourner les plafonds et procéder à des rechargements itératifs dans autant de SIM de son choix dans son pays de résidence et dans la sous-région. L'absence d'un dispositif efficace de vérification de l'authenticité des pièces d'identité par les opérateurs de téléphonie mobile constitue une forte limite à la prévention des risques d'insécurité[61]. D'autant que, chez plusieurs opérateurs de téléphonie mobile, l'utilisation du mobile money est possible dès l'identification du client et non après vérification de l'authenticité de sa pièce d'identité. Dans ces structures, c'est même souvent la copie de cette pièce qui est présentée et la vérification de l'authenticité du document d'identité d'origine est alors impossible à réaliser. L'argent mobile est majoritairement utilisé par des opérateurs en lien avec le commerce international[62]. L'argent mobile donne la faculté non seulement de contourner la réglementation communautaire en matière de change, mais également, de procéder à la minoration des valeurs déclarées en douane et donc des droits et taxes y afférents. De même que la base taxable des impôts intérieurs dont ils sont redevables. Les profits frauduleusement acquis étant investis dans divers secteurs.

En zone CEMAC, la plupart des pays de la sous-région ont pris des actes réglementaires qui, sous certaines conditions, obligent les établissements financiers à systématiquement déclarer aux cellules de renseignement

---

[60] Dans l'UEMOA, l'inclusion financière a été érigée au rang des priorités avec l'adoption, par le Conseil des Ministres de la Stratégie Régionale d'Inclusion Financière dans l'UEMOA. Elle apparaît comme un instrument privilégié favorisant l'insertion des couches sociales les plus défavorisées dans le tissu économique et social de l'Union. Aussi, des stratégies et des réformes, visant à promouvoir un système financier inclusif, ont-elles été développées par la Banque Centrale, les enjeux étant de relever, en tant que régulateur des services financiers, les défis liés à la réglementation, l'accès aux services financiers, la supervision et la stabilité financière.

[61] Banque Mondiale et BRI (Banque des Règlements Internationaux), 2007, « Services de transfert de fond pour les travailleurs migrants : Principes Généraux », *Comité sur les Systèmes de Payement et de Règlement de la Banque Mondiale*, Washington D.C./Bâle, 2007.

[62] AFI (Alliance for Financial inclusion), « Services financiers via téléphonie mobile : les approches réglementaires qui améliorant l'accès aux services financiers », *Note Politique de l'AFI*, Bangkok, AFI, 2011.

financier toutes les opérations de dépôts en espèces de FCFA 5. 000. 000 et plus. La transaction mobile money ne peut dépasser 5000 000f. Dans le cadre de la première étape du placement, des opérateurs pourraient effectuer des opérations de manière itérative avec des montants chaque fois inférieurs au seuil de déclarations automatiques. Introduisant ainsi dans le circuit financier, l'argent qui pourrait provenir par exemple, de la corruption et/ou des détournements de fonds, de la vente de drogue, de la vente illicite des pierres et métaux précieux ou de tout autre produit du crime[63]. Si les avantages et les bienfaits de ces produits ne sont pas à contester, leur utilisation peut favoriser certains comportements répréhensibles au sens des lois et règlements édictés par les États membres de la CEMAC et de l'UEMOA, malgré les différents dispositifs juridiques, les risques sont toujours énormes surtout les risques liés au blanchissement d'argent et le financement du terrorisme.

C- Risques de blanchiment d'argent et de financement de terrorisme

En temps de crise et d'insécurité, plus que jamais la dématérialisation[64] de l'argent et des achats doit permettre de réduire les coûts, de gagner surtout en efficacité dans certaines zones, qualifiées de « zones rouges ». La dématérialisation des moyens de paiement[65] s'est également intensifiée en même temps que les risques liés à ce type de transaction d'*argent mobile*[66]. Depuis plusieurs décennies, les intermédiaires financiers et commerciaux intensifient la recherche de nouveaux moyens techniques rendant les transactions plus simples et rapides, sans sacrifier à la sécurité de la circulation monétaire[67]. Différents types de transactions[68] deviennent accessibles via la téléphonie mobile. Cette forme de paiement a des qualités appréciables tant du côté de l'utilisateur : rapidité, mobilité. Tant de celui du fournisseur du service, qu'il s'agisse d'opérateurs mobiles, d'établissements financiers ou de fournisseurs de service Internet[69]. Malgré ces atouts, le paiement par téléphone mobile ou Smartphone peine à se démocratiser. L'engouement observé autour

---

[63] CNUCED (Conférence des Nations Unies sur le Commerce et le Développement), « Mobile Money for Business Development in the East African Community: A Comparative Study of Existing Platforms and Regulations », Geneva, United Nations, 2012.

[64] HASHEM SHERIF (M.), SERHROUCHNI (A.), « La monnaie électronique (Systèmes de paiement sécurisé », *op.cit.,* 1999.

[65] La dématérialisation de la monnaie ainsi que, des moyens de paiements électroniques forment les bases de la monétique. L'idée c'est la réduction au strict minimum de l'utilisation des éléments matériels comme base d'opération d'échange des valeurs ou des services. Voir, IVINZA LEPAPA (A.-C.), « Monétique et Transactions électroniques *Concepts et Principes de base »,* www.bookelis.com, 2018.

[66] CHAIX (L.) et TORRE (D.), « Différents modèles pour le paiement mobile », GREDEG, *Working Paper,* Université Nice Sophia Antipolis, 2011.

[67] COHEN (B. J.), « Monnaie électronique : un jour nouveau ou une aube trompeuse ? », *L'Économie politique*, n° 14, 2002, pp. 67-81.

[68] Petits paiements de proximité, paiements à distance dématérialisés, transferts de fonds…

[69] Économie en coûts de transaction, produit d'appel assurant la fourniture de services plus traditionnel, produit stratégique en vue de la pénétration de nouveaux marchés...

du *mobile money* à l'instar du Cameroun, ainsi que les opportunités que recèle ce mode de paiement sont telles que de nombreux experts nourrissent déjà le doux rêve de voir se dupliquer chez la locomotive économique de la zone CEMAC le modèle du M-Pesa kenyan[70]. En effet, dans ce pays qui a domestiqué le paiement par mobile, le taux de bancarisation, selon Élisabeth Medou, DG d'Orange Cameroun, atteint aujourd'hui plus de 70 %, dont 40 % à mettre à l'actif du M-Pesa, le service de *mobile money* lancé par l'opérateur télécom Safaricom[71]. Le modèle économique pertinent ne se dégage pas vraiment : les fournisseurs de services ne se limitent pas aux acteurs traditionnels du paiement dématérialisé et leur statut n'a pas encore atteint une forme stable. Les régulateurs, déjà sollicités au moment du développement du paiement en ligne, pourraient avoir un rôle important dans le développement du paiement mobile qui enrichit certaines caractéristiques. L'évolution des activités des opérateurs de la téléphonie mobile vers l'émission de la monnaie électronique via le téléphone portable, des paiements transfrontaliers pour régler des transactions et pour retirer des espèces, peut servir à déplacer des fonds d'origine criminelle vers une autre activité et vice versa. Les mouvements de fonds transfrontaliers rendent les recherches des autorités plus difficiles et permettent de camoufler l'objet du transfert. Ils constituent par conséquent une source supplémentaire de risque qui pourrait ouvrir la porte aux transferts internationaux à des fins de blanchiment d'argent[72] de

[70] M-Pesa (M pour mobile et pesa, argent en swahili) est un système de microfinancement et de transfert d'argent par téléphone mobile, lancé en 2007 par Vodafone pour Safaricom et Vodacom, les deux plus grands opérateurs de téléphonie mobile au Kenya et en Tanzanie[1]. Il s'est, depuis, étendu à l'Afghanistan, la RD Congo, l'Afrique du Sud, l'Inde et, en 2014, l'Europe de l'Est. M-Pesa permet aux utilisateurs en possession d'une carte d'identité ou d'un passeport de déposer, retirer et transférer aisément de l'argent grâce à un appareil mobile de type téléphone portable.

[71] Jeune Afrique Economique, « le mobil money prend ses marques au Cameroun », numéro 38, juin 2016.

[72] Le blanchiment d'argent est l'action de dissimuler la provenance d'argent acquis par des manières illégales (spéculations illégales, activités mafieuses, trafic de drogue, d'armes, extorsion, corruption, fraude fiscale, etc.) en le réinvestissant dans des activités légales (par exemple la construction immobilière…). Cet élément des techniques de la criminalité financière est une étape importante, car sans le blanchiment, les criminels ne pourraient pas utiliser de façon massive ces revenus illégaux sans être repérés. La nécessité du blanchiment est liée à une infraction sous-jacente à savoir une activité dont le revenu est considéré comme de l'argent sale (car illégal). Ces infractions sont listées par le Groupe d'action financière (GAFI) et dans le code de procédure pénale de chaque pays. Le noircissement d'argent est l'inverse du blanchiment d'argent. Selon le rapport de l'Office des Nations unies contre la drogue et le crime, le blanchiment de l'argent sale est estimé à 1 600 milliards de dollars dans le monde en 2009, soit 2,7 % du PIB mondial. Avec la mondialisation et les échanges de capitaux qui sont de plus en plus importants et fréquents, la lutte contre le blanchiment d'argent est maintenant effectuée à l'échelle internationale. C'est ainsi que différents groupes comme le GAFI (Groupe d'Action Financière), se réunissent régulièrement pour faire le point et mettre en place de nouvelles méthodes de lutte et ainsi s'adapter aux nouvelles techniques des criminels. Le blanchiment d'argent contribue (entre autres) au financement du terrorisme, de partis politiques, de syndicats, etc.

financement du terrorisme. C'est pourquoi, l'équipe de recherche du Groupe d'Action contre le Blanchiment d'Argent en Afrique Centrale (GABAC) a en outre noté que les risques de blanchiment d'argent et de financement du terrorisme découlant de l'utilisation des nouveaux moyens de paiement sont mal appréhendés par les différents acteurs de la chaîne qui, bien que formés et sensibilisés aux diligences auxquelles ils sont astreints vis-à-vis de leur clientèle au moment de l'exécution de leurs opérations courantes, ne sont pas avertis de l'utilisation frauduleuse que pourraient en faire les malfaiteurs de toutes sortes. Le séminaire organisé par le GABAC au moment de lancer l'exercice de typologies sur les nouveaux moyens de paiement (NMP) et au cours duquel plusieurs spécialistes venus d'horizons et de métiers divers du domaine ont eu à faire des présentations thématiques sur les NMP et, les entretiens et séances de travail que le groupe de travail a eu à organiser tout le long de l'exercice ont permis d'identifier quelques-unes des vulnérabilités au blanchiment d'argent et de financement du terrorisme inhérentes aux nouveaux moyens de paiement en Afrique Centrale. En zone UEMOA, le dispositif de lutte contre le blanchiment de capitaux et le financement du terrorisme a été consacré en 2005[73]. En 2000, la Communauté Economique des États de l'Afrique de l'Ouest (CEDEAO) a établi le Groupe Intergouvernemental d'Action contre le Blanchiment d'Argent en Afrique de l'Ouest (GIABA) par la Conférence des Chefs d'État et de Gouvernement de ladite Communauté. La création du GIABA est une réponse majeure et la contribution de la CEDEAO à la lutte contre le blanchiment de capitaux[74].

Bien que son introduction soit relativement récente, la réglementation sur le fonctionnement de l'activité d'émission de la monnaie électronique et sur l'utilisation des NMP semble prendre en compte les possibles dérapages pouvant conduire au blanchiment des capitaux et au financement du terrorisme. Toutefois, il subsiste encore des vides juridiques qui pourraient favoriser l'occurrence de ces phénomènes : le blanchiment d'argent et la lutte contre le terrorisme. Les risques de blanchiment d'argent et de financement du terrorisme attachés à l'exécution d'opérations via le mobile money peuvent être classés en deux groupes : ceux liés à l'identification de la clientèle et ceux

[73] Le dispositif anti-blanchiment de l'UEMOA a pour fondement la loi uniforme relative à la lutte contre le blanchiment de capitaux, approuvée par le Conseil des Ministres de l'Union Monétaire Ouest Africaine (UMOA) le 20 mars 2003 à Ouagadougou. Cette loi est une transposition de la Directive N° 07/2002/CM/UEMOA relative à la lutte contre le blanchiment de capitaux dans les Etats membres de l'UEMOA, adoptée par le Conseil des Ministres de l'UEMOA, lors de sa session du 19 septembre 2002 à Cotonou.

[74] Le GIABA est une institution spécialisée de la CEDEAO, chargée du renforcement des capacités des États membres dans la prévention et la lutte contre le blanchiment de capitaux et le financement du terrorisme dans la région. Outre les Etats membres, le GIABA octroie le statut d'Observateur à des Etats africains et non-africains et à des organisations intergouvernementales qui soutiennent ses objectifs et ses actions et qui ont sollicité le statut d'Observateur.

afférents à la réalisation des opérations à chacun des maillons de la chaîne des acteurs. L'absence d'un dispositif efficace de vérification de l'authenticité des pièces d'identité par les compagnies de téléphonie mobile constitue une forte limite à la prévention des risques de blanchiment d'argent et de financement du terrorisme. D'autant que, chez plusieurs opérateurs de téléphonie mobile, l'utilisation de *l'argent mobile* est possible dès l'identification du client et non après vérification de l'authenticité de sa pièce fournie. Généralement, l'opération est ficelée entre l'opérateur et l'usager de manière informelle, nécessitant tout simplement la photocopie de la carte nationale d'identité. On peut aussi le faire pour autrui. Dans ces circonstances, la vérification de l'authenticité du document d'identité d'origine est alors impossible à réaliser.

Les habitudes de consommation dans ces deux sous-régions étant telles que le commerce des produits en ligne est très limité, il n'a été retenu que les risques ou vulnérabilités au blanchiment d'argent et au financement du terrorisme liés à l'utilisation du mobile money. Il est constant qu'en Afrique Centrale, aucune démarche tendant à une évaluation des risques de blanchiment d'argent et de financement du terrorisme liés à l'offre des nouveaux moyens de paiement n'a été entreprise préalablement à leur mise sur le marché. Or, les évolutions technologiques vont, dans le sens de transactions de plus en plus rapides et le plus souvent plus véloces que les réseaux plus traditionnels, que ce soit la rapidité de chargement ou de déchargement des nouveaux moyens de paiement, mais aussi pour ce qui concerne la distinction entre achats de cartes/création d'un compte et la possibilité de chargement ultérieur/de transfert des fonds/, etc. Ce risque peut se produire sous la forme d'un virement classique ayant une origine ou une destination criminelle[75]. Les opérations peuvent servir à transférer des fonds entre complices, ou à les transférer vers d'autres pays dont les juridictions ont des réglementations en la matière (LAB/CFT) [76]sont moins lourdes, où les fonds peuvent être utilisés pour financer d'autres activités criminelles.

Ces personnes peuvent recevoir des montants substantiels de paiements et les faire apparaître comme le produit légitime de leur activité [77]. Les commerçants peuvent être des criminels eux-mêmes, escroquant leur clientèle ou servant de façade pour le blanchiment du produit des activités de leurs complices, se faisant passer eux-mêmes pour des clients. Les risques de blanchiment d'argent et de financement du terrorisme attachés à l'exécution d'opérations via le mobile money peuvent être classés en deux groupes : ceux liés à l'identification de la clientèle et ceux afférents à la réalisation des opérations à chacun des maillons de la chaîne des acteurs. Il faudra nécessairement réviser les textes afin d'asseoir un dispositif adéquat pour l'encadrement de *l'argent mobile*.

---

[75] Par exemple, financement du terrorisme.
[76] La Lutte Anti Blanchiment et Contre le Financement du Terrorisme.
[77] Cela pouvant comprendre l'intégration de fonds.

II- À LA RECHERCHE DE LA SÉCURITÉ DE L'ENCADREMENT JURIDIQUE DE *L'ARGENT MOBILE* DANS LES ÉTATS DU BASSIN DU LAC TCHAD

Améliorer le dispositif réglementaire de régulation et de supervision de l'activité d'offre des services *d'argent mobile* (A) et maitriser les risques liés au blanchiment des capitaux et le financement de terrorisme demeure les défis à relever par les États dans le bassin du lac Tchad (B).

A- Améliorer le dispositif réglementaire de régulation et de supervision de l'activité d'offre *d'argent mobile*

La faiblesse de l'encadrement juridique de l'offre des opérations via le téléphone mobile est une affaire préoccupante de nos jours, surtout à l'heure de l'insécurité dans le bassin du lac Tchad. La sécurité commence par une législation adéquate qui s'adapte à des situations nouvelles. Un encadrement juridique obsolète fait courir des risques. Une législation appropriée est une condition nécessaire et suffisante du développement de la confiance dans ce domaine très complexe qui a chamboulé notre quotidien. Une telle conception du développement de la confiance par les textes est à la fois fort ambitieuse, mais également sans effet : sécuriser de façon absolue les transferts d'argent mobile qui passent par l'encadrement strict de l'ouverture des comptes mobile money serait une tâche sans fin. Étant donné que les spécialistes des nouvelles technologies de l'information et de la communication soutiennent que le nombre de failles techniques est sans limites : ici, la sécurité relève plus d'une affaire d'organisation que de technique[78]. Le fonctionnement dans un environnement bancaire au-delà des agences suppose l'existence d'un cadre réglementaire solide dont ne disposent pas actuellement bon nombre de pays africains[79]. La GABAC avait déjà signalé l'insuffisance juridique à encadrer *l'argent mobile*. En zone CEMAC, l'essentiel des dispositions tend à poser des principes génériques sans formuler de réelles obligations contraignantes. Le marché mondial de la sécurité des systèmes d'information est estimé à 50 milliards d'euros. Il est en croissance forte d'environ 15 % par an. Car les enjeux de la sécurisation des transactions électroniques sont de taille : protection des intérêts supérieurs de l'État et des intérêts commerciaux des entreprises et des consommateurs, développement du commerce et des échanges électroniques et protection de la vie privée. Le cadre législatif de la sécurisation des transactions mobile money et des contenus a un impact considérable sur le tissu sécuritaire même de l'État. Ce cadre a été élaboré

[78] FAUCHEUX (I.), SNIADOWER (C.), « Le commerce électronique : de la sécurité à la confiance », *Annales des Mines*, novembre 2000.

[79] Groupe de la Banque Africaine de Développement (GBAD), « inclusion et intégration financières à transfert paiement et transferts mobiles », *Fonds de coopération économique Inde-Afrique,* 2012.

pour l'essentiel au niveau communautaire et il n'y a pas une collaboration entre l'UEMOA et la CEMAC afin de contrecarrer les menaces qu'il soulève. Ainsi, concernant les moyens de paiement, il faut envisager la création d'un espace de paiement en CBLT. Surtout que c'est un volet transnational, il faut une coopération entre les sous-régions afin de bâtir une réglementation spécifique et appropriée aux transactions par téléphone mobile.

Les auteurs pointent notamment le flou juridique entourant les rapports entre les compagnies de téléphone mobile, les établissements bancaires et leurs partenaires, mais aussi la responsabilité des différents acteurs de la chaîne. Par ailleurs, le caractère limité de l'obligation de traçabilité, qui n'est que de trois ans dans la CEMAC, alors qu'elle est de dix ans dans l'UEMOA, constitue une insuffisance. Le cadre juridique CEMAC et de l'UEMOA se caractérise par une certaine vacuité sur la lutte contre le blanchiment de capitaux et le financement du terrorisme via les transferts d'argent mobile. Si les dispositifs juridiques de la CEMAC et de l'UEMOA visent à encadrer l'utilisation de *l'argent mobile* dans les sous-régions, ils ne prennent pas en compte de façon adéquate les objectifs de lutte contre les risques de fraudes et le blanchiment des capitaux et le financement du terrorisme. L'augmentation spectaculaire des volumes d'argent échangés *via* les téléphones mobiles est un autre frein aux contrôles[80]. Par exemple, le volume des transactions bancaires mobiles MTN et Orange effectuées au Cameroun est passé de 30,789 milliards en 2013 à 201,397 milliards en 2015[81]. Sauf, le Nigeria qui a seulement 1 % de taux de pénétration, de mobile money après 5 ans d'activités, un score très faible qui ne concerne qu'environ 2 millions des 198 millions d'habitants. Le modèle opéré par le Nigeria qui est dirigé par les banques n'a pas été à mesure d'influer de manière adéquate sur l'initiative. Le Nigeria abrite 21 opérateurs de transfert d'argent, 15 opérateurs non bancaires et 6 opérateurs bancaires qui mènent des opérations commerciales. Pourtant, dans d'autres pays de l'Afrique de l'Ouest dirigés par les compagnies de téléphone mobile 104,5 millions de comptes de mobile money valeur des transactions 5,3 milliard de dollars[82].

L'instantanéité des opérations, qui fait le succès de l'argent mobile, complique également les contrôles, et peut ainsi « *empêcher la saisie et le gel*

[80] Les transactions entre traders se font toujours sur de simples lignes téléphoniques, enregistrées depuis moins de dix ans : la confiance aveugle des pouvoirs publics à l'égard des compagnies de téléphone mobile n'a, dans ce domaine, pas complètement disparu, pondéré des risques énormes liés aux fraudes et au blanchiment des capitaux et le malheur des établissements financiers.

[81] *Jeune Afrique économique*, « Le mobile money prend ses marques au Cameroun » N° 38/ Juin 2015, p. 13.

[82] *Jeune Afrique économique*, 12 juillet 2018.

des fonds délictuels », constate le rapport[83]. Et d'ajouter : « La chaîne d'informations est plus complexe que dans un circuit bancaire classique : pour la même opération financière, l'analyse du flux nécessite de faire appel à davantage d'interlocuteurs, dont certains hors de la juridiction de la CEMAC », ce qui ralentit les investigations. Les pouvoirs publics devraient à ce propos élaborer un cadre réglementaire énumérant et fixant les responsabilités de chaque acteur : institutions financières, Postes, agents et opérateurs de téléphonie mobile. Certes, La BCEAO a publié de nouvelles réglementations pour élucider la question de l'argent électronique, mais dans l'ensemble, elle reste une autorité de réglementation ouverte, soucieuse de l'adaptation des pratiques modèles et des échanges d'idées. Le cadre relativement souple qu'on observe en ce moment dans la région en fait un secteur intéressant pour les programmes de services bancaires mobiles et de paiements mobiles. Toutefois, pour l'avenir, il reste quelques domaines nécessitant des améliorations, sur lesquels la région devra se pencher.

Édicter une Loi *sur la compensation et le règlement des paiements*, elle collabore avec le ministère des Finances afin de revoir la gouvernance du système africain de paiement d'argent mobile. Ce projet couvre la surveillance et la gouvernance de l'infrastructure nationale des systèmes de paiement, de compensation et de règlement, y compris les nouvelles technologies de paiement. Par contre, l'autre priorité devra porter sur la garantie des droits des consommateurs, en leur assurant notamment le respect du droit à l'information et la sécurisation des comptes et portefeuille électronique, et en les prémunissant contre d'éventuelles fraudes. Au titre du dispositif existant du Groupe d'action financière sur le blanchiment de capitaux (GAFI), des mesures proportionnelles de lutte contre le blanchiment de capitaux et le financement du terrorisme (LBC/FT) doivent participer d'une approche concertée « par tâtonnement ». Lorsqu'on évalue le risque et ses mesures d'atténuation, il est essentiel de laisser « l'effet domino » exceptionnel de l'argent mobile agir pour accroître le degré d'inclusion financière.

Certains domaines de *l'argent mobile* nécessitant des améliorations, sur lesquels les pouvoirs publics des sous-régions devront se pencher. Ce sont notamment les domaines suivants : Le développement durable des services de paiements et transferts mobiles au sein et au-delà des pays de la sous-région de l'UEMOA ou de la CEMAC suppose la création d'un cadre réglementaire prudentiel permettant aux autorités des téléphonies mobiles et aux banques centrales d'entamer un dialogue constructif en vue d'équilibrer les actions d'atténuation des risques liés aux innovations sur le marché[84] ; faire du développement technologique, le paysage réglementaire a des chances

[83] Rapport, « le commerce électronique : de la sécurité à la confiance », *annales des mines*, novembre 2000.
[84] Groupe de la Banque Africaine de Développement, *op.cit.*, p. 482.

d'évoluer et de présenter des différences d'un pays à l'autre et suivant les modèles d'affaires. En conséquence, il importe que les autorités de réglementation des téléphonies mobiles et des services financiers coordonnent une approche fondée sur le risque, non seulement pour apprécier les risques liés aux services de paiements et transferts mobiles, mais aussi pour instituer une supervision de la réglementation de ces services ; La politique et la réglementation dans la région de l'UEMOA et de la CEMAC devront examiner les infrastructures partagées qui fonctionnent harmonieusement afin de limiter les nouveaux risques liés aux paiements de détail et de résoudre la question de la réduction des frais de paiement, tout en reconnaissant les avantages de l'innovation et d'une inclusion financières accrues. Conformément aux normes financières internationales, les services chargés de la réglementation en Afrique subsaharienne sont tenus d'adopter des cadres réglementaires technologiques neutres, fondés sur le risque. À cet égard, la fourniture de services financiers mobiles aux mêmes niveaux de risque requiert les mêmes degrés de réglementation, peu importe que les acteurs soient des banques, des opérateurs de réseau mobile ou tout autre fournisseur de services de paiement. Les paiements par téléphone mobile doivent être soumis à une réglementation moins contraignante, puisqu'ils présentent moins de risques que les services d'épargne et de prêt mobiles. En d'autres termes, les ORM n'ont pas besoin d'être régis au même titre que les banques, tant qu'ils limitent leurs opérations aux paiements mobiles[85].

En l'absence des règlements requis pour limiter les risques dans le secteur de l'argent mobile, les opérateurs de téléphonie mobile et les institutions financières doivent œuvrer en étroite collaboration à l'élaboration d'instruments d'atténuation des risques, dont la stratégie de la connaissance de la clientèle ; la couverture des fournisseurs de services mobiles par une assurance pour protéger les clients contre d'éventuels passifs émanant des opérations de transfert d'argent. Il importe également d'harmoniser les réglementations régissant les services bancaires et de télécommunication pour permettre aux grandes banques africaines de prendre une part active aux services de transfert transfrontalier d'argent par téléphone mobile, et aux entreprises de télécommunications de proposer des comptes d'épargne et de mini-dépôts. L'idée consiste à instaurer une concurrence loyale, par l'adoption d'un cadre réglementaire souple, qui autorise non seulement la supervision fondée sur le risque, mais aussi l'intervention immédiate, le cas échéant. Cette pression exercée sur les superviseurs est encore plus forte dans le cadre de la concurrence internationale. Dans les communautés économiques régionales (CER) régies par une union monétaire (CEMAC ou UEMOA), la réglementation proportionnelle au risque devrait être le fruit d'une étroite coopération entre les services chargés de la réglementation financière et les

[85] Groupe de la Banque Africaine de Développement, *op.cit.*, p. 482.

autorités de télécommunications ; ainsi, un opérateur de réseau mobile. L'expansion du secteur financier formel et le rétrécissement du secteur économique informel ont un impact direct sur l'atténuation globale des risques liés au blanchiment d'argent et au financement du terrorisme. Le caractère numérique et la traçabilité de l'argent mobile en font un risque mineur en matière de blanchiment d'argent et de financement du terrorisme, par rapport à l'argent liquide. Ainsi, inclusion financière et LBC/FT sont deux éléments complémentaires qui se soutiennent mutuellement. Au fur et à mesure que se perfectionnent les produits de paiements mobiles, les organismes réglementaires africains doivent renforcer les mécanismes nationaux et régionaux de protection des intérêts des consommateurs. En général, ces dispositions commencent par une étude diagnostique sur les mesures de protection des consommateurs d'un pays donné ainsi que sur le niveau des connaissances financières. Après cette étude, il y a l'élaboration des normes et des règlements convenus de commun accord par les gouvernements, les organismes de réglementation, les banques et les opérateurs de réseau mobile.

B- Maîtriser les risques de fraude et de blanchissement d'argent

Gérer les risques liés au paiement implique de savoir d'abord identifier ces risques, de les hiérarchiser et de savoir les contrôler. Différentes étapes sont nécessaires, mais l'une des plus importantes est la sécurisation de l'environnement du commerce électronique. En effet, l'utilisation du téléphone mobile comme canal de transfert d'argent a entraîné une forte augmentation des fraudes et des manipulations des marchés[86]. En outre, l'utilisation des systèmes de chiffrement sophistiqués qui permettent d'assurer la sécurité des transactions entrave également l'action des services de répression[87]. L'exemple nous vient de l'Europe « Les nouvelles technologies rendent impossible d'identifier les utilisateurs, augmentent le manque de transparence des transactions effectuées et rendent difficile, voire impossible de conserver une trace comptable des transactions ou de signaler celles qui sont suspectes. Une aubaine pour le blanchiment d'argent », explique Sophie-Laurence Roy-Clémendot, avocate associée du Cabinet RCS & Associés. La législation européenne[88] impose des règles de vigilance aux professionnels. Cependant, le transfert des fonds via le téléphone mobile n'a pas seulement des applications à l'échelon national. Il est par définition un réseau communautaire, voire mondial. Il va donc falloir trouver de nouvelles

---

[86] SYLVIE (M.), « L'échange des données informatisées », *L'EDI*, www.cerpeg.ac-versailles.fr

[87] La loi française n° 2004-575 du 21 juin 2004 pour la confiance dans l'économie numérique prévoit les modalités de développement de la signature électronique et du chiffrement (protection contre l'escroquerie électronique) : http://www.finances.gouv.fr/commerce_electronique/10mesures/ securite.htm.

[88] Directive 2001 : 97/CE du 4 décembre 2001 et française (Loi n° 2004-130 du 11 février 2004).

techniques en droit, en informatique afin que l'argent mobile ne soit plus l'autoroute du blanchiment.

Le paiement mobile peut donc prendre différentes formes en fonction du modèle économique qui le rend disponible et du contenu de la monnaie qu'il fait circuler[89]. Il faut garantir l'application des règles contre le blanchiment d'argent et le financement d'activités illégales. Pour cela, il faut d'abord veiller à la mise en œuvre de la recommandation 15 du GAFI. Tous les organismes financiers ont l'obligation d'appliquer la diligence requise afin de lutter contre le blanchiment d'argent et le financement d'activités illégales, en particulier les *New Payment Methods* [90] du Groupe d'action financière internationale GAFI[91] de l'OCDE[92].

Les délits financiers tels que les délits fiscaux menacent les intérêts stratégiques, politiques et économiques des pays en développement ; et ébranlent la confiance dans le système financier international. Dans un monde aux ressources limitées et d'une complexité croissante, les autorités gouvernementales doivent travailler ensemble et adopter une approche pangouvernementale pour mieux relever ces défis[93]. Le rapport utilise des données de sondage pour analyser les niveaux de coopération entre les

---

[89] FATF (The Financial Action Task Force), « Guidance on Anti-Money Laundering and TerroristFinancing Measures and Financial Inclusion », Paris, *FATF/OECD*, 2011.

[90] Les normes du GAFI ainsi que les nombreux documents cités dans le présent Rapport annuel peuvent être consultés sur le site Internet du GAFI à l'adresse suivante : www.fatf-gafi.org.

[91] Les méthodes de blanchiment de capitaux et de financement du terrorisme sont en constante évolution. Comme le secteur financier international met en œuvre les normes du GAFI, les criminels doivent chercher d'autres moyens pour blanchir les produits de leurs activités illicites. Le Groupe d'action financière (GAFI) est un organisme intergouvernemental créé en 1989 par les ministres de ses états membres. Les objectifs du GAFI sont l'élaboration des normes et la promotion de l'efficace application de mesures législatives, réglementaires et opérationnelles en matière de lutte contre le blanchiment de capitaux, le financement du terrorisme et les autres menaces liées pour l'intégrité du système financier international. Le Groupe d'action financière est donc un organisme d'élaboration des politiques qui s'efforce de susciter la volonté politique nécessaire pour effectuer les réformes législatives et réglementaires dans ces domaines.

[92] 18ème rapport annuel du Groupe d'action financière (GAFI), qui dresse une synthèse des avancées réalisées par le GAFI dans la lutte contre le blanchiment de capitaux et le financement du terrorisme. Élargir et renforcer le réseau mondial de lutte contre le blanchiment de capitaux et le financement du terrorisme sont une priorité constante du GAFI ; de nouvelles initiatives sont venues alimenter cette dynamique au cours de cette année. Notre stratégie s'articule autour de trois axes fondamentaux : élargissement du GAFI par l'adhésion de nouveaux membres, renforcement des partenariats avec les organismes régionaux de type GAFI ainsi qu'avec leurs membres, et collaboration avec le secteur privé. Tous ces éléments sont aujourd'hui complétés par une stratégie de communication en plein développement, conçue pour appuyer la coopération étroite avec les nombreux pays appartenant à notre réseau mondial et pour fournir au public des informations utiles afin de nourrir les efforts de lutte contre le blanchiment de capitaux et le financement du terrorisme.

[93] FMMD (Forum Mondial pour la migration et le développement), *Rapport de la première réunion du Forum mondial sur la migration et le développement,* Belgique 9-11 juillet 2007, Bruxelles, Bruylant, (2008). http://www.gfmd.org/en/docs/brussels-2007.

autorités luttant contre les délits financiers graves tels que les délits fiscaux, la corruption et les pots-de-vin, le blanchiment d'argent et le financement du terrorisme. Plus spécifiquement, il évalue les différents modèles de partage de déclarations de transactions suspectes entre les cellules de renseignements financiers et les administrations fiscales[94]. Ce rapport met l'accent sur le fait qu'il existe des bénéfices potentiels certains à encourager une meilleure coopération et à mettre en commun les connaissances et les compétences de chaque autorité. Le rapport recommande également, dans la limite du possible, que les administrations fiscales puissent avoir le plus souvent possible accès aux déclarations de transactions suspectes reçues par les unités de renseignements financiers de leur juridiction.

Améliorer la coopération entre les autorités fiscales et les autorités de lutte contre le financement du terrorisme dans la lutte contre la criminalité transfrontalière. Les établissements bancaires disposent aujourd'hui d'un dispositif légal détaillé leur offrant la possibilité de proposer des offres de paiement performantes et parfaitement identifiées d'un point de vue institutionnel[95]. Cependant, le marché du paiement mobile étant de plus en plus convoité par de nouveaux acteurs autres que bancaires, les besoins en capitaux initiaux et en fonds propres permettant de couvrir le risque lié à l'activité sont trop importants pour ces acteurs non bancaires, ce qui ne leur laisse pas l'accès au marché. L'Union européenne, elle, a ainsi créé deux nouveaux statuts offrant la possibilité à des acteurs non bancaires d'offrir des services de paiement : les établissements de monnaie électronique en 2000 et les établissements de paiement en 2007. L'activité d'acteurs non bancaires sur le marché des services de paiement démontre la volonté de la Commission européenne d'accroître la concurrence dans ce secteur[96].

Les moyens de transaction sont naturellement régulés par les autorités bancaires. Cependant, les régulateurs mobiles ont aussi un rôle lié au véhicule du paiement. Comme en matière de régulation bancaire, la Commission européenne par exemple a instauré un cadre juridique visant notamment à protéger le consommateur ou à rendre le marché plus concurrent. Ainsi, dans chaque État membre, une entité s'occupe de contrôler le marché des télécommunications : au Tchad, il s'agit de l'ARCEP[97]. Cette autorité

---

[94] FATH -GAFI-IV rapport annuel 2006-2007.

[95] Direction Générale de la Stabilité et de l'Inclusion Financières, « Enjeux de l'inclusion financière dans l'UEMOA et initiatives de la BCEAO dans le domaine », *Édition 2018 de la semaine de l'inclusion financière dans l'UEMOA, 26 novembre au 1er décembre 2018.*

[96] GPO, « maitriser les risques des transactions électroniques », GPO.fr

[97] Autorité de régulation des communications électroniques et postes Tchad, par la loi n 13 du 14 mars 2014, est un établissement public à caractère administratif doté de la personnalité juridique de l'autonomie financière et de gestion. Elle est placée sous la tutelle du ministère en charge des Postes et des nouvelles technologies de l'information et de la communication. Elle est chargée de veiller à la préservation des intérêts nationaux en matière des communications

régulatrice assure l'application des directives européennes et veille à maintenir une concurrence effective et loyale des acteurs sur le marché des télécommunications. La qualité de services et les prix doivent répondre aux attentes des utilisateurs : ainsi, aucun monopole ne peut être formé compte tenu des incidences supposées négatives sur les prix d'une telle configuration du marché. L'ARCEP considère la fonction de paiement comme un service offert par l'opérateur. Sa régulation viendra donc sur l'offre de services : son développement ne doit pas être entravé comme tout autre service. Une fois les conditions de concurrence assurées, le rôle du régulateur des télécommunications n'a *a priori* aucun impact au suivi financier des opérateurs.

L'environnement des services de transfert mobile consiste en des procédés et systèmes qui relient, simplifient ou régulent la fourniture de systèmes de l'égide des autorités de régulation d'un pays donné. L'environnement comprend également des compagnies spécialisées dans le transfert d'argent mobile, des détaillants et d'autres intervenants. Au regard de la diversité des parties prenantes, de leurs motivations et des questions techniques spécifiques à prendre en considération, les services de paiement mobile ne peuvent prospérer que dans un environnement solide où les ORM, opérateurs de réseau mobile, les établissements financiers, les consommateurs, les autorités de régulation et les pouvoirs publics contribuent tous à l'avènement d'une situation gagnant-gagnant dans laquelle les services d'argent mobile s'enracinent, prolifèrent et se développent[98]. En Afrique, au sud du Sahara en général, et les États dans le bassin du lac Tchad, l'inexistence d'un cadre juridique approprié est considérée comme l'une des principales menaces sous l'ère des services de paiement mobile.

Les pouvoirs publics doivent d'urgence se mettre à l'œuvre pour concevoir une approche réglementaire qui trouve le juste équilibre entre les intérêts supérieurs des États, ceux des opérateurs de réseau mobile, les fournisseurs de services financiers mobiles (SFM) et l'intérêt des consommateurs. Une tâche plutôt difficile pour le moment, eu égard à l'envol de ce phénomène poussé par le développement de l'inclusion financière, ainsi la gamme d'acteurs intervenants dans le circuit financier des offres *d'argent mobile* (pouvoirs publics, opérateur, établissements bancaires, agent financier, marchand, client utilisateur), n'appréhendent pas tous de la même manière, les risques liés au blanchissement de capitaux et au financement du terrorisme. Pourtant, pour que le secteur des paiements par téléphone mobile connaisse la prospérité et l'innovation, il convient de mettre en place un cadre de réglementation

---

électroniques et des postes, de réguler, de contrôler et d'assurer le suivi des activités des opérateurs du secteur de la communication électronique et des postes au Tchad.

[98] Groupe de la Banque Africaine de Développement « Inclusion et intégration financières à travers les paiements et transferts mobiles », *Banque Africaine de Développement*, Tunisie 2013.

complémentaire solide. Celui-ci devrait offrir un environnement compétitif où prévaut l'égalité des chances pour tous les prestataires, de sorte que les clients puissent faire des choix judicieux[99]. D'autres éléments essentiels à ce cadre réglementaire concernent la protection du client, la lutte contre la fraude, les questions de sécurité et de vol d'identité. Il faut donc l'adoption de certaines mesures telles que : la maîtrise de la clientèle, des relations d'affaires du client, le contrôle des transactions et l'obligation de déclaration de soupçon aux autorités compétentes telles que les agences nationales d'investigation financière. Le Ghana est un modèle, il semble avoir été en 2008 le premier État du continent à publier des Directives relatives aux services bancaires sans agences, assorties de règlements sur les agents non exclusifs [100]. La réglementation vise à établir une connectivité, une compétitivité et une portée maximales dans le cadre desquelles toutes les banques et entreprises de télécommunications accueilleront leurs clientèles respectives[101]. Cependant, dans la pratique, la performance n'est pas à la hauteur de ce qu'on attendait, L'institution fustige surtout l'attitude des banques, pourtant directement liées aux organismes de régulation, qui ne sont pas toujours bien équipées pour assurer la conformité des activités de la finance mobile chez les opérateurs [102]: « Bien qu'il y ait plus de 3 millions de clients enregistrés, le nombre de clients actifs est beaucoup moins élevé, entre autres à cause d'un certain nombre de questions internes aux partenariats banques-opérateurs de réseau mobile (ORM) et d'une conjonction de défis opérationnels liés au développement d'un réseau viable d'agents, de l'efficacité de la commercialisation et de la solidité de la technologie » quand il s'agit de trouver un juste équilibre entre la portée des institutions financières, l'efficience des services financiers, la stabilité du système financier et la protection du client. Pour surmonter ces difficultés, les services chargés de la réglementation ne devraient pas se focaliser exclusivement sur la réglementation. Au contraire, ils doivent œuvrer en tant qu'agents de supervision, de normalisation, de collecte de données, de facilitation et de coordination. C'est seulement de cette façon qu'ils pourront amener d'autres pays africains à faible revenu à transposer les innovations du Kenya en matière de promotion de l'inclusion et de l'intégration financières[103]. La concurrence facilite également les actions de blanchiment d'argent, selon le GABAC, qui remarque que « les établissements [...]

---

[99] *Idem.*

[100] FMMD 2013-2014, Document de réflexion, version finale, 30 avril 2013, http://www.gfmd.org/en/docs/sweden-2013-2014.

[101] AFI (Alliance for Financial inclusion), « Services financiers via téléphonie mobile : les approches réglementaires qui améliorant l'accès aux services financiers », Note Politique de l'AFI, Bangkok, AFI, 2011.

[102] BILLE (S.), « Le GABAC dénonce les risques que la finance mobile fait courir à l'Afrique centrale », *business in cameroon,* janvier 2019.

[103] Comité sur les Systèmes de Payement et de Règlement de la Banque Mondiale, « General Principles for International Remittance Services », Washington, D.C., *Banque Mondiale*, 2007.

rivalisent d'inventivité pour augmenter le chiffre d'affaires »[104]. Les pouvoirs publics des Etats d'Afrique dans le bassin du lac Tchad se sont arrimés à soutenir l'inclusion financière à tout prix tout en minimisant les risques potentiels, dont la fraude, le blanchiment de capitaux et la lutte contre le terrorisme. Aujourd'hui, ils sont avertis et mis au défi d'œuvrer pour une bonne réglementation des services de paiements mobiles transfrontaliers.

CONCLUSION

Les services de téléphonie mobile constituent ainsi une opportunité pour l'accélération de l'inclusion financière dans plusieurs pays en développement. Le Mobile Money illustre donc l'adaptation des produits financiers au monde des nouvelles technologies et de la communication. Notons que dans la plupart de ces pays, à l'opposé du niveau d'inclusion financière qui est très faible, les taux de pénétration de la téléphonie mobile y sont très élevés. Ce qui constitue une opportunité assez intéressante pour le Mobile Money, dans la mesure où il offre aux agents économiques une solution alternative à la finance classique. Dans les pays autour du bassin du lac Tchad, on l'a constaté, le marché du Mobile Money est en pleine expansion, bien que les résultats et l'impact restent encore modérés. Cette dématérialisation des moyens de paiement s'est alors intensifiée en même temps que les risques liés à ce type de transaction électronique. En effet, en dépit du nombre croissant d'utilisateurs qui adoptent les services Mobile Money dans ces pays, de nombreuses insuffisances sont relevées concernant la réglementation : elle ne répond pas encore suffisamment à cette nouvelle activité qui nécessite un regard juridique attentif eu égard aux risques qu'elle développe. Tous ces manquements s'accentuent davantage avec l'absence d'agilité dont font preuve les pouvoirs publics. Ces derniers ont encore beaucoup de mal à pouvoir élaborer un cadre réglementaire en totale adéquation avec les principaux segments de la communauté internationale. Cela constitue une véritable faiblesse qui si elle n'est pas comblée à temps, constituera une faille importante par laquelle viendront s'engouffrer des risques plus agiles, notamment la rébellion et l'insurrection, qui lorgnent avec grand intérêt les failles de ce service. Le transfert d'argent mobile est rapide, anonyme et sans compte bancaire. Les préoccupations concernant les risques transfrontaliers liés au LBC/FT méritent toute l'attention des pouvoirs publics aux niveaux national et communautaire afin d'asseoir une réglementation qui concilie les intérêts des

[104] Bien que la question du mobile money soit implantée dans tous les secteurs de l'économie et toutes les couches de la population au Niger et au Tchad. Il reste des enjeux à relever : s'assurer que les populations difficiles à atteindre, comme les femmes et les ruraux pauvres, ont bien accès aux services financiers ; Mettre en œuvre un programme de sensibilisation et d'éducation financière en direction des populations, en vue de la promotion de l'inclusion financière ; Renforcer l'identification des utilisateurs ; Promouvoir des produits financiers utiles et pertinents, adaptés aux besoins des consommateurs ; Elaborer un cadre réglementaire spécifique au mobile Money, intégrant des dispositifs de protection des consommateurs.

États, ceux des opérateurs et des consommateurs non bancarisés. Ces institutions de réglementation communautaires devraient faire preuve de plus de créativité et se montrer plus souples, tout en ayant à l'esprit que la facilitation des services financiers transfrontaliers ne doit pas se faire au détriment du tissu sécuritaire de l'État et de la sécurité financière des citoyens. En conséquence, il leur est recommandé de mettre en place des arsenaux réglementaires basés sur le risque, qui mettent en équilibre l'intérêt général, la compétitivité et la consommation. Pour parvenir à cet équilibre optimal, les institutions de réglementation des Etats dans le bassin du lac Tchad doivent améliorer l'environnement des transferts mobiles transfrontaliers et les moyens de contrôle du risque de change et des réserves de liquidité. Les compagnies de téléphone mobile et les institutions bancaires doivent travailler en synergie et de manière saine et mettre à la disposition des usagers des informations précises sur l'utilisation des terminaux de la téléphonie mobile pour les transferts transfrontaliers et sur le mode de vérification des opérations de transferts et de paiements transnationaux, pour savoir si elles ont été menées à terme. L'expérience des pays occidentaux tels que la France a une grande incidence sur la réglementation et l'élaboration de politiques en Afrique en vue de la préservation de l'intégrité et de la sécurité des systèmes nationaux et transfrontaliers de paiement au détail.

Des services de paiements mobiles ont certes été conçus et lancés d'abord en Afrique au sud du Sahara, mais les tendances de l'insécurité transfrontalière que ce service développe devraient alerter les pays autour du lac Tchad, en termes d'incidences futures sur la sécurité et l'élaboration des politiques. Les principales alarmes sont que l'avenir des services d'argent mobiles se trouve dans l'inclusion financière et son devenir dans l'insécurité : la disparition des banques classiques et l'instauration des systèmes d'interopérabilité et intégration des cadres réglementaires et politiques transfrontaliers. La *transférabilité* des terminaux du téléphone mobile et le développement progressif du réseau de communication de proximité vont devenir des facteurs déterminants d'intégration des services de paiements mobiles et d'insécurité aux plans national et international. L'inclusion financière va offrir davantage d'opportunités pour le développement et l'innovation. Les enseignements à tirer sont les suivants : les acteurs du secteur, les responsables politiques et les organismes de réglementation doivent coopérer pour l'échange d'informations sur les exigences de la sécurité, combler les éventuelles lacunes de la réglementation en envisageant plus des garde-fous. Un accent particulier sera mis sur les aspects suivants : une réglementation suffisamment ficelée qui encourage l'intégration pacifique, la concurrence et la protection des clients ; une plateforme interopérable au plan technique, compatible avec tous les types de produits de paiements mobiles et leurs services transfrontaliers ; et une plateforme d'échange de savoir pour l'éducation au financement des populations non bancarisées d'Afrique. Pour que les paiements mobiles atteignent leur potentiel et contribuent efficacement à l'inclusion et à l'intégration financière, les pouvoirs publics doivent intégrer des modèles efficients et réglementer fortement les paiements mobiles dans la perspective du développement du secteur économique et social des pays autour du bassin du lac Tchad qui est encrouté par une insécurité constante. De manière empirique, les modèles tirés par des institutions financières non bancaires conviennent mieux aux pays africains au sud du Sahara en général et ceux dans le bassin du lac Tchad en particulier qui sont de faible revenu, où l'incapacité des banques à promouvoir l'inclusion financière amène les organismes de réglementation à intervenir sur le marché.

Les enjeux et impacts de la sécurisation des transactions électroniques sont donc énormes. C'est pourquoi le marché mondial de la sécurité des systèmes d'information est estimé à 50 milliards d'euros. Il est en croissance forte d'environ 15 % par an. Car les enjeux de la sécurisation des transactions électroniques sont de taille : protection des intérêts supérieurs de l'État et des intérêts commerciaux des entreprises, développement du commerce et des échanges électroniques et protection de la vie privée. Cette diversité doit s'accompagner de politiques qui favorisent un environnement concurrentiel et équitable pour tous les prestataires. Les pouvoirs publics qui sont de véritables acteurs de l'inclusion financière doivent aussi se placer du point de vue des responsabilités et doivent impérativement trouver le juste équilibre entre promotion, protection et stabilité. Le cadre législatif de la sécurisation des transactions de l'argent mobile a finalement un impact considérable pour la sécurité transfrontalière. Certes, le système des transactions mobiles électroniques favorise l'inclusion financière et offre des possibilités en matière d'intégration financière, mais, il gagnerait à être sécurisé davantage.

INDICATIONS BIBLIOGRAPHIQUES

- AFI (Alliance for Financial Inclusion), « Services financiers via téléphonie mobile : les approches réglementaires qui améliorant l'accès aux services financiers », *Note Politique de l'AFI,* Bangkok, AFI, 2011.
- ARCAND (J.-L.), GARBOUJ (M.), MORGANDI (N.), « Transferts des fonds et services financiers sur mobile : les modèles d'affaires pour les postes », *Global migration centre,* numéro 6, 2013.
- BILLE (S.), « Le GABAC dénonce les risques que la finance mobile fait courir à l'Afrique centrale », *Business in cameroon,* janvier 2019.
- CHAIX (L.) et TORRE (D.), « Différents modèles pour le paiement mobile », GREDEG, *Working Paper,* Université Nice Sophia Antipolis, 2011.

- COHEN (B.J.), « Monnaie électronique : un jour nouveau ou une aube trompeuse ? », *L'Économie politique*, n° 14, 2002, pp. 67-81.
- FAUCHEUX (I.), SNIADOWER (C.), « Le commerce électronique : de la sécurité à la confiance », *Annales des Mines*, novembre 2000. « Le mobile money prend ses marques au Cameroun », *Jeune Afrique Economique*, N° 38/Juin 2015.
- HASHEM (S.-M.), SERHROUCHNI (A.), La monnaie électronique : Systèmes de paiement sécurisé, 1999.
- GODEFFROY (J.-M.), MOUTOT (P.), « Monnaie électronique : enjeux prudentiels et impact sur la politique monétaire », *in Revue d'économie financière,* n° 53, 1999, pp. 21-35.
- GUALINO AMBROISE-CASTEROT (C.), *Droit pénal spécial et des affaires,* 3e éd. lextenso, 526 pages, 2012.
- LEPAGE (A.), MAISTRE DU CHARBON (P.), SALOMON (R.), *Droit pénal des affaires,* Lexisnexis Litec, 2e ed. 2010, 832 p.
- SALLIOT (E.), « Différend frontalier entre le Nigeria et le Cameroun à propos des îles sur le lac Tchad 1987 – 2004 », *CSAO*, 2010.
- SHERIF (M.) et AHMED, *La monnaie électronique*, éd. Eyrolles, 2000, 528 p.
- SYLVIE (M.), « L'échange des données informatisées », l'*EDI*, www.cerpeg.ac-versailles.fr
- VANTET (C.), « La Monétique : les transactions bancaires », *IR3*, Paris, 2008, 30 p.
- VINZA LEPAPA (A.-C.), « Monétique et Transactions électroniques *Concepts et Principes de base »,* www.bookelis.com, 2018.
- Rapport, « Le commerce électronique : de la sécurité à la confiance », *annales des mines*, novembre 2000.
- Règlement n° 15/2002/CM/UEMOA du 19 septembre 2002, relatif aux systèmes de paiement dans l'UEMOA.
- Instruction n° 01/2006 du 31 juillet 2006 relative à l'émission de monnaie électronique et aux établissements de monnaie électronique.
- L'Instruction n° 01/SP/2006 du 31 juillet 2006 relative à l'émission de monnaie électronique et aux établissements de monnaie électronique (BCEAO).
- FMMD (Forum Mondial pour la migration et le développement), *Rapport de la première réunion du Forum mondial sur la migration et le*

développement, Belgique 9-11 juillet 2007, Bruxelles, Bruylant, (2008). http://www.gfmd.org/en/docs/brussels-2007.

- Comité sur les Systèmes de Payement et de Règlement de la Banque Mondiale « General Principles for International Remittance Services », Washington, D.C., *Banque Mondiale*, 2007.
- Banque Mondiale et BRI (Banque des Règlements Internationaux), 2007, « Services de transfert de fonds pour les travailleurs migrants : Principes Généraux », *Comité sur les Systèmes de Payement et de Règlement de la Banque Mondiale*, Washington D.C./Bâle, 2007.
- FATF (The Financial Action Task Force), « Guidance on Anti-Money Laundering and TerroristFinancing Measures and Financial Inclusion », Paris, *FATF/OECD*, 2011.
- Le règlement n° 01/11/CEMAC/UMAC/CM du 18 septembre 2011 relatif à l'exercice de l'activité d'émission de monnaie électronique.
- Instruction n° 01/GR du 31 octobre 2011 du Gouverneur de la BEAC, relative à la surveillance des systèmes de paiement par monnaie électronique, avec en annexe un cadre référentiel recensant les éléments permettant à la BEAC d'assurer sa mission de surveillance de l'activité.
- CNUCED (Conférence des Nations Unies sur le Commerce et le Développement), «Mobile Money for Business Development in the East African Community: A Comparative Study of Existing Platforms and Regulations », Geneva, United Nations, 2012.
- Groupe de la Banque Africaine de Développement (GBAD), « Inclusion et intégration financières à transfert paiement et transferts mobiles », *Fonds de coopération économique Inde-Afrique,* 2012.
- Groupe de la Banque Africaine de Développement « Inclusion et intégration financières à travers les paiements et transferts mobiles », *Banque Africaine de Développement*, Tunisie 2013.
- Groupe de la Banque Africaine de Développement, « L'inclusion et l'intégration financière par les transferts mobiles », *coopération d'intégration Inde-Afrique*, 2013.
- Instruction N° 02/GR/UMAC du 7 mai 2014 relative à la mise en place du multi banking dans le cadre de l'activité d'émission de la monnaie électronique.
- Rapport GSMA, « Le point sur le secteur : les services d'argent mobile », 2e trimestre 2015.

- Rapport *Banque centrale des États d'Afrique de l'Ouest (BCEAO), « Situation des services financiers via la téléphonie mobile dans l'UEMOA à la fin septembre 2015 », 2015.*

- Rapport ELANN, « Atelier mobile money », Janvier 2016.

- Rapport Groupe d'Action contre le Blanchiment d'Argent en Afrique Centrale (GABAC), « Les nouveaux moyens de paiement face aux défis de la lutte anti-blanchiment et contre le financement du terrorisme dans la zone CEMAC », août 2017.

- Règlement du 21 Décembre 2018, relatif aux services de paiement dans la CEMAC.

- Instruction N° 001/GR/2018 du 10 août 2018 relative à la définition de l'étendue de l'interopérabilité et de l'interbancarité des systèmes de paiement monétiques dans la CEMAC ;

- L'instruction n° 008-05-2015 régissant les conditions et modalités d'exercice des activités des émetteurs de monnaie électronique dans les états membres de l'UMOA.

- *Jeune Afrique Economique*, 12 juillet 2018.

CHAPITRE II

LA SÉCURITÉ EN DROIT PÉNAL

L'internalisation des infractions internationales et la sécurité juridique en droit camerounais

Par

SPENER YAWAGA[1]

Résumé

L'internalisation bien que ne relevant pas directement du droit, pourrait avoir des incidences juridiques. Son appréciation ne pose pas moins de problèmes. En droit camerounais, on constate une ambivalence de l'internalisation des infractions internationales. Processus de prise en compte du droit international par le droit national, elle peut être un facteur de sécurité ou d'insécurité juridique selon qu'elle est réussie ou pas. À l'aune de la montée en puissance de la criminalité internationale, la nécessité de l'intégration de toutes les infractions internationales en droit national s'impose.

Mots-clés : Internalisation, Infractions internationales, Sécurité juridique, Insécurité juridique, Incrimination, Répression, Justiciabilité.

[1] Professeur Titulaire, Doyen de la Faculté des Sciences Juridiques et Politiques de l'Université de Maroua, E-mail : sp_yawaga@yahoo.fr.

INTRODUCTION

« Si le cadre international de poursuite et de répression des infractions internationales reste certainement le plus satisfaisant intellectuellement, il faut noter que, faute de juridictions et procédures adéquates, c'est d'abord dans l'ordre interne que s'est inscrite la répression des infractions internationales. De sorte que la répression nationale reste encore la règle et la répression internationale l'exception »[2]. Cette affirmation résume la situation qui prévaut dans les rapports de systèmes en matière pénale. Le rapport entre le droit international pénal et le droit pénal camerounais n'en prouve pas le contraire.

Caractérisé par l'élément d'extranéité ou d'internationalité, respectivement le droit pénal international ou le droit international pénal[3] implique ce rapport : en amont, les normes d'origine externe et en aval les normes nationales. Au plan macro-juridique, il est de plus en plus consacré une pratique qui permet l'effectivité de la prise en compte des premières par les secondes. C'est ce que la doctrine appelle internalisation. Envisagées pour faciliter le règlement national de l'ensemble des problèmes pénaux qui se posent au plan international et même national, l'internalisation en général et l'internalisation des infractions internationales en particulier se frottent avec la sécurité juridique ; d'où la présente étude.

ALAIN REY affirme : « De l'orthographe au sens, chaque mot est l'occasion d'un déploiement d'informations nécessaires » [4] . Le sujet n'échappera pas à cette logique. Pour s'en convaincre, il importe de définir tour à tour l'internalisation, les infractions internationales, la sécurité juridique en droit camerounais. Si l'acception du premier terme à savoir

---

[2] FICHET-BOYLE (I.), MOSSE (M.), « L'obligation de prendre des mesures internes nécessaires à la prévention et à la répression des infractions », *in* ASCENSIO (H.), DECAUX (E.), PELLET (A.), *Droit international pénal*, Paris, éd. A. Pedone, 2ème éd. révisée, p. 1055.

[3] Il s'agit de l'objet d'un débat qui oppose généralement les « pénalistes » (BASSIOUNI (Ch.), *Introduction au droit pénal international*, Bruxelles, Bruylant, 2002, xx- 343 p ; DAVID (E.), *Eléments de droit pénal international et européen*, Bruxelles, Bruylant, 2009, 1566 p ; HUET (A.), KOERING-JOULIN (R.), *Droit pénal international*, Paris, PUF, 3ème éd., 2005, xxvi-507 p ; DONNEDIEU DE VABRES (H.), *Les principes modernes du droit pénal international*, Paris, LGDJ, Rec. Sirey, 2004, 470 p ; etc.) aux « internationalistes » ((ASCENCIO (H.), DECAUX (E.), PELLET (A.) (dir.), *Droit international pénal*, *op.cit.*, 1280 p; KOLB (R.), *Droit international pénal*, Bruxelles, Bruylant, 2008 ; NYABIRUNGU MWENE (S.), *Droit international pénal. Crimes contre la paix et la sécurité de l'humanité*, Kinshasa, Edition Droit et Société « DES », 2013, 1054 p ; DE FROUVILLE (O.), *Droit international pénal : Sources, Incriminations, Responsabilité*, Paris, Pedone, 2012, 523 p ; CASSESE (A.), SCALIA (D.), THALMANN (V.), *Les grands arrêts de droit international pénal*, Paris, Dalloz, 2010, 475 p ; DAVID (E.), HEIRMAN (P.), *Code de droit international pénal,* Bruxelles, Bruylant, 2ème éd., 2009, 1725 p ; etc.) : voir VAURS CHAUMETTE (A.-L.), *Les sujets du droit international pénal : vers une nouvelle définition de la personnalité juridique internationale ?*, Paris, Pedone, Thèse de Doctorat, 2009, p. 17.

[4] VARROD (P.), (dir.), *Le Robert pour tous*, Paris, Edition du Club France Loisirs, 1994, Avant-Propos de ALAIN REY, p. X.

« internalisation » est difficilement envisageable à partir des dictionnaires[5], celle des autres est facilement envisagée malgré l'absence d'unanimité y relative.

Le moins que l'on puisse dire est que l'internalisation désigne le mouvement inverse de l'« internationalisation ». Aussi, quelque fois, il est établi à tort une synonymie entre « internalisation », intégration, insertion[6], réception et incorporation[7]. Contrairement à la doctrine nationale qui emploie ces termes[8], la doctrine internationale préfère le terme transposition[9]. Quoi qu'il en soit, l'on est dans une hypothèse de rapport entre le droit international et le droit national. Les auteurs se sont beaucoup intéressés à cette question[10].

---

[5] L'« Internalisation » est ignorée par Le Robert pour tous (VARROD (P.), (dir.), *Le Robert pour tous*, *op.cit.*, p. 617.) ; Le dictionnaire de la langue française (LE FUR (D.), (dir.), *Le Robert Plus, Dictionnaire de la langue française : Synonymes, Expressions, Grammaire, Tableaux, Thématiques,* Paris, Edition France Loisirs, 2007, p. 528) ; le Lexique des termes juridiques (GUINCHARD (S.), MONTAGNIER (G.), (dir.), *Lexique des termes juridiques,* Paris, Dalloz, 13ème éd., 2001, p. 313) ; le Vocabulaire juridique (CORNU (G.), (dir.), *Vocabulaire juridique,* Paris, PUF, 9ème Edition mise à jour « Quadrige », 2011, p. 562). Cependant, elle est bel et bien employée au sein de la doctrine.

[6] TERRE (F.), *Introduction générale au droit*, Paris, Dalloz, 8ème éd., 2009, p. 213.

[7] L'incorporation n'est qu'un des procédés de la technique d'intégration, « Présentation de la première partie : Essai de classification et Principe de Légalité », FICHET-BOYLE (I.), MOSSE (M.), « L'obligation de prendre des mesures internes nécessaires à la prévention et à la répression des infractions », *op.cit.*, p. 1066 ; KEUBOU (Ph.), *Le droit pénal camerounais et la criminalité internationale*, Université de Dschang, Thèse de Doctorat en Droit, soutenue le 18 octobre 2012, p. 159.

[8] DELMAS-MARTY (M.), *Le flou du droit. Du Code pénal aux Droits de l'Homme,* Paris, PUF, 1ère éd., 2004, p. 18. Le Professeur PHILIPPE KEUBOU par exemple y fait allusion en ces termes : « sur le plan international, il appartient non seulement à chaque État de participer activement à l'élaboration des instruments internationaux de prévention et de lutte contre la criminalité internationale, mais aussi de les ratifier ou d'y adhérer et de les intégrer dans sa législation interne », KEUBOU (Ph.), *Le droit pénal camerounais et la criminalité internationale, op.cit.*, p. 30 ; p. 159.

[9] ASCENSIO (H.), DECAUX (E.), PELLET (A.), « Présentation de la première partie : Essai de classification et Principe de Légalité », *in* ASCENSIO (H.), DECAUX (E.), PELLET (A.), *Droit international pénal, op.cit.,* pp. 93-100.

[10] Sans être exhaustif, on peut citer au Cameroun OLINGA (A.D.), « Réflexion sur le droit international, la hiérarchie des normes et l'office du juge au Cameroun », *Juridis Périodique*, juillet-août-septembre 2005, p. 15 ; POUGOUE (P.G.), « La répression des infractions au droit international humanitaire dans le Code pénal camerounais », *Juridis Périodique* n° 64, octobre-novembre-décembre 2004, p. 95 ; NGONO (S.), « La participation du Cameroun à la répression internationale du génocide rwandais. Réflexions à propos des décisions de la Cour d'Appel de Yaoundé », *Afrilex* n° 4, décembre 2004 ; ATEMENGUE (J. De N.), « Conflits armés, crises humanitaires et responsabilité indirecte du chef politique », *in* SPENER YAWAGA, (dir.), *Crises humanitaires et responsabilités*, Paris, L'Harmattan, 2018, pp. 17-32 (voir pp. 26-27). Au Canada, on peut citer DELAS (O.), ROBICHAUD (M.), « Les difficultés liées à la prise en compte du droit international des droits de la personne en droit canadien : préoccupations légitimes ou alibis ? », *RQDI,* (2008) 21.1, pp. 1-52 ; en droit international FICHET-BOYLE (I.), MOSSE (M.), « L'obligation de prendre des mesures internes nécessaires à la prévention

Bref, par internalisation, il faut entendre le processus d'intégration du droit international dans le droit national. Il s'agit plus précisément dans cette étude du processus d'intégration des infractions internationales dans le droit pénal camerounais par une loi interne. L'adaptation du droit national qui doit en découler peut se faire principalement selon deux techniques. Le législateur peut recourir à l'« adaptation par incorporation » ou à l'« adaptation par référence »[11]. S'il s'agit d'une obligation de résultat[12], la prise des mesures internes nécessaires à la prévention et la répression des infractions internationales se fera selon que l'État de réception est d'origine dualiste ou moniste. À ce titre, elle constitue un élément fondamental de la collaboration interétatique dans l'œuvre répressive.

Les infractions internationales[13] constituent une catégorie problématique en droit. Leur éclectisme et leur aptitude à permettre la répression au regard du principe de légalité des délits et des peines le démontrent à suffisance[14]. Ainsi, leur identification ne cause pas moins de difficultés. L'on peut évoquer à titre illustratif « la pluralité des motifs d'internationalisation » et « la variété de leurs caractères juridiques »[15]. Globalement, qu'il s'agisse des crimes contre la paix et la sécurité de l'humanité[16], ou même des autres infractions internationales[17], l'idée des infractions internationales renvoie à la criminalité internationale. Celle-ci peut être définie « (…) comme étant l'ensemble des infractions prévues par les normes pénales internationales, commises dans le monde pendant une période déterminée. Il s'agit de l'ensemble des

---

et à la répression des infractions », *in* ASCENSIO (H.), DECAUX (E.), PELLET (A.), *Droit international pénal, op.cit.,* pp. 1055-1070.

[11] FICHET-BOYLE (I.), MOSSE (M.), « L'obligation de prendre des mesures internes nécessaires à la prévention et à la répression des infractions », *op.cit.,* pp. 1066-1067.

[12] *Ibid.,* pp. 1063-1064.

[13] Pour plus de détails sur les infractions internationales, lire ASCENSIO (H.), DECAUX (E.), PELLET (A.), *Droit international pénal, op.cit.,* pp. 91-467.

[14] ASCENSIO (H.), DECAUX (E.), PELLET (A.), « Présentation de la première partie : Essai de classification et Principe de Légalité », *in* ASCENSIO (H.), DECAUX (E.), PELLET (A.), *Droit international pénal, op.cit.,* p. 93.

[15] *Idem.*

[16] Encore appelées « crimes internationaux », « infractions internationales par nature » (*Ibid.,* p. 94), les crimes contre la paix et la sécurité de l'humanité sont définis comme « des crimes au regard du droit international et (…) punissables comme tels, qu'ils soient ou non punissables au regard du droit national ». Voir article 1er par. 2 du Projet de Code, CDI, Rapport sur les travaux de la 48ème session, 6 mai-26 juillet 1996, Doc. ONU A/51/10. Cette définition a une faille originelle qui peut déboucher sur l'insécurité juridique au plan national.

[17] Il s'agit d'une catégorie regroupant « des normes de comportement qui, selon une partie de la doctrine, ne mériteraient pas d'être appelées des "infractions", faute pour le droit international de prévoir lui-même des sanctions pénales, ou encore faute pour le droit international d'y associer directement une forme de responsabilité pénale ». ASCENSIO (H.), DECAUX (E.), PELLET (A.), « Présentation de la première partie : Essai de classification et Principe de Légalité », *in* ASCENSIO (H.), DECAUX (E.), PELLET (A.), *Droit international pénal, op.cit.,* p. 95.

comportements qui portent atteinte non seulement aux valeurs sociales protégées par les États (le Cameroun en l'occurrence), mais surtout à celles protégées par la communauté internationale »[18].

S'agissant de la sécurité juridique[19], au-delà de son caractère polysémique, elle renvoie à toute garantie, tout système juridique de protection tendant à assurer, sans surprise la bonne exécution des obligations ; à exclure ou au moins à réduire l'incertitude dans la réalisation du droit[20]. Pour cela, il importe de mobiliser entre autres la clarté, la précision, la stabilité[21]. Dans cette étude, elle signifie la possibilité de réprimer les infractions internationales dans l'ordre juridique camerounais. La doctrine est divisée à ce propos. Une partie estime que la condition *sine qua non* des poursuites est l'internalisation[22]. Une autre partie la subordonne par contre, au respect de l'humanité, considéré comme une valeur transcendante dont la violation constitue toujours un crime[23]. Même en admettant la seconde position, il y aurait toujours un problème d'insécurité juridique[24] en droit pénal camerounais.

---

[18] KEUBOU (Ph.), *Le droit pénal camerounais et la criminalité internationale, op.cit.*, p. 14.
[19] Qui est pour le Professeur PAUL ROUBIER « La première valeur sociale à atteindre, (…) » : ROUBIER (P.), *Théorie générale du droit*, 1946, p. 269.
[20] CORNU (G.), (dir.), *Vocabulaire juridique, op.cit.*, p. 942.
[21] Voir POUGOUE (P.G.), « Les figures de la sécurité juridique », *RASJ*, Université de Yaoundé II, Vol. 4, n° 1, 2007, pp. 1-8 ; ABANE ENGOLO (P.E.), « La notion de qualité du droit », *RADSP*, 2010, pp. 91-95.
[22] OLINGA (A.D.), « Réflexion sur le droit international, la hiérarchie des normes et l'office du juge au Cameroun », *Juridis Périodique*, juillet-août-septembre 2005, p. 15. L'auteur estime qu'à défaut de l'intégration des incriminations et la fixation du taux des peines correspondantes, les atteintes au droit international humanitaire ne sauraient être punies par les juridictions pénales camerounaises ; KEUBOU (Ph.), *Le droit pénal camerounais et la criminalité internationale, op.cit.*, p. 160 : pour lui on ne saurait admettre de telles solutions qui violent gravement le principe de la légalité criminelle.
[23] POUGOUE (P.G.), « La répression des infractions au droit international humanitaire dans le Code pénal camerounais », *Juridis Périodique,* n° 64, octobre-novembre-décembre 2004, p. 95 ; ASCENSIO (H.), DECAUX (E.), PELLET (A.), « Présentation de la première partie : Essai de classification et Principe de Légalité », *in* ASCENSIO (H.), DECAUX (E.), PELLET (A.), *Droit international pénal, op.cit.*, p. 97. Pour ces auteurs, il doit avoir un assouplissement du principe de la légalité au regard de la protection des valeurs transcendant les sociétés étatiques : liées à l'humanité ; NGONO (S.), « La participation du Cameroun à la répression internationale du génocide rwandais. Réflexions à propos des décisions de la Cour d'appel de Yaoundé », *Afrilex,* n° 4, décembre 2004, p. 386. Pour elle le juge répressif peut, « s'inspirer de façon provisoire des peines prononcées par le juge pénal international pour solutionner des situations qui se posent au regard du droit interne lacunaire en matière de répression des infractions internationales », prononcer la culpabilité des individus et leur appliquer des peines pour des incriminations qui n'ont pas été incorporées dans la législation pénale camerounaise.
[24] Concernant l'insécurité juridique, lire RIPERT (G.), *Le déclin du droit. Études sur la législation contemporaine*, Paris, LGDJ, 1949, pp. 155-188.

L'articulation entre le droit international et le droit national aux fins d'incriminer un comportement a des fondements aussi bien internationaux[25] que nationaux. Confirmés en jurisprudence internationale[26], ces fondements existent aussi en droit camerounais[27]. Le Professeur ADOLPHE MINKOA SHE relevait déjà que la « réforme constitutionnelle du 18 janvier 1996 a réaffirmé de manière plus solennelle le particularisme de ces instruments juridiques internationaux, en les intégrant dans le bloc de constitutionnalité »[28].

La thématique scrutée a un double intérêt : théorique et pratique. Sur le plan théorique, elle s'inscrit et renouvelle l'idée qui anime les rédacteurs des conventions internationales à savoir celle d'une convergence des législations pénales voire la production d'un droit pénal commun. Aussi, l'internalisation permet de renouveler les réflexions sur le monisme [29], le dualisme, l'extradition, la coopération internationale, etc. Toujours sur le plan théorique, il faut noter que l'internalisation et la sécurité juridique en droit camerounais permettent d'actualiser le principe de la légalité. Ce sujet met en relief l'idée du respect du principe dans les ordres juridiques internes. En effet, « l'obligation de respecter le principe *Nullum Crimen* rend le plus souvent nécessaire une transposition en droit interne des infractions définies internationalement »[30]. En outre sur le plan pratique, convient-il de rappeler avec la doctrine que « l'opérationnalisation de transposition permet de compléter des définitions qui pourraient être jugées insuffisamment précises au regard des exigences propres à l'ordre juridique (camerounais) » [31]. L'internalisation « (…) permet aussi de prévoir des peines, car les conventions internationales – et *a fortiori* la coutume internationale – vont rarement au-delà d'indications générales en ce domaine, telles la proportionnalité ou la sévérité. Le besoin de mesure de transposition limite à l'évidence l'effet direct du droit international pénal »[32].

---

[25] En droit international des droits de l'homme plus précisément, on peut citer plusieurs dispositions relatives au principe de légalité : article 11 par. 2 de la Déclaration Universelle des Droits de l'Homme ; article 15 par. 1 et 2 du Pacte International relatif aux Droits Civils et Politiques ; article 7 par. 1 et 2 de la Convention Européenne des Droits de l'Homme ; article 7 par. 2 de la Charte Africaine des Droits de l'Homme et des Peuples.

[26] Voir CEDH, Arrêt, Kononov c. Lettonie, req. N° 36376/04, 17 mai 2000, par. 208 ; Chambres Extraordinaires Cambodgiennes, Ch. Prem. Inst., Jugement, Kaing GuekEav, alias Duch, n° 001/18-07-2007/ECCC/TC, 26 juillet 2010, par. 27.

[27] Voir *infra*.

[28] MINKOA SHE (A.), *Droits de l'homme et droit pénal au Cameroun*, Collection La vie du Droit, Économica, n° 64.

[29] Avec primauté du droit interne ou du droit international.

[30] ASCENSIO (H.), DECAUX (E.), PELLET (A.), « Présentation de la première partie : Essai de classification et Principe de Légalité », *in* ASCENSIO (H.), DECAUX (E.), PELLET (A.), *Droit international pénal*, *op.cit.*, p. 97.

[31] *Idem.*

[32] *Idem.*

Le défaut d'internalisation peut être source d'insécurité juridique dans la mesure où l'on peut noter un déphasage au niveau des incriminations et mécanismes de sanction voire l'inexistence de ces exigences. Toute chose qui fléchit le principe de la double incrimination, de la typicité[33] et partant, de la légalité criminelle. Alors qu'il est connu de tous que tout le droit pénal est d'ordre public. L'un des problèmes liés à l'application ou la mise en œuvre d'une convention internationale est la non association du législatif au processus de négociation du traité, mais seulement dans la phase de ratification et d'incorporation ou de la réception de ladite convention. Le problème qui pourrait surgir serait le refus du Parlement à autoriser sa ratification ou sa carence dans sa réception[34]. Il a aussi été constaté le caractère « décevant du droit pénal camerounais en ce qui concerne l'intégration des normes d'incrimination des infractions internationales, et des modalités de collaboration avec les juridictions pénales internationales »[35]. Le Professeur Philippe KEUBOU remarque aussi que « l'examen du droit camerounais révèle ainsi beaucoup de lacunes et de contradictions dont l'exposé et la critique sont susceptibles d'aboutir à une prise de conscience pouvant susciter des réactions dans le sens de l'amélioration de la législation pénale, son adaptation et son arrimage au train de mondialisation de la justice pénale »[36]. Le Professeur Jean de Noël ATEMENGUE quant à lui évoque le problème de la faible internalisation des normes de droit pénal international[37]. Alors, comment peut-on apprécier l'internalisation des infractions internationales au regard de la sécurité juridique en droit camerounais ?

L'internalisation comme la garantie de l'effectivité de la protection contre l'insécurité juridique, est partiellement assurée en droit camerounais[38]. Il s'agit de démontrer l'ambivalence de son appréciation au regard de l'effectivité des poursuites des infractions internationales en droit pénal camerounais. Si l'internalisation réussie des infractions internationales constitue un facteur de sécurité juridique (I), il va de soi que son manquement soit un déterminant de l'insécurité juridique (II).

---

[33] Lire pour plus de détails sur ce principe SOLER (S.), « La formulation actuelle du principe "*Nullum Crimen*" », *RSCDPC*, Nouvelle Série, 1952, n° 1, janvier-mars, pp. 11-18.

[34] DELAS (O.), ROBICHAUD (M.), « Les difficultés liées à la prise en compte du droit international des droits de la personne en droit canadien : préoccupations légitimes ou alibis ? », *RQDI*, 2008, 21.1, pp. 7 et ss.

[35] KEUBOU (Ph.), *Le droit pénal camerounais et la criminalité internationale, op.cit.*, p. 5.

[36] *Ibid.*, p. 6.

[37] ATEMENGUE (J. De N.), « Conflits armés, crises humanitaires et responsabilité indirecte du chef politique », *op.cit.*, pp. 26-27.

[38] Il faut remarquer que toutes les infractions internationales ne sont pas internalisées. Voir entre autres KEUBOU (Ph.), *Le droit pénal camerounais et la criminalité internationale, op.cit.*, 409 p.

I- L'INTERNALISATION RÉUSSIE, FACTEUR DE SÉCURITÉ JURIDIQUE

L'effectivité des poursuites au plan interne des infractions internationales est subordonnée à leur internalisation ou transposition. C'est ainsi que « Nombre de conventions internationales en matière pénale ont (...) pour objet d'obliger les États à effectuer une telle transposition aux fins d'assurer la répression effective des infractions »[39]. Aspects de la sécurité juridique, l'incrimination des infractions internationales en droit camerounais (A) et leur justiciabilité (B) illustrent à suffisance la prise en compte nationale de certaines infractions internationales.

A- L'incrimination des infractions internationales en droit camerounais

Pour comprendre les crimes de droit international qui ont fait l'objet d'internalisation, garantie de l'effectivité de la protection contre l'insécurité juridique, il faut se référer au Code pénal de 2016 qui est venu étendre le champ de cette incrimination. Par ailleurs, le Code de procédure pénale a complété cette liste en ajoutant d'autres infractions à caractère international. C'est donc à partir des valeurs protégées par ces infractions internationales notamment, par le seul mode d'incrimination, qu'il convient de les étudier et d'évaluer leur intégration en droit interne. « L'incrimination représente (...) le cœur des mesures internes », comme le font remarquer FICHET et MOSSE[40] ; d'où la nécessité de décliner sa consistance qui peut être abstraite (1) et concrète (2).

1- La consistance abstraite de l'incrimination

La consistance abstraite renvoie aux aspects généraux voire à la théorie relative à l'incrimination des infractions internationales en droit national. Le droit international impose aux États une obligation d'incrimination. À ce titre, l'incrimination recouvre deux aspects à savoir la définition des éléments constitutifs de l'infraction internationale et la fixation d'une peine.

Concernant les éléments constitutifs des infractions internationales internalisées, il faudrait d'abord rappeler l'effort remarquable observé dans les conventions internationales. Celles-ci brillent par une précision croissante des incriminations. On en veut pour preuve comme le note la doctrine : « la multiplication des articles consacrés aux incriminations dans les conventions multilatérales des dix dernières années », « la généralisation des articles dits de "terminologie", dont l'objet est de préciser en ouverture des conventions le

---

[39] ASCENSIO (H.), DECAUX (E.), PELLET (A.), « Présentation de la première partie : Essai de classification et Principe de Légalité », *in* ASCENSIO (H.), DECAUX (E.), PELLET (A.), *Droit international pénal*, *op.cit.*, p. 97.

[40] FICHET-BOYLE (I.), MOSSE (M.), « L'obligation de prendre des mesures internes nécessaires à la prévention et à la répression des infractions », *op.cit.*, p. 1058.

sens donné à certains termes utilisés dans les articles portant obligation d'incriminer »[41]. Ce droit incrimine un nombre grandissant de pratiques criminelles, en donnant, dans la plupart des cas, une définition de plus en plus complète et précise de l'infraction, l'assortissant de la prise de sanctions pénales nécessaires, laissées à la discrétion des États »[42]. Ensuite, sur le plan national, le législateur devrait procéder par une incrimination générale ou spéciale et satisfaire à l'exigence de la double incrimination. Le faisant, les éléments matériel et moral desdites infractions doivent être déterminés avec clarté, précision, fermeté.

Parlant des sanctions, il convient de remarquer d'emblée les innovations du droit des infractions internationales. Dans cette perspective, il y a une volonté conventionnelle de dépasser le simple renvoi à une obligation de sanctions pénales efficaces[43]. L'autorité nationale en tenant compte des sanctions internationales prévues, devra adopter des mesures allant dans le sens de satisfaire les exigences de la sécurité juridique amorcées très souvent par les conventions.

L'existence de l'identification des éléments constitutifs des infractions internationales et la fixation des peines en droit national constituent un véritable facteur de la sécurité juridique. Toute chose qui participe ainsi de la clarté, de la prévisibilité et de la stabilité de la norme de pénalisation. Cela est d'autant plus vrai qu'il est possible de faire une analyse concrète des infractions dont il est question dans l'ordre juridique camerounais.

2- La consistance concrète de l'incrimination

Elle renvoie au cas spécifique camerounais. En droit camerounais, il appert ainsi que des infractions internationales ont été internalisées. C'est l'occasion de faire un inventaire non exhaustif de ces infractions. Cet inventaire permettra de mettre en lumière leurs éléments incriminatoires et sanctionnateurs.

La Constitution camerounaise donne une place de choix aux traités dans l'ordre juridique interne en disposant que : « Les traités ou accords internationaux régulièrement approuvés ou ratifiés ont dès leur publication, une autorité supérieure à celle des lois, sous réserve pour chaque accord ou traité de son application par l'autre partie »[44]. Sur le plan législatif, le titre 1 de la première partie, les chapitres 3 et 4 du Code pénal traitent respectivement

---

[41] *Idem.*

[42] BAUCHOT (B.), *Sanctions pénales nationales et droit international*, *op.cit.*, p. 274.

[43] Voir à titre illustratif, l'article 2 par. b de la Convention des Nations Unies contre la criminalité transnationale organisée de 2000 qui établit une corrélation entre la gravité et un quantum de peine minimale : « l'expression infraction grave désigne un acte constituant une infraction passible d'une peine privative de liberté dont le maximum ne doit pas être inférieur à quatre ans ou d'une peine plus lourde ».

[44] L'article 45 de la Constitution camerounaise du 2 juin 1972, modifiée respectivement par la loi n° 96-06 du 18 janvier 1996, et celle n° 2008/001 du 14 avril 2008.

de l'application de la loi pénale dans l'espace et du sort des lois et des sentences pénales étrangères. À ces dispositions, il faut toutefois ajouter l'article 2 (1) du chapitre 1er dudit Code consacré aux dispositions générales, prévoyant que « Les règles de droit international ainsi que les traités dûment promulgués et publiés s'imposent au présent Code ainsi qu'à toute disposition pénale », et l'article 11, par. 1er du même Code, intitulé « Infractions Internationales », aux termes duquel « La loi pénale de la République s'applique au mercenariat, à la discrimination raciale, à la piraterie, au trafic des personnes, à la traite des personnes, à l'esclavage, au trafic des stupéfiants, au trafic des déchets toxiques, au blanchiment des capitaux, à la cybercriminalité, à la corruption et aux atteintes à la fortune publique commis même en dehors du territoire de la République ».

Il sied aussi d'évoquer les infractions de l'article 699 du Code de procédure pénale qui dispose que : « Est réputée commise au Cameroun : a) toute infraction dont un acte caractérisant un des éléments constitutifs a été commis sur le territoire de la République du Cameroun ; b) toute infraction de contrefaçon ou altération du sceau de la République du Cameroun ou de monnaie ayant cours légal sur son territoire ; c) toute infraction à la législation sur les stupéfiants, les substances psychotropes et les précurseurs ; d) toute infraction à la législation sur les déchets toxiques ; e) toute infraction à la législation sur le terrorisme ; f) toute infraction à la législation sur le blanchiment des capitaux ».

Certaines de ces infractions internationales visent la protection des personnes. D'autres ont pour objectif la sauvegarde de la sécurité des biens. Si les règles de conduite édictées par le droit international pénal relatives à la protection des personnes, intégrées en droit camerounais, sont variées, il faut dire que leur matérialisation passe d'une part par la protection de l'intégrité physique et de la dignité des personnes[45] et d'autre part, par la protection de leur santé et de leur sécurité[46]. À la lecture des articles 699 du CPP et 11 du CP, plusieurs infractions internationales portant protection des biens ont été

[45] Ici, il est essentiel de faire une distinction entre ces différentes infractions en fonction des valeurs qu'elles protègent, notamment la protection de l'intégrité physique et celle de la dignité de ces personnes. Les infractions qui rentrent dans ces catégories ont pu être intégrées dans la législation nationale. C'est le cas de la torture, de l'esclavage, du travail forcé, du trafic des personnes, de la discrimination raciale, de la piraterie, les infractions relatives à la circulation aérienne, le mercenariat, et le trafic des stupéfiants.

[46] Les infractions internationales visant à protéger la santé (nous pouvons citer le trafic des stupéfiants et le trafic des déchets toxiques) et celle visant à protéger la sécurité de ces personnes (Les infractions portant atteinte à la sécurité des personnes se retrouvent dans les dispositions de l'article 699 du Code de procédure pénale auxquelles il faudra ajouter l'article 11 du Code pénal. Parmi ces infractions, on peut noter la piraterie, le terrorisme et les infractions contre la sûreté de la circulation aérienne).

énumérées[47]. Toutefois, d'autres ne sont intervenues qu'après la réforme du Code pénal de 2016[48].

En somme, il convient de partager cette affirmation du Professeur PHILIPPE KEUBOU selon laquelle l'analyse de la législation pénale camerounaise permet de constater que la plupart des infractions relevant de la catégorie des infractions internationales par le seul mode d'incrimination ou formelles, qui constituent en fait des qualifications traditionnelles consacrées, ont été effectivement et expressément intégrées dans la législation camerounaise[49]. La résultante d'une telle situation est la justiciabilité desdites infractions. Laquelle est une dimension plus rassurante de la sécurité juridique.

B- La justiciabilité des infractions internalisées

Le mot « justiciable », d'origine anglo-saxonne, désigne la qualité ou la perméabilité d'une chose à être examinée par les juges[50]. Par ricochet, la justiciabilité désigne la capacité et la compétence des différentes juridictions à connaître des actes ou des infractions. Il s'agit d'une nécessité pour la garantie de la sécurité juridique. La justiciabilité de ces infractions est fondée.

En effet, « Selon un principe de droit international bien établi, un accord international ne peut, comme tel, créer directement des droits et des obligations pour des particuliers. Mais on ne saurait contester que l'objet même d'un accord international, dans l'intention des parties contractantes, puisse être l'adoption, par les parties, de règles déterminées créant des droits et obligations pour des individus et susceptibles d'être appliquées par les tribunaux nationaux »[51]. Cependant, il convient de remarquer que « [...] cette clause ne fait que mettre en relief un principe allant de soi, d'après lequel un État qui a valablement contracté des obligations internationales est tenu d'apporter à sa législation les modifications nécessaires pour assurer l'exécution des engagements pris »[52]. « Le libellé des traités internationaux

[47] Parmi les infractions internationales incriminées avant la refonte de 2016 du CP relatives à la sécurité des biens, l'on peut citer le faux monnayage, la corruption et le blanchiment des capitaux.

[48] La réforme du Code pénal intervenu en 2016 a ajouté aux infractions traditionnellement existantes en matière de protection des biens, d'autres infractions à savoir le détournement de la fortune publique et la cybercriminalité.

[49] KEUBOU (Ph.), *Le droit pénal camerounais et la criminalité internationale, op.cit.*, p. 34.

[50] ATIAS (Ch.), « Justiciabilité », *in* CADIET (L.), (dir.), *Dictionnaire de la justice*, Paris, PUF, 2004, p. 798. Voir ROMAN (D.), « La justiciabilité des droits sociaux ou les enjeux de l'édification d'un État de droit social », *Revue des Droits de l'Homme 2,* 2012, Varia, http://journals.openedition.org/revdh/84, consulté le 20 avril 2020.

[51] CPJI, *Compétence des tribunaux de Dantzig*, avis consultatif, 3 mars 1928, Série B, n° 15, p. 18.

[52] CPJI, *L'échange des populations turques et grecques*, avis consultatif, 21 février 1925, Série B n° 10, p. 20.

relatifs aux droits de la personne prévoit généralement que l'État partie au traité s'engage à respecter et à garantir aux individus sous sa juridiction les droits qui y sont contenus et à prendre les mesures nécessaires pour y arriver. Il est donc permis de déduire qu'il existe une obligation de mise en œuvre des traités internationaux des droits de la personne en droit interne »[53].

Tout compte fait, en plus des principes classiques[54] de la garantie des poursuites parmi lesquels la réciprocité, pris en compte par le législateur camerounais [55], trois options principales se dégagent des normes conventionnelles régissant la compétence des juridictions nationales : les règles qui reconnaissent aux États parties la faculté d'établir leur compétence sur certains critères définis ; les règles qui font obligation aux parties d'établir par une norme interne leur compétence répressive sur la base de certains critères ; les règles qui, au-delà, obligent les parties à exercer leur compétence répressive, toujours sur des bases de compétence précises[56]. En tout état de cause, la sanction à l'interne se fait ici sur la base du droit pénal national[57].

Au total, il convient de noter que si de nombreuses infractions de droit international ont fait l'objet d'une pénalisation que ce soit générale ou encore spéciale en droit camerounais, toutes n'y ont pas été intégrées. Certaines dispositions du Code pénal et du Code de procédure pénale laissent entrevoir celles qui *a priori* ont effectivement été intégrées dans notre droit interne et dont la poursuite garantie, contribue à la sécurité juridique. De l'autre côté, celles non internalisées pourraient constituer des éléments d'insécurité juridique.

II- L'INTERNALISATION MANQUÉE, SOURCE D'INSÉCURITÉ JURIDIQUE

L'internalisation est manquée dans deux hypothèses. Premièrement, le manque peut découler de l'absence totale de ratification (A). Dans ce cas, l'on peut dire que la sécurité juridique est inexistante. Secondement, le manque peut procéder d'une internalisation limitée (B). Dans cette figure, l'insécurité juridique devient quelque peu tempérée.

---

[53] DELAS (O.), ROBICHAUD (M.), « Les difficultés liées à la prise en compte du droit international des droits de la personne en droit canadien : préoccupations légitimes ou alibis ? », *op.cit.*, p. 18.

[54] Les principes de territorialité, de personnalité, de réalité, d'universalité, de coopération, etc.

[55] KEUBOU (Ph.), *Le droit pénal camerounais et la criminalité internationale, op.cit.*, p. 173.

[56] Voir GAETA (P.), « Les règles internationales sur les critères de compétence des juges nationaux », *in* CASSESE (A.), DELMAS-MARTY (M.), (dir.), *Crimes internationaux et juridictions internationales*, Paris, PUF, 2002, pp. 191-213.

[57] Globalement, il y a une trilogie des fondements de la justiciabilité des infractions internationales. Lire en ce sens ATEMENGUE (J. De N.), « Conflits armés, crises humanitaires et responsabilité indirecte du chef politique », *op.cit.*, p. 26.

A- L'absence totale de ratification

Un État ne saurait ratifier toutes les conventions internationales. Cela y va de sa politique internationale. Mais le fait de ne pas ratifier certaines conventions essentielles pour la communauté internationale ne saurait passer inaperçu et partant problématique pour la sécurité des individus. C'est dans ce sens que l'on peut remarquer avec regret que le Cameroun n'a pas ratifié le Statut de Rome de 1998 (1) incriminant les infractions les plus graves relevant du *jus cogens*. Paradoxalement, ces infractions sont dissimulées dans sa législation (2).

1- La non ratification du Statut de Rome

Si les crimes internationaux internalisés sont *a priori* des infractions internes, parce que prévus et réprimés par les lois pénales de la plupart des États, ils sont considérés comme internationaux dans la mesure où leur perpétration dépasse les frontières des États, et ainsi parce que la répression serait inefficace si elle est assurée par chaque État, pris isolément[58]. Et contrairement à ceux-ci, les crimes internationaux non internalisés sont des infractions internationales par nature ou matérielles[59]. Ces crimes sont nés à l'occasion des conflits internes et internationaux et ont donné lieu à la commission d'actes abominables, mettant ainsi en mal les valeurs universelles protégées par la communauté internationale. Il s'agit donc de comportements qui portent atteinte à l'ordre public international. C'est pourquoi leur répression intéresse la communauté internationale qui a créé des juridictions pénales internationales[60]. La justiciabilité de telles infractions reste donc paralysée au sein de l'ordre juridique camerounais. Les victimes ne pouvant ester devant les juridictions internes, ne pourront qu'espérer une réaction de la communauté internationale.

En principe, une convention non ratifiée par un État ne le lie pas. C'est dire que le Cameroun n'est pas en principe tenu par ce statut. La répression de ces infractions étant impossible sur son territoire, il en est de même de la poursuite des auteurs responsables de ces crimes. Ce qui risque de faire du Cameroun un « paradis pénal » pour les crimes les plus graves. Cependant, les infractions du Statut de Rome relevant du *jus cogens*, peuvent être invoquées par la communauté des États dans son ensemble et même par la CPI et le Conseil de Sécurité de l'ONU. Cela se justifie par la nature des obligations qui y sont contenues. Il s'agit non seulement des obligations intégrales, mais aussi des

---

[58] KEUBOU (Ph.), *Le droit pénal camerounais et la criminalité internationale, op.cit.*, p. 14.

[59] LOMBOIS (C.), *Droit pénal international*, Paris, Dalloz, 2ème édition, 1979, p. 177, CASSESE (A), DELMAS-MARTY (M), *Juridictions nationales et crimes internationaux*, Avant-propos, p. 1.

[60] Comme ce fût le cas des tribunaux pénaux internationaux pour l'Ex-Yougoslavie (TPIY) et pour le Rwanda (TPIR) respectivement en 1993 et 1994 par le Conseil de sécurité des Nations Unies.

obligations *erga omnes*. C'est dans ce sens que certains criminels présumés, bien que leur État n'ayant pas ratifié le Statut de la CPI ont fait l'objet de mandat d'arrêt[61]. Toujours pour des raisons d'ordre public, un État qui n'a pas ratifié ledit Statut peut demander à la CPI[62] la poursuite d'un criminel présumé se trouvant sur son territoire. Cela a pour corollaire l'extension du principe de la compétence universelle et de la complémentarité[63] qui oppose d'ailleurs les Occidentaux aux États africains[64]. C'est certainement ce qui explique la création d'une section de droit international pénal au sein de la future Cour Africaine de Justice, des Droits de l'Homme et des Peuples de l'Union Africaine. Peut-être que le Cameroun le ratifiera pour plus de sécurité juridique.

Il existe une différence entre les crimes de droit international internalisés et ceux non internalisés. Si les premiers protègent des valeurs aussi diverses que la protection des personnes et la sauvegarde de la sécurité des biens, il faut mentionner que les seconds protègent des valeurs générales de la paix et la sécurité internationales à travers l'obligation du respect de la dignité humaine. L'identification de ces infractions est facilitée à travers la lecture du Statut de Rome instituant la Cour pénale internationale (CPI). En effet, ce texte est considéré aujourd'hui en droit international comme la référence la plus aboutie pour ce qui est de la définition des crimes internationaux.

Même si les règles de droit international ainsi que les traités dûment approuvés ou ratifiés s'imposent à son Code ainsi qu'à ses dispositions pénales, le Cameroun ne fait pas partie des États parties à la CPI conformément à l'article 126 (2) du Statut de Rome[65]. Le Cameroun n'a pas signé le Statut de Rome et l'acte final de la Conférence de Rome, alors qu'une de ses délégations a participé à cette conférence et a joué un rôle important et constructif aux travaux préparatoires de la conférence. Même s'il a signé le texte, il reste néanmoins l'un des rares pays de l'Afrique sub-Saharienne n'ayant pas encore ratifié le Statut[66]. Cet état de choses est peut-être dû à un

---

[61] C'est le cas de l'ancien Président soudanais Al Beschir.

[62] C'est le cas du Président ivoirien Gbagbo.

[63] Le Droit international pénal est un droit complémentaire. C'est en cas de non punition sur le plan interne qu'il intervient.

[64] MUBIALA (M.), « Chronique de droit pénal de l'Union Africaine. Vers une justice pénale régionale en Afrique », *Revue internationale de droit pénal,* 2012/3 (Vol. 83), p. 552.

[65] Il y est écrit que : « À l'égard de chaque État qui ratifie, accepte ou approuve le présent Statut ou y adhère après le dépôt du soixantième instrument de ratification, d'acceptation, d'approbation ou d'adhésion, le Statut entre en vigueur le premier jour du mois suivant le soixantième jour après le dépôt par cet État de son instrument de ratification, d'acceptation, d'approbation ou d'adhésion ».

[66] 33 des 49 pays de l'Afrique sub-Saharienne qui ont déjà ratifiés le Statut de Rome. Il s'agit de l'Angola, le Cameroun, la Guinée Équatoriale, l'Érythrée, l'Éthiopie, la Guinée-Bissau, la Mauritanie, le Mozambique, le Rwanda, Sao-Tomé et-Principé, la Somalie, le Soudan du Sud, le Soudan, le Swaziland, le Togo et le Zimbabwe qui n'ont pas encore ratifié le Statut de Rome.

manque de volonté de la part du gouvernement camerounais. Quoi qu'il en soit, cette situation est un frein important pour la répression de ces crimes qui ne sont pas encore définis.

La référence à l'article 5 du Statut de Rome permet d'identifier les infractions de droit international qui n'ont pas encore fait l'objet d'internalisation au Cameroun. Cet article intitulé « Crimes relevant de la compétence de la Cour » dispose en effet que « La compétence de la Cour est limitée aux crimes les plus graves qui touchent l'ensemble de la communauté internationale. En vertu du présent Statut, la Cour a compétence à l'égard des crimes suivants : le crime de génocide ; les crimes contre l'humanité ; les crimes de guerre ; le crime d'agression »[67].

Le principe général de droit pénal portant sur la légalité des délits et des peines ou principe de légalité criminelle exprime une double exigence de définition par la loi tant des comportements répréhensibles que des sanctions prévues pour les punir ces comportements. Le fait que le Cameroun n'obéisse pas à ce principe participe ainsi aux difficultés de répression des infractions internationales. Cette situation est la conséquence logique de la non ratification par le Cameroun des instruments internationaux incriminant ces comportements. D'où la source d'insécurité non seulement envers des victimes, mais aussi envers la communauté internationale malgré quelques maigres espoirs.

2- Une internalisation déguisée ?

À première vue, il ressort que les infractions internationales prévues et définies dans le Statut de Rome ne sont pas connues du Cameroun. L'intitulé de l'article 11 du Code pénal camerounais aurait pu permettre cependant de balayer d'un revers de la main cette hypothèse. Mais la lecture de cet article aux termes duquel « La loi pénale de la République s'applique au mercenariat, à la discrimination raciale, à la piraterie, au trafic des personnes, à la traite des personnes, à l'esclavage, au trafic des stupéfiants, au trafic des déchets toxiques, au blanchiment des capitaux, à la cybercriminalité, à la corruption et aux atteintes à la fortune publique commis même en dehors du territoire de la République (…) »[68], réconforte l'idée qu'aucune allusion n'est faite aux crimes de guerre, au crime de génocide, aux crimes contre l'humanité et au crime d'agression. Cet article ne prend en compte que les infractions internes ayant un élément d'extranéité. C'est la lecture de l'article 8 du Code de justice militaire[69] disposant que « Le Tribunal militaire est seul compétent pour connaitre : a) des infractions militaires et des crimes de guerre ; b) des crimes contre l'humanité et du crime de génocide (…) »[70], qui permet de dire que les

[67] Article 5, Paragraphe 1 du Statut de Rome de la CPI.
[68] Article 11 du Code pénal camerounais.
[69] Loi n° 2017/012 du 12 juillet 2017.
[70] Article 8 du Code de justice militaire du Cameroun.

infractions internationales prévues et définies dans le Statut de Rome sont connues du Cameroun[71]. Il est cependant fort important de constater qu'aucun texte, qu'il soit législatif ou règlementaire ne définit ces infractions. Cette absence – voulue ou non – de définition des crimes internationaux par les législations nationales camerounaises, constitue une véritable lacune pour la répression de ces infractions. S'il est vrai qu'à l'origine de cette absence se trouve la non ratification des instruments internationaux, d'autres questions émergent. La question de l'insécurité juridique se trouve amplifiée quant à l'origine de cette incrimination. Est-elle autonome ou rattachable à celles du Statut de Rome ?

En réalité, ce Code est une émanation de la loi portant répression des actes de terrorisme au Cameroun[72]. L'insécurité juridique y est manifeste. Cela se laisse apercevoir aussi bien dans ses dispositions que par l'organe de répression des terroristes.

La loi portant répression du terrorisme au Cameroun présente à bien des égards le caractère d'une législation d'internalisation. En effet, « Partie à plusieurs instruments juridiques de lutte contre le terrorisme, le Cameroun se devait de traduire ses intentions en actes normatifs concrets intégrés dans son ordre juridique interne »[73]. Il semble que les éléments accélérateurs d'une telle internalisation sont la Résolution 1373 du Conseil de Sécurité de l'ONU visant la lutte contre le terrorisme et les actes criminels perpétrés par la secte islamiste Boko Haram. La tonalité sévère de cette loi s'observe sur la définition du terrorisme et les peines. Il y est consacré une définition large du terrorisme[74] et la sanction des actes terroristes est la peine de mort[75], dépassant même les sanctions prévues dans le Statut de Rome[76]. C'est donc une insécurité juridique qui entraine l'application de la peine maximale relevant de la discrétion du Cameroun.

En outre, la répression des actes de terrorisme demeure une compétence exclusive des juridictions militaires. Au-delà du débat sur sa nature[77], le Tribunal militaire est le symbole de l'insécurité juridique. Au fait, le terrorisme concerne aussi les civils et aurait pu aussi ressortir de la

---

[71] À l'exception cependant de l'Agression.

[72] Loi n° 2014/028 du 23 décembre 2014 portant répression des actes de terrorisme.

[73] BILOUNGA (T. S.), « L'État camerounais à la croisée de l'État de droit et de l'État de police. (À propos de la loi du 23 décembre 2014 portant répression des actes de terrorisme), *Cahiers juridiques et politiques*, Revue de la Faculté des Sciences Juridiques et Politiques, Université de Ngaoundéré, Numéro spécial, 2015, p. 25.

[74] Article 2 de la loi du 23 décembre 2014.

[75] Article 2 (1) de la loi du 23 décembre 2014, *op.cit.* À côté de la peine de mort, la garde à vue renouvelable de manière illimitée selon l'article 11 et la sévérité des peines relevant des circonstances atténuantes prévues à l'article 13 sont des exemples de la dureté de cette loi.

[76] La peine maximale devant la CPI est l'emprisonnement à perpétuité conformément à l'article 77 (1a) du Statut de Rome.

[77] Juridiction d'exception ou juridiction spéciale.

compétence des juridictions civiles. Tout acte terroriste n'implique pas toujours l'utilisation d'une arme à feu, et tout acte criminel mobilisant une arme à feu n'est pas une exclusivité du Tribunal militaire. De même, un recours portant contestation d'une décision rendue par ce tribunal devant une instance internationale sera porté devant une juridiction internationale non militaire. Pour toutes ces raisons, « L'attribution de l'exclusivité de compétence juridictionnelle au Tribunal militaire semble donc humainement incongrue et même un tant soit peu "terroriste", eu égard à la peur du gendarme tant dans son apparence que dans ses méthodes »[78]. Analysons certaines conventions ratifiées par l'État camerounais.

B- L'internalisation limitée

Il s'agit ici de révéler les lacunes liées au processus d'internalisation des conventions internationales au Cameroun. L'insistance sera basée sur l'internalisation des crimes de mercenariat, d'esclavage et du travail forcé, du trafic des déchets toxiques et du faux monnayage. Nous verrons que certains sont moins définis et que d'autres, bien qu'étant internalisés tardivement, présentent des incohérences.

La définition est essentielle pour le processus d'incrimination. Son absence est une cause courante de la détérioration de la valeur de la certitude juridique. Pour ce qui est du mercenariat, il est une innovation parmi les infractions contenues à l'article 11 du Code pénal de 2016. Il faut dire que le mercenariat est un phénomène difficile à appréhender et qui requiert une définition précise[79]. Le Cameroun a ratifié les deux conventions y relatives[80]. Toutefois, aucun effort d'intégration n'a été fait car, certaines dispositions de certaines conventions soulèvent parfois des difficultés [81] non seulement source d'imprécision, mais aussi, elles sont liées à la complexité des mécanismes pénaux mis en place dans la convention par la règle de l'universalité du droit de punir, parce que pouvant susciter de nombreux conflits de compétence avec d'autres juridictions. Il faut noter que les conventions internationales ne sont

---

[78] BILOUNGA (T. S.), « L'État camerounais à la croisée de l'État de droit et de l'État de police. (À propos de la loi du 23 décembre 2014 portant répression des actes de terrorisme), *op.cit.*, p. 30.
[79] Voir PELCHAT (M), Rapport n° 142 (2002-2003), fait au nom de la Commission des affaires étrangères, de la défense et des forces armées (1), déposé le 23 janvier 2003 sur le Projet de loi relatif à la répression de l'activité mercenaire.
[80] La Convention sur l'élimination du mercenariat d'Afrique du 3 juillet 1977 adoptée par l'Organisation de l'unité africaine (OUA) et entrée en application à partir du 22 avril 1985. Et la Convention internationale contre le recrutement, l'utilisation, le financement et l'instruction de mercenaires du 4 décembre 1989 adoptée par la Résolution 44/34 de l'Assemblée générale de l'Organisation des Nations unies (ONU) et entrée en vigueur le 20 octobre 2001.
[81] La Convention du 4 décembre 1989 soulève la difficulté de définir même le mercenariat, car cette définition donnée reprend pour l'essentiel les dispositions contenues dans le protocole I de 1977, mais ne précise pas que le mercenaire est celui « qui, en fait, prend une part directe aux hostilités ». Pourtant en France, depuis 2003, le Code pénal reprend sur ce point les six critères cumulatifs contenus dans le Protocole I.

pas toujours sans influence sur la garantie de la sécurité juridique. D'un côté, ces conventions encouragent les États à prendre des mesures de leur internalisation. D'un autre côté, il n'existe pas un code pénal international. La qualification des faits est indécise dans ces textes, la distinction traditionnelle entre crime et délits n'est pas clairement perçue. Quand elles sont explicites sur ce concept, les textes conventionnels n'utilisent que l'expression « crime » probablement parce que leurs auteurs estiment que les faits qu'elles incriminent sont particulièrement graves. Dans d'autres cas, elles s'abstiennent de toute qualification et se contentent de la description objective des faits punissables[82]. C'est aussi dans ce sens que le Professeur Thiery Steve BILOUNGA affirme que « les instruments internationaux à vocation régionale ou universelle dont le Cameroun fait partie semblent juridiquement particuliers. Ils souffrent de l'absence de dispositifs juridiques et institutionnels répressifs ou davantage contraignants »[83].

L'article 1er du texte de 1989 dispose que « le terme "mercenaire" s'entend de toute personne qui est spécialement recrutée dans le pays ou à l'étranger pour combattre dans un conflit armé ; qui prend part aux hostilités essentiellement en vue d'obtenir un avantage personnel et à laquelle est effectivement promise, par une partie au conflit ou en son nom, une rémunération matérielle nettement supérieure à celle qui est promise ou payée à des combattants ayant un rang et une fonction analogues dans les forces armées de cette partie. Le terme mercenaire s'entend aussi de toute personne qui n'est ni ressortissante d'une partie au conflit, ni résidente du territoire contrôlé par une partie au conflit ; qui n'est pas membre des forces armées d'une partie au conflit ; et qui n'a pas été envoyée par un État autre qu'une partie au conflit en mission officielle en tant que membre des forces armées dudit État ». L'on peut constater que la première partie de l'article 1er reprend la définition donnée par le Premier protocole additionnel de 1977 (hormis le fait que la participation du mercenaire aux hostilités n'a plus à être une participation « directe »).

Cependant, la seconde partie du texte fait apparaître une nouveauté en spécifiant que le terme « mercenaire » s'entend également, dans toute autre situation, de toute personne qui est spécialement recrutée dans le pays ou à l'étranger pour prendre part à un acte concerté de violence visant à renverser un gouvernement ou, de quelque autre manière, porter atteinte à l'ordre constitutionnel d'un État ; ou à porter atteinte à l'intégrité territoriale d'un État. Il en est de même de toute personne qui prend part à un tel acte essentiellement en vue d'obtenir un avantage personnel significatif et est

---

[82] DAILLIER (P.), FORTEAU (M.), PELLET (A.), *Droit international public*, Paris, LGDJ, 8ème édition, 2009, p. 780.

[83] BILOUNGA (T. S.), « L'État camerounais à la croisée de l'État de droit et de l'État de police. (À propos de la loi du 23 décembre 2014 portant répression des actes de terrorisme), *op.cit.*, p. 30.

poussée à agir par la promesse ou par le paiement d'une rémunération matérielle ; qui n'est ni ressortissante ni résidente de l'État contre lequel un tel acte est dirigé ; qui n'a pas été envoyée par un État en mission officielle ; et qui n'est pas membre des forces armées de l'État sur le territoire duquel l'acte a eu lieu[84].

En ce qui concerne l'esclavage et le travail forcé, il faut les analyser séparément. Bien que l'incrimination de l'esclavage soit l'œuvre d'instruments internationaux, le Cameroun l'a bien intégré dans son Code pénal. Cette infraction internationale est prévue par le Code pénal à l'article 293 qui se lit comme suit « est puni d'un emprisonnement de 10 à 20 ans celui qui a réduit ou maintient une personne en esclavage, ou se livre, même occasionnellement, au trafic d'une personne. Est puni d'un emprisonnement de 1 à 5 ans et d'une amende de 10 000 à 1 000 000 de francs celui qui donne ou reçoit en gage une personne. La juridiction peut en outre prononcer les déchéances de l'article 30 du présent code ». L'article 342 du même code va plus loin en prévoyant des peines encore plus sévères lorsque l'infraction est entourée de circonstances aggravantes relatives à la qualité de la victime. Ainsi, lorsque la victime est mineure de dix-huit ans, la peine est un emprisonnement de quinze à vingt ans en cas de crime tel que défini à l'article 293(1) ; la peine est un emprisonnement de cinq à dix ans et l'amende de 50 000 à un million de francs en cas de délit tel que défini à l'article 293(2) et les déchéances prévues à l'article 30 du présent code peuvent être prononcées.

À la lecture de ce texte, on constate que le législateur a omis de définir les différents aspects de l'incrimination, ce qui rend la tâche d'interprétation très difficile. Il faut s'en remettre au juge dans ce cas. Si tel est le cas, la perte de la sécurité dans le cadre de la recherche de définition par les tribunaux peut être causée par la prévalence de la source jurisprudentielle sur celle normative[85]. Le législateur camerounais n'a défini ni l'esclavage, ni le trafic ou la mise en gage d'une personne. Par contre, il a puni les différents aspects de l'incrimination de peines très sévères. Pour contourner la difficulté, la jurisprudence pourra s'inspirer des définitions prévues par certaines conventions et particulièrement la Convention[86] de 1956 relative à l'abolition de l'esclavage à laquelle le Cameroun a adhéré le 27 juin 1984.

---

[84] Convention internationale contre le recrutement, l'utilisation, le financement et l'instruction de mercenaires, 4 décembre 1989, disponible sur le site Internet du CICR à l'adresse suivante : http://www.icrc.org/dih.nsf/FULL/530, consulté le 20 avril 2020.

[85] ESPOSITO (A.), « La définition des crimes et le rôle du droit comparé : comment les juges comblent les lacunes normatives ? », *in* FRONZA (E.), MANACORDA (S.), (dir.), *La justice pénale internationale dans les décisions des tribunaux ad hoc*, Paris, Dalloz, 2003, p. 55.

[86] Elle est entrée en vigueur le même jour pour ce pays.

Pour ce qui est du faux monnayage, il faut dire qu'il s'agit de la fabrication et de la mise en circulation de la fausse monnaie qui constituent une atteinte grave à un intérêt fondamental des États, puisque la fabrication de la monnaie est un privilège de l'État et un attribut de sa souveraineté. C'est pourquoi à la suite des traités, le droit camerounais réprime cette pratique indépendamment du pays dont la fausse monnaie fait l'objet de l'incrimination. Les différents aspects de l'incrimination sont prévus par l'article 215 du Code pénal qui punit d'un emprisonnement de cinq à dix ans et d'une amende de 50 000 à 150 000 francs celui qui sans autorisation : fabrique soit des monnaies sous quelques formes ou dénomination que ce soit, soit des billets payables au porteur ou qui introduit, expose ou met en circulation les monnaies ou billets ainsi fabriqués ; fabrique ou détient des machines, appareils, instruments ou matériels pouvant être utilisés pour la fabrication de monnaies ou billets susceptibles d'être confondus avec la monnaie légale. L'article 211 quant à lui prévoit qu'est puni de l'emprisonnement à vie celui qui : contrefait ou altère les monnaies de papier, d'or ou d'argent ayant cours dans la République ; introduit sur le territoire de la République ces monnaies contrefaites ou altérées ; émet ces monnaies contrefaites ou altérées. S'il s'agit d'autres monnaies nationales ou étrangères ayant ou non cours, la peine est un emprisonnement de dix à vingt ans. Si l'altération ne consiste qu'en la coloration des monnaies ayant ou non cours légal dans la République ou dans un pays étranger, la peine est de six mois à cinq ans d'emprisonnement. En cas de monnaies reçues pour bonnes, mais remises en circulation après connaissance de leurs vices, la peine est de trois mois à trois ans d'emprisonnement et l'amende de trois fois la valeur putative des dites monnaies.

Comme on peut le constater, si pour la fabrication, la contrefaçon et l'altération, la preuve de l'intention délictueuse est facile à faire, la réalisation de l'acte matériel présupposant l'existence de l'élément moral ; tel n'est pas le cas des autres aspects tels que l'introduction dans le territoire national et la circulation qui peuvent être réalisés en dehors de toute intention si l'agent n'a pas agi en connaissance de cause[87]. À la lecture de ces textes, on remarque que la fabrication de la fausse monnaie est punie de peines moins graves (cinq à dix ans) que la contrefaçon, la circulation et l'émission (emprisonnement à vie).

CONCLUSION

Le droit pénal camerounais a internalisé des infractions internationales. Mais, cette internalisation est imparfaite. Toute chose qui met en évidence la qualité du « bon » ou « mauvais » législateur et juge. Cela traduit la crise de la légalité qui se manifeste par la dégradation de la technique de formulation des incriminations entrainant des interprétations évolutives et créatives de la

[87] Voir aussi, GATTEGNO (P.), *Droit pénal spécial*, Paris, Dalloz, 3e édition, 1999, n° 699 et ss.

jurisprudence ayant pour but de colmater les lacunes de protection[88]. Malgré le progrès, la non ratification de certaines conventions parmi lesquelles le Statut de Rome nuit à la sécurité juridique, non seulement camerounaise, mais aussi internationale. Fort heureusement, la réforme du Code pénal intervenue en 2016 et du Code de Justice Militaire en 2017 a permis d'ajouter aux infractions existantes en matière de protection des biens, d'autres infractions à savoir le détournement de la fortune publique et la cybercriminalité... Toute chose qui permet d'espérer un avenir prometteur tant il est vrai que l'internalisation des conventions dépend fortement de la volonté politique.

INDICATIONS BIBLIOGRAPHIQUES

- ASCENSIO (H.), « Une entrée mesurée dans la modernité du droit international pénal, à propos de la loi du 9 août 2010 », *La Semaine Juridique*, Édition Générale, n° 37, 13 septembre 2010, pp. 1691-1698.
- ATEMENGUE (J. De N.), « Conflits armés, crises humanitaires et responsabilité indirecte du chef politique », *in* SPENER YAWAGA, (dir.), *Crises humanitaires et responsabilités*, Paris, L'Harmattan, 2018, pp. 17-32.
- ATIAS (Ch.), « Justiciabilité », CADIET (L.), (dir.), *Dictionnaire de la justice*, Paris, PUF, 2004, p. 798.
- BILOUNGA (T. S.), « L'État camerounais à la croisée de l'État de droit et de l'État de police. (À propos de la loi du 23 décembre 2014 portant répression des actes de terrorisme), *Cahiers juridiques et politiques*, Revue de la Faculté des Sciences Juridiques et Politiques, Université de Ngaoundéré, Numéro spécial, 2015, pp. 9-32.
- CASSESE (A.), DELMAS-MARTY (M.), *Crimes internationaux et juridictions internationales*, Paris, PUF, 2002, 336 p.
- DAILLIER (P.), FORTEAU (M.), PELLET (A.), *Droit international public*, Paris, LGDJ, 8ème édition, 2009, 1709 p.
- DELMAS-MARTY (M.), « La Cour Pénale Internationale et les interactions entre droit interne et international », *RSC*, 2003, n° 1, pp. 1-12.
- DELMAS-MARTY (M.), PIETH (M.), SIEBER (U.), *Les chemins de l'harmonisation pénale – Harmonising Criminal Law*, Paris, Société de législation comparée, 2008, 447 p.
- FICHET-BOYLE (I.), MOSSE (M.), « L'obligation de prendre des mesures internes nécessaires à la prévention et à la répression des

[88] ESPOSITO (A.), « La définition des crimes et le rôle du droit comparé : comment les juges comblent les lacunes normatives ? », *op.cit.*, p. 55.

infractions », *in* ASCENSIO (H.), DECAUX (E.), PELLET (A.), *Droit international pénal*, Paris, éd. A. Pedone, 2ème éd. révisée, pp. 1055-1070.

- DELAS (O.), ROBICHAUD (M.), « Les difficultés liées à la prise en compte du droit international des droits de la personne en droit canadien : préoccupations légitimes ou alibis ? », *RQDI*, 2008, 21.1, pp. 1-52.
- HENZELIN (M.), ROTH (R.), (dir.), *Le droit pénal à l'épreuve de l'internationalisation,* Paris, LGDJ, 2002, 355 p.
- HUET (A.), KOERING-JOULIN, *Droit international pénal*, Paris, PUF, 3ème éd., 2005, 507 p.
- KEUBOU (Ph.), *Le droit pénal camerounais et la criminalité internationale,* Université de Dschang, Thèse de Doctorat en Droit, soutenue le 18 octobre 2012, 409 p.
- PHILIPPE (X.), « Les sanctions des violations du droit international humanitaire : problématique de la répartition des compétences entre autorités nationales et entre autorités nationales et internationales », *RICR*, vol. 90, n° 870, pp. 359-370.
- POUGOUE (P.-G.), « Les figures de la sécurité juridique », *RASJ,* Université de Yaoundé II, Vol. 4, n° 1, 2007, pp. 1-8.
- ROMAN (D.), « La justiciabilité des droits sociaux ou les enjeux de l'édification d'un État de droit social », *Revue des Droits de l'Homme 2,* 2012, Varia, http://journals.openedition.org/revdh/84, consulté le 20 avril 2020.

Les traits fondamentaux du droit pénal dans la politique de lutte contre l'insécurité au Cameroun

Par

Alhadji Djougdoum HAMAN ADJI[1]

Résumé

Le droit pénal devrait être utilisé comme un moyen et non une fin dans la résolution des conflits. Sinon, ce serait transformer la trajectoire de la fonction primitive à lui assignée notamment la sécurité des personnes et des biens. Pourtant les situations d'insécurité sans cesse croissantes au Cameroun depuis une décennie, ont poussé le législateur à consacrer implicitement le droit pénal comme une arme légitimée. En choisissant de traiter la place du droit pénal dans une société camerounaise mue par les situations d'insécurité, cette contribution fait état d'une remise en cause des acquis fondamentaux qui préconisaient l'érection des garanties de l'État de droit, en organisant une rupture fondée sur la priorisation de la sécurité au détriment de la liberté. Elle invite à prendre conscience des contradictions qui traversent à l'heure actuelle le droit pénal dans la recherche de la paix au Cameroun.

Mots-clés : droit pénal, arme légitimée, résolution des conflits, rationalisation, paix.

[1] Docteur/ Ph. D. en Droit Privé et Sciences Criminelles, Assistant, Faculté des Sciences Juridiques et Politiques de l'Université de Maroua, E-mail : alhadjihamanadji@yahoo.fr

INTRODUCTION

Si à l'observation, il apparait que la recherche de sécurité est un phénomène inhérent à la nature humaine omniprésente dans la vie sociale sous des formes plurielles, il faut dire qu'elle est guidée par des situations troubles de toute sorte qui sclérosent l'humanité, devenue le terrain des conflits. Pourtant, celles-ci ont conduit l'homme à prendre conscience de ces ascensions de violences en proposant des méthodes et des moyens préconisant leur résolution tout en s'inscrivant dans la logique du « plus jamais ça », en sanctionnant ces différentes dérives. C'est ainsi que le droit pénal, en s'affirmant dans cette perspective, a voulu apporter une solution à cet élan de perturbation. Face à la montée de l'insécurité dans certaines régions du pays, les pouvoirs publics dans leur mission régalienne ont opté pour une méthode à la hauteur des fauteurs de troubles.

Ce constat fait, il faut noter que depuis le début des crises au Cameroun comme par le passé[2], les pouvoirs publics n'ont pas manqué de prendre des initiatives législatives afin de ramener la paix et rasseoir la sécurité. La montée de la criminalité a ainsi poussé le législateur à adopter de nombreuses lois. On assiste dans cette décennie à l'adoption de certaines lois et à des révisions d'autres. Ce qui a conduit à l'inflation des lois au Cameroun. Au point où l'on se demande si le droit pénal serait devenu le fer de lance dans la résolution des conflits au troisième millénaire. Et à questionner la place qu'il occupe lorsqu'il faut trouver des solutions aux conflits. *In fine,* s'interroger si la réponse pénale serait le moyen efficace pour lutter contre l'insécurité. C'est pourquoi, il ne faut pas omettre la célèbre phrase de Mireille Delmas-Marty qui rappelait dès lors que « même pénale, la loi n'a pas tous les droits »[3]. C'est dans cette optique que la présente recherche s'inscrit dans la logique d'une réflexion sur la politique essentiellement répressive adoptée par le Cameroun face à l'insécurité. À cet effet, l'on est en droit de se demander quels sont les traits fondamentaux du droit pénal dans la lutte contre l'insécurité au Cameroun ? En d'autres termes, le droit pénal peut-il tout se permettre dans sa recherche effrénée de la sécurité au Cameroun ? Echappera-t-il aux entrainements de la passion pour la recherche de la paix quand on sait que la légalité est bien le fondement de tout droit pénal ?

À l'analyse, le bilan peut en premier lieu se décliner en un sentiment de satisfaction en ce qui concerne les normes internes de lutte contre la criminalité, qui dans certaines circonstances ont une incidence sur la sphère

[2] MELONE (S.), « Les grandes orientations actuelles de la législation pénale en Afrique : le cas du Cameroun. (Réflexions sur les ordonnances pénales récentes) », *Arch. pol. crim.*, n° 1, 1975, pp. 143-178.

[3] DELMAS-MARTY (M.), « Légalité pénale et prééminence du droit selon la Convention Européenne de sauvegarde des droits de l'Homme et des libertés fondamentales », in *Droit pénal contemporain*, Mélanges en l'honneur d'André VITU, Paris, Cujas, 1989, pp. 151-167.

sécuritaire. S'interroger alors sur le caractère de ce droit pénal consacré dans la politique de lutte contre l'insécurité n'est toutefois pas hautain, mais s'avère être le nœud du problème, car la répression n'est pas toujours un moyen adéquat pour ramener la paix. L'on risquerait de transformer l'État de droit en État de police. Or, le pire devient réalité. C'est ce qu'explique l'accroissement du rôle des parquets et l'explosion de la population carcérale[4]. L'État malheureusement a consacré un droit pénal oppressif au détriment d'un droit pénal libéral dans la gestion de ses crises. Pourtant, dans sa fonction principale, il s'avère qu'il est un instrument légal consacré dans la recherche de sécurité. Raison pour laquelle il a été malheureusement usité comme une fin par le législateur camerounais (I). Toutefois, il faut noter que la nature de ce droit pénal consacré au Cameroun ne semble pas toujours être l'instrument utilisé comme moyen adéquat (II), d'où l'appel à sa nécessaire perfectibilité.

I- LA CONSÉCRATION D'UN DROIT PÉNAL OPPRESSIF DANS LA POLITIQUE DE LUTTE CONTRE L'INSÉCURITÉ

Depuis l'accession à l'indépendance, le droit pénal camerounais n'a pas cessé de faire chemin jusqu'à nos jours. De 1967[5] à 2016, en passant par les années 1972[6] et 1990[7], la compréhension du droit pénal issu de ces réformes traduit le souci du législateur de répondre aux différentes situations d'alors. Si l'aménagement de 1972 était axé sur le durcissement de la répression, la situation actuelle n'est pas loin de celle-là. Pourtant le législateur, pour garroter la montée de l'insécurité, est intervenu de différentes manières. Pour autant, depuis l'adoption du nouveau code, le législateur n'a pas marqué de pause. Le mouvement vers le surarmement pénal[8] permanent a pris l'allure d'une fatalité. La réduction de nouveaux textes à sa dimension répressive nous amène à dire qu'il a aménagé plutôt un cadre propice à la répression (B) au détriment de ce cadre intimidateur souhaité au départ par le législateur lui-même (A).

[4] Voir le rapport de la Commission nationale des droits de l'homme et des libertés (CNDHL) publié en 2017. Le CNDHL dit avoir servi les 30 701 détenus contre 26 702 détenus en septembre 2015. Or au 31 août 2000, la population carcérale était de 19 691 personnes, 22 098 personnes en 2005 dénombrées dans les établissements pénitentiaires du Cameroun selon le *Rapport sur la situation des prisons au Cameroun* publié par Action des chrétiens pour l'abolition de la torture (ACAT)-LITTORAL en décembre 2011, p. 10.

[5] La loi n° 67/LF/1 du 12 juin 1967 portant code pénal.

[6] Voir l'ordonnance n° 72/4 du 26 août 1972 portant organisation judiciaire. Voir aussi l'ordonnance du 28 septembre 1972 sur la répression du banditisme.

[7] Voir la loi n° 90/058 modifiant la loi n° 89/01 du 29 décembre 1989.

[8] DANET (J.), « Le droit pénal et la procédure pénale sous le paradigme de l'insécurité », *Arch. pol. crim.*, vol. 25, n° 1, 2003, pp. 37-69.

A- Le surarmement pénal législatif

Pour faire face à l'insécurité grandissante, le législateur camerounais dans son esprit est intervenu pour consacrer un cadre pénal intimidateur. Parler de la conceptualisation de la sécurité au Cameroun revient à mettre en évidence la pensée principale du législateur dans la gestion des crises. Le droit pénal serait donc devenu l'expression d'une politique obscure dans la résolution des conflits. Ce surarmement passe par la création de nouvelles incriminations et par l'aggravation des peines. La frénésie sécuritaire évoquée se traduit par une course au surarmement pénal au détriment d'un idéal de rationalisation du droit. Cet activisme se matérialise à la fois par une criminalisation générale (1) et spéciale (2). Pourtant, l'on redoute qu'on se retrouve dans une situation d'enhardissement législatif de mauvais augure pour les droits et libertés fondamentaux.

1- Une criminalisation générale

Depuis l'amorce de l'enjeu sécuritaire au Cameroun, le législateur n'a cessé de voter des textes à caractère répressif au point d'avoir révisé le Code pénal existant depuis 1990. C'est ainsi que la révision de 2016 bien que n'ayant pas cessé d'irriguer la nouvelle philosophie pénale africaine, intervenait dans la logique de la criminalisation de certains comportements jugés antisociaux, car portant atteinte à la sécurité et à l'ordre public. Il faut sans doute retenir que si « le droit devrait être l'instrument principal de la cohérence et de la stabilité de nouveaux États (...) »[9], la recherche de ces moyens est inéluctable pour le législateur. C'est une façon d'aboutir à une forme spécifique d'étatisation du droit pénal. En effet, cette conception est la résultante d'une nouvelle politique criminelle qu'a adoptée le Cameroun avec cette réécriture en 2016 d'un Code pénal après un demi-siècle d'application inchangée. C'est dans cette logique évolutionniste et contemporaine du droit pénal que le législateur réaménagea la « ceinture de force » de l'État. Cette vision nouvelle qu'a voulu donner le législateur à ce Code rentre en droite ligne dans l'édification de grandes orientations de la législation pénale[10] tout en rompant le lien avec ce vieillissant passé[11] afin de répondre à la donne sécuritaire. En ce qui concerne les avancées, le Code pénal de 2016 – bien qu'ayant réaffirmé les acquis existant dans l'ancien Code[12] – a consacré une

---

[9] MINKOA SHE (A.), *Droits de l'homme et droit pénal au Cameroun*, Paris, Economica, coll. « La vie du droit en Afrique », 1999, p. 7. MINKOA SHE (A.), *Essai sur l'évolution de la politique criminelle au Cameroun depuis l'indépendance*, Thèse, Strasbourg III, 1987, p. 26.

[10] MELONE (S.), « Les grandes orientations actuelles de la législation pénale en Afrique : le cas du Cameroun. (Réflexions sur les ordonnances pénales récentes) », *Arch. pol. crim.*, n° 1, 1975, pp. 143-178 ;

[11] Le texte qui en résulte est celui issu des lois n° 65/LF-24 du 12 novembre 1965 portant institution d'un Code pénal, J.O.R.F.C. 1965 et n° 67-LF-1 du 12 juin 1967 portant institution d'un Code pénal, J.O.R.F.C, 1967.

[12] Pour ce qui est de la confirmation, les articles 2 à 16 restent identiques à l'exception de l'article 11 qui fera l'objet de notre préoccupation.

progression non négligeable en termes d'incrimination et de sanction, caractéristique du surarmement.

Il faut alors noter que ce surarmement pénal passe par la création de nouvelles incriminations et par l'aggravation des peines[13]. Il convient de prime abord de noter pour les apprécier, les innovations contenues dans le premier livre portant sur la loi pénale. L'introduction des textes spéciaux reconnaissant la responsabilité pénale des personnes morales, le délit d'initié et les autres infractions boursières, la consécration des peines alternatives à la peine d'emprisonnement et l'harmonisation conforme du Code pénal avec le Code de procédure pénale sont autant d'innovations qui ne peuvent passer inaperçues. Il est important de noter également la création de nouvelles infractions relatives à la protection des personnes physiques ou à la protection des droits des plus faibles que sont les femmes et les enfants[14]. Par ailleurs, le législateur camerounais a décidé d'instituer des peines alternatives à l'emprisonnement. À cet effet, il a pu instituer le travail d'intérêt général et la sanction réparation.

Cependant, il convient de relever de très nombreuses insuffisances, qui ne peuvent logiquement être admises dans ce Code pénal, eu égard à son importance. Il y a ainsi à noter la grande légèreté dans la définition des éléments constitutifs de ces infractions[15], et surtout une inclinaison délibérée ou non du législateur vers la prise en compte des droits des puissants au détriment des droits des plus faibles franges du peuple. De fait, à bien regarder le nouveau texte, on ne peut s'empêcher de se demander si, à la réalité, l'objectif poursuivi était la volonté de ramener la paix, notamment la réponse à la montée de l'insécurité. Le législateur avait ainsi incriminé dans le nouveau Code pénal les tags, parmi lesquels le harcèlement sexuel, la filouterie de loyer, la mendicité, la protection des privilèges et immunités.

Enfin, que dire de l'absence de transposition ou la mauvaise transposition dans l'ordre interne des dispositions issues des traités et conventions internationaux ratifiés par le Cameroun ? Le maintien de la peine de mort figure en première place. Il en ressortait que l'une des motivations de la révision du Code pénal résidait dans l'internalisation des engagements internationaux souscrits par le Cameroun, « qu'il doit respecter ». Entre autres engagements internationaux pris par le Cameroun, figure aussi la Déclaration

---

[13] MUCCHIELLI (L), *Sociologie de la délinquance*, Malakoff, Armand Colin, 2e éd., 2017, p. 51.

[14] Les mutilations génitales, l'adultère révisé ainsi que les infractions liées au terrorisme.

[15] On aurait pu espérer que remettant son ouvrage sur le métier, le législateur camerounais de 2016 se serait empressé de nettoyer le texte du Code pénal des notions fourre-tout. Il en est par exemple des notions telles que : « sentences étrangères, relégation, insurrection, mouvement insurrectionnel, insurgés, arme, explosif, fonds publics, négligence systématique, décision de justice devenue définitive, patrimoine culturel et national, activités dangereuses, substances explosives, cri séditieux, etc. ».

Universelle des Droits de l'Homme dont l'Article 3 dispose clairement que : « Tout individu a droit à la vie, la liberté et à la sûreté de sa personne ». Ces valeurs sont reprises aussi bien par la Charte Africaine des Droits de l'Homme et des Peuples, que par la constitution camerounaise du 18 janvier 1996. Le maintien de la peine de mort dans le Code pénal révisé de 2016 paraît ainsi être ouvertement en contradiction avec les instruments internationaux suscités, que le Cameroun a ratifiés ainsi qu'avec sa constitution. Tout cet arsenal législatif conduit à nous interroger sur la nature véritable d'une telle inflation. Toutefois, cette dernière ne reste pas figée dans le domaine général, mais embrasse aussi les domaines spéciaux.

2- Une criminalisation spéciale

Plusieurs textes marquent l'activisme du législateur camerounais dans la lutte contre l'insécurité et par-dessus tout, la résolution des conflits. Depuis l'adoption du nouveau Code de procédure pénale intervenue en 2005 entrée en vigueur en 2007, le législateur n'a pas temporisé son élan de priorisation de l'enjeu sécuritaire. L'architecture spécifique de certaines lois spéciales n'a pas caché cette volonté d'éradiquer avec plus de vigueur le phénomène d'insécurité. Pourtant c'est depuis 2010 que l'activisme du législateur a véritablement tiré sa sonnette d'alarme. C'est dans différentes lois spéciales[16], ou encore dans diverses conventions ratifiées par le Cameroun[17] que l'on remarque cette criminalisation spéciale. Certaines lois spéciales par contre contiennent en elles-mêmes leur propre forme de pénalisation. Ce sont des lois auto-pénalisantes dont la répression parfois n'est pas contenue dans le Code pénal. Ces lois embrassent plusieurs domaines notamment l'aviation, gazier, transfrontalier, sportif, maritime, terrorisme, détournement de deniers publics, audiovisuel, transport[18]. Il faudra en particulier s'attarder sur le e-commerce

---

[16] La loi de n° 2010/012 du 21 décembre 2010 relative à la cyber-sécurité et la cybercriminalité au Cameroun. La loi N° 2011/028 du 14 décembre 2011 portant création d'un Tribunal Criminel Spécial portant sur la répression des infractions de détournement des deniers publics au Cameroun. Voir aussi la loi N° 2014/028 du 23 décembre 2014 portant répression des actes de terrorisme. Voir la loi N° 2018/005 du 11 juillet 2018 autorisant le Président de la République à accepter l'amendement à l'art 8 de la Conv. Internationale sur l'élimination de toutes les formes de discrimination raciale, adoptée à New York, le 15 janvier 1992.

[17] La convention consacrée exclusivement à la lutte contre la corruption a été adoptée dans le cadre des Nations Unies le 31 octobre 2003, signée le 10 décembre 2003, elle a été ratifiée le 06 février 2006, et entrée en vigueur le 08 mars 2006 au Cameroun. Voir à cet effet l'article 134 du CP relatif à la corruption. Pour ce qui est du blanchiment il faut faire référence au Règlement n° 01/03-CEMAC-UMAC du 4 avril 2003 portant prévention et répression du blanchiment des capitaux et du financement du terrorisme en Afrique centrale. Accord de coopération relatif à la lutte contre le terrorisme en Afrique centrale, signé le 29 avril 1999 à Yaoundé et adopté à Libreville par le Règlement n° 08/05-UEAC-057-CM-13 le 5 février 2005. La convention de l'OUA sur l'élimination du mercenariat en Afrique signée à Libreville le 3 juillet 1977 entrée en vigueur en 1985.

[18] Il s'agit de la loi n° 2011/018 du 15 juillet 2011 relative à l'organisation et la promotion des activités physiques et sportives ; de la loi n° 2012/006 du 19 mars 2012 portant Code gazier ;

qui ne cesse de prendre de l'ampleur [19]. Le chevauchement entre les incriminations spéciales et générales peut être à l'origine parfois d'une situation d'emmêlement infractionnel pouvant conduire à un conflit de compétence entre les juridictions. Raison pour laquelle le Conseil de l'Ordre des avocats s'était interrogé sur les raisons pour lesquelles les dispositions de la loi sur le terrorisme de décembre 2014 ne sont pas introduites dans le Code Pénal. Notamment, les articles allant de 111 à 117 pouvaient faire l'objet d'un tel foisonnement. L'on peut citer à titre illustratif, l'article 233 intitulé attroupements armés qui pourrait être confondu avec le terrorisme réprimé par la loi de 2014. Or, doit-on pour autant dire que la circonstance d'une telle répression qui soit dévolue à la compétence du Tribunal militaire, n'empêche pas que le crime soit prévu et défini dans le Code pénal ?

Plus récente encore est l'adoption du nouveau Code de justice militaire qui vient renforcer la volonté de rechercher des solutions aux différents foyers de tensions qui existent au Cameroun[20]. C'est ainsi que le Code de Justice militaire vient en complément pour combler le retard acculé par le Cameroun dans la répression des infractions graves de droit international, ce qui n'existait pas dans l'ancien Code de 2008. Le Tribunal Militaire est donc compétent en matière de crimes contre l'humanité, de crimes de guerre, de crime de génocide, de terrorisme, de piraterie, et même d'actes illicites relatifs à la navigation maritime[21]. À l'heure où les tensions culturelles et ethniques jonchées par des revendications à connotation sécessionnistes dans certaines régions du pays s'activent, le Code de justice militaire anticipe sur cette

de la loi n° 2013/010 du 24 juillet 2013 portant régime de l'aviation civile au Cameroun ; de la loi n° 2015/007 du 20 avril 2015 régissant l'activité audiovisuelle au Cameroun.

[19] Voir les textes suivants : la loi N° 2010/021 du 21 décembre 2010 régissant le commerce électronique au Cameroun et son décret d'application le décret N° 2011/1521/PM du 15 juin 2011 fixant les modalités d'application de la loi N° 2010/021 du 21 décembre 2010 régissant le commerce électronique au Cameroun, le décret N° 2012/1643/PM du 14 juin 2012 fixant les conditions et les modalités d'audit de sécurité obligatoire des réseaux de communications électroniques et des systèmes d'information, la loi N° 98/013 du 14 juillet 1998 relative à la concurrence, la loi-cadre N° 2011/012 du 6 mai 2011 portant protection du consommateur au Cameroun, la loi N° 2016/004 du 18 avril 2016 régissant le commerce extérieur au Cameroun, la loi N° 2015/018 du 21 décembre 2015 régissant l'activité commerciale au Cameroun, loi N° 2015/006 du 20 avril 2015 modifiant et complétant certaines dispositions de la loi N° 2010/013 du 21 décembre 2010 régissant les communications électroniques au Cameroun, l'Acte Uniforme OHADA portant Droit Commercial Général du 15 décembre 2010.

[20] La loi n° 2017/012 du 12 juillet 2017 portant Code de justice militaire. YAWAGA (S.), *La justice militaire au Cameroun. Réflexions à partir d'une discussion article par article du code de justice militaire*, Yaoundé, Les éditions du Schabel, avril 2019, 236 p.

[21] Selon l'article 8 de la loi N° 2017/012 du 12 juillet 2017 portant Code de justice militaire, le Tribunal Militaire est seul compétent pour connaître : a- des infractions militaires et des crimes de guerre ; b- des crimes contre l'humanité et du crime de génocide ; c- des infractions relatives aux actes de terrorisme et à la sûreté de l'État ; d- des infractions de piraterie et actes illicites contre la sûreté de la navigation maritime et des plates-formes (…).

conjoncture par la répression de ces dérives. Au terme de tout ceci, il faut noter qu'au-delà de ce surarmement pénal législatif, l'on remarque aussi un surarmement pénal judiciaire lorsqu'il faut rechercher la paix.

B- Le surarmement pénal judiciaire

En voulant répondre aux différentes situations d'insécurité partout sur le territoire national, le législateur a plutôt érigé des situations troubles dans l'esprit des citoyens en aménageant un cadre propice à la répression. Les textes ainsi adoptés de façon générale et spéciale dans la conceptualisation trouvent ici le lieu de mettre en exergue leurs caractéristiques. La conséquence directe d'une telle inflation légale est le surarmement pénal du système judiciaire. En pratique, les données semblent être très changeables au gré de tout praticien[22]. À cet effet, suite à l'exceptionnalisation de toutes les situations, cette recherche effrénée de la paix conduit à l'avènement d'un droit pénal de fond centré sur l'ennemi d'une part (1) et à une confusion des missions régaliennes du droit pénal formel d'autre part (2).

1- Le développement croissant d'un droit pénal penché sur l'ennemi

L'adoption de différents textes par le législateur a conduit à l'avènement de ce que l'on appelle le droit pénal de l'ennemi. C'est dire que seul l'ennemi notamment l'auteur de l'infraction est mis au premier plan. Toutefois, en dehors de toute querelle philosophique du phénomène criminel sur le paradigme de l'ennemi, il faut noter que le législateur l'a implicitement consacrée – comme pour le terrorisme[23] – à travers son désir de saisir la nébuleuse d'insécurité. Le droit pénal camerounais entend-il se déshumaniser ? Le développement du droit pénal de l'ennemi se matérialise par l'accroissement des rôles des parquets, des pouvoirs des parquetiers, du boom démographique de la population carcérale principalement. L'utilisation par les tribunaux des notions floues consacrées par le législateur fera ressortir le côté obscur de l'arbitraire quant à la montée de l'insécurité. Le législateur camerounais a décidé d'instituer des peines alternatives à l'emprisonnement. À cet effet, il a institué le travail d'intérêt général et la sanction réparation. Or, il est regrettable que les modalités d'application des peines alternatives ne soient pas simultanément définies dans le Code pénal, mais laissées à la réglementation « d'un texte particulier », comme le dispose l'Article 26 (2). Aussi, le législateur a cru devoir indiquer que les conditions et les modalités d'octroi ou de révocation de la liberté conditionnelle seraient fixées non par une décision du Tribunal, mais par décret, c'est-à-dire, au cas par cas... ! En laissant ainsi la latitude à un texte réglementaire de fixer les conditions

---

[22] LAZERGES (C.), « La tentation du bilan 2002-2009 : une politique criminelle du risque au gré des vents », *RSC*, n° 3, 2009, pp. 689-699.

[23] BIKIE (F.R.), « Le droit pénal à l'aune du paradigme de l'ennemi », *Revue des droits de l'homme*, vol. 11, 2017, p. 9.

d'octroi ou de révocation de la libération conditionnelle, alors même que la peine privative de liberté est prononcée par décision judiciaire, il y a une absence de cohérence et une ingérence inacceptable de l'exécutif sur les décisions judiciaires.

Fondé sur le dicton selon lequel « pour votre sécurité, vous n'aurez plus de liberté », la consécration de la priorisation de la sécurité au détriment de la liberté, se manifeste à plusieurs niveaux. Si les tribunaux camerounais s'engorgent chaque jour par la prolifération des plaintes, le sillage « sécurité à tout prix » fait émerger le paradigme très controversé du droit pénal de l'ennemi[24]. Paradigme nouveau, caractérisé par la sévérité des peines, par le recul des garanties du procès équitable et la punissabilité anticipée[25]. Cette façon de procéder vient consacrer l'admission de dérogations aux règles traditionnelles du droit pénal applicables dans un État de droit. On assiste dès lors à une forme de « légitimation d'un droit pénal dérogatoire ou même autoritaire » qui réside dans la déshumanisation de l'individu et la naissance de la responsabilité pénale par « soupçon »[26]. D'un point de vue actuel, le constat a été celui d'une certaine subjectivation engendrée par l'utilisation du soupçon que ce soit de la part du législateur ou du juge à travers certaines incriminations[27]. Il en découle un certain nombre d'atteintes à des éléments pourtant essentiels tels que le principe de la présomption d'innocence, mais également le principe de la légalité des délits et des peines ou plus généralement la nécessité d'une stabilité et d'une sécurité juridique. C'est ainsi que dans la dialectique entre justice et guerre et face à la montée en puissance de la menace terroriste Boko Haram, les revendications sécessionnistes dans les deux régions anglophones du pays, le législateur camerounais a dû succomber à la tentation d'utiliser en réaction contre cette insécurité grandissante, un droit d'exception, notamment un droit dérogatoire, caractérisé par une exceptionnalisation du processus de répression judiciaire.

---

[24] GÜNTHER (J.), « Aux limites de l'orientation par le droit : le droit pénal de l'ennemi », *RSC*, 2009, pp.7 et s.

[25] Ici, on fait référence à l'envahissement du droit pénal par la répression massive des intentions, des opinions, en l'absence de tout trouble à la paix, à l'ordre social. Il y a donc un déplacement progressif de la responsabilité punissable vers des phases antérieures du comportement criminel, c'est ce qu'on peut appeler la pénalisation du soupçon. C'est ce que l'on note avec l'adoption de nouveaux textes dont les termes utilisés pour l'incrimination sont très vagues et qui augmentent par-dessus tout, l'arbitre et la répression libre via l'appareil de l'État.

[26] La complexité du concept de soupçon est accentuée par l'absence de définition légale et jurisprudentielle. En effet, la terminologie n'a pas été définie ni par le Code pénal, ni par le Code de procédure pénale. Il s'agit pourtant d'une notion très utilisée par la loi et la jurisprudence pour fonder les poursuites et en justifier la validité. Pour plus d'explication sur cette notion voir, DIOP (N.), *Le soupçon en droit pénal des affaires*, Thèse, Université de Toulouse I, juin 2016, p. 91. MARGAUX FAILLET-SBLANDANO (F.), *Le soupçon en droit*, Thèse, Université d'Aix Marseille (Aix-en-Provence), 2015, p. 147.

[27] Voir BIKIE (F.R.), « Le droit pénal à l'aune du paradigme de l'ennemi », *op.cit.*, p. 8.

2- Le risque d'exceptionnalisation du processus de répression

Le pouvoir politique entend-il combattre le mal par le mal et la terreur par la terreur ? La réponse à cette préoccupation nous conduit à dire que depuis la montée de l'insécurité au Cameroun, le couple droit pénal et Droits de l'homme a été très mouvementé. On assiste à l'émergence de la figure de l'ennemi, et la logique de symbiose issue des revendications et révolutions cède devant la pression de l'impératif de sécurité au détriment de la liberté. C'est ainsi qu'apparaissent les contradictions dans le droit pénal qui finit par se mordre la queue dans cette guerre qu'il entend livrer à l'ennemi. Des principes comme la légalité, la culpabilité, l'imputabilité, la présomption d'innocence, la sauvegarde des droits de la personne en procès sont ignorés au grand dam de l'État de droit. La légalité éclatée et atténuée, la responsabilité par soupçon, la militarisation du procès et le durcissement du droit des repentis contribuent à l'exceptionnalisation du processus de répression. C'est par cette voie que l'institution judiciaire devient de plus en plus un « outil de l'appareil répressif de l'État »[28]. Ceci dans la mesure où le système judiciaire, notamment pénal, avait été conçu comme un instrument de pouvoir au service de l'exécutif. L'individu, dans un tel système, était relégué au second plan et sacrifié sur l'autel de l'ordre social. En témoignent dès lors, le caractère inquisitorial de la procédure pénale à la phase de l'instruction, la surprotection des intérêts fondamentaux de l'État[29], l'incrimination de certaines formes de déviance[30], le déséquilibre de pouvoirs entre les parties au procès pénal au profit du ministère public, l'augmentation du nombre d'affaires devant le tribunal militaire[31] et tribunal criminel spécial[32], pour ne citer que ces exemples. De même, l'on assistait à l'intervention massive du politique dans la gestion de la justice, à travers, notamment, le caractère purement discrétionnaire des nominations et des révocations, y compris des magistrats du siège, et les pressions quotidiennes qui pouvaient être exercées sur les juges de ce fait. L'ensemble de ces mécanismes aboutit à la tutelle de l'exécutif sur le judiciaire, que celle-ci soit *de jure ou de facto*. La

---

[28] Cf. Rapport de la Commission Nationale Vérité et Justice, p. 86.

[29] À titre d'illustration, l'on peut citer l'article 34 du Code pénal qui renvoie à la surveillance spéciale de la haute police de l'État pendant toute leur vie et après qu'ils aient consommé leur peine, tous ceux qui auront été condamnés pour crimes ou délits qui intéressent la sûreté intérieure et extérieure de l'État.

[30] Ainsi, de l'incrimination et de la répression du vagabondage et de la mendicité par le Code pénal. La répression des attroupements armés, commentaires tendancieux, réunion et manifestation publiques, fausses nouvelles, publications obscènes et équivoques, les abstentions coupables, etc.

[31] Maurice Kamto et compagnie, Julius Ayuk Tabe et autres, pour ne citer que les plus connues.

[32] Voir les affaires, Jean Marie Atangana Mebara, Yves Michel Fotso, Lydienne Eyoum, Dieudonné Ambassa Zang, Bernard Njonga, Amadou Vamoulké, Charles Metouck, Polycarpe Abah Abah, Mendo Ze, Jean Marie Akono ZE, Michel Thierry Atangana, Iya Mohammed, Achille Zogo Andela, Ntongo Onguéné Roger, Clement Obouh Fogue, Marafa Hamidou YAYA, pour ne citer que ceux-là.

modernisation tentée par le législateur en 2016 apparaît-elle comme n'étant qu'un artifice, un trompe-l'œil ou un texte d'opportunité, révisé, juste pour les besoins de la cause, notamment répondre à l'accroissement des situations d'insécurité ?

En principe, la mise à la disposition des acteurs de la justice de nouvelles lois devra nécessairement être tempérée pour cohabiter avec les libertés individuelles. Or, la création des tribunaux d'exception dans leur procédure urgente et rapide a tendance à irriguer les procédures de droit commun. Au Cameroun, les situations d'insécurité de droit commun ont laissé la place aux situations urgentes et exceptionnelles. L'instauration des couvre-feux, des contrôles policiers à tout chemin, des rafles, devenue le quotidien des citoyens. Les approximations définitionnelles risquent de constituer des pièges permettant au pouvoir judiciaire d'englober des comportements divers et dont on ne tardera pas de s'apercevoir très vite qu'elles constituent une menace à la liberté individuelle[33]. L'on devra se demander si l'option pour un traitement militariste dans la recherche de sécurité repose en effet sur la conviction que les exigences de la sécurité nationale imposent de supprimer les garanties pénales traditionnelles de procédure. Pourtant cela ne devrait pas être ainsi. L'application des régimes dérogatoires prend de l'ampleur dans les sociétés camerounaises malgré l'existence du dédoublement de la procédure pénale[34]. Ce qui dévoile ainsi la volonté politique de durcir la réaction sociale face à la montée de l'insécurité. Pourtant les droits fondamentaux sont une garantie contre l'usage du droit comme une arme[35]. Le fonctionnement actuel de notre système judiciaire met en danger la sécurité des citoyens. Face à cette insécurité, comme le mentionnait déjà un auteur, il ne faut plus se demander : « Que fait la police ? », mais : « Que fait la justice ? ». En effet, une réalité insoupçonnée du monde pénal favorise l'impunité et se désintéresse des victimes[36]. On assiste à une sorte de « communautarisation » des situations d'urgence devant les juridictions de droit commun. Si en principe, la procédure pénale urgente devrait s'appliquer seulement devant les juridictions d'exception, il semble qu'elle a tendance à irriguer les juridictions de droit

[33] De nombreuses infractions sont formulées de façon trop large et imprécise. À titre d'exemple, l'article 123-2 du projet est ainsi libellé : « toute activité ou manifestation à caractère politique est interdite au sein des établissements publics ainsi que dans les établissements scolaires ou universitaires en période électorale ». Ce texte pourrait être détourné pour porter atteinte à des libertés fondamentales à l'instar du droit de grève. Au demeurant, la non définition préalable du concept d'« établissements publics » fait craindre la systématisation d'un « concept valise » par nature incompatible avec les principes d'interprétation restrictivistes de la loi pénale. Maître Simon-Pierre ETEME ETEME, contribution à l'amélioration du projet de loi portant révision du Code pénal. Inédit

[34] LAZERGES (C.), « La dérive de la procédure pénale », *RSC*, 2003, pp. 644 et s.

[35] DONINI (M.), « Les droits fondamentaux et la juridiction pénale comme garantie contre ou comme justification pour l'usage du droit comme arme », *RSC*, 2009, pp. 31 et s.

[36] BEBIN (X.), *Quand la justice crée l'insécurité*, Hachette Littératures, Coll. Pluriel, 2016, 294 p.

commun. Il y a ainsi un système de vase communicant entre les deux procédures parallèles notamment la procédure de droit commun et celle exceptionnelle. Ainsi, à titre illustratif, la loi n° 2014/028 du 23 décembre 2014 portant répression des actes de terrorisme, votée avec une célérité inédite, suscite des confusions et est caractéristique d'un dédoublement du droit pénal[37] orchestré par l'anéantissement des principes modernes du droit pénal. Il risque y avoir un glissement de dispositifs législatifs protectionnistes vers le côté obscur de la force répressive. Or, il convient d'apporter une répartie adéquate au développement de la criminalité, mais d'emblée le constat selon lequel l'efficience des nouveaux mouvements criminogènes risque d'aller au-delà du seul but poursuivi par le droit pénal. Cela se ressent nettement au travers des atteintes flagrantes portées aux droits que consacre le Pacte relatif aux droits civiques et politiques ou la Convention européenne des droits de l'homme. En découle inéluctablement la question des moyens utilisés dans le recueilli des informations aux fins d'enquête ou d'exploitation, on aboutit au caractère ostentatoire de ce processus de répression et de son contenu sécuritaire, d'où sa nécessaire rationalisation.

II- L'AMÉNAGEMENT PROGRESSIF D'UN DROIT PÉNAL LIBÉRAL DANS LA LUTTE CONTRE L'INSÉCURITÉ

Dura lex, sed lex. La loi est dure, mais c'est la loi. Cet adage du droit romain ne vous donne-t-il pas envie de parler d'humanisation de la justice ? Le droit pénal aujourd'hui porte sur une autre vision humanisante de la réponse pénale au point où, Mireille Delmas-Marty a pu rappeler dès lors que « même pénale, la loi n'a pas tous les droits »[38]. La loi pénale au Cameroun devra ainsi prendre en compte – malgré le contexte ambiant de l'insécurité – l'évolution des droits de l'Homme pour éviter le risque pénal[39]. L'utilisation du droit pénal comme instrument légitimé se manifeste par ce que l'on appelle ici le droit pénal libéral. Ce droit pénal se concentre davantage sur la rationalisation de la répression, notamment la prise en compte des garanties d'un procès équitable en phase avec les droits de l'homme. Ce qui nous conduit à dire que la recherche de sécurité est un long processus qui doit nécessairement passer par la priorisation de la prévention (B) et l'humanisation de la réponse pénale (A).

---

[37] Voir à propos la réflexion sur l'État démocratique à l'épreuve de la loi camerounaise n° 2014/028 du 23 décembre 2014 portant répression des actes de terrorisme, BIKIÉ (F.R.), « Le droit pénal à l'aune du paradigme de l'ennemi », *op.cit.*, p. 12.

[38] DELMAS-MARTY (M.), « Légalité pénale et prééminence du droit selon la Convention Européenne de sauvegarde des droits de l'Homme et des libertés fondamentales », in *Droit pénal contemporain*, Mélanges en l'honneur d'ANDRE VITU, Paris, Cujas, 1989, pp. 151-167.

[39] ZOUHAL (A.), *Le risque en droit pénal*, Thèse, Université de Rennes I, décembre 2017, p. 123.

A- L'humanisation de la réponse pénale

La dangerosité d'une personne est insaisissable. Pourtant, elle se situe en plein cœur du droit pénal, fondant ainsi les mesures les plus attentatoires aux libertés individuelles – des mesures s'éloignant toujours un peu plus de l'acte commis, pour s'attacher à la conduite tout entière du sujet, voire à sa simple personnalité dès lors que son comportement constitue une menace potentielle pour autrui[40]. Ainsi, la réponse pénale que devra en principe utilisé le législateur camerounais dans sa recherche effrénée de la paix doit prendre en compte les tempéraments des droits et libertés fondamentaux : d'où sa nécessaire humanisation. Humanisation parce que ce droit pénal tend à perdre ce caractère suite à la montée de l'insécurité dans un monde jalonné de conflits. Malgré ces situations, la réponse pénale à la fois substantielle (1) et formelle (2) devra s'y conformer lorsqu'il s'agit de mettre en cohabitation la volonté de réprimer et la préservation des droits et libertés individuelles.

1- Du point de vue d'une humanisation substantielle

Pour combattre la sur-pénalisation[41] ainsi instituée par le législateur suite à la montée de l'insécurité au Cameroun, la prise en compte de toutes les couches sociales et pénales reste l'impératif catégorique pour arriver à bout de ce fléau. Essentiellement répressive – peu d'actions de prévention, d'éducation et de réinsertion – la justice pénale actuelle fait peu de cas de l'individu et se préoccupe plus de la matérialité de l'acte criminel que de la personnalité du délinquant et, encore moins, de son devenir. Quant à ce droit pénal de fond, il se caractérise par une volonté affichée du législateur d'antan, de contrôler tous les secteurs de la vie sociale et, ce faisant, de réduire le champ des libertés. Il se caractérise aussi par une surprotection des intérêts fondamentaux de l'État et des possédants, au détriment de certaines valeurs propres à la majorité des populations. Tout ceci au prix de la volonté effrénée de ramener la paix et la sécurité. Il se distingue enfin par la formulation ou la rédaction approximative de certaines incriminations comme en sus présentées, heurtant ainsi le principe de la légalité. Répressif à l'extrême, il fait peu de cas de la personnalité du délinquant et encore moins de son devenir. À cet effet, plusieurs courants doctrinaux ont disserté et se sont prononcés sur les fins du droit pénal[42]. Il est nécessaire de rappeler que l'approche résolument humaniste du droit de punir que nous voulons adopter ne signifie aucunement

[40] GIUDICELLI-DELAGE et LAZERGES (C.) (dir.), *La dangerosité saisie par le droit pénal*, Paris, PUF, Coll. Les voies du droit, 2011, 320 P.

[41] GAUTRON (V.) et RETIERE (J.-N.), « Le traitement pénal aujourd'hui : juger ou gérer ? », *Droit et société*, 2014, Volume III, n° 88, pp. 579-590.

[42] Sur les différents courants doctrinaux, v. MERLE (R.) et VITU (A.), *Traité de Droit Criminel. Problèmes généraux de la science criminelle. Droit Pénal Général*, Paris, Éditions Cujas, 6è édition, 1984, pp 100 et s.

l'impunité à l'égard de l'infracteur. Celui-ci doit être effectivement sanctionné et puni, dans les limites « du juste et de l'utile »[43].

Ainsi, la peine doit être juste, ne pouvant intervenir que dans la proportion où elle est utile à la défense de la société ; elle doit être utile, parce que s'inscrivant dans une perspective de resocialisation ou de réinsertion sociale de l'infracteur. Aussi, le juge doit-il prendre en compte les circonstances de la commission de l'infraction, la personnalité de l'infracteur, son passé, son milieu : la peine doit être individualisée et repensée.

La nouvelle politique pénale ainsi préconisée serait sans grand effet si, dans le même temps, on laissait en l'état le Code pénal. Un travail de refonte de ce document est incontournable dans sa modernisation. La refonte du Code pénal suppose une triple action : une action de réécriture, une action de dépénalisation et une action de pénalisation. De nombreuses dispositions du Code pénal sont tombées en désuétude ou ne sont pas en phase avec la nouvelle donne institutionnelle[44]. Par ailleurs, il existe une disproportion entre l'incrimination de certains comportements et la peine encourue. Enfin, la rédaction approximative ou vague de certaines dispositions – incriminations de types ouverts –, ouvrent la voie à l'arbitraire du juge et contrarie le principe fondamental de la légalité criminelle. Le législateur pénal doit faire un effort de précision et de clarté dans la rédaction des textes criminels. L'action de pénalisation consiste à incriminer et à sanctionner de nouvelles formes de délinquance, mais aussi, les atteintes les plus graves aux droits de l'homme tels que, les crimes contre l'humanité et les crimes de guerre. Le code de justice militaire devrait terminer le processus d'incrimination ainsi amorcé.

2- Du point de vue d'une humanisation formelle

Au nom de la paix et de la sécurité érigées en demande sociale depuis quelques années, la régulation pénale suscite l'attention médiatique et génère des attentes polymorphes, qu'elles soient citoyennes ou politiques. Pour dissuader et réprimer les écarts de comportement aux normes réputées de nourrir le sentiment d'insécurité, les incriminations et les sanctions pénales ont été multipliées. Inspirées par la doctrine anglo-saxonne de « tolérance zéro », les politiques pénales nationales et locales ont initié de nouveaux modes de traitement des délits qui devraient être adaptés à la culture processuelle camerounaise visant à systématiser, à accélérer et à graduer la répression des infractions notamment celles de faible gravité naguère classées sans suite, commises par des délinquants primaires : alternatives aux

[43] « Tout acte d'autorité exercé par un homme sur autre homme est tyrannique s'il n'est pas absolument nécessaire », BECCARIA, *Traité des délits et des peines*, p. 18 « Qu'on examine la cause de tous les relâchements, on verra qu'elle vient de l'impunité des crimes, et non pas de la modération des peines », MONTESQUIEU, *De l'Esprit des Lois*, Livre VI, chap. XII.

[44] Ainsi, les dispositions réprimant les délits de refus de l'impôt (art. 183) et de pratiques sexuelles avec un animal (art. 268-1), pour ne citer que ces exemples, apparaissent inutiles.

poursuites composition pénale, ordonnance pénale délictuelle, comparution sur reconnaissance préalable de culpabilité comme en France. Cet arsenal procédural confère désormais aux parquets une capacité d'action stratégique au stade du choix de l'orientation des affaires, dont l'incidence sur la nature et la sévérité des sanctions prononcées s'avère déterminante.

L'extension des marges de manœuvre des procureurs rencontre cependant ses limites. Depuis l'entrée en vigueur du Code de procédure pénale, ajouté aux textes spéciaux qui génèrent des procédures pénales particulières, ceux-ci doivent s'approprier une nouvelle « culture de résultat » qu'insuffle un management par objectifs[45], le premier d'entre eux étant l'accroissement du taux de réponse pénale. Les magistrats sont invités à poursuivre un triple objectif d'efficience, fondée sur un emploi optimal des ressources disponibles (humaines, matérielles et financières), d'effectivité, par la systématisation d'une réaction judiciaire, et d'efficacité, par le choix de sanctions pénales adaptées aux caractéristiques de diverses formes de délinquance et propres à prévenir la récidive. Au niveau local, le ministère public se retrouve, par le fait, dans l'obligation d'ajuster sa politique pénale à ce credo en dépit de référentiels d'action peu concordants, voire partiellement contradictoires. Comment soutenir que l'efficience reste toujours compatible avec l'effectivité ou que l'une ou l'autre offre le meilleur gage d'une plus grande efficacité afin de réduire le taux d'insécurité ? Quoi qu'il en soit, il appartient désormais au ministère public de mettre en œuvre une logique d'action non plus binaire comme aujourd'hui notamment poursuite et classement, mais ternaire (poursuite/alternatives/classement). Ces mesures procédurales adéquates selon nous, auront pour effet de transformer l'organisation, le fonctionnement des parquets et les usages des magistrats grâce, notamment, à la mise en place du traitement en temps réel des actions menées par des groupes et selon le contexte culturel et géographique.

Au-delà du parquet, véritable cheville ouvrière des politiques locales de sécurité, c'est tout un ensemble d'acteurs qui se retrouvent mobilisés dans la mise en œuvre des nouveaux modes de traitement des délits et/ou pèsent sur la définition des politiques pénales locales comme les officiers de police judiciaire, associations socio-judiciaires et du champ sanitaire et social, élus locaux, préfectures[46]. La cohésion des forces en présence sous l'influence d'approches

[45] VIGOUR (C.), « Justice : l'introduction d'une rationalité managériale comme euphémisation des enjeux politiques », *Droit et Société*, n° 63-64, 2006, pp. 425-455 ; ROTHMAYR ALLISON (C.), « Le droit et l'administration de la justice face aux instruments managériaux », *Droit et Société*, n° 84, 2013, pp. 277-288.

[46] Voir en ce sens WYVEKENS (A.), *L'insertion locale de la justice pénale. Aux origines de la justice de proximité*, Paris, L'Harmattan, 1997, p. 39 ; DONZELOT (J.) et WYVEKENS (A.), *La magistrature sociale. Enquêtes sur les politiques locales de sécurité*, Paris, La documentation française, 2004, p. 17.

dites « restauratrices »[47], « réparatrices » et de « responsabilisation »[48], victimes et mis en cause sont également appelés à endosser un rôle accru, au travers d'une « participation consensuelle » aux nouveaux modes de traitement des délits pour une humanisation de la réponse pénale au Cameroun.

Par ailleurs, la revalorisation du rôle de la victime dans le processus pénal[49], c'est rendre le système judiciaire plus humain et plus crédible dès lors qu'il donne une réponse effective et rapide à l'insécurité. Au carrefour des multiples courants de philosophie pénale, la doctrine de la « responsabilisation » poursuit un équilibre prétendument idoine entre éducation, prévention et punition, à l'aune d'une adaptation dite qualitative de la réponse pénale au service de la paix et de la sécurité. L'humanisation de la justice pénale devrait amener le législateur à prendre en compte la personne et la personnalité du délinquant ainsi que les intérêts de la victime. Contrairement à ce que l'on peut penser, la prise en compte effective des intérêts privés – délinquant et victime – contribue à protéger l'intérêt public, et résoudre les conflits de toute nature.

B- La priorisation du droit pénal préventif

Dans le cadre de la recherche de la paix notamment de la sécurité, la tendance pénaliste devrait tourner vers la priorisation des réponses pénales à caractère préventif. La nature dualiste du droit camerounais serait alors un atout dans la mesure où le recours souhaité de la diplomatie préventive traditionnelle (2) en droit coutumier devra inéluctablement s'accompagner de la méthode utilisable en droit écrit qui va de la résolution imposée à la résolution libre (1).

1- Le renforcement envisageable de la diplomatie préventive de droit moderne

Le Code pénal révisé de 2016 n'a pas institué les infractions qui protègent les droits des citoyens et des peuples, pourtant énumérées dans les instruments internationaux dûment ratifiés. Tel est le cas du crime contre l'humanité et des infractions assimilées. Les mesures d'apparence favorable telles les peines alternatives ou la libération conditionnelle ressemblent à des leurres juridiques. Or, la tendance devrait se tourner vers la prise en compte de ce droit pénal beaucoup plus préventif qu'oppressif. On parle alors de diplomatie préventive lorsque les instruments juridiques prennent en compte des situations compromissoires, notamment lorsqu'ils permettent aux individus de

---

[47] CARIO (R.), *La justice restaurative. Principes et promesses*, Paris, L'Harmattan, 2005, p. 93.

[48] DIGNEFFE (F.) et MOREAU (Th.) (dir.), *La responsabilité et la responsabilisation dans la justice pénale*, Bruxelles, Larcier, De Boeck, 2006, p. 42.

[49] SPENER YAWAGA, « L'accès à la justice : évolutions récentes. Réflexion à partir de l'évolution des droits de la victime de l'infraction » Contribution au Colloque de Mai 2018, *Uma Lex, Les annales de Faculté des Sciences Juridiques et Politiques de l'Université de Maroua*, 2020, pp. 137-159.

passer des accords à l'instar des transactions et de l'indulgence en matière pénale. Si l'on peut se réjouir de l'institution de ces innovations, il convient d'en tempérer les effets dans la réalité concrète. En effet, en disposant que : « le travail d'intérêt général est une peine applicable aux délits passibles d'un emprisonnement inférieur à 02 (deux) ans ou d'une amende », le législateur limite l'application des peines alternatives à une catégorie d'infractions peu fréquentes dans la pratique pénale. De fait, les délits qui permettent à l'auteur de réparer le préjudice de la victime sont en général des infractions d'atteinte à la fortune d'autrui[50], ou alors des infractions d'atteintes aux personnes[51]. S'il est sans doute excessif de dire qu'on assiste sur la dernière période à une pénalisation directe de la pauvreté, ce qui renverrait à la définition de « populations cibles » très larges, on peut en revanche estimer qu'on assiste à la pénalisation de certains phénomènes liés à la pauvreté, la marginalité, l'exclusion, la désaffiliation[52].

Or, pour les moins graves d'entre elles, que sont le vol, l'escroquerie, l'abus de confiance et la destruction des biens d'autrui, elles font encourir des peines d'emprisonnement supérieures à deux ans. Il en va de même des atteintes à l'intégrité physique qui sont par principe plus sévèrement réprimées encore. Dès lors, les personnes reconnues coupables de ces délits ne sont pas éligibles aux peines de sanction-réparation, rendant dès lors la mesure simplement cosmétique[53]. De telles situations ne permettront pas d'asseoir au mieux la paix et de résoudre par-dessus tout le climat d'insécurité.

La recherche de la paix ne passe pas toujours par les armes, car même pénale, la loi n'a pas tous les droits. De manière préventive, l'État du Cameroun n'est pas resté de marbre. En novembre 2018, une loi est entrée en vigueur dans un effort de réconciliation et de médiation pénale[54]. Le décret porte création du Comité National de Désarmement, de Démobilisation et de Réintégration. Ce Comité a pour mission d'organiser, d'encadrer et de gérer le désarmement, la démobilisation, et la réintégration des ex-combattants du Boko Haram et des groupes armés du Nord-Ouest et du Sud-Ouest désireux de répondre favorablement à l'offre de la paix du Chef de l'État en déposant les armes[55]. Pourtant, il faut noter qu'on n'impose pas de déposer les armes à un groupe lorsqu'il n'y a pas de garantie. Par exemple, le comité créé par le

---

[50] Vols, escroqueries, abus de confiance, destruction des biens d'autrui, etc.

[51] Coups et blessures, homicides, etc.

[52] On retrouve la répression de la filouterie des loyers, de la mendicité, pension alimentaire, activités dangereuses, réunion et manifestation publiques, attroupements armés, et autres contenus dans le Code pénal.

[53] ASSIRA ENGOUTE (C.), « Code Pénal révisé, un Code vénal, un Code bancal », *Germinal*, 22 aout 2016, p. 3.

[54] Décret N° 2018/719 du 30 novembre 2018 portant création du Comité National de Désarmement, de Démobilisation et de Réintégration.

[55] Voir l'article 2 du décret n° 2018/719 du 30 novembre 2018.

chef de l'État pour la réinsertion ne donne aucune précision sur les modalités de réinsertion ni de démobilisation. Une offre sans garantie aucune ne saurait être acceptée par quiconque. Un éclaircissement à ce sujet serait une plus-value quant à la prise en compte des mesures post pénales des retournés, ce serait une manière de passer d'une résolution imposée à une forme de résolution libre. Pour endiguer ce phénomène d'insécurité grandissante, l'incorporation des modes traditionnels de gestion des conflits dans le droit positif est une action non négligeable au regard de la nature du système juridique camerounais.

2- Le recours souhaitable à la diplomatie préventive traditionnelle

Le droit pénal, et au-delà, le droit camerounais dans son ensemble, est héritier du droit occidental, lequel est la résultante d'une culture propre, avec un formalisme approprié et en phase avec le milieu sociologique dans lequel et pour lequel il a été conçu[56]. Se pose alors la question de la réception de ce droit au Cameroun et, surtout, de son adaptation aux réalités sociales et culturelles, c'est à dire, de son effectivité[57]. La question est d'autant plus pertinente qu'il existe, à côté du droit formel, un « droit » coutumier auquel se réfère une bonne partie des justiciables. Dès lors, l'on se demande si le droit traditionnel ne sera-t-il pas une solution aux conflits qui se livrent au Cameroun. Le recours au droit traditionnel, loin de ce que l'on peut penser, pourrait être une forme de diplomatie préventive à la traditionnelle[58]. Depuis une décennie, cette justice prend des formes plus pensées, plus élaborées et par conséquent mieux organisées, à travers l'institution des comités de vigilance et autres[59].

Ainsi, le droit camerounais étant un droit d'origine dualiste ne doit pas manquer de cohérence dans la prise en compte de toute la structure juridique dans la résolution des conflits. Le droit moderne étant toujours au-devant de la scène, devrait en principe prendre en considération le droit dit traditionnel. L'ordonnancement juridique au Cameroun, on le sait, est de deux ordres. Toutefois, la diplomatie dite moderne de lutte contre l'insécurité n'est pas toujours une solution au problème donné. L'on devrait prendre en compte les données coutumières et traditionnelles du droit pénal, non seulement pour le

---

[56] Comme le souligne un auteur, le droit positif est « (…) la transcription normative de l'axiologie d'un groupe ». KAMTO (M.), « La justice entre tradition et modernité », *Afrique Contemporaine*, n° 156, 4e trimestre 1990, p. 57

[57] BILONG NKOH (F.R), « Éloignement de la justice de ses réalités locales et crise d'effectivité des normes de procédure pénale au Cameroun », *RIDC*, n° 1, 2017, pp. 211-232.

[58] Voir MIGNOT (A.), « La justice traditionnelle, une justice parallèle », *Penant*, n° 775, 1982, pp. 5-30. Selon cet auteur, qui a observé la même pratique ailleurs en Afrique, « c'est [...] cette possibilité de détention qui donne toute son efficacité à ce mode de règlement de litige ».

[59] NKOU MVONDO (P.), « la justice parallèle au Cameroun : la réponse des populations camerounaises à la crise de la justice de l'État », *Droit et société*, 2002, Volume II, n° 51-52, pp. 369-381.

caractère répressif, mais surtout pour le caractère préventif. Ainsi, la diplomatie préventive traditionnelle comme on la nomme ici, viendra garnir l'étalon de la paix. Les solutions toujours inspirées (d'autres droits, d'autres continents) ne semblent pas répondre aux attentes des populations en phase avec les traditions et les coutumes. C'est pourquoi les méthodes traditionnelles devraient accompagner celles émanant du droit moderne écrit. Ainsi, au Rwanda les juridictions dites « gacaca » sont d'inspirations traditionnelles afin de ramener la paix et consolider l'union nationale. L'une des justifications qui président à la mise en place de ces juridictions réside dans la volonté affichée d'éradiquer la « culture de l'impunité »[60]. Les juridictions « gacaca » sont présentées comme la résurgence d'un modèle « traditionnel » de règlement des conflits. Elles sont pourtant bien éloignées de leurs ancêtres, tant par les crimes qu'elles prennent en charge que par les multiples emprunts au rituel judiciaire moderne[61]. Les juridictions traditionnelles ou encore les moyens traditionnels ne sont pas toujours, un échec. Cependant, ce recours à l'argument de la tradition ne relève pas exclusivement de l'artéfact. Non seulement il correspond à l'engouement des bailleurs de fonds pour la réactivation des mécanismes dits « traditionnels » de règlement des conflits, mais il prend place dans un processus général de redéfinition de l'histoire nationale rwandaise. Le Cameroun fier de sa diversité culturelle ne devrait pas seulement s'en tenir au droit écrit en mettant aux oubliettes le droit traditionnel, quand bien même l'on connait la nature juridique de son ordonnancement. Préventivement ou même postérieurement, les méthodes traditionnelles viennent adoucir les mœurs et cultiver l'esprit du pardon pénal. C'est pourquoi l'incorporation des modes traditionnels de gestion des conflits dans le droit positif serait aussi un instrument légal de résolution de conflit.

Pourtant, le désintérêt porté à l'endroit du droit traditionnel ne favorise pas aujourd'hui le retour de la paix. La marginalisation dans l'octroi des compétences matérielles des tribunaux traditionnels au détriment des tribunaux dits modernes, est un leurre dans la résolution des conflits[62]. La mise à l'écart du droit traditionnel ou le fait de retirer aux tribunaux de l'ordre

---

[60] La loi du 20 mai 1963 est éclairante de ce point de vue. Elle octroie l'amnistie à tous les auteurs des crimes commis en 1959 et présente les massacres commis contre les Tutsi comme un événement fondamental dans la lutte pour l'indépendance du pays.

[61] DUMAS (H.), « Histoire, justice et réconciliation : les juridictions *gacaca* au Rwanda », *Mouvements* 2008, Volume I, n° 53, pp. 110-117.

[62] Au plan matériel, le législateur s'est borné à attribuer aux juridictions traditionnelles compétence « ... pour connaître des procédures civiles et commerciales que les textes en vigueur ne réservent pas aux juridictions de droit moderne ». Voir article 14 du décret de 1969. Articles 3 et 4 du Décret 69/DF/544 ; dans le même sens, art. 7 du décret du 31 juillet 1927, art. 2 et 9 du décret du 26 juillet 1944 relatif à la justice du droit local applicable, art. 13. § 2 du décret du 27 nov. 1947 relatif à la justice de droit écrit.

traditionnel la compétence pénale ne favorise pas, la recherche de la paix[63]. Si les conflits au Cameroun ont une connotation culturelle et même traditionnelle, la réponse pénale devrait être traditionnelle. L'adage « à menace globale, riposte globale »[64] n'est-il pas justifié ici ? À titre illustratif, si le groupe terroriste Boko Haram, est fondé sur une appartenance religieuse, alors l'on devrait utiliser les tribunaux traditionnels pour les juger. Pourtant, les tribunaux de l'ordre traditionnel ne bénéficient pas de telles compétences en matière pénale[65]. Leur compétence est limitée sur des différends de nature civile et commerciale. Cette réduction de compétence rend inapte le processus de résolution de conflits, dans la mesure où, les délinquants à l'origine de l'insécurité au Cameroun, redoutent plutôt les lois traditionnelles que les lois modernes écrites. Jurer par exemple sur le coran, avant de commencer le procès devant les juridictions de l'ordre traditionnel, deviendra alors un atout dans la manière de consolider et de rechercher la vérité. Pour ce qui est des groupes séparatistes du Sud-Ouest et du Nord-Ouest, il faut dire que la méthode traditionnelle pourrait aussi être d'une grande utilité. Ceci dans la mesure où ces derniers usent des pratiques et des fétiches lors des combats, alors l'utilisation de tels moyens devant les tribunaux traditionnels pour rechercher la vérité serait une façon de légitimer aussi la réponse pénale du Gouvernement. Il faut aussi le reconnaître, les justices parallèles[66] participent à leur façon à la régulation sociale, au maintien de la paix au Cameroun. Il serait même difficile de se passer de leurs services, en l'état actuel des choses. Il serait peut-être plus indiqué pour l'État d'apprivoiser ces juridictions, de les modeler, de les faire passer de l'état « sauvage » dans lequel elles se trouvent en ce moment à un état plus civilisé. Ce serait galvaniser les moyens pénaux de rechercher la paix via l'humanisation de la réponse pénale elle-même.

CONCLUSION

Au final, le rôle du droit pénal dans la lutte contre l'insécurité au Cameroun cache implicitement un profond sacrifice d'une marge de liberté pour une

---

[63] Les juridictions traditionnelles sont spécialisées en matière de droit traditionnel. Le pluralisme juridique est en effet une composante de la réalité camerounaise. Il comporte deux aspects : l'un judiciaire, marqué par la présence à côté des juridictions de droit moderne, des juridictions de droit traditionnel ; et l'autre matériel, qui signifie la coexistence des règles coutumières et des règles de droit écrit. Les juridictions traditionnelles ne tranchent que selon la coutume des parties. Elles ont été maintenues à titre provisoire par l'article 31 de la loi n° 2006/015.

[64] Discours de Président de la République du Cameroun Paul BIYA lors des meilleurs vœux aux diplomates le 08 janvier 2015, Inédit.

[65] C'est par l'effet du décret n° 69/DF/544 du 19 décembre 1969, qu'ont été organisées dans la partie orientale sous domination française les juridictions traditionnelles. Ce texte qui a été modifié par le décret 71/DF/607 du 3 décembre 1971 distingue les tribunaux du premier degré des tribunaux coutumiers.

[66] NKOU MVONDO (P.), « La justice parallèle au Cameroun : la réponse des populations camerounaises à la crise de la justice de l'État », *op.cit.*, p. 381.

marge de sécurité qui tarde difficilement à être perceptible. Cette situation somme toute dubitative retrace le choix des pouvoirs publics devant la frénésie insécuritaire lorsque la liberté et la sécurité continuent de faire florès. Sauf que, cet état de choses risque d'engendrer d'autres situations parce que l'on voudrait jouer au jeu du chat et de la souris entre impératifs de sécurité et de liberté, refusant d'admettre ainsi que « la sécurité est la première des libertés »[67]. Le temps n'est-il pas à la prise en compte de la pensée de Benjamin Franklin qui notait qu'« un peuple prêt à sacrifier un peu de liberté pour un peu de sécurité ne mérite ni l'une ni l'autre et finit par perdre les deux »[68]. L'humanisation de la réponse pénale en passant par l'aménagement d'un droit pénal libéral dans la résolution des conflits serait donc sans conteste l'impératif catégorique à adopter, car liberté sans sécurité, est jungle !

INDICATIONS BIBLIOGRAPHIQUES

- ASSIRA ENGOUTE (Cl.), « Code Pénal révisé, un Code vénal, un Code bancal », *Germinal*, 22 aout 2016, p. 3.
- BEBIN (X.), *Quand la justice crée l'insécurité,* Paris, Fayard, 2013, 306 p.
- BIKIE (F. R.), « Le droit pénal à l'aune du paradigme de l'ennemi : Réflexion sur l'État démocratique à l'épreuve de la loi camerounaise n° 2014/028 du 23 décembre 2014 portant répression des actes de terrorisme », *Revue des droits de l'homme*, vol. 11, 2017, pp. 37-84.
- CARIO (R.), *La justice restaurative. Principes et promesses*, Paris, Éditions L'Harmattan, 2e éd., 2010, 302 p.
- DELMAS-MARTY (M.), « Légalité pénale et prééminence du droit selon la Convention Européenne de sauvegarde des droits de l'Homme et des libertés fondamentales », in *Droit pénal contemporain*, Mélanges en l'honneur d'ANDRE VITU, Paris, Cujas, 1989, pp. 151-167.
- DONINI (M.), « Les droits fondamentaux et la juridiction pénale comme garantie contre ou comme justification pour l'usage du droit comme arme ? », *RSC*, vol 1, 2009, pp. 31-42.
- DONZELOT (J.) et WYVEKENS (A.), *La magistrature sociale. Enquêtes sur les politiques locales de sécurité*, Paris, La documentation française, 2004, 250 p.

---

[67] Propos d'Alain Peyrefitte, le Garde des Sceaux du gouvernement Barre, au perchoir de l'Assemblée Nationale pour défendre un projet de loi relatif à l'état d'urgence, en 1980 en France.

[68] Citation extraite par Benjamin Wittes en 2011, d'une lettre adressée en 1755 par Frankin au gouverneur colonial, au nom de l'Assemblée de Pennsylvannie.

- DUMAS (H.), « Histoire, justice et réconciliation : les juridictions *gacaca* au Rwanda », *Mouvements* 2008, Volume I, n° 53, pp. 110-117.
- GAUTRON (V.) et RETIERE (J.-N.), « Le traitement pénal aujourd'hui : juger ou gérer ? », *Droit et société*, 2014, Volume III, n° 88, pp. 579-590.
- GIUDICELLI-DELAGE (G.) et LAZERGES (Ch.) (dir.), *La dangerosité saisie par le droit pénal*, Paris, PUF, Coll. Les voies du droit, 2011, 320 p.
- GÜNTHER (J.), « Aux limites de l'orientation par le droit : le droit pénal de l'ennemi », *RSC*, 2009, pp. 7-18.
- MELONE (S.), « Les grandes orientations actuelles de la législation pénale en Afrique : le cas du Cameroun. (Réflexions sur les ordonnances pénales récentes) », *Arch. pol. crim.*, n° 1, 1975, pp. 143-178.
- MIGNOT (A.), « La justice traditionnelle, une justice parallèle », *Penant*, n° 775, 1982, pp. 5-30.
- MINKOA SHE (A.), *Droits de l'homme et droit pénal au Cameroun*, Paris, Economica, coll. « La vie du droit en Afrique », septembre 1999, 321 p.
- NKOU MVONDO (P.), « La justice parallèle au Cameroun : la réponse des populations camerounaises à la crise de la justice de l'État », *Droit et société*, 2002, Volume II, n° 51-52, pp. 369-381.
- ROTHMAYR ALLISON (Ch.), « Le droit et l'administration de la justice face aux instruments managériaux », *Droit et Société*, n° 84, 2013, pp. 277-288.
- VIGOUR (C.), « Justice : l'introduction d'une rationalité managériale comme euphémisation des enjeux politiques », *Droit et Société*, n° 63-64, 2006, pp. 425-455.
- WYVEKENS (A.), *L'insertion locale de la justice pénale. Aux origines de la justice de proximité*, Paris, L'Harmattan, 1997, 364 p.
- YAWAGA (S.), *La justice militaire au Cameroun. Réflexions à partir d'une discussion article par article du code de justice militaire*, Yaoundé, Les éditions du Schabel, avril 2019, 236 p.

L'universalité du droit de punir : le moyen d'une solidarité des États dans le maintien de la sécurité de l'humanité par le droit pénal

Par

Alain NDOUMYANG[1]

Résumé

Le maintien de la sécurité des citoyens du monde passe bien par la réduction des cas d'impunité des auteurs des crimes graves qui frappent à la conscience universelle. Mais cette entreprise peut s'avérer très délicate du fait de la porosité des frontières des différents États au sein desquels l'uniformité du droit répressif ne peut malheureusement être affirmée, puisque chaque État dispose de son droit pénal et de sa politique de repression. L'on peut alors se réjouir que l'universalité du droit de punir constitue un important moyen pour briser l'étanchéité des frontières du droit pénal qui jusque-là se veut un élément de souveraineté des États. Ce sera l'occasion de remarquer que si la répression universelle est nettement systématisée et suffisamment appliquée aujourd'hui, le principe connait cependant des difficultés dans sa mise en œuvre.

Mots-clés : sécurité, crimes graves, conscience universelle, impunité, souveraineté, droit répressif.

[1] NDOUMYANG ALAIN, Docteur/Ph. D. en Droit Privé et Sciences Criminelles, Assistant, Faculté des Sciences Juridiques et Politiques, Université de Maroua, E-mail : ndoumyangalain@yahoo.fr.

INTRODUCTION

L'un des constats sur l'évolution du monde d'aujourd'hui réside dans le développement des domaines de l'entente, c'est-à-dire de la solidarité entre les États. Cette solidarité qui a très souvent porté des résultats satisfaisants ne se manifeste pourtant pas seulement dans les sphères économique, sociale, politique ou technique. Bien plus, elle devait étendre son spectre à la répression, ce champ qui est pendant longtemps resté marqué par la jalousie des États, à cause d'une application trop stricte de la notion de la souveraineté[2]. Heureusement, cette entreprise « audacieuse, mais nécessaire » des États aura reçu l'onction du gardien des grands principes régissant l'ordre international. En effet, depuis la décision de la Cour Internationale de Justice dans l'affaire du LOTUS, « chaque État est libre d'adopter le système de compétence pénale qu'il juge meilleur et plus convenable aux fins d'éviter les conflits de lois »[3]. Le droit international intervient alors pour édicter des chefs de compétence, et on y identifie généralement quatre systèmes. L'exercice de l'une de ces compétences n'est soumis à aucune autorisation du droit international, en l'absence de toute règle prohibitive spécifique. L'État agit ainsi en tant que membre d'une société dont il défend les principes et les valeurs. D'ailleurs, dans l'affaire ci-dessus citée, la Cour Permanente de Justice Internationale (CPJI) a reconnu le droit pour tout État de légiférer sur des faits commis à l'étranger. C'est à ce titre qu'aujourd'hui en matière d'application de la loi pénale dans l'espace, il y'a eu une sorte d'éclatement des titres de compétence. L'État compétent peut par exemple être celui sur le territoire duquel l'infraction a été commise. Cette compétence dite de la territorialité permet à l'État concerné d'appliquer sa loi pénale interne, sous réserve de certaines exceptions, à toutes les infractions perpétrées sur son territoire ; et inversement, sa loi ne pourra connaître application pour les situations qui se sont déroulées hors de ses frontières. Ce système jouit de la plus grande faveur de la majorité des législations. Il est logique et fondé sur le bon sens dans la mesure où il est normal que le premier intéressé à la répression d'une infraction soit l'État dont l'ordre

---

[2] Le droit pénal étant un élément de la souveraineté des États, ces derniers éprouvaient énormément des difficultés à faire des concessions sur son application.

[3] V. Aff. LOTUS, 7 septembre1927, C.P.J.I., Série A, n° 10, pp. 10-19. La célèbre affaire du Lotus constitue un précédent important : à la suite d'un abordage survenu en haute mer, un navire français a été arraisonné par les autorités turques. La Turquie a jugé et condamné le capitaine français et la Cour permanente de justice internationale, acceptant la compétence du tribunal turc, a énoncé une règle fondamentale en 1927 : pour un exercice légitime de compétence pénale sur son territoire, l'État n'a pas besoin d'y être autorisé ou habilité par l'ordre juridique international et « tout ce qu'on peut demander à un État, c'est de ne pas dépasser les limites que le droit international trace à sa compétence ; en deçà de ces limites, le titre de la juridiction qu'il exerce se trouve dans sa souveraineté ».

public a été directement atteint[4]. Prôner la seule et stricte application du principe de territorialité ne serait pas satisfaisant, et risquerait de créer des failles dans la répression. Or, certaines infractions commises à l'étranger peuvent intéresser de manière plus ou moins directe d'autres pays. C'est la raison pour laquelle d'autres systèmes attributifs de compétence pénale ont été imaginés. C'est le cas par exemple du système de la compétence personnelle. Il ne s'agit plus dans cette hypothèse d'avoir égard au territoire proprement dit, mais à la nationalité des acteurs de l'infraction. Le système de la personnalité active est fondé sur la nationalité de l'auteur de l'infraction, et la personnalité passive sur celle de la victime. Si l'infraction commise porte atteinte à des intérêts fondamentaux d'un État, celui-ci peut se déclarer compétent en vertu du système dit de la réalité. Dans toutes ces hypothèses, la loi pénale d'un État peut trouver à s'appliquer alors même que l'infraction s'est entièrement réalisée à l'étranger.

Ces différents titres de compétence ont pour point commun d'être fondés sur un solide lien de rattachement entre l'infraction et l'État revendiquant sa compétence. L'on perçoit aisément, à travers le contenu de ces différents systèmes, le germe de l'inefficacité, puisque l'objectif à atteindre a toujours été d'assurer une répression optimale de la criminalité dans le monde. L'on parierait donc de ce point de vue que les systèmes sus évoqués seront inaptes à saisir l'ensemble de la criminalité internationale. Pour illustration, imaginons le cas d'une infraction commise en haute mer, et dont la victime et l'auteur sont apatrides. Ce type de situation peut créer des impunités choquantes ! Et c'est dans le but d'y remédier qu'a été imaginé, comme *ultimum remedium*[5], le principe de la compétence universelle ou alors le système de la *répression universelle* ou encore l'*universalité du droit de punir*.

La compétence universelle est traditionnellement définie comme « un système donnant vocation aux tribunaux de tout État sur le territoire duquel se trouve l'auteur de l'infraction pour connaître de cette dernière et ce, quel que soit le lieu de perpétration de l'infraction, la nationalité de l'auteur ou de la victime »[6]. Il constitue « l'une des expressions de la judiciarisation de la vie internationale, l'autre étant la création de juridictions pénales internationales, telles que les tribunaux pénaux internationaux *ad hoc* (ex-Yougoslavie et Rwanda) dont la compétence est limitée dans le temps et l'espace, les tribunaux mixtes *(Sierra Leone et Cambodge)* et la Cour pénale

[4] KIRSCH (Ph.), La Cour pénale internationale face à la souveraineté des Etats, in CASSESE (A.) et DELMAS-MARTY (M.) (dir.), *Crimes internationaux et juridictions internationales*, Paris, PUF, 2002, pp. 25 et s.

[5] DE VABRES (D.), « *Application de la loi pénale d'un État aux infractions commises par des étrangers hors de son territoire* », in *Mémoires de l'Académie Internationale de droit Comparé,* Paris, Sirey 1935.

[6] LA ROSA (A.-M), *Dictionnaire de droit international pénal*, Termes choisis, PUF 1988, p. 10.

internationale[7]. En réalité, ce système est la manifestation de l'engouement des États à lutter contre l'impunité des auteurs des violations graves des droits humains, partout où elles ont été commises. C'est aussi la réponse à cet appel de L'ONU, qui, le 26 avril 2000, à travers la *Commission des droits de l'homme,* adoptait une résolution réitérant « l'importance du combat à mener contre l'impunité pour prévenir les violations du droit international relatif aux droits de l'homme et du droit international humanitaire ».

Puisque le principe de l'universalité du droit de punir constitue aujourd'hui un élément clé dans la lutte contre l'impunité, la réalité de son application effective apparaît de plus en plus nécessaire[8]. C'est ce qui justifie la recrudescence de la popularité du principe en tant que mécanisme préféré de la plupart des spécialistes des droits humains, pour prévenir l'impunité des crimes internationaux[9]. Pour son application, l'on constate que les degrés d'appréciation de la compétence universelle sont divers. Ils sont basés soit sur le niveau de reconnaissance officielle de l'instance judiciaire chargée des poursuites, soit sur des critères de mise en œuvre de ce mécanisme procédural[10]. Premièrement, la compétence universelle sera qualifiée de déléguée ou d'absolue si l'entreprise de l'action judiciaire est appuyée ou non par une loi nationale habilitante. Deuxièmement, la compétence universelle sera qualifiée de conditionnelle ou d'inconditionnelle si le déclenchement des poursuites judiciaires en vertu dudit principe est subordonné à la présence effective ou non de l'accusé sur le territoire national.

À dire la vérité, l'idée de la compétence universelle n'est pas nouvelle. L'on attribue généralement sa paternité à GROTIUS. En 1625, ce jus naturaliste jetait déjà les bases conceptuelles de la compétence universelle dans son célèbre ouvrage intitulé *De jure belli ac pacis*[11]. En effet, par l'opération d'une distinction entre deux catégories de crimes soit « les délits ordinaires, qui ne touchent que des particuliers et les délits qui intéressent en quelque façon la société humaine », il contribua à développer l'idée voulant que la répression de cette catégorie de crimes dits « antihumanités » acquiert une importance majeure du seul fait de leur potentiel préjudiciable aux intérêts de l'humanité[12]. S'il s'avère que les bases conceptuelles du principe de

[7] Voir en ce sens, ALBARET (M.). « Acteurs et interdépendances dans l'affaire Hissène Habré », *Études internationales*, vol.39, 2008, n° 4, pp. 572-573

[8] SEROUSSI (J.), « La cause de la compétence universelle », *Actes de la recherche en sciences sociales*, vol.3, 2008, n° 173, p. 101.

[9] BLANCO CORDERO (I.). « Compétence universelle », *Revue internationale de droit pénal*, vol.79, 2008, n° 1, p. 13.

[10] *Idem.*

[11] GROTIUS (H.), *De jure belli ac pacis* (Le droit de la guerre et de la paix), traduit par Jean BARBEYRAC, Amsterdam, 1729, vol. II, Livre II, Chap. XXI, § III (1), p. 132 et Livre II, chap. XX, §XL, p. 103.

[12] PEYRO LLOPIS (A.). *La compétence universelle en matière de crimes contre l'humanité*, Bruxelles, Brulant, 2003, p. 2.

compétence universelle proviennent de la coutume internationale, ce principe aurait depuis été codifié, avec des nuances plus ou moins importantes, dans un certain nombre de textes juridiques contemporains dont la Convention pour la prévention des crimes de génocide de 1948, les quatre Conventions de Genève de 1949 et leur Protocole additionnel I de 1977 ainsi que la Convention contre la torture et autres peines ou traitements cruels, inhumains et dégradants de 1984[13].

Plus récemment, une résolution adoptée à l'unanimité par la *Sous-commission des droits de l'homme des Nations Unies* sur le rôle de la compétence universelle dans l'action préventive contre l'impunité semblait consacrer la compétence universelle comme étant un principe juridique universellement reconnu par le droit international[14], ce qui n'a pas reçu le consensus de tous les experts internationalistes[15]. Finalement, parmi l'abondance de publications académiques et professionnelles s'étant penchées sur la doctrine de la compétence universelle ces dernières années, il faut noter les différents rapports édités par *Amnesty International* et *Human Rights Watch* ; le rapport de *Princeton* sur les principes liés à la compétence universelle[16]; les rapports de la *Sixième Commission*[17] et ceux de la *Commission du droit international*[18], etc.

Quoi qu'il en soit, il faut reconnaître que le système de la compétence universelle n'est pas valable pour la poursuite de tous les comportements graves qui soient. En règle générale, la compétence universelle s'applique aux individus dont les actes répréhensibles les rendent *hostes humani generi*[19]. Par conséquent, sont passibles de poursuites sous le régime de cette procédure, les présumés auteurs de crimes contre l'humanité et de crimes de guerre. À ces deux catégories de crimes reconnus en droit international, notons également la possibilité d'intenter des poursuites pénales en vertu des crimes de génocide, de torture, d'apartheid, d'esclavagisme, de piraterie et

---

[13] GARAPON (A.). « De Nuremberg au TPI : naissance d'une justice universelle ? », Critique internationale, Automne, 1999, n° 5, p.178.

[14] Sous-Commission des droits de l'homme, Résolution de la Sous-Commission des droits de l'homme 2000/24 sur le rôle de la compétence universelle ou extraterritoriale dans l'action préventive contre l'impunité, 18 août 2000, E/CN.4/SUB.2/ RES/2000/24.

[15] NURI (A.) « La compétence universelle pour juger les crimes contre l'humanité : un principe inacceptable pour les plus puissants » dans Nils Andersson et collab., *Justice internationale et impunité, le cas des États-Unis*, Paris, L'Harmattan, 2007, p. 279.

[16] Le projet de Princeton relatif à la compétence universelle est un document élaboré par les plus grands experts et juristes, devant servir de guide dans l'utilisation de la compétence universelle en tant qu'instrument de lutte contre l'impunité. Pour plus d'informations : http://lapa.princeton.edu/hosteddocs/unive_jur.pdf

[17] La Sixième Commission est chargée des questions juridiques internationales. Pour plus d'informations : http://www.un.org/fr/ga/sixth/index.shtml

[18] La Commission du droit international est chargée de la codification du droit international. Pour plus d'information : http://www.un.org/fr/aboutun/structure/ilc.shtml

[19] C'est-à-dire des ennemis de l'humanité.

des autres crimes dont les disparitions forcées[20]. C'est dire que finalement, il a été reconnu en droit international que les violations des normes de *jus cogens* [21] doublées d'obligations *erga omnes* [22] pouvaient constituer un déclencheur de l'application du principe de compétence universelle. Seulement, si l'objectif du principe consiste à refuser que des personnes soupçonnées d'avoir commis des crimes internationaux odieux puissent échapper aux mailles de la justice, en se réfugiant derrière des frontières protectrices[23], les difficultés inhérentes à ce système sont des plus importantes et tendent à en paralyser l'exercice effectif. Le principe étant tourné vers la recherche de l'efficacité, l'on s'interrogera sur son applicabilité ainsi que les indices d'effectivité de sa mise en œuvre afin de découvrir s'il peut être à mesure d'assouvir l'envie pour laquelle il a été imaginé. À cet effet, sera posée cette question de savoir à quoi s'identifie le principe de la compétence universelle envisagé dans le ciel complexe de la répression des infractions internationales et de la lutte contre l'impunité.

Le présent travail permet de démontrer que même si l'exercice de la compétence universelle s'opère toujours sur un terrain plein d'écueils liés à diverses considérations, cela ne lui empêche cependant pas, de donner le rendement d'une collaboration judiciaire internationale dans la lutte contre le crime. Autrement dit, malgré l'importance des discours sur le déclin de la compétence universelle, sa vigueur reste à jour (I), et c'est ce constat qui nous conduira à analyser les règles de la mise en œuvre de ce principe (II).

I- LA VIGUEUR DU PRINCIPE DE L'UNIVERSALITÉ DU DROIT DE PUNIR

Le principe de l'universalité du droit de punir, en plus d'être considéré comme un excellent outil de lutte contre l'impunité, constitue également une technique de règlement des conflits de compétence pénale entre États souverains. Cette réalité s'apprécie bien, dans la mesure où le principe prévoit des techniques de résolution des conflits de lois (A) ou des conflits de juridictions (B).

---

[20] KAMMINGA, MENNO (T.), « Lessons Learned from the Exercise of Universal Jurisdiction in Respect of Gross Human Right Offenses », *Human rights quarterly*, vol.23, 2001, n°4, pp. 945-950.

[21] Le *jus cogens* regroupe les normes impératives de droit international général auxquelles il est impossible de déroger. Cette notion a été définie aux articles 53 et 64 de la Convention de Vienne de 1969.

[22] L'obligation *erga omnes* est un terme juridique signifiant « à l'égard de tous », souvent associé à la notion de *jus cogens*. Pour plus d'informations, voir l'*obiter dictum* de la C.I.J. dans l'affaire Barcelona Traction.

[23] La Cour pénale internationale est liée par le *Statut de Rome* ; en ce sens, elle ne peut poursuivre que les crimes commis sur le territoire d'un pays qui a ratifié ledit traité ou que les crimes commis par des citoyens d'un pays qui a ratifié ledit traité.

A- La résolution des conflits de lois par le moyen de la compétence universelle

Même si l'idée continue de faire l'objet d'intense débat en doctrine, rien ne rassure aujourd'hui sur la pertinence de la position de ceux qui contestent la capacité du principe de la compétence universelle à constituer un moyen de règlement des conflits de lois pénales[24]. Nous démontrerons alors comment et selon quel principe ces conflits de lois sont résolus au travers de la compétence universelle. Et partant, l'on remarquera que la solidarité des compétences judiciaire et législative constituant une solution apparemment incompatible avec la nature purement procédurale du principe de l'universalité, la préférence semble être donnée à la dissociation de ces deux compétences.

1- La consécration du principe de solidarité des compétences judiciaire et législative

Il s'agit de répondre à la question de savoir si la juridiction saisie en vertu du système de l'universalité du droit de punir pourra appliquer à l'infraction, la loi pénale de l'État étranger ?

Bien évidemment, la réponse à cette question va de soi. À la différence du droit international privé, le droit pénal international retient la coïncidence des compétences législative et judiciaire. En effet, lorsque les juridictions sont compétentes en vertu du principe de la compétence universelle, elles appliquent toujours la loi pénale. La solution est en vigueur au Cameroun[25]. Il en est de même du droit français. Cette conséquence tirée par la jurisprudence n'est cependant pas imposée par le législateur. D'ailleurs, après plusieurs hésitations, le parlement français a renoncé à introduire dans le Code pénal les dispositions concernées[26].

Ce principe ne découle pas directement des textes qui prévoient la compétence universelle. Il est justifié à plusieurs titres. Tout d'abord, il trouve son fondement dans un autre principe, celui de la « territorialité de la loi pénale ». Cette règle de la territorialité de la loi pénale ne signifie pas seulement que la loi pénale d'un État s'applique aux infractions commises sur son territoire, mais également que cette loi est applicable chaque fois que ses tribunaux sont compétents. Dans cette optique, le juge appliquera toujours sa propre loi pénale. Ce qui permettra d'ailleurs d'éluder des conflits latents entre une pluralité d'États intéressés à la répression d'une même infraction. Il suffira simplement au juge de veiller au respect des

---

[24] Pour une position contraire, lire BATIFFOL (H.) et LAGARDE (P.), *Traité de droit international privé*, Paris, LGDJ, 8ème édition 1993, Tome I, n° 245.

[25] Art. 11et 13 Code pénal camerounais.

[26] JO Sénat, 11 mai 1989, p. 614 et 1 1 avril 1990, p. 187 ; JO AN 12 oct.1989, p. 3379 et 18 mai 1990, p. 1495 cité par DESPORTES (F.) et LE GUNEHEC (F.), *Droit pénal général, Economica,* 16ème éd., 2009.

principes fondamentaux qui régissent sur plan international le droit pénal et la procédure pénale, tels que le respect de la présomption d'innocence et le droit à un procès équitable.

Le principe de solidarité des compétences législative et judiciaire fait l'objet de nombreuses critiques. Puisqu'il favorise l'application de la loi étrangère par un juge du *for*, on lui reproche de méconnaitre le principe cardinal du droit pénal, celui de la légalité criminelle. Seulement, le reproche paraît discutable. Alors que la Cour européenne des droits de l'homme reconnaît la compatibilité du système avec le principe invoqué[27], certains auteurs dénient cette qualité. Pour le doyen C. LOMBOIS par exemple, la compétence des juridictions (internes) en vertu de la compétence universelle a un caractère « accidentel ». Or la loi applicable ne doit pas être désignée par « le hasard de l'arrestation ». Ainsi s'il est utile qu'un délinquant arrêté sur le territoire d'un État quelconque soit poursuivi devant les tribunaux de cet État, il n'est pas acceptable qu'il soit jugé d'après une loi pénale de cet État dont l'application était pour lui imprévisible. Pour cette raison, il est apparu nécessaire pour certains auteurs de procéder à la dissociation des compétences législative et judiciaire.

2- La nécessité d'une dissociation des compétences législative et judiciaire

La compétence universelle est une règle de procédure destinée à régler la question de la détermination de l'État compétent pour connaître d'une infraction. C'est la raison pour laquelle on peut penser que cette règle, de nature procédurale, n'a pas vocation à régler les problèmes de fond qui relèvent de l'appréciation discrétionnaire du juge du lieu d'arrestation. Ce dernier peut donc appliquer la loi qui lui paraît la plus opportune par rapport à l'espèce qui lui est soumise. La nature fondamentalement procédurale de la compétence universelle le lui permet. Il en résulte que l'application de la loi étrangère ne soulèverait aucun obstacle majeur, certains législateurs (français par exemple) n'ayant pas formellement écarté cette possibilité. Généralement, l'application de la loi étrangère en cette matière se révèle nécessaire à deux points de vue. D'une part, l'application de la loi de l'État d'arrestation est injuste en ce qu'elle repose sur l'événement tout à fait fortuit que constitue l'arrestation. La loi qui régit l'infraction doit être fixée par les circonstances de cet agissement même, sans être affectée par des péripéties ultérieures. Autrement dit, le même fait doit être apprécié suivant la même loi, quel que soit le juge désigné par le hasard de l'arrestation[28]. D'autre part, l'essor du système de la compétence universelle suppose l'abandon de l'application de la loi du lieu d'arrestation. On ne peut mieux dire à ce propos que STOUFFLET qui note que : « Le refus d'application

---

[27] CEDH, 17 mars 2009, Ould Sah c/ France

[28] LOMBOIS (C.), *Droit pénal international*, Paris, Dalloz, 1971, p. 83.

de la loi répressive étrangère crée un obstacle absolu (…) à l'adoption du système de la compétence universelle, nécessaire cependant pour assurer efficacement la défense sociale et saisir les états dangereux (…). L'efficacité de la répression exige une extension de la compétence juridictionnelle des tribunaux répressifs et en conséquence une reconnaissance de la compétence de la loi étrangère. » Il ressort de tous ces éléments que la compétence universelle suppose l'abandon de l'application de la loi de l'État du lieu d'arrestation, laquelle se concilie mal avec la nature de la compétence universelle. Le raisonnement parait différent pour ce qui concerne le choix de la juridiction compétente.

B- Le règlement des conflits de juridictions à travers la compétence universelle

En droit international, régler un conflit de juridictions c'est déterminer l'État dont la juridiction sera compétente. En effet, lorsqu'une infraction présente un élément d'extranéité, la question se pose de savoir quel est l'État dont les juridictions seront saisies. La compétence universelle tranche cette question en faveur de l'État sur le territoire duquel se trouve et est arrêté le délinquant. Le critère de règlement du conflit de juridictions, est donc celui de la présence de l'auteur dans l'État du lieu d'arrestation. Il incombera au *judex deprehensionis* (a), soit de le juger soit de l'extrader (b)[29].

1- Le critère de règlement du conflit : le *judex deprehensionis*

Il faut d'emblée souligner que l'exercice de la compétence universelle n'est soumis à aucune dénonciation officielle telle qu'exigée pour d'autres titres de compétence. De même, la réciprocité d'incrimination n'est nullement requise.[30] L'absence de ces deux conditions conduit à valoriser le seul critère valable en la matière, c'est-à-dire la présence et l'arrestation du délinquant. Le *judex deprehensionis*, expression latine de ce critère, vise à désigner comme compétents les tribunaux de l'État sur le territoire duquel se trouve le délinquant présumé d'une infraction. En droit comparé français, deux importants arrêts caractérisent ce système. Il s'agit des arrêts *JAVOR* rendus par la Chambre criminelle de la Cour de cassation le 26 mars 1996[31]

---

[29] L'alternative « soit juger soit extrader » trouve sa paternité chez l'auteur de l'ouvrage *Du droit de la guerre et de la paix*. Dans l'idée de GROTIUS, « Un État ne permet pas ordinairement qu'un autre État envoie sur ses terres des agents armés pour prendre les criminels qu'il veut, et cela aussi serait sujet à de fâcheux inconvénients. Il faut donc que l'État, sur les terres duquel *se trouve* le coupable, atteint et convaincu fasse de deux choses l'une, *ou qu'il punisse* lui-même le coupable à la réquisition de l'autre État, *ou qu'il le remette* entre ses mains pour le punir comme il jugera à propos ».

[30] Mais la compétence universelle concerne des infractions tellement graves qu'il est peu probable qu'elles ne soient pas incriminées et sanctionnées dans les autres États et particulièrement dans celui sur le territoire duquel le fait délictueux a été perpétré.

[31] Cass. Crim. R., 26 mars 1996 ; *JAVOR ELVIR et autres*, Juris-Data n° 001513. Droit

et de l'arrêt *WENCESLAS* ou affaire du « prêtre rwandais[32] ». Seulement une difficulté réside dans l'application de la règle. Elle ressort de la question de savoir si l'on peut sous couvert de réprimer une infraction entrant dans le cadre de la compétence universelle, enlever l'auteur de celle-ci afin que justice soit faite ? La réponse semble affirmative, ainsi qu'il résulte de l'arrêt *ARGOUD*[33].

Quoi qu'il en soit, la compétence de la juridiction est subordonnée à la présence du délinquant sur le territoire du *judex deprehensionis* et ce, qu'il s'agisse même d'une présence passagère [34]. Cette conditionnalité va apparemment à l'encontre de la conception absolue du principe, c'est-à-dire la compétence *in abstension* ou compétence par défaut. Cette dernière permet à un État d'affirmer sa compétence sans condition de présence de l'auteur sur son territoire (ce fut le cas de la loi belge du 16 juin 1993 et de la loi espagnole)[35]. De toutes les façons, la présence du délinquant présumé sur le territoire du *judex deprehensionis* emporte un certain nombre de conséquences.

2- Les conséquences du critère du judex deprehensionis : *aut dedere aut judicare*

Les tribunaux de l'État du lieu d'arrestation doivent soumettre les délinquants internationaux à leur juridiction à défaut de les extrader. C'est l'application de la règle du droit international « *aut dedere, aut judicare* »[36]. Seulement, l'extradition du délinquant pose des problèmes considérables liés à l'absence de règles de priorité dans l'octroi de l'extradition. Elle soulève également la question de savoir si elle s'impose ou non au *judex deprehensionis*.

Or, une infraction présentant un élément d'extranéité met en jeu une pluralité d'États intéressés à sa répression. Des demandes d'extradition peuvent alors être adressées à l'État du *forum deprehensionis*. On songe à l'État du lieu de commission de l'infraction, à l'État national de la victime, à l'État de l'auteur et enfin à l'État dont les intérêts fondamentaux ont

---

pénal, JCP juin 1996, n° 131.

[32] Cass. Crim., 6 janvier 1998 ; *Procureur gén. près C.A Nîmes et autres, JCP*, 1998 II 10158.

[33] Cass. Crim., 4 juin 1964, *ARGOUD*, Bull. n° 192.

[34] KOERING-JOULIN (R.), Jcl. proc. pén., fasc. 20, n° 91.

[35] KEUBOU (Ph.), « La répression de l'usage et du trafic illicites de la drogue au Cameroun : Commentaire de la loi n° 97-19du 7 aout 1997 », *Juridis Périodique* n° 65, Janvier-Février-Mars 2006, p. 87.

[36] BIGAY, « Extrader ou punir », 16èmes journées franco-belgo-luxembourgeoises des sciences pénales, 18 et 19 mars 1979, *RDPC*, 1980, p.113, cité par KEUBOU (Ph.), « La répression de l'usage et du trafic illicites de la drogue au Cameroun : Commentaire de la loi n° 97-19du 7 aout 1997 », *op.cit.*, p. 86.

été lésés. Quelle solution le *judex deprehensionis* doit prendre face à une telle situation ?

Le problème vient justement de l'absence de règles de priorité dans l'octroi de l'extradition. Une seule convention établissant la compétence universelle fait exception à cette règle. C'est la Convention de Rome du 10 mars 1988 pour la répression d'actes illicites contre la sécurité de la navigation maritime. La pratique des Etats montre qu'en général l'État du lieu d'arrestation opte en faveur de l'État du lieu de commission de l'infraction, car c'est à cet endroit que l'ordre public a été directement bafoué. Si l'État d'arrestation refuse d'extrader, il se posera la question de savoir ce qui peut servir de justifications à ce refus. Les conventions internationales ne sont pas d'un grand secours. Ainsi, l'article 7 de la Convention européenne pour la prévention du terrorisme du 27 janvier 1977 dispose : « Un État contractant sur le territoire duquel l'auteur, soupçonné d'une infraction visée à l'article 1er est découvert et qui a reçu une demande d'extradition (...) soumet, s'il n'extrade pas l'auteur soupçonné de l'infraction, l'affaire sans aucune condition et sans retard injustifié à ces autorités compétentes pour l'exercice de l'action pénale exception. » Dès lors, il faut se rapporter au droit interne de chaque État. En droit camerounais, un certain nombre de conditions sont posées. À défaut de leur réalisation, le juge est fondé à ne pas accorder l'extradition et n'a surtout pas à justifier son refus.

Un autre problème fondamental résulte de la question de savoir si l'État du lieu d'arrestation refuse d'extrader, est-il néanmoins contraint de juger le délinquant ? La doctrine est partagée s'agissant de la réponse à apporter à cette question. Pour le Professeur BASSIOUNI, la norme *aut dedere aut judicare* constitue juste une alternative. Si l'extradition n'est pas accordée ou n'est pas demandée, le jugement du délinquant ou sa poursuite est impératif. GROTIUS va dans le même sens lorsqu'il écrit « Un peuple ou un roi n'est pas tenu précisément et indispensablement de livrer les coupables, mais de les livrer ou de les punir ». Dans l'affaire de Lockerbie [37] concernant l'application de la Convention de Montréal de 1971, les juges ayant eu à statuer sur cette affaire se sont prononcés clairement sur cette question. Ils ont déclaré qu' : « Il n'existe pas en droit international général d'obligation de poursuite à défaut d'extradition. Si une telle formule a été préconisée par une partie de la doctrine depuis Covarruvias et Grotius, elle n'a jamais fait partie du droit positif. Dans ces conditions, tout État est libre de solliciter une extradition et tout État est libre de la refuser. En cas de refus, il n'est pas tenu d'engager des poursuites. » En tout état de cause, si l'État d'arrestation n'extrade pas le jugement du délinquant, peut-il se traduire par un classement sans suite ?

[37] CIJ, *Rec.*, 1992, p. 24.

Le constat est donc sans équivoque. Et partant de là, l'on peut s'interroger par cette question de savoir si l'universalité du droit de punir est apparue à ses débuts pour régler les conflits de compétences entre États souverains ; a-t-elle pu atteindre de nos jours cet objectif pour que l'on puisse la confondre à un instrument d'universalisation du droit ? Seules les règles de mise en œuvre du principe nous permettront de donner une réponse rassurante.

II- LA MISE EN ŒUVRE DU PRINCIPE DE LA COMPÉTENCE UNIVERSELLE

La compétence universelle l'a-t-on compris, a pour objectif ultime de responsabiliser chaque État dans la lutte contre l'impunité des crimes internationaux. Son application par tous permettrait de « tisser un réseau répressif ou une véritable toile afin d'éviter que des criminels internationaux puissent trouver refuge sur un territoire protecteur »[38]. Étant donné la diversité des sources de la compétence universelle, son application suscite des problèmes complexes dont les législations internes doivent tenir compte lors de l'élaboration des textes internes visant sa mise en œuvre. Bien qu'il soit clair pour nous que la pleine application de ce principe constitue en théorie l'une des méthodes les plus efficaces pour mener une véritable lutte contre l'impunité, il n'en demeure pas moins qu'il doit être domestiqué au niveau interne, lequel ordre semble mieux lui assurer la garantie d'une réelle opérationnalité. Au clair, les législations internes doivent prendre des dispositions nationales appropriées afin d'intégrer le principe dans leurs ordres juridiques respectifs (A). C'est en tout cas une exigence d'efficacité dans l'exercice de cette compétence, même si en pratique cette mesure ne peut pas subjuguer toutes les difficultés qui gangrènent son application (B).

A- L'exigence des mesures nationales

La nécessité des dispositions nationales trouve pleinement sa justification au regard de l'aspect procédural du principe de l'universalité du droit de punir (1), dont l'étude doit être justement combinée avec celle des conditions particulières de son exercice (2).

1- La nécessité des mesures nationales

La compétence universelle des juridictions nationales résulte en général des textes internationaux, et rarement des lois internes. Elle entraîne donc non seulement la mondialisation du droit pénal, mais aussi la mondialisation des juges nationaux qui deviennent ainsi les gardiens du droit international. Pour les victimes, la compétence universelle constitue aussi le formidable espoir que leurs souffrances soient reconnues et que la

---

[38] ALBARET (M.), « acteurs et indépendance dans l'affaire HISSENE HABRE », *Etudes internationales*, Vol. 39, 2008, pp. 572-573.

justice leur soit rendue. Mais parfois, pour des raisons diverses, les juridictions nationales peuvent être dans l'impossibilité de juger les grands criminels. Dans ce cas, ces derniers peuvent être déférés devant la CPI, qui doit alors les poursuivre. C'est dire qu'en réalité, la compétence universelle est concurremment exercée par les tribunaux nationaux et internationaux. Elle ne vaut que pour les infractions expressément désignées soit par les conventions internationales, soit pour celles spécialement prévues par les textes du droit camerounais, ou même dans certains cas isolés, par la coutume internationale.

La force de la compétence universelle s'apprécie différemment suivant qu'on est en droit international coutumier ou en droit conventionnel. En droit international coutumier lorsque la compétence universelle est reconnue, il s'agit d'une compétence facultative. Tout État pourrait donc valablement soumettre à ses juridictions internes les individus suspectés d'avoir commis les infractions rentrant dans le cadre de cette coutume internationale. Nous citerons à titre d'exemple la répression de la piraterie codifiée à l'article 105 de la convention de Montegobaye du 10 décembre 1982 sur le droit de la mer, qui dispose que « tout État peut saisir un navire ou un aéronef piraté... appréhender les personnes et saisir les biens se trouvant à bord. Les tribunaux de l'État qui a opéré la saisie peuvent se prononcer sur les peines à appliquer ».

En droit conventionnel, la compétence universelle s'avère obligatoire dans la mesure où il existe la règle *aut dedere aut judicare.* Mais ce principe pour être appliqué doit figurer dans le droit interne. Ce qui signifie que le traité n'est pas seulement appliqué, mais nécessite un acte d'intégration. Dans ce genre de traité, il peut y avoir une obligation d'établir la compétence universelle dans l'ordre interne, accompagnée d'une obligation de saisir les juridictions [39] ; il peut y avoir une obligation d'établir la compétence universelle dans l'ordre interne, avec faculté de saisir la justice[40] ; il peut y avoir enfin simple invitation à créer la compétence universelle et une faculté de saisir la justice[41].

Mais une question importante que l'on pourrait se poser suite à cette articulation est celle de savoir si les deux sources de droit (coutumière et conventionnelle) peuvent coexister en matière de compétence universelle ? La réponse à notre avis devrait être affirmative, d'une part parce qu'elle permet une autre lecture de l'article 6 de la convention de 1948 sur le génocide, qui semble ne consacrer que la compétence territoriale de l'État du lieu de commission du génocide, et donc on dit en général qu'elle exclut la

[39] Conf. La convention contre la torture du 10 décembre 1984, articles 5 et 7.

[40] Conf. Convention du 30 novembre 1973 sur la lutte contre l'apartheid, art. 4 et 5.

[41] Conf. Convention sur le trafic de stupéfiants et des substances psychotropes du 20 décembre 1988.

compétence universelle[42]. Dans une seconde catégorie de convention, la compétence universelle est directement créée par le droit international et peut donc être mise en œuvre sur le plan interne en l'absence de toute mesure d'incorporation[43]. En réalité, rien n'empêche, bien qu'aucune compétence universelle obligatoire ou facultative ne soit prévue sur la convention sur le génocide, qu'existe une compétence pareille en droit coutumier. C'est d'ailleurs ce point de vue qui a été adopté par le tribunal de district de Jérusalem pour se déclarer compétent et poursuivre pour faits de génocide le nazi EICHMANN.

D'autre part, cette solution permet une réponse à la question de savoir si en l'absence d'une règle conventionnelle générale en ce sens, il existe une règle de droit coutumier selon laquelle les crimes contre l'humanité son soumis à la compétence universelle. En tout cas, on peut trouver une autorisation de recourir à cette compétence dans cette résolution du conseil de sécurité selon laquelle « les crimes contre l'humanité et les crimes de guerre, où qu'ils aient été commis, et quel que soit le lieu, le moment où ils ont été commis, doivent faire l'objet d'une enquête, et les individus contre lesquels existent des preuves établissant qu'ils ont commis de tels crimes, doivent être recherchés arrêtés et traduits en justice, et s'ils sont reconnus coupables châtiés[44] ». Toutefois, dans la pratique, on constate une réticence des États à adopter cette position. C'est le cas de l'affaire des Rwandais dans laquelle les juges français n'ont pas voulu considérer qu'il existe un principe coutumier relatif à la compétence universelle des crimes contre l'humanité, directement applicable. [45] On retrouve la même solution dans l'affaire dite des Bosniaques[46].

Vu donc la multiplicité des sources des textes prévoyant la compétence universelle et l'incertitude qui pourrait les caractériser, l'on imagine que la situation est de nature à susciter des difficultés dans l'appréhension de la règle.

2- Les conditions particulières d'exercice de la compétence universelle

En ce sens, la compétence universelle peut s'entendre soit comme un principe absolu soit comme un principe territorialisé.

Dans le premier cas, il s'agit comme l'indique son appellation, de cette modalité de l'universalité du droit de punir qui subordonne les poursuites à la

[42] Voir en ce sens l'affaire du génocide rwandais encore devant les juridictions françaises.
[43] Conf. La convention de Genève de 1949 sur le crime de guerre.
[44] Résolution N° 3074 du 3 décembre 1973.
[45] Voir en ce sens l'aff. CALINDA et autres c/ MOUNYE SHYAKA. TGI de Paris, 9 janv. 1996 ; CA de Nîmes 20 mai 1996 ; cass. Crim. 6 janvier 1998. RSC et DP Comparé 1998. Obs. MASSE.
[46] TGI de Paris. 24 oct.1994.

présence effective du suspect dans le territoire de l'État dont les juridictions sont saisies. Il s'agit en réalité d'une application de l'aphorisme « *aut dedere aut judicare* ». L'État poursuivant ou les victimes devraient donc démontrer la présence de l'auteur de l'infraction sur le territoire national. C'est en tout cas ce que révèle la pratique dans les États ayant adopté cette variété de la compétence universelle[47].

Il faut relever tout de suite que cette façon de procéder constitue une paralysie non négligeable pour la répression, surtout quand on essaie de se placer du côté des victimes. L'on constatera qu'il n'est pas aisé pour elles de démontrer la présence de l'auteur de l'infraction sur le territoire national, faute de moyens matériels et juridiques. C'est cette conception qui correspond à la pratique quasi unanime des États, et qui est consacrée dans notre Code pénal[48]. Cet article prévoit qu'un étranger ne peut être jugé au Cameroun pour les faits visés à l'alinéa 1[49], lorsque ces faits ont été commis à l'étranger que s'il a été arrêté sur le territoire de la république et n'a pas été extradé, et à condition que la poursuite soit engagée par le ministère public.

Sous sa forme absolue, la compétence universelle caractérise un système donnant vocation aux tribunaux de tout État sur le territoire duquel se trouve l'auteur de l'infraction de connaître de cette dernière et cela, quels que soient le lieu où l'infraction a été commise et sa nationalité[50]. Cette conception de la compétence universelle est rarement adoptée par les Etats, à quelques exceptions près telles que la Belgique avant 2002 et 2003, notamment dans sa loi de 1993. À ces jours, seule l'Espagne conserve son système de compétence universelle absolue[51]. La carence des États à adopter cette conception de la compétence universelle s'explique aisément. Certains avancent l'idée d'honorer la souveraineté des États et les engagements internationaux[52]. Mais à y voir de près, cette carence des Etats est tout simplement la manifestation d'une défaillance dans l'œuvre d'une collaboration répressive internationale efficace.

Ces composantes de la compétence universelle explicitées, il faut nécessairement noter que c'est dans leur spécificité qu'elles distinguent les États, et ceci selon leurs degrés d'engagement respectif. Ce qui explique les difficultés d'application du principe par la communauté des États.

---

[47] MASSE (M.), « Ex-Yougoslavie, Rwanda : une compétence "virtuelle" des juridictions françaises ? », *R.S.C.*, 1997, pp. 893-898.
[48] Alinéa 2 de l'article 11.
[49] L'alinéa 1 de ce texte traite de la piraterie, le trafic de personnes, la traite des esclaves, le trafic de stupéfiants commis sur le territoire camerounais.
[50] GUILLAUME (G.) « Terrorisme et droit international », *R.C.A.D.I* 1989.III. Vol. 215. PP. 289 suiv. cité par MINKOA SHE (A.), *Droit de l'homme et droit pénal au Cameroun*, La vie du droit en Afrique, Economica, 1999, n° 578 et svt.
[51] BÜCK (V.), « Droit espagnol », in CASSESE (A.) et MARTY-DELMAS (M.), (dir.), *Juridictions nationales et crimes internationaux*, Paris, PUF, 2002, pp. 121-158.
[52] BADINTER (R.), « Naissance d'une justice », *Nouvel Observateur*, 23 juillet 1998, p. 30.

B- Les obstacles au déploiement de la compétence universelle

La compétence universelle suscite de grands espoirs pour la répression sans faille qu'elle permet d'assurer. La mise en place d'une juridiction pénale internationale permanente est la manifestation du progrès des hommes désormais capables de faire face ensemble à la grande criminalité qui lèse les intérêts de tous. Ce système exprime la solidarité des États dans la lutte contre la délinquance internationale. Se pose la question importante de savoir si au-delà de ces objectifs ambitieux, la compétence universelle, instrument d'universalisation du droit, sera à la hauteur de ses finalités. L'exposé des réalités jettera une mauvaise impression dans les esprits de ceux qui croient en une ferme application de la compétence universelle. Notre regard portera successivement sur les obstacles théoriques (1) et pratiques (2).

1- Les obstacles théoriques à l'efficacité de la compétence universelle

La compétence universelle est un système idéal, c'est dire qu'on n'y est pas encore parvenu. Cette affirmation de LOMBOIS qui date de près de trente ans recouvre malheureusement son actualité. En effet, lorsque la compétence universelle tend à se transformer de simple concept en système effectif, d'énormes difficultés se font jour, empêchant dès lors sa consécration parfaite et donc sa réalisation complète. Ces obstacles sont constitués autour de deux grands ensembles, à savoir le dogme de la souveraineté (a) et le principe des immunités (b).

a- La souveraineté de l'État

La souveraineté, parce qu'expression d'un particularisme étatique irréductible, met en lumière toute la problématique de l'universalité du droit de punir [53]. Elle constitue véritablement, selon la formule de Michel VIRALLY, « la pierre d'angle de la société internationale et du droit international »[54]. Cette notion consubstantielle à l'État entretient des rapports antagoniques avec le droit pénal. L'État souverain, organe suprême que l'on ne contraint pas, se concilie mal avec le caractère coercitif inhérent au droit pénal, qui en réalité, ne doit relever que de ses seules attributions. L'on comprend pourquoi les États ont tendance à protéger plus spécialement la justice pénale du spectre de la compétence universelle, puisqu'une application poussée du principe peut mettre en mal cette considération que l'on doit à la souveraineté. Pour illustration, la compétence universelle qui

---

[53] KIRSCH (Ph.), « La Cour pénale internationale face à la souveraineté des États », in Antonio CASSESE et Mireille Delmas-Marty (sous la direction de), *Crimes internationaux et juridictions internationales*, Paris, PUF, 2002, pp. 25 et s.

[54] VIRALLY (M.), « Une pierre d'angle qui résiste au temps : avatars et pérennité de l'idée de souveraineté », *in Les relations internationales dans un monde en mutation*, I.H.E.I., Leiden, 1977, p. 195.

entraîne la compétence du tribunal de l'État du lieu d'arrestation ou celle d'une juridiction internationale peut menacer la souveraineté à certains points de vue[55].

En réalité, la question de l'exercice de la compétence universelle par les tribunaux internes de l'État du lieu d'arrestation ne pose pas autant de difficultés que celle de l'exercice de cette compétence par une juridiction internationale. Dans cette dernière hypothèse, il s'agit de savoir de quelle légitimité est pourvue l'action de la juridiction internationale et quelle en est la source. S'agissant des T.P.I. leur « acte de naissance » réside dans des résolutions du Conseil de sécurité alors que pour la Cour pénale internationale elle procède d'une convention. Il n'y a pas de différence de nature entre une convention et une résolution du Conseil de Sécurité des Nations Unies. Le caractère conventionnel de cette dernière se situe lors de l'adhésion de l'État à la Charte de San Francisco. Ainsi, l'on peut considérer, dans les deux cas, que les Etats ont délégué leur compétence. C'est alors le procédé de la délégation qui préserve la souveraineté puisque l'État reste souverain lorsqu'il décide une limitation dictée par sa seule volonté. Parfois, certains rétorquent qu'il a porté atteinte à la souveraineté alors qu'en réalité il n'en est rien, car le caractère souverain de l'État peut être lui-même remis en cause.

La souveraineté et plus précisément son attribut essentiel que constitue la justice pénale feraient ainsi l'objet d'une protection accrue de la part des autorités étatiques. Il en serait de même de la situation des immunités en général.

b- Le principe des immunités

En ce qui concerne la considération des immunités, il faut d'emblée noter qu'elle constitue un obstacle majeur au déploiement effectif du principe de la compétence universelle. Suivant leurs natures, on distingue les immunités diplomatiques, celle du président de la République, et celle dont bénéficie de plein droit, au titre du droit international, le ministre des Affaires étrangères de tout État. S'agissant du chef de l'État, il est par principe considéré comme le représentant officiel de la souveraineté. Du fait de la prééminence de sa fonction et notamment de son rôle dans les relations internationales, le droit des gens lui assure traditionnellement une protection spéciale. Seulement, cette immunité ne saurait jouer dans tous les cas. Déjà l'article 227 du Traité de Versailles avait mis en cause le souverain Guillaume II, Empereur d'Allemagne réfugié aux Pays-Bas, après son abdication le 09 novembre 1918 qui avait manifestement violé le droit international. Aussi, un arrêt du 1er octobre 1946 du tribunal de Nuremberg relatif au procès des grands criminels de guerre avait affirmé que : « La protection que le droit international assure aux représentants de l'État ne

[55] KIRSCH (Ph.), « La Cour pénale internationale face à la souveraineté des États », *op.cit.*, p. 25.

saurait s'appliquer à des actes criminels. Les auteurs de ces actes ne peuvent invoquer leurs qualités officielles pour se soustraire à la procédure normale et se mettre à l'abri du châtiment. » Dans le même sens, la Cour pénale internationale prévoit que la qualité officielle de chef de l'État ne peut faire échec à des poursuites exercées à son encontre. L'article 27-1 du statut énonce que : « Le présent statut s'applique à tous de manière égale, sans distinction fondée sur la qualité officielle. En particulier, la qualité officielle de chef d'État ou de gouvernement, de membre d'un gouvernement ou d'un parlement (...) n'exonère en aucun cas de la responsabilité pénale au regard du présent statut, pas plus qu'elle ne constitue en tant que telle un motif de réduction de la peine. » Tel est en tout cas le principe, mais en pratique la réalité est autre[56]. Toutes ces difficultés se doublent de celles d'ordre pratique.

2- Les obstacles pratiques à l'efficacité de la compétence universelle

L'exercice de la compétence universelle fait face à des difficultés pratiques considérables. Sur ce point, les professeurs KOERING-JOULIN et LABAYLE font remarquer que : « Les promesses d'efficacité dont il est porteur s'effacent progressivement devant les difficultés de sa mise en œuvre. »[57] Deux problèmes seront traités dans le cadre de cet intitulé. Il s'agit des questions de preuve (a) et de la coopération judiciaire entre les États (b).

a- Le problème de la preuve des infractions

Par nature, le principe de la souveraineté interdit à un État d'exercer ses attributions en dehors de ses frontières. De ce fait, la recherche de la preuve dans l'État du lieu de commission de l'infraction pose d'énormes difficultés, et à KOERING-JOULING et LABAYE de préciser remarquablement que « La réunion des preuves d'une infraction réalisée parfois à des milliers de kilomètres, l'audition et la confrontation des témoins posent des difficultés d'une complexité et d'un coût redoutables sans parler de leur fiabilité. Au total, face à l'éloignement du lieu de commission de l'infraction et celui des poursuites, seule la plus ou moins bonne grâce conjoncturelle de la collaboration policière et judiciaire peut permettre d'atténuer sinon de résoudre le problème structurel de la distance »[58]. L'on ne pouvait alors trouver meilleure formule pour exprimer l'obstacle pratique que constitue la recherche de la preuve. Elle se dresse en rempart contre l'exercice de la

---

[56] KAMTO (M.), « L'affaire Pinochet. Chronique d'un précédent révolutionnaire et problème de l'immunité juridictionnelle du chef d'État en droit international », *RASJ*, vol.1, n° 2, 2000, pp. 261 et s.

[57] KOERING-JOULIN (R.), LABAYLE (M.), « Dix ans après... de la signature (1977) à la ratification (1987) de la Convention européenne pour la répression du terrorisme », *JCP*, 1988, I 3349.

[58] *Idem.*

compétence universelle. Les difficultés de la preuve paraissent ainsi d'autant plus importantes que celle-ci est nécessaire, voire indispensable.

Relevons à cet effet qu'il existe néanmoins des mesures permettant de venir à bout de ces difficultés, quoique limitées. Il y a plusieurs modes d'appréciation de la véracité des allégations selon que la compétence universelle est exercée par les tribunaux internes de l'État du judex deprehensionis ou par une juridiction internationale (TPIR-TPIY-CPI). Dans ce dernier cas, et pour cette raison que ces juridictions pénales se trouvent placées sous l'égide de la puissante ONU, la preuve sera facilitée. Ainsi, le Conseil de sécurité a eu à prier le Secrétaire général de constituer des groupes d'experts chargés d'examiner de près les violations graves. On peut citer la Commission d'experts[59], composée de cinq membres, créée par la résolution 780 (1992) pour enquêter sur les graves violations des Conventions de Genève, et d'autres violations du droit international humanitaire commises sur le territoire de l'ex-Yougoslavie. L'on peut également mentionner la Commission d'experts créée par la résolution 935 (1994) pour enquêter sur les graves violations du droit international humanitaire et les actes de génocide commis au Rwanda. On constate que l'ONU dispose de moyens sophistiqués pour parvenir à l'établissement de la vérité. Ce qui n'est pas le cas des tribunaux internes de l'État du lieu d'arrestation.

En effet, si le droit international impose à cet État le devoir de juger le délinquant à défaut de l'extrader, encore faut-il qu'il ait les moyens matériels de le faire. Il est vrai que la CPI peut selon les dispositions de l'article 93 § 10 du statut de Rome, assister un État pour une enquête ou un procès conduit par sa juridiction nationale, sur une affaire relevant de la compétence de la Cour, ou sur un crime grave au regard du droit international de cet État. Néanmoins, cela est loin de résorber toutes les difficultés liées à la preuve. Le problème pourrait être résolu s'il existait une police universelle dont le rôle serait notamment de rassembler les preuves en vue de parvenir à la vérité. Mais force est de constater qu'elle n'existe pas encore. Et si l'on veut aller au bout de la logique de la compétence universelle, l'on devrait imaginer la création d'une police universelle dont la fonction sera de rassembler les preuves des infractions intéressant l'humanité en général.

b- La lente évolution vers une coopération judiciaire internationale

Divers problèmes peuvent se poser à ce sujet, lors de l'exercice de la compétence universelle. Il faut relever que ce sont des considérations de faits qui témoignent de l'insuffisance de la coopération. L'absence de synergie entre les États à l'œuvre de la justice universelle est sans doute aujourd'hui une habitude flagrante. La remarque à faire est que cette attitude gagne plus

[59] Sur ces Comités d'experts, *Principes régissant les impunités de l'O.N.U. sur les allégations relatives à des massacres*, Bureau des affaires juridiques Nations Unies, New York, 1995.

les États territorialement compétents pour juger un individu suspecté d'une infraction justiciable de la compétence universelle. Ces pays sur le territoire desquels ont été commises des infractions se montrent très souvent réticents et ne coopèrent pas dans la recherche de la vérité. Les raisons invoquées sont de plusieurs ordres. Un État requis peut comme précédemment remarquer, estimer qu'il est le seul habilité, en vertu de sa souveraineté, à prendre l'initiative d'une enquête et à la diligenter à sa guise. Dans d'autres cas, un État peut également ne pas avoir à sa disposition de législation qui lui permette de répondre aux demandes de coopération. Mais plus généralement, le refus de coopérer s'explique par le fait qu'« une part importante d'appréciation d'opportunité politique, diplomatique et militaire n'est pas absente et peut, ci ou là, entrer en contradiction avec le travail du Procureur »[60]. Pour ce qui concerne particulièrement la CPI, son statut impose aux États membres, l'obligation de coopérer (ce qui avait déjà été le cas avec les deux Tribunaux pénaux internationaux ad hoc). Seulement, un vice se constitue dans l'absence de sanction du manquement à cette obligation, la dénudant ainsi de tout effet comminatoire.

CONCLUSION

En définitive, il convient de noter que l'option d'une répression universelle dans le traitement des faits qui portent des coups graves à la sécurité de l'humanité est louable. Les différents États au monde devraient alors trouver de par l'universalité du droit de punir, un moyen efficace pour mener des actions plus incisives contre les auteurs des formes de criminalité qui violent à grande échelle la sécurité des humains. Pour ceci, un appel à la conscience des États dans l'adoption et la mise en œuvre effective de ce moyen procédural mérite d'être lancé, ceci afin de mutualiser les efforts des nations de la terre contre les actions de leurs éventuels ennemis communs.

[60] Rapport DULAIT, p. 31, n° 313, 1993-1998.

INDICATIONS BIBLIOGRAPHIQUES

OUVRAGES

- BATIFFOL (H.) et LAGARDE (P.), *Traité de droit international privé*, Paris, LGDJ, 8ème édition, 1993, Tome I, 656 p.
- DESPORTES (F.) et Le GUNEHEC (F.), *Droit pénal général,* Paris, Economica, 16ème édition, 2009, 1248 p.
- GROTIUS (H.), *De jure belli ac pacis* (Le droit de la guerre et de la paix), traduit par Jean BARBEYRAC, Amsterdam, 1729, 868 p.
- LOMBOIS (C.), *Droit pénal international*, Paris, Dalloz, 1971, 883 p.
- MINKOA SHE (A.), *Droit de l'homme et droit pénal au Cameroun*, La vie du droit en Afrique, Paris, Economica, 1999, 431 p.
- PEYRO LLOPIS (A.). *La compétence universelle en matière de crimes contre l'humanité*, Ana. Coll. Du Credho, Bruxelles, Bruylant, 2003, 178 p.

ARTICLES ET CHRONIQUES

- ALBARET (M.). « Acteurs et interdépendances dans l'affaire Hissène Habré »*, Études internationales »*, vol.39, 2008, n° 4, pp. 563-585.
- BADINTER (R.), « Naissance d'une justice », nouvelle observateur, 23 juillet 1998, pp. 30 et svt.
- BLANCO CORDERO (I.). « Compétence universelle », *RIDP*, vol.79, 2008, n° 1, pp.13 et svt.
- BÜCK (V.), « Droit espagnol », in Antonio CASSESE et Mireille Marty-Delmas (dir.), *Juridictions nationales et crimes internationaux*, Paris, PUF, 2002, pp. 121-158.
- DONNEDIEU DE VABRES, « Application de la loi pénale d'un État aux infractions commises par des étrangers hors de son territoire », *in Mémoires de l'Académie Internationale de Droit Comparé*, Paris, Sirey 1935.
- GARAPON (A.). « De Nuremberg au TPI : naissance d'une justice universelle ? », *CI,* Automne, 1999, n° 5, pp.178 et svt.
- KAMMINGA, MENNO (T.), « Lessons Learned from the Exercise of Universal Jurisdiction in Respect of Gross Human Right Offenses », *Human rights quarterly*, vol. 23, 2001, n°4, pp. 945-950.
- KAMTO (M.), « L'affaire Pinochet. Chronique d'un précédent révolutionnaire et problème de l'immunité juridictionnelle du chef d'État en droit international », *RASJ*, vol. 1, n° 2, 2000, pp. 261 et svt.

- KEUBOU (Ph.), « La répression de l'usage et du trafic illicites de la drogue au Cameroun : Commentaire de la loi n° 97-19du 7 aout 1997 », *Juridis Périodique* n° 65, Janvier-Février-Mars 2006, pp. 81 et svt.
- KIRSCH (Ph.), « La Cour pénale internationale face à la souveraineté des États », *in* CASSESE (A.) et DELMAS-MARTY (M.) (dir.), *Crimes internationaux et juridictions internationales*, Paris, PUF, 2002, pp. 25 et s.
- KOERING-JOULIN (R.), LABAYLE (M.), « Dix ans après… de la signature (1977) à la ratification (1987) de la Convention européenne pour la répression du terrorisme », *J.C.P.,* 1988, I, pp. 33-49.
- MASSE (M.), « Ex-Yougoslavie, Rwanda : une compétence "virtuelle" des juridictions françaises ? », R.S.C., 1997, pp. 893-898.
- NURI (A.) « La compétence universelle pour juger les crimes contre l'humanité : un principe inacceptable pour les plus puissants dans Nils Andersson et collab. », *Justice internationale et impunité, le cas des États-Unis*, Paris, L'Harmattan, 2007, pp. 279 et svt.
- SEROUSSI (J.), « La cause de la compétence universelle », *Actes de la recherche en sciences sociales*, vol.3, 2008, n° 173, pp.101 et svt.
- VIRALLY (M.), « Une pierre d'angle qui résiste au temps : avatars et pérennité de l'idée de souveraineté », in les relations internationales dans un monde en mutation, I.H.E.I., leiden, 1977, pp.195 et svt.

JURISPRUDENCES

- Aff. LOTUS, 7 septembre1927, CPJI, Série A, n° 10.
- CEDH, 17 mars 2009, Ould Sah c/France.
- Cass. Crim. R., 26 mars 1996 ; *JAVOR ELVIR et autres*, Juris-Data n° 001513. Droit pénal, JCP juin 1996, n° 131.
- Cass. Crim., 6 janvier 1998 ; *Procureur gén. près C. À Nîmes et autres,* JCP 1998 II 10158.
- Cass. Crim., 4 juin 1964, *ARGOUD*, Bull., n° 192.
- CALINDA et autres c/ MOUNYE SHYAKA. TGI de Paris, 9 janv. 1996.

L'efficacité du droit pénal dans la sécurisation des activités minières

Par

Fidèle NGAYA DAIROU[1]

Résumé

En organisant une réflexion aussi importante sur la sécurisation des activités minières par le droit pénal, il faut partir d'un constat. Le secteur minier est un levier sur lequel s'appuient les États pour assurer le développement économique et social. Ainsi a-t-on besoin d'un cadre légal de sécurisation des activités minières. L'idée d'une sécurisation des activités minières par le droit pénal constitue une exigence traditionnellement recherchée par le droit. En pratique, l'insécurité des activités minières est traduite par la montée en puissance du phénomène de criminalité minière. Partant de la problématique de l'efficacité de cette sécurisation et malgré les efforts entrepris, on se rend compte qu'elle se heurte à des difficultés et que la criminalité minière ne cesse de se développer. Toutefois, en concédant l'effort du droit pénal minier dans la sécurisation des activités minières, des aménagements doivent être d'actualité.

Mots-clés : Droit pénal minier, Efficacité, Sécurisation, Criminalité minière.

[1] Docteur/Ph. D. en Droit Privé, Assistant, Faculté des Mines et Industries Pétrolières, Université de Maroua, E-mail : ngaya_dairou@yahoo.fr.

INTRODUCTION

Aujourd'hui, le secteur minier est en plein essor. Le développement significatif des pratiques extractives est remarquable. De plus en plus, l'activité minière est exercée tant sous sa forme artisanale que sous sa forme industrielle. Dans les sociétés dites développées ou en voie de développement, le secteur minier apparaît comme un levier sur lequel peuvent s'appuyer les pouvoirs publics pour assurer une croissance économique[2]. Un auteur rappelait d'ailleurs que : « L'exploitation minière est à la fois un miroir et un levier de la mondialisation en cours. »[3] En observant les sites d'exploitation minière surtout pour ce qui est de l'exploitation artisanale, on a l'impression qu'il s'agit d'une activité « ouverte » ne présentant pas de danger. Pourtant, les accidents, les éboulements de terrains, les conflits, la destruction de l'environnement pour ne citer que ces derniers, montrent à suffisance qu'on est en présence d'une activité quasi dangereuse.

Dans le souci de limiter les conséquences négatives qui peuvent découler du secteur extractif, les États se dotent d'un cadre légal qui encadre l'exercice de l'activité minière. Ainsi, un régime propre à l'exploitation minière est consacré. En tant que règle de droit[4], ce dernier est accompagné des sanctions qui permettent d'assurer son respect[5]. L'activité minière est dense, délicate et

---

[2] L'Afrique est généreusement pourvue en ressources, terres productives et richesses naturelles précieuses (chapitres 2 et 3), renouvelables (eau, forêts et poissons, notamment) ou non (charbon, gaz, pétrole et autres minéraux). Les ressources naturelles dominent l'économie de nombreux pays de ce continent et représentent le plus important moyen de subsistance pour des habitants majoritairement pauvres et vivant en zone rurale. Elles constituent ainsi le fondement du revenu et de la subsistance de larges pans de la population et l'une des principales sources de recettes publiques et de richesse nationale. Dans des circonstances appropriées, l'essor des ressources naturelles peut être un moteur essentiel de la croissance, du développement et du passage d'un artisanat familial à une production d'usine. En effet, lorsque l'approche retenue est adéquate, les ressources naturelles peuvent permettre de transformer une économie à faible valeur qui repose sur les exportations de produits primaires en une économie disposant d'une importante base manufacturière à forte intensité de main-d'œuvre. V. notamment *African development report*, 2007.

[3] FREDERIC (T.), « Exploitation minière au Sud : enjeux et conflits », *Editorial Alternatives sud*, vol. 20, juillet 2013, p. 17.

[4] Pour le Professeur CARBONNIER, « Le droit dogmatique considère qu'il y a règle de droit véritable dès qu'un texte émanant de l'organe constitutionnellement compétent a été régulièrement promulgué. Peu importe que ce texte ne soit pas effectivement appliqué ; l'appliquer est une tâche de gouvernants. L'inapplication des lois atteste qu'une fonction gouvernementale n'est pas remplie : c'est un non-sens, quelque chose d'anormal et de condamnable. Mais la loi inappliquée n'en reste pas moins la loi : l'application effective, l'effectivité n'appartient pas à la définition de la règle de droit ». Cf. CARBONNIER (J.), *Flexible droit. Pour une étude sociologique du droit sans rigueur,* Paris, LGDJ, 10e éd., 2001, p. 136.

[5] « La règle de droit est habituellement définie comme une règle de conduite dans les rapports sociaux, générale, abstraite et obligatoire, dont la sanction est assurée par l'autorité publique », Cf. CABRILLAC (R.), *Introduction générale au droit*, Paris, Dalloz, 10e éd., 2013, p. 6. Dans le même ordre d'idée, « la règle de droit se traduit par l'existence d'une sanction, organisée par

sensible compte tenu de son impact sur la société. De ce fait, elle a besoin d'une sécurité. En matière minière, cette sécurité va apparaitre comme un gage de la bonne gouvernance et du développement économique escomptés. L'on peut appréhender la sécurité sous plusieurs pôles d'intervention : la sécurité des activités, la sécurité des personnes qui s'y prêtent, la sécurité des personnes riveraines, la sécurité de l'environnement, la sécurité des investissements miniers, etc. Nous mettrons tout cet ensemble dans la sécurité de l'activité minière. Déjà, il faut préciser que son encadrement légal est le fondement de la sécurisation.

La sécurisation des activités minières peut être entendue comme un ensemble de règles assurant la protection de l'activité minière contre des abus et les dérapages. Il s'agit aussi de munir le secteur minier d'outils nécessaires pour lutter contre les pratiques qui vont à l'encontre de la morale qui guide l'exercice des activités extractives. Juridiquement, cette sécurisation portée par les dispositions législatives et réglementaires va se matérialiser par le droit minier. Ce dernier serait donc l'ensemble des règles qui organisent et fixent un régime propre aux activités minières. Pour renforcer cette sécurisation, le législateur va faire recours au droit pénal. En effet, c'est l'œuvre d'un constat basé sur la triste réalité des conséquences qui résultent de l'activité minière. Le droit pénal minier[6] offrirait dès lors une meilleure sécurisation des activités minières.

Le droit pénal assure la protection des valeurs essentielles dans la société. Souvent associées aux intérêts protégés, elles sont constituées en groupes et en sous-groupes, selon une hiérarchie qui en indique le rang et l'importance[7]. La protection pénale de ces valeurs et intérêts se traduit par la sanction des atteintes érigées en infractions. Généralement, ces atteintes se regroupent en deux grandes catégories : les atteintes aux intérêts collectifs et les atteintes aux intérêts privés. En matière minière, on retrouve également ces atteintes. La sécurisation par le droit pénal prendra la forme d'une nécessité au regard des intérêts en jeu. Aussi, elle apparait comme une exigence face à la montée de

---

la société, qui se voit le plus souvent reconnaître un pouvoir de contrainte », Cf. CABRILLAC (R.), *Introduction générale au droit*, préc., p. 9.

[6] Le droit pénal minier peut être perçu comme l'organisation de l'ensemble des règles répressives qui permettent d'assurer l'encadrement pénal des opérations relatives à l'exploitation minière, et ce, dès la violation des règles prévues par la législation minière jusqu'à la sanction de cette dernière. Il est constitué par l'ensemble de définitions des comportements déviants qui découlent de l'activité minière se traduisant en incriminations et par la politique de réponse mise en place pour la circonstance. Il s'agit des sanctions et de la mise en œuvre de ces dernières.

[7] Parmi ces valeurs et intérêts, il y a des exemples tels que la vie humaine, l'intégrité corporelle, la famille, certains sentiments tels que la pudeur ou l'honneur, ou encore la sûreté de l'État et sa force dans l'ordre interne ou international, l'économie nationale, la santé publique, etc.

la criminalité en matière minière. En revenant sur les valeurs protégées[8], l'environnement minier regroupe un ensemble de valeurs qu'il faut défendre afin de préserver l'ordre social établi[9]. C'est dans cette logique que le Code minier vise à favoriser, à encourager et à promouvoir les investissements dans le secteur minier susceptibles de contribuer au développement économique et social du pays[10]. De cet objectif affiché par le Code minier, il est apparent que plusieurs intérêts soient mis en valeur. Il s'agit de façon générale de ceux de l'investisseur et de ceux de l'État hôte. Dans cette circonstance, il convient de saisir le phénomène de criminalité minière en se rapportant aux incriminations qui protègent effectivement des valeurs essentielles[11].

---

[8] Cette notion de valeur protégée peut être associée à l'intérêt protégé qui est une valeur ou un bien que le législateur pénal place sous sa protection. Cf. DOUCET (J.-P.), *Dictionnaire de droit criminel*, [En ligne] https://ledroitcriminel.fr, notion d'intérêt protégé, consulté le 3 janvier 2017. Sur la notion de biens et valeurs juridiques protégés, il faut se référer aux travaux des Professeurs MERLE et VITU. Dans leur ouvrage *Traité de droit pénal spécial*, ils utilisent le concept *d'intérêts protégés,* comme critère de systématisation du droit pénal spécial. Ils partent du constat selon lequel le droit pénal a pour tâche d'assurer par des sanctions spécifiques la protection des valeurs ou intérêts que le législateur estime dignes d'une attention particulière. Parmi ces valeurs et intérêts, ils relèvent quelques exemples tels que la vie humaine, l'intégrité corporelle, la famille, certains sentiments tels que la pudeur ou l'honneur, ou encore la sûreté de l'État et sa force dans l'ordre interne ou international, l'économie nationale, la santé publique, etc. De même, « les intérêts protégés par la loi pénale sont nombreux. Certains se constituent en groupes et en sous-groupes, selon une hiérarchie qui indique le rang et l'importance. Ainsi le bien juridique de la sûreté de l'État constitue une catégorie large qui coiffe d'autres biens plus particuliers, tels que l'intérêt à l'intégrité territoriale, l'intérêt au maintien d'un certain niveau moral dans l'armée ou dans la Nation, l'intérêt à la force ou à l'autonomie de l'État en face des États étrangers, l'intérêt à l'existence de relations pacifiques avec les nations étrangères ». V. notamment MERLE (R.) et VITU (A.), *Traité de droit criminel ; Droit pénal spécial*, T. I, Cujas, 1982, p. 25 et s., n° 19 et s. Aussi, cette fonction de systématisation apparait également dans des études de politique criminelle, bien juridique, intérêt et valeur protégés étant employés alternativement sans être distingués ; voir par exemple : LASCOUMES (P.), PONCELA (P.), *Réformer le Code pénal, Où est passé l'architecte ?* Paris, PUF, coll. Les voies du droit, 1998, p. 72 et 73 et p. 74 et s., cité par LACAZE (M.), *Réflexions sur le concept de bien juridique protégé par le droit pénal*, LGDJ, coll. Fondation Varenne, 2011, p. 7.

[9] Le Professeur Louis LAVELLE précise d'ailleurs que : « Les valeurs juridiques sont une espèce particulière de valeurs sociales qui en précisent la nature et forment une transition avec les valeurs morales. Le droit peut être considéré comme l'objectivation de la valeur dans une société donnée. Il tend beaucoup moins à faire régner un ordre moral qu'à établir les conditions qui lui permettront de s'exercer ou qui l'empêcheront d'être violé » : cf. LAVELLE (L.), *Traité des valeurs. Le système des différentes valeurs,* T. II, Paris, PUF, 1991, p. 367.

[10] Art. 2 du Code minier.

[11] Les Professeurs Roger MERLE et André VITU précisent que : « Déterminer exactement le bien juridique qu'il entend protéger est d'une importance de premier ordre pour le législateur quand il promulgue un texte incriminateur : la structure juridique de l'infraction en dérive immédiatement jusque dans ses plus petits détails. Et dans l'application quotidienne des textes répressifs, le juge tranchera d'autant plus aisément les difficultés qu'il connaîtra mieux les intérêts ou les valeurs que la loi a voulu garantir. » V. MERLE (R.) et VITU (A.) *Traité de droit criminel ; Droit pénal spécial*, *op.cit.*, n° 19 et s.

En pratique, on se rend compte que cette sécurisation se heurte à des difficultés et la criminalité minière ne cesse de se développer. Des problèmes pertinents peuvent être relevés à cet égard. En matière minière, le droit pénal est le gage d'une protection pertinente qui a pour but de sécuriser les activités minières. Pourtant au regard des infractions commises et de l'impunité observée, le droit pénal peine à remplir cette fonction. Ainsi, l'on peut s'interroger sur les causes d'une telle situation. Aussi faut-il ajouter le questionnement de l'efficacité de la sécurisation pénale des activités minières.

En organisant une réflexion aussi importante sur la sécurité sous l'angle du droit pénal et dans le domaine du secteur minier, il est nécessaire d'organiser les idées autour de la sécurisation pénale. À ce titre, malgré une sécurisation pénale élaborée, on se rend compte que son efficacité est limitée d'une part par des règles substantielles (I), et d'autre part, par des règles de mise en œuvre de la répression (II).

I- L'EFFICACITÉ LIMITÉE DU DROIT PÉNAL SUBSTANTIEL DANS LA SÉCURISATION DES ACTIVITÉS MINIÈRES

Par sa nature dissuasive, le droit pénal est un droit de protection. Cette protection garantit une certaine sécurité. Ainsi, a-t-on besoin de sécurité dans une société dite de droit. Elle concerne les biens et les personnes. La protection pénale va donc apparaître comme la plus pertinente, car ayant pour finalité la sécurisation. En matière minière, le droit pénal est indispensable pour une meilleure sécurisation de l'activité d'exploitation. Au regard du droit minier, la sécurisation pénale de l'activité minière occupe une place de choix. Bien élaborées, les règles substantielles du droit pénal minier n'échappent pas néanmoins à certains manquements qui les rendent peu satisfaisantes. Au rang de ces insuffisances, on peut noter d'une part les lacunes que renferment les incriminations (A), et d'autre part les sanctions qui ne remplissent pas efficacement la fonction de sécurisation (B).

A- Les incriminations lacunaires

Clé de voûte du droit pénal, le principe de la légalité criminelle voudrait que les incriminations soient rédigées en termes clairs et précis[12]. Avec l'inflation pénale[13], il est devenu habituel de reprocher aux matières pénales le fait de ne pas observer rigoureusement ces exigences. Dans la plupart des

---

[12] VITU (A.), « Le principe de la légalité criminelle et la nécessité de textes clairs et précis », Observations sous Cass.crim. 1er février 1990, *Rev.sc.crim.* 1991, p. 555.

[13] Expression empruntée à CARBONNIER (J.), *Droit et passion du droit*, Paris, Flammarion, 1996, p. 144. Selon l'auteur lorsque le droit pénal se développe, il touche davantage de domaines et provoque inévitablement une inflation pénale qui se traduit par le renforcement de la répression par l'aggravation des peines. Cité par YAO KOFFI ELOI, « Uniformisation et droit pénal : esquisse d'un droit pénal des affaires dans l'espace Ohada », *in RIDP*, Vol. 63 n° 3, 2011, p. 678.

cas, on note une rédaction lacunaire des textes incriminants, des imprécisions[14], des doublons inutiles voire le non-respect en général de la légalité criminelle[15]. Grand est alors le risque de se retrouver avec des règles substantielles inefficaces. La sécurisation pénale des activités minières va se heurter à ces lacunes. Elles sont perceptibles à travers les infractions relatives à l'accès à l'activité minière (1) et le cas le plus illustratif n'est autre que l'infraction la plus grave (2).

1- Les insuffisances des infractions relatives à l'accès à l'activité minière

En matière minière, plusieurs comportements sont incriminés en raison de leur caractère attentatoire. Le droit pénal minier regorge d'une diversité d'infractions. C'est d'ailleurs l'une de ses particularités qu'il faut apprécier au regard de la sensibilité du secteur minier. Cependant, la diversité ne renvoie pas nécessairement à l'efficacité. La plupart des infractions souffrent de quelques manquements qu'il convient de relever. L'accès à l'activité minière ou à la profession d'exploitant minier est fortement encadré. C'est à ce titre que des infractions ont également été prévues afin de baliser légalement l'exercice de l'activité minière.

Les insuffisances des infractions relatives à l'accès à l'activité minière sont nombreuses. Avant de les énumérer, il faut rappeler que l'accès à la profession d'exploitant minier est conditionné par l'obtention d'un titre minier. Selon le Code minier, le titre minier est un acte juridique délivré par l'autorité compétente à une personne physique ou morale aux fins de l'exercice des activités minières sur une parcelle délimitée du territoire national[16]. À ce titre, celui qui se livre à l'activité minière sans titre minier ou avec un faux titre minier commet une infraction parmi tant d'autres.

---

[14] ROCA (C.) « Le principe de la légalité et l'incrimination pénale », XIVe Congrès de l'Association française de droit pénal », *RPDP*, pp. 272-287.

[15] VITU (A.), « Le principe de la légalité criminelle et la nécessité de textes clairs et précis », *op.cit.*, p. 555. Concernant le droit camerounais, le Professeur SPENER YAWAGA soulevait déjà la question des errements du droit pénal. A la question de savoir « qu'a-t-on souvent reproché au droit pénal camerounais de fond ? », il avance une hypothèse fondée sur une évolution du droit pénal qui ne prendrait pas suffisamment en compte les exigences de certains grands principes du droit pénal. Parmi les critiques avancées, il met l'accent sur « les infractions formulées de manière très imprécise, ouvrant ainsi grandement les portent à toutes formes d'interprétations, lesquelles peuvent conduire à une application rétroactive de la règle pénale, car sanctionnant des comportements non expressément visés par la loi ». Voir SPENER YAWAGA, « Réflexion sur la constitutionnalisation de certains aspects du droit pénal de fond », *in* MINKOA SHE (A.) (dir.), *Le droit au pluriel, Mélanges en hommage au Doyen Stanislas MELONE,* Yaoundé, PUA, 2018, p. 355.

[16] Art. 4 du Code minier consacré aux définitions. Il existe cinq types de titres miniers à savoir : l'autorisation d'exploitation artisanale ; l'autorisation d'exploitation artisanale semi-mécanisée ; le permis de recherche ; le permis d'exploitation de la petite mine et le permis d'exploitation de la mine industrielle (V. Art. 11 du Code minier).

Au rang de ces infractions, l'on a l'exploitation d'une mine ou d'une carrière sans titre ni autorisation d'exploitation préalable[17], l'usage de fraude ou d'un titre ou d'une autorisation d'exploitation obtenue à l'aide d'un faux ou sur la base de fausses déclarations[18]. Il y a également la falsification ou modification d'un titre ou d'une autorisation[19]. Ces infractions peuvent être assimilées à une exploitation illégale. Bien que leur formulation soit explicite, elles souffrent de quelques manquements.

En tenant compte de l'exploitation sans titre ou sans autorisation préalable, l'incrimination est formulée de façon confuse. Cette confusion a trait au fait que le législateur n'a pas été précis. On suppose que le « titre » dont il est question ici renvoie au titre minier. Par la suite, il y a également l'autorisation d'exploitation préalable qui peut être le titre minier permettant d'exercer l'exploitation artisanale. À la lecture de l'infraction, on se rend compte que l'élément matériel est alternativement relatif à l'exploitation soit sans titre « minier ? » soit sans autorisation d'exploitation. Pourtant l'autorisation d'exploitation minière est également un titre minier. Faisant cette distinction entre titre et autorisation d'exploitation, on se demande dès lors s'il s'agit d'une autre autorisation (non prévue d'ailleurs dans le Code minier). Le législateur gagnerait à préciser l'élément matériel de cette infraction en globalisant « l'exploitation sans titre minier ». Il pourrait également distinguer les titres relatifs à l'exploitation industrielle de ceux ayant trait à l'exploitation artisanale.

Pour l'usage de fraude ou d'un titre ou d'une autorisation d'exploitation obtenue à l'aide d'un faux ou sur la base de fausses déclarations, le législateur ne confond toujours pas le titre « minier » et l'autorisation d'exploitation. On remarque qu'il veut bien faire la différence entre les titres conditionnant l'exploitation industrielle et ceux conditionnant l'exploitation artisanale. Il serait donc mieux d'énumérer simplement les différents titres dans leur catégorie afin d'éviter la confusion.

La même remarque concerne aussi la falsification ou modification d'un titre ou d'une autorisation. Avec cette infraction, l'on risque de se retrouver avec un doublon qui aurait pu être évité. La fraude déjà évoquée et le faux ne peuvent être envisagés sans les éléments tels que la falsification et la modification[20]. Bien qu'à l'article 227 al. 1 du Code minier, le législateur se limite à la falsification et à la modification des documents sans en préciser le but. Au fond, on suppose que la finalité de cet acte n'est autre que la

[17] Art. 219 (1) du Code minier.
[18] Art. 219 (2) du Code minier.
[19] Art. 227 (1) du Code minier.
[20] Le faux peut être défini comme toute altération frauduleuse de la vérité, de nature à causer un préjudice et accomplie par quelque moyen que ce soit, dans un écrit ou tout autre support d'expression de la pensée. La falsification est l'altération d'une pièce authentique. Elle est aussi l'altération d'une chose par l'addition d'éléments étrangers ou la suppression d'un des éléments qui la composent.

commission d'un acte qualifié de fraude, de faux ou d'usage de faux. Au final, on assiste à une double incrimination pour les mêmes comportements visés.

2- Les insuffisances de l'infraction la plus grave en matière minière

Les infractions minières sont largement diversifiées. Parfois, les incriminations sont rédigées selon les exigences du principe de la légalité criminelle, parfois elles le sont en violation de ces dernières. Compte tenu du nombre pléthorique de ces infractions, seule la plus illustrative sera présentée.

L'infraction la plus grave en matière minière laisse paraître des imperfections qu'il faut relever. Prévue à l'article 226 du Code minier[21], il s'agit pour une personne ayant connaissance d'une procédure d'installation d'une carrière d'intérêt public, de se faire délivrer directement ou indirectement, par quelque moyen que ce soit, l'autorisation d'exploitation de la même carrière. Cette infraction nécessite une condition préalable pour qu'elle soit constituée au regard de ses éléments constitutifs. Il s'agit d'une procédure d'installation d'une carrière d'intérêt public.

Le premier reproche que l'on peut faire à ce niveau concerne l'absence de définition de la procédure d'installation dont il est question. Dès lors, on peut facilement tomber dans le doute en ce sens qu'aucune précision n'est faite par rapport à la nature de la procédure. Il peut s'agir d'une procédure technique, administrative, juridique ou matérielle. Ce qui rend l'infraction non maîtrisée et pourtant, c'est elle qui illustre le comportement le plus grave en matière minière. L'autre reproche que l'on peut faire à cette infraction tient en son caractère vague et flou.

Prenons « le fait de se faire délivrer directement ou indirectement, par quelque moyen que ce soit, l'autorisation d'exploitation de la même carrière ». Sa lecture intelligente permet de retenir qu'on est en présence d'une carrière d'intérêt public d'où l'importance de l'incrimination. La carrière d'intérêt public est un périmètre d'exploitation industrielle des substances de carrières destinées aux travaux d'intérêt public[22]. À cet égard, on se demande si cette infraction peut être commise (sans complicité de l'administration) dans la mesure où l'administration qui délivre les titres miniers doit avoir un suivi de ses activités. Il sera donc difficile de délivrer deux titres miniers pour une même exploitation à moins que le deuxième potentiel exploitant ait utilisé le faux[23].

---

[21] « Est puni d'un emprisonnement de dix (10) à vingt (20) ans et d'une amende de vingt-cinq millions (25.000.000) à cent millions (100.000.000) de francs CFA celui qui, ayant connaissance d'une procédure d'installation d'une carrière d'intérêt public, se fait délivrer directement ou indirectement, par quelque moyen que ce soit, l'autorisation d'exploitation de la même carrière ».

[22] Art. 4 du Code minier.

[23] Aux termes de l'art. 226 (2), les peines sont doublées lorsque l'autorisation a été obtenue à l'aide d'un faux ou à la suite de fausses déclarations.

Aussi, on a l'utilisation des formules telles que « directement » ou « indirectement », ou encore « quelque moyen que ce soit » qui sont assez vagues[24]. Ce qui rend difficiles le contour et la délimitation de l'infraction. Le principe de la légalité criminelle voudrait que le législateur prévoie des incriminations en termes clairs et précis[25]. En outre, l'infraction sera constituée seulement s'il est prouvé que l'auteur avait connaissance de la procédure en cours d'installation.

B- La fonction de sécurisation non remplie par les sanctions

La sanction exécutée répond au besoin de sécurisation de la société[26]. En tant qu'accomplissement de la justice sociale, elle répond ainsi au besoin des hommes de se sentir en sécurité en remplissant, comme l'a qualifié M. GASSIN, une « fonction de sécurisation »[27]. Avant que cette sanction soit exécutée, il faut qu'elle soit prononcée et avant cela, elle doit au préalable exister. La sécurisation des activités minières passe alors par des sanctions adaptées aux violations des règles y afférentes. En reprenant les sanctions pénales classiques (1), force est de constater que la fonction de sécurisation n'est pas remplie à cause de leur caractère inadapté (2).

1- Le maintien des sanctions pénales classiques

Les sanctions pénales traditionnelles sont celles qui ont toujours existé. Ce sont des peines classiques qui avaient pour but de sanctionner le délinquant et de marquer une dissuasion totale. Ce sont les peines applicables en droit commun. Il s'agit de l'amende et de la peine d'emprisonnement. Ce sont des sanctions purement classiques que le législateur a juste transposées au droit minier[28]. La même situation se pose en droit pénal de l'environnement. À ce niveau, le problème porte sur le fait de savoir si ces peines classiques permettent de sanctionner efficacement le comportement incriminé. Avec

---

[24] Pour MICHIELS (O.) et JACQUES (E.), *Principes de droit pénal. Notes sommaires et provisoires* – 3e éd., 2015, p. 25, « il convient de souligner que dans certains cas, à défaut de pouvoir appréhender toutes les hypothèses susceptibles de surgir, le législateur a recours à des termes vagues et flous pour permettre une interprétation et une évolution du droit. ». Mais cette interprétation sera faite en sacrifiant le principe de la légalité criminelle, encore faut-il se demander s'il s'agit effectivement d'une évolution ?

[25] VITU (A.), « Le principe de la légalité criminelle et la nécessité de textes clairs et précis », *op.cit.*, p. 555.

[26] TZUTZUIANO (C.), *L'effectivité de la sanction pénale*, thèse de doctorat, Université de Toulon, 2015, n° 300.

[27] GASSIN (R), « Les fonctions sociales de la sanction pénale dans le nouveau Code pénal », *Les cahiers de la sécurité intérieure*, n° 18, 1994, p. 64, cité par TZUTZUIANO (C.), *L'effectivité de la sanction pénale,* op.cit., n° 300.

[28] ABDERRABANI, « Le droit pénal des affaires au Niger : une construction duale entre droit communautaire et législations nationales », *Ohadata,* D-08-09, p. 84.

l'avènement des nouvelles matières du droit pénal[29], ce problème est mis au centre des débats.

En fait, toutes les peines prévues par le Code minier mettent au premier plan l'emprisonnement. L'article 223 à titre illustratif dispose que : « est puni d'un emprisonnement de trois (03) mois à un (01) an et d'une amende de cinq cents milles (500 000) à dix millions de (10 000 000) de francs CFA, ou de l'une de ces deux (02) peines seulement, celui qui communique de fausses informations ou de faux documents à l'Administration en charge des mines ». C'est une peine concernant uniquement les personnes physiques. Le Code minier a prévu les peines d'emprisonnement pour des exploitants et assimilés qui violeraient les règles encadrant l'activité minière. Ces peines suivent le régime de droit commun de gradation basé sur le minima et le maxima, ce qui confère d'ailleurs aux juges de très grands pouvoirs quant au choix de la peine. Pour un minimum légal de peine prévue, le juge ne pourra procéder en deçà lors du prononcé de la sanction. Il en sera de même pour un maximum légal de peine prévue ; il pourra aller au-delà dans les cas où la loi l'y autorise expressément[30]. C'est le système largement consacré en droit commun en faisant allusion au Code pénal.

Pour les infractions prévues, les peines d'emprisonnement se rapportent aux intervalles fixés par le Code minier. Ainsi, on a les infractions dont la peine d'emprisonnement varie de quinze (15) jours à trois (03) mois[31] ; celles dont la peine varie entre trois (03) mois et un (01) an[32] ; entre six (06) mois et deux (02) ans[33] ; entre six (06) mois et trois (03) ans[34] ; entre deux (02) ans et cinq (05) ans[35] et enfin entre cinq (05) ans et dix (10) ans[36]. Au regard de ces différentes peines d'emprisonnement prévues en matière minière, l'entreprise minière en tant que personne morale en est exclue et l'exploitant peut subir à la fois l'emprisonnement et l'amende.

En pratique, il est impossible d'emprisonner une personne morale. Cette peine va concerner uniquement la personne physique et sera cumulée avec la peine d'amende. Pour les entreprises, personnes morales, il s'agira des peines d'amende à titre principal. L'amende est une peine pécuniaire prononcée en cas d'infraction commise. Les amendes sont prévues en raison d'un montant exprimé pour chaque type de comportement. En droit pénal minier, elles sont variées selon la gravité de l'infraction ou les conséquences possibles. Si

---

[29] DELMAS-MARTY (M.), « Code pénal d'hier, droit pénal d'aujourd'hui, matière pénale de demain », *Recueil Dalloz Sirey,* 4e Cahier. *Chronique*, 1986, pp. 27-34.

[30] Il s'agit notamment des infractions aggravées où la loi permet de doubler la peine.

[31] Lire l'article 218 du Code minier.

[32] Les articles 223 et 225 du Code minier.

[33] L'article 222 du Code minier.

[34] Les articles 224 et 229 du Code minier.

[35] Les articles 219, 220 et 230 du Code minier.

[36] Les articles 221 et 227 du Code minier.

principalement les unes sont légères, accessoirement, d'autres sont plus lourdes, mais de façon insignifiante[37]. En dépit de cela, la doctrine rappelle qu'il est toujours important d'avoir recours aux peines plus traditionnelles[38]. Recours qui permettra au législateur de trouver une peine qui puisse être adaptée à l'infraction qu'il entend sanctionner.

2- L'inadaptation des sanctions prévues

En tenant compte des spécificités observées en matière minière, on remarque qu'en effet, il y a un réel décalage entre les sanctions prévues et les comportements visés. Pour apprécier cette inadaptation, il faut procéder par l'évaluation des différentes peines prévues.

Par rapport aux amendes, on note déjà l'absence d'une base légale de calcul. En matière de droit pénal minier, plusieurs peines d'amende sont prévues sans que l'on sache sous quelle base elles ont été calculées. En l'absence de cette base, le caractère léger et sévère des amendes doit être fustigé. À s'en tenir à la sanction de la personne morale, et s'il est prouvé qu'il n'y a pas une autre peine plus adaptée à son égard, la peine d'amende sera toujours critiquée par sa légèreté. Par ailleurs, on demeurera dans une sorte de cercle vicieux, les mêmes causes produisant les mêmes effets.

Pour sa part, le Code pénal n'affiche pas une image différente du Code minier. Sur quelle formule la loi apprécie-t-elle le montant des amendes pénales ? La question reste posée et mérite une réponse pourtant dans ce même Code, il y a un article qui est carrément intitulé « calcul de la peine »[39]. Ce calcul ne fait pas allusion au calcul dont on parle. Il s'agit d'un rappel, d'une précision portant sur les jours, les heures et les dates[40]. Le Code pénal prévoit néanmoins le fait que le taux maximum de l'amende applicable aux personnes morales est égal au quintuple de celui prévu pour les personnes physiques[41].

---

[37] Les amendes prévues varient de cinquante milles (50 000) à cent millions (100 000 000) de francs CFA selon les différents cas prévus. Elles ont un minimum de montant fixé à cinquante mille (50 000) francs CFA, à cent mille (100 000) francs CFA, cinq cent mille (500. 000) francs et en termes de millions la barre est fixée dans un intervalle d'un million (1 000 000) de francs CFA à vingt-cinq millions (25 000 000) de francs CFA. Pour ce qui est du maximum des peines d'amende, la barre est fixée à cent millions (100.000.000) de francs CFA, ce qui peut être doublé en raison des circonstances aggravantes.

[38] GAILLARDOT (D.), « Les sanctions pénales alternatives », *in Revue internationale de droit comparé*, Vol. 46 n° 2, avril-juin, 1994, p. 688.

[39] Art. 28 du Code pénal.

[40] Il s'agit notamment des précisions suivantes : la peine privative de liberté exprimée en jours se calcule par vingt-quatre heures. La peine d'un mois est de trente jours. La peine exprimée en mois et en années se calcule de date à date. Sous réserve des dispositions de l'article 53, le point de départ de la peine est fixé : au jour où le condamné est incarcéré en exécution de la condamnation ; en cas de confusion de peines au jour de la première incarcération en exécution de l'une des condamnations confondues.

[41] Art. 25-1 (2) du Code pénal.

Il en est de même pour le droit français[42]. Cette disposition vise juste le plafonnement du montant imposable aux personnes physiques. Ce qui veut dire qu'en matière minière, comme l'amende la plus lourde est fixée à cent millions (100 000 000) de francs CFA, si elle est prononcée à l'endroit d'un exploitant minier, pour l'entreprise fautive, elle sera de cinq cents millions (500 000 000) de francs CFA en taux de plafonnement. Il s'agit d'une situation qui peut avoir pour conséquence de mettre en échec l'efficacité escomptée des sanctions comme l'amende pénale. C'est l'une des raisons pour lesquelles on invoque souvent à l'encontre de la responsabilité pénale des personnes morales que l'imposition d'amendes n'offre aucune garantie relativement à la dissuasion des comportements délinquants[43].

Dans le même sillage, il faut noter la non-évaluation du rapport « bénéfice de l'infraction et amende prévue » comme mesure d'évaluation de l'efficacité. Le bénéfice de l'infraction peut s'analyser comme le gain tiré de la commission de ladite infraction. Généralement en matière économique, les infractions sont commises dans le but de favoriser un gain malicieux pour l'entreprise. En droit minier, on n'est pas loin de cette situation dans la mesure où l'exploitation minière est une source de richesse. Les peines d'amende devraient normalement être prévues en rapport avec ces bénéfices tirés de l'infraction. Ce qui permettrait d'avoir les peines adaptées à chaque comportement et pour chaque personne.

Cette non-évaluation de rapport « bénéfice de l'infraction et amende prévue » peut d'ailleurs créer une grave situation d'inégalité qui pourrait plus tard avoir un impact sur l'individualisation de la peine. On opposerait dès lors les industriels aux citoyens ordinaires ou artisans[44] qui exercent l'activité minière de façon artisanale[45] dans un cadre purement informel[46]. En raison de la nature de l'infraction, le juge prononcera la sanction correspondante. Par quel moyen pourrait-on éviter qu'un exploitant artisan puisse tomber sous le coup d'une sanction pénale d'une amende par exemple d'un montant d'un million (1 000 000) de francs CFA alors qu'il ne gagne même pas le quart de cette somme ?

---

[42] Art. 131-38 du Code pénal français.

[43] Il est souvent avancé que les amendes imposées aux corporations sont souvent minimes en regard des effets dévastateurs produits par les actes délictueux de ces dernières, constituant en quelque sorte une taxe à inscrire au bilan. On s'inquiète toutefois de ce que l'imposition d'amendes trop lourdes risque d'engendrer des effets pervers, susceptibles d'être supportés par des actionnaires, des créanciers, des travailleurs ou des consommateurs innocents.

[44] C'est une personne physique majeure, de nationalité camerounaise, exerçant une activité d'exploitation minière artisanale pour son compte et disposant d'une carte d'artisan minier.

[45] L'artisanat minier est une opération consistant à extraire et à concentrer les substances minérales affleurante ou subaffleurante à une profondeur maximale de dix (10) mètres et à disposer des produits marchands en utilisant des méthodes et procédés traditionnels.

[46] L'exploitation d'une carrière artisanale par exemple faisant appel à des procédés manuels et traditionnels, sans usage des explosifs.

La peine d'emprisonnement est également fustigée. Longtemps considéré comme la peine de référence, de nos jours, l'emprisonnement essuie toujours de vives critiques. Au regard des travaux d'évaluation et de statistiques qui ont été faits, il en ressort que la peine d'emprisonnement n'est pas toujours la référence la mieux indiquée. La peine d'emprisonnement est plus critiquée par rapport à sa finalité. Les auteurs parlent plus de la prison que de la peine elle-même.

À quoi sert la prison de nos jours ? LOMBROSO fait savoir que : « La prison est une fortune qui d'abord nous échoue ; puis nous enseigne les bons moyens de prendre et de ne pas nous faire prendre »[47]. Ce qui nous conduit à une utilité positive de la prison, mais qu'en est-il de son aspect négatif ? Pour M. HERZOG : « Sans doute, la privation de liberté apparaitra-t-elle au criminaliste du XXIe siècle, comme un mode d'exécution des sanctions aussi primitif que l'est, pour le criminaliste du XXe siècle, le châtiment corporel »[48]. Bien qu'il soit exact que la politique criminelle actuelle s'oriente vers la subsidiarité de la peine d'emprisonnement, à l'heure d'aujourd'hui, les statistiques montrent que la peine de privation de liberté reste très largement employée.

Le Professeur SALEILLES disait que : « la seule utilité que l'on puisse demander à la peine, c'est de faire du criminel un honnête homme si la chose est possible ou sinon de le mettre hors d'état de nuire. »[49]. Pour certains auteurs, la peine d'emprisonnement doit être une peine d'exception applicable en dernier ressort. Ainsi, la peine d'emprisonnement ferme doit être une solution de dernier recours et l'aménagement d'une peine doit être une solution privilégiée s'appliquant essentiellement aux délinquants primaires[50].

Au final, la sécurisation pénale de l'activité minière mérite une attention plus particulière compte tenu de la spécificité de l'environnement minier. En matière d'exploitation minière, la protection pénale apparaît comme fondamentale, mais sa mise en œuvre est parfois difficile. Cette difficulté n'est autre que le résultat d'une inféodation du droit pénal de plus en plus marquée.

---

[47] LOMBROSO (C.), *L'homme criminel*, Paris, éd., FÉLIX ALCAN, 1887, p. 353.
[48] CANNAT (P.), « Les courtes peines d'emprisonnement (De la difficulté d'utiliser en droit pénal les prestations du droit fiscal) », *RPDP*, 1958, p. 794.
[49] SALEILLES (R), *L'individualisation de la peine. Etude de criminalité sociale,* PUF, 1927, p. 10.
[50] CANNAT (P.), « Les courtes peines d'emprisonnement (De la difficulté d'utiliser en droit pénal les prestations du droit fiscal) », *op.cit.,* p. 794.

II- L'EFFICACITÉ RELATIVE DU DROIT PÉNAL PROCESSUEL DUE A UNE LARGE INTERVENTION DE L'ADMINISTRATION

L'application de la législation minière est essentielle pour assurer le caractère obligatoire des normes prescrites et mettre en œuvre les sanctions prévues. Cette mise en œuvre intervient dans le cadre de la répression. Elle obéit à des règles particulières. Au regard de cette législation minière notamment pour ce qui est de l'aspect pénal, on se rend compte que ce dernier est envahi. Cet envahissement soulève d'ailleurs des inquiétudes sur l'opportunité même du droit pénal en matière minière. Mieux encore, la question de l'efficacité des règles de mise en œuvre de la répression sera à l'ordre du jour. Rendue vulnérable par une certaine inféodation, la sécurisation pénale passera pour un mythe chaque fois qu'il faudra faire face à la criminalité minière. Contribuent à cette situation, le droit administratif pénal (A) et la transaction administrative pénale (B).

A- L'influence générale du « droit administratif pénal »

Le droit administratif pénal ou le droit pénal réglementaire consiste en une répression administrative, l'administration disposant du droit d'infliger des sanctions ayant le caractère d'une punition[51]. Il s'agit du droit pénal marqué par une forte emprise de l'administration. De la définition classique du droit criminel émerge un ordre répressif administratif[52]. Ce droit administratif pénal contribue à la relégation au second plan du « vrai droit pénal ». En matière minière, l'influence du droit administratif est perceptible tant dans la mise en œuvre de la répression (1) que dans le prononcé des sanctions (2).

1- La prépondérance de l'administration dans la mise en œuvre de la répression

L'action publique est une action exercée au nom de la société pour faire constater par le juge répressif compétent le fait punissable dans des délais raisonnables, établir la culpabilité de la ou des personnes poursuivies, et obtenir le prononcé de la sanction en se conformant aux principes directeurs de la procédure pénale[53]. Elle est généralement consacrée aux poursuites des infractions[54]. Elle est exercée au nom de la société en vue de l'application d'une peine. C'est donc la manifestation du droit de punir qui appartient à la société et dont elle est une prérogative essentielle et exclusive. Elle est mise

---

[51] VANDRESSE (C.), « Punir sans juger : une nouvelle approche dans le cadre de la répression des mineurs ? », *JDJ*, n° 227 – septembre, 2003, p. 4.

[52] SPENER YAWAGA, « Le principe de proportionnalité en matière pénale. Réflexion à partir du droit pénal camerounais », *op.cit.*, p. 936.

[53] MOLINS (F.), « Action publique », *Rép. pén. Dalloz*, 2009, p. 4.

[54] *Idem.*

en mouvement et exercée par le ministère public[55]. Elle se distingue par-là de toute action de caractère privé tendant à la réparation d'un préjudice causé à des intérêts privés et notamment de l'action civile[56].

En matière minière, l'administration en charge des mines détient véritablement ce pouvoir. Mais la structuration de la procédure révèle des difficultés quant au processus de répression. Une controverse règne autour de l'action publique. Suivant les considérations ordinaires de droit commun, le ministère public a une sorte de gage général sur l'action publique. Ce qui veut dire que même en présence de ces administrations, il peut décider ou pas de poursuivre dans ces matières. Tout dépendra donc du travail qui aura été fait en amont par les agents assermentés suivant leur attribution de recherche et de constatation des infractions.

Selon le Code minier, les manquements et les infractions dans le secteur minier sont constatés par les officiers de police judiciaire à compétence spéciale sans préjudice des prérogatives des officiers de police judiciaire à compétence générale. Les procès-verbaux de constatation des infractions sont transmis au ministre en charge des mines dans les huit (08) jours de leur établissement[57]. Et dès réception des procès-verbaux, le ministre peut déjà infliger la sanction administrative correspondante[58]. À la lecture de ces dispositions, une confusion se crée déjà et l'on a vraiment du mal à saisir la logique du législateur. Il va plus loin néanmoins en apportant quelques précisions opaques en ce qui concerne les manquements, contraventions, délits et crimes.

Lorsque les faits constituent un crime, le ministre en charge des mines transmet les procès-verbaux sans délai au Procureur de la République compétent. Lorsque les faits constituent plutôt un délit ou une contravention, il notifie l'amende correspondante au contrevenant[59]. À ce niveau, nous constatons que l'action publique déclenchée par le Procureur de la République est exclusive en matière de crime, encore faut-il qu'il soit informé. En matière d'infractions assimilées aux délits et contraventions, l'administration se charge juste de sanctionner par des amendes. C'est une procédure très complexe en ce sens qu'il y a confusion entre « l'administratif et le pénal ». Le Procureur détient l'exclusivité de poursuite en matière de crime, mais en profondeur on constate que cette exclusivité est voilée. D'ailleurs, c'est l'administration qui détient le véritable pouvoir de poursuite.

Le schéma est simple, les agents de l'administration constatent une infraction et la consignent dans le procès-verbal. Après sa transmission à la

[55] Art. 60 du Code de procédure pénale camerounaise.
[56] MOLINS (F.), « Action publique », *op.cit.*, p. 4.
[57] Art. 202 (3) du Code minier.
[58] Art. 202 (4) du Code minier.
[59] Art. 203 du Code minier.

hiérarchie, celle-ci estime qu'il n'y a pas d'infraction. Elle classe sans suite en quelque sorte. En matière de répression minière, le Procureur de la République détient un pouvoir général d'opportunité de poursuite qui va se heurter à un pouvoir plus spécifique. En fait, depuis la phase de constatation et de recherche, l'administration détient un véritable pouvoir au regard de la suite à donner à une affaire. La doctrine évoque également cette situation en relevant que les administrations jouent un rôle déterminant dans la recherche et la constatation des infractions lors de l'enquête. Elles exercent un rôle essentiel de « filtrage et d'aiguillage des affaires »[60] qui leur permet non pas seulement de poursuivre la procédure répressive en l'orientant vers la voie administrative ou pénale, mais de prendre des mesures alternatives aux sanctions, et donc de décider de la mise en œuvre de la répression.

En somme, on se rend compte que la mise en œuvre de l'action publique est fortement conditionnée par l'intervention de l'administration. Au-delà de la traditionnelle opportunité de poursuite de principe du Procureur de la République, l'agissement de l'administration en charge des mines s'analyse comme un véritable acteur détenteur de l'opportunité de poursuite.

2- L'éviction du juge par le prononcé des sanctions administratives pénales

L'influence du droit pénal administratif va se matérialiser aussi à travers le prononcé des sanctions extra pénales. Il s'agit des sanctions pénales administratives. Elles sont différentes de la sanction purement administrative en ce sens qu'une sanction administrative est une décision administrative émanant d'une autorité administrative qui vise à sanctionner un comportement fautif d'un agent. Par contre, la sanction administrative pénale est celle qui est prononcée par une autorité administrative en cas d'infraction pénale. Aujourd'hui, force est de constater que de plus en plus, les autorités administratives se sont vues confier un pouvoir d'injonction et de sanction à l'encontre de personnes ne présentant aucun lien avec l'administration[61].

En matière de répression des infractions minières, il est prévu que : « Sans préjudice des poursuites judiciaires, toute infraction aux dispositions de la présente loi et de ses textes d'application ou toute violation des obligations en matière d'exploitation minière ou d'exécution des clauses des cahiers des charges souscrits entraîne, selon le cas : la suspension d'activités, le retrait du

---

[60] LE FUR (A.-V.) et SCHMIDT (D), « Sanction des abus de marché : "l'aiguillage", source de déraillements », *Recueil Dalloz*, 2015, pp. 1450-1456 ; COLSON (R.) et FIELD (S.), « La fabrique des procédures pénales. Comparaison franco-anglaise des réformes de la justice répressive », *RSC*, n° 2, 2010, p. 367.

[61] Pour une analyse détaillée du développement de la répression administrative, V. DELMAS-MARTY (M.) et TEITGEN-COLLY (C.), *Punir sans juger ? De la répression administrative au droit administratif pénal*, Paris, Economica, 1992, pp. 11-18.

titre minier. »[62] De la lecture de cet article, il est clair qu'en cas d'infraction à la loi minière, l'autorité administrative peut sanctionner.

Avant de présenter ces sanctions, il faut rappeler que le droit administratif pénal est aussi appelé droit pénal réglementaire. Cela est dû au fait que la plupart des infractions minières sont considérées comme des infractions réglementaires. Pour les comportements incriminés, le Code minier fait allusion aux manquements et infractions[63]. Tenant compte des manquements, il s'agit précisément de ceux relatifs à une obligation prévue par le Code minier, par la convention minière[64] ou par le cahier des charges. La doctrine parle d'une grande incidence d'infractions réglementaires, d'un droit pénal de réglementation se contentant de fulminer des sanctions pénales en cas de non-respect des prescriptions imposées par l'administration aux activités potentiellement polluantes ou nuisibles[65]. La dépendance administrative des infractions fait en sorte qu'on n'ait pas assez d'infractions autonomes, mais des infractions réglementaires.

Au rang des sanctions administratives pénales, on a la suspension d'activité et le retrait du titre minier. La suspension peut être temporaire ou définitive. Elle est temporaire dans la mesure où les titres miniers et les autorisations et permis d'exploitation ont fait l'objet de retrait donnant lieu à une suspension de six (06) mois du titre minier[66] et de l'autorisation d'exploitation[67]. Elle est définitive lorsque l'acte constatant le retrait rend libre le périmètre objet du titre, de l'autorisation ou du permis[68]. Le retrait suit le même régime que celui de la suspension. Le retrait ne peut être prononcé sans entraîner la suspension. Par contre, la suspension de l'activité peut se faire sans obligation de retirer le titre.

---

62 Art. 208 du Code minier.

63 Art. 202 (2) du Code minier.

64 Contrat de partenariat entre l'État et le titulaire d'un permis de recherche, définissant les dispositions relatives au développement et à l'exploitation d'une découverte minière, y compris les opérations de fermeture et de remise en état du site. Il est prévu à l'article 164 du Code minier que la mise en valeur des ressources minières et des carrières industrielles doit inclure un volet « *Contenu local* » qui précise les retombées des projets miniers et de carrières retenues notamment sur le développement économique, social, culturel, industriel et technologique du Cameroun. C'est une forme d'intégration de la responsabilité sociale de l'entreprise au sein de la législation minière.

65 BRISSETTE (M.), « La criminalité des affaires et les sentences applicables aux personnes morales », *Criminologie*, Vol. 15, n° 1, 1982, pp. 15-21.

66 À titre d'illustration, en date du 10 septembre 2017, le ministre en charge des mines a pris une décision de suspension de toutes activités d'exploitation de la société METALICON/GEOCAM suite aux manquements aux obligations contenues dans le cahier de charge plusieurs fois relevées par les différentes missions de contrôle. À cela, s'est ajouté le décès d'un jeune enfant survenu le 03 septembre 2017 dans l'un des trous devenu un lac artificiel à Kambélé. Pour la circonstance, le ministre a suspendu l'activité de la société pour une période de six (06) mois.

67 Art. 213 (2) du Code minier.

68 Art. 211 (2) du Code minier.

Au regard de cet état des choses, on se rend compte que l'administration se substitue dans une certaine mesure au juge. La *déjuridictionnalisation* a donc fait en sorte qu'on assiste à une substitution imprudente au juge pénal. C'est l'expression d'une sanction pénale sans jugement. D'autres concepts doctrinaux ont permis de qualifier cette situation. On a par exemple une « justice hors du juge ». Pour reprendre les propos de son auteur, l'inquiétude était si grande parce que la répression administrative sur laquelle elle repose en partie ne présente pas les mêmes garanties que la répression pénale, parce qu'elle constitue une sorte de « justice hors du juge »[69]. La répression pénale obéit à des règles et principes bien stricts afin d'éviter une justice rendue sur la base de l'arbitraire qui a longtemps été combattu par le droit pénal.

B- Le recours inquiétant aux transactions administratives pénales

De nature civile, la transaction est un contrat par lequel les parties terminent une contestation née, ou préviennent une contestation à naître[70]. Elle porte principalement sur les intérêts civils qui résultent d'un délit et n'empêche pas la poursuite du ministère public[71]. En matière pénale, elle était consacrée traditionnellement de façon exceptionnelle [72]. La transaction administrative est une transaction technique dans le sens qu'elle est effectuée par l'administration et le présumé auteur de l'infraction pénale. Elle intervient en matière minière comme un obstacle aux poursuites (1) malgré le recours quasi exceptionnel à l'activité juridictionnelle en cas d'échec (2).

1- Un obstacle aux poursuites en matière minière

Intervenant entre l'administration et le présumé auteur[73], la transaction administrative pénale est perçue comme un cadre de privatisation de la procédure de sanction. « Alors que la transaction devrait tenir un rôle secondaire, en soutenant simplement l'activité du juge pénal, elle devient ici le principe : l'activité juridictionnelle ne prend qu'une part exceptionnelle à ces affaires. Le pouvoir de constater l'infraction, de juger de la culpabilité et de sanctionner sont transmis à des autorités non judiciaires qui *s'arrangent* avec les accusés »[74]. La transaction administrative neutralise le recours au juridictionnel et par conséquent on se retrouve avec une enquête pénale

[69] DELVOLVE (P.), « Justice hors du juge », *Cah. dr. ent.*, n° 4, 1984, p. 16.
[70] Art. 2044 du Code civil.
[71] Art. 2046 du Code civil.
[72] Le Professeur REDON fait savoir qu'elle intervenait dans les domaines où la considération de l'intérêt de la partie plaignante ou poursuivante primait sur l'intérêt collectif que représente le ministère public. Cf. REDON (M.), « Transaction », *Rép. pén. Dalloz,* 2011, p. 2.
[73] Encore faut-il se poser la question de savoir s'il s'agit de l'auteur de l'infraction ou du présumé auteur. Si ce dernier accède à la transaction, cela suppose qu'il est auteur de l'infraction, car cette transaction intervient à l'issue d'un procès-verbal ayant constaté effectivement la réalité de l'infraction commise.
[74] WESTER-OUISSE (V.), *Convention et juridiction pénale*, Thèse de doctorat, Université de Nantes, 2013, n° 415.

administrative, une poursuite pénale administrative pour finir par une sanction pénale administrative. Une situation qui conduit inéluctablement à l'éviction de la sanction pénale prononcée par le juge.

Il y a lieu de rappeler qu'elle intervient avant la mise en œuvre de l'action publique[75]. C'est une forme de privatisation de la procédure. Elle contribue à la complexité de mise en œuvre de l'action publique en matière de répression des infractions minières. Donc, si l'administration parvient à transiger, il est fort probable que l'action publique ne soit pas déclenchée[76]. L'exception sera portée à l'égard de la victime qui pourra se constituer partie civile malgré que cette probabilité soit très faible[77].

Pour la doctrine, cette transaction est dite informelle en ce sens qu'elle est libre de tout contrôle du système juridictionnel[78]. En se cantonnant sur les dispositions du Code minier, il est prévu que : « L'auteur présumé de l'infraction objet du procès-verbal peut, soit s'acquitter de l'amende, soit solliciter une transaction auprès du ministre chargé des mines. »[79] Cette disposition montre qu'il s'agit d'un contrat entre l'administration et le présumé auteur. Le caractère contractuel est donc mis en exergue[80].

La convention de transaction en matière minière est donc la preuve d'un contrat qui renvoie à l'article 1101 du Code civil au terme duquel : « Le contrat est une convention par laquelle une ou plusieurs personnes s'obligent, envers une ou plusieurs autres, à donner, à faire ou à ne pas faire quelque chose. » C'est dire que le présumé auteur de l'infraction peut accéder à la transaction tout comme il peut la décliner. Les implications de cette situation seront grandes dans la mesure où s'il y accède, il est d'office coupable au sens de la justice pénale. Au cas contraire, il peut refuser parce qu'il est

[75] Selon l'article 204 (3) du Code minier, « *la procédure de transaction doit être antérieure à toute procédure judiciaire éventuelle, sous peine de nullité* ».

[76] La doctrine et la jurisprudence font une illustration juste de cette situation en faisant valoir que : « Les pouvoirs de l'administration sont d'autant plus grands que le ministère public aussi est écarté : concernant les infractions encourant des sanctions fiscales ou pénales autres qu'un emprisonnement, les poursuites pénales ne sont engagées que sur plainte de l'administration, sans initiative possible pour le Parquet. L'administration dispose donc ici de l'action publique ». Cf. WESTER-OUISSE (V.), *Convention et juridiction pénale, op.cit.*, p. 399 ; Cass. crim., 28 janvier 1991, *Bull. crim.* n° 44, *JCP*, 1994, I, 3738, n° 11

[77] Selon Mme DELMAS-MARTY, le juge pénal n'aura alors jamais accès au litige, car, en cas de contestation, les parties n'auront qu'un recours hiérarchique.

[78] WESTER-OUISSE (V.), *Convention et juridiction pénale, op.cit.*, p. 398.

[79] Art. 204 (2) du Code minier.

[80] Ce caractère contractuel peut néanmoins être discutable dans la mesure où il présente un régime distinct de la théorie du contrat. Certains auteurs ont d'ailleurs évoqué le fait que la transaction administrative apparait fréquemment comme un procédé unilatéral, notamment à propos des transactions qui viennent limiter la gravité d'une sanction infligée par l'administration.

effectivement présumé innocent. Au moment où il décide de conclure la transaction, il n'est plus présumé innocent. Il est plutôt présumé coupable.

En choisissant cette voie, l'administration le dépénalise en portant son dévolu sur une transaction[81] au lieu de transmettre le dossier au Procureur afin de pouvoir suivre la voie judiciaire. En cas de réussite de la transaction, les poursuites peuvent être abandonnées. Par contre, en cas d'échec, on peut recourir exceptionnellement à l'activité juridictionnelle.

2- Un recours quasi exceptionnel à l'activité juridictionnelle en cas d'échec

En cas d'échec de la transaction, la voie juridictionnelle sera privilégiée. L'alinéa 1 de l'article 205 du Code minier prévoit qu'« en l'absence de transaction ou en cas de non-exécution de la convention de transaction, l'action publique est mise en mouvement, après mise en demeure préalablement notifiée au contrevenant, dans les soixante-douze (72) heures à la diligence de l'Administration en charge des mines, partie au procès ». Si l'administration ou la personne poursuivie rejette le recours à la transaction, le Procureur peut toujours poursuivre[82]. Un auteur parle même d'une dépénalisation inachevée en constatant le partage du pouvoir de sanction entre l'administration et le juge pénal[83]. Suivant cette logique, la transaction n'a pas l'autorité de la chose jugée. Il n'en demeure pas moins qu'éteignant l'action pénale, elle rend impossibles de nouvelles poursuites pour les mêmes faits quoiqu'ils soient qualifiés d'une autre manière.

Au demeurant, il faut préciser que le recours à l'option du juridictionnel est subordonné à l'échec de la transaction qui peut se voir sous deux angles. Dans le premier cas, l'échec est dû à l'absence manifeste de la transaction administrative. Le Code minier prévoit clairement cette situation en faisant valoir qu'en absence de transaction, l'action publique pourra être mise en mouvement[84]. Mais cette action publique est mise en mouvement à la diligence de l'Administration en charge des mines qui est partie au procès[85].

Pour la seconde hypothèse, elle est plus centrée sur le présumé auteur et sur l'administration. En fait, c'est elle qui décidera en quelque sorte de la suite à donner à l'affaire. En effet, lorsque les procès-verbaux sont transmis à l'administration, elle a trois options. Soit elle pose une amende à l'encontre du délinquant (c'est une sanction), soit elle offre une transaction à l'endroit du délinquant (ce qui suppose une convention, un contrat où ils devront

[81] WESTER-OUISSE (V.), *Convention et juridiction pénale*, *op.cit.*, p. 399.
[82] FATIHA NAAR, *La transaction pénale en matière économique*, Thèse de doctorat, Université Mouloud Mammeri de Tizi-Ouzou, 2013, p. 74.
[83] *Idem*.
[84] Art. 205 (1) du Code minier.
[85] Art. 205 (2) du Code minier.

négocier), soit elle transmet directement le dossier au Procureur afin que ce dernier engage les poursuites judiciaires[86]. Pour ce qui est de la transaction, comme il s'agit d'une convention qui nécessite l'accord de volonté des deux parties, le simple refus d'une des parties suffit à ce qu'elle soit évincée. Ainsi, le présumé auteur peut tout simplement décliner l'offre de transaction proposée par l'administration[87]. Dans ce contexte, l'administration doit transmettre le dossier au Procureur de la République afin de déclencher les poursuites. Cette situation cache une autre faiblesse des sanctions administratives c'est-à-dire celle de la preuve effective de l'infraction commise par le délinquant.

Évidemment, il peut arriver qu'il n'ait pas commis les faits qui lui sont reprochés. Comment donc prouver son innocence dans la procédure administrative ? C'est la raison pour laquelle en procédure administrative, il y a plutôt une éventuelle consécration de la présomption de culpabilité au détriment de la présomption d'innocence. Une raison de plus pour favoriser la voie judiciaire dans le règlement des affaires pénales minières.

CONCLUSION

En somme, la pratique extractive fait montre d'un besoin de sécurisation proportionnée aux divers comportements. À travers le droit pénal minier élaboré, on constate une réelle marque de la volonté de placer l'activité minière sous la bannière de la sécurité. Mais en réalité, on a l'impression que le recours aux règles de droit pénal n'est que figuratif. Des insuffisances observées confortent cette perception et il serait d'ailleurs plus urgent que nécessaire de s'aligner derrière le principe de la légalité criminelle pour l'édiction des infractions. Un appel fort est lancé à l'endroit des sanctions qui doivent se poser en termes d'adaptation et de proportionnalité. Enfin, concernant la répression des infractions minières, le recours à la voie juridictionnelle ne doit plus être exceptionnel afin d'éviter que le juge ne reprenne sa place qu'en cas d'échecs transactionnels[88].

[86] Ce qui est une obligation pour les cas de crime (notamment l'article 203 (2) « lorsque les faits constituent un crime, le ministre chargé des mines transmet le procès-verbal sans délai au Procureur de la République compétent. ».

[87] Le refus d'accéder à l'offre de transaction peut s'expliquer par le fait que le présumé auteur ne reconnaît pas les faits comme le précise l'article 204 (5) du Code minier. Ce qui suppose que cette attitude peut paraître avérée dans la mesure où le présumé auteur a simplement raison. Il peut être innocent et souhaiter la voie judiciaire parce qu'elle offre des garanties permettant de protéger son innocence jusqu'à preuve du contraire. Il faut rappeler que c'est également une situation qui explicite la force du juridictionnel par rapport à la voie administrative, laquelle les garanties procédurales ne sont pas toujours protégées.

[88] WESTER-OUISSE (V), *Convention et juridiction pénale*, *op.cit.*, p. 399.

INDICATIONS BIBLIOGRAPHIQUES

OUVRAGES

- CABRILLAC (R.), *Introduction générale au droit*, Paris, Dalloz, 10ème éd., 2013, 266 p.
- CARBONNIER (J.), *Flexible droit. Pour une étude sociologique du droit sans rigueur*, Paris, LGDJ, 10 ème éd., 2001, 490 p.
- CARBONNIER (J.), *Droit et passion du droit*, Paris, Flammarion, 1996, 276 p.
- DOUCET (J.-P.), *Dictionnaire de droit criminel*, [En ligne] https://ledroitcriminel.fr
- LACAZE (M.), *Réflexions sur le concept de bien juridique protégé par le droit pénal*, Paris, LGDJ, coll. Fondation Varenne, 2011, 558 p.
- LASCOUMES (P.) et PONCELA (P.), *Réformer le Code pénal, Où est passé l'architecte ?,* Paris, PUF, coll. Les voies du droit, 1998, 309 p.
- LAVELLE (L.), *Traité des valeurs. Le système des différentes valeurs,* T. II, Paris, PUF, 1991, 560 p.
- LOMBROSO (C.), *L'homme criminel*, Paris, éd., FÉLIX ALCAN, 1887, 722 p.
- MERLE (R.) et VITU (A.), *Traité de droit criminel ; Droit pénal spécial*, T. I, Cujas, 1982, 2111 p.
- MICHIELS (O.) et JACQUES (E.), *Syllabus principes de droit pénal, Notes sommaires et provisoires,* 3e éd., 2015, 423 p.
- SALEILLES (R.), *L'individualisation de la peine. Etude de criminalité sociale,* Paris, PUF, 1927, 287 p.

ARTICLES

- ABDERRABANI, « Le droit pénal des affaires au Niger : une construction duale entre droit communautaire et législations nationales », *Ohadata,* D-08-09, 147 p.
- *African development report*, 2007.
- BRISSETTE (M.), « La criminalité des affaires et les sentences applicables aux personnes morales », *Criminologie*, Vol. 15, n° 1, 1982, pp. 15-21.
- CANNAT (P.), « Les courtes peines d'emprisonnement (De la difficulté d'utiliser en droit pénal les prestations du droit fiscal) », *RPDP*, 1958, p. 794.

- DELMAS-MARTY (M.) et TEITGEN-COLLY (C.), *Punir sans juger ? De la répression administrative au droit administratif pénal*, Paris, Economica, 1992, pp. 11-18.
- DELMAS-MARTY (M.), « Code pénal d'hier, droit pénal d'aujourd'hui, matière pénale de demain », *Recueil Dalloz Sirey,* 4e Cahier. *Chronique*, 1986, pp. 27-34.
- DELVOLVE (P.), « justice hors du juge », *Cah. dr. ent.,* n° 4, 1984, pp. 16-19.
- FREDERIC (T.), « Exploitation minière au Sud : enjeux et conflits », *Editorial Alternatives sud*, Vol. 20, 2013/7, 28 p.
- GAILLARDOT (D.), « Les sanctions pénales alternatives », *in Revue internationale de droit comparé*, Vol. 46 n° 2, avril-juin, 1994, pp. 683-693.
- GASSIN (R.), « Les fonctions sociales de la sanction pénale dans le nouveau Code pénal », *Les cahiers de la sécurité intérieure*, n° 18, 1994, pp. 50-68.
- MOLINS (F.), « Action publique », *Rép. pén. Dalloz,* 2009, pp. 1-27.
- REDON (M.), « Transaction », *Rép. pén. Dalloz,* 2011, pp.1-9.
- ROCA (C.) « Le principe de la légalité et l'incrimination pénale », XIVe Congrès de l'Association française de droit pénal », *RPDP*, pp. 272-287.
- SPENER YAWAGA, « Réflexion sur la constitutionnalisation de certains aspects du droit pénal de fond », *in* MINKOA SHE (A.) (dir.), *Le droit au pluriel, Mélanges en hommage au Doyen Stanislas MELONE,* Yaoundé, PUA, 2018, pp. 935-972.
- VANDRESSE (C.), « Punir sans juger : une nouvelle approche dans le cadre de la répression des mineurs ? », *JDJ*, n° 227 – septembre, 2003, pp. 1-13.
- VITU (A.), « Le principe de la légalité criminelle et la nécessité de textes clairs et précis », Observations sous Cass.crim. 1er février 1990, *Rev.sc.crim.* 1991, p. 555.
- YAO KOFFI ELOI, « Uniformisation et droit pénal : esquisse d'un droit pénal des affaires dans l'espace Ohada », *in RIDP*, Vol. 63 n° 3, 2011, pp. 661-696.

THÈSES

- FATIHA NAAR, *la transaction pénale en matière économique,* Thèse de Doctorat, Université Mouloud Mammeri de Tizi-Ouzou, 2013, 342 p.

- TZUTZUIANO (C.), *L'effectivité de la sanction pénale*, Thèse de Doctorat, Université de Toulon, 2015, 574 p.
- WESTER-OUISSE (V.), *Convention et juridiction pénale*, Thèse de Doctorat, Université de Nantes, 2013, 550 p.

TEXTES

- Code de procédure pénale, Cameroun, 2005.
- Code minier, Cameroun, 2016.
- Code pénal, Cameroun, 2016.
- Code pénal français, 2020.

La sécurité des personnes et des biens dans le cyberespace camerounais à l'épreuve d'une politique criminelle en mutation

Par

Albert NGBENAH SOKO[1]

Résumé

Les technologies de l'information et de la communication ont parallèlement favorisé la mutation de la délinquance en créant des nouvelles vulnérabilités pour les personnes et leurs biens. Face à cette mutation, chaque législateur essaie d'organiser une réponse adéquate afin d'assurer aux internautes une protection optimale. Alors, que peut-on retenir au terme de l'analyse de la politique criminelle du législateur camerounais en matière de sécurité des personnes et des biens dans le cyberespace ? La réponse à cette question, bien qu'étant difficile à donner, se trouve néanmoins dans la loi N° 2010/12 du 21 décembre 2010 relative à la cybersécurité et la cybercriminalité au Cameroun. L'observation permet de faire deux constats. Si sur le plan substantiel, l'on perçoit la volonté du législateur d'adapter le traitement de la criminalité aux spécificités du cyberespace, sur le plan procédural par contre, l'on note une inadaptation de la procédure de répression aux spécificités de cette nouvelle délinquance.

Mots-clés : Sécurité, Cybersécurité, Cybercriminalité, Politique criminelle, Infraction.

[1] Docteur /Ph. D. en Droit Privé et Sciences Criminelles, Assistant, Faculté des Sciences Juridiques et Politiques, Université de Maroua (Cameroun), E-mail : sokoa@ymail.com

INTRODUCTION

Le monde est confronté aujourd'hui à plusieurs défis sécuritaires. L'observation de l'actualité et l'analyse des débats et discussions montrent que les défis actuels à la paix et la sécurité sont à la fois complexes et multiformes. Avec la globalisation du monde est venue celle des menaces[2]. Au rang de ces dernières, l'on peut citer notamment le réchauffement climatique[3], le terrorisme,[4] etc. Cette dernière menace connait en effet une

[2] Voir en ce sens DELMAS-MARTY (M.), *Aux quatre vents du monde,* Paris, Seuil, 2016, 156 p. *Add.* du même auteur, *Aux quatre vents du monde. Petit guide de navigation sur l'océan de la mondialisation,* Le seuil, 2016, coll. « Sciences humaines H. C. », 156 p. ; « Doit pénal et mondialisation », *in Le champs pénal, Mélanges en l'honneur du Professeur Reynald OTTENHOF*, D., 2006, pp. 3-15 ; « Face au terrorisme global, la distinction entre guerre et paix a-t-elle encore un sens ? » *Constitutions*, 2018, pp. 353 et s.

[3] Les causes profondes d'une crise sont souvent multiples et le réchauffement climatique est un facteur aggravant dans un contexte de fragilité. En guise de rappel, l'année 2017 a été, depuis 1880, la deuxième année la plus chaude jamais enregistrée (selon le rapport de l'Organisation Météorologique Mondiale du 18 janvier 2018). Les événements climatiques extrêmes frappent par leur intensité et par leur fréquence. Aucun pays n'est aujourd'hui épargné. Nous ne pouvons plus ignorer ses conséquences profondément déstabilisatrices. Les populations les plus vulnérables, déjà exposées à d'autres facteurs de conflit, qu'ils soient politiques, sociaux ou environnementaux, en sont les premières victimes.

[4] Le terrorisme est aujourd'hui l'une des principales menaces à la paix et à la sécurité internationales. Qu'il s'agisse des groupes tels qu'Al-Qaïda, Daech ou Boko Haram où d'individus inspirés par leur idéologie de la barbarie, la menace terroriste n'a jamais été aussi élevée. Le phénomène des combattants terroristes étrangers et le recours massif à l'Internet et aux réseaux sociaux à des fins de recrutement, de financement ou d'appel au passage à l'acte ont également donné une nouvelle dimension à la menace. Si rien ne peut justifier le terrorisme, nous savons que celui-ci se nourrit de la misère, de l'insécurité, du déracinement ou encore des déséquilibres économiques et sociaux. Il se nourrit également de la criminalité transnationale organisée et de ses multiples trafics. Pour une analyse complète de ce défi dans le contexte camerounais, lire entre autres BELBARA DJORANDI (A.), « La problématique répression du terrorisme en droit camerounais », *International Multilingual Journal of Science and Technology* (IMJST), vol. 4, Issue 4, April, 2019, pp. 522- 540. ; SAWAWA SOUAÏBOU, *La protection pénale des personnes poursuivies pour actes de terrorisme en droit camerounais*, Mémoire de Master recherche, Université de Maroua, 2018, 131 p. ; BELBARA (B.), « Le terrorisme comme source des crises humanitaires. À propos de la loi camerounaise n° 2014/028 du 23 décembre 2014 portant répression des actes de terrorisme », *in* SPENER YAWAGA (dir.), *Crises Humanitaires et Responsabilités*, L'Harmattan, 2018, pp. 271-302. ; BIKIE (F. R.), « Le droit pénal à l'aune du paradigme de l'ennemi : Réflexion sur l'État démocratique à l'épreuve de la loi camerounaise n° 2014/028 du 23 décembre 2014 portant répression des actes de terrorisme », *RASJ,* L'Harmattan, n° 2/2016, pp. 123-154 ; *La Revue des droits de l'homme*, 11, 2017, Centre de recherches et d'études sur les droits fondamentaux, 21 p. ; MONEBOULOU MINKADA (H. M.), « Le terrorisme au Cameroun : d'une loi confuse à l'émergence d'un droit pénal terroriste », *RBD*, Revue semestrielle n° 53 – 2ème semestre, 2017, pp. 259-285 ; « La loi portant répression des actes terroristes au Cameroun », *in* OLINGA (A. D.) (dir.), *Droit international, droits nationaux et lutte contre le terrorisme en Afrique*, Yaoundé, PUCAC, 2017, pp. 543-561. ; BILOUNGA (S. T.), « L'État camerounais à la croisée des chemins de l'État de droit et de l'État de police (A propos de la loi du 23 décembre 2014 portant répression des actes de terrorisme) », *CJP*, Université de Ngaoundéré, 2015, pp. 9 -32 ; *Recht Afrika* 19, 2016, pp. 139-161. ; MEBU NCHIMI (J. C.), « Les auspices de la loi

aggravation particulière du fait de l'avènement du numérique. En effet, la numérisation de la société actuelle semble avoir bouleversé le quotidien des populations. Elle touche tous les secteurs d'activités et crée ainsi un foisonnement de nouveaux usages[5]. Elle permet l'accès à la culture et à la connaissance, favorise les échanges entre les personnes. Elle rend possible la constitution d'une économie en ligne et rapproche même le citoyen de son administration. Mais un certain pessimisme vient rapidement tempérer cette approche idéaliste. Tous les progrès génèrent aussi de nouvelles fragilités, de nouvelles vulnérabilités. Ils favorisent des menaces et créent des risques du fait de l'imagination débordante des criminels[6]. Les nouvelles technologies[7] ont donc une place importante dans la vie économique. En témoigne d'ailleurs la spectaculaire progression de la quantité de transactions et échanges menés par l'intermédiaire d'Internet[8]. Si ces technologies participent de manière positive au développement de la vie économique, elles présentent aussi de nouveaux moyens favorisant la commission des infractions. Ceci n'est pas surprenant, car la plupart des grandes découvertes technologiques ont « presque toujours engendré, à côté des progrès économiques qu'elles procurent à l'humanité, des retombées négatives parmi lesquelles figure en

---

n° 2014/028 du 23 décembre 2014 portant répression des actes de terrorisme », *RASJ*, L'Harmattan, n° 2/2016, pp. 9-29.

[5] Cette mutation de la criminalité a souvent été associée à l'évolution de l'économie mondiale. Parlant de l'avènement de cette nouvelle forme de menace, le général d'Armée Marc WATIN-AUGOUARD faisait jadis remarquer que : « Lorsque le développement économique se limitait au secteur primaire agricole, l'insécurité se résumait aux atteintes contre les personnes. Le secteur secondaire a vu l'apparition de la production de biens manufacturés et donc de vols, destructions, dégradations. Le développement du secteur tertiaire des services a inspiré les infractions dites *intelligentes*. Avec l'apparition d'un secteur quaternaire de l'économie, celui où l'information est devenue source de richesse, la cybercriminalité est devenue désormais une réalité. » (Cf. QUEMENER (M.) et FERRY (J.), *Cybercriminalité : Défi mondial,* Paris, Economica, 2ème édition, 2009, Préface du Général d'Armée WATIN-AUGOUARD (M.), p. 6.).

[6] L'ANTIC (Agence Nationale des Technologies et de l'Information) a récemment annoncé que le Cameroun, dans son ensemble, a perdu ces dernières années près de 4 milliards FCFA via le *scamming*, les structures étatiques camerounaises ont perdu environ 3,7 milliards de FCFA à cause du *skimming* (Cf. « Cybersécurité : le Cameroun enregistre 12 800 cyberattaques », *in* Afrimag, Magazine d'analyse économique et politique panafricaine, parution du 15 février 2018, p. 1.).

[7] On parle souvent de « nouvelles technologies » de l'Information et de la Communication (N.T.I.C.). Cependant il semble que l'adjectif « nouvelle » doit être abandonné. En effet, en raison de la place qu'occupe l'informatique dans notre vie quotidienne, et ce depuis plusieurs années, il semble peu approprié d'employer l'adjectif « nouvelle », même s'il est vrai que l'on se surprend encore à user de cet adjectif pour désigner le continent américain (Nouveau Monde) alors que sa découverte remonte à plusieurs siècles. Voir El ZEIN (S.), « L'indispensable amélioration des procédures internationales pour lutter contre la criminalité liée à la nouvelle technologie » *in* PIATTI (M. Ch.), *Les libertés individuelles à l'épreuve des nouvelles technologies de l'information*, Lyon, PUL, 2001, p. 153 ; TOFFLER (A.), *La troisième vague*, Paris, Gallimard, 1988, pp.13 et s.

[8] En ce sens, voir REVERDY (M. P.), *La matière pénale à l'épreuve des nouvelles technologies,* Thèse, Université Toulouse I, 2005, p. 79.

bonne place l'avènement de nouvelles formes de criminalité. Internet n'échappe pas à cette loi sociologique du développement »[9].

De nos jours, des usages déviants et frauduleux, voire criminels, prennent de plus en plus d'ampleur. Tandis que les flux d'informations circulent librement, les autorités chargées des enquêtes sont, elles, strictement liées par leur compétence territoriale nationale et par le principe de souveraineté[10]. Chaque législateur essaie soit de se protéger sur son territoire, soit d'abdiquer sa compétence législative face à ces actes illicites, soit d'observer et de légiférer autant que possible[11]. Cependant, cette situation semble avoir des conséquences. Elle plonge en effet les internautes[12] dans un réseau de normes multiples, source d'insécurité juridique[13]. Ainsi, organiser la lutte contre la

---

[9] GASSIN (R.), « Le droit pénal de l'informatique », *D.*, 1986, Chronique, p. 35.

[10] Le choix de la loi applicable (la détermination de la compétence à légiférer) est appelé à prendre une grande importance dans le contexte du cyberespace et de l'expansion du droit privé. Même si un tribunal est compétent *in personam et rationeloci*, les règles sur le choix de la loi applicable peuvent exiger que le litige soit tranché par une autre juridiction qui serait compétente *ratione materiae*. Chaque pays possède son propre droit international privé. Les variations qui existent d'un pays à l'autre sont précisément ce qui distingue chaque corpus de règles de droit international privé du droit international public. Il est à noter aussi qu'Industrie Canada a commandité en juillet 1996 une étude préliminaire sous le titre « l'espace cybernétique n'est pas une terre sans loi » sur la responsabilité liée aux contenus d'information sur Internet des prestataires de services d'Internet (PSI), de babillards électroniques, de groupes de discussion, et d'autres services connexes. L'étude fournit une analyse sur la façon dont s'applique la loi canadienne à la responsabilité liée au contenu d'information sur Internet dans les domaines suivants : droit d'auteur et marques de commerce, vie privée et diffamation, obscénité, pornographie juvénile et littérature haineuse. Elle a conclu que : « La révolution technologique qui présentait divers défis d'application, d'exécution et de respect des lois, et que s'il y aurait des modifications sur les législations actuelles, elles devraient intervenir le moins possible. » Elle a conclu aussi que « le législateur devrait mettre en équilibre les intérêts des utilisateurs, d'une part, et d'autre part, ceux des auteurs tout en préservant la liberté d'expression ». EL ZEIN (S.), *op. cit.* p. 155 ; SAGHEER (G.), *L'internet et le droit pénal*, Le Caire, Dar El Nahda El Arabia, 2002, p.50 et s. Sur ces points voire GRAINGER (G.), « Liberté d'Expression et Réglementation de l'Information dans le Cyberspace : Perspectives et Principes d'une Coopération Internationale dans ce Domaine », *in* UNESCO, *Les Dimensions Internationales du Droit du Cyberespace,* Paris, Economica, 2000, p. 78. ; HUET (J.), « Le Droit Applicable dans les Réseaux Numériques », *in* CHATILLON (Georges) (dir), *Le Droit International de l'Internet*, Bruxelles, Bruylant, 2002, p. 156.

[11] En ce sens, GAUTHRAUD (N), « Internet, le Législateur et le Juge », *Gaz. Pal.*, n° 5, sept-octobre 1996, pp1331-1336.

[12] « L'utilisateur ou intervenant consulte ou échange des informations à partir de son ordinateur qui est connecté au serveur informatique de son fournisseur d'accès à Internet ou par une ligne téléphonique classique ou par un réseau câblé » *in* Conseil d'État, *Internet et les Réseaux Numériques,* Paris, La Documentation Française, 1998, p. 254. Voir également ANDERSON (C.), *Toward A Fair Network Access Rate Policy For Rural Broadband Service Providers,* JCLP, p. 14 ; LARRIEU (J.), « L'Internationalité et Internet », *Revue Lamy, Droit des Affaires*, 2002, pp. 41-49.

[13] CUTAJAR (Ch.), « La Loi pour la Sécurité Intérieure », *Dalloz*, 2003, p. 5.

cyberdélinquance[14], c'est tenir compte de l'ensemble de ces paradoxes. Il est nécessaire de concilier des intérêts contradictoires à savoir l'impératif de sécurité et la liberté de circulation de l'information, afin de parvenir à un équilibre. Les pays qui, pour lutter par exemple contre la cybercriminalité, essaient de restreindre l'usage d'Internet comme moyen de lutte contre la cybercriminalité s'opposent aux Internautes qui brandissent l'étendard de la liberté de circulation de l'information au niveau mondial. Or, au niveau répressif, si les dispositions de notre Code pénal permettent de sanctionner la plupart des infractions dont la commission était facilitée par ou liée à l'utilisation des technologies[15], certains agissements restaient en dehors du champ de la répression ou tout du moins prêtaient à discussion. Prenant la pleine mesure de la menace que font désormais peser ces nouveaux outils d'information et de communication, plusieurs instruments de lutte ont été institués du plan mondial au plan national en passant sur le plan régional et sous régional.

Sur le plan mondial, la lutte contre la cybercriminalité est une préoccupation constante des Nations Unies. En plus de la Convention de Budapest[16], il faut ajouter l'important arsenal déployé pour combattre cette nouvelle menace[17].

Sur le plan africain, l'enjeu de la sécurisation du cyberespace est récent[18]. HAMADOUN TOURE soulignait d'ailleurs qu' : « A l'heure actuelle, les

[14] Il convient de préciser que la cyberdélinquance a deux composantes. En premier il y a la criminalité informatique (qui désigne « toute action illicite perpétrée à l'aide d'opération électronique contre la sécurité d'un système informatique ou de données qu'il contient, quel que soit le but visé », Cf. en ce sens EL CHAER, *La criminalité informatique devant la justice pénale*, Thèse, Poitiers, 2003, p. 19 ; voir aussi AUVRET (P.), « La détermination des personnes responsables », *Gaz. Pal.*, mai 2002, p. 7). En second, il y a la cybercriminalité (« ensemble des infractions s'effectuant à travers le cyberespace par des moyens autres que ceux habituellement mis en œuvre, et de manière complémentaire à la criminalité classique », Cf. article 1er loi n° 2010/012 du 21 décembre 2010 relative à la cybersécurité et à la cybercriminalité au Cameroun).

[15] Internet apparaissant le plus souvent comme un vecteur de multiplication des infractions réalisées au moyen de la technologie en offrant aux délinquants des outils plus discrets et surtout plus anonymes leur permettant de démultiplier leurs actions.

[16] Convention des Nations Unies sur la cybercriminalité. Signalons qu'il s'agit là du tout premier Traité international qui a tenté d'aborder les crimes informatiques et les crimes dans internet en harmonisant certaines lois nationales, en améliorant les techniques d'enquête et en augmentant la coopération entre les États.

[17] Voir en ces sens le Treizième Congrès SOC/CP/365 des Nations Unies du 17 avril 2015 pour la prévention du crime et la justice pénale ; la Conférence des Parties à la Convention des Nations Unies contre la criminalité transnationale organisée, Vienne les 27 et 28 octobre 2015 le 10e Congrès des Nations Unies pour la prévention du crime et la justice pénale du 18 au 25 avril 2005, tenu à Bangkok…

[18] Le texte de base de lutte contre la cyberdélinquance en Afrique est la Convention de l'Union Africaine sur la cybersécurité et la protection des données à caractère personnel (Convention

cybercriminels considèrent l'Afrique comme un refuge pour opérer illégalement en toute impunité. »[19] Une nouvelle étude du Cabinet de cybersécurité *JLGHL* endossée par la Conférence sur la cybersécurité en Afrique (CSCA) de 2018, montre la nature omniprésente de la cybercriminalité sur le continent. Elle touche en effet les particuliers, les entreprises, les familles, les institutions financières et les agences gouvernementales. L'impact est donc lourd[20].

Sur le plan sous régional, le législateur CEMAC n'est pas resté indifférent face à ce nouveau défi. En plus de la Directive n° 07/08-UEAC-133-CM-18 fixant le Cadre juridique de la protection des droits des utilisateurs des réseaux et des services de communication électronique au sein de la CEMAC du 19 décembre 2008, il faut d'ailleurs rappeler ici les dispositions pertinentes en matière de lutte contre le blanchiment de capitaux et le financement du terrorisme[21] et de protection des moyens de paiements[22].

Sur le plan national, il convient *a priori* de rappeler avec SPENER YAWAGA qu'en présence de tout comportement, les autorités ont en principe le choix entre trois options : la non-intervention, l'intervention limitée et l'intervention. Des trois options possibles, seule la première constitue une mesure de principe, les deux autres ne pouvant intervenir que de manière très exceptionnelle[23]. L'idée qui sous-tend ce développement est que dans tout État de droit, le recours au droit pénal comme mode de régulation des rapports sociaux doit constituer une exception. Ainsi, même si le droit pénal est retenu

---

de Malabo) du 27 juin 2014. Ce texte fondamental a pour objectif de renforcer et harmoniser les législations actuelles des États membres des Communautés Economiques Régionales (CER) en matière de TIC.

[19] TOURE HAMADOUN, « En quête de la Cyberpaix », *UIT-WFS*, Génève, 2011, p. 2.

[20] La cybercriminalité a couté environ 2,5 milliards de dollars au continent en 2017. Au cours de cette même année, les pertes annuelles en cybercriminalité ont été estimées à 649 millions de dollars pour le Nigéria et à 210 millions de dollars pour le Kenya. De même, selon le Centre d'Information sur les risques bancaires en Afrique du Sud (SABRIC), l'Afrique du Sud perd 157 millions de dollars par an en raison des cyberattaques. (Pour plus de détails, cf. Executive Summary of African Cyber Threat Intelligence Report, *Rapport 2018 sur les cybermenaces en Afrique,* acsc@jighi.com).

[21] Règlement CEMAC n° 01/03 du 4 avril 2003 portant prévention et répression du blanchiment des capitaux et du financement du terrorisme en Afrique centrale ; Règlement COBAC n° 01/02/CEMAC/UMAC/COBAC du 13 avril 2002 relatif aux conditions d'exercice et de contrôle de l'activité de micro finance ; Règlement COBAC R-2005/01 relatif aux diligences des établissements assujettis en matière de lutte contre le blanchiment de capitaux et le financement du terrorisme en Afrique centrale.

[22] Règlement n° 02/03 -CEMAC-UMAC-CM relatif aux systèmes, moyens et incidents de paiement.

[23] Comme fondement à cet argument, l'auteur invoque la place réservée aux libertés dans tout État de droit et dont le respect devrait inciter le législateur, sinon à une abstention, du moins à une intervention proportionnée à la nuisance pouvant résulter de toute action humaine (Cf. SPENER YAWAGA, « Réflexion sur la constitutionnalisation de certains aspects du droit pénal camerounais de fond », *RSC* (2), avr-juin, 2001, p. 353).

comme mode d'intervention, celui-ci doit être limité à ce qui est strictement nécessaire pour la sauvegarde de l'intérêt général. Ainsi donc, face à la cyberdélinquance, le législateur camerounais a choisi l'intervention. Celle-ci s'est matérialisée par la mise en place d'un important dispositif légal spécial[24] auquel viennent s'ajouter d'autres instruments[25]. Cependant, si le droit pénal a presque fait ses preuves dans le combat contre la délinquance classique dans l'espace réel ou physique, force est de constater que la mutation de la délinquance dans le monde virtuel l'oblige aujourd'hui à s'arrimer à cette nouvelle dynamique.

Le droit pénal est donc désormais face à un nouvel espace qu'il ne peut ignorer, à savoir le cyberespace. C'est pour cette raison qu'il a mobilisé, dans le cadre de sa politique criminelle[26], un certain nombre d'instruments afin de garantir une certaine sécurité aux « cybercitoyens ». Comme le souligne Adolphe MINKOA SHE : « Décrire un système juridique, ce n'est pas seulement décrire certaines normes ou pratiques du droit positif, mais également interpréter celles-ci au regard de la rationalité spécifique ou des lignes directrices du système ; et c'est dans sa réalité positive et évolutive que la recherche va dégager et définir ces lignes directrices, et en apprécier la cohérence, l'efficacité et le fonctionnement, en considération des buts assignés au système »[27]. Ainsi, orienter, diriger, contrôler, lutter, influencer…

---

[24] Ce dispositif a pour noyau dur la loi n° 2010/012 régissant la cybersécurité et la cybercriminalité, la loi n° 2010/013 régissant les communications électroniques et la loi n° 2010/021 régissant le commerce électronique

[25] Il s'agit principalement du Centre d'alerte et de réponse aux incidents cybernétiques –CIRT- dont la mission est d'assurer la veille sécuritaire sur le cyberespace national en collaboration avec d'autres États.

[26] La politique criminelle est un concept introduit au début du XIXème par Feuerbach. Elle était définie par celui-ci comme « l'ensemble des procédés répressifs par lesquels l'État réagit contre le crime. » La doctrine actuelle s'accorde à donner à l'expression un sens plus large en l'intégrant, non seulement les procédés de lutte contre le crime, mais également les mesures préventives. Dans cette conception large, la politique criminelle est, pour reprendre la définition qu'en a donnée DELMAS-MARTY, « l'ensemble des procédés par lesquels le corps social organise la réponse au phénomène criminel » (DELMAS-MARTY (M.), *Les grands systèmes de politique criminelle*, Paris, PUF, Coll., Thémis, 1992). Christine LAZERGES en donne une définition similaire : « De la politique, sans plus de précisions, on peut dire qu'elle est compréhension et conduite des affaires de la Cité. La politique criminelle correspondrait alors d'une part à l'analyse et à la compréhension d'une affaire particulière de la Cité : le phénomène criminel, d'autre part, à la mise en œuvre d'une stratégie pour répondre aux situations de délinquance ou de déviances », (LAZERGES (Ch.), *Introduction à la politique criminelle,* L'Harmattan, Traité de Sciences criminelles. *Adde* LAZERGES (Ch.), *La politique criminelle,* Paris, coll., Que sais-je ? 1987).

[27] MINKOA SHE (A.), *Droits de l'homme et droit pénal au Cameroun,* Paris, Economica, Coll., « La vie du droit en Afrique », 1999, p. 10. De la sorte, poursuit l'auteur, du point de vue de la politique criminelle, le chercheur ne peut éluder les données ''politiques'', et ne peut manquer d'attacher un intérêt particulier aux motivations qui dictent aux décideurs leurs options successives. Bien plus, puisqu'il s'agit en quelque sorte de dégager la politique criminelle, il

sont les termes généralement employés pour caractériser la politique criminelle et qui montrent qu'au centre, il y a un problème de choix. Poursuivant dans cette logique, l'auteur ajoute que : « La détermination de la politique criminelle est en effet le nécessaire résultat d'une transaction entre des intérêts souvent contradictoires ou divergents de l'individu et de la société, dans la mesure où le fondement de la politique criminelle est moins de juger le problème métaphysique du bien et du mal, puis de trouver la mesure idoine de la sanction qui correspond à l'homme qui a agi, que l'adoption des mesures propres à maintenir un ordre de convivialité qui permette le meilleur développement humain dans l'individuel et le social. »[28] On comprend mieux pourquoi Mireille DELMAS-MARTY l'avait résumé en un « ensemble des procédés par lesquels le corps social organise la réponse au phénomène criminel »[29].

Alors, que peut-on retenir au terme de l'analyse de la politique criminelle du législateur camerounais en matière de sécurité des personnes et des biens dans le cyberespace ?

La réponse à cette question, bien qu'étant difficile à donner, se trouve néanmoins dans la loi N° 2010/12 du 21 décembre 2010 relative à la cybersécurité et la cybercriminalité au Cameroun. L'observation permet de faire deux constats. Si sur le plan substantiel, l'on perçoit la volonté du législateur d'adapter le traitement de la criminalité aux spécificités du cyberespace (I), sur le plan procédural par contre, l'on note une inadaptation de la procédure de répression aux spécificités de cette nouvelle délinquance (II).

I- UNE ADAPTATION DU TRAITEMENT DE LA CRIMINALITÉ AUX SPÉCIFICITÉS DU CYBERESPACE AU PLAN SUBSTANTIEL

En droit substantiel, la modernisation des infractions pénales a été recherchée à travers l'adoption d'infractions nouvelles spécifiques aux TIC et par l'adaptation des infractions classiques aux TIC. Ce mouvement d'adoption d'infractions nouvelles spécifiques aux TIC comblant les vides législatifs a été dicté par le besoin de protection pénale des systèmes informatiques et des données informatiques. Il s'est donc avéré indispensable pour le législateur de mettre sur pied un dispositif répressif visant la protection à la fois des

---

appartient au chercheur scientifique de mettre parfois en doute les volontés proclamées et de faire ressortir les objectifs réellement poursuivis en dépit des affirmations officielles.

[28] MINKOA SHE (A.), *Droits de l'homme et droit pénal au Cameroun, op.cit.*, p. 10.

[29] DELMAS-MARTY(M.), *Les grands systèmes de politique criminelle*, Paris, PUF, Coll., Thémis, 1992, pp. 15 et s.

personnes (A) et de leurs biens (B) contre toute forme d'atteintes via le réseau informatique.

A- Du point de vue de la protection des personnes

La cybercriminalité [30] est devenue aujourd'hui une délinquance transversale qui peut être organisée et qui, non seulement, correspond aux infractions strictement informatiques, mais vise également l'ensemble du champ pénal, allant des escroqueries aux fraudes en passant par l'usurpation d'identité. Tout compte fait, on remarque un véritable souci de protection de la part du législateur tant à l'égard des personnes majeures dont l'honorabilité peut être atteinte (1), qu'à l'égard des personnes mineures dont la moralité peut être corrompue via les réseaux informatiques (2).

1- La préservation de l'honorabilité des majeurs dans le cyberespace : la cyberdiffamation

L'Internet a multiplié les occasions d'atteintes aux différentes libertés individuelles et d'intrusion dans la vie privée des personnes. Aussi, dans le cadre de la lutte contre la cybercriminalité, une attention soutenue est accordée à la protection contre différentes sortes d'atteintes aux libertés et à la vie privée. Ainsi, on constate des incriminations visant la protection de la vie privée et des libertés individuelles des internautes d'une part et d'autre part, la protection contre certaines atteintes spécifiques aux droits de la personne.

Dans le premier cas, le législateur incrimine les atteintes à l'identité de la personne[31], à son image[32], à sa voix, au secret de sa correspondance[33]. Dans le

---

[30] La cybercriminalité désigne aux termes de l'article 4 de la Loi n° 2010/012 du 21 décembre 2010 relative à la cybersécurité et à la cybercriminalité, l'ensemble des infractions s'effectuant à travers le cyberespace par des moyens autres que ceux habituellement mis en œuvre, et de manière complémentaire à la criminalité classique.

[31] C'est l'exemple de l'usurpation d'identité. Ainsi, de nombreux cas de cybercriminalité basés sur le vol d'identité ou, plus généralement, de données d'identification personnelle. En 2017, le Cameroun a en effet enregistré plus de 200 cas d'usurpation de profils Facebook et de cyber chantage. (Cf. « Cybersécurité : le Cameroun enregistre 12 800 cyberattaques », *in* Afrimag, Magazine d'analyse économique et politique panafricaine, parution du 15 février 2018).

[32] Cf. article 75 al. 1er de la Loi n° 2010/012 du 21 décembre 2010 relative à la cybersécurité et à la cybercriminalité.

[33] Voir en ce sens l'article 45 de la loi n° 2010/021 du 21 décembre 2010 régissant le commerce électronique au Cameroun qui punit « l'autorité de certification et/ou ses agents qui divulguent, incitent ou participent à la divulgation des informations qui leur sont confiées dans le cadre de l'exercice de leurs activités… ». Il en va de même de l'article 53 de la loi du 14 juillet 1998 régissant les télécommunications au Cameroun punit : « (1) Toute personne admise à participer à l'exécution d'un service de télécommunication qui viole le secret d'une correspondance, ou qui, sans l'autorisation de l'expéditeur ou du destinataire, divulgue, publie ou utilise le contenu de ladite correspondance (…) ; (2) Toute personne qui, au moyen d'un dispositif électromagnétique, acoustique, mécanique ou autre, intercepte volontairement ou involontairement une communication privée et qui la divulgue (…) ». Dans un sens plus général, l'article 300 du Code pénal réprime la violation de la correspondance.

second cas, Internet multiplie les occasions de porter atteinte aux personnes, notamment à l'occasion du traitement de données personnelles[34]. De ce point de vue, la protection de telles données[35] recèle nécessairement une dimension liée à la cybercriminalité. C'est pourquoi des infractions sont instituées en vue de protéger les personnes à l'occasion du traitement des données personnelles. On trouve dans ce dispositif la prohibition des traitements de données à caractère personnel en violation des formalités légales préalables[36] ; la prohibition de la mise en œuvre des traitements de données à caractère personnel en violation de l'obligation de préserver la sécurité des données[37] ; la prohibition de la collecte de données à caractère personnel par un moyen frauduleux, déloyal ou illicite[38] et la divulgation illicite des données à caractère personnel,[39] etc.

Qui dit pouvoir, dit nécessairement responsabilités et « les décisions que prend l'usager sont, plus que dans l'Internet de première génération, susceptibles d'emporter des conséquences pour les tiers[40] ». Cela est particulièrement vrai lorsqu'il est question de diffamation[41]. Il n'y a aucun doute que les droits qui sous-tendent la vie privée et la diffamation sont intimement liés. Dans certaines circonstances, la protection de la vie privée

---

[34] C'est dans ce sens que l'article 74 al. 1er de la Loi n° 2010/012 du 21 décembre 2010 relative à la cybersécurité et à la cybercriminalité incrimine l'interception frauduleuse des données personnelles.

[35] Les données sont des représentations des faits, d'informations ou de notions sous formes susceptibles d'être traitées par un équipement terminal, y compris un programme permettant à ce dernier d'exécuter une fonction (voir article 4 Loi n° 2010/012 du 21 décembre 2010 relative à la cybersécurité et à la cybercriminalité).

[36] Sont incriminés les faits mêmes de négligence, et de traitements de données à caractère personnel sans avoir respecté les formalités préalables à leur mise en œuvre prévue par la loi sur les données à caractère personnel (Cf. les articles 31 al. 2 et 46 al. 2 de la loi sur la cybersécurité).

[37] Elle consiste à traiter des données à caractère personnel sans mettre en œuvre les mesures prescrites 5v. article 74 al. 3 de la loi sur la cybersécurité *op.cit.*).

[38] Voir BELLOIR (Ph.), « Le délit de collecte déloyale de données à caractère personnel à l'épreuve d'Internet », *RLDI*, juin 2006, n° 17, pp. 28 et s.

[39] Cette atteinte fait partie de la catégorie de cas de cybercriminalité qui consiste à recueillir, à l'occasion de leur enregistrement, de leur classement, de leur transmission ou d'une autre forme de traitement, des données à caractère personnel dont la divulgation aurait pour effet de porter atteinte à la considération de l'intéressé ou à l'intimité de sa vie privée, portées, sans autorisation de l'intéressé, ces données à la connaissance d'un tiers qui n'a pas qualité de les recevoir. L'imprudence et la négligence sont incriminées étant entendu que la poursuite ne peut être exercée que sur plainte de la victime, de son représentant légal ou de ses ayants droit.

[40] GAUTRAIS (V.) et TRUDEL (P.), *Circulation des renseignements personnels et Web 2.0*, Montréal, Éditions Thémis, 2010, p. 31.

[41] MBIDA (A.), *La diffamation en droit camerounais de la communication,* L'Harmattan-Cameroun, 2012, p.17.

peut s'avérer le moyen le plus efficace de protéger sa réputation, surtout à l'ère du numérique[42].

2- La préservation de la moralité des mineurs dans le cyberespace

L'incrimination de la cyberpornographie dénote de la volonté du législateur de protéger la moralité du mineur. Cette incrimination impose en quelque sorte une certaine moralisation du réseau Internet. Bien que n'étant pas illicite en tant que telle, la diffusion de contenus et d'images pour adultes le devient lorsqu'elle est destinée à un mineur ou au moins susceptible d'être reçue par celui-ci. L'évolution des TIC a malheureusement permis à la pornographie de se développer à grande échelle. Elle se diffuse désormais sur la toile avec une facilité déconcertante. L'incrimination de cette diffusion présente une certaine particularité.

D'une part, cette particularité résulte de l'objet même de la protection ; à savoir l'enfant. L'infraction de diffusion à des mineurs de contenus pornographiques, protège le mineur non pas en tant qu'il est l'objet de la représentation, mais en tant qu'il en est destinataire ou qu'il peut en être spectateur. Cette précision revêt toute son importance dans la mesure où l'omniprésence de la pornographie sur Internet est susceptible de toucher les mineurs. La volonté du législateur d'élargir le champ de cette infraction est alors en adéquation avec la nécessité de protéger les mineurs sur Internet[43].

À l'analyse, il s'avère que le législateur est resté volontairement très vague sur la notion de support utilisé comme moyen de communication pornographique et a retenu, au contraire, une approche ouverte pour précisément en permettre l'adaptation et l'évolution[44]. De fait, ayant les mêmes caractéristiques, le réseau Internet, comme tous les moyens de communication modernes, tombe dans le champ d'application de ces articles. Par ailleurs, il importe peu que « ce message ait été effectivement perçu ou vu par le mineur dans la mesure où il suffit qu'il soit susceptible de l'être »[45]. Ainsi, l'infraction ne sera pas caractérisée si le contenu litigieux n'a pas été accessible aux mineurs. En revanche, elle sera constituée même si le contenu n'est *a priori* destiné qu'à des adultes, dès lors que « les précautions prises

[42] Cet objectif ressort clairement aux termes de l'article 1er de la loi sur la cybersécurité. La protection de la vie privée et de l'honneur des cybercitoyens est aussi assurée par les dispositions des articles 39 al. 1er ; 41 ; 43 ; 46 al. 2 et 74 al. 1 de la même loi.

[43] Voir pour cette infraction dans ses différentes déclinaisons les articles 80 ; 81 et 82 de la loi n° 2010/012 du 21 décembre 2010 relative à la cybersécurité et à la cybercriminalité.

[44] Voir dans le même sens JABBER (A.), *Les infractions commises sur Internet*, L'Harmattan, 2011, p. 52.

[45] BOULOC (B.), *Droit pénal général*, Paris, Dalloz, 23ème éd., 2013, p. 156.

pour n'atteindre que les majeurs étaient manifestement vouées à l'inefficacité »[46].

D'autre part, la particularité de l'incrimination des diffusions des contenus pornographiques est inhérente à l'objet du support de cette diffusion ; à savoir internet. En effet, à la différence des autres médias existants, le réseau Internet ne fait pas l'objet d'une régulation spécifique en tant que support de communication. Les périls que la perversion des nouvelles technologies d'Internet fait peser sur l'épanouissement des mineurs justifient alors la rigidité du texte pénal. À la différence des médias traditionnels qui sont soumis à des règles strictes de conduite et de contrôle[47], telles que le choix de l'heure et de diffusion, le réseau Internet semble échapper à ces règles[48].

B- Du point de vue de la protection des biens

Les biens sont les choses matérielles susceptibles d'appropriation et tout droit faisant partie du patrimoine[49]. Il en va ainsi des terres, des maisons, des créances, des fonds de commerce, des brevets d'invention, des droits d'auteur... L'analyse de la loi n° 2010/012 relative à la cybersécurité et à la cybercriminalité permet de constater que le législateur met un accent particulier sur la protection des intérêts privés[50]. Contre les individus, il faut souligner qu'internet a en effet généré de nouvelles formes de crimes

---

[46] CONTE (Ph.), *Les outrages aux bonnes mœurs : Liberté de la presse et droit pénal*, PUAM, Aix-en-Provence, 1994, pp. 187 et s. Dans une affaire de pédopornographie par voie d'internet, la Cour d'appel d'Angers a estimé que ce délit se trouve ainsi réalisé par « le seul fait du manquement aux obligations de sécurité pouvant empêcher l'accès au mineur » (CA Angers, 10 juin 2003, Juris-Data n° 2003-219630).

[47] Voir en ce sens la loi n° 90/052 du 19 décembre 1990 sur la liberté de la communication sociale au Cameroun.

[48] JABBER (A.), *op. cit.*, p. 286.

[49] CORNU (G.) (dir.), *Vocabulaire juridique,* Paris, PUF, Association Henri CAPITANT, Quadrige, 7ème, 2006, Voir *Bien.*

[50] Il convient toutefois de souligner que la cybercriminalité n'a pas de frontière encore moins de domaine précis. Elle touche tous les domaines y compris les secteurs publics. Le Rapport 2017 de l'ANTIC note que le Cameroun dans son ensemble a perdu ces dernières années près de 4 milliards FCFA via le *scamming*, les structures étatiques camerounaises ont perdu environ 3,7 milliards de FCFA à cause du skimming. Au cours d'une conférence à Yaoundé, en août 2017, Madame Minette LIBOM LIKENG, ministre des Postes et Télécommunication avait déjà indiqué la ministre de tutelle face aux gouverneurs des dix régions que « 51 % du volume de trafic internet national est lié aux téléchargements illicites. En outre, dans le cadre des cyberguerres vécues de nos jours, des États attaquent les systèmes d'information d'autres États dans le but de les paralyser. Le piratage des moyens de télécommunication, des infrastructures sensibles comme les aéroports, les gares et les métros, est devenu monnaie courante. Le cyber terrorisme est une menace réelle. Depuis 2013, le Cameroun a connu 12 800 cyberattaques » (Cf. « Cybersécurité : le Cameroun enregistre 12 800 cyberattaques », *in* Afrimag, Magazine d'analyse économique et politique panafricaine, parution du 15 février 2018).

financiers[51]. Sous ce rapport, on note par exemple l'apparition de nouvelles modalités d'escroquerie, permettant de pirater des cartes bancaires pour par exemple les utiliser lors des achats en ligne[52]. Parmi ces nouvelles techniques, on note principalement des procédés cybernétiques tels que le *skimming*[53] ; le *malware*[54] ; le *phishing*[55] et le *carding*[56]. Sous ce rapport, sont donc incriminées toutes les appropriations frauduleuses par voie cybernétique au premier rang desquelles se situent l'escroquerie[57] et l'abus de confiance[58]. Parmi toutes ces atteintes, la loi de 2010/012 sur la cybercriminalité met un accent particulier sur la falsification ou la contrefaçon des cartes bancaires[59].

---

[51] Sur ces formes, voir DION (M.), « Vers une classification des crimes financiers », *in La criminalité financière-Prévention, gouvernance et influence culturelles*, De Boeck, Coll. Méthodes et Recherches, 2011, p. 69.

[52] Pour une analyse plus approfondie de ces techniques, voir QUEMENER (M.) et FERRY (J.), *op.cit.*, p. 129.

[53] Grâce à un dispositif physique placé sur un distributeur automatique de billets et couplé à un dispositif, tel qu'un faux clavier ou une micro-caméra, le *skimming* permet de capter les données enregistrées sur la bande magnétique d'une carte bancaire ainsi que le code confidentiel.

[54] Technique consistant à introduire un programme dans le système informatique de la victime à son insu pour récupérer l'ensemble des données bancaires. Pour cette forme, cf. les articles 246 et suivants du Règlement N° 02/03/CEMAC/UMAC/CM relatif aux systèmes, moyens et incidents de paiement.

[55] Technique permettant d'obtenir des données personnelles pour usurper l'identité de la victime en lui faisant croire qu'elle s'adresse à sa banque ou à une administration pour l'amener à communiquer ses identifiants personnels.

[56] Utilisation des listes de renseignements de cartes de crédit et de débit pour faire des achats sans l'autorisation du propriétaire de la carte.

[57] L'infraction d'escroquerie sur les réseaux est relevée dans la plupart des études nationales. La forme la plus classique est celle qui utilise l'Internet, mais elle n'est pas exclusive. De plus en plus d'escrocs utilisent des réseaux de téléphonie. Les plaintes portant sur l'escroquerie via le *mobile money* sont légion de nos jours. Il ne se passe pas un seul jour où un proche ne vous confie un fait de « cyberarnaque ». Le phénomène a d'ailleurs pris de l'ampleur ces dernières années ; ce qui a amené certains journaux à dire que « Plus de 600 Camerounais sont dans le viseur du FBI. Ils auraient arnaqué plus de quatre milliards de FCFA à des internautes » (Cf. Journal du Cameroun.com, parution du 05/07/2017). Selon certains médias, plus de 90 personnes sont actuellement jugées dans le cadre de ces affaires. Elles comparaitraient devant le TGI du Mfoundi.

[58] Il faut aussi ajouter l'abus de confiance. Mais ce dernier n'a pas été relevé dans toutes les études nationales comme relevant de la cybercriminalité. Il consiste dans le fait de porter atteinte à la fortune d'autrui en détournement ou détruisant ou dissipant tout bien susceptible d'être soustrait et qu'on a reçu à charge de le conserver, et de le rendre, de le représenter ou d'en faire usage déterminé. Tout bien peut faire l'objet d'abus de confiance qu'il soit corporel comme ordinateur ou incorporel, comme la connexion internet. Si aucun cas de jurisprudence n'a été cité dans les pays étudiés, des décisions étrangères ont toutefois été rapportées, notamment ; la chambre criminelle de la Cour de cassation française, sanctionnant le détournement par un salarié de l'ordinateur et de la connexion de l'usage pour lequel ils avaient été mis à sa disposition, et ce, afin de consulter et de stocker des images pornographiques, au titre d'un abus de confiance.

[59] L'article 73 de cette loi dispose clairement qu'« (1) Est puni d'un emprisonnement de deux (02) à dix (10) ans et d'une amende de 25 000 000 (vingt-cinq millions) à 50 000 000 (cinquante millions) f CFA, ou de l'une de ces deux peines seulement, celui qui, par la voie d'un système

La carte bancaire peut être définie comme une carte informatique émise par un organisme habilité (établissement de crédit ou établissement de microfinance[60]) et permettant à son titulaire de retirer ou de virer des fonds et d'effectuer des paiements[61]. Le législateur vise ici à la fois la carte de crédit[62], la carte de paiement[63] et la carte de retrait[64]. Le législateur vise ainsi à l'article 73 de la loi sur la cybersécurité, trois comportements : la contrefaçon et la falsification de carte bancaire ; l'usage ou tentative d'usage de carte bancaire contrefaite ou falsifiée et l'acceptation d'un règlement au moyen d'une carte bancaire contrefaite ou falsifiée.

1- L'incrimination de la contrefaçon ou de la falsification d'une carte bancaire

La contrefaçon est généralement définie comme la reproduction, l'imitation ou l'utilisation totale ou partielle d'une marque, d'un dessin, d'un brevet, d'un logiciel ou d'un droit d'auteur, sans l'autorisation de son titulaire, en affirmant ou en laissant présumer que la copie est authentique. Il s'agit donc pour le contrefaisant de créer la confusion dans l'esprit du consommateur entre le produit original et le produit contrefait. La falsification est l'altération ou la dénaturation préjudiciable d'une chose ou d'un document. La falsification peut porter sur la substance, sur la valeur (modification du poids

---

d'information ou dans un réseau de communications contrefait, falsifie une carte de paiement, de crédit ou de retrait ou fait usage ou tente de faire usage en connaissance de cause, d'une carte de paiement, de crédit ou de retrait contrefaite ou falsifiée. (2) Est puni des peines prévues à l'alinéa 1 ci-dessus, quiconque, en connaissance de cause, accepte de recevoir par voie de communications électroniques, un règlement au moyen d'une carte de paiement, de crédit ou de retrait contrefaite ou falsifiée ».

[60]Il s'agit des établissements de crédit au sens de la convention du 17 janvier 1992 portant harmonisation de la Réglementation bancaire dans les États de l'Afrique Centrale ; des établissements de microfinance au sens du Règlement N° 01/02/CEMAC/UMAC/COBAC/CM du 13 avril 2002 relatif aux conditions d'exercice et de contrôle de l'activité de microfinance dans la CEMAC ; du Trésor public et des services des chèques postaux, sous réserve des spécificités liées à leur statut et des autres établissements agréés.

[61] Cf. Règlement CEMAC du 04 avril 2003 relatif aux systèmes ; moyens et incidents de paiement.

[62] C'est une carte qui, en vertu d'une stipulation express du contrat conclu entre l'émetteur et le titulaire de la carte, sert de moyen de crédit en ce qu'il donne lieu notamment à un débit différé du compte du titulaire ou à toute autre forme de crédit.

[63] C'est une carte qui permet à son titulaire de retirer de l'argent auprès d'un guichet automatique de banque ou d'un distributeur automatique de billets ou des transferts de fonds.

[64] Cette carte confère à son titulaire exclusivement la possibilité de retirer des espèces dans des distributeurs automatiques de billets, les guichets automatiques de banque ou auprès de l'organisme émetteur.

ou du titre). La falsification ou la contrefaçon ainsi prohibée doivent se faire par la voie d'un système d'information[65] ou d'un réseau de communication[66].

2- L'incrimination de l'usage ou de la tentative d'usage de carte bancaire contrefaite ou falsifiée

À l'instar du faux de droit commun, étroitement lié à l'usage de faux, l'usage de carte bancaire contrefaite ou falsifiée l'est tout autant avec sa contrefaçon ou sa falsification. Les deux délits sont quasiment inséparables, même s'ils sont parfaitement distincts et juridiquement indépendants, l'altération de la vérité n'ayant lieu que pour avoir des suites concrètes. Un faux n'a d'intérêt que s'il rapporte. Il y a donc un lien de connexité entre la contrefaçon ou la falsification d'une carte bancaire et l'usage de cette carte[67].

Le délit d'utilisation ou de tentative d'utilisation de carte bancaire contrefaite ou falsifiée admet une condition préalable : une carte bancaire contrefaite ou falsifiée. Cette condition préalable se dédouble. Il faut en premier lieu, comme pour le délit de contrefaçon ou de falsification de carte bancaire, une carte bancaire. Il faut, en second lieu, que cette carte bancaire ait été falsifiée ou contrefaite. L'altération de la vérité peut être l'œuvre d'un tiers tout comme de l'auteur de l'usage subséquent. La plupart du temps, l'usage comme la contrefaçon ou la falsification, se fait à petite échelle : le faussaire et l'utilisateur sont la même personne ou deux ou trois personnes différentes. Mais ces infractions peuvent se concrétiser dans des schémas d'envergure, impliquant de nombreux individus très organisés[68].

---

[65] Il s'agit d'un dispositif isolé ou groupe de dispositifs interconnectés ou apparentés, assurant par lui-même ou par un ou plusieurs de ses éléments, conformément à un programme, un traitement automatisé de données. Cf. Article 4 de la loi n° 2010/012 du 21 décembre 2010 relative à la cyber sécurité et à la cyber criminalité

[66] Il s'agit d'un système de transmission, actif ou passif et, le cas échéant, les équipements de communication et de routage et les autres ressources qui permettent l'acheminement des signaux par câbles, par voie hertzienne, par moyen optique ou par d'autres moyens électromagnétiques comprenant les réseaux satellitaires, les réseaux terrestres fixes (avec commutation de circuits ou de paquets, y compris l'Internet) et mobiles, les systèmes utilisant le réseau électrique, pour autant qu'ils servent à la transmission des signaux, les réseaux utilisés pour la radiodiffusion sonore et télévisuelle et les réseaux câbles de télévision, quel que soit le type d'information transmise. Cf. Article 4 de la loi n° 2010/012.

[67] L'article 6 du code de procédure pénale, relatif à la connexité, vise notamment l'hypothèse où les coupables ont commis des infractions pour se procurer les moyens d'en commettre d'autres. C'est le tandem de l'infraction moyen et de l'infraction brute. Ces infractions étant en conséquence en concours réel si elles ont le même auteur. Aussi, l'usage qui va perturber le circuit financier par sa pollution par des instruments de paiement altérés, véritables virus financiers, est traditionnellement analysé comme une infraction de commission et matérielle, comprenant dans sa structure un résultat que l'incrimination, située en amont, a pour fonction de chercher à prévenir, à éviter.

[68] Une espèce (Crim. 17 juin 2008, n° 07-88.360) illustre ce cas de figure : vols répétés de chéquiers, falsifications et contrefaçons et encaissements subséquents par de nombreux protagonistes moyennant certaines commissions. Enfin, il est évident que, si le chèque n'a été

Au titre d'éléments matériels, de délit commande un usage. L'élément matériel majeur du délit d'usage de carte bancaire contrefaite ou falsifiée est l'usage de ladite carte, concept qui n'est nullement défini par l'article 73. L'usage, terme au demeurant fort vague, se définit comme le fait d'utiliser un objet, de s'en servir. Le Professeur JEANDIDIER invite à simplement raisonner ici comme en matière d'usage de faux. L'usage est la fructification du faux. Ainsi, pour une carte bancaire, l'usage est son utilisation conformément à sa raison d'être, sa destination, donc comme instrument de paiement[69].

3- L'incrimination de l'acceptation d'un règlement au moyen d'une carte bancaire contrefaite ou falsifiée

Le deuxième alinéa de l'article 73 de la loi n° 2010/012 relative à la cybersécurité et à la cybercriminalité vise explicitement « quiconque, en connaissance de cause, accepte de recevoir par voie de communications électroniques, un règlement au moyen d'une carte de paiement, de crédit ou de retrait contrefaite ou falsifiée ». La formulation de cette infraction laisse entrevoir la connaissance antérieure de la nature falsifiée ou contrefaite de la carte bancaire qui servira de règlement d'une créance. L'infraction ne sera valablement constituée que si le bénéficiaire a connaissance de ce que le règlement dont il bénéficie est fait au moyen d'une carte bancaire falsifiée ou contrefaite. S'il est de bonne foi, il est évident qu'on ne pourra entrer en condamnation pour ce chef. Il lui reviendra donc la charge d'apporter la preuve qu'il ignorait que la carte bancaire à l'origine du règlement était falsifiée ou contrefaite. Ceci se fera devant le juge dans le cadre du droit procédural, droit qui semble n'avoir pas évolué par rapport au caractère complexe de la cybercriminalité.

II- UNE INADAPTATION DE LA PROCÉDURE DE RÉPRESSION AUX SPÉCIFICITÉS DE LA CYBERCRIMINALITÉ

Comme le faisait remarquer GARRAUD, si le droit pénal substantiel est présenté comme le droit de punir à l'état statique, le droit pénal formel ou (la

ni contrefait ni falsifié, son usage n'est pas punissable. Ainsi en a-t-il, par exemple, été jugé en faveur d'une prévenue, exerçant les fonctions de comptable intérimaire d'un syndicat de producteurs de vins, ayant fait usage de chèques rédigés à son profit ; or, ayant reçu procuration bancaire, elle était en droit d'émettre des chèques dans les limites de son mandat professionnel (Montpellier, 16 févr. 2006, RG n° 05/00718, *Juris-Data* n° 2006-301970). Mais il est tout aussi évident que, s'il y a dépassement du mandat, un abus de confiance est constitué (même arrêt).

[69] JEANDIDIER (W.), *Droit pénal des affaires*, Coll. Dalloz, 6ème Ed., 2005, p. 146.

procédure pénale[70]) est le droit de punir à l'état dynamique[71]. Cependant, loin de poser seulement des questions relatives au respect des principes directeurs du procès pénal[72], la mise en œuvre du droit pénal relatif à la cybercriminalité doit affronter d'autres difficultés. En effet, au regard du degré de technicité qui caractérise cette délinquance, la réaction sociale semble être mise à mal, pouvant ainsi laisser parfois la place à l'impunité. Il en est ainsi parce que le législateur a opté pour le maintien des mécanismes procéduraux classiques dans les deux phases de la procédure à savoir la phase préparatoire du procès communément appelée la phase préliminaire[73] et la phase de jugement. Or, contrairement à la simplicité qui caractérise le procès en matière de la criminalité classique, en cybercriminalité, les choses sont plutôt complexes. Cette complexité, qui est de nature à amoindrir la répression, résulte de deux pesanteurs qui affectent sérieusement la réponse du législateur face à la cyberdélinquance. En effet, qu'il s'agisse de la préparation (A) ou du déroulement (B), on note malheureusement le maintien des méthodes classiques dans ce procès pénal.

---

[70] Pour sa définition, Voir notamment DESPORTES (F.) et LAZERGES-COUSQUER (L.), *Traité de procédure pénale*, Paris, Economica, 2009, n° 1, p. 1. ; ERIC MATHIAS, *Procédure pénale*, Bréal, Coll. Lexifac Droit, 3ème Ed., 2007, pp. 8-9. ; AMBROISE-CASTEROT (C.), *La procédure pénale*, Paris, *Gualino* éditeur, 2ème Ed., 2010, n° 1, p. 13. ; BOULOC (B.), *Procédure pénale*, Paris, *Dalloz*, Coll. « Précis », Série « Droit privé », 25ème Ed., 2015, n° 2, p. 1.

[71] GARRAUD (R.), *Traité théorique et pratique d'instruction criminelle et de procédure pénale*, Tome 1, Paris, *Sirey*, 1912-1919, n° 1.

[72] Sur l'analyse des principes directeurs du procès pénal, Voir notamment NGONO (S.), *Le procès pénal camerounais au regard des exigences de la Charte africaine des droits de l'homme et des peuples*, Thèse, Université Paris-nord, avril 2000 ; NGASSA NGBEDJO, *L'égalité des armes dans la procédure pénale*, Thèse, Université de Yaoundé II-Soa, 2013 ; MONEBOULOU MINKADA (H. M.), « Le Tribunal Criminel Spécial au Cameroun et les grands principes de la justice criminelle: étude comparative sur les Lois de 1961 et 2011 », *Juridical Tribune*, Vol. 2, Issue 2, December 2012, pp. 139-165.

[73] L'analyse des débats et reformes connus par la procédure pénale montre en effet que les mutations subies par cette dernière se concentrent majoritairement sur la phase préparatoire du procès. Ceci témoigne d'ailleurs de l'importance qu'elle revêt. Au titre de cette dernière, on en recense au moins trois. Premièrement, c'est au cours de cette phase que se pose avec une très grande acuité la question de la conciliation entre la protection des droits et libertés de la personne et la défense des intérêts de la société. Ainsi, comme l'affirment Monsieur DESPORTES et Madame LAZERGES-COUSQUER : « Alors que la vérité est en construction, que la personne mise en cause est présumée innocente et qu'elle sera peut-être reconnue comme telle à l'issue du procès, peuvent être décidées à son encontre, par les magistrats et la police judiciaire, des mesures susceptibles de porter de graves atteintes à sa vie privée, à sa dignité, voire à sa liberté […] » (Cf. DESPORTES (F.) et LAZERGES-COUSQUER (L.), *Traité de procédure pénale*, Paris, Economica, 2009, n° 30, p. 20.). Deuxièmement, la phase préliminaire est un peu au procès, ce que les fondations sont à une maison. Les vices qui l'affectent entrainent généralement l'effondrement du dossier et sont difficilement réparables. Troisièmement enfin, et d'un point de vue politique, la phase préparatoire d'une affaire constitue son point d'éclosion, c'est-à-dire, le moment où il est encore temps de l'étouffer, notamment avec les mécanismes tels que le classement sans suite, l'opportunité de poursuite. La question de la conduite des investigations à ce stade est donc extrêmement sensible.

A- Le maintien des méthodes classiques de préparation du procès

La consécration des formes de cybercriminalité nécessite une modification de la procédure pénale de manière à apporter le maximum possible d'efficacité aux moyens juridiques mis en œuvre pour prévenir et réprimer les infractions cybernétiques. Or, on regrette que des aménagements procéduraux n'aient pas suivi ces réformes substantielles. Le législateur camerounais se contente d'indiquer qu'en cas d'infraction cybernétique, les OPJ à compétence générale peuvent se faire assister dans leurs missions, par certains agents habilités[74]. Après avoir justifié une telle option pénale (1), on comprendra pourquoi il apparaît nécessaire d'adapter les règles de preuve (2) aux exigences du numérique.

1- L'absence de particularités dans la recherche et la constatation des infractions cybernétiques

La nature des infractions cybernétiques (a) doublée à celle de l'environnement ou du lieu de leur commission (b) pouvaient au moins justifier la consécration d'un système de recherche et de constatation particulier. Mais en lieu et place, le législateur a plutôt maintenu le *statu quo.*

a- La méconnaissance de la nature des infractions cybernétiques

Les infractions cybernétiques sont particulièrement complexes. Comparées aux infractions classiques dont les opérations de constatation et de recherche sont moins difficiles, il en va autrement des infractions dites technologiques. Ces délits, même s'ils bénéficiaient d'un régime juridique spécifique organisé en vertu d'un texte juridique spécial, leur aspect technique les distinguerait tout à fait des délits traditionnels, c'est-à-dire ceux organisés par le Code pénal et auxquels les officiers de police judiciaire sont habitués et dont les éléments constitutifs sont généralement faciles à établir[75]. Or, il y a des infractions en matière cybernétique dont la seule découverte des présumés auteurs demande des compétences spéciales. On comprend donc pourquoi aujourd'hui l'État veut mettre un nom et un visage derrière chaque numéro de téléphone, chaque connexion Internet ou adresse IP[76]. La cyberdélinquance est souvent considérée comme un nouveau domaine pour la procédure pénale, même si bon nombre de textes existants ont vocation à s'appliquer à la matière du numérique. En effet, le droit de l'Internet n'est pas une nouvelle branche du droit pénal, mais le législateur a dû l'adapter en raison des particularités nouvelles qu'il a générées et de ses acteurs diversifiés afin de sanctionner les dérives qu'il induit. Cependant, force est de constater que le législateur ainsi

---

[74] Cf. article 52 alinéa 1 de la loi de 2010.

[75] Il en est ainsi des infractions telles que le vol, les agressions, le meurtre entre autres.

[76] Voir en ce sens OUEDRAOGO, *« Cybercriminalité : anonymat sur internet, un souci mondial... »*, PLCC, Côte d'Ivoire, site officiel de la plateforme de lutte contre la cybercriminalité. Disponible sur : http://cybercrime.interieur.gouv.ci.

que la jurisprudence ont eu bien du mal à appliquer notre arsenal pénal face au défi technique que constitue le réseau Internet. Compte tenu de la virtualisation et de la dématérialisation des données, le lieu de commission de l'infraction n'est plus forcément situé sur le territoire national ou dans le ressort où se manifestent concrètement les conséquences d'une infraction. On peut donc conclure sur cet aspect avec Monsieur FRANCILLON qu' : « A l'universalité des réseaux numériques, à l'ubiquité et à l'immédiateté des échanges sur le Web, répond un certain relativisme juridique. »[77]

b- La méconnaissance de la complexité du lieu de commission de l'infraction

La reconstitution des faits en matière de cybercriminalité présente une certaine complexité. Contrairement à la délinquance classique où la scène de crime est souvent facilement déterminable, tel n'est pas le cas avec les infractions dans le cyberespace. Ces dernières, très complexes, sont le plus souvent commises dans des environnements complexes au moyen d'instruments tout aussi complexes[78]. Même si l'officier enquêteur réussissait à circonscrire le lieu du délit, il lui restera la détermination des différents protagonistes de l'infraction. Or, sur le cyberespace par exemple, les protagonistes sont le plus souvent des personnes morales[79]. Pour qu'il y ait sanction pénale, il faut que l'auteur de l'infraction soit identifié, et présenté à la justice. Cette assertion paraît aller de soi, mais elle est pourtant fondamentale dans une sphère criminelle où l'anonymat et l'invisibilité sont rois, et où l'auteur se cache souvent à l'étranger, via plusieurs ordinateurs. Mettre un *visage* sur ces cybercriminels constitue le plus souvent un véritable défi technique pour les enquêteurs d'autant plus que bien souvent, l'auteur se trouvant à l'étranger, une coopération avec les pays tiers s'avère nécessaire pour pouvoir l'interpeller.

---

77 FRANCILLON (J.), « Le droit pénal face à la cyberdélinquance et à la cybercriminalité », *RLDI*, 2012, p. 2.

78 SALEM OUMAR, *La protection pénale des informations diffusées par les sociétés cotées au marché des valeurs mobilières*, Le Caire, 1999, p.157 cité par HUSAIN BUARAKI, *L'incrimination et la poursuite du délit d'initié au Koweït : Étude comparée avec les droits Français et Egyptien*, Thèse, Université François – Rabelais De Tours, décembre 2014, p. 205.

79 Personnes dont la responsabilité pénale est consacrée aux termes de l'article 63 al. 1 et 64 al. 4 de la loi sur la cybercriminalité. Dans ce contexte, il faudrait d'abord que l'officier en charge de l'enquête maitrise les conditions de son engagement. Pour une analyse approfondie de ce conditionnement en droit camerounais, voir entre autres FOKO (A.), « Analyse critique de quelques aspects du droit pénal OHADA », *Penant*, n°859 ; SPENER YAWAGA, « La politique criminelle de l'OHADA », *in* P.G. POUGOUE (Dir.), *Encyclopédie du droit OHADA,* Lamy, 2011. *Add.* NTONO TSIMI (G.), « La responsabilité pénale des personnes morales en droit camerounais : esquisse d'une théorie générale », Mémoire de DEA, Université de Yaoundé-II, 2005, 121p. ; WESTER-OUISSE, « Responsabilité pénale des personnes morales et dérives anthropomorphiques », *RPDP*, 2009, n°1, p. 63.

Mener des investigations dans un tel environnement nécessite des compétences spécifiques et la maîtrise des données essentielles indispensables à la compréhension des infractions sur lesquelles on enquête. Par conséquent, quelques séminaires de renforcement de capacité ne suffiraient pas à mettre à niveau les officiers de police judiciaire ordinaires en ordre de combat contre cette délinquance. Le succès des opérations de constatation et de recherche des infractions de cette nature, et dans ce contexte, commande de confier cette mission à un organisme qui y vit et qui suit de près les progrès quotidiens qui s'y réalisent.

2- La non-prise en compte de la complexité de la recherche des preuves cybernétiques

On appelle preuves en justice les manières réglées par les lois pour découvrir et pour établir la vérité d'un fait contesté[80]. Avec le développement des moyens d'investigations numérique, l'exigence de vérité semble plus pressante. Cette vérité ne pourra en effet être établie qu'avec l'apport d'une preuve tout aussi numérique. Il s'agit là d'une modalité particulière d'établissement de la vérité qui consiste à avoir recours à des moyens numériques divers et variés qui vont de l'étude des contenus dans les données d'un disque dur, aux messages électroniques, en passant par l'enregistrement numérique[81]. Pour autant, le caractère immatériel, volatil et évolutif de l'information numérique est autant d'obstacles à son élection au rang de preuve[82]. En droit camerounais, le législateur a essayé d'organiser le régime de la preuve des infractions cybernétiques[83]. Les enquêteurs sont d'ailleurs revêtus d'énormes pouvoirs dans la recherche des preuves des éléments constitutifs d'infractions qu'ils sont appelés à établir. Pour ce faire, ils peuvent, en cas de besoin, effectuer des perquisitions[84], bénéficier des commissions rogatoires[85], procéder aux interrogatoires, aux auditions et même aux confrontations entre plusieurs personnes, et ce quel qu'en soit le lieu[86].

Le problème avec ce régime c'est qu'il n'est pas fondamentalement différent du régime général consacré par le code de procédure pénale, en dépit du caractère complexe de cette criminalité. Comme il en ressort aux termes de

---

[80] C'est la définition de la preuve donnée justement par le Professeur Jean DOMAT, *in Les lois civiles dans leur ordre naturel*, Paris, éd. Cavelier, T.1, 1771, p. 204.

[81] En ce sens, CNEJITA, *La preuve numérique à l'épreuve du litige*, Acte du Colloque organisé par la 1ère Chambre de la Cour d'appel de Paris, Paris, 13 avril 2010, p. 11.

[82] Voir dans ce sens DIOUF (N.), « Infraction en relation avec les nouvelles technologies de l'information et procédure pénale : l'inadaptation des réponses nationales face à un phénomène de dimension internationale », *Afrilex* n° 4, 2004, p. 267.

[83] Cf. article 1er de la loi n° 2010/012 sur la cybersécurité et la cybercriminalité au Cameroun aux termes duquel « … la présente loi vise notamment à fixer le régime juridique de la preuve numérique des activités de sécurité, de cryptographie et de certification électroniques… ».

[84] Article 53 de la loi n° 2010/012 sur la cybersécurité et la cybercriminalité au Cameroun.

[85] Article 57 de la loi n° 2010/012 sur la cybersécurité et la cybercriminalité au Cameroun.

[86] Article 59 al. 1 de la loi n° 2010/012 sur la cybersécurité et la cybercriminalité au Cameroun.

l'article 52 al. 1er de la loi n° 2010/012 relative à la cybersécurité et à la cybercriminalité, « en cas d'infractions cybernétiques, les officiers de police judiciaire à compétence générale et les agents habilités de l'agence, procèdent aux enquêtes conformément aux dispositions du code de procédure pénale ». Or, il est sans ignorer que les nombreuses possibilités techniques facilitant l'anonymat sur le réseau Internet (l'effacement des données, la complexité des faits), soulèvent de réelles difficultés pour les enquêteurs en matière d'établissement des preuves. Le caractère multiforme de la cybercriminalité devrait donc appeler une approche tout aussi particulière[87]. Piratages, usurpation d'identité, racket numérique, vols de données, cyberpornographie sont autant de menaces qui obligent les investigations policières à s'adapter aux nouvelles technologies. Les difficultés d'ordre juridique soulevées par la cybercriminalité semblent relever, avant tout, de l'inadéquation de certaines dispositions du Code de procédure pénale à la délinquance commise sur Internet. En effet, comme le soulignait Monsieur TABAROT, « les instruments dont disposent les officiers de police judiciaire dans la recherche des preuves des infractions n'ont pas été conçus au temps de l'univers numérique et dématérialisé, ni même adapté à celui-ci »[88].

B- L'inopportunité d'une absence des règles spécifiques à la tenue du procès relatif aux infractions cybernétiques

La tenue du procès renvoie à la phase de jugement. À ce stade, on suppose que les enquêtes sont terminées, que le procureur de la République a décidé de poursuivre le présumé délinquant. C'est la phase où les différentes parties sont appelées à confronter leur argument devant une autorité qui doit trancher en toute indépendance et impartialité. Certains assimilent cette phase au contentieux. En effet, ce dernier a deux significations en droit. D'abord, il désigne un litige ou un ensemble de litiges. Il s'agit alors de contestations qui peuvent s'élever sur un point de droit. Ensuite, il désigne la procédure ou le processus de règlement d'un litige, généralement devant une juridiction. Mais cela ne signifie pas pour autant qu'il y a une correspondance parfaite entre le contentieux et la juridiction. En effet, il existe des contentieux non juridictionnels, c'est-à-dire des litiges qui ne sont pas réglés par la voie juridictionnelle et qui ne sont pas moins des contentieux ou des litiges[89]. C'est l'exemple des délits boursiers. De par leur nature polymorphe, les délits boursiers donnent cumulativement lieu à un contentieux juridictionnel et non juridictionnel. Dans le premier cas, c'est l'aspect qui est conduit devant le juge

---

[87] Sur cette question, Voir BOSS (R.), *La lutte contre la cybercriminalité au regard de l'action de l'État,* Thèse, Université de Loraine, 2016, p. 188.

[88] TABAROT (M.), Rapport n° 608 sur le projet de loi n° 528 pour la confiance dans l'économie numérique, 2èmepartie, 2013.

[89] On peut citer à titre d'exemple la médiation, la transaction, le règlement amiable, bref les modes alternatifs de règlement des différends. Au regard de ce qui précède, on peut saisir le terme « contentieux » à travers deux idées : le litige et le traitement du litige.

judiciaire, à savoir les délits boursiers. Dans le second cas par contre, l'affaire est réglée par le régulateur. L'organisation actuelle du contentieux boursier est marquée par une complexité qui est de nature à paralyser son déroulement et son dénouement.

Le sentiment d'omission des règles relatives à la tenue du procès nait de l'absence dans la loi n° 0210/012 relative à la cybersécurité et à la cybercriminalité, des dispositions relatives à la tenue même du procès en matière de cybercriminalité. En plus, doit-on penser qu'à l'instar du domaine boursier (où le régulateur a des compétences concurrentes à celles du juge répressif[90]), en matière cybernétique, l'ANTIC dispose également d'un tel pouvoir ? La lecture de l'article 6 du décret n° 2019/150 du 22 mars 2019 portant organisation et fonctionnement de l'ANTIC ne fournit pas une réponse claire[91]. Le législateur fait ici allusion aux sanctions que peut prononcer le régulateur sans pour autant préciser la nature de ces dernières. L'interprétation stricte des dispositions pénale oblige donc à retenir l'hypothèse selon laquelle les infractions cybernétiques sont de la compétence exclusive du juge répressif. Mais hélas, le législateur ne dit rien sur la manière dont il devrait s'y prendre. Il ne pourra que s'en remettre aux experts qui jusqu'à preuve du contraire, se sont toujours vus devancés par les cybercriminels, au grand désarroi des victimes[92]. Mais ne l'oublions pas, la pire des injustices pour un justiciable, c'est de voir son affaire traitée par un juge incompétent, non pas incompétent dans sa pratique professionnelle, mais ignorant des données particulières du contexte géographique, scientifique, économique, technique qui constituent l'environnement du cas qui lui est soumis. De même, la plus grande chance, la chance la plus intolérable donnée aux auteurs d'infractions les plus sophistiquées, est de voir leur affaire poursuivie, instruite ou jugée par des magistrats peu au fait des données essentielles dont la connaissance permet seule de mesurer l'ampleur d'un phénomène criminel.

[90] Voir en ce sens NGBENAH SOKO (A.), « Le contentieux boursier au Cameroun : quelle lecture après la loi n° 2016/017 du 12 juillet 2016 portant Code pénal ? », *SOLON, Revue Africaine de Parlementarisme et de Démocratie*, Vol. III, N° 19, Mai 2018, pp. 78-104.

[91] L'article 6 al. 1er de ce texte prévoit entre autres que : « Pour l'accomplissement de ses missions, l'ANTIC dispose des pouvoirs de surveillance, d'investigation, d'injonction, de coercition et de sanction. À ce titre, elle est habilitée notamment à (…) connaitre en premier recours les différends entre les autorités de certification et entre celles-ci et les utilisateurs ; entre les auditeurs agréés et entre ceux-ci et les structures auditées ; entre les bureaux d'enregistrement des noms en « cm » et entre ces derniers et les utilisateurs ou les litiges entre utilisateurs ; infliger et/ou proposer des sanctions aux autorités de certification, aux prestataires des services de sécurité et aux auditeurs des logiciels de sécurité qui ne se conforment pas à la réglementation en vigueur ; prendre des mesures conservatoires nécessaires pour faire assurer la continuité du service et protéger les intérêts des usagers ».

[92] En ce sens, MARIN (J. Cl.), « L'efficacité au service de la justice pénale », *Gaz. Pal.*, 27 décembre 2007, n° 331, p. 49 et s.

CONCLUSION

Quelle analyse peut-on faire de la politique criminelle du législateur camerounais en matière de sécurité des personnes et des biens dans le cyberespace ? Voilà la question qui a guidé notre réflexion dans ce travail. Tout compte fait, les analyses ont permis de comprendre que la sécurisation des personnes et des biens dans le cyberespace est inscrite parmi ses défis sécuritaires contemporains. Cette préoccupation a d'ailleurs soumis en quelque sorte sa politique criminelle à l'épreuve au point d'en dicter sa mutation. Dans cette dynamique, on a observé une avancée considérable du législateur sur le plan substantiel. Cette avancée somme toute remarquable s'est matérialisée par l'incrimination des comportements qui étaient de nature à porter atteinte aux personnes et à leurs biens dans le cyberespace. Mais dans cette analyse, la satisfaction ne pouvait durer qu'un instant. Il suffit pour s'en convaincre de quitter le terrain substantiel pour constater que sur le plan procédural, le législateur a opté pour un régime qui semble inadapté à la spécificité des infractions cybernétiques. Cette inadaptation résulte en effet du fait que pour la poursuite et le jugement des atteintes aux personnes et à leurs biens dans le cyberespace, le législateur a maintenu les méthodes classiques de préparation du procès doublé d'une omission des règles relatives au déroulement de ce procès en matière de cybercriminalité. Vivement que ce second volet de la politique criminelle soit pris en compte. Ceci permettra d'assurer aux internautes, une protection à la dimension des défis sécuritaires imposés par les technologies de l'information et la communication.

INDICATIONS BIBLIOGRAPHIQUES

- DELMAS-MARTY (M.), *Aux quatre vents du monde*, Paris, Seuil, 2016, 156 p.
- DELMAS-MARTY (M.), *Les grands systèmes de politique criminelle*, Paris, PUF, Coll., Thémis, 1992, 462 p.
- MBIDA (A.), *La diffamation en droit camerounais de la communication,* Yaoundé, L'Harmattan-Cameroun, 2012, 90 p.
- MINKOA SHE (A.), *Droits de l'homme et droit pénal au Cameroun,* Paris, Economica, Coll., « La vie du droit en Afrique », 1999, 321 p.
- REVERDY (M.P.), *La matière pénale á l'épreuve des nouvelles technologies,* Thèse, Université Toulouse I, 2005.
- BELBARA (B.), « Le terrorisme comme source des crises humanitaires. À propos de la loi camerounaise n° 2014/028 du 23 décembre 2014 portant répression des actes de terrorisme », *in* SPENER YAWAGA (Dir.), *Crises Humanitaires et Responsabilités*, Paris, L'Harmattan, 2018, pp. 271-302.

- CUTAJAR (Ch.), « La Loi pour la Sécurité Intérieure », *Dalloz*, 2003, pp. 5 et suiv.
- DIOUF (N.), *« Infraction en relation avec les nouvelles technologies de l'information et procédure pénale : l'inadaptation des réponses nationales face à un phénomène de dimension internationale »*, *Afrilex* n° 4, 2004, pp. 267 et suiv.
- GASSIN (R.), « Le droit pénal de l'informatique », *D.*, 1986, Chronique, pp. 35 et suiv.
- HUET (J.), « Le Droit Applicable dans les Réseaux Numériques », *in* CHATILLON (G.) (dir.), *Le Droit International de l'Internet*, Bruxelles, Bruylant, 2002, pp. 156 et suiv.
- MARIN (J.-Cl.), « L'efficacité au service de la justice pénale », *Gaz. Pal.*, 2007, n° 331, p. 49 et suiv.
- MEBU NCHIMI (J.Cl.), « Les auspices de la loi n° 2014/028 du 23 décembre 2014 portant répression des actes de terrorisme », *RASJ*, n° 2/2016, pp. 9-29.
- SPENER YAWAGA, « Réflexion sur la constitutionnalisation de certains aspects du droit pénal camerounais de fond », *RSC* (2), 2001, pp. 353-367.

La répression des atteintes à la sécurité de l'État au Cameroun

Par

Régine MOUKOU BWO'NYAHRE[1]

Résumé

La présente analyse de la répression des atteintes à la sécurité de l'État se propose d'examiner la démarche législative dans l'appréhension et la punition des comportements qui menacent la sécurité de l'État. Sachant que la sécurité est un élément incontournable de la stabilité et de la crédibilité des États, la préoccupation majeure qu'il convient de soulever ici est relative à la question de savoir quelle politique criminelle l'État camerounais adopte-t-il pour faire face aux comportements antisociaux qui menacent sa sécurité. La réponse à cette interrogation révèle que le législateur érige une diversité d'infractions en atteintes à la sécurité de l'État tout en prévoyant également une diversité de peines qui seront utiles d'infliger à leurs auteurs.

Mots-clés : répression, infraction, sécurité de l'État, légalité pénale, incrimination.

---

[1] Docteure/Ph. D. en Droit Privé, Assistante, Faculté des Sciences Juridiques et Politiques, Université de Maroua, E-mail : moukoubregine@gmail.com.

INTRODUCTION

La sécurité est liée à l'idée même du droit[2]. La sécurité est un droit, elle est et reste le principe et l'exception d'une existence paisible. La garantie d'un droit à la sécurité est davantage prise en compte pour les personnes physiques, car elle renvoie à l'absence de danger et de risque[3]. Du latin *secouru*, de *se* (sans) et *cura* (soin dans son activité, d'où souci)[4], la sécurité « est la situation dans laquelle quelqu'un ou quelque chose n'est exposé à aucun danger, à aucun risque d'agression physique, d'accident, de vol, de détérioration »[5]. Autrement dit, c'est « un état résultant de l'absence d'une impression de danger (…) la situation objective correspondant à l'absence réelle de danger »[6]. Elle consiste également en la prévention des risques, ou en un recours à des mesures et moyens de protection tendant à prévenir la réalisation de ces risques. Le devoir de protéger les individus dans une perspective sécuritaire s'impose tant aux individus qu'à certaines entités, notamment l'État. Ce dernier se trouvera donc au centre des préoccupations sécuritaires. « La loi protège l'homme contre la tyrannie ; elle ne peut donc être elle-même tyrannique »[7]. La loi est un instrument dont dispose l'État pour déterminer son action.

Plusieurs dimensions sécuritaires de l'État se dégagent de la doctrine. Selon Foucault[8], Dillon, Waever, Williams et les autres[9] ; elle est au cœur des sociétés contemporaines ; la sécurité est une aspiration commune et l'élément fondamental des liens entre les hommes. Selon les écrits de Hobbes, de Descartes et de Heidegger, la sécurité a trait à l'Être, à l'existence, à la connaissance, à la relation aux autres êtres humains, à la médiation entre la vie et la mort, à la médiation entre le chaos et l'ordre : il s'agit de sa dimension ontologique et épistémologique[10]. Qu'elle soit présentée dans sa dimension

---

[2] POUGOUE (P.G.), « Les figures de la sécurité juridique », in *RASJ*, FSJP, Université de Yaoundé II, Vol 4, n° 1, 2007, p. 4.

[3] V. CORNU (G.), (dir.), *Vocabulaire juridique*, Paris, PUF, 10e éd., 2014, p. 905.

[4] *Ibid.*, p. 1.

[5] *Le Petit Larousse illustré,* 2014, p. 971.

[6] POUGOUE (P.G.), « Les figures de la sécurité juridique », *op.cit.,* p. 1.

[7] RIPERT (G.), *Le déclin du droit*, Paris, LGDJ, 1949, p. 67.

[8] V. FOUCAULT (M), « la sécurité et l'État » (entretien avec R. Lefort), Tibune socialiste, 24-30 novembre 1977, pp. 3-4, http://1libertaire.free.fr/MFoucault205.html, consulté le 19/11/2019 ; *Il faut défendre la société*, Gallimard/Seuil, coll. « Hautes Études », Paris, 1997; BLANCHETTE (L-Ph.), « Michel Foucault :Genèse du biopouvoir et dispositifs de sécurité », *Lex Electronica,* vol. 11, n°2 (Automne/ Fall 2006), http://www.lex-electronica.org/articles/v11-2/blanchette.htm, http://www.lex-electronica.org/articles/v11-2/blanchette.pdf, consulté le 20/11/2019.

[9] AYSE CEYHAN, « Analyser la sécurité : Dillon, Waever, Williams et les autres », *Cultures & Conflits* [En ligne], 31-32 | printemps-été 1998, mis en ligne le 16 mars 2006, http:// journals.openedition.org/conflits/541 ; DOI : 10.4000/conflits.541, consulté le 30 avril 2019.

[10] *Idem.*

psychologique comme un besoin élémentaire selon Maslow[11], ou dans sa dimension sociale comme une attente permettant un engagement dans le capitalisme selon Botlanski et Chiapello[12], la sécurité est souvent analysée comme le socle nécessaire et préalable à partir duquel il est possible de bâtir d'autres types d'activités[13].

Pour besoin de sécurité donc, l'État définit une politique législative globalement et une politique criminelle particulièrement pour répondre à ces aspirations. En ce sens, il recourt à la répression de certains comportements pour prévenir et garantir sa sécurité.

La répression peut avoir plusieurs sens. Gérard Cornu le démontre si bien quand il l'appréhende sous deux prismes divers. Elle renvoie, à la fonction répressive, fonction étatique consistant, dans la lutte contre la délinquance, à organiser et à mettre en œuvre les sanctions pénales[14] et en second, à l'action de réprimer incluant l'incrimination des faits délictueux, la poursuite de leurs auteurs et l'infliction des peines[15].

Selon une autre définition, la répression peut être entendue comme une « mesure de politique criminelle consistant pour l'autorité compétente (en principe le pouvoir législatif), à ériger un comportement déterminé (non pas nécessairement en crime) en infraction, en déterminant les éléments constitutifs de celle-ci et la peine applicable »[16]. C'est particulièrement dans ce sens de la répression, en sus de la politique adoptée pour l'érection des comportements prohibitifs tout en définissant les éléments constitutifs et les peines, que les atteintes à la sécurité de l'État au Cameroun se retrouvent. En quoi consistent exactement les atteintes à la sécurité de l'État au Cameroun ? Un travail préalable de définition s'avère nécessaire avant toute entrée en la matière.

Prenant en compte des considérations d'ordre criminologique, l'atteinte renvoie à l'infraction. « L'infraction est une rupture, une cassure. Elle revient à briser (du latin *frangere*) le pacte social, en ne respectant pas les obligations qui en découlent. Elle est un acte de transgression de la loi et se présente comme le signe d'un dysfonctionnement. Certains y voient un dérèglement personnel à son auteur, d'autres un indice de faiblesse pesant sur la société, qui ferait ainsi la preuve de son incapacité à rallier tous ses membres dans un

---

[11] MASLOW (A), *Vers une psychologie de l'être*, Paris, Fayard, 1989, 266 p.
[12] BOLTANSKI (L), CHIAPELLO (E), *Le nouvel esprit du capitalisme*, Paris, Gallimard, 1999, 843 p.
[13] DENIS (J.), KESSOUS (E.), « Présentation », *La Découverte, Réseaux*, 2012/1 n° 171, pp. 9-18, in https://www.cairn.info/revue-reseaux-2012-1-page-9.htm, consulté le 19/11/2019.
[14] CORNU (G.), (dir.), *Vocabulaire juridique*, *op.cit.*, p. 905.
[15] *Idem.*
[16] *Ibid.*, p. 534.

consensus bien compris »[17]. Sous l'angle du droit, l'infraction est l'action ou l'omission, imputable à son auteur, prévue et punie par la loi d'une sanction pénale[18]. La sécurité étant déjà définie, il s'agit à présent de définir l'atteinte à la sécurité de l'État.

La locution *atteinte à la sécurité* de l'État renvoie à tout comportement antisocial qui porterait atteinte à la sécurité de l'État. Pour certains, le but de l'État libéral n'est donc pas d'assurer la sécurité des existences, mais la sureté c'est-à-dire la garantie des droits[19]. On entrevoit là, un lien entre la sécurité et la sureté. En effet, c'est à Barry Buzan que l'on doit une interrogation sur les relations entre sécurité et défense ainsi qu'une tentative de théorisation de la question de la sécurité dans son livre *People, States and Fear*, publié initialement en 1983. Il rattache ainsi, la sécurité de l'État à la sécurité nationale[20]. Il s'agit donc de la « sécurité objective » basée sur de « vraies » menaces[21].

C'est dans la garantie de la sureté de l'État que se trouvent les atteintes à la sécurité de l'État en législation camerounaise[22]. Elle est toute forme de criminalité qui entrave la garantie des droits, la passibilité et la stabilité au sein de l'État. Elle consiste donc en la sécurité nationale : sureté intérieure de l'État et la sureté extérieure de l'État.

C'est cette forme de criminalité qui est récurrente depuis ce début de millénaire. Face à la recrudescence de cette nouvelle forme de criminalité, le droit pénal de l'ennemi apparait comme un nouveau modèle possible de droit pénal, impliquant et justifiant concrètement la multiplication d'interventions *ante delictum* en réponse à la crise des États qui seraient dans l'incapacité d'assurer le contrôle du crime et de la sécurité[23]. La neutralisation de l'ennemi dangereux est au cœur de la théorie qui implique que la société s'octroie le droit de désigner l'ennemi afin de lui réserver un traitement différencié tant au regard des règles de fond que de forme du droit pénal, marquant ainsi un affaiblissement incontestable des droits fondamentaux[24].

---

[17] MAYAUD (Y.), *Droit pénal général*, Paris, PUF, 1er éd., 2004, p. 129.
[18] STEFANI (G.), LEVASSEUR (G.), *Droit pénal général*, Paris, Dalloz, 4e éd., 1970, p. 92.
[19] POUGOUE (P.G.), « Les figures de la sécurité juridique », *op.cit.*, p. 1.
[20] BUZAN (B.), *People, States and Fear*, Brighton, Harvester, 1983, réédition en 1993, p. 37.
[21] BIGO (D.), « L'Europe de la sécurité intérieure : penser autrement la sécurité », *in* LE GLOANNEC (A.-M.) (dir), *Entre union et nations*, Paris, Presses de Sciences Politiques, 1998, pp. 65-67.
[22] On peut y voir selon les locutions du Code pénal, la défense nationale qui renvoie à la sécurité dans plusieurs législations occidentales ; articles 105 et 106 du Code pénal.
[23] CANDIDO DA AGRA, « La probation et ses contextes socio-historiques », *Revue Internationale de Criminologie et de Police Technique et Scientifique*, vol. LXIV oct/déc. 2011, p. 403.
[24] DREUILLE (J.-F.), « Le droit pénal de l'ennemi : éléments pour une discussion », *Jurisprudence. Revue critique*, Université de Savoie, 2012, p. 150.

Ainsi, parler des atteintes à la sécurité de l'État reviendrait à aborder de tous les comportements antisociaux qui présenteraient un danger pour l'État ou l'exposeraient à un danger d'atteinte à son territoire, sa population ou sa souveraineté ; et voire de détérioration de son patrimoine. Ce sont les infractions qui mettent en cause l'existence même de l'État ou de ses institutions,[25] car « quand l'ordre public est menacé, quand les formes générales du gouvernement ou les personnes qui représentent ces formes sont attaquées, c'est la société qui est en péril »[26].

En effet, il n'existe pas une catégorie juridique « d'atteintes à la sécurité de l'État » ; il s'agit, si l'on peut se permettre, de parler d'une notion fonctionnelle. Les atteintes à la sécurité de l'État sont un ensemble d'infractions qui contribuent au maintien de la sécurité de l'État. N'étant explicitement pas désignées dans le Code pénal, les infractions contre la sécurité de l'État ou les atteintes à la sécurité de l'État, il s'agira de procéder à une catégorisation ou un inventaire selon les valeurs de l'État protégé et le but recherché dans l'incrimination de certains comportements sociaux.

Pour ce faire, la garantie de la sécurité va de pair avec celle des individus qui la composent ou même est un préalable pour la sécurité de sa population. Ayant le monopole de la fonction d'infliger des sanctions aux personnes qui portent atteinte à l'intérêt général par des comportements antisociaux, l'État doit tout en garantissant la sécurité de ses citoyens, garantir sa sécurité à lui. Le premier devoir de l'État est de protéger la société contre les actes qui la menacent dans son existence, sa cohésion, ses valeurs, son organisation[27]. En cela, il doit définir une réponse pénale sécuritaire à double effet respectueuse des droits et libertés qu'il garantit tout autant.

Avant d'aller plus loin, il convient de fixer ces concepts pour permettre au sujet d'être perçu tel qu'il sera envisagé dans cette étude. En réalité, l'analyse de la répression des atteintes à la sécurité de l'État aurait pu s'intituler les infractions à la sécurité de l'État. Car il faut le concéder *a minima*, la répression consiste déjà dans un sens en la détermination des infractions. Seulement, procéder ainsi, conduirait à réaliser de façon laconique un travail de description des comportements et des sanctions encourues en cas d'atteinte à la sécurité de l'État. Cette option aurait occulté à cette analyse la possibilité d'un questionnement de la politique criminelle adoptée par le législateur. Chose que le terme de répression permet d'intégrer de façon systématique pour permettre *a maxima* un travail d'analyse globale.

---

[25] GUIDICELLI-DELAGE (G.), « Livre IV. Les crimes et délits contre la nation, l'État et la paix publique », *in Revue de Science Criminelle et de Droit Pénal Comparé,* 1993, p. 496.
[26] GUIZOT (F.), *De la peine de mort en matière politique*, Paris, Fayard, 1984, p. 160.
[27] DESPORTES (F.), LAZERGES-COUSQUER (L.), *Traité de procédure pénale*, Paris, Economica, 2009, p. 1.

Comment l'État, principal acteur de répression des comportements délictueux, garant de sa propre sécurité et jaloux de son intégrité, réprime-t-il les atteintes portant atteinte à sa propre sécurité ? Au regard de la catégorie de droit fondamental et de droit subjectif qu'est concurremment la garantie à la sécurité, notre ambition dans cette étude est de mettre en lumière la définition des atteintes à la sécurité de l'État tout en procédant à leur identification dans l'architecture législative camerounaise. Le travail de définition et d'identification se fera dans le respect des canons de détermination des infractions en droit pénal selon l'incrimination et la sanction des infractions à la sécurité de l'État. Il s'agit de vérifier si la répression est faite en fonction des principes de droit qui entourent la matière. Il s'agit de la matière du droit pénal qui a pour but la répression, par la sanction pénale, de certaines conduites, certains comportements portant atteinte aux valeurs essentielles de la société[28].

Ainsi, la réponse à cette préoccupation se perçoit sous le prisme d'une diversité duale.

Dans ce processus de protection, l'État à travers son organe législatif va procéder à la détermination des comportements qui mettront en danger sa population et ses institutions. La répression est le résultat d'une convergence. Deux séries de règles se rejoignent pour en permettre l'exercice[29]. Les unes sont relatives aux conditions de la responsabilité pénale et à ses conséquences quant aux sanctions encourues. Les autres sont axées sur la manière dont cette responsabilité est engagée, en termes de compétences, de pouvoirs et d'actions[30]. Il s'agit d'une étude dans le domaine du droit pénal général. Elle permet, en quelque sorte, de sortir de la casuistique inhérente à la spécialité des infractions, pour ne retenir que ce qui participe de toutes, et donc livrer de l'infraction sa substance générique, première, et incontournable[31]. Il s'agit de relever l'ensemble des dispositions relatives aux infractions étroitement liées à la sécurité de l'État et soucieuses du respect des canons de la légalité criminelle[32].

---

[28] ROCA (Cl.), « Le principe de la légalité et l'incrimination pénale », *in Repenser la légalité criminelle*, Acte du Colloque, Paris, 1999, pp. 275-276.
[29] Il s'agit du droit pénal et de la procédure pénale.
[30] MAYAUD (Y.), *Droit pénal général*, *op.cit.,* p. 14.
[31] *Ibid.,* pp. 14-15.
[32] L'ancien régime avait laissé une impression défavorable en matière pénale. La législation royale était lacunaire en ce domaine. Les ordonnances et édits royaux étaient rédigés en des termes vagues ou ne prévoyaient parfois aucune peine, on recourait parfois à la Coutume qui n'était pas toujours synonyme de succès. Tout cela laissait une marge d'appréciation aux juges pénaux pour définir les comportements répréhensibles et peines applicables. L'aléatoire était donc mis en matière pénale. Les philosophes des Lumières comme Montesquieu et Beccaria réclamèrent alors plus de légalité. Le principe de légalité fut proclamé par la Déclaration de 1789 et ce principe signifie qu'un texte doit nécessairement et par avance définir en des termes clairs et précis les éléments constitutifs de l'infraction, mais aussi prévoir les sanctions afférentes à celle-ci.

Sont considérés comme atteintes à la sécurité de l'État les divers comportements et actes qui constituent un danger grave, certain, direct au fonctionnement de l'État et à sa souveraineté. Il appert d'une part la diversité de l'incrimination des atteintes à la sécurité de l'État (I) et d'autre part la diversité des peines de ces infractions (II).

I- LA DIVERSITÉ DES INCRIMINATIONS DES ATTEINTES A LA SÉCURITÉ DE L'ÉTAT

En effet, la sécurité est un terme dual qui signifie non seulement un moyen de libération à l'égard du danger, mais aussi un moyen de le contraindre, de le limiter[33]. Puisque la sécurité est engendrée par la peur, elle nécessite des contre-mesures pour contrôler, contenir, éliminer, neutraliser cette peur. Ainsi, tout en nous apprenant de quoi il faut avoir peur, elle cherche aussi à proscrire, à sanctionner, à punir, en quelque sorte, à mettre en danger ce qui nous menace[34]. Il s'agit alors de voir en la sécurité, une insécurité. Celle-ci, en matière pénale, doit se faire sous le socle de la légalité pénale. Ce principe de *« nullum crimen, nulla poena sine lege* [35]», est le principe fondateur de l'incrimination en droit criminel. La conséquence logique de ce principe est l'exigence de l'accessibilité et de la connaissabilité de la loi pour qu'elle s'applique à tous. L'aphorisme de « *nemo censitur ignorare legem* », nul n'est censé ignorer la loi est en la parfaite illustration.

L'accessibilité aux textes d'incrimination est supposée aisée si l'on en juge par la rigueur avec laquelle est définie l'ignorance du droit ou l'erreur de droit[36] qui permet d'échapper à la répression pénale et pourtant les obstacles à l'accès au droit sont nombreux ; la multiplicité des textes, leur complexité, leur imprécision rendent difficile la connaissance du droit pénal actuel quant à la répression des atteintes à la sécurité de l'État.

On remarque alors que les textes d'incrimination de comportements qui portent atteinte à la sécurité de l'État sont nombreux (A) ; par ailleurs, il faut également noter la difficulté qui existe quant à la définition de ces incriminations qui conduit à les rendre éparses (B).

A- Une pléthore de sources d'incrimination

L'effectivité de la garantie de la sécurité de l'État se manifeste à travers la répression des comportements anti sociaux qui portent atteinte à ses attributs

---

[33] DILLON (M.), *Politics of Security: Towards a Political Philosophy of Continental Thought*, London, New York, Routledge, 1996, p. 120.

[34] *Ibid.*, p. 121.

[35] Préconisé par BECCARIA (C.), *Des délits et des peines*, Traduction par M. Chevallier, préface de Robert Badinter, éd Paris, Flammarion, 1991.

[36] L'erreur de droit est admise au titre des causes d'irresponsabilité en droit français à l'article 122-3 du Code pénal.

les plus intrinsèques. S'il est clair et vrai que ces comportements sont répréhensibles à travers les lois pénales, il est tout autant vrai que l'effectivité de cette garantie passe par l'accessibilité à ces lois pour leur connaissabilité. Seulement, la réalité de la prolixité du législateur en matière d'édiction des textes ne contribue pas selon certains auteurs[37] à garantir l'accès au droit et par ricochet à l'État lui-même, en tant que justiciable de la garantie de son droit à sa sécurité.

Car il faut le relever, l'incrimination des atteintes à la sécurité de l'État en droit pénal ne se trouve pas dans un texte unique pour en saisir son étendue et sa grandeur. Elle est faite dans un ensemble de textes qui sont tout autant internationaux (1) que nationaux (2).

1- Les textes internationaux

Les atteintes à la sécurité de l'État renvoient dans les textes internationaux aux diverses atteintes aux droits les plus élémentaires de l'être humain, et qui dénotent d'une atrocité qui n'est pas des moindres dans leur perpétration. Il s'agit des crimes graves contre l'humanité. La protection de la sécurité ou de la sureté de l'État importe le plus d'abord en temps de guerre. Car même la guerre obéit au droit. On retrouve ainsi les incriminations contre les atteintes à la sécurité de l'État dans la répression du terrorisme. Déjà en novembre 1937, la Société des Nations prévoyait une convention pour la réprimer[38].

Aujourd'hui, plusieurs conventions ont été édictées à ce propos : la Convention relative aux infractions et à certains autres actes survenant à bord des aéronefs [39] ; la Convention pour la répression de la capture illicite d'aéronefs [40]; la Convention pour la répression d'actes illicites dirigés contre la sécurité de l'aviation civile [41] ; la Convention sur la prévention et la répression des infractions contre les personnes jouissant d'une protection internationale, y compris les agents diplomatiques [42] ; la Convention internationale contre la prise d'otages[43] ; la Convention sur la protection physique des matières nucléaires[44] ; le Protocole pour la répression des actes illicites de violence dans les aéroports servant à l'aviation civile

[37] V. AKAM AKAM (A.), « Libres propos sur l'adage *nul n'est censé ignorer la loi* », *RASJ,* FSJP, Université de Yaoundé II, Vol. 4, n° 1, 2007, pp. 31-54.
[38] La Convention pour la prévention et la répression du terrorisme adoptée par la SDN le 6 novembre 1937.
[39] De 1963, adoptée à Tokyo le 14 septembre 1963.
[40] De 1970, conclue à La Haye le 16 décembre 1970.
[41] De 1971, conclue à Montréal le 23 septembre 1971.
[42] De 1973, conclue à New York le 14 décembre 1973.
[43] De 1979, adoptée à New York le 17 décembre 1979.
[44] De 1979, conclue à Vienne le 26 octobre 1979.

internationale[45] ; la Convention pour la répression d'actes illicites contre la sécurité de la navigation maritime [46]; le Protocole pour la répression d'actes illicites contre la sécurité des plates-formes fixes situées sur le plateau continental [47]; la Convention sur le marquage des explosifs en plastique et en feuille aux fins de détection[48] ; la Convention internationale pour la répression des attentats terroristes à l'explosif [49]; la Convention internationale pour la répression du financement du terrorisme [50]; la Convention internationale pour la répression des actes de terrorisme nucléaire [51] ; l'Amendement à la Convention sur la protection physique des matières nucléaires[52] ; le Protocole relatif à la Convention pour la répression d'actes illicites contre la sécurité de la navigation maritime [53]; le Protocole relatif au Protocole pour la répression d'actes illicites contre la sécurité des plates-formes fixes situées sur le plateau continental[54] ; la Convention sur la répression des actes illicites dirigés contre l'aviation civile internationale de 2010 et le Protocole complémentaire à la Convention pour la répression de la capture illicite d'aéronefs de 2010.

En droit international, les infractions à la sécurité de l'État renvoient aux crimes contre la paix et la sécurité de l'humanité. Cette catégorie des crimes contre la paix et la sécurité de l'humanité a été formalisée par la Commission du Droit International des Nations Unies (CDI) dans le cadre de ses travaux sur un Projet de Code des crimes contre la paix et la sécurité de l'Humanité[55]. À côté de cette catégorie se trouve une catégorie bien déterminée qui englobe les infractions relatives à la protection de l'État et des organisations internationales et de leurs agents et renvoie aux infractions à la sécurité de l'État. On retrouve au sein de cette catégorie les infractions de terrorisme[56], de mercenariat[57], de faux monnayage[58], d'atteintes aux droits de l'Union européenne (ici exclue)[59], d'atteintes à la sécurité du personnel des Nations Unies et des personnels associés[60] et l'outrage au tribunal et autres atteintes à

[45] De 1988, conclue à Montréal le 24 février 1988.
[46] De 1988, conclue à Rome le 10 mars 1988.
[47] De 1988, conclue le 10 mars 1988.
[48] De 1991, signée à Montréal le 1er mars 1991.
[49] De 1997, adoptée à New York le 15 décembre 1997.
[50] De 1999, conclue à New York le 10 janvier 2000.
[51] De 2005, conclue à New York le 14 septembre 2005.
[52] De 2005, amendement fait le 08 juillet 2005
[53] De 2005, adoptée le 10 mars 1988.
[54] De 2005., fait à Londres le 14 octobre 2005.
[55] ASCENSIO (H.), DECAUX (E.), PELLET (A.), *Droit international pénal,* Paris, Pedone, 2ème éd., 2012, p. 94.
[56] *Ibid.,* pp. 279 - 305.
[57] *Ibid.,* pp. 307- 319.
[58] *Ibid.,* pp. 321 - 327.
[59] *Ibid.,* pp. 329 - 340.
[60] *Ibid.,* pp. 341- 347.

l'administration de la justice pénale internationale[61]. En dehors de cette classification qui ne fait point l'unanimité dans la doctrine, d'autres infractions sont intégrées aux infractions d'atteintes à la sécurité de l'État ; il s'agit des crimes de guerre, de crime contre la paix, de faits de corruption[62].

Cet élargissement peut trouver sa raison d'être au regard des incriminations faites dans les textes nationaux.

2- Les textes nationaux

La prolifération des textes nationaux pour réprimer les atteintes à la sécurité de l'État s'explique par le souci de l'État d'être omniprésent dans ce secteur clé de sa vie et de ses citoyens. Ainsi, il « s'est assigné tant de tâches nouvelles que pour les remplir il lui a fallu légiférer sans cesse. Un régime démocratique impose aux représentants élus du peuple la double obligation de satisfaire tous les intérêts et de réaliser un idéal social. Légiférer, quel que soit l'objet de la législation, parait être progresser »[63].

C'est pourquoi, il existe une kyrielle de textes qui regroupe les infractions d'atteintes à la sécurité de l'État ou ses institutions. Il s'agit de la loi n° 2001/19 du 18 décembre 2001 portant répression des infractions et actes dirigés contre la sécurité de l'aviation civile. Son article premier dispose : « La présente loi fixe, dans le cadre de la législation sur la répression de la piraterie et des actes terroristes au Cameroun les dispositions particulières applicables aux actes d'intervention illicites dirigés contre la sécurité de l'aviation civile. » Il s'agit aussi de la loi n° 2011/028 du 14 décembre 2011[64] portant création du Tribunal Criminel Spécial modifiée et complétée par la loi n° 2012/011 du 16 juillet 2012 qui protège la sécurité économique de l'État à travers la répression des infractions d'atteintes aux deniers publics d'un très grand montant [65] ; de la loi n° 2014/028 du 23 décembre 2014 portant répression des actes de terrorisme qui portent atteinte à la sécurité intérieure

---

[61] *Ibid.*, pp. 349- 362.

[62] DAVID (E.), *Éléments de droit pénal international et européen*, Bruxelles, Bruylant, 2009, 1545 p.

[63] RIPERT (G.), *Le déclin du droit, op.cit.*, p. 68.

[64] Voir les exposés des motifs et la doctrine y afférente.

[65] Particulièrement dans cette analyse, ce sont la sécurité intérieure et la sécurité extérieure de l'État qui font l'objet d'une désignation univoque d'infraction à la sécurité de l'État. C'est de façon équivoque que la sécurité économique peut être intégrée et gravitée au bien-être de l'État tout comme la sécurité sociale, alimentaire, routière, etc.

et extérieure de l'État. Cette incrimination consiste en ses articles 2[66], 3[67], 4[68], 5[69], 6[70], 7[71], 8[72] et 9[73]. Le Code de justice militaire aussi comporte des

[66] « (1) Est puni de la peine de mort, celui qui, à titre personnel, en complicité ou en coaction, commet tout acte ou menace susceptible de causer la mort, de mettre en danger l'intégrité physique, d'occasionner des dommages corporels ou matériels, des dommages de ressources naturelles, à l'environnement ou au patrimoine culturel dans l'intention : 1. a) d'intimider la population, de provoquer une situation de terreur ou de contraindre la victime, le gouvernement et/ou une organisation nationale ou internationale, à accomplir ou à s'abstenir d'accomplir un acte quelconque, à adopter ou à renoncer à une position particulière ou à agir selon certains principes ; 2. b) de perturber le fonctionnement normal des services publics, la prestation de services essentiels aux populations ou de créer une situation de crise au sein des populations ; 3. c) de créer une insurrection générale dans le pays.
(2) Est puni de la peine de mort, celui qui, pour atteindre les mêmes objectifs que ceux précisés à l'alinéa 1 ci-dessus : 1. a) fournit et/ou utilise des armes et matériels de guerre, 2. b) fournit et/ou utilise des micro-organismes ou tous autres agents biologiques, notamment des virus, des bactéries, des champignons ou des toxines ; 3. c) fournit et/ou utilise des agents chimiques, psychologiques, radioactifs ou hypnotisant ; 4. d) procède à une prise d'otages. (3) La peine est l'emprisonnement à vie lorsque les conséquences prévisibles des actes visés aux alinéas 1 et 2 ci-dessus sont la maladie d'animaux ou la destruction de plantes. (4) Les infractions visées aux alinéas 1, 2 et 3 ci-dessus sont caractérisées même en cas de guerre officiellement déclarée ».

[67] « (1) Est puni de la peine de mort celui qui, dans le but de financer les actes de terrorisme, et par quelque moyen que ce soit, directement ou indirectement 1. a) fournit et/ou réunit des fonds ; 2. b) fournit et/ou offre des services financiers. 2) L'infraction visée à l'alinéa 1er ci-dessus est caractérisée même si les fonds, moyens matériels et/ou services financiers n'ont plus été effectivement utilisés pour la réalisation de l'infraction. 3) Le financement du terrorisme est constitué même si les biens sont collectés et les services offerts sur le territoire d'un autre État ».

[68] Blanchiment des produits des actes de terrorisme ; « Est puni de la peine de mort : (1) celui qui acquiert, recèle, détient, convertit, transfère, dissimule ou déguise des biens constitutifs des produits des actes de terrorisme. (2) Celui qui utilise ou partage, même occasionnellement les produits des actes de terrorisme ».

[69] Recrutement et formation : « (1) Est puni de la peine de mort, celui qui procède au recrutement et/ou à la formation des personnes en vue de leur participation aux actes de terrorisme, quel que soit le lieu de commission.
(2) Est puni de la peine prévue à l'alinéa 1er ci-dessus : 1. a) celui qui fait des offres, des promesses de dons, des présents ou avantages quelconques à autrui pour qu'il participe à un groupement formé ou à une entente établie pour réaliser des actes de terrorisme ; 2. b) celui qui menace ou fait pression sur autrui pour qu'il participe à un groupement formé ou à une entente établie pour réaliser des actes de terrorisme. (3) Est puni d'un emprisonnement de dix (10) à vingt (20) ans celui qui, volontairement, s'enrôle ou se forme dans un groupe terroriste à l'étranger, dans l'intention de commettre des actes de terrorisme sur le territoire national. (4) Dans les cas prévus à l'alinéa 2 ci-dessus, l'infraction est consommée même si l'incitation à participer au groupement et à l'entente n'a pas été suivie d'effets ».

[70] Responsabilité pénale des personnes morales : « (1) Pour l'application de la présente loi, une personne morale peut être déclarée pénalement responsable. (2) Lorsqu'une personne morale est déclarée pénalement responsable des actes de terrorisme, la peine est une amende dont le minimum est de cinquante millions (50. 000. 000) francs CFA ».

[71] Interruption de l'infraction ou de ses effets : « (1) Est puni d'un emprisonnement de dix (10) à vingt (20) ans, celui qui, étant auteur ou complice d'un acte de terrorisme, permet d'interrompre la réalisation de l'infraction. (2) Est puni de la peine prévue à l'alinéa 1er ci-dessus, celui qui, étant auteur ou complice d'un acte de terrorisme, permet d'éviter que l'infraction n'entraîne la mort, des blessures ou des dommages matériels ».

incriminations qui préservent la sécurité de l'État. Ces incriminations peuvent se lire au travers des dispositions de l'article 8[74]. En sus de ces textes spéciaux, le Code pénal en lui-même procède à l'incrimination des comportements qui portent atteinte à la sécurité de l'État. Apparaissent en première ligne les infractions contre la chose publique[75] qui en constituent le Titre I du livre II des « crimes, des délits et des contraventions ». Le Titre II[76] du Livre II comporte également des infractions qui rentreraient dans la protection de la sécurité de l'État, car il concerne des « Crimes et délits contre l'intérêt général ». Et c'est particulièrement le Chapitre I « des atteintes à la sureté de l'État » qui comporte les infractions d'atteintes à la sécurité de l'État *stricto sensu*. Il s'agit des atteintes à la sureté extérieure de l'État[77] et des atteintes à la sureté intérieure de l'État[78].

En dépit de cette foultitude des dispositions pouvant renvoyer aux atteintes à la sécurité de l'État, une vérité s'échappe de cette analyse, il s'agit de l'absence d'une définition clé qui peut renvoyer aux infractions contre la sécurité de l'État et encore moins à sa sureté.

---

72 Apologie des actes de terrorisme : « Est puni d'un emprisonnement de quinze (15) à vingt (20 ans et d'une amende de vingt-cinq millions (25. 000. 000) à cinquante millions (50. 000. 000) de francs CFA ou de l'une de ces deux peines seulement, celui qui fait publiquement l'apologie des actes de terrorisme ».

73 Déclaration mensongère et dénonciation calomnieuse : « Est puni d'un emprisonnement de vingt (20) ans celui qui fait à l'autorité administrative ou judiciaire une déclaration mensongère ou une dénonciation calomnieuse en rapport avec les articles 7 et 16 de la présente loi ».

74 « Le Tribunal Militaire est seul compétent pour connaître : a) des infractions militaires et des crimes de guerre ; b) des crimes contre l'humanité et du crime de génocide ; c) des infractions relatives aux actes de terrorisme et à la sûreté de l'État ; d) des infractions de piraterie et actes illicites contre la sûreté de la navigation maritime et des plates-formes ; e) des infractions de toute nature commises par des militaires ou par le personnel civil en service dans les Forces de Défense, avec ou sans coauteurs ou complices civils, soit à l'intérieur d'un établissement militaire, soit dans l'exercice de leurs fonctions 1ère, 2ème 3ème et 4ème ; f) des infractions à la législation sur les armes de 1 catégorie telles que spécifiées dans la loi portant régime général des armes et munitions au Cameroun ; g) des infractions de toute nature commises à l'aide d'armes des catégories visées au paragraphe f ci-dessus ; h) du vol avec port d'arme à feu ; i) des infractions de toute nature où se trouve impliqué un militaire ou assimilé, perpétrées en temps de guerre ou dans une région soumise à l'état d'urgence ou à l'état d'exception ; j) des infractions de toute nature commises par des personnes civiles dans un établissement militaire et ayant porté atteinte soit aux équipements ou installations militaires, soit à l'intégrité physique d'un militaire, ou ayant troublé le fonctionnement du service ; k) des infractions relatives à l'achat, l'importation, la vente, la confection, la distribution, le port ou la détention d'effets ou d'insignes militaires telles que définies par la réglementation en vigueur ; l) de toutes les infractions connexes à celles visées ci-dessus ».

75 Des articles 102 à 226.

76 Des articles 227 à 274.

77 Articles 102 à 110 du Code pénal.

78 Articles 111 à 117 du Code pénal.

B- Une définition éparse

Le principe de la légalité exige que tous les termes d'une incrimination soient clairs et précis. Il s'agit de la garantie de la qualité des textes d'incrimination qui permettent de procéder à un regroupement des comportements à une catégorie préexistante ou existante.

L'exigence de définition des comportements prohibitifs rentre en étroite ligne dans la qualité de la loi. La qualité de la loi renvoie aux qualités que sont la clarté et la précision, qualités sans lesquelles le principe de la légalité serait vidé de sa substance[79]. L'imprécision présente des dangers certains pour la règle pénale, dont le principe légaliste a pour but d'éviter. Par ailleurs, les définitions fournies par le législateur doivent contribuer à baliser le chemin de la légalité, car selon Jean Antoine De Servan : « Les lois criminelles ne sauraient être trop étendues et trop précises ; précises pour séparer les objets, étendues pour développer chacun d'eux ; car les détails trop superflus dans les autres lois sont indispensables dans les lois criminelles. »[80]

Seulement, on relève concernant les atteintes à la sécurité de l'État, en un premier temps, l'absence de catégorie juridique de cette infraction (1) qui n'empêche si on va plus loin dans un second temps, d'entrevoir un essai de catégorisation par regroupement (2).

1- L'inexistence d'une catégorie juridique « infraction à la sécurité de l'État »

Les catégories juridiques sont des pièces maitresses de la science du droit. Le concept se prolonge dans la détermination de la catégorie juridique. En réalité, « tout système conceptuel implique des distinctions et des rapprochements entre les notions qu'il utilise et les réalités ou les phénomènes qu'il rencontre. Les juristes sont ainsi conduits à établir des catégories juridiques, c'est-à-dire des ensembles des droits, de choses, de personnes, de faits ou actes ayant entre eux des traits communs caractéristiques et obéissant à un régime commun »[81]. Déterminer une catégorie juridique revient à définir les concepts et à déterminer la catégorie à laquelle elle appartient.

La définition joue un rôle très important en droit ; « le facteur premier de la praticabilité du droit consiste dans une suffisante définition. Un droit insuffisamment défini n'est point praticable en ce sens que son application donnera lieu à des hésitations et à des controverses génératrices d'insécurité

---

[79] SPENER YAWAGA, « Réflexions sur la constitutionnalisation de certains aspects du droit pénal camerounais de fond », *RSC,* 2001, p. 355.
[80] *Idem.*
[81] BERGEL (J.L.), *Théorie générale du droit*, Paris, Dalloz, 2004, pp. 209-210.

juridique »[82]. Toute notion abstraite est un piège, car elle risque d'englober des objets auxquels les auteurs de la définition n'avaient pas songé[83].

Le principe de la légalité de l'incrimination en matière pénale voudrait que le monopole de la répression appartienne au législateur. Et pour ce faire, le législateur doit procéder à une définition des comportements interdits dans un langage clair et précis qui assure sa connaissance et participe de la sécurité juridique[84].

Pourtant la complexité des dispositions pénales en la matière est une difficulté supplémentaire à la connaissance de la loi. La situation n'est pas nouvelle, mais elle s'aggrave encore. Ainsi le législateur recourt à des méthodes qui facilitent sa tâche, mais nuisent à l'accessibilité des textes. L'exemple le plus souvent évoqué est celui de la technique du « renvoi » qui permet au législateur de faire l'économie d'une rédaction. Il recourt ainsi à des renvois en cascade dans différents articles à l'intérieur d'une loi[85], mais également à des renvois extérieurs aux textes qui portent l'incrimination. On parle de « la loi pénale en blanc »[86].

Aussi, pour découvrir le contenu d'une infraction, il est parfois nécessaire de consulter différents textes, des lois ou des décrets, des arrêtés et parfois également des dispositions supranationales en particulier des règlements communautaires. Ainsi seuls des spécialistes ont accès à cette connaissance. À ces difficultés s'ajoute encore l'incertitude quant au contenu de certaines incriminations. L'activité inflationniste du législateur ne s'accompagne pas

---

[82] *Ibid.*, p. 212.

[83] JESTAZ (Ph.), *Le droit,* Paris, Dalloz, 6e éd., 2010, p. 82.

[84] « La notion de sécurité juridique est un moyen de résoudre le problème que pose la complexité du droit contemporain. La question n'est donc pas celle de la légitimité, mais celle des moyens par lesquels on peut apporter un peu de sécurité juridique ou, comme on le dit, "un semblant d'ordre". Or s'il faut remédier à une inflation de normes obscures et peu normatives, on peut envisager deux moyens : l'un consiste dans l'élimination ou l'empêchement de certaines normes jugées obscures ; l'autre, dans la production de normes claires et clairement normatives. Admettons que le pouvoir d'empêcher ces normes revienne au juge, à qui reviendra celui de produire des normes claires ? On pense spontanément aux organes législatifs ordinaires. Pourtant ce sont eux que l'on accuse aujourd'hui d'être à l'origine du "désordre". Quand bien même les juges conserveraient cette fonction au législateur ordinaire, il faut pourtant souligner que celui-ci aura bien du mal à se conformer a priori aux exigences de ceux-là tant est indéterminée l'idée même de sécurité juridique telle qu'elle résulte de la jurisprudence des juridictions qui s'y réfèrent. Ainsi y a-t-il fort à parier que, des deux moyens d'atteindre la sécurité juridique – le pouvoir d'empêcher et le pouvoir de créer –, le premier l'emportera sur le second. Là est d'ailleurs peut-être la seule fonction que remplit la "sécurité juridique" : celle de justifier que les juges doivent participer à la production des normes » *in* BRUNET (P.), « La sécurité juridique, nouvel opium des juges », *Frontières du droit, critique des droits. Billets d'humeur en l'honneur de Danièle Lochak, in* V. CHAMPEIL-DESPLATS et FERRE (N.), (dir.), Paris, LGDJ, 2007, pp. 247-250.

[85] V. la loi n° 2014/028 du 23 décembre 2014 portant répression des actes de terrorisme.

[86] V. DELMAS MARTY (M.), « Le nouveau Code pénal », *R.S.C.,* 1993, p. 438.

d'une volonté de concevoir une politique criminelle d'ensemble, ainsi des incriminations sont créées au fil des temps, sous l'impulsion d'intérêts différents, dans différents domaines et on s'aperçoit ensuite qu'elles se superposent ou conduisent à des incohérences.

C'est par exemple ce qui ressort en première lecture des dispositions du Code de justice militaire et celui de la loi de 2014 sur le terrorisme. Fort heureusement, le second s'inscrit dans le domaine de la répression substantielle et le premier dans celle processuelle.

Ainsi, la définition d'un concept juridique doit en décrire la substance et en révéler les critères distinctifs. Elle doit identifier les éléments constitutifs du concept envisagé et caractériser les relations qui les unissent[87]. La vérité est donc que « les infractions à la sécurité de l'État » ne constituent pas une catégorie juridique en tant que telle. Pourtant, elles remplissent toutes les conditions nécessaires pour en former une que ce soit sur la base des atteintes à la sûreté intérieure ou extérieure de l'État qui en constitue déjà un essai de catégorisation.

2- L'essai de catégorisation par regroupement

Bien que ne constituant pas formellement une catégorie juridique bien distincte, les atteintes à la sécurité de l'État en remplissent les conditions. L'écueil sur le plan formel est issu de la tradition romano germanique, à laquelle appartient dans une forte mesure le droit camerounais et français, pour qui le législateur s'abstient de définir systématiquement les notions. *Omnis definitio periculosa est* ; on reproche aux définitions de figer des concepts évolutifs et de finir par les dénaturer[88]. Il y va de la qualité de la loi pénale pour la garantie de sa clarté et de sa précision. Pourtant sur le plan substantiel, le législateur procède à l'énoncé de tous les éléments constitutifs de l'infraction, et il détermine les relations existantes entre ces éléments constitutifs, éléments matériels et éléments intentionnels, selon qu'il va les cumuler pour certains cas, ou les exclure ou même proposer une alternative.

On comprend alors que la difficulté nait du concept de la sécurité de l'État. Pourtant, lecture et analyse faites, la sécurité renvoie à la protection de la sureté de l'État qu'elle soit en temps de paix ou en temps de guerre, car malgré la guerre, le droit est et reste. Il régit même[89].

Sur la base de l'identification des infractions comprises dans le chapitre des atteintes à la sureté de l'État, les infractions à la sécurité de l'État regrouperont donc toutes ces infractions en plus de celle portant sur le

[87] BERGEL (J.L.), *Théorie générale du droit*, *op.cit.*, p. 213.

[88] *Idem.*

[89] V. THIVET (D.), *Une pensée hétérodoxe de la guerre. De Hobbes à Clausewitz*, Paris, PUF, 2010, 192 p.

terrorisme et les infractions dérivées. Il s'agira de l'hostilité contre la patrie[90], des atteintes à la défense nationale[91], de sécession[92], de guerre civile[93], de révolution[94], de propagation de fausses nouvelles[95], de bande armée[96], de conspiration[97] et d'insurrection[98]. De toutes ces infractions, seuls les éléments matériels et intentionnels peuvent en découler. Le législateur ne procède à un travail de définition que s'agissant du secret de la défense nationale : « Est réputé secret de la défense nationale, pour l'application du présent code, tout renseignement de toute nature susceptible d'aider des entreprises hostiles à la République et qui n'a pas déjà été rendu public »[99] ; et des armes : « en dehors des armes proprement dites, sont considérées comme armes pour l'application du présent article, tous les objets portés avec l'intention d'en faire usage pour causer des dommages corporels ou matériels »[100].

L'absence de définition notionnelle est donc flagrante ce qui continue de faire planer un nuage d'imprécision, d'incertitude et d'analogie sur les dispositions répressives. Il en ressort que cet essai de catégorisation dénote de la flexibilité de son contenue qui cumule de nombreuses infractions. La sécurité de l'État serait donc l'élément matriciel autour duquel graviteraient des infractions successives aux qualifications multiples.

Le regroupement peut être fait sur la base de celui opéré par le législateur dans son Code même comme ce dernier ne manque de contenir des failles. Ce qui n'occulte aucunement l'existence des atteintes à la sécurité de l'État dans le dispositif législatif camerounais et qui emporte une diversité de peines liées à la diversité des incriminations.

II- LA DIVERSITÉ DES PEINES DES ATTEINTES À LA SÉCURITÉ DE L'ÉTAT

« Quand un acte antisocial a été commis ou tenté, il importe que ce fait attire l'attention des autorités publiques, et que celles-ci marquent, par des moyens appropriés et efficaces, l'importance qu'elles attachent à ce que leurs prescriptions soient respectées et à ce que de nouvelles infractions soient évitées »[101]. C'est ce rôle qui est confié à la peine.

---

[90] Articles 102, 103 et 108 du Code pénal.
[91] Articles 103, 105 et 106 du Code pénal.
[92] Article 111 du Code pénal.
[93] Article 112 du Code pénal.
[94] Article 114 du Code pénal.
[95] Article 113 du Code pénal.
[96] Article 115 du Code pénal.
[97] Lecture combinée des articles 115 (4) et 95 du Code pénal.
[98] Article 116 du Code pénal.
[99] Article 109 du Code pénal.
[100] Article 117 du Code pénal.
[101] STEFANI (G.), LEVASSEUR (G.), *Droit pénal général*, *op.cit.*, p. 285.

En général, « les peines sont la compensation du désordre social généré par la responsabilité de l'auteur de l'infraction. Elles marquent la répression dans ce qu'elle a de plus concret, surtout lorsqu'il y va d'une privation de liberté »[102]. L'existence de la peine repose ainsi sur une réalité qui ne manque pas de soulever d'équivoques. « Aussi la plupart des gens n'acceptent-ils pas de gaieté de cœur l'idée que la paix dont ils jouissent repose sur un système de distribution de souffrances. D'où notre ambivalence devant la peine. Certains jours, elle nous apparaît comme un mal nécessaire ; d'autres jours, comme un mal dont nous devrions pouvoir nous passer »[103]. Pourtant, il faut s'y résoudre pour maintenir les valeurs sociales prescrites.

En effet, la sanction pénale est entendue plus largement que la peine pénale. La peine renvoie à un « châtiment édicté par la loi à l'effet de prévenir et, s'il y a lieu, de réprimer l'atteinte à l'ordre social qualifiée d'infraction ; châtiment infligé en matière pénale par le juge répressif, en vertu de la loi[104] ». La peine représente donc majoritairement les châtiments infligés par le juge pénal. La sanction est plus large puisqu'elle englobe également les condamnations qui sont prononcées par d'autres autorités que le juge pénal : « punition, peine infligée, par une autorité à l'auteur d'une infraction, mesure répressive destinée à le punir. On distingue suivant l'autorité chargée de la répression et la nature de la mesure, les sanctions pénales, disciplinaires, administratives et internationales »[105]. Dans cette analyse, la sanction renvoie simplement à la peine infligée par le juge pénal dans la pléthore des sanctions prévues par le législateur ; l'expression sanction ou peine renverra indistinctement au même sens de la punition prévue et appliquée.

Le juge dans la mise en œuvre de la peine doit toujours avoir à l'esprit l'éminence de la loi malgré la gravité des actes perpétrés. L'application de ces sanctions est dominée par des principes fondamentaux : celui de *la légalité des peines*, qui est une garantie essentielle des droits individuels contre l'arbitraire, le juge ne pouvant prononcer d'autres peines que celles dont la nature et la durée ou quantité sont prévues par la loi selon la règle *nullum crimen, nulla poena sine lege* ; celui de la *personnalité des peines*, les peines ne devant frapper, en principe, que l'auteur même du fait incriminé.

Ainsi, le législateur a subordonné à l'édiction des agissements portant atteinte à la sécurité de l'Etat, des peines selon la grille (A) classique tout en laissant le soin aux juges d'apprécier diversement les circonstances de l'infraction (B) afin de rejoindre la personnalisation de la sanction en droit commun.

---

102 MAYAUD (Y.), *Droit pénal général*, *op.cit.*, p. 423.
103 CUSSON (M.), *Pourquoi punir ?* (1987), p. 12, http://www.uqac.ca/jmt-sociologue/ Consulté le 18/12/2019.
104 CORNU (G.), (dir.), *Vocabulaire juridique*, *op.cit.*, p. 941.
105 *Idem.*

A- La grille des peines

C'est en adéquation avec la logique de la grille des peines de droit commun que le législateur camerounais prévoit les sanctions d'atteintes à la sécurité de l'État. « Les peines et les mesures sont fixées par la loi et ne sont prononcées qu'en raison des infractions légalement prévues »[106]. Sur la base de ce principe de la légalité pénale, les peines qui justifient la sanction se regroupent autour des peines principales[107], les peines alternatives[108], les peines accessoires[109] et les mesures de sûreté[110].

Le juge se voit ainsi naviguer entre ces différentes peines pour déterminer celles encourues en cas d'atteintes à la sécurité de l'État. Il va ainsi opérer un choix entre un maximum et un minimum, cette variabilité étant fonction des peines principales (1) et peines accessoires (2) préalablement définies par le législateur.

1- Les peines principales

Pour la répression de ces infractions, le juge doit se référer à la légalité pénale en toute sagesse. « Pour être juste, la décision d'un juge par exemple doit non seulement suivre une règle de droit ou une loi générale, mais elle doit l'assumer, l'approuver, en confirmer la valeur par un acte d'interprétation ré-instaurateur, comme si à la limite la loi n'existait pas auparavant, comme si le juge l'inventait lui-même à chaque cas[111] » Affirmer la liberté du juge – il n'y a pas de sagesse sans liberté – ne revient toutefois pas à affirmer que son pouvoir d'appréciation, sagesse et folie réunies, puisse s'exercer sans limites.

Répondant à la légalité simplifiée[112], les peines principales envisagées et prévues pour ces infractions sont tributaires de chaque comportement incriminé.

Il s'agit entre autres, de la peine de mort pour les infractions de terrorisme[113], d'hostilités contre la patrie et la République[114] ; de sécession en temps de guerre[115] ; de guerre civile[116]. On constate donc que la peine de

---

[106] Article 17 du Code pénal.
[107] Article 18 du Code pénal.
[108] Article 18-1 du Code pénal.
[109] Article 19 du Code pénal.
[110] Article 20 du Code pénal.
[111] DERRIDA (J.), *Force de loi : le fondement mystique de l'autorité,* Paris, Galilée, 1994, p. 50.
[112] MAYAUD (Y.), *Droit pénal général*, *op.cit.*, p. 424.
[113] Articles 2, 3, 4, et 5 de la loi n° 2014-028 du 23 décembre 2014 portant répression des actes de terrorisme.
[114] Articles 102 et 103 du Code pénal.
[115]Article 111 du Code pénal.
[116] Article 112 du Code pénal.

mort[117] est une peine qui est toujours existante en droit pénal camerounais en dépit de son application qui est subordonnée à un régime précis[118].

Les autres peines principales sont l'emprisonnement, entendu comme « peine privative de liberté pendant laquelle le condamné est astreint au travail, sauf décision contraire et motivée de la juridiction »[119], soit à vie[120] ; soit entre 10 et 20 ans[121] ; soit d'un maximum de 10 ans [122]; et enfin soit d'un maximum de 5 ans[123].

En dehors de ces peines principales privatives de liberté définitive ou provisoire, le législateur a également prévu des amendes qui sont fonction de la nature de la personne poursuivie. Le montant s'agissant des personnes morales va jusqu'à 50 000 000 de francs [124] ; et les personnes physiques, oscille entre 100 000 et 10 000 000 de francs[125].

Il faut relever par ailleurs que la position du législateur camerounais quant à la sanction des personnes morales n'est pas très claire. Selon la loi de 2014 portant répression des actes de terrorisme : « (1) Pour l'application de la présente loi, une personne morale peut être déclarée pénalement responsable. (2) Lorsqu'une personne morale est déclarée pénalement responsable des actes de terrorisme, la peine est une amende dont le minimum est de cinquante millions (50. 000. 000) francs CFA ». Le législateur est explicite, la seule peine applicable est celle d'une amende. Pourtant, le Code pénal prévoit d'autres peines pour les personnes morales à savoir la dissolution ou la fermeture temporaire ou définitive de l'établissement en sus de l'amende, comme peines principales[126]. Est-ce dire qu'en cas de condamnation de la personne morale pour les infractions définies dans les dispositions du Code pénal, les sanctions seront-elles essentiellement les amendes ? Ou bien faudra-t-il envisager d'appliquer les peines équivalentes à celles prévues pour les personnes physiques ? C'est plus la seconde hypothèse qui est envisagée, car la première entrainerait l'exclusion de responsabilité de personnes morales du régime des

---

117 La peine de mort ne fait pas l'unanimité auprès de la doctrine, car on lui reproche d'être cruelle, quel que soit le mode d'exécution utilisé ; inutile, car elle ne permet pas d'abolir la criminalité ; irréversible et illogique. V. en ce sens, BOUZAT, *Bull. Soc. Crim.* 1953, p. 35 ; LUIGI DELIA, « Lumières sur l'abolition universelle de la peine de mort : Derrida lecteur de Beccaria et de Kant », *in* https://www-cairn-info.ressources.univ-poitiers.fr/article_p.php?ID_ARICLE=RDES_093_0085, consulté le 14/04/2018.

118 Articles 22 et 23 du Code pénal.

119 Article 24 du Code pénal.

120 Articles 104, 11, 114 et 115 du Code pénal.

121 Article 7 de la loi de 2014 portant répression du terrorisme ; et les articles 108, 115(3) et 116 du Code pénal.

122 Article 105 du Code pénal.

123 Articles 106, 107, 108(3) et 113 du Code pénal.

124 Article 6 alinéa 2 de la loi de 2014 portant répression du terrorisme.

125 Voir les articles 105, 106, 108(3) et 113 du Code pénal.

126 Voir article 18 du Code pénal.

atteintes à la sureté tant extérieure qu'interne de l'État. Surtout que l'article 74-1 du Code pénal est très clair dorénavant en matière de responsabilité pénale : « a) les personnes morales sont responsables pénalement des infractions commises, pour leur compte, par leurs organes ou représentants. b) les dispositions du paragraphe a) ci-dessus, ne sont pas applicables à l'État et à ses démembrements. c) la responsabilité pénale des personnes physiques, auteurs des actes incriminés, peut se cumuler avec celle des personnes morales ». Mais cette dernière ne manque de contenir des apories, car le principe en matière pénale est et reste celui de la légalité de la peine et les interprétations demeurent strictes. Ce qui laisse envisager une « légalité imparfaite »[127].

Aux côtés de ces sanctions principales, le législateur adjoint des sanctions accessoires pour réprimer les atteintes à la sécurité de l'État.

2- Les peines accessoires

Dans sa logique d'édiction des peines, le législateur en matière pénale ne fait pas recours exclusivement aux peines principales. Concernant certaines infractions explicitement, il arrive qu'il prévoie des peines accessoires pour appuyer les peines principales.

En effet, les peines accessoires sont les peines complémentaires qui s'ajoutent à la peine principale. Tantôt elles sont obligatoires et tantôt elles sont facultatives, mais le principe reste et demeure celui de la légalité de la peine avec une interprétation stricte de la loi. Spécifiquement, les peines accessoires sont les peines complémentaires facultatives, car il revient au juge de les prononcer ou pas. Définies dans les dispositions des articles 30 à 35 concernant toutes les infractions à la loi, le législateur prévoit en outre des peines accessoires spécifiques aux atteintes à la sécurité de l'État.

Les peines accessoires générales à toutes les infractions du Code pénal sont : les déchéances[128] ; la publication de la décision[129] ; la fermeture de l'établissement [130] ; le placement sous surveillance judiciaire [131] et la confiscation du « *corpus delicti* »[132]. Le législateur dans la répression des atteintes à la sécurité de l'État ne prévoit pas les peines accessoires dans les dispositions de chaque article comme il l'a fait dans les autres dispositions du Code pénal. C'est à la fin du chapitre qu'il prévoit toute une section III « des peines accessoires » exclusivement pour ces atteintes.

---

[127] DELMAS SAINT-HILAIRE (J.-P.), « Les principes de la légalité des délits et des peines. Réflexions sur la notion de légalité en droit pénal », *in Mélanges en l'honneur du Doyen Pierre BOUZAT*, Paris, Pedone, 1980, p. 157.
[128] Articles 30, 31 et 32 du Code pénal.
[129] Article 33 du Code pénal.
[130] Article 34 du Code pénal.
[131] Article 34-1 du Code pénal.
[132] Article 35 du Code pénal.

Cette section prévoit des sanctions accessoires spécifiques qui sont entre autres la confiscation spéciale, la confiscation des biens illégitimes, la confiscation générale et les déchéances.

La définition des peines accessoires à la répression des atteintes à la sécurité de l'État au Cameroun répond d'une définition à part. Cette définition prend en compte les circonstances de réalisation de l'infraction.

S'agissant de la confiscation soit spéciale, soit des biens illégitimes, soit générale ; le législateur agrandit le domaine des biens à confisquer. Ce ne sont plus que les biens appartenant à l'infracteur uniquement et qui lui ont permis de perpétrer l'infraction qui font l'objet d'une rétention par l'État ; il est question ici, d'une mesure plus sévère qui vise à endiguer le profil de risque ou la dangerosité du délinquant par la soustraction totale de ses biens qui ont pu contribuer d'une certaine façon à la commission de l'infraction. La confiscation concerne ainsi tous les biens qui ont pu aider à la perpétration de l'infraction qu'ils appartiennent ou pas au coupable : « en cas de condamnation pour l'un des crimes ou délits prévus au présent chapitre, la confiscation prescrite par l'article 35 du présent code est prononcée et peut être étendue même aux biens n'appartenant pas au condamné »[133] ; « (1) en cas de condamnation pour l'un des crimes ou délits prévus au présent chapitre, la juridiction peut prononcer la confiscation des biens du condamné de quelque nature qu'ils soient, divis ou indivis, dont il ne peut établir l'origine légitime. (2) En temps de guerre, cette confiscation est toujours prononcée »[134] ; « en cas de condamnation pour l'un des crimes prévus au présent chapitre, la juridiction peut également prononcer la confiscation totale ou partielle des biens légitimement acquis »[135].

S'agissant de la déchéance, le législateur l'encadre de telle enseigne qu'elle puisse s'arrimer à l'appréciation des circonstances de l'infraction.

La variabilité de la sévérité de la répression et sa spécificité sur la base des diverses peines prévues continuent également à travers l'appréciation diverse des circonstances de l'infraction laissée à l'appréciation du juge.

B- L'appréciation diverse des circonstances de l'infraction

« La fonction de juger ne se réduit pas, ne s'est jamais réduite à l'application mécanique d'une règle de droit préétablie à un fait brut. Elle implique des choix de politique juridique. D'autant plus que le droit contemporain recourt fréquemment à des notions indéterminées telles que "le bien de l'enfant" ou "l'intérêt de l'entreprise". La mission du juge s'élargit considérablement au point d'englober un véritable pouvoir de police de la vie

[133] Article 118 du Code pénal portant la confiscation spéciale.
[134] Article 119 du Code pénal portant confiscation des biens illégitimes.
[135] Article 120 du Code pénal portant confiscation générale.

civile ou économique »[136]. Certains milieux juridiques sont réticents à cet élargissement, précisément parce qu'il requiert du juge des compétences et aussi une sagesse qu'il ne possède pas nécessairement. Le juge « bouche de la loi » est assurément une exagération ou un modèle limite qui, en gommant tout le pouvoir d'appréciation inhérent à la fonction de juger, occulte aussi un moment crucial pour l'exercice de la sagesse : celui de la décision.

Comme le souligne avec force J. Derrida : « Le moment de la décision, en tant que tel, ce qui doit être juste, il faut que cela reste toujours un moment fini d'urgence et de précipitation ; cela ne doit pas être la conséquence ou l'effet de ce savoir théorique ou historique, de cette réflexion ou de cette délibération, dès lors que la décision marque toujours l'interruption de la délibération juridico- ou éthico- ou politico-cognitive qui la précède et qui doit la précéder. » Et de conclure, en invoquant Kierkegaard : « L'instant de la décision est une folie. »[137]

Pourtant, toute décision, en dépit des précautions que peut prendre le juge, et des justifications qu'il donne, implique un saut, un risque, une appréciation. Comme le dit sobrement Aristote : « On ne délibère jamais sur les choses qui ne peuvent être autrement qu'elles ne sont.[138] » La décision pourrait être autre qu'elle n'est, aurait pu être autre qu'elle n'a été. S'il y a à décider, c'est qu'il y a de l'indécidable. Chaque litige ouvre une crise de la règle, une crise des règles. Le mot crise n'a ici aucune connotation dramatique. Il y a crise *dans* le droit chaque fois qu'un cas d'espèce soulève un débat sur l'interprétation d'une ou de plusieurs règles. D'une certaine façon, au regard de la règle, chaque cas d'espèce est radicalement neuf et déjà connu ; les concepts abstraits ne sauraient épuiser l'infinie diversité du réel qui les surprend toujours, mais comme ils sont abstraits précisément, ils ne sont jamais vraiment pris en défaut. C'est ainsi que la détermination des peines des atteintes à la sécurité de l'État se réalise sur la base de l'appréciation des circonstances aggravantes spécialisées (1) et des circonstances atténuantes exceptionnelles (2).

1- Les circonstances aggravantes spécialisées

La détermination de la peine réelle à appliquer au coupable d'atteinte à la sécurité de l'État au Cameroun ne fait pas *fi* des règles de droit commun de personnalisation ou d'individualisation de la sanction. « Il y a partout comme une double tendance, du droit à tenir compte des faits sociaux, et des faits à s'adapter au moule du droit »[139]. Pourtant, « Le drame de l'individualisation

---

136 Pour plus de détails, VAN COMPERNOLLE (J.), « Vers une nouvelle définition de la fonction de juger : du syllogisme à la pondération des intérêts », *in Nouveaux itinéraires en droit, Hommage à François Rigaux*, Bruxelles, Bruylant, 1993, pp. 498 et suivants.

137 DERRIDA (J.), *Force de loi : le fondement mystique de l'autorité, op.cit.*, p. 58.

138 ARISTOTE, *Éthique à Nicomaque,* Paris, Vrin, 1972, vi, 2, 1139, p. 13.

139 SALEILLES (R.), « Individualisation de la peine », *Études de criminalité sociale*, (3e éd., 1927), Hachette Livre BnF, 2018, p. 6.

ne résiderait-il pas, en définitive, dans le fait de son évidence ? Chacun en ressent la nécessité sans devoir se préoccuper sérieusement de sa mise en œuvre. »[140]

Le législateur prévoit des faits spécifiques liés à la commission de l'infraction pour déterminer la sanction à appliquer à son auteur. En dehors des causes qui aggravent la responsabilité, inhérente à toutes les infractions à savoir la récidive[141] et la qualité de fonctionnaire[142], le législateur prévoit le temps de guerre, l'état d'urgence ou d'exception et la conspiration en tant que modalités de commission de l'infraction comme causes spéciales d'aggravation liée aux atteintes à la sécurité de l'État. Il faudra rentrer dans la lecture des dispositions de l'article 108 alinéa 2 b et 4 « est puni d'un emprisonnement de 10 à 20 ans celui, qui en temps de guerre : (…) b) commet une des infractions visées aux articles 105, 106 et 107 ci-dessus » ; « pour l'application des alinéas 2 et 3 ci-dessus, sont assimilés au temps de guerre l'état d'urgence et l'état d'exception ». Les infractions sus mentionnées sont en réalité des délits, car punis d'un emprisonnement d'au plus de 10 ans. Mais la commission de ces faits en temps de guerre contribue à changer leur nature délictuelle en criminelle. L'état d'urgence ou d'exception et le temps de guerres constituent pour l'infraction de sécession une circonstance extrêmement aggravante, car la sévérité de la peine va grandissante de l'emprisonnement à vie sans passer par la perpétuité pour arriver à la mort : « (1) Est puni de l'emprisonnement à vie celui qui, en temps de paix, entreprend par quelque moyen que ce soit de porter atteinte à l'intégrité du territoire. (2) En temps de guerre, d'état d'urgence ou d'exception, la peine est celle de mort. »[143]

S'agissant enfin de la conspiration non pas comme infraction autonome prévue à l'article 95 du Code pénal, mais selon la lecture faite de l'article 115 du Code pénal sur la bande armée, elle constitue une circonstance aggravante de responsabilité, car elle fait descendre le nombre de personnes pouvant constituer une bande armée de cinq à deux. Les dispositions en sont explicites : « (1) Est puni de l'emprisonnement à vie tout individu qui, dans le but de commettre l'un des crimes prévus aux articles 111, 112 et 114 ci-dessus, ou pour empêcher l'action de la force publique contre les auteurs de ces crimes, organise une bande armée ou y exerce une fonction ou un commandement quelconque ou participe avec cette bande à l'exécution ou à la tentative d'exécution de ces crimes. (2) Est puni d'un emprisonnement de dix (10) à vingt (20) ans, tout individu ayant seulement participé à la réunion de cette bande. (3) Constitue une bande armée pour l'application du présent article, tout rassemblement d'au moins cinq (05) personnes dont l'une au moins est porteuse d'une arme,

---

140 OTTENHOF (O.), « L'individualisation de la peine de Saleilles à aujourd'hui », Erès, coll. *Questions actuelles de criminologie et criminologie et sciences de l'Homme*, 2001, p. 7.

141 Article 88 du Code pénal.

142 Article 89 du Code pénal.

143 Article 111 du Code pénal.

apparente ou cachée. (4) Les dispositions de l'article 95 (5) du présent Code sont applicables au présent article »[144] ; « (1) Il y a conspiration dès que la résolution de commettre une infraction est concertée et arrêtée entre deux (02) ou plusieurs personnes. (2) Il ne peut y avoir conspiration entre mari et femme. (3) La conspiration en vue de commettre un crime ou un délit, si elle n'a pas été suspendue ou si elle n'a manqué son effet que par des circonstances indépendantes de la volonté de ses auteurs, est considérée comme le crime ou le délit lui-même. (4) Bénéficie de l'excuse atténuante celui qui, volontairement, se retire de la conspiration avant tout commencement d'exécution. (5) Est exempt de peine, le conspirateur qui empêche l'exécution ou qui, avant toute tentative d'exécution, donne connaissance de la conspiration aux autorités administratives ou judiciaires »[145].

Il précède de ces analyses que les circonstances aggravantes prévues par le législateur dans ce chapitre sont propres aux infractions d'atteintes à la sécurité de l'État. Aussi, cette spécialisation n'empêche pas le législateur de considérer les circonstances aggravantes communes prévues dans les articles 88 et 89 si elles existent dans les faits de l'infraction. Seulement, leur prise en compte ne pourra pas faire excéder le seuil de maxima des peines prévues, car s'il faut le dire, que peut – on avoir comme peine au-delà de la mort ?

2- Les circonstances atténuantes exceptionnelles

« La peine, pendant longtemps expiatoire et afflictive, est aujourd'hui le support d'une conception humaniste » [146] . Cet humanisme se perçoit également dans la détermination des peines à appliquer aux peines des atteintes à la sécurité de l'État. En effet, le législateur a prévu des circonstances qui atténuent la peine et des éléments qui peuvent interférer dans la détermination et le choix de la peine dans les dispositions des articles 90 à 93 du Code pénal.

Contrairement aux circonstances aggravantes qui sont propres à ces infractions, le législateur se limite pour les circonstances atténuantes à laisser apparaitre justement à l'article 113 sur la propagation de fausses nouvelles « en cas de réduction de la peine prévue aux articles 111(2) et 112 ci-dessus, la peine est celle de l'emprisonnement ». C'est de façon exceptionnelle qu'il prévoit un cas de réduction de peine dans le cadre des atteintes à la sécurité de l'État. On comprend que l'appréciation de cette réduction sera fonction des

[144] Article 115 du Code pénal.

[145] Article 95 du Code pénal.

[146] MAYAUD (Y.), *Droit pénal général*, *op.cit.*, p. 457.

dispositions des articles 90[147], 91[148], 92[149] et 13 de la loi de 2014[150]. Le principe restant le même pour les circonstances atténuantes, elles ne peuvent être appliquées que pour les cas où la loi ne les exclut pas formellement. N'étant pas formellement exclues des dispositions du chapitre des atteintes à la sureté de l'État et des dispositions sur le terrorisme, on comprend que le juge peut faire usage de ces dispositions sur la base de son choix de la peine à infliger au délinquant : « La peine ou la mesure prononcée dans les limites fixées ou autorisées par la loi doit toujours être fonction des circonstances de l'infraction, du danger qu'elle présente pour l'ordre public, de la personnalité du condamné et de ses possibilités de reclassement, et des possibilités pratiques d'exécution. »[151]

CONCLUSION

En définitive, la répression des atteintes à la sécurité de l'État au Cameroun s'est faite dans son sens substantiel pour pouvoir mettre en œuvre la garantie et la réalisation du principe phare de droit pénal qui est celui de la légalité criminelle. Il ressort de cette analyse que cette répression est faite selon les règles générales de droit commun nonobstant le régime dérogatoire de sa répression qu'on peut constater au plan procédural. La prolifération diversifiée des sources de définition n'occulte pas son respect des principes intrinsèques de droit pénal. En ce sens, l'analyse s'est faite au travers de l'incrimination qui révèle la diversité des textes et des définitions qui en ressortent. Car il faut le noter, la garantie de la sécurité de l'État au Cameroun consiste à ressortir tous ces comportements antisociaux qui se trouvent tant

[147] « Les circonstances atténuantes peuvent être admises par décision motivée en faveur d'un condamné, sauf dans les matières où la loi les exclut formellement ».

[148] « (1) Les peines prévues par la loi contre celui ou ceux des accusés reconnus coupables d'un crime et en faveur de qui les circonstances atténuantes ont été accordées, peuvent être réduites à dix (10) ans de privation de liberté si le crime est passible de la peine de mort, à cinq (05) ans de privation de liberté si le crime est passible d'une peine perpétuelle, à un (01) an de privation de liberté dans les autres cas. (2) Si, en application des dispositions de l'alinéa 1 ci-dessus, une peine égale ou inférieure à dix (10) ans de privation de liberté est prononcée, la juridiction peut infliger au condamné une amende qui ne peut excéder deux millions (2 000 000) de francs ».

[149] « (1) Lorsque les circonstances atténuantes sont accordées en cas de délit ou de contravention, la juridiction peut réduire la peine privative de liberté à cinq (05) jours et l'amende à un (01) franc ou prononcer une de ces deux peines seulement. (2) Lorsque la loi n'édicte qu'une peine privative de liberté, la juridiction peut y substituer une amende dont le maximum est d'un million (1 000 000) de francs en cas de délit et de vingt-cinq mille (25 000) francs en cas de contravention ».

[150] « Pour l'application de la présente loi, et en cas d'admission des circonstances atténuantes : (1) la peine d'emprisonnement ne peut être inférieure à dix (10) ans ; (2) la peine d'amende ne peut être inférieure à vingt millions (20. 000. 000) de francs CFA (3) dans tous les cas, le sursis ne peut être accordé ».

[151] Article 93 du Code pénal.

dans les textes de droit commun que dans les textes dérogatoires de droit commun ou exceptionnel.

Par ailleurs, cette légalité se remarque également dans la détermination des peines aux comportements incriminés qui pour ce fait sont également diverses car dans la majorité le principe est celui de la sévérité de la sanction. C'est dire que les infractions à la sécurité de l'État sont d'une telle gravité que la peine est dans la majorité celle de la peine de mort ou celle de l'emprisonnement à vie qui admet le respect des droits de l'homme mis en avant et exceptionnellement l'application des circonstances atténuantes.

Cette option de répression des atteintes à la sécurité de l'État révèle donc la flexibilité du concept de sécurité, car comme le remarque Buzan ; le concept de sécurité est comme un « essentially contested concept » (concept essentiellement contesté)[152]. C'est dire qu'elle revêt plusieurs significations qui ne sont pas nécessairement liées à la définition conventionnelle, mais qui sont tributaires des conceptions politiques[153].

INDICATIONS BIBLIOGRAPHIQUES

- AKAM AKAM (A.), « Libres propos sur l'adage "nul n'est censé ignorer la loi" », *RASJ*, FSJP, Université de Yaoundé II, Vol. 4, n° 1, 2007, pp. 31-54.
- ASCENSIO (H.), DECAUX (E.), PELLET (A.), *Droit international pénal*, Paris, Pedone, 2éd, 2012, 1280 p.
- AYSE CEYHAN, "Analyser la sécurité : Dillon, Waever, Williams et les autres", *Cultures & Conflits* [En ligne], 31-32 | printemps-été 1998, mis en ligne le 16 mars 2006, http:// journals.openedition.org/conflits/541 ; DOI : 10.4000/conflits.541, consulté le 30 avril 2019.
- BERGEL (J.L.), *Théorie générale du droit*, Paris, Dalloz, 2004. 461 p.
- BIGO (D.), « L'Europe de la sécurité intérieure : penser autrement la sécurité », in LE GLOANNEC (A-M.) (dir), *Entre union et nations*, Presses de Sciences Po, Paris, 1998, 295 p.
- BLANCHETTE (L-Ph.), « Michel Foucault : Genèse du biopouvoir et dispositifs de sécurité », *Lex Electronica*, vol. 11, n° 2 (Automne/ Fall 2006), http://www.lex-electronica.org/articles/v11-2/blanchette.htm,

---

[152] DALBY (S.), « Contesting an Essential Concept: Reading the Dilemmas in Contemporary Security Discourse » in *Critical Security Studies*, University of Minnesota Press, Borderlines vol. 8, 1997, p. 6.

[153] V. GALLIE (W. B.), « Essentially Contested Concept » *in The Importance of Language*, Max Black (ed), Englewood Cliffs, N. J., Prentice Hall, 1962 ; CONNOLLY (W.), *The Terms of Political Discourse*, Princeton, N.J., Princeton University Press, 1983. 272 p.

http://www.lex-electronica.org/articles/v11-2/blanchette.pdf, consulté le 20/11/2019.

- BOLTANSKI (L), CHIAPELLO (E), *Le nouvel esprit du capitalisme*, Paris, Gallimard, 1999, 980 p.
- BUZAN (B.), *People, States and Fear*, Brighton, Harvester, 1983, réédition en 1993, 262 p.
- DALBY (S.), « Contesting an Essential Concept : Reading the Dilemmas in Contemporary Security Discourse » *in Critical Security Studies*, University of Minnesota Press, Borderlines vol. 8, 1997, pp. 3-17.
- DAVID (E.), *Éléments de droit pénal international et européen*, Bruylant, Bruxelles, 2009, 1566 p.
- DESPORTES (F.), LAZERGES-COUSQUER (L.), *Traité de procédure pénale*, Paris, ECONOMICA, 2009, 2155 p.
- DILLON (M), *Politics of Security : Towards a Political Philosophy of Continental Thought*, London, New York, Routledge, 1996, 266 p.
- DREUILLE (J-F.), « Le droit pénal de l'ennemi : éléments pour une discussion », *Jurisprudence. Revue critique*, Université de Savoie, 2012, pp. 149-165.
- FOUCAULT (M), « La sécurité et l'État » (entretien avec R. Lefort), Tibune socialiste, 24-30 novembre 1977, pp. 3-4, http://1libertaire.free.fr/MFoucault205.html, consulté le 19/11/2019.
- GUIZOT (F.), *De la peine de mort en matière politique*, Paris, Fayard, 1984, 218 p.
- JESTAZ (Ph.), *Le droit*, Paris, Dalloz, 6ère éd., 2010, 178 p.
- MASLOW (A), *Vers une psychologie de l'être*, Paris, Fayard, 1989, 276 p.
- MAYAUD (Y.), *Droit pénal général,* Paris, PUF, 1ère éd., 2004, 531 p.
- OTTENHOF (O.), « L'individualisation de la peine de Saleilles à aujourd'hui », *criminologie et sciences de l'Homme*, (Dir.), érès, 2001, 286 p.
- POUGOUE (P.G.), « Les figures de la sécurité juridique », *in RASJ*, FSJP, Université de Yaoundé II, Vol 4, n° 1, 2007, pp. 1-8.
- RIPERT (G.), *Le déclin du droit*, Paris, LGDJ, 1949, 225 p.
- ROCA (Cl.), « Le principe de la légalité et l'incrimination pénale », in *Repenser la légalité criminelle*, Acte du Colloque, Paris, 1999, pp. 271-286.
- SPENER YAWAGA, « Réflexions sur la constitutionnalisation de certains aspects du droit pénal camerounais de fond », *RSC*, 2001, pp. 353-364.
- THIVET (D.), *Une pensée hétérodoxe de la guerre. De Hobbes à Clausewitz*, Paris, PUF, 2010, 192 p.

Table des matières

Structures éditoriales du groupe L'Harmattan

L'Harmattan Italie
Via degli Artisti, 15
10124 Torino
harmattan.italia@gmail.com

L'Harmattan Hongrie
Kossuth l. u. 14-16.
1053 Budapest
harmattan@harmattan.hu

L'Harmattan Sénégal
10 VDN en face Mermoz
BP 45034 Dakar-Fann
senharmattan@gmail.com

L'Harmattan Cameroun
TSINGA/FECAFOOT
BP 11486 Yaoundé
inkoukam@gmail.com

L'Harmattan Burkina Faso
Achille Somé – tengnule@hotmail.fr

L'Harmattan Guinée
Almamya, rue KA 028 OKB Agency
BP 3470 Conakry
harmattanguinee@yahoo.fr

L'Harmattan RDC
185, avenue Nyangwe
Commune de Lingwala – Kinshasa
matangilamusadila@yahoo.fr

L'Harmattan Congo
67, boulevard Denis-Sassou-N'Guesso
BP 2874 Brazzaville
harmattan.congo@yahoo.fr

L'Harmattan Mali
Sirakoro-Meguetana V31
Bamako
syllaka@yahoo.fr

L'Harmattan Togo
Djidjole – Lomé
Maison Amela
face EPP BATOME
ddamela@aol.com

L'Harmattan Côte d'Ivoire
Résidence Karl – Cité des Arts
Abidjan-Cocody
03 BP 1588 Abidjan
espace_harmattan.ci@hotmail.fr

L'Harmattan Algérie
22, rue Moulay-Mohamed
31000 Oran
info2@harmattan-algerie.com

L'Harmattan Maroc
5, rue Ferrane-Kouicha, Talaâ-Elkbira
Chrableyine, Fès-Médine
30000 Fès
harmattan.maroc@gmail.com

Nos librairies en France

Librairie internationale
16, rue des Écoles – 75005 Paris
librairie.internationale@harmattan.fr
01 40 46 79 11
www.librairieharmattan.com

Librairie l'Espace Harmattan
21 bis, rue des Écoles – 75005 Paris
librairie.espace@harmattan.fr
01 43 29 49 42

Lib. sciences humaines & histoire
21, rue des Écoles – 75005 Paris
librairie.sh@harmattan.fr
01 46 34 13 71
www.librairieharmattansh.com

Lib. Méditerranée & Moyen-Orient
7, rue des Carmes – 75005 Paris
librairie.mediterranee@harmattan.fr
01 43 29 71 15

Librairie Le Lucernaire
53, rue Notre-Dame-des-Champs – 75006 Paris
librairie@lucernaire.fr
01 42 22 67 13

www.ingramcontent.com/pod-product-compliance
Lightning Source LLC
LaVergne TN
LVHW011220061026
849535LV00001BA/109
* 9 7 8 2 3 4 3 2 1 4 6 2 7 *